KB129581

譯註 禮記集說大全
表記

編　陳澔(元)

附　正義·訓纂·集解

譯註 禮記集說大全
表記

編　　陳澔（元）

附　　正義・訓纂・集解

鄭秉燮 譯

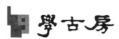

역자서문

『예기』「표기(表記)」편은 유가의 인(仁) 사상과 군자의 덕목을 기록한 문헌이다. 대부분 '자왈(子曰)' 또는 '자언지(子言之)' 등으로 기록되어, 모든 것이 공자의 말로 표현되어 있다. 그러나 내용상으로 보았을 때 『논어』에 나타나는 공자의 사상과 위배되는 점도 많다. 일종의 처세술에 해당하는 일부 문장들과 『논어』의 기록과는 상반된 문장들이 포함되어 있기 때문이다. 이것은 공자 사후 유가학파에서 발달시킨 인(仁) 사상의 다양한 면모를 보여주는 기록이라 할 수 있다.

또 후반부의 내용들은 주로 학자들이 관직에 진출했을 때 갖춰야 하는 덕목과 군주를 선택하는 안목에 대한 기술들이 많이 나타나고, 신하가 되었을 때 지켜야 하는 규정 등을 기술하고 있다. 공자 본인이 실제로 관직에 진출했었는가에 대해서는 이견이 분분하다. 그러나 『논어』의 기록을 살펴보면 공자 또한 정치에 참여하길 원했고, 공자의 주요 제자들은 대부분 관직에 진출했었다. 성리학적 풍토로 인해 선진시대 유가학파는 학문에만 매진했었다는 잘못된 오해를 일으키고, 또 『묵자』의 기록으로 인해 유가학파는 현실과는 동떨어진 자질구레한 예법에만 치중했다는 오해를 일으킨다. 그러나 『예기』의 여러 기록들을 살펴봤을 때, 유가는 끊임없이 정계에 진출하여 자신의 이상을 실현하려고 노력했었다는 점을 확인할 수 있다. 따라서 이곳의 기록처럼 처세 및 신하의 덕목을 기술한 문헌들이 나타나게 된 것이다. 그러므로 「표기」편은 공자 이후 유가학파에서 발전시킨 인(仁)의 철학과 현실정치와의 연관성 속에서 정의한 각종 덕목들에 대한 생각을 엿볼 수 있는 중요한 문헌이다.

나는 매일 반복된 생활을 즐긴다. 아침부터 새벽까지 서재 책상에 앉아 『예기』와 컴퓨터 모니터를 대면한다. 한문을 보고 한글로 타자를 치고, 다른 문헌들을 검색하고. 이러한 반복된 일상이 나에겐 즐겁기만 하다. 그러나 즐거운 것과 번역의 결과물은 별개이다. 내 자신이 즐거운 것은 개인적인 감정일 뿐이고, 번역은 결국 대중에게 공개되어 심사를 받는 것이기 때문이다. 나 개인만의 감정에 취해 부끄러움도 잊고 낙제에 가까운 결과물을 세상에 공표하는지 모르겠다. 이 책에 나오는 오역은 전적으로 역자의 실력이 부족해서이다. 본 역서에 나온 오역과 역자의 부족함에 대해 일갈을 해주실 분들이 있다면, bbaja@nate.com 으로 연락을 주시거나 출판사에 제 연락처를 문의하셔서 가르침을 주신다면, 부족한 실력이지만 가르침을 받도록 최선을 다할 것이다.

역자는 성균관 대학교에서 유교철학(儒敎哲學)을 전공했으며, 예악학(禮樂學) 전공으로 박사논문을 작성했다. 역자가 처음 『예기』를 접한 것은 경서연구회(經書硏究會)의 오경강독을 통해서이다. 이 모임을 만들어 후배들에게 경전에 대한 이해를 넓혀주신 임옥균 선생님, 경서연구회 역대 회장님인 김동민, 원용준, 김종석, 길훈섭 선배님께도 감사를 드리고, 현재 함께 경서연구회를 하고 있는 김회숙, 손정민, 김아랑, 임용균, 김현태, 하나 회원님께도 감사를 드린다. 끝으로 「표기」편을 출판할 수 있도록 허락해주신 학고방의 하운근 사장님께도 감사를 전한다.

일러두기 ≫

1. 본 책은 역주서(譯註書)로써, 『예기집설대전(禮記集說大全)』의 「표기(表記)」편을 완역하고, 자세한 주석을 첨부했다. 송대(宋代) 이전의 주석을 포함하고자 하여, 『예기정의(禮記正義)』를 함께 수록하였다. 그리고 송대 이후의 주석인 청대(淸代)의 주석을 포함하고자 하여 『예기훈찬(禮記訓纂)』과 『예기집해(禮記集解)』를 함께 수록하였다.

2. 『예기』 경문(經文)의 경우, 의역으로만 번역하면 문장을 번역한 방식을 확인하기 어렵고, 보충 설명 없이 직역으로만 번역하면 내용을 이해하기 힘들다. 따라서 경문에 한하여 직역과 의역을 함께 수록하였다. 나머지 주석들에 대해서는 의역을 위주로 번역하였다.

3. 『예기』 경문에 대한 해석은 진호의 『예기집설』 주석에 근거하였다. 경문 해석에 있어서, 『예기정의』, 『예기훈찬』, 『예기집해』마다 이견(異見)이 많다. 『예기집섭대전』의 소주(小註) 또한 진호의 주장과 이견을 보이는 곳이 있고, 소주 사이에도 이견이 많다. 따라서 『예기』 경문 해석의 표준은 진호의 『예기집설』 주석에 근거했으며, 진호가 설명하지 않은 부분들은 『대전』의 소주를 참고하였다. 또한 경문 해석에 있어서 『예기정의』, 『예기훈찬』, 『예기집해』에 나타나는 이견들은 특별한 경우를 제외하고는 각각의 문장을 읽어보면, 경문에 대한 이견을 알 수 있기 때문에, 이러한 경우에는 주석처리를 하지 않았다.

4. 본 역서가 저본으로 삼은 책은 다음과 같다.
   - 『禮記』, 서울 : 保景文化社, 초판 1984 (5판 1995)
   - 『禮記正義』 1~4(전4권, 『十三經注疏 整理本』 12~15), 北京 : 北京大學出版社, 초판 2000
   - 朱彬 撰, 『禮記訓纂』 上·下(전2권), 北京 : 中華書局, 초판 1996 (2쇄 1998)
   - 孫希旦 撰, 『禮記集解』 上·中·下(전3권), 北京 : 中華書局, 초판 1989 (4쇄 2007)

5. 본 책은 『예기』의 경문, 진호의 『집설』, 호광 등이 찬정한 『대전』의 세주, 정현의 주, 육덕명의 『경전석문』, 공영달의 소, 주빈(朱彬)의 『훈찬』, 손희단(孫希旦)의 『집해』 순으로 번역하였다.

6. 본래 『예기』 「표기」편은 목차가 없으며, 내용 구분에 있어서도 학자들마다 의견차이가 있다. 또한 내용의 연관성으로 인하여, 장과 절을 나누기가 애매한 부분이 많다. 본 책의 목차는 역자가 임의대로 나눈 것이며, 세세하게 분절하여, 독자들이 관련내용들을 찾아보기 쉽게 하였다.

7. 본 책의 뒷부분에는 《表記 人名 및 用語 辭典》을 수록하였다. 본문에 처음으로 등장하는 용어 및 인명에 대해서는 주석처리를 하였다. 이후에 같은 용어가 등장할 때마다 동일한 주석처리를 할 수 없어서, 뒷부분에 사전으로 수록한 것이다. 가나다순으로 기록하여, 번역문을 읽는 도중 앞부분에서 설명했던 고유명사나 인명 등에 대해서 쉽게 찾아볼 수 있도록 하였다.

【622a】

子言之, "歸乎! 君子隱而顯, 不矜而莊, 不厲而威, 不言而信."

【622a】 등과 같이 【 】 안에 숫자가 기입되어 있는 것은 『예기』의 '경문'을 뜻한다. '622'는 보경문화사(保景文化社)판본의 페이지를 말한다. 'a'는 a단에 기록되어 있다는 표시이다. 밑의 그림은 보경문화사판본의 한 페이지 단락을 구분한 표시이다.

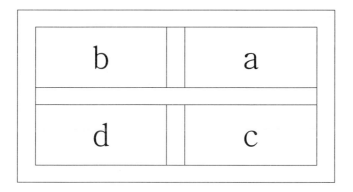

◆ 集說 方氏曰: 此篇稱"子言之"者八, 皆總其大同之略也.

"集說"로 표시된 것은 진호(陳澔)의 『예기집설(禮記集說)』 주석을 뜻한다.

◆ 大全 馬氏曰: 隱者, 其迹, 顯者, 其名.

"大全"으로 표시된 것은 호광(胡廣) 등이 찬정(撰定)한 『예기집설대전』의 세주(細註)를 뜻한다.

◆ 鄭注 此孔子行應聘, 諸侯莫能用己, 心厭倦之辭也.

"**鄭注**"로 표시된 것은 『예기정의(禮記正義)』에 수록된 정현(鄭玄)의
주(注)를 뜻한다.

◆ **釋文** 矜, 居陵反. 應, 應對之應.

"**釋文**"으로 표시된 것은 『예기정의』에 수록된 육덕명(陸德明)의 『경전
석문(經典釋文)』을 뜻한다. 『경전석문』의 내용은 글자들의 음을 설명하
고, 간략한 풀이를 한 것인데, 육덕명 당시의 음가로 기록이 되었기 때문
에, 현재의 음과는 맞지 않는 부분이 많다. 단순히 참고만 하기 바란다.

◆ **孔疏** ●"子言"至"而信". ○正義曰: 此一篇總論君子及小人爲行之本.

"**孔疏**"로 표시된 것은 『예기정의』에 수록된 공영달(孔穎達)의 소(疏)
를 뜻한다. 공영달의 주석은 경문과 정현의 주에 대해서 세분화하여 기록
되어 있다. 따라서 '●'으로 표시된 부분은 공영달이 경문에 대해 주석을
한 부분이고, '◎'으로 표시된 부분은 정현의 주에 대해 주석을 한 부분이
다. 한편 '○'으로 표시된 부분은 공영달의 주석 부분이다.

◆ **訓纂** 馬彦醇曰: 不矜·不厲·不言, 所謂隱也.

"**訓纂**"으로 표시된 것은 『예기훈찬(禮記訓纂)』에 수록된 주석이다. 『예
기훈찬』 또한 기존 주석들을 종합한 책이므로, 『예기집설대전』 및 『예기
정의』와 중복되는 부분은 생략하였다.

◆ **集解** 歸乎者, 孔子道不行而思歸之辭也.

"**集解**"로 표시된 것은 『예기집해(禮記集解)』에 수록된 주석이다. 『예
기집해』 또한 기존 주석들을 종합한 책이므로, 『예기집설대전』 및 『예기
정의』와 중복되는 부분은 생략하였다.

◆ 원문 및 번역문 중 '▼'로 표시된 부분은 한글로 표기할 수 없는 한자를 기록한 부분이다. 예를 들어 '▼(㘇/皿)'의 경우 맹(盟)자의 이체자인데, '明'자 대신 '㘇'자가 들어간 한자를 프로그램상 삽입할 수가 없어서, '▼(㘇/皿)'으로 표시한 것이다. 즉 '▼(A/B)'의 형식으로 기록된 경우, A에 해당하는 글자가 한 글자의 상단 부분에 해당하고, B에 해당하는 글자가 한 글자의 하단 부분에 해당한다는 표시이다. 또한 '▼(A+B)'의 형식으로 기록된 경우, A에 해당하는 글자가 한 글자의 좌측 부분에 해당하고, B에 해당하는 글자가 한 글자의 우측 부분에 해당한다는 표시이다. 또한 '▼((A-B)/C)'의 형식으로 기록된 경우, A에 해당하는 글자에서 B 부분을 뺀 글자가 한 글자의 상단 부분에 해당하고, C에 해당하는 글자가 한 글자의 하단 부분에 해당한다는 표시이다.

목차

그림목차

경문목차

【622a】

禮記集說大全卷之二十六 / 『예기집설대전』 제 26 권
表記 第三十二 / 「표기」 제 32 편

集說 鄭氏曰: 記君子之德, 見於儀表者

번역 정현[1]이 말하길, 군자의 덕이 행동거지로 드러나는 것을 기록한
것이다.

孔疏 陸曰: 鄭云, "以其記君子之德, 見於儀表者也."

번역 육덕명[2]이 말하길, 정현은 "군자의 덕이 행동거지로 드러나는 것
을 기록했기 때문이다."라고 했다.

孔疏 正義曰: 按鄭目錄云, "名曰表記者, 以其記君子之德, 見於儀表. 此
於別錄屬通論."

번역 『정의』[3]에서 말하길, 정현의 『목록』[4]을 살펴보면, "편명을 '표기

---

1) 정현(鄭玄, A.D.127~A.D.200) : =정강성(鄭康成)·정씨(鄭氏). 한대(漢代)의
   유학자이다. 자(字)는 강성(康成)이다. 『주역(周易)』, 『상서(尙書)』, 『모시(毛
   詩)』, 『주례(周禮)』, 『의례(儀禮)』, 『예기(禮記)』, 『논어(論語)』, 『효경(孝經)』
   등에 주석을 하였다.
2) 육덕명(陸德明, A.D.550~A.D.630) : =육원랑(陸元朗). 당대(唐代)의 경학자
   이다. 이름은 원랑(元朗)이고, 자(字)는 덕명(德明)이다. 훈고학에 뛰어났으
   며, 『경전석문(經典釋文)』 등을 남겼다.
3) 『정의(正義)』는 『예기정의(禮記正義)』 또는 『예기주소(禮記注疏)』를 뜻한다.
   당(唐)나라 때에는 태종(太宗)이 공영달(孔穎達) 등을 시켜서 『오경정의(五
   經正義)』를 편찬하였는데, 이때 『예기정의』에는 정현(鄭玄)의 주(注)와 공영
   달의 소(疏)가 수록되었다. 송대(宋代)에는 『오경정의』와 다른 경전(經典)에
   대한 주석서를 포함한 『십삼경주소(十三經注疏)』가 편찬되어, 『예기주소』라
   는 명칭이 되었다.
4) 『목록(目錄)』은 정현이 찬술했다고 전해지는 『삼례목록(三禮目錄)』을 가리

(表記)'라고 정한 것은 군자의 덕이 행동거지로 드러나는 것을 기록했기 때문이다. 「표기」편을 『별록』5)에서는 '통론(通論)' 항목에 포함시켰다.”라고 했다.

集解 程子曰: 表記亦近德, 其言正.

번역 정자가 말하길, 「표기」편의 내용 또한 군자의 덕에 가까우니, 그 말이 바르다.

集解 朱氏申曰: 仁者, 天下之表也. 此篇記孔子言仁爲詳, 故以表記名篇.

번역 주신6)이 말하길, 인(仁)은 천하의 표본이다. 「표기」편은 공자가 인(仁)을 말한 것 중에서도 상세한 내용을 기록하고 있다. 그렇기 때문에 '표기(表記)'로 편명을 지었다.

集解 愚謂: 此爲凡爲八支, 自首章至第九章爲第一支, 言君子持身莊敬·恭信之道, 而言敬之義爲詳. 自第十章至第十六章爲第二支, 兼明仁·義·報三者之道. 自第十七章至第二十三章爲第三支, 專明仁之道. 自第二十四章至第二十七章爲第四支, 專明義之道. 自第二十八章至第三十三章爲第五支, 以虞·夏·殷·周之治, 明“凱弟君子”之義. 自第三十四章至第四十五章爲第六支, 明事君之道. 自第四十六章至第五十章爲第七支, 明言行之要. 自第五十一章

킨다. 『십삼경주소(十三經注疏)』에서 인용되고 있지만, 이 책은 『수서(隋書)』가 편찬될 당시에 이미 일실되어 존재하지 않았다. 『수서』 「경적지(經籍志)」편에는 “三禮目錄一卷, 鄭玄撰, 梁有陶弘景注一卷, 亡.”이라는 기록이 있다.

5) 『별록(別錄)』은 후한(後漢) 때 유향(劉向)이 찬(撰)했다고 전해지는 책이다. 현재는 일실되어 존재하지 않으며, 『한서(漢書)』 「예문지(藝文志)」편을 통해서 대략적인 내용만을 추측해볼 수 있다.

6) 주신(朱申, ?~?) : 송(宋)나라 때의 학자이다. 자(字)는 유선(維宣)이고, 호(號)는 희시자(熙時子)이다. 저서로는 『손오신주(孫吳新注)』·『어맹변전(語孟辨箋)』·『주역구해(周易句解)』·『춘추좌전구해(春秋左傳句解)』·『효경구해(孝經句解)』 등이 있다.

至第五十五章爲第八支, 明卜・筮之重.

번역 내가 생각하기에, 「표기」편은 총 8가지 조목으로 구성되어 있으니, 1장부터 9장까지는 1조목으로, 군자가 자신을 다스리며 장엄하고 공경하며 공손하고 신의를 갖추는 도를 설명하고 있는데, 공경의 뜻을 설명한 것이 상세하다. 10장부터 16장까지는 2조목으로, 인(仁)・의(義)・보(報) 세 가지의 도를 함께 나타내고 있다. 17장부터 23장까지는 3조목으로, 오로지 인(仁)의 도만을 나타내고 있다. 24장부터 27장까지는 4조목으로, 오로지 의(義)의 도만을 나타내고 있다. 28장부터 33장까지는 5조목으로, 우(虞)・하(夏)・은(殷)・주(周) 왕조의 다스림을 통해서, 화락한 군자의 뜻을 나타내고 있다. 34장부터 45장까지는 6조목으로, 군주를 섬기는 도를 나타내고 있다. 46장부터 50장까지는 7조목으로, 언행의 요점을 나타내고 있다. 51장부터 55장까지는 8조목으로, 거북점과 시초점의 중대함을 나타내고 있다.

集解 孔疏云, "此篇稱'子言之'者八, 皇氏云, '皆是發端起義, 事之頭首, 記者詳之. 下更廣開其義, 或曲說其理, 則直稱子曰'" 今按, "後世雖有作者"一章, 結前章"凱弟君子"之義, 非發端之辭, 而稱"子言之曰". "君子不以辭盡人"一章, 與前數章不相蒙, 乃更端之辭, 而稱"子曰". 豈傳寫之誤與.

번역 공영달[7]의 소에서는 "「표기」편에서 '자언지(子言之)'라고 지칭한 것은 8군데인데, 황간[8]은 '이 모두는 그 뜻을 나타내는 발단이 되는데, 해당 사안의 첫 부분에 대해서 『예기』를 기록한 자가 상세히 표기한 것이다. 그 뒤에서는 재차 그 의미를 폭넓게 나타내고 있고 어떤 경우에는 그 이치를

---

7) 공영달(孔穎達, A.D.574~A.D.648) : =공씨(孔氏). 당대(唐代)의 경학자이다. 자(字)는 중달(仲達)이고, 시호(諡號)는 헌공(憲公)이다. 『오경정의(五經正義)』를 찬정(撰定)하는데 중심적인 역할을 했다.
8) 황간(皇侃, A.D.488~A.D.545) : =황씨(皇氏). 남조(南朝) 때 양(梁)나라의 경학자이다. 『주례(周禮)』, 『의례(儀禮)』, 『예기(禮記)』 등에 해박하여, 『상복문구의소(喪服文句義疏)』, 『예기의소(禮記義疏)』, 『예기강소(禮記講疏)』 등을 지었지만, 현재는 전해지지 않는다. 그 일부가 마국한(馬國翰)의 『옥함산방집일서(玉函山房輯佚書)』에 수록되어 있다.

자세히 설명하고 있는데, 이러한 경우에는 단지 자왈(子曰)이라고만 지칭한다.'"라고 했다. 현재 살펴보니 '후세에 비록 제왕이 나타나더라도'[9]라고 했던 장은 앞에서 '화락한 군자'라고 했던 뜻을 결론 맺은 것이며, 단서를 드러내는 말이 아닌데도, '자언지왈(子言之曰)'이라고 했다. 그리고 "군자는 말을 통해 그 사람의 진면목을 모두 가늠하지 않는다."[10]라고 했던 장은 앞의 여러 장과 서로 관련이 없고, 재차 단서를 드러내는 말인데도 '자왈(子曰)'이라고 지칭했다. 따라서 기록을 전하며 필사하는 과정에서 발생한 오류가 아니겠는가.

---

9) 『예기』「표기」【633c~d】: 子言之曰, "後世雖有作者, 虞帝弗可及也已矣. 君天下, 生無私, 死不厚其子. 子民如父母, 有憯怛之愛, 有忠利之敎. 親而尊, 安而敬, 威而愛, 富而有禮, 惠而能散. 其君子尊仁畏義, 恥費輕實, 忠而不犯, 義而順, 文而靜, 寬而有辨. 甫刑曰, '德威惟威, 德明惟明.' 非虞帝其孰能如此乎?"

10) 『예기』「표기」【637d~638a】: 子曰, "君子不以辭盡人, 故天下有道, 則行有枝葉; 天下無道, 則辭有枝葉."

참고 표기방식

순번	위 치	표 기	인용문
1	【622a】	子言之	
2	【622b】	子曰	『書』
3	【622d】	子曰	
4	【623a】	子曰	
5	【623b】	子曰	
6	【623c】	子曰	
7	【623d】	子曰	
8	【624a】	子曰	
9	【624a】	子曰	『易』
10	【624b】	子言之	
11	【624c~d】	子曰	『詩』
12		子曰	
13	【625a】	子曰	
14	【625b~c】	子曰	
15	【626a】		
16	【626b】	子言之	『詩』·『詩』
17	【626d】	子曰	
18	【627b~c】	子曰	『詩』·『詩』
19		子曰	
20	【628a】	子曰	
21		子曰	『詩』
22	【628c】	子曰	『詩』
23	【629a~b】		『詩』
24	【629c】	子言之	
25	【629d~630a】	子曰	『詩』·『詩』
26	【630c~d】	子曰	
27		子曰	
28	【631b】	子言之	『詩』
29	【631c~d】		
30	【632a】	子曰	

31	【633a】	子曰	
32	【633b】	子曰	
33		子曰	
34	【633c~d】	子言之曰	『書』
35	【634c】	子言之	
36	【635a】	子曰	『易』
37	【635b~c】	子曰	『詩』
38	【635d】	子曰	
39		子曰	
40	【636a】	子曰	『詩』
41	【636b】	子曰	
42	【636d】	子曰	
43	【636d】	子曰	
44		子曰	
45	【637a~b】	子曰	『易』
46	【637c】	子曰	『詩』
47	【637d~638a】	子曰	
48	【638b】		『詩』
49	【638c】	子曰	『詩』
50	【638d】	子曰	『詩』
51	【639a】	子曰	
52		子曰	
53	【639b~c】	子言之	
54	【640a】		
55		子曰	
56	【640b】	子曰	『詩』
57	【640c】	子曰	
58	【641a】	子曰	

• 제 1 절 •

군자의 은(隱)·현(顯)

【622a】

子言之, “歸乎! 君子隱而顯, 不矜而莊, 不厲而威, 不言而信.”

직역 子가 言하길, “歸라! 君子는 隱하되 顯하니, 不矜이나 莊하며, 不厲나 威하고, 不言이나 信이라.”

의역 공자가 말하길, “다시 되돌아 갈 것인가! 군자는 은미하되 드러나니, 과시하지 않아도 장엄하게 되며, 사납게 하지 않아도 위엄이 있고, 말을 하지 않아도 믿음을 준다.”라고 했다.

集說 方氏曰: 此篇稱“子言之”者八, 皆總其大同之略也; 稱“子曰”者四十五, 皆列其小異之詳也.

번역 방씨1)가 말하길, 「표기」편에서 ‘자언지(子言之)’라고 기록한 곳은 8군데인데, 이 모두는 간략히 큰 범주에서 동일한 뜻을 총괄적으로 나타낸 것이며, ‘자왈(子曰)’이라고 기록한 곳은 45군데인데, 이 모두는 상세히 작은 부분에서 나타나는 차이를 나열한 것이다.

集說 應氏曰: 歸乎之嘆, 聖人周流不遇, 觀世道之益衰, 念儀刑之有本, 何

---

1) 엄릉방씨(嚴陵方氏, ?~?) : =방각(方慤)·방씨(方氏)·방성부(方性夫). 송대(宋代)의 유학자이다. 이름은 각(慤)이다. 자(字)는 성부(性夫)이다. 『예기집해(禮記集解)』를 지었고, 『예기집설대전(禮記集說大全)』에는 그의 주장이 많이 인용되고 있다.

必歷聘駕說而後足以行道哉? 隱而顯, 卽中庸所謂“潛雖伏矣, 亦孔之昭”, 是也. 不矜而莊, 不厲而威, 不言而信, 卽所謂“不動而敬, 不言而信”, 是也. 中庸以是終篇, 蓋示人以進德之事; 表記以是爲始, 蓋發明聖人立敎之故.

번역 응씨2)가 말하길, “되돌아 갈 것인가!”라는 탄식은 공자가 세상을 두루 돌아다녔지만 제대로 된 군주를 만나지 못했고 세상의 도가 더욱 쇠락해지는 것을 보고, 규범에는 근본이 있음을 생각하여, 어찌 반드시 초빙을 받아 설파를 한 뒤에야 도를 시행할 수 있겠느냐고 한 것이다. “은미하되 드러난다.”는 말은 『중용』에서 “물고기가 물속에 있어 비록 숨어 있지만, 또한 매우 밝게 드러난다.”3)는 뜻에 해당한다. “과시하지 않아도 장엄하게 되고, 사납게 하지 않아도 위엄이 있으며, 말을 하지 않아도 믿음을 준다.”는 말은 “움직이지 않아도 백성들이 공경하고, 말을 하지 않아도 백성들이 믿는다.”4)는 뜻에 해당한다. 『중용』은 이 내용을 통해 편을 마무리 지었으니, 사람들에게 덕으로 나아가는 사안을 보여주기 위해서이며, 「표기」편은 이 내용을 통해 편을 시작하였으니, 성인이 가르침을 세운 까닭을 드러내기 위해서이다.

大全 馬氏曰: 隱者, 其迹, 顯者, 其名. 其迹隱於幽, 其名聞於人, 以其德蘊於中, 輝光發於外. 夫惟德蘊於中, 而輝光發於外, 故不矜而莊, 不厲而威, 不言而信. 矜, 所以自飾而欲人之敬, 厲, 所以自嚴而欲人之畏, 言, 所以自宣而欲人之信, 故不矜而莊, 不厲而威, 不言而信, 則至德默喩於心也.

번역 마씨5)가 말하길, ‘은(隱)’은 자취에 대한 것이며, ‘현(顯)’은 명성에 대한 것이다. 자취가 그윽한 곳에 숨어 있고, 명성이 사람들에게 전해지는

---

2) 금화응씨(金華應氏, ?~?) : =응용(應鏞)·응씨(應氏)·응자화(應子和). 이름은 용(鏞)이다. 자(字)는 자화(子和)이다. 『예기찬의(禮記纂義)』를 지었다.
3) 『중용』「33장」: 詩云, “潛雖伏矣, 亦孔之昭.” 故君子內省不疚, 無惡於志. 君子所不可及者, 其唯人之所不見乎.
4) 『중용』「33장」: 詩云, “相在爾室, 尙不愧于屋漏.” 故君子不動而敬, 不言而信.
5) 마희맹(馬睎孟, ?~?) : =마씨(馬氏)·마언순(馬彦醇). 자(字)는 언순(彦醇)이다. 『예기해(禮記解)』를 찬술했다.

데, 덕이 내면에 온축되어 밖으로 빛을 내며 나타나기 때문이다. 오직 내면에 덕이 온축되어 밖으로 빛을 내며 나타나기 때문에, 과시하지 않아도 장엄하게 되고, 사납게 하지 않아도 위엄이 있으며, 말을 하지 않아도 믿음을 준다. '긍(矜)'은 스스로를 포장하여 남이 공경해주기를 바라는 것이며, '여(厲)'는 스스로 엄중하게 꾸며서 남이 외경해주길 바라는 것이고, '언(言)'은 스스로 표현해서 남이 믿어주기를 바라는 것이다. 그렇기 때문에 과시하지 않아도 장엄하게 되고, 사납게 하지 않아도 위엄이 있으며, 말을 하지 않아도 믿음을 준다면, 지극한 덕이 묵묵히 사람들의 마음을 깨우쳐주는 것이다.

鄭注 此孔子行應聘, 諸侯莫能用己, 心厭倦之辭也. 矜, 謂自尊大也. 厲, 謂嚴顔色.

번역 이것은 공자가 천하를 떠돌아다니며 초빙에 응하여 찾아갔는데, 제후들이 자신을 써주질 않았으므로, 실망하는 마음으로 인해 나타낸 말이다. '긍(矜)'은 스스로를 존귀하고 위대하게 여긴다는 뜻이다. '여(厲)'는 표정을 엄숙하게 짓는다는 뜻이다.

釋文 矜, 居陵反. 應, 應對之應. 己音紀. 厭, 於豔反.

번역 '矜'자는 '居(거)'자와 '陵(릉)'자의 반절음이다. '應'자는 '응대(應對)'라고 할 때의 '應'자이다. '己'자의 음은 '紀(기)'이다. '厭'자는 '於(어)'자와 '豔(염)'자의 반절음이다.

孔疏 ●"子言"至"而信". ○正義曰: 此一篇總論君子及小人爲行之本, 幷論虞·夏·殷·周質文之異, 又論爲臣事君之道, 各依文解之. 稱"子言之", 凡有八所. 皇氏云: "皆是發端起義, 事之頭首, 記者詳之, 故稱'子言之'. 若於'子言之', 下更廣開其事, 或曲說其理, 則直稱'子曰'." 今檢上下體例, 或如皇氏之言, 今依用之. 此一節是孔子應聘, 諸國莫能用己, 心有厭倦而爲此辭. 託之

"君子", 所以自明其德.

번역 ●經文: "子言"~"而信". ○「표기」편은 군자 및 소인이 시행하는 행실의 근본에 대해서 총괄적으로 논의하고 있으며, 아울러 우(虞)·하(夏)·은(殷)·주(周) 왕조에서 나타났던 질박함을 숭상하거나 화려함을 숭상했던 차이를 논의하고 있고, 또 신하가 군주를 섬기는 도에 대해서도 논의하고 있으니, 각각의 문장에 따라서 풀이하겠다. '자언지(子言之)'라고 지칭한 것은 총 8군데이다. 이에 대해 황간은 "이 모두는 그 뜻을 나타내는 발단이 되는데, 해당 사안의 첫 부분에 대해서『예기』를 기록한 자가 상세히 표기한 것이다. 그렇기 때문에 '자언지(子言之)'라고 기록했다. 즉 '자언지(子言之)'라고 기록한 곳에서는 그 뒤에서 재차 그 의미를 폭넓게 나타내고 있다. 또 어떤 경우에는 그 이치를 자세히 설명하고 있는데, 이러한 경우에는 단지 자왈(子曰)이라고만 지칭했다."라고 했다. 현재 앞뒤의 문장 용례를 살펴보니, 혹여 황간의 주장처럼 되어 있는 것 같기도 하여, 이곳에서는 그의 주장에 따른다. 이곳 문단은 공자가 초빙에 응하여 찾아갔는데, 제후국에서 자신을 등용하지 못하여, 마음에 실망이 생겨 이러한 말을 한 것이다. '군자(君子)'라는 말로 의탁해서 표현한 것은 스스로 그 덕을 밝히도록 하기 위해서이다.

孔疏 ●"歸乎"者, 於時孔子身在他國, 不被任用, 故稱"歸乎".

번역 ●經文: "歸乎". ○당시 공자 본인은 다른 나라에 있었는데, 등용이 되지 못했기 때문에 "돌아갈 것이다."라고 말한 것이다.

孔疏 ●"君子隱而顯"者, 君子身雖幽隱而道德潛通, 聲名顯著, 故云"隱而顯"也.

번역 ●經文: "君子隱而顯". ○군자 본인은 비록 은둔해 있더라도, 도와 덕은 침잠하여 통해 있고 명성이 현격히 드러나게 된다. 그렇기 때문에 "은둔해 있더라도 드러난다."라고 했다.

孔疏 ●"不矜而莊"者, 矜, 謂自尊大; 莊, 敬也. 言不自尊大而人尊敬也.

번역 ●經文: "不矜而莊". ○'긍(矜)'자는 스스로를 존귀하고 위대하게 여긴다는 뜻이며, '장(莊)'자는 "공경하다[敬]."는 뜻이다. 즉 스스로 존귀하고 위대하게 굴지 않아도 사람들이 그를 존경한다는 의미이다.

孔疏 ●"不厲而威"者, 常行仁義道德, 不自嚴厲而人威服也.

번역 ●經文: "不厲而威". ○항상 인(仁)이나 의(義)에 따른 도와 덕을 시행하여, 스스로 엄격하고 사납게 굴지 않아도 사람들이 조심하며 복종한다는 뜻이다.

孔疏 ●"不言而信"者, 不須出言而人體信, 以其積德咸通, 故所致如此. 此皆夫子自道己德而然, 但假諸君子.

번역 ●經文: "不言而信". ○말을 하지 않아도 사람들이 신의를 가지니, 그가 덕을 쌓아 모두에게 두루 통하였기 때문에 지극함이 이와 같은 것이다. 이 문장들은 모두 공자가 스스로 자신의 덕이 이와 같음을 말한 것인데, 단지 '군자(君子)'라고 가탁해서 표현한 것일 뿐이다.

孔疏 ◎注"此孔"至"辭也". ○正義曰: 知此是"應聘, 諸侯莫能用己, 心厭倦之辭"者, 以發首云"歸乎", 是從他國欲歸於魯, 猶若論語云: "子在陳, 稱歸與·歸與, 吾黨之小子'." 云是其不用而辭歸也.

번역 ◎鄭注: "此孔"~"辭也". ○이곳 경문 내용이 정현의 말처럼 "초빙에 응하여 찾아갔는데, 제후들이 자신을 써주질 않았으므로, 실망하는 마음으로 인해 나타낸 말이다."라는 뜻임을 알 수 있는 것은 서두에서 "돌아갈 것이다."라고 했으니, 이것은 다른 나라에서 노(魯)나라로 되돌아가고자 하는 말에 해당하기 때문이다. 이것은 마치 『논어』에서 "공자가 진(陳)나라에 있었을 때, '돌아가자, 돌아가자, 내 문하의 제자들아.'"라고 한 경우와 같다.

따라서 이처럼 말한 것은 등용되지 않아서 돌아가겠다고 말한 것에 해당한다.

訓纂 馬彦醇曰: 不矜·不厲·不言, 所謂隱也. 莊·威·信, 所謂顯也.

번역 마언순이 말하길, 과시하지 않고, 사납게 하지 않으며, 말을 하지 않는 것은 이른바 '은(隱)'에 해당한다. 장엄하게 되고, 위엄이 있으며, 믿음을 주는 것은 이른바 '현(顯)'에 해당한다.

集解 歸乎者, 孔子道不行而思歸之辭也. 隱而顯者, 言君子雖隱處於下, 而道德顯著也. 君子不待矜持而自然莊敬, 不待嚴厲而自有威儀, 不待言語而人自信之, 蓋其道德之盛如此, 此所以雖隱而顯也.

번역 '귀호(歸乎)'는 공자의 도가 시행되지 않아서 되돌아가고자 생각해서 나타난 말이다. '은이현(隱而顯)'은 군자는 비록 미천한 곳에 은둔해 있더라도 도와 덕이 현격하게 드러난다는 뜻이다. 군자는 스스로 억제하지 않아도 저절로 장엄하고 공경스럽게 되며, 엄격하고 매섭게 하지 않아도 스스로 위엄에 따른 거동이 나타나고, 말을 하지 않아도 사람들이 저절로 그를 믿는다. 그의 도와 덕에 나타나는 융성함이 이와 같기 때문이니, 이것이 바로 비록 은둔해 있더라도 현격하게 드러나게 되는 이유이다.

참고 구문비교

출 처	내 용
『禮記』「表記」	君子隱而顯, 不矜而莊, 不厲而威, 不言而信.
『荀子』「儒效」	君子隱而顯, 微而明, 辭讓而勝.

참고 구문비교

출 처	내 용
『禮記』「表記」	不厲而威, 不言而信.
『韓詩外傳』「3권」	不言而信, 不怒而威, 師之謂也.
『韓詩外傳』「4권」	不怒而威, 不言而信, 誠德之主也.

그림 1-1 공자(孔子)

像 別 聖 先

※ 출처:『삼재도회(三才圖會)』「인물(人物)」4권

그림 1-2 공자주유열국도(孔子周遊列國圖)

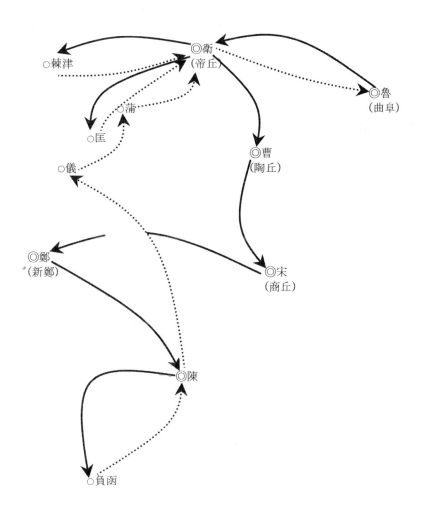

※ **참고:** 『공자역사지도집(孔子歷史地圖集)』

• 제2절 •

군자의 족(足) · 색(色) · 구(口)

【622b】

> 子曰, "君子不失足於人, 不失色於人, 不失口於人. 是故君子貌足畏也, 色足憚也, 言足信也. 甫刑曰, '敬忌而罔有擇言在躬.'"

직역 子가 曰, "君子는 人에게 足을 不失하고, 人에게 色을 不失하며, 人에게 口를 不失한다. 是故로 君子의 貌는 足히 畏하고, 色은 足히 憚하며, 言은 足히 信이라. 甫刑에서 曰, '敬忌하여 擇言이 躬에 在함이 有가 罔라.'"

의역 공자가 말하길, "군자는 남에 대해 행동에서 실수를 하지 않고, 남에 대해 표정에서 실수를 하지 않으며, 남에 대해 말에서 실수를 하지 않는다. 이러한 까닭으로 군자의 모습은 외경하기에 충분하고, 군자의 표정은 남들이 조심스럽게 여기기에 충분하며, 군자의 말은 믿음을 주기에 충분하다. 「보형」편에서는 '공경하고 조심하여, 법도에 맞지 않는 말을 자신에게 두지 말아라.'"라고 했다.

集說 疏曰: 甫刑, 呂刑也, 甫侯爲穆王說刑, 故稱甫刑.

번역 공영달의 소에서 말하길, '보형(甫刑)'은 『서』「여형(呂刑)」편으로,[1] 보후가 목왕을 위해 형벌에 대해 설명한 것이기 때문에 '보형(甫刑)'이라고 말한 것이다.

集說 馬氏曰: 見其所可行而不慮其所可止, 則失足於人; 見其所可喜而不

---

1) 『서』「주서(周書)·여형(呂刑)」: 典獄非訖于威, 惟訖于富, <u>敬忌, 罔有擇言在身</u>. 惟克天德, 自作元命, 配享在下.

慮其所可怒, 則失色於人; 見其所可語而不慮其所可默, 則失口於人. 不失足
於人, 故貌足畏; 不失色於人, 故色足憚; 不失口於人, 故言足信.

번역 마씨가 말하길, 시행할만한 것만 보고 그쳐야 함을 고려하지 않는
다면, 남에 대해서 행동에서 실수한다. 기뻐할만한 것만 보고 성낼 수 있음
을 고려하지 않는다면, 남에 대해서 표정에서 실수를 한다. 말할만한 것만
보고 침묵해야 함을 고려하지 않는다면, 남에 대해서 말에서 실수를 한다.
남에 대해서 행동에서 실수를 하지 않기 때문에 그 모습은 외경하기에 충
분하고, 남에 대해서 표정에서 실수를 하지 않기 때문에 그 표정은 조심하
기에 충분하며, 남에 대해서 말에서 실수를 하지 않기 때문에 그 말은 믿음
을 주기에 충분하다.

集說 劉氏曰: 君子謹獨, 不待矜而莊, 故不失足於人而貌足畏; 不待厲而
威, 故不失色於人而色足憚; 不待言而信, 故不失口於人而言足信也. 蓋其尋
常敬忌, 故動處無不中節如此. 又引書以證之, 而義益顯矣.

번역 유씨[2]가 말하길, 군자는 홀로 있을 때 조심하여, 과시하지 않아도
장엄하게 된다. 그렇기 때문에 남에 대해서 행동을 실수하지 않고 그 모습
은 외경하기에 충분하다. 또 사납게 하지 않아도 위엄이 있기 때문에, 남에
대해서 표정에서 실수를 하지 않고 그 표정은 남이 조심하기에 충분하다.
또 말을 하지 않아도 믿음을 주기 때문에, 남에 대해서 말에서 실수를 하지
않고 그 말은 믿음을 주기에 충분하다. 항상 공경하고 조심하기 때문에 동
작과 대처함에 있어서 이처럼 법도에 맞지 않는 것이 없다. 또 『서』의 내용
을 인용하여 증명하였으니, 그 의미가 더욱 드러난다.

---

2) 장락유씨(長樂劉氏, A.D.1017~A.D.1086) : =유씨(劉氏)·유이(劉彛)·유집중
(劉執中). 북송(北宋) 때의 성리학자이다. 자(字)는 집중(執中)이다. 복주(福
州) 출신이며, 어려서 호원(胡瑗)에게서 학문을 배웠다. 『정속방(正俗方)』, 『
주역주(周易注)』를 지었으나 현존하지 않는다. 『칠경중의(七經中議)』, 『명선
집(明善集)』, 『거이집(居易集)』 등이 남아 있다.

大全 藍田呂氏曰: 修身之要有三, 貌也, 色也, 言也. 曾子告孟敬子, 君子所貴乎道者三, 動容貌, 出辭氣, 正顔色而已. 冠義曰, 禮義之始, 在於正容體·齊顔色·順辭令. 若巧言·令色·足恭, 則反是者也. 所謂足者, 擧動是也. 擧動, 卽貌也, 主於足, 故言足也. 色者, 顔色, 見於面目者也. 口者, 言辭是也. 修此三者, 敬而已矣. 不敬則失之, 故貌敬則足畏也, 色敬則足憚也, 言敬則足信也.

번역 남전여씨3)가 말하길, 자신을 수양하는 요점에는 세 가지가 있으니, 모습·표정·말이다. 증자가 맹경자에게 알려줄 때에도 군자가 존귀하게 여기는 도는 세 가지가 있으니, 행동을 할 때, 말을 할 때, 표정을 바르게 할 때일 뿐이라고 했다.4)『예기』「관의(冠義)」편에서도 "예의(禮義)의 시작은 행동거지를 바르게 하고, 안색을 가지런히 하며, 대답하는 말들을 순하게 하는데 달려 있다."5)라고 했다. 따라서 말을 교묘히 꾸미고 표정을 좋게만 꾸미며 비굴할 정도로 공손한 것은 이와 반대가 된다. 이른바 '족(足)'이라는 것은 행동거지를 뜻한다. 행동거지는 모습에 해당하는데, 발로 움직이는 것을 위주로 했기 때문에 '족(足)'이라고 했다. '색(色)'은 표정을 뜻하니, 얼굴에 나타나는 것이다. '구(口)'는 말을 뜻한다. 이러한 세 가지 것들을 수양하는 것은 공경일 따름이다. 공경하지 않는다면 실수를 한다. 그렇기 때문에 모습이 공경스럽다면 남이 외경하기에 충분하고, 표정이 공경스럽다면 남이 어려워하기에 충분하며, 말이 공경스럽다면 믿음을 주기에 충분

---

3) 남전여씨(藍田呂氏, A.D.1040~A.D.1092) : =여대림(呂大臨)·여씨(呂氏)·여여숙(呂與叔). 북송(北宋) 때의 학자이다. 이름은 대림(大臨)이고, 자(字)는 여숙(與叔)이며, 호(號)는 남전(藍田)이다. 장재(張載) 및 이정(二程)형제에게서 수학하였다. 저서로는『남전문집(藍田文集)』등이 있다.
4)『논어』「태백(泰伯)」: 曾子有疾, 孟敬子問之. 曾子言曰, "鳥之將死, 其鳴也哀, 人之將死, 其言也善. 君子所貴乎道者三, 動容貌, 斯遠暴慢矣, 正顔色, 斯近信矣, 出辭氣, 斯遠鄙倍矣. 籩豆之事, 則有司存."
5)『예기』「관의(冠義)」【689a】: 凡人之所以爲人者, 禮也. 禮義之始, 在於正容體, 齊顔色, 順辭令. 容體正, 顔色齊, 辭令順, 而後禮義備, 以正君臣, 親父子, 和長幼. 君臣正, 父子親, 長幼和, 而后禮義立. 故冠而后服備, 服備而后容體正, 顔色齊, 辭令順, 故曰冠者禮之始也. 是故古者聖王重冠.

하다.

鄭注 失, 謂失其容止之節也. 玉藻曰: “足容重, 色容莊, 口容止.” 甫刑, 尙書篇名. 忌之言戒也. 言己外敬而心戒愼, 則無有可擇之言加於身也.

번역 '실(失)'자는 행동거지에 따른 규범을 어긴다는 뜻이다. 『예기』「옥조(玉藻)」편에서는 “발의 모습은 무거워야 하고, 얼굴빛은 장엄하게 유지해야 하며, 입의 모습은 굳게 다물어야 한다.”[6]라고 했다. '보형(甫刑)'은 『상서』의 편명이다. '기(忌)'자는 “경계한다[戒].”는 뜻이다. 즉 본인이 겉으로 공경하고 마음으로도 조심하고 신중하면, 법도에 맞지 않는 말을 자신에게 두는 경우가 없다는 뜻이다.

釋文 憚, 大旦反.

번역 '憚'자는 '大(대)'자와 '旦(단)'자의 반절음이다.

孔疏 ●“子曰”至“在躬”. ○正義曰: 此一經廣明君子之德, 亦夫子竊自言也.

번역 ●經文: “子曰”~“在躬”. ○이곳 경문은 군자의 덕을 폭넓게 나타내고 있는데, 이 또한 공자가 조심스럽게 자신의 말을 한 것이다.

孔疏 ●“不失足於人”者, “足容重”, 不失此足之容儀, 而作夸毗進退於衆人也.

번역 ●經文: “不失足於人”. ○“발의 모습은 무거워야 한다.”라고 했으니, 이러한 발의 놀림에 따른 행동거지가 남들에 대해서 비굴하고 아첨하듯이 행동하는 잘못을 범하지 않게 한다.

---

6) 『예기』「옥조(玉藻)」【394c~d】: 足容重, 手容恭, 目容端, 口容止, 聲容靜, 頭容直, 氣容肅, 立容德, 色容莊, 坐如尸.

孔疏 ●"不失色於人"者, 色容須矜莊, 不失此色之容儀, 而作邊慺戚施於衆人也.

번역 ●經文: "不失色於人". ○얼굴 모습은 장엄해야 하니, 이러한 표정에 따른 행동거지가 남들에 대해서 대수롭지 않게 대하거나 아첨하는 등의 잘못을 범하지 않게 한다.

孔疏 ●"不失口於人"者, 口容須安止, 不失此口之容儀, 而作諂私曲媚於衆人也.

번역 ●經文: "不失口於人". ○입의 모습은 다물어야 하니, 이러한 말에 따른 행동거지가 남들에 대해서 아첨하며 비굴하게 하는 등의 잘못을 범하지 않게 한다.

孔疏 ●"是故"至"足信也", 此皆覆結上文.

번역 ●經文: "是故"~"足信也". ○이 모두는 앞 문장에 대해 재차 결론을 맺은 것이다.

孔疏 ●"甫刑曰: 敬忌, 而罔有擇言在躬"者, 甫刑, 尙書篇名呂刑也. 甫侯爲穆王說刑, 故稱"甫刑". 忌, 戒也. 罔, 無也. 言己外貌恭敬, 心能戒忌, 而無有可擇去之言在於躬. 今君子之德亦能如此, 故引甫刑以結之, 證君子無可擇去之言, 則上云"言足信", 是也. 然則敬之與忌, 則是君子貌足畏・色足憚也.

번역 ●經文: "甫刑曰: 敬忌, 而罔有擇言在躬". ○'보형(甫刑)'은『상서』의 편명인「여형(呂刑)」편이다. 보후가 목왕을 위해 형벌을 설명했기 때문에 '보형(甫刑)'이라고 부른다. '기(忌)'자는 "경계한다[戒]."는 뜻이다. '망(罔)'자는 "없다[無]."는 뜻이다. 즉 본인이 외적으로 공손하고 공경하며 마음으로는 조심하고 신중할 수 있어서, 가려서 제거해야 할 말을 자신에게 두지 않는다는 뜻이다. 현재 군자의 덕이 또한 이와 같을 수 있기 때문에,

「보형」편을 인용하여 결론을 맺어, 군자에게는 가려서 제거해야할 말이 없음을 증명하였으니, 앞에서 "그 말이 신의를 주기에 충분하다."라고 한 뜻에 해당한다. 그러므로 경(敬)과 기(忌)는 곧 군자의 모습이 외경하기에 충분하고, 표정이 어려워하기에 충분하다는 것에 해당한다.

集解 尙書無而字.

번역 인용문에 있어서 『상서』에는 '이(而)'자가 기록되어 있지 않다.

集解 不失足, 故貌足畏; 不失色, 故色足憚; 不失口, 故言足信. 上章所言, 聖人之盛德, 自然而然者也. 此章所言, 則學者持守省察之事也. 甫刑, 尙書呂刑篇. 忌, 戒也. 罔, 無也. 罔有擇言在躬, 謂所言皆合於道, 不可擇而去之也.

번역 행동에 실수를 하지 않기 때문에 그 모습은 외경하기에 충분하다. 표정에 실수를 하지 않기 때문에 그 표정은 어려워하기에 충분하다. 말에 실수를 하지 않기 때문에 그 말은 신의를 주기에 충분하다. 앞에서 언급한 내용은 성인의 융성한 덕에 해당하여, 저절로 그처럼 되는 것이다. 이곳에서 언급한 내용은 배우는 자가 지키고 성찰해야 할 일에 해당한다. '보형(甫刑)'은 『상서』의 「여형(呂刑)」편이다. '기(忌)'자는 "경계한다[戒]."는 뜻이다. '망(罔)'자는 "없다[無]."는 뜻이다. 따라서 '망유택언재궁(罔有擇言在躬)'이라는 말은 언급한 말들이 모두 도에 합치되어, 가려서 제거할 수 없다는 뜻이다.

참고 『서』「주서(周書)·여형(呂刑)」

經文 典獄, 非訖于威, 惟訖于富.

번역 옥송(獄訟)을 담당하는 자는 위엄을 끊는 것이 아니며, 오직 부유함을 끊어야 한다.

孔傳 言堯時主獄, 有威有德有恕, 非絶於威, 惟絶於富. 世治, 貨賂不行.

번역 요임금 때 옥송을 담당했던 자는 위엄을 갖추고 덕을 갖추며 남의 마음을 헤아릴 수 있는 능력을 갖췄으니, 위엄에 대해 끊어야 하는 것이 아니라 오직 부유함에 대해서 끊어야만 한다. 세상이 다스려지면 뇌물이 통행되지 않는다.

經文 敬忌, 罔有擇言在身.

번역 직무를 공경하고 과실을 꺼려하여 가릴만한 말을 자신에게 두지 않아야 한다.

孔傳 堯時典獄皆能敬其職, 忌其過, 故無有可擇之言在其身.

번역 요임금 때 옥송을 담당했던 자는 모두 자신의 직무를 공경하였고, 과실을 꺼려했다. 그렇기 때문에 가릴만한 말을 자신에게 두지 않았다.

經文 惟克天德, 自作元命, 配享在下.

번역 오직 하늘을 본받아 자신의 덕으로 삼고 자신을 통해 천수를 누리며, 하늘의 뜻에 부합하여 하늘 아래에 있어야 한다.

孔傳 凡明於刑之中, 無擇言在身, 必是惟能天德, 自爲大命, 配享天意, 在於天下.

번역 형벌의 합당함에 해박하여 가릴만한 말을 자신에게 두지 않는다면, 분명 하늘을 본받아 자신의 덕으로 삼아서 스스로 장수하여 하늘의 뜻에 부합하며 하늘 아래에 있는 자이다.

孔疏 ●"典獄"至"在下". ○正義曰: 堯時典獄之官, 非能止絶於威, 有犯必當行威, 威刑不可止也. 惟能止絶於富, 受貨然後得富, 無貨富自絶矣. 言於時世治, 貨賂不行. 堯時典獄之官皆能敬其職事, 忌其過失, 無有可釋之言在於其身. 天德平均, 惟能爲天之德. 志性平均, 自爲長久大命. 配當天意, 在於天下. 言堯德化之深, 於時典獄之官皆能賢也.

번역 ●經文: "典獄"~"在下". ○요임금 때 옥송을 담당했던 관리는 위엄에 대해서는 끊을 수가 없으니, 죄를 범한 자가 발생하면 반드시 위엄을 부려야 하므로, 위엄을 갖춘 형벌은 그만둘 수 없다. 오직 부유함에 대해서는 끊을 수가 있으니, 재물을 받은 이후에야 부유할 수 있는데, 재물을 받아 부유해짐이 없어서 저절로 끊어지는 것이다. 즉 당시에는 세상이 다스려져서 뇌물이 통행되지 않았다는 뜻이다. 요임금 때 옥송을 담당했던 관리들은 모두 자신의 직무를 공경스럽게 여기고 과실 범하는 것을 꺼려하여, 가릴만한 말을 자신에게 두지 않았다. 하늘의 덕은 균평하였으니, 오직 하늘의 덕에 따를 수 있어야 한다. 뜻과 본성이 균평하여 스스로 장수를 하게 된다. 짝하여 하늘의 뜻에 부합하며 하늘 아래에 있게 된다. 즉 요임금의 덕은 교화함이 매우 깊어서, 당시 옥송을 담당했던 관리들도 모두 현명할 수 있었다는 의미이다.

孔疏 ◎傳"言堯"至"不行". ○正義曰: 堯時主獄之官, 有威嚴, 有德行, 有恕心. 有犯罪必罪之, 是"有威"也. 無罪則赦之, 是"有德"也. 有威有德有恕心, 行之不受貨賂, 是恕心也. "訖", 是盡也, 故傳以"訖"爲絶. 不可能使民不犯, 非絶於威. 能使不受貨賂, 惟絶於富. 言以恕心行之, 世治則貨賂不行, 故獄官無得富者.

번역 ◎孔傳: "言堯"~"不行". ○요임금 때 옥송을 담당했던 관리는 위엄을 갖추고 덕행을 갖췄으며 용서하는 마음을 갖추고 있었다. 죄를 범한 자가 있으면 반드시 벌을 내렸으니, 이것이 "위엄을 갖추다."는 뜻이다. 죄가 없으면 용서를 했으니, 이것이 "덕행을 갖췄다."는 뜻이다. 위엄을 갖췄고 덕행을 갖췄으며 용서하는 마음을 갖췄는데, 시행을 함에 뇌물을 받지 않으니 이것은 용서하는 마음에 해당한다. '흘(訖)'자는 다한다는 뜻이다. 그렇기 때문에 공안국[7]의 전문에서는 '흘(訖)'자를 끊는다는 뜻으로 여겼다. 백성들로 하여금 죄를 범하지 않도록 할 수 없으니, 위엄을 갖추는 것은 끊을 수가 없다. 그러나 뇌물을 받지 않게는 할 수 있으니, 오직 부유함에 대해서는 끊게 된다. 즉 용서하는 마음으로 시행하여, 세상이 다스려진다면 뇌물이 통용되지 않는다. 그렇기 때문에 옥송을 담당하는 관리도 부유해질 수 없다.

孔疏 ◎傳"凡明"至"天下". ○正義曰: "惟克天德", 言能效天爲德, 當謂天德平均, 獄官效天爲平均. 凡能明於刑之中正矣, 又能使無可擇之言在身者, 此人必是惟能爲天平均之德, 斷獄必平矣. "皇天無親, 惟德是輔", 若能斷獄平均者, 必壽長久大命. 大命由己而來, 是"自爲大命". "享", 訓當也, 是此人能配當天命, 在於天之下. 鄭云, "大命謂延期長久也."

번역 ◎孔傳: "凡明"~"天下". ○'유극천덕(惟克天德)'이라는 말은 하늘을 본받아서 덕으로 삼을 수 있다는 뜻이니, 하늘의 덕이 균평하듯이 옥송을 담당하는 관리는 하늘을 본받아서 균평해야만 한다는 뜻이다. 형벌의 알맞고 바른 시행에 대해서 해박할 수 있고, 또 가릴만한 말을 자신에게 두지 않을 수가 있으니, 이러한 사람은 분명 하늘의 균평한 덕을 시행할 수 있는 자이며, 옥송을 판결하는 일도 분명 균평하게 된다는 뜻이다. "황천(皇天)[8]은 사사롭게 친애하는 사람이 없으며 오직 덕을 갖춘 자만을 도와

---

7) 공안국(孔安國, ?~?): 전한(前漢) 때의 학자이다. 자(字)는 자국(子國)이다. 고문상서학(古文尙書學)의 개조(開祖)로 알려져 있다. 『십삼경주소(十三經注疏)』의 『상서정의(尙書正義)』에는 공안국의 전(傳)이 수록되어 있는데, 통상적으로 이 주석은 후대인들이 공안국의 이름에 가탁하여 붙인 문장으로 인식되고 있다.
8) 황천(皇天)은 천신(天神)을 높여 부르는 말로, 황천상제(皇天上帝)를 뜻한다. '황천상제'는 또한 상제(上帝), 천제(天帝) 등으로 지칭되기도 한다. 한편 '황

준다."[9]라고 했는데, 만약 옥송을 균평하게 판결할 수 있다면 반드시 장수를 누리게 된다. 하늘의 명을 받아 장수하는 것은 자신으로부터 비롯되는 것이니, 이것이 바로 "스스로 장수를 누린다."는 뜻이다. '향(享)'자는 "합당하다[當]."는 뜻으로 풀이하니, 이러한 사람은 하늘의 명령에 짝하고 합당하게 할 수 있어서, 하늘 아래에 살게 된다는 뜻이다. 정현은 "대명(大命)은 기한을 연장하여 오래도록 지속한다는 뜻이다."라고 했다.

蔡傳 訖, 盡也. 威, 權勢也. 富, 賄賂也. 當時典獄之官, 非惟得盡法於權勢之家, 亦惟得盡法於賄賂之人, 言不爲威屈 不爲利誘也. 敬忌之至, 無有擇言在身, 大公至正, 純乎天德, 無毫髮不可擧以示人者, 天德在我, 則大命自我作, 而配享在下矣. 在下者, 對天之辭, 蓋推典獄用刑之極功, 而至於與天爲一者如此.

번역 '흘(訖)'자는 다한다는 뜻이다. '위(威)'자는 권세를 뜻한다. '부(富)'자는 뇌물을 뜻한다. 당시 옥송을 담당했던 관리는 단지 권세가 있는 집에 대해서만 법을 모두 집행했던 것이 아니라 또한 뇌물을 주는 사람에게도 법을 모두 집행했으니, 위엄에 굴복하거나 이익에 유혹되지 않는다는 뜻이다. 공경하고 조심함이 지극하여 가릴만한 말이 자신에게 없으면, 매우 공평하고 지극히 바르며, 하늘의 덕을 순일하게 따라서, 제시하여 남에게 보여줄 수 없는 것이 털끝만큼도 없으니, 하늘의 덕이 본인에게 있다면 커다란 명령이 자신으로부터 만들어지고, 하늘에 짝해 누리며 하늘 아래에 있을 수 있다. 아래에 있다는 말은 하늘과 대비해서 쓴 말이니, 옥송을 담당하는 관리가 형벌을 사용하는 지극한 공덕을 미루어서 이처럼 하늘과 하나가 됨을 이루는 것이다.

천'과 '상제'를 별개의 대상으로 풀이하기도 한다.
9) 『서』「주서(周書)·채중지명(蔡仲之命)」: 皇天無親, 惟德是輔, 民心無常, 惟惠之懷.

참고 구문비교

출 처	내 용
『禮記』「表記」	君子不失足於人, 不失色於人, 不失口於人.
『禮記』「曲禮上」	君子戒愼, 不失色於人.

• 제 3 절 •

석(裼) · 습(襲)과 독(瀆)

【622d】

> 子曰, "裼 · 襲之不相因也, 欲民之毋相瀆也."

직역 子가 曰, "裼과 襲을 相히 因함을 不함은 民이 相히 瀆하길 毋함을 欲함이라."

의역 공자가 말하길, "석(裼)과 습(襲)을 함께 따르지 않는 것은 백성들이 너무 무례하게 굴지 않도록 하기 위해서이다."라고 했다.

集說 裼 · 襲, 見曲禮.

번역 '석(裼)'과 '습(襲)'에 대한 설명은 『예기』「곡례(曲禮)」편에 나온다.[1]

---

1) 『예기』「곡례하(曲禮下)」【47d】에는 "執玉, 其有藉者則裼, 無藉者則襲."이라는 기록이 있다. 즉 "옥(玉)을 잡을 때, 그것이 깔개가 있는 옥이라면, 석(裼)을 하고, 깔개가 없는 옥이라면 습(襲)을 한다."라는 뜻이다. 이에 대한 진호(陳澔)의 『집설(集說)』에서는 "古人之衣, 近體有袍襗之屬, 其外有裘, 夏月則衣葛. 或裘或葛, 其上皆有裼衣, 裼衣上有襲衣, 襲衣之上有常著之服, 則皮弁服及深衣之屬是也. 掩而不開謂之襲, 若開而見出其裼衣, 則謂之裼也."라고 풀이했다. 즉 "고대인이 입었던 옷 중에는 몸 위에 걸치는 옷으로는 포(袍)와 탁(襗) 등이 있었고, 그 위에 걸치는 옷으로는 구(裘)가 있었는데, 여름철에는 베로 만든 옷을 대신 입었다. 가죽옷을 입게 되거나 베로 만든 옷을 입게 되더라도, 그 위에는 모두 석의(裼衣)를 걸쳤고, 석의 위에는 또 습의(襲衣)를 걸쳤으며, 습의 위에는 또한 일상적으로 착용하게 되는 정식 의복류들을 걸쳤으니, 피변복(皮弁服)이나 심의(深衣) 등이 바로 여기에 해당한다. 가려서 안에 입고 있는 옷을 드러내지 않는 것을 습(襲)이라고 하며, 옷을 걷어 올려

集說 應氏曰: 裼・襲, 以示文質各有異宜. 所謂不相因者, 恐一時或有異事, 必易服從事, 各存其敬, 不以襲衣而因爲裼, 不以裼衣而因爲襲. 蓋節文旣辨, 而又不憚其勞, 則無相褻之患.

번역 응씨가 말하길, '석(裼)'과 '습(襲)'은 화려함과 질박함에는 각각 마땅함에 차이가 있음을 드러내는 것이다. 이른바 "서로 따르지 않는다."는 말은 특정 시기에 간혹 서로 다른 일이 발생했을 때, 반드시 이전 복장을 바꾸고서 해당 사안을 따라서 각각 해당 사안에 대한 존경함을 보존해야 하는 것으로, 습의(襲衣)[2]를 착용하고 있다고 해서 그에 따라 석(裼)[3]을 하지 않고, 석의(裼衣)[4]를 착용하고 있다고 해서 그에 따라 습(襲)[5]을 하지 않는 것이다. 규범에 따른 격식이 이미 분별되어 있고, 또 수고로움을 꺼려하지 않는다면, 서로 무례하게 구는 우환이 없게 된다.

大全 藍田呂氏曰: 禮者, 節文而已. 節文不明, 慢瀆所由生也. 衣裘之間, 以襲裼爲之節文, 故凡服裘者, 必有衣以裼之. 裘, 褻服也, 不可以敬事, 故有衣以覆之也. 不袒則謂之襲, 襲充美也, 袒謂之裼, 裼見美也, 謂裘之文飾也. 不文飾也, 不裼, 故犬羊之裘不裼[6]也. 不相因者, 或以裼爲敬, 或以襲爲敬也.

서 안에 입고 있던 석의를 드러내는 것을 석(裼)이라고 부른다."는 뜻이다.
2) 습의(襲衣)는 고대에 의례를 시행할 때 입는 옷이다. 석의(裼衣) 위에 걸쳤던 옷이다. 옷 위에 다시 한 겹을 껴입는다는 뜻에서 '습(襲)'자를 붙여서 부르는 것이다.
3) 석(裼)은 고대에 의례를 시행할 때 하는 복장 방식 중 하나이다. 좌측 소매를 걷어 올려서, 안에 입고 있는 석의(裼衣)를 드러내는 것이다. 한편 '석'은 비교적 성대하지 않은 의식 때 시행하는 복장 방식으로도 사용되어, 좌측 소매를 걷어 올려서 공경의 뜻을 표하기도 했다.
4) 석의(裼衣)는 고대에 의례를 시행할 때 입는 옷이다. 가죽옷이나 갈옷 위에 걸쳤던 외투 중 하나이다. '석의' 위에는 습의(襲衣)를 걸쳤기 때문에, 중간에 입는 옷이라는 뜻에서 '중의(中衣)'라고도 부른다.
5) 습(襲)은 고대에 의례를 시행할 때 하는 복장 방식 중 하나이다. 겉옷으로 안에 입고 있던 옷들을 완전히 가리는 방식이다. 한편 '습'은 비교적 성대한 의식 때 시행하는 복장 방식으로도 사용되어, 안에 있고 있는 옷을 드러내지 않음으로써, 공경의 뜻을 표하기도 했다.
6) '석(裼)'자에 대하여. '석'자는 본래 '습(襲)'자로 기록되어 있었는데, 『예기』「

禮盛者, 不文則以襲爲敬, 如大裘不裼, 及尸襲, 聘禮賓襲執圭, 弔則襲, 是也.
禮不盛者, 尙文, 故以裼爲敬, 如君在則裼, 無事則裼, 受饗之時, 賓裼奉束帛
加璧, 是也.

번역 남전여씨가 말하길, 예(禮)라는 것은 규범에 맞게 격식을 따르는
것일 뿐이다. 규범에 따른 격식이 드러나지 않는다면, 태만함과 무례함이
이를 통해 발생한다. 겉옷과 갓옷을 착용할 때에는 습(襲)과 석(裼)을 통해
그것의 격식을 정한다. 그렇기 때문에 무릇 갓옷을 입었을 때에는 반드시
겉옷을 입어서 갓옷을 드러낸다. 또 갓옷은 속에 입는 옷이니, 이것만 입고
서 특정 사안에 대한 공경함을 나타낼 수 없다. 그렇기 때문에 그 위에 겉옷
을 입어서 그것을 가리는 것이다. 소매를 걷어 올리지 않는다면 습(襲)이라
고 부르니 아름다움을 가리는 것이며, 소매를 걷어 올리면 석(裼)이라고
부르니 아름다움을 드러내는 것인데, 이것은 갓옷에 대해 문식을 꾸미는
것이다. 문식을 꾸미지 않을 때에는 석(裼)을 하지 않는다. 그렇기 때문에
개나 양의 가죽으로 만든 갓옷으로는 석(裼)을 하지 않는다.7) "서로 따르지
않는다."라고 했는데, 어떤 경우에는 석(裼)의 방식을 공경스러움으로 삼
고, 어떤 경우에는 습(襲)의 방식을 공경스러움으로 삼는다. 예가 융성한
경우 화려한 문식을 꾸미지 않아서 습(襲)의 방식을 공경스러움으로 삼으
니, 예를 들어 대구(大裘)8)를 착용하여 하늘에 대한 제사를 지낼 때에는
석(裼)을 하지 않고,9) 시동은 습(襲)을 하며,10) 빙례(聘禮)에서는 빈객이

옥조(玉藻)」편의 기록에 따라 '석'자로 수정하였다.

7) 『예기』「옥조(玉藻)」【382d】 : 犬羊之裘不裼, 不文飾也, 不裼.

8) 대구(大裘)는 천자가 제천(祭天) 의식을 시행할 때 입었던 복장이다. 『주례』
「천관(天官)·사구(司裘)」편에는 "司裘掌爲大裘, 以共王祀天之服."이라는 기
록이 있다. 즉 사구(司裘)는 '대구' 만드는 일을 담당하여, 천자가 하늘에 제
사를 지낼 때 입는 의복으로 제공한다. 또한 이 기록에 대해 정현의 주에서
는 정사농(鄭司農)의 주장을 인용하여, "大裘, 黑羔裘, 服以祀天, 示質."이라
고 풀이했다. 즉 '대구'라는 의복은 검은 양의 가죽으로 만든 옷이며, 이것을
입고 하늘에 제사를 지내는 것은 질박함을 보이기 위함이다.

9) 『예기』「옥조(玉藻)」【392b】 : 禮不盛, 服不充, 故大裘不裼, 乘路車不式.

10) 『예기』「옥조(玉藻)」【383a】 : 服之襲也, 充美也. 是故尸襲, 執玉龜襲. 無事則
裼, 弗敢充也.

습(襲)을 하고서 규(圭)를 잡고,[11] 조문을 하게 되면 습(襲)을 한다는 것[12] 등이 바로 이러한 경우에 해당한다. 예가 융성하지 않은 경우에는 화려함을 숭상하기 때문에 석(裼)의 방식을 공경스러움으로 삼으니, 예를 들어 군주가 계신 곳이라면 석(裼)을 하고,[13] 특별히 시행할 일이 없을 때, 그 장소가 군주가 계신 곳이라면 석(裼)을 하며,[14] 예물을 받을 때, 빈객은 석(裼)을 하고서 속백(束帛)[15]에 벽(璧)을 올려서 받들고 나아가는 것[16] 등이 바로 이러한 경우에 해당한다.

鄭注 "不相因"者, 以其或以裼爲敬, 或以襲爲敬. 禮盛者, 以襲爲敬, 執玉龜之屬也. 禮不盛者, 以裼爲敬, 受享是也.

번역 '불상인(不相因)'은 어떤 경우에는 석(裼)의 방식을 공경스러움으로 삼고, 또 어떤 경우에는 습(襲)의 방식을 공경스러움으로 삼기 때문이다. 예가 융성한 경우에는 습(襲)의 방식을 공경스러움으로 삼으니, 옥이나 거북껍질을 잡았을 때 습(襲)을 하는 것[17] 등이 여기에 해당한다. 또 예가 융성하지 않은 경우에는 석(裼)의 방식을 공경스러움으로 삼으니, 예물을

---

11) 『의례』「빙례(聘禮)」 : 賓襲執圭. 擯者入告, 出辭玉, 納賓.
12) 『예기』「옥조(玉藻)」【382d】 : 裘之裼也, 見美也. <u>吊則襲</u>, 不盡飾也. 君在則裼, 盡飾也.
13) 『예기』「옥조(玉藻)」【382d】 : 裘之裼也, 見美也. 吊則襲, 不盡飾也. <u>君在則裼</u>, 盡飾也.
14) 『예기』「옥조(玉藻)」【383a】 : 服之襲也, 充美也. 是故尸襲, 執玉龜襲. <u>無事則裼</u>, 弗敢充也.
15) 속백(束帛)은 한 묶음의 비단으로, 그 수량은 다섯 필(匹)이 된다. 빙문(聘問)을 하거나 증여를 할 때 가져가는 예물(禮物) 등으로 사용되었다. '속(束)'은 10단(端)을 뜻하는데, 1단의 길이는 1장(丈) 8척(尺)이 되며, 2단이 합쳐서 1권(卷)이 되므로, 10단은 총 5필이 된다. 『주례』「춘관(春官)·대종백(大宗伯)」편에는 "孤執皮帛."이라는 기록이 있고, 이에 대한 가공언(賈公彦)의 소(疏)에서는 "束者十端, 每端丈八尺, 皆兩端合卷, 總爲五匹, 故云束帛也."라고 풀이했다.
16) 『의례』「빙례(聘禮)」 : 賓裼, 奉束帛加璧享.
17) 『예기』「옥조(玉藻)」【383a】 : 服之襲也, 充美也. 是故尸襲, <u>執玉龜襲</u>. 無事則裼, 弗敢充也.

받을 때 등이 여기에 해당한다.

釋文 裼襲, 思歷反, 下音習. 毌音無, 下同. 瀆, 大木反.

번역 '裼襲'에서의 '裼'자는 '思(사)'자와 '歷(력)'자의 반절음이며, '襲'자는 그 음이 '習(습)'이다. '毌'자의 음은 '無(무)'이며, 아래문장에 나오는 글자도 그 음이 이와 같다. '瀆'자는 '大(대)'자와 '木(목)'자의 반절음이다.

孔疏 ●"子曰"至"以倦". ○正義曰: 以前經云君子"貌足畏, 色足憚", 故此經云"毌相瀆", 卽是可憚之事也.

번역 ●經文: "子曰"~"以倦". ○앞의 경문에서는 군자에 대해서 "군자의 모습은 외경하기에 충분하고, 군자의 표정은 남들이 조심스럽게 여기기에 충분하다."라고 했다. 그렇기 때문에 이곳 경문에서는 "서로 무례하게 굴지 않는다."라고 말한 것이니, 남들이 조심스럽게 여길만한 일에 해당한다.

孔疏 ●"裼襲之不相因也"者, 行禮之時, 禮不盛者則露見裼衣, 禮盛之時則重襲上服. 是行禮初盛則襲衣, 禮不盛則裼衣, 是裼襲不相因也. 若始末恒裼襲, 是相因也. 其行禮之時, 或初襲而後裼, 或初裼而後襲, 所以然者, 欲使人民無相褻瀆, 使禮相變革也.

번역 ●經文: "裼襲之不相因也". ○의례를 시행할 때, 그 의례가 융성하지 않은 경우라면 석의(裼衣)를 드러내고, 의례가 융성한 경우라면 그 위에 겉옷을 껴입어서 가리게 된다. 이것은 의례를 시행하는 초반에 융성한 시기라면 의복을 습(襲)하고 의례의 진행이 융성하지 않은 시기가 된다면 의복을 석(裼)하는 것이니, 이것이 바로 석(裼)과 습(襲)이 서로 따르지 않는다는 뜻이다. 만약 처음부터 끝까지 항상 석(裼)이나 습(襲)을 한다면, 이것은 서로 따르는 것이 된다. 의례를 시행할 때, 어떤 경우에는 초기에 습(襲)

을 했다가 이후에 석(裼)을 하기도 하며, 또 어떤 경우에는 초기에 석(裼)을
했다가 이후에 습(襲)을 하기도 하는데, 이처럼 하는 것은 사람들로 하여금
서로에게 무례하게 굴지 못하도록 하고, 예로 하여금 상호관계에서 변화되
도록 하고자 해서이다.

孔疏 ◎注"禮盛"至"是也". ○正義曰: 按聘禮賓初行聘時則襲, 故聘禮云
"賓襲執圭", 是也. 至聘訖受享之時, 賓裼, 奉束帛加璧行享. 聘爲禮盛, 故襲;
享爲禮不盛, 故裼. 聘時有玉, 故云"執玉"也. 玉藻曰"執玉龜襲", 故云"之屬"
也. 按行享執璧, 璧亦是玉, 於時裼衣, 而云"以襲執玉龜"者, 但享時雖執璧,
以璧致享, 比聘時執玉爲輕, 故享雖有璧而裼也. 又賓介自相授玉之時, 介禮
輕, 裼而執圭以受賓; 賓禮重, 則襲而後受圭. 是賓之與介, 亦裼襲不相因, 故
聘禮云"上介不襲執圭, 屈繅授賓, 賓襲執圭", 是也.

번역 ◎鄭注: "禮盛"~"是也". ○『의례』「빙례(聘禮)」편을 살펴보면, 빈
객은 의례 초반부에 빙문을 시행할 때 습(襲)을 한다. 그렇기 때문에 「빙례」
편에서는 "빈객이 습(襲)을 하고 규(圭)를 잡는다."라고 한 것이다. 빙문이
끝나서 예물을 받을 때가 되면, 빈객은 석(裼)을 하고서 속백(束帛) 위에
벽(璧)을 올려 받들고 나아가 바치며, 예물 전달 의식을 시행한다. 빙문은
예법 중에서도 융성한 것이기 때문에 습(襲)을 하지만, 예물을 받는 절차는
예법 중 융성하지 않은 것이기 때문에 석(裼)을 한다. 빙문을 할 때에는
옥이 포함된다. 그렇기 때문에 "옥을 잡는다."라고 해다.『예기』「옥조(玉
藻)」편에서는 "옥이나 거북껍질을 들면 습(襲)을 한다."라고 했다. 그렇기
때문에 '~의 부류[之屬]'라고 말했다. 살펴보면 향연을 시행할 때에도 벽
(璧)을 잡는데, '벽(璧)' 또한 옥의 한 부류에 해당한다. 그런데도 이 시기에
의복을 석(裼)하는데, "습(襲)을 하고서 옥과 거북껍질을 든다."라고 말한
것은 단지 예물을 전달할 때에는 비록 벽(璧)을 잡지만, 벽(璧)을 통해 예물
을 전달하는 것이니, 빙문을 할 때 옥을 잡는 것과 비교해보면 상대적으로
덜 중요한 일이다. 그렇기 때문에 예물을 전달할 때 비록 벽(璧)을 들게
되더라도 석(裼)을 하는 것이다. 또 빈객의 개(介)[18]들끼리 옥을 주고받을

때, 개(介)가 따르는 의례는 상대적으로 덜 중요하여, 석(裼)을 하고서 규(圭)를 들어 빈객에게 전달한다. 반면 빈객이 따르는 의례는 상대적으로 중요하므로, 습(襲)을 한 이후에 규(圭)를 받는다. 이것은 빈객과 개(介) 사이에서도 석(裼)과 습(襲)이 서로 따르지 않는 것에 해당한다. 그렇기 때문에 「빙례」편에서는 "상개(上介)19)는 습(襲)을 하지 않고 규(圭)를 들며 옥받침을 접어서 빈객에게 건네고, 빈객은 습(襲)을 하고 규(圭)를 든다."20)라고 한 것이다.

集解 燕居恒襲, 玉藻謂"不文飾也不裼", 是也. 行禮則改襲而裼; 若禮之至重, 則又改裼而襲. 蓋禮以變爲敬, 若相因則瀆, 瀆則不敬矣.

번역 한가롭게 머물 때에는 항상 습(襲)을 하니, 『예기』「옥조(玉藻)」편에서 "문식을 꾸미지 않을 때에는 석(裼)을 하지 않는다."라고 한 말이 여기에 해당한다. 의례를 시행할 때에는 습(襲)의 방식을 고쳐서 석(裼)을 하는데, 만약 의례 중에서도 지극히 중대한 경우라면, 재차 석(裼)을 고쳐서 습(襲)의 방식을 따른다. 무릇 예에서는 변화를 주는 것을 공경스러운 태도로 삼으니, 만약 서로 연이어지게 된다면 무례한 것이 되며, 무례하다면 불경한 것이 된다.

---

18) 개(介)는 부관을 뜻한다. 빈객(賓客)이 방문했을 때 주인(主人)과 빈객 사이에서 진행되는 절차들을 보좌했던 자들이다. 계급에 따라서 '개'를 두는 숫자에도 차이가 났다. 가령 상공(上公)은 7명의 '개'를 두었고, 후작이나 백작은 5명을 두었으며, 자작과 남작은 3명의 개를 두었다. 『예기』「빙의(聘義)」편에는 "上公七介, 侯伯五介, 子男三介."라는 기록이 있다.
19) 상개(上介)는 개(介) 중에서도 가장 직위가 높았던 자를 뜻한다. 빈객(賓客)이 방문했을 때, 빈객의 부관이 되어, 주인(主人)과의 사이에서 시행해야 할 일들을 도왔던 부관들을 '개'이라고 부른다.
20) 『의례』「빙례(聘禮)」: 上介不襲, 執圭屈繅授賓. 賓襲執圭.

● 그림 3-1   대구(大裘)

※ 출처: 『삼례도집주(三禮圖集注)』 1권

그림 3-2 오옥(五玉) : 황(璜)·벽(璧)·장(璋)·규(珪)·종(琮)

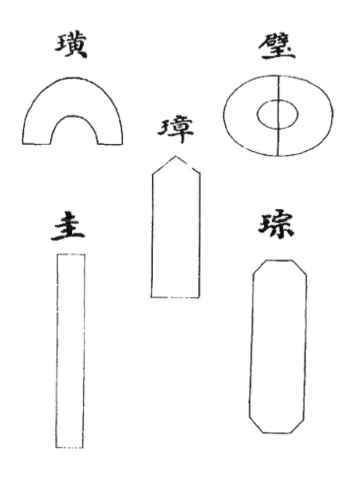

※ **출처:**『주례도설(周禮圖說)』하권

그림 3-3 옥을 받치는 깔개

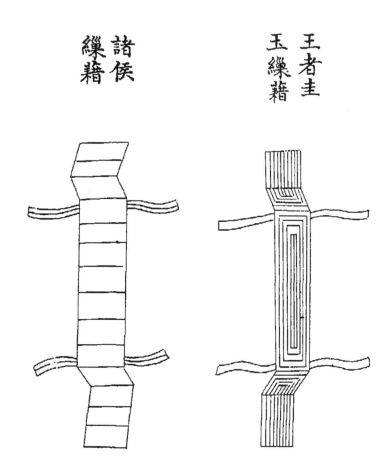

諸侯
繅藉

王者
玉圭
繅藉

※ **출처:**『삼례도집주(三禮圖集注)』10권

• 제 4 절 •

제사와 경(敬), 조정과 변(辨)

【5623a】

子曰, "祭極敬, 不繼之以樂. 朝極辨, 不繼之以倦."

직역 子가 曰, "祭에는 敬을 極하니, 繼하길 樂으로써 함이 不하다. 朝에는 辨을 極하니, 繼하길 倦으로써 함이 不하다."

의역 공자가 말하길, "제사에서는 공경함을 극진하게 해야 하니, 즐거움으로 뒤이어서는 안 된다. 조정에서는 변별함을 극진하게 해야 하니, 나태함으로 뒤이어서는 안 된다."라고 했다.

集說 呂氏曰: 極敬者, 誠意至也, 苟至於樂, 則敬弛; 極辨者, 節文明也, 苟至於倦, 則入於苟簡.

번역 여씨가 말하길, '극경(極敬)'은 정성스러운 뜻이 지극하다는 의미이니, 만약 즐거움에 이르게 된다면 공경함이 느슨해진다. '극변(極辨)'은 규범에 따른 형식을 드러낸다는 뜻이니, 만약 나태함에 이르게 된다면 적당히 하는 지경에 빠진다.

大全 金華應氏曰: 極者, 竭盡而無餘之辭. 繼者, 前竭而後承之謂. 蓋報本始通吩饗, 莫重乎祭, 一毫不敬, 則曠而不接矣, 其可以樂而散其志乎? 正名分出政令者, 莫嚴於朝, 一事不辨, 則紊而不治矣, 其可以倦而懈於事乎? 不繼之者, 竭力以畢事而不敢以此終也.

번역 금화응씨가 말하길, '극(極)'자는 극진히 하여 남김이 없도록 한다는 말이다. '계(繼)'자는 앞서 힘을 다하고 뒤이어 그것을 잇는다는 뜻이다. 무릇 근본과 시초에 보답하고 끊어지지 않고 연속되는 것 중에는 제사보다 중대한 것이 없으니, 한 터럭이라도 공경스럽지 못하다면 공허하게 되어 신과 교감하지 못하는데, 즐거움으로 그 뜻을 산만하게 할 수 있겠는가? 또 명분을 바로잡고 정령을 내리는 것 중에는 조정보다 엄숙한 곳이 없으니, 한 사안이라도 제대로 분별하지 못한다면 문란하게 되어 다스려지지 않는데, 태만함으로 그 사안을 해이하게 할 수 있겠는가? '불계지(不繼之)'는 힘을 다하여 일을 끝맺고, 감히 이로써 마무리를 짓지 않는다는 뜻이다.

鄭注 極, 猶盡也. 辨, 分別政事也. 祭義曰: "祭之日, 樂與哀半. 饗之必樂, 已至必哀."

번역 '극(極)'자는 "다하다[盡]."는 뜻이다. '변(辨)'자는 정사를 분별한다는 뜻이다. 『예기』「제의(祭義)」편에서는 "제사를 지내는 당일에는 즐거움과 슬픔이 반반이 되니, 흠향을 드리게 되면 혼령이 찾아오므로 반드시 즐겁게 되지만, 이미 찾아왔다면 앞으로 떠나가게 되니 반드시 슬프게 된다."[1]라고 했다.

釋文 樂音洛, 注同, 又音岳. 朝, 直遙反, 下注"朝聘"同. 倦, 本又作勸, 其眷反. 別, 彼列反. 已音以.

번역 '樂'자의 음은 '洛(낙)'이며, 정현이 주에 나오는 글자도 그 음이 이와 같고, 또한 그 음은 '岳(악)'도 된다. '朝'자는 '直(직)'자와 '遙(요)'자의 반절음이며, 아래 정현의 주에 나오는 '朝聘'의 '朝'자도 그 음이 이와 같다.

---

1) 『예기』「제의(祭義)」【555b~c】: 文王之祭也, 事死者如事生, 思死者如不欲生, 忌日必哀, 稱諱如見親, 祀之忠也. 如見親之所愛, 如欲色然, 其文王與. 詩云, "明發不寐, 有懷二人." 文王之詩也. 祭之明日, 明發不寐, 饗而致之, 又從而思之. 祭之日, 樂與哀半, 饗之必樂, 已至必哀.

'倦'자는 판본에 따라서 또한 '勌'자로도 기록하니, '其(기)'자와 '眷(권)'자의 반절음이다. '別'자는 '彼(피)'자와 '列(렬)'자의 반절음이다. '已'자의 음은 '以(이)'이다.

孔疏 ●"子曰: 祭極敬, 不繼之以樂. 朝極辨, 不繼之以倦". ○正義曰: 以前經"毋相瀆", 故此經明行敬之時, 不可以樂·倦也. 極, 盡也. 言祭祀極盡於敬, 不可以終末繼之以樂而不敬, 言朝禮極盡於分別政事, 不可以終末繼之以解倦而不分別也.

번역 ●經文: "子曰: 祭極敬, 不繼之以樂. 朝極辨, 不繼之以倦". ○앞의 경문에서는 "서로 무람되지 않게 한다."라고 했다. 그렇기 때문에 이곳 경문에서는 공경함을 시행할 때에는 즐거움이나 나태함으로 할 수 없음을 나타내고 있다. '극(極)'자는 "다하다[盡]."는 뜻이다. 즉 제사를 지낼 때에는 공경함을 지극하게 하며, 말미에 즐거움으로 끝맺어서 공경스럽지 못하게 해서는 안 된다는 뜻이며, 조정의 의례에서는 정사를 분별함을 지극하게 하며, 말미에 나태함으로 끝맺어서 분별을 못해서는 안 된다는 뜻이다.

孔疏 ◎注"祭義"至"必哀". ○正義曰: 引之者, 證明此經不可繼之以樂之事也.

번역 ◎鄭注: "祭義"~"必哀". ○정현이 이 문장을 인용한 것은 이곳 경문에서 즐거움으로 이어서는 안 된다고 한 사안을 증명하기 위해서이다.

集解 樂, 謂歡樂, 若燕飮之禮, 脫屨升坐, 而無不醉也. 祭禮雖有旅酬·無算爵, 然皆立而飮酒, 不若燕禮之歡樂也. 辨, 謂辨治. 祭以奉事鬼神, 始終貴乎敬, 樂則不足於敬矣. 朝廷, 政事之所出, 始終貴乎辨, 倦則不足於辨矣.

번역 '낙(樂)'은 즐거워한다는 뜻이니, 마치 연회를 하며 음주를 하는 예법에 있어서, 신발을 벗고 당상(堂上)에 올라가서 취하지 않는 자가 없는

경우와 같다. 제례에 있어서도 비록 여수(旅酬)²⁾를 하고 무산작(無算爵)³⁾
을 하는 절차가 포함되지만, 모두 자리에 서서 술을 마시니, 연회를 하며
즐거움을 나누는 것과는 다르다. '변(辨)'자는 변별하고 다스린다는 뜻이다.
제사는 귀신을 받들어 섬기는 것이니, 시종일관 공경함을 존귀하게 여기는
데, 즐겁게 여긴다면 공경함이 부족하게 된다. 조정은 정사가 나오는 곳이
니, 시종일관 변별함을 존귀하게 여기는데, 나태하게 된다면 변별함이 부족
하게 된다.

---

2) 여수(旅酬)는 제사가 끝난 후에, 제사에 참가했던 친족 및 빈객(賓客)들이 술
   잔을 들어 술을 마시고, 서로 공경의 예(禮)를 표하며, 잔을 권하는 의례(儀
   禮)이다.
3) 무산작(無算爵)은 술잔의 수를 헤아리지 않는다는 뜻이다. 여수(旅酬)를 한
   이후에, 빈객들의 제자들과 형제들의 자제들은 각각 그들의 수장에게 술을
   따르고, 잔을 들어 올리는 것도 각각 그들의 수장에게 한다. 그리고 빈객들
   이 잔을 가져다가, 형제들 집단에 술을 권하고, 장형제(長兄弟)들은 잔을 가
   져다가 빈객의 무리들에게 술을 권하게 된다. 이처럼 여러 차례 술을 따르고
   권하기 때문에, 이러한 절차를 '무산작'이라고 부르는 것이다.

• 제 5 절 •

군자의 신(愼)·독(篤)·공(恭)

【623b】

子曰, "君子愼以辟禍, 篤以不揜, 恭以遠恥."

직역 子가 曰, "君子는 愼하여 禍를 辟하고, 篤하여 不揜하며, 恭하여 恥를 遠한다."

의역 공자가 말하길, "군자는 신중히 처신하여 재앙을 피하고, 독실하게 행동하여 그 광채가 가려지지 않게 하며, 공손하게 따라서 치욕을 멀리한다."라고 했다.

集說 馬氏曰: 篤者, 居其厚, 不居其薄; 處其實, 不處其華, 則輝光發於外, 而人不能揜也.

번역 마씨가 말하길, '독(篤)'은 두터움에 머물며 얇은 데 머물지 않는다는 뜻이다. 진실됨에 처하며 화려함에 처하지 않는다면, 광채가 밖으로 드러나서 사람들이 가릴 수 없게 된다.

集說 應氏曰: 君子經德不回, 所以正行, 則其戒謹篤恭, 皆非有爲而爲之也, 豈區區於避禍患防揜恥乎? 記禮之垂是言, 亦以曉人知避困辱之道耳.

번역 응씨가 말하길, 군자가 떳떳한 덕을 지니고 간사하게 굴지 않는 것은 행실을 올바르게 하기 위해서이니,[1] 조심하고 신중하며 독실하고 공

---

1) 『맹자』「진심하(盡心下)」: 孟子曰, "堯舜, 性者也, 湯武, 反之也. 動容周旋中禮者, 盛德之至也. 哭死而哀, 非爲生者也. 經德不回, 非以干祿也. 言語必信,

손히 하는 것은 모두 의도함이 있어서 그처럼 하는 것이 아닌데, 어찌 재앙을 피하거나 가려지는 것이나 치욕을 방비하기 위함에 한정되겠는가? 『예기』를 기록한 자가 이러한 말을 기록해둔 것은 이를 통해서 사람들을 깨우쳐 곤욕스러움을 피할 수 있는 도를 알게끔 하기 위해서일 뿐이다.

大全 張子曰: 篤, 謂篤實. 篤實則自有光輝, 如何可揜? 與誠之不可揜, 其義同.

번역 장자[2)]가 말하길, '독(篤)'자는 독실하다는 뜻이다. 독실하다면 그 자체로 광채를 나타내게 되는데, 어떻게 가릴 수 있겠는가? 이것은 "성실함을 가릴 수 없다."[3)]라고 한 말과 그 뜻이 같다.

大全 藍田呂氏曰: 愼篤恭三者, 皆行之敬也. 愼其行, 則寡過, 況於禍乎? 暴虎馮河, 死而無悔者, 不愼而取禍者也. 篤其行, 則誠著, 何事於揜乎? 閒居爲不善, 無所不至, 及見君子, 則揜其不善而著其善, 不篤而好揜者也. 恭其行, 則人敬, 何事於恥乎? 侮人者, 人亦侮之, 不恭而近恥者也.

번역 남전여씨가 말하길, 신중함·독실함·공손함이라는 세 가지는 모두 행실의 공경함을 뜻한다. 행실을 신중하게 한다면 지나침이 적은데, 하물며 재앙을 당하겠는가? 맨손으로 호랑이를 때려잡고 맨몸으로 황하를 건너려다가 죽어도 후회를 하지 않는 자[4)]는 바로 신중하지 못해서 재앙을 당한 자이다. 행실을 독실하게 한다면 성실함이 드러나는데, 어떻게 가리는 일을

非以正行也. 君子行法, 以俟命而已矣."

2) 장재(張載, A.D.1020~A.D.1077): =장자(張子)·장횡거(張橫渠). 북송(北宋) 때의 유학자이다. 북송오자(北宋五子) 중 한 사람으로 칭해진다. 자(字)는 자후(子厚)이다. 횡거진(橫渠鎭) 출신으로, 이곳에서 장기간 강학을 했기 때문에 횡거선생(橫渠先生)으로 일컬어지기도 한다.

3) 『중용』「16장」: 夫微之顯, <u>誠之不可揜</u>, 如此夫.

4) 『논어』「술이(述而)」: 子謂顏淵曰, "用之則行, 舍之則藏, 唯我與爾有是夫!" 子路曰, "子行三軍, 則誰與?" 子曰, "<u>暴虎馮河, 死而無悔者</u>, 吾不與也. 必也臨事而懼, 好謀而成者也."

일삼겠는가? 한가롭게 거처할 때 불선한 짓을 하며 못하는 짓이 없다가
군자를 보고서 불선함을 가리고 선함을 드러내고자 하는 것5)은 독실하지
못하여 가리는 것을 좋아하는 자이다. 행실을 공손하게 한다면 사람들이
공경하는데, 어찌 치욕스러운 일을 일삼겠는가? 남을 업신여기는 자는 남
또한 그를 업신여기니, 공손하지 못해서 치욕을 당한 자이다.

鄭注 篤, 厚也. 揜, 猶困迫也.

번역 '독(篤)'자는 "두텁다[厚]."는 뜻이다. '엄(揜)'자는 곤궁하다는 뜻
이다.

釋文 辟音避. 揜, 於檢反. 遠, 于萬反.

번역 '辟'자의 음은 '避(피)'이다. '揜'자는 '於(어)'자와 '檢(검)'자의 반절
음이다. '遠'자는 '于(우)'자와 '萬(만)'자의 반절음이다.

孔疏 ●"子曰"至"遠恥". ○正義曰: "愼以辟禍"者, 言君子恒須謹愼以辟
禍患也.

번역 ●經文: "子曰"~"遠恥". ○경문의 "愼以辟禍"에 대하여. 군자는
항상 삼가고 신중해서 재앙을 피한다는 뜻이다.

孔疏 ●"篤以不揜"者, 篤, 厚也; 揜, 謂困迫也. 言君子篤厚行於善道, 不
使揜而而被困迫也.

번역 ●經文: "篤以不揜". ○'독(篤)'자는 "두텁다[厚]."는 뜻이며, '엄
(揜)'자는 곤궁하다는 뜻이다. 즉 군자는 선한 도에 대해서 독실하게 실천

---

5) 『대학』「전(傳) 6장」: 小人閒居爲不善, 無所不至, 見君子而后厭然揜其不善而
   著其善. 人之視己, 如見其肺肝然, 則何益矣? 此謂誠於中, 形於外, 故君子必愼
   其獨也.

하여 가려져 곤궁을 당하지 않는다는 뜻이다.

孔疏　●言"恭以遠恥"者, 又能恭敬而遠恥辱也.

번역　●經文: "恭以遠恥". ○이 또한 공손하고 공경하여 치욕을 멀리한다는 뜻이다.

集解　篤, 謂篤厚也. 揜者, 困迫之意, 易曰"困, 剛揜", 是也. 人能敬愼, 則擇地而蹈, 而可以辟禍患矣. 人能篤厚, 則誠以感人, 而不至於被困迫矣. 人能恭敬, 則人亦敬之, 而可以遠恥辱矣.

번역　'독(篤)'자는 돈독하고 두텁다는 뜻이다. '엄(揜)'자는 곤궁하다는 뜻이니, 『역』에서 "곤괘(困卦)는 굳셈이 곤궁한 것이다."[6]라고 한 말이 그 용례이다. 사람이 공경하고 신중할 수 있다면, 올바른 땅을 가려서 밟게 되어 재앙을 피할 수 있다. 사람이 돈독하고 두터울 수 있다면 성실함이 남을 감동시켜서 곤궁을 당하는 지경에 이르지 않는다. 사람이 공손하고 공경할 수 있다면, 남들 또한 그를 공경하여, 치욕을 멀리할 수 있다.

---

6) 『역』「곤괘(困卦)」: 象曰, 困, 剛揜也. 險以說, 困而不失其所亨, 其唯君子乎! "貞, 大人吉", 以剛中也, "有言不信", 尙口乃窮也.

• 제 6 절 •

군자의 장(莊) · 경(敬)

【623c】

> 子曰, "君子莊敬日强, 安肆日偸. 君子不以一日使其躬儳焉
> 如不終日."

직역 子曰, "君子는 莊敬하여 日로 强한데, 安肆하면 日로 偸한다. 君子는 一日
로 그 躬으로 使하여 儳하여 日을 不終함과 如하길 不한다."

의역 공자가 말하길, "군자는 장엄하고 공경하여 날로 굳세게 되는데, 만약 안
일하게 대처하면 날로 교활하게 된다. 따라서 군자는 단 하루라도 자신을 어긋나게
하여 마치 생을 제대로 마치지 못하는 것처럼 행동하지 않는다."라고 했다.

集說 馬氏曰: 莊敬所以自强, 而有進德之漸, 故日强; 安肆所以自棄, 而有
敗度之漸, 故日偸.

번역 마씨가 말하길, 장엄함과 공경함은 스스로를 굳세게 하여, 점진적
으로 덕으로 나아감이 있다. 그렇기 때문에 날로 굳세게 된다. 안일함은
스스로를 버리게 하여, 점진적으로 법도를 어기는 점이 있다. 그렇기 때문
에 날로 교활하게 된다.

集說 應氏曰: 儳者, 參錯不齊之貌. 心無所檢束而紛紜雜亂, 遂至儳焉錯
出. 外旣散亂而不整, 則內亦拘迫而不安, 故不能終日也. 若主一以直內, 而心
廣體胖, 何至於如不終日乎?

번역 응씨가 말하길, '참(儳)'은 어긋나서 가지런하지 않은 모습을 뜻한다. 마음에 단속함이 없어서 떠들썩하고 어지럽게 되면 결국 혼란스럽게 되어 어긋남이 나타난다. 외적으로 이미 어지럽고 정돈되지 않는다면, 내적으로도 붙들리고 궁하게 되어 편안하지 않다. 그렇기 때문에 생을 제대로 마무리 짓지 못한다. 만약 한결같음을 위주로 하여 내면을 바로잡아서, 마음과 몸이 펴진다면, 어떻게 생을 제대로 마무리 짓지 못하는 지경에 이르겠는가?

大全 嚴陵方氏曰: 莊敬日强者, 進於勤也. 安肆日偸者, 薄於怠也.

번역 엄릉방씨가 말하길, 장엄하고 공경하여 날로 굳세게 되는 것은 노력함으로 나아가는 것이다. 안일하여 날로 교활하게 되는 것은 나태함에 가까워지는 것이다.

大全 延平周氏曰: 莊敬日强, 可以言君子. 安肆日偸, 亦言君子者, 謂雖爲君子, 果莊敬, 則日入於强, 或安肆, 則日入於偸.

번역 연평주씨[1]가 말하길, 장엄하고 공경하여 날로 굳세게 된다면, 군자라 평할 수 있다. 그런데 안일하여 날로 교활하게 되는 경우에도 또한 '군자(君子)'라고 지칭했다. 이것은 비록 군자라 하더라도 장엄함과 공경함을 과감히 실천할 수 있다면, 날로 굳세게 되는 경지에 도달할 수 있지만, 혹여 안일하게 처신한다면 날로 교활해지는 지경에 빠진다는 뜻이다.

鄭注 肆, 猶放恣也. 偸, 苟且也. 肆或爲"藝". "儳焉", 可輕賤之貌也. "如不終日", 言人而無禮, 死無時.

번역 '사(肆)'자는 방자하게 군다는 뜻이다. '투(偸)'자는 구차하다는 뜻

---

1) 연평주씨(延平周氏, ?~?) : =주서(周諝)·주희성(周希聖). 송(宋)나라 때의 유학자이다. 이름은 서(諝)이다. 자(字)는 희성(希聖)이다. 『예기설(禮記說)』 등의 저서가 있다.

이다. '사(肆)'자를 다른 판본에서는 '설(藝)'자로 기록하기도 한다. '참언(儳
焉)'은 경시하거나 천시할만한 모습을 뜻한다. '여부종일(如不終日)'이라는
말은 사람으로 태어났음에도 예가 없다면 그가 죽을 때에는 정해진 시기가
없다는 뜻이다.

釋文 日强, 上人實反, 下同; 下其良反. 肆音四. 偸, 他侯反, 注同. 恣, 咨嗣
反. 儳, 徐在鑑反, 又仕鑑反.

번역 '日强'에서의 '日'자는 '人(인)'자와 '實(실)'자의 반절음이며, 아래
문장에 나오는 글자도 그 음이 이와 같고, '强'자는 '其(기)'자와 '良(량)'자의
반절음이다. '肆'자의 음은 '四(사)'이다. '偸'자는 '他(타)'자와 '侯(후)'자의
반절음이며, 정현의 주에 나오는 글자도 그 음이 이와 같다. '恣'자는 '咨
(자)'자와 '嗣(사)'자의 반절음이다. '儳'자의 서음(徐音)은 '在(재)'자와 '鑑
(감)'자의 반절음이며, 또한 '仕(사)'자와 '鑑(감)'자의 반절음도 된다.

孔疏 ●"子曰"至"畏也". ○正義曰: 此經又廣明恭敬之事, 言君子之人, 恒
能莊敬, 故德業日强.

번역 ●經文: "子曰"~"畏也". ○이곳 경문은 재차 공손하고 공경스럽
게 처신하는 사안에 대해서 폭넓게 나타내고 있으니, 군자는 항상 장엄하
고 공경스럽게 처신할 수 있기 때문에, 덕과 과업이 날로 굳세게 된다는
의미이다.

孔疏 ●"安肆日偸"者, 肆, 謂放恣; 偸, 謂苟且. 言小人安樂放恣, 則其情
性日爲苟且. 經不云"小人", 文不具也.

번역 ●經文: "安肆日偸". ○'사(肆)'자는 방자하게 군다는 뜻이며, '투
(偸)'자는 구차하다는 뜻이다. 즉 소인은 안일하고 방자하게 굴어서 그의
정감과 본성이 날로 구차하게 된다는 뜻이다. 경문에서는 '소인(小人)'이라

고 언급하지 않았는데, 문장을 간략히 기록했기 때문이다.

孔疏 ●"君子不以一日使其躬儳焉如不終日"者, 儳, 可輕賤之貌. 言君子則常行善道, 不以一日之間使其身儳焉可輕賤, 如小人不能終竟一日也. 言不得長久也. 若小人恒爲無禮, 使其身可輕賤, 死期促近, 不能終竟一日也.

번역 ●經文: "君子不以一日使其躬儳焉如不終日". ○'참(儳)'은 경시하거나 천시할만한 모습을 뜻한다. 즉 군자의 경우라면 항상 선한 도를 시행하여, 하루라도 자신을 경시하거나 천박하게 여기도록 처신하여, 소인이 자신의 일생을 제대로 마치지 못하는 것처럼 하지 않는다는 뜻이다. 즉 이처럼 하게 되면 오래도록 살아남을 수 없다는 의미이다. 소인의 경우라면 항상 무례하게 행동하여, 자신을 천박하게 여기고 경시하도록 만들어 죽음을 재촉해서, 자신의 생을 제대로 마치지 못한다.

集解 程子曰: 常人之情, 纔放肆, 則日就曠蕩; 自檢束, 則日就規矩.

번역 정자가 말하길, 일반인들의 정감은 방자하게 군다면 날로 방탕하게 되고, 스스로를 검속하게 된다면 날로 법도로 나아가게 된다.

集解 應氏鏞曰: 收斂則精神內固, 操存則血氣不浮, 故日進於强. 宴安則物欲肆行, 縱肆則膚體懈弛, 故日至於偸. 儳然, 差錯不齊之貌. 心無所檢束, 故儳焉散亂, 外旣散亂, 內亦拘迫, 故如不終日也. 君子主一以直內, 無斯須之不莊·不敬, 則心廣體胖, 何至於如不終日乎?

번역 응용이 말하길, 자신을 거둬들여서 단속한다면, 정신이 내적으로 굳세게 되며, 붙잡아 보존한다면 혈기가 떠다니지 않는다. 그렇기 때문에 날로 굳셈으로 나아가게 된다. 안일하다면 물욕이 제멋대로 나타나고 방자하다면 신체가 느슨하게 풀어진다. 그렇기 때문에 날로 교활함으로 나아가게 된다. '참연(儳然)'은 어긋나서 가지런하지 않은 모습을 뜻한다. 마음에

검속하는 점이 없다면, 어긋나서 어지럽게 되는데, 외적으로 이미 어지럽다면 내적으로도 구차하고 급박하게 된다. 그렇기 때문에 일생을 제대로 마치지 못하는 것과 같다. 군자는 한결같음을 위주로 하여 내적인 면을 바로잡는데, 잠시라도 장엄하지 않거나 공경스럽지 못함이 없다면, 마음과 몸이 펴지는데, 어찌 생을 제대로 마치지 못하는 지경에 빠지겠는가?

● 제 7 절 ●

제계(齊戒)와 택일(擇日)

【623d】

> 子曰, "齊戒以事鬼神, 擇日月以見君, 恐民之不敬也."

직역 子가 曰, "齊戒하여 鬼神을 事하고, 日月을 擇하여 君을 見함은 民의 不敬함을 恐함이다."

의역 공자가 말하길, "재계를 하여 귀신을 섬기고, 날과 달을 가려서 군자를 찾아뵙는 것은 백성들이 공경하지 못할까를 염려하기 때문이다."라고 했다.

集說 幽明之交, 上下之際, 尤其所當敬者, 故並言之.

번역 그윽한 저 세상과 밝은 인간 세상의 사이 및 상하 계층의 사이에 있어서는 더욱 공경해야만 한다. 그렇기 때문에 함께 언급하였다.

大全 石林葉氏曰: 事鬼神則致敬於幽者也, 故主齊戒. 見君則致敬於明者也, 故主擇日月.

번역 석림섭씨[1]가 말하길, 귀신을 섬기는 경우라면, 그윽한 저 세상에 대해서 공경함을 지극히 하는 것이다. 그렇기 때문에 재계함을 위주로 한다. 군주를 찾아뵙는 경우라면, 밝은 인간 세상에 대해서 공경함을 지극히

---

1) 석림섭씨(石林葉氏, ?~A.D.1148) : =섭몽득(葉夢得)·섭소온(葉少蘊). 남송(南宋) 때의 유학자이다. 자(字)는 소온(少蘊)이고, 호(號)는 몽득(夢得)이다. 박학다식했다고 전해지며, 『춘추(春秋)』에 대한 조예가 깊었다.

하는 것이다. 그렇기 때문에 날짜를 가리는 것을 위주로 한다.

大全 嚴陵方氏曰: 玉藻言將適公所, 宿齊戒, 則見君者, 非不齊戒. 周官言祭祀, 前期十日, 帥執事而卜日, 遂戒, 則事鬼神者, 非不擇日月. 而此於鬼神言齊戒, 於君言日月者, 蓋齊戒在人, 日月在天, 神道至幽, 故主言在人者以明之, 君道至明, 故主言在天者以神之, 亦各有所當也.

번역 엄릉방씨가 말하길, 『예기』「옥조(玉藻)」편에서는 "군주가 계신 장소로 가게 되면, 하루 전에 재계를 한다."[2]라고 했으니, 군주를 찾아뵐 때에는 재계를 하지 않는 경우가 없다. 『주례』에서는 "제사를 지내게 되면, 기약된 날짜보다 10일 이전에 일을 맡아보는 자들을 이끌고서 날짜에 대해 거북점을 치고, 곧 재계를 시킨다."[3]라고 했으니, 귀신을 섬길 때에도 날짜를 가리지 않는 경우가 없다. 그런데도 이곳에서는 귀신에 대해 재계를 한다고 했고, 군주에 대해서는 날짜를 가린다고 했다. 그 이유는 재계를 하는 것은 사람에게 달린 것이고, 날짜는 하늘에 달려 있는 것인데, 신의 도는 지극히 그윽하기 때문에 사람에게 달린 것을 말하여 밝힌 것이고, 군주의 도는 지극히 밝기 때문에 하늘에 달린 것을 말하여 신성시한 것이니, 또한 각각에 마땅한 점이 있다.

鄭注 "擇日月以見君", 謂臣在邑竟者.

번역 "날과 달을 가려서 군주를 뵙는다."라고 했는데, 신하들 중 식읍의 변경에 나가 있는 자를 뜻한다.

釋文 齊, 側皆反. 見, 賢遍反, 注同. 竟音境.

---

2) 『예기』「옥조(玉藻)」【375b】: 將適公所, 宿齊戒, 居外寢, 沐浴. 史進象笏, 書思對命.
3) 『주례』「천관(天官)·대재(大宰)」: 祀五帝, 則掌百官之誓戒, 與其具脩. 前期十日, 帥執事而卜日, 遂戒.

번역 '齊'자는 '側(측)'자와 '皆(개)'자의 반절음이다. '見'자는 '賢(현)'자와 '遍(편)'자의 반절음이며, 정현의 주에 나오는 글자도 그 음이 이와 같다. '竟'자의 음은 '境(경)'이다.

孔疏 ◎注"擇日月以見君, 謂臣在邑竟者". ○正義曰: 知者, 以其經云"擇日月以見君", 若朝廷之臣則每日朝君, 何得云"擇日月"? 據此故知邑竟, 或擇日出使在外, 或食邑別都, 見君之時, 須"擇日月"也.

번역 ◎鄭注: "擇日月以見君, 謂臣在邑竟者". ○이러한 사실을 알 수 있는 것은 경문에서 "날과 달을 가려서 군주를 뵙는다."라고 했기 때문이다. 만약 조정에 소속된 신하의 경우라면, 매일 군주를 조회하게 되는데, 어떻게 "날과 달을 가린다."라고 말할 수 있겠는가? 이러한 사실에 근거했기 때문에 식읍의 변경에 있는 자들은 간혹 날짜를 택해서 사신으로 국경을 벗어나 외지에 있거나 혹은 식읍이 도읍과 동떨어져 있어서 군주를 뵐 때에는 날과 달을 택해야만 한다는 사실을 알 수 있다.

• 제 8 절 •

소인의 압모(狎侮)

【624a】

子曰, "狎侮, 死焉而不畏也."

직역 子曰, "狎侮는 死라도 不畏함이다."

의역 공자가 말하길, "남을 깔보고 업신여기는 것은 죽게 되더라도 두려워할 줄 모르는 것이다."라고 했다.

集說 馬氏曰: 狎侮至於死而不畏者, 蔽其所藝也.

번역 마씨가 말하길, 남을 깔보는 자는 죽게 되더라도 두려워하지 않으니, 자신이 업신여기던 자에게 해를 당하는 것이다.

鄭注 忕於無敬心也.

번역 공경하는 마음이 없는 것에 익숙해졌기 때문이다.

釋文 狎, 下甲反, 習也. 侮, 亡甫反. 忕, 時世反, 又時設反.

번역 '狎'자는 '下(하)'자와 '甲(갑)'자의 반절음이며, 익숙해진다는 뜻이다. '侮'자는 '亡(망)'자와 '甫(보)'자의 반절음이다. '忕'자는 '時(시)'자와 '世(세)'자의 반절음이며, 또한 '時(시)'자와 '設(설)'자의 반절음이다.

孔疏 ●"子曰: 狎侮, 死焉而不畏也". ○正義曰: 前經明君子恒能行恭敬, 此明小人唯好狎侮. 言小人遞相輕狎, 侮慢相侵, 雖有死焉禍害而不知畏懼也, 以其"忕於無敬心"故也. 言數爲無恭敬之心, 好相狎侮, 故至於死焉而不知畏懼也.

번역 ●經文: "子曰: 狎侮, 死焉而不畏也". ○앞의 경문에서는 군자는 항상 공손하고 공경할 수 있다고 했고, 이곳에서는 소인은 오직 업신여김을 익히는 것만 좋아한다고 했다. 즉 소인은 서로 번갈아가며 경시하고 업신여겨서, 업신여기고 태만하게 굴어 서로 피해를 주니, 비록 죽음에 이르는 재앙이 생기더라도 두려워할 줄을 모른다는 뜻이다. 이처럼 되는 것은 정현의 말처럼 공경하는 마음이 없는 것에 익숙해졌기 때문이다. 즉 수시로 공경하는 마음이 생기지 않도록 하여, 서로 업신여기길 좋아한다. 그렇기 때문에 죽음에 이르더라도 두려워할 줄 모른다는 의미이다.

集解 愚謂: 小人好相狎暱·侮慢, 不知畏死亡也, 而死亡恒及之, 此愼以辟禍之反也.

번역 내가 생각하기에, 소인들은 서로에 대해 너무 친근하게 대하거나 거만하고 업신여기길 좋아하며, 죽음에 대해서 두려워할 줄 모른다. 따라서 죽음이 항상 그에게 닥치게 되니, 이것은 신중히 처신하여 재앙을 피하는 것과는 반대가 된다.

• 제 9 절 •

사(辭)와 예(禮)

【624a】

子曰, "無辭不相接也, 無禮不相見也, 欲民之毋相褻也. 易曰, '初筮告, 再三瀆, 瀆則不告.'"

직역 子가 曰, "辭가 無라면 相히 接하길 不하고, 禮가 無라면 相히 見하길 不하니, 民이 相히 褻하길 毋함을 欲함이다. 易에서 曰, '初筮하면 告하고, 再三하면 瀆하니, 瀆하면 不告한다.'"

의역 공자가 말하길, "전하는 말이 없다면 서로 교제를 하지 않고, 예물이 없다면 서로 만나보지 않으니, 백성들이 너무 친근하여 무례하게 대하지 않도록 하기 위해서이다. 『역』에서는 '처음 시초점을 친 것이라면 알려주지만 두 차례나 세 차례 반복해서 친 것이라면 무례하게 되니, 무례하다면 알려주지 않는다.'"라고 했다.

集說 易, 蒙卦辭, 謂凡占者, 初筮則誠敬必全, 若以明而治蒙, 必其學者如初筮之誠, 則當告之, 若如再筮三筮之瀆慢則不必告之矣. 引此以言賓主之交際, 當愼始敬終如初筮之誠, 不可如再三筮之瀆慢也.

번역 『역』은 『역』「몽괘(蒙卦)」의 괘사(卦辭)이니,[1] 무릇 점을 칠 때, 처음 시초점을 친 것이라면 성실하고 공경함이 반드시 온전하니, 마치 밝음을 통해 몽매함을 다스리는 것과 같으므로, 그것을 배우는 자의 태도가 처음 시초점을 치는 성실함과 같다면, 마땅히 알려주어야 하지만, 만약 두

---

1) 『역』「몽괘(蒙卦)」: 蒙, 亨. 匪我求童蒙, 童蒙求我, <u>初筮告, 再三瀆, 瀆則不告</u>. 利貞.

차례 시초점을 치고 세 차례 시초점을 친 것처럼 무례하고 태만하다면, 알려줄 필요가 없다. 이 문장을 인용하여 빈객과 주인이 서로 교제할 때에는 마땅히 처음을 신중하게 하고 끝을 공경하게 해서, 처음으로 시초점을 치는 성실함과 같아야만 하고, 두 차례나 세 차례 시초점을 치는 무례함이나 태만함과 같아서는 안 된다고 말한 것이다.

集說 呂氏曰: 辭者, 相接之言, 如公與客宴曰‘寡人有不腆之酒, 以請吾子之與寡人須臾焉, 使某也以請’之類, 是也. 禮者, 相見之摯, 如羔鴈雉鶩之類, 是也. 必以辭·必以禮者, 交際不可苟也. 苟則褻, 褻則不敬, 此交所以易疎也.

번역 여씨가 말하길, ‘사(辭)’는 서로 교제할 때 전하는 말이니, 군주가 빈객과 연회를 하며, “과인이 보잘것없는 술을 차려서 그대가 과인과 함께 회포를 풀기를 청원하여, 아무개를 시켜서 청한다.”[2]라고 한 부류가 여기에 해당한다. ‘예(禮)’는 서로 만나볼 때 가져가는 예물이니, 새끼 양·기러기·꿩·오리 등의 부류가 여기에 해당한다. 반드시 전하는 말을 통하고 반드시 예물을 전하는 것은 교제를 할 때에는 구차하게 할 수 없기 때문이다. 구차하면 너무 친근하게 여기게 되고, 너무 친근하게 대한다면 공경하지 않으니, 이것은 교제를 할 때 쉽게 소원해지는 이유이다.

大全 嚴陵方氏曰: 無辭不相接, 欲其有相接之名也. 無禮不相見, 欲其有相見之文也. 有名以正之, 有文以章之, 則豈有相褻者乎? 禮重於辭, 而見親於接. 瀆有汚意, 褻有近意, 則褻不若瀆之爲甚也.

번역 엄릉방씨가 말하길, 전하는 말이 없을 때 서로 교제하지 않는 것은 서로 교제할 때의 명분이 있게끔 하고자 해서이다. 예가 없을 때 서로 만나보지 않는 것은 서로 만나볼 때의 격식이 있게끔 하고자 해서이다. 명분을 두어서 바르게 하고 격식을 두어서 드러낸다면, 어찌 서로 너무 친근하게

---

2) 『의례』「연례(燕禮)」: 公與客燕, 曰, “寡君有不腆之酒, 以請吾子之與寡君須臾焉. 使某也以請.”

만 대하는 일이 있겠는가? 예는 전하는 말보다 중대하고, 만나보는 것은
서로 교제하는 것보다 친근하다. 무례하게 구는 것에는 추잡한 뜻이 있고,
너무 친근하게만 대하는 것에는 가깝게만 여기는 뜻이 있으니, 너무 친근
하게만 대하는 것은 무례하게 구는 극심함보다는 못하다.

鄭注 辭, 所以通情也. 禮, 謂摯也. 春秋傳曰: 古者諸侯有朝聘之事, "號辭
必稱先君以相接"也. 瀆之言褻也.

번역 '사(辭)'는 서로의 정감을 소통시키는 것이다. '예(禮)'는 예물[摯]
을 뜻한다. 『춘추전』에서는 고대의 제후에게는 조빙(朝聘)³⁾의 일이 있었으
니, "전하는 말에 있어서는 반드시 선군을 지칭하여 서로 교제하였다."라고
했다.⁴⁾ '독(瀆)'자는 너무 친근하게만 군다는 뜻이다.

釋文 褻, 息列反. 摯音至, 本亦作贄. 筮, 市制反. 三, 息暫反. 又如字.

번역 '褻'자는 '息(식)'자와 '列(렬)'자의 반절음이다. '摯'자의 음은 '至
(지)'이며, 판본에 따라서는 또한 '贄'라고도 기록한다. '筮'자는 '市(시)'자와
'制(제)'자의 반절음이다. '三'자는 '息(식)'자와 '暫(잠)'자의 반절음이며, 또

---

3) 조빙(朝聘)은 본래 제후가 주기적으로 천자를 찾아뵙는 것을 뜻한다. 고대에
   는 제후가 천자에 대해서 매년 1번씩 소빙(小聘)을 했고, 3년에 1번씩 대빙
   (大聘)을 했으며, 5년에 1번씩 조(朝)를 했다. '소빙'은 제후가 직접 찾아가지
   않았고, 대부(大夫)를 대신 파견하였으며, '대빙' 때에는 경(卿)을 파견하였
   다. '조'에서만 제후가 직접 찾아갔는데, 이것을 합쳐서 '조빙'이라고 부른다.
   춘추시대(春秋時代) 때에는 진(晉)나라 문공(文公)과 같은 패주(霸主)에게
   '조빙'을 하기도 하였다. 『예기』「왕제(王制)」편에는 "諸侯之於天子也, 比年一
   小聘, 三年一大聘, 五年一朝."라는 기록이 있고, 이에 대한 정현의 주에서는
   "比年, 每歲也. 小聘, 使大夫, 大聘, 使卿, 朝, 則君自行. 然此大聘與朝, 晉文霸
   時所制也."라고 풀이했다. 후대에는 서로 찾아가서 만나보는 것을 '조빙'이라
   고 범칭하기도 했다.
4) 『춘추공양전』「장공(莊公) 4년」: 曰, 非也, 古者有明天子, 則紀侯必誅, 必無紀
   者, 紀侯之不誅, 至今有紀者, 猶無明天子也, 古者諸侯必有會聚之事, 相朝聘之
   道, 號辭必稱先君以相接, 然則齊紀無說焉, 不可以並立乎天下.

한 글자대로 읽기도 한다.

孔疏　●"子曰"至"不告". ○正義曰: 前明小人狎侮至於死亡. 此明君子無相褻瀆.

번역　●經文: "子曰"~"不告". ○앞에서는 소인이 업신여기는 것을 익혀서 죽음에 이르게 됨을 나타내었다. 이곳에서는 군자는 서로 너무 친근하게 굴어서 무례하게 되는 일이 없음을 나타내었다.

孔疏　●"無辭不相接"者, 言朝聘會聚之時, 必有言辭以通情意. 若無言辭, 則不得相交接也.

번역　●經文: "無辭不相接". ○조빙(朝聘)이나 회합을 가질 때에는 반드시 전하는 말을 통해서 정감과 뜻을 소통시킨다는 뜻이다. 만약 전하는 말이 없다면, 서로 교제할 수 없다.

孔疏　●"無禮不相見"者, 禮, 謂贄幣也, 贄幣所以示己情. 若無贄幣之禮, 不得相見, 所以然者, 欲民之無相褻瀆也.

번역　●經文: "無禮不相見". ○'예(禮)'자는 예물을 뜻하니, 예물은 자신의 정감을 드러내는 수단이다. 만약 예물을 전하는 의례 절차가 없다면 서로 만나볼 수 없다. 그처럼 하는 이유는 백성들이 서로에 대해 너무 친근하게만 굴어 무례하게 되는 일이 없게끔 하고자 해서이다.

孔疏　●"易曰: 初筮告, 再三瀆, 瀆則不告"者, 此易·蒙卦辭也. 蒙卦, 坎下艮上, "艮"爲山, "坎"爲水, 山下出泉, 是物之蒙昧童蒙之象也. 筮, 問也. 言童蒙初來問師, 師則告之. 若再三來問, 是爲褻瀆. 問旣褻瀆, 師則不復告之. 引者, 證無相褻瀆之義也.

번역　●經文: "易曰: 初筮告, 再三瀆, 瀆則不告". ○이것은 『역』「몽괘(蒙

卦)」의 괘사(卦辭)이다. 몽괘(蒙卦☳)는 감괘(坎卦☵)가 아래이고 간괘(艮卦☶)가 위인데, 간괘는 산이 되고 감괘는 물이 되어, 산이 아래에 있으면서 샘물이 솟아나는 것과 같다. 이것은 사물이 몽매하고 어리다는 상이 된다. '서(筮)'자는 "묻는다[問]."는 뜻이다. 어린아이가 최초 찾아와서 스승에게 질문을 하면 스승은 알려준다. 만약 두 차례나 세 차례 찾아와서 질문을 한다면, 이것은 너무 친근하게 굴어 무례한 것이다. 그의 질문하는 태도가 이미 너무 친근하여 무례하다면, 스승은 재차 알려주지 않는다. 이 말을 인용한 것은 서로 너무 친근하여 무례하게 굴지 않도록 한다는 뜻을 증명하기 위해서이다.

集解 愚謂: 辭, 賓主相接之辭, 若士相見禮曰"某也願見, 無由達, 某子以命命某見", 是也. 禮, 謂執贄以相見也. 相接必以辭, 相見必以禮者, 恐其輕於相見而至於褻也. 蓋罕見則尊嚴, 尊嚴則相敬, 交之所以全也. 數見則狎習, 狎習則相褻, 交之所以離也. 引易蒙卦之辭, 言人再三相見, 則至於不相告語也.

번역 내가 생각하기에, '사(辭)'는 빈객과 주인이 서로 교제할 때 전하는 말이니, 마치 『의례』「사상견례(士相見禮)」편에서 "아무개 저는 만나보고자 원했으나 뜻을 전할 길이 없어서 지금 아무개 선생을 통해 아무개 그대를 만나보고자 하는 말을 전합니다."[5]라고 한 경우와 같다. '예(禮)'는 예물을 가지고 찾아가서 서로 만나본다는 뜻이다. 서로 교제할 때 반드시 말을 통하고, 서로 만나볼 때 반드시 예물을 가지고 가는 것은 서로 만나보는 것을 경시하여 너무 친근하게만 구는 지경에 이를 것을 염려했기 때문이다. 무릇 드물게 만나본다면 존엄하게 대하고 존엄하게 대한다면 서로 공경하게 되니, 교제의 도가 온전하게 된다. 자주 만나본다면 너무 익숙해지고 너무 익숙해지면 서로 무례하게 구니, 교제의 관계가 멀어지는 것이다. 『역』「몽괘(蒙卦)」의 괘사(卦辭)를 인용한 것은 사람이 두 차례나 세 차례 서로 만나본다면, 서로 알려주거나 말을 하지 않는 지경에 이르게 됨을 뜻한다.

---

5) 『의례』「사상견례(士相見禮)」: 士相見之禮. 摯, 冬用雉, 夏用腒, 左頭奉之. 曰, "某也願見, 無由達, 某子以命命某見."

참고 『역』「몽괘(蒙卦)·괘사(卦辭)」

卦辭 蒙, 亨. 匪我求童蒙, 童蒙求我, 初筮告, 再三瀆, 瀆則不告. 利貞.

번역 몽(蒙)은 형통함이다. 내가 몽매한 어린아이를 구함이 아니며, 몽매한 어린아이가 나를 구함인데, 처음 시초점을 치면 알려주지만, 두 번 세 번 점을 치면 무례하니, 무례하다면 알려주지 않는다. 바르게 함이 이롭다.

王注 "筮", 筮者決疑之物也. 童蒙之來求我, 欲決所惑也. 決之不一, 不知所從, 則復惑也. 故初筮則告, 再·三則瀆. 瀆, 蒙也. 能爲初筮, 其唯二乎. 以剛處中, 能斷夫疑者也.

번역 '서(筮)'라고 했는데, 시초는 의심스러운 것을 판결하는 사물이다. 철부지 어린아이가 와서 나를 찾는 것은 의혹되는 것을 결정하고자 해서이다. 결정한 것이 한결같지 않아서 따라야 할 바를 모른다면 재차 의혹을 품는다. 그렇기 때문에 처음 시초점을 쳤다면 알려주지만, 두 번 세 번 점을 치면 무례하게 된다. 무례한 것은 몽매함에 해당한다. 처음 마음먹은 것에 따라 시초점을 칠 수 있는 것은 두 가지 때문일 것이다. 굳셈으로 가운데에 있어서 의심스러운 것을 판결할 수 있는 자이다.

孔疏 ●"蒙亨"至"瀆則不告". ○正義曰: 蒙者, 微昧闇弱之名. 物皆蒙昧, 唯願亨通, 故云, "蒙, 亨".

번역 ●經文: "蒙亨"~"瀆則不告". ○'몽(蒙)'은 미약하고 어두우며 연약하다는 명칭이다. 사물은 모두 몽매하므로 오직 형통하기만을 원한다. 그렇기 때문에 "몽매함은 형통함이다."라고 했다.

孔疏 ●"匪我求童蒙, 童蒙求我"者, 物旣闇弱而意願亨通, 卽明者不求於闇, 卽匪我師德之高明往求童蒙之闇, 但闇者求明, 明者不諮於闇, 故云, "童蒙求我"也.

번역 ●經文: "匪我求童蒙, 童蒙求我". ○사물이 이미 어둡고 연약하지만 뜻은 형통하기를 바라니, 곧 밝은 것은 어둠에서 찾지 않으므로, 스승인 나는 고명한 덕을 가지고 있어서 어리석고 몽매한 어린아이에게 찾아가는 것이 아니며, 단지 어두운 것이 밝은 것을 찾는 것이며, 밝은 자는 어두운 자에게 자문을 구하지 않는다. 그렇기 때문에 "몽매한 어린아이가 나를 찾는다."라고 했다.

孔疏 ●"初筮告"者, 初者, 發始之辭; 筮者, 決疑之物. 童蒙旣來求我, 我當以初始一理剖決告之.

번역 ●經文: "初筮告". ○'초(初)'자는 드러내고 시작한다는 말이며, 시초는 의심스러운 것을 판결하는 사물이다. 몽매한 어린아이가 이미 와서 나를 찾았으니, 나는 마땅히 처음에 해당하는 한결같은 이치로 판결을 하여 알려주어야만 한다.

孔疏 ●"再三瀆, 瀆則不告"者, 師若遲疑不定, 或再或三, 是褻瀆, 瀆則不告. 童蒙來問, 本爲決疑, 師若以廣深二義再三之言告之, 則童蒙聞之, 轉亦瀆亂, 故不如不告也. 自此以上, 解"蒙亨"之義. 順此上事, 乃得"亨"也. 故"亨"文在此事之上也. 不云"元"者, 謂時當蒙弱, 未有元也.

번역 ●經文: "再三瀆, 瀆則不告". ○스승이 만약 의심스러운 부분에 대해 더디게 결단하며 확정하지 않고, 간혹 두 차례나 세 차례 번복하게 되면, 이것은 무례하고 어리석은 것이니, 어리석다면 알려주지 않는다. 몽매한 어린아이가 찾아와서 자문을 구한 것은 본래 의심스러운 것을 판결하기 위해서인데, 스승이 만약 상반된 두 뜻에 대해 폭넓고 심도 있게 사고하여 두 차례나 세 차례 번복하는 말로 알려준다면, 몽매한 어린아이는 그 말을 듣고 오히려 몽매하여 혼란스럽게 된다. 그렇기 때문에 알려주지 않는 것만 못하다. 이곳 구문으로부터 그 앞의 내용들은 "몽매함은 형통함이다."라고 한 말의 뜻을 풀이한 것이다. 이러한 사안에 따른다면 형통함을 얻을 수 있다. 그렇기 때문에 형통함이라는 말이 이러한 사안 앞에 기록되어 있는 것이다. '원(元)'이라고 말하지 않은 것은 그 시기가 몽매하고 연약한 때에 해당하여 아직 크게 될 수 없기 때문임을 뜻한다.

孔疏 ○注"初筮告". ○正義曰: "初筮則告"者, 童蒙既來求我, 我當以初心所念所筮之義, 一理而剖告之. "再三則瀆, 瀆, 蒙也"者, 若以棄此初本之意, 而猶豫遲疑, 岐頭別說, 則童蒙之人, 聞之褻瀆而煩亂也. 故"再三則瀆, 瀆, 蒙也". "能爲初筮, 其唯二乎"者, 以象云, "初筮告, 以剛中"者, 剛而得中, 故知是二也.

번역 ○王注: "初筮告". ○왕필6)이 "처음 시초점을 쳤다면 알려준다."라고 했는데, 몽매한 어린아이가 이미 와서 나를 찾았으니, 나는 마땅히 최초 마음먹은 것에 따라 생각한 것과 시초점을 친 뜻을 이치에 한결같이 따라서 판가름하여 알려주어야만 한다. 왕필이 "두 번 세 번 점을 치면 무례하게 된다. 무례한 것은 몽매함에 해당한다."라고 했는데, 만약 최초 근본으로 삼았던 뜻을 버리고서 오히려 의심스러운 것을 미리 예상하거나 더디게 판결하여 곁가지의 다른 설명들을 늘어놓는다면 몽매한 어린아이에 해당하는 사람은 그 말을 듣고서 무례하고 몽매하게 되어 번민에 휩싸이고 혼란스럽게 된다. 그렇기 때문에 "두 번 세 번 점을 치면 무례하게 된다. 무례한 것은 몽매함에 해당한다."라고 했다. 왕필이 "처음 마음먹은 것에 따라 시초점을 칠 수 있는 것은 두 가지 때문일 것이다."라고 했는데, 「단전」에서는 "처음 시초점을 친 것을 알려주는 것은 굳세고 알맞기 때문이다."7)라고 했으니, 굳세고 알맞음을 얻었기 때문에, 두 가지 때문임을 알 수 있다.

---

6) 왕필(王弼, A.D.226~A.D.249) : =왕보사(王輔嗣). 삼국시대 위(魏)나라의 학자이다. 자(字)는 보사(輔嗣)이다. 저서로는『노자주(老子注)』·『주역주(周易注)』등이 있다.
7)『역』「몽괘(蒙卦)」: "初筮告", 以剛中也, "再三瀆, 瀆則不告", 瀆蒙也.

王注 "蒙"之所利, 乃利正也. 夫明莫若聖, 昧莫若蒙. 蒙以養正乃聖功也. 然則養正以明, 失其道矣.

번역 몽괘가 이롭게 여기는 것은 곧 바름을 이롭게 여기는 것이다. 밝은 것에는 성인만한 자가 없고, 어두운 것에는 몽매함만 한 자가 없다. 몽매한 데도 바름을 기른다면 성인이 되는 공부에 해당한다. 그러므로 바름을 기를 때 밝음으로 하는 것은 도를 잃는 것이다.

孔疏 ●"利貞". ○正義曰: 貞, 正也. 言蒙之爲義, 利以養正, 故象云"蒙以養正", 乃"聖功也". 若養正以明, 卽失其道也.

번역 ●經文: "利貞". ○'정(貞)'자는 바름을 뜻한다. 몽괘의 뜻은 바름을 기르는 것을 이로움으로 삼는다는 의미이다. 그렇기 때문에 「단전」에서는 "몽매함으로 바름을 기른다."라고 했고, 이것이 곧 "성인이 되는 공부이다."라고 한 것이다.[8] 만약 밝음에 따라 바름을 기르는 것이라면 그 도리를 잃어버린 것이다.

孔疏 ◎注"然則養正以明, 失其道". ○正義曰: "然則養正以明, 失其道"者, 言人雖懷聖德, 若隱默不言, 人則莫測其淺深, 不知其大小, 所以聖德彌遠而難測矣. 若彰顯其德, 苟自發明, 卽人知其所爲, 識其淺深. 故明夷注云, "明夷蒞衆, 顯明於外, 巧所避", 是也. 此卦, 繫辭皆以人事明之.

번역 ◎王注: "然則養正以明, 失其道". ○왕필이 "그러므로 바름을 기를 때 밝음으로 하는 것은 도를 잃는 것이다."라고 했는데, 사람이 비록 성인의 덕을 품고 있더라도, 만약 은둔하고 침묵하여 말을 하지 않는다면, 남들이 그의 깊이를 헤아릴 수 없고 그의 크기를 가늠할 수 없으니, 이것이 바로 성인의 덕은 더더욱 원대하여 헤아리기 어려운 이유이다. 만약 그 덕을 밝게 드러내어, 구차하게 스스로 밝힌다면 남들도 그가 시행하는 것을 알게

---

8) 『역』「몽괘(蒙卦)」: 蒙以養正, 聖功也.

되고, 그의 깊이를 가늠하게 된다. 그렇기 때문에 명이괘(明夷卦)에 대한 주에서는 "명이로 대중을 임하여 밖으로 밝음을 드러내는 것은 피할 바를 공교히 하는 것이다."[9]라고 했다. 몽괘의 괘사에서는 모두 인사로 그 사안을 드러내었다.

程傳 蒙, 有開發之理, 亨之義也, 卦才時中, 乃致亨之道. 六五爲蒙之主, 而九二發蒙者也. 我, 謂二也. 二非蒙主, 五旣順巽於二, 二乃發蒙者也, 故主二而言. 匪我求童蒙童蒙求我, 五居尊位, 有柔順之德, 而方在童蒙, 與二爲正應而中德又同, 能用二之道, 以發其蒙也. 二以剛中之德在下, 爲君所信嚮, 當以道自守, 待君至誠求己而後應之, 則能用其道, 匪我求於童蒙, 乃童蒙來求於我也. 筮, 占決也. 初筮告, 謂至誠一意以求己則告之, 再三則瀆慢矣, 故不告也. 發蒙之道, 利以貞正, 又二雖剛中, 然居陰, 故宜有戒.

번역 '몽(蒙)'은 열어주고 나타내는 이치가 있으니 형통의 뜻이 되며, 괘의 재질은 때에 알맞아서 형통함을 이루는 도가 된다. 육오는 몽괘의 주인이 되고, 구이는 몽매함을 열어주는 자이다. '아(我)'는 이효를 뜻한다. 이효는 몽괘의 주인이 아니지만 오효가 이미 이효에게 순종하여 따르니, 이효가 곧 몽매함을 열어주는 자가 된다. 그렇기 때문에 이효를 위주로 말했다. 내가 몽매한 어린아이를 구하는 것이 아니라 몽매한 어린아이가 나를 구한다고 했는데, 오효는 존귀한 자리에 있고 유순한 덕을 갖추고 있는데, 몽매한 어린아이와 같은 때에 처하여 이효와 정응이 되며 중정한 덕을 갖춘 것 또한 같으니, 이효의 도를 사용하여 몽매함을 열어줄 수 있다. 이효는 굳세고 알맞은 덕으로 아래에 있어서 군주로부터 심임을 받고 지향하는 바가 되었으므로, 마땅히 도에 따라 스스로를 지켜서 군주가 지극한 정성으로 자신을 구하기를 기다린 이후에야 호응한다면 그 도를 사용할 수 있으니, 이것은 내가 몽매한 어린아이를 구하는 것이 아니며 바로 몽매한 어린아이가 와서 나에게서 구하는 것이다. 시초점은 점을 쳐서 판결을 하는

---

9) 이 문장은 『역』「명이괘(明夷卦)」편 「대상전(大象傳)」의 "用晦而明."이라는 기록에 대한 왕필(王弼)의 주이다.

것이다. 처음 시초점을 쳐서 알려주는 것은 지극한 정성과 한결같은 뜻으로 나에게 구하면 알려주는 것이며, 두 차례나 세 차례 하게 되면 무례하고 태만한 것이 되므로 알려주지 않는 것이다. 몽매함을 열어주는 도는 곧고 바르게 함을 이롭게 여기고, 또 이효는 비록 굳세고 알맞지만 음의 자리에 있기 때문에 마땅히 경계할 점이 있는 것이다.

本義 艮亦三畫卦之名, 一陽止於二陰之上, 故其德爲止, 其象爲山. 蒙, 昧也, 物生之初, 蒙昧未明也. 其卦以坎遇艮, 山下有險, 蒙之地也, 內險外止, 蒙之意也, 故其名爲蒙. 亨以下, 占辭也. 九二內卦之主, 以剛居中, 能發人之蒙者, 而與六五陰陽相應, 故遇此卦者, 有亨道也. 我, 二也. 童蒙, 幼穉而蒙昧, 謂五也. 筮者明, 則人當求我而其亨在人. 筮者暗, 則我當求人而亨在我. 人求我者, 當視其可否而應之, 我求人者, 當致其精一而扣之, 而明者之養蒙與蒙者之自養, 又皆利於以正也.

번역 간(艮☶) 또한 삼획괘의 이름으로, 하나의 양이 두 음의 위에 그쳤기 때문에 그 덕은 그침이 되고 그 상은 산이 된다. '몽(蒙)'자는 어두움을 뜻하니, 사물이 생겨난 초기에 몽매하여 아직 밝지 못한 것이다. 몽괘(蒙卦☶)는 감괘(坎卦☵)로 간괘(艮卦☶)를 만났으니, 산 아래에 험준함이 있는 것은 몽매함의 입장이고, 안이 험하고 밖이 그치는 것은 몽매함의 뜻이 된다. 그렇기 때문에 괘의 이름을 '몽(蒙)'이라고 했다. "형통하다[亨]."라고 한 말로부터 그 이하의 내용은 점사에 해당한다. 구이는 내괘의 주인으로, 굳셈으로 가운데 자리에 있어서 남의 몽매함을 열어줄 수 있는 자이고, 육오와 함께 음양이 서로 호응하기 때문에 몽괘를 만난 자는 형통할 수 있는 도가 있다. '아(我)'는 이효를 뜻한다. '동몽(童蒙)'은 너무 어리고 몽매하다는 뜻으로 오효를 뜻한다. 시초점을 치는 자가 밝다면 남들은 마땅히 나에게 구하여 형통함이 남에게 있는 것이다. 시초점을 치는 자가 어둡다면 나는 마땅히 남에게 구하여 형통함이 나에게 있는 것이다. 남이 나에게서 구할 때에는 마땅히 그 사람에 대한 가부를 판단하여 호응해야만 하고, 내가 남에게서 구할 때에는 마땅히 정일함을 지극히 하여 물어야 하며, 밝은 자

가 몽매한 자를 길러주는 것과 몽매한 자가 스스로를 기르는 것 또한 모두
바름으로 하는 것이 이롭다.

● 그림 9-1 거북점의 도구와 시초

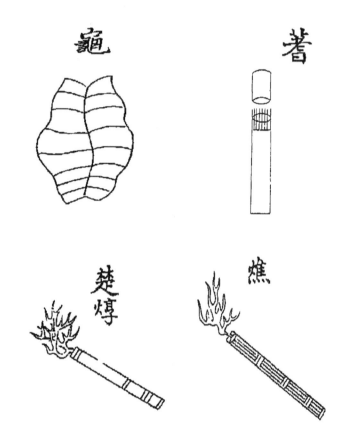

※ 출처: 『삼례도집주(三禮圖集注)』 17권

그림 9-2 각종 예물: 훈(纁)·현(玄)·황(黃), 고(羔)·안(鴈)·치(雉)

※ **출처:** 『삼재도회(三才圖會)』「문사(文史)」 2권

• 제 10 절 •

인(仁) · 의(義) · 보(報)

【624b】

子言之, "仁者, 天下之表也, 義者, 天下之制也, 報者, 天下之利也."

직역 子가 言하길, "仁者는 天下의 表이고, 義者는 天下의 制이며, 報者는 天下의 利이다."

의역 공자가 말하길, "인(仁)은 천하의 표본이고, 의(義)는 천하의 재단함이며, 보답하는 예(禮)는 천하의 이로움이다."라고 했다.

集說 應氏曰: 仁之體大而尊, 昭揭衆善, 而人心儼然知所敬, 故曰表; 義之體方而嚴, 裁割事物, 而人心凜然知所畏, 故曰制; 報之爲禮, 以交際往來, 彼感此應, 而有不容已者, 所以使人有文以相接, 有恩以相愛, 其何利如之?

번역 응씨가 말하길, 인(仁)의 본체는 크고 존엄하여 모든 선을 환하게 비춰주어, 사람들의 마음으로도 장중하게 공경해야 할 대상임을 안다. 그렇기 때문에 '표(表)'라고 했다. 의(義)의 본체는 방정하고 엄숙하며 사물을 재단하여, 사람들의 마음으로도 엄숙하게 외경해야 할 대상임을 안다. 그렇기 때문에 '제(制)'라고 했다. 보답함을 예(禮)로 삼으니, 이를 통해 교제하며 왕래해서 피차가 감응하여 그만둘 수 없으니, 사람들로 하여금 격식을 갖춰서 서로 교제하게 만들고 은정을 갖춰서 서로 친애하게 만드는데, 그 어떤 이로움이 이와 같겠는가?

大全 嚴陵方氏曰: 仁足以長人, 故曰天下之表. 義足以方外, 故曰天下之制. 仁義之表制, 而繼之以報之利, 則報者禮也. 曲禮曰, 大上貴德, 其次務施報. 又曰, 禮尙往來, 則報之爲禮, 固明矣.

번역 엄릉방씨가 말하길, 인(仁)은 사람을 이끌어주기에 충분하기 때문에, 천하의 표본이라고 했다. 의(義)는 겉을 방정하게 만들기에 충분하기 때문에, 천하의 재단이라고 했다. 인(仁)과 의(義)는 표본이 되고 재단함이 되는데, 이어서 보답하는 이로움을 언급했으니, 보답함이란 예(禮)가 된다. 『예기』「곡례(曲禮)」편에서는 "삼황(三皇)1)과 오제(五帝)2) 시대에는 덕

---

1) 삼황(三皇)은 전설시대에 존재했다고 전해지는 세 명의 제왕을 뜻한다. 그러나 세 명이 누구였는지에 대해서는 이설(異說)이 많다. 첫 번째 주장은 복희(伏羲), 신농(神農), 황제(黃帝)를 '삼황'으로 보는 견해이다. 『장자(莊子)』「천운(天運)」편에는 "余語汝三皇五帝之治天下."라는 기록이 있는데, 이에 대한 성현영(成玄英)의 주에서는 "三皇者, 伏羲·神農·黃帝也."라고 풀이했다. 두 번째 주장은 복희(伏羲), 신농(神農), 여왜(女媧)로 보는 견해이다. 『여씨춘추(呂氏春秋)』「용중(用衆)」편에는 "此三皇五帝之所以大立功名也."라는 기록이 있는데, 이에 대한 고유(高誘)의 주에서는 "三皇, 伏羲·神農·女媧也."라고 풀이했다. 세 번째 주장은 복희(伏羲), 신농(神農), 수인(燧人)으로 보는 견해이다. 『백호통(白虎通)』「호(號)」편에는 "三皇者, 何謂也? 謂伏羲·神農·燧人也."라는 기록이 있다. 네 번째 주장은 복희(伏羲), 신농(神農), 축융(祝融)으로 보는 견해이다. 『백호통』「호」편에는 "禮曰, 伏羲·神農·祝融, 三皇也."라는 기록이 있다. 다섯 번째 주장은 천황(天皇), 지황(地皇), 태황(泰皇)으로 보는 견해이다. 『사기(史記)』「진시황본기(秦始皇本紀)」편에는 "古有天皇, 有地皇, 有泰皇. 泰皇最貴."라는 기록이 있다. 여섯 번째 주장은 천황(天皇), 지황(地皇), 인황(人皇)으로 보는 견해이다. 『예문유취(藝文類聚)』에서는 『춘추위(春秋緯)』를 인용하며, "天皇, 地皇, 人皇, 兄弟九人, 分九州, 長天下也."라고 기록하였다.

2) 오제(五帝)는 전설시대에 존재했다고 전해지는 다섯 명의 제왕(帝王)을 뜻한다. 그러나 다섯 명이 누구였는지에 대해서는 이설(異說)이 많다. 첫 번째 주장은 황제(黃帝: =軒轅), 전욱(顓頊: =高陽), 제곡(帝嚳: =高辛), 당요(唐堯), 우순(虞舜)으로 보는 견해이다. 『사기정의(史記正義)』「오제본기(五帝本紀)」편에는 "太史公依世本·大戴禮, 以黃帝·顓頊·帝嚳·唐堯·虞舜爲五帝. 譙周·應劭·宋均皆同."이라는 기록이 있고, 『백호통(白虎通)』「호(號)」편에도 "五帝者, 何謂也? 禮曰, 黃帝·顓頊·帝嚳·帝堯·帝舜也."라는 기록이 있다. 두 번째 주장은 태호(太昊: =伏羲), 염제(炎帝: =神農), 황제(黃帝), 소호(少昊: =摯), 전욱(顓頊)으로 보는 견해이다. 이 주장은 『예기』「월령(月令)」편에 나타난 각 계

(德)을 가장 귀중하게 여겼고, 그 다음 시대에는 은덕(恩德)을 베풀고 보답하는 것에 힘썼다."라고 했고, 또 "예(禮)에 있어서는 서로 주고받는 것을 숭상한다."라고 했으니,3) 보(報)가 예(禮)가 된다는 사실은 매우 분명하다.

鄭注 報, 謂禮也. 禮尙往來.

번역 '보(報)'는 예(禮)를 뜻한다. 예에서는 서로 주고받는 것을 숭상한다.

孔疏 ●"子言"至"無失". ○正義曰: 此一節總明仁義之事, 各隨文解之. 以其與上別端, 故更稱"子言之".

번역 ●經文: "子言"~"無失". ○이곳 문단은 인(仁)과 의(義)에 대한 사안을 총괄적으로 나타내고 있으니, 각각의 문장에 따라서 풀이하겠다. 앞의 문단과는 구별되기 때문에 재차 '자언지(子言之)'라고 기록했다.

孔疏 ●"仁者天下之表也", 表謂儀表, 言仁恩是行之盛極, 故爲天下之儀表也.

번역 ●經文: "仁者天下之表也". ○'표(表)'자는 의표를 뜻하니, 인(仁)에 따른 은정은 행실이 지극한 것이다. 그렇기 때문에 천하의 의표가 된다는 뜻이다.

절별 수호신들의 내용을 종합한 것이다. 세 번째 주장은 소호(少昊), 전욱(顓頊), 고신(高辛), 당요(唐堯), 우순(虞舜)으로 보는 견해이다. 『서서(書序)』에는 "少昊・顓頊・高辛・唐・虞之書, 謂之五典, 言常道也."라는 기록이 있다. 또 『제왕세기(帝王世紀)』에는 "伏羲・神農・黃帝爲三皇, 少昊・高陽・高辛・唐・虞爲五帝."라는 기록이 있다. 네 번째 주장은 복희(伏羲), 신농(神農), 황제(黃帝), 당요(唐堯), 우순(虞舜)으로 보는 견해이다. 이 주장은 『역』「계사하(繫辭下)」편의 내용에 근거한 주장이다.

3) 『예기』「곡례상(曲禮上)」【11c】: 太上貴德, 其次務施報. 禮尙往來, 往而不來, 非禮也; 來而不往, 亦非禮也.

孔疏 ●"義者天下之制也", 義, 宜也; 制謂裁斷. 旣使物各得其宜, 是能裁斷於事也.

번역 ●經文: "義者天下之制也". ○'의(義)'자는 마땅함[宜]을 뜻하며, '제(制)'자는 재단한다는 뜻이다. 이미 사물로 하여금 각각의 마땅함을 얻게 한다면, 이것은 사물에 대해서 재단할 수 있음을 의미한다.

孔疏 ●"報者天下之利也"者, 報, 謂禮也. 禮尙往來, 相反報物得其利, 故云"天下之利也".

번역 ●經文: "報者天下之利也". ○'보(報)'자는 예(禮)를 뜻한다. 예에서는 서로 주고받는 것을 숭상하니, 서로 예물로 보답하여 이로움을 얻기 때문에, "천하의 이로움이다."라고 했다.

訓纂 方性夫曰: 不曰禮而曰報者, 禮不止於報也.

번역 방성부가 말하길, 예(禮)라고 말하지 않고 보(報)라고 말한 것은 예는 단지 보답하는 것에만 그치지 않기 때문이다.

集解 此下七章, 兼明仁·義·報三者之道也.

번역 이곳 이하의 7개 장은 인(仁)·의(義)·보(報)라는 세 가지 도에 대해서 함께 나타내고 있다.

• 제 11 절 •

인(仁)과 덕(德) · 원(怨)

【624c~d】

子曰, "以德報德, 則民有所勸. 以怨報怨, 則民有所懲. 詩曰, '無言不讎, 無德不報.' 太甲曰, '民非后, 無能胥以寧. 后非民, 無以辟四方.'" 子曰, "以德報怨, 則寬身之仁也. 以怨報德, 則刑戮之民也."

직역 子가 曰, "德으로써 德에 報하면, 民에게는 勸한 所가 有하다. 怨으로써 怨에 報하면, 民에게는 懲한 所가 有하다. 詩에서 曰, '言에 不讎함이 無하고, 德에 不報함이 無하다.' 太甲에서 曰, '民은 后가 非라면, 能히 胥하여 寧하길 無하다. 后는 民이 非라면, 四方에 辟하길 無하다.'" 子가 曰, "德으로써 怨에 報하면, 身을 寬하는 仁이다. 怨으로써 德에 報하면, 刑戮의 民이다."

의역 공자가 말하길, "자신의 덕으로 남의 덕에 보답한다면, 백성들에게는 권면하는 점이 생긴다. 자신의 원망함으로 남의 원망에 대해 갚는다면, 백성들에게는 징벌하는 점이 생긴다. 『시』에서는 '말 중에는 되갚지 않는 것이 없고, 덕 중에는 보답하지 않는 것이 없다.'[1]라고 했고, 『서』 「태갑」편에서는 '백성들은 군주가 아니라면 서로 바로잡아 편안히 살 수가 없다. 군주는 백성이 아니라면 사방을 통치할 수 없다.'[2]라고 했다. 또 공자가 말하길, "자신의 덕으로 남의 원망함을 갚는다면, 자신을 너그럽게 하는 인(仁)에 해당한다. 자신의 원망함으로 남의 덕을 갚는다면,

---

1) 『시』 「대아(大雅) · 억(抑)」 : 無易由言, 無曰苟矣. 莫捫朕舌, 言不可逝矣. <u>無言不讎, 無德不報</u>. 惠于朋友, 庶民小子. 子孫繩繩, 萬民靡不承.

2) 『서』 「상서(商書) · 태갑중(太甲中)」 : 惟三祀, 十有二月朔, 伊尹以冕服, 奉嗣王歸于亳. 作書曰, <u>民非后, 罔克胥匡以生. 后非民, 罔以辟四方</u>, 皇天眷佑有商, 俾嗣王克終厥德, 實萬世無疆之休.

형벌을 받는 백성에 해당한다."라고 했다.

集說 以論語"以直報怨, 以德報德"之言觀之, 此章恐非夫子之言.

번역 『논어』에서 "정직함으로 원망함을 갚고 덕으로 덕을 갚는다."[3]라고 한 말로 살펴보면, 이 장의 내용은 아마도 공자의 말이 아닌 것 같다.

集說 方氏曰: 以德報怨, 則忘人之怨, 雖不足以有懲, 而衆將德之而有裕矣, 故曰寬身之仁. 以怨報德, 則忘人之德, 旣不足以有所勸, 而衆且怨之而不容矣, 故曰刑戮之民.

번역 방씨가 말하길, 덕으로 원망함을 갚는다면 남에 대한 원망을 잊게 되니, 비록 징벌을 하기에는 부족하더라도 백성들은 장차 그것을 덕으로 삼아 너그러움을 갖추게 된다. 그렇기 때문에 "자신을 너그럽게 하는 인(仁)이다."라고 했다. 원망함으로 덕을 갚는다면 남의 덕을 잊게 되니, 이미 권면을 하기에는 부족하고, 백성들 또한 원망하여 포용하지 못한다. 그렇기 때문에 "형벌을 받는 백성이다."라고 했다.

大全 馬氏曰: 德必報之以德, 然後民知有所勸. 怨必報之以怨, 然後民知有所懲. 言有得失則必讎, 德有吉凶則必報. 民非后, 無能胥以寧, 則是民有德於后, 而必報之. 后非民, 無以辟四方, 則是后有德於民, 而必報之. 此上下之報也. 君之於民, 時使薄斂, 此上有以報於下也. 民之於君, 出死斷亡而不偸, 此下有以報於上也. 以德報德, 禮也, 以德報怨, 非禮也. 雖其非禮, 而能以寬自居, 故謂之寬身之仁也.

번역 마씨가 말하길, 덕에 대해서는 반드시 덕으로 보답을 해야만 그런 뒤에야 백성들은 권면해야 할 점이 있음을 알게 된다. 원망함에 대해서 반

---

3) 『논어』「헌문(憲問)」: 或曰, "以德報怨, 何如?" 子曰, "何以報德? <u>以直報怨, 以德報德.</u>"

드시 원망함으로 갚아야만 그런 뒤에야 백성들은 징벌해야 할 점이 있음을 알게 된다. 말에는 맞고 잘못됨이 있으니 반드시 되갚게 되고, 덕에는 길함과 흉함이 있으니 반드시 보답하게 된다. 백성들은 군주가 아니라면 서로 바로잡아서 편안히 살 수 없으니, 이것은 백성들이 군주에게 덕으로 보답하여 반드시 보답하게 됨을 뜻한다. 군주는 백성이 아니라면 사방을 통치할 수 없으니, 이것은 군주가 백성에게 덕으로 보답하여 반드시 보답하게 됨을 뜻한다. 이것은 상하계층에서 일어나는 보답함이다. 군주는 백성에 대해서 시기에 맞게 부리고 세금을 적게 하니, 이것은 윗사람이 아랫사람에게 보답하는 것이다. 백성은 군주에 대해서 목숨을 바치면서도 구차하지 않으니, 이것은 아랫사람이 윗사람에게 보답하는 것이다. 덕으로 덕에 대해 보답하는 것은 예(禮)인데, 덕으로 원망함에 보답하는 것은 비례(非禮)이다. 비록 그것이 비례가 될지라도 이를 통해 관대하게 스스로 대처할 수 있기 때문에, "자신을 관대하게 만드는 인(仁)이다."라고 했다.

鄭注 懲, 謂創艾. 讎, 猶答也. 大甲, 湯孫也. 書以名篇. 胥, 相也. 民非君, 不能以相安. 寬, 猶愛也, 愛身以息怨, 非禮之正也. 仁, 亦當言"民", 聲之誤.

번역 '징(懲)'자는 징벌을 통해서 두렵게 만든다는 뜻이다. '수(讎)'자는 "답하다[答]."는 뜻이다. 태갑은 탕임금의 후손이다. 『서』에서는 이를 통해 편명을 삼았다. '서(胥)'자는 "서로 돕는다[相]."는 뜻이다. 백성은 군주가 아니라면 서로 도와서 편안하게 될 수 없다. '관(寬)'자는 "사랑하다[愛]."는 뜻이니, 자신을 사랑하여 원망함을 종식시키는 것은 예의 올바름이 아니다. '인(仁)'자는 또한 '민(民)'자가 되어야 하니, 소리가 비슷해서 생긴 오류이다.

釋文 懲, 直陵反. 創, 初亮反, 又初良反. 乂或又作艾, 魚廢反, 皇魚蓋反. 讎音酬. 大音泰, 下注同. 無能胥以寧, 尙書作"罔克胥匡以生". 辟音璧, 君也. 戮音六, 本又或作"僇", 音同.

번역 '懲'자는 '直(직)'자와 '陵(릉)'자의 반절음이다. '創'자는 '初(초)'자와 '亮(량)'자의 반절음이며, 또한 '初(초)'자와 '良(량)'자의 반절음도 된다. '乂'자는 판본에 따라서 또한 '艾'자로도 기록하는데, '魚(어)'자와 '廢(폐)'자의 반절음이며, 황음(皇音)은 '魚(어)'자와 '蓋(개)'자의 반절음이다. '讎'자의 음은 '酬(수)'이다. '大'자의 음은 '泰(태)'이며, 아래 정현의 주에 나오는 글자도 그 음이 이와 같다. '無能胥以寧'을『상서』에서는 '罔克胥匡以生'이라고 기록했다. '辟'자의 음은 '璧(벽)'이나, 군주 노릇을 한다는 뜻이다. '戮'자의 음은 '六(륙)'이며, 판본에 따라서 또한 '僇'자로도 기록하는데, 그 음은 동일하다.

孔疏 ●"詩曰: 無言不讎, 無德不報"者, 此詩·大雅·抑之篇, 刺厲王之詩. 引之者, 證經"相報"之義.

번역 ●經文: "詩曰: 無言不讎, 無德不報". ○이 시는『시』「대아(大雅)·억(抑)」편으로, 여왕(厲王)을 비판한 시이다. 이 시를 인용한 것은 경문에서 "서로 보답한다."라고 한 뜻을 증명한 것이다.

孔疏 ●"大甲曰: 民非后, 無能胥以寧, 后非民, 無以辟四方"者, 此尙書·大甲之篇. 大甲, 湯孫, 大丁之子. 湯崩, 大甲立. 伊尹作書訓之, 故云"大甲后君也". 胥, 相也. 伊尹言民若無君, 無能相匡正以自安居也. 君若無民, 無以君領四方. 引之者, 證君之與民, 上下各以其事相報, 是相報答之義也, 故引以結之.

번역 ●經文: "大甲曰: 民非后, 無能胥以寧, 后非民, 無以辟四方". ○이것은『상서』「태갑(太甲)」편이다. 태갑은 탕임금의 손자이며, 태정의 자식이다. 탕임금이 붕어하자 태갑이 제위에 올랐고, 이윤이 이 글을 지어서 가르침을 전했다. 그렇기 때문에 "태갑은 군주이다."라고 했다. '서(胥)'자는 "서로 돕는다[相]."는 뜻이다. 이윤은 백성들에게 만약 군주가 없다면 서로 바로잡아서 스스로 편안하게 거처할 수 없다고 했다. 그리고 군주에게 만약 백성이 없다면 군주 노릇을 하며 사방을 통치할 수 없다고 했다. 이 글을 인용한 것은 군주와 백성의 관계에 있어서 상하 계층이 각각 자신들의 사안을 통해 서로 보답한다는 것을 증명한 것이니, 이것은 서로 보답하는 뜻에 해당한다. 그렇기 때문에 이 글을 인용하여 결론을 맺었다.

孔疏 ●"子曰: 以德報怨, 則寬身之仁也", 言"子曰"者, 廣明以禮相報之義.

번역 ●經文: "子曰: 以德報怨, 則寬身之仁也". ○'자왈(子曰)'이라고 말한 것은 예(禮)에 따라 서로 보답한다는 뜻을 폭넓게 설명했기 때문이다.

孔疏 ●"寬身之仁"者, 若以直報怨, 是禮之當也. 今"以德報怨", 但是寬愛己身之民, 欲苟息禍患, 非禮之正也.

번역 ●經文: "寬身之仁". ○만약 정직함으로 원망함을 갚는다면 이것은 예에 따른 마땅함이 된다. 현재 "덕으로써 원망함을 갚는다."라고 했는데, 이것은 단지 자신만을 너그럽게 하고 친애하는 백성으로, 구차하게 재앙을 종식시키고자 하는 것이며, 예의 올바름이 아니다.

孔疏 ●"以怨報德, 則刑戮之民也"者, 禮當"以德報德", 今"以怨報德", 其人凶惡, 是合刑戮之民也.

번역 ●經文: "以怨報德, 則刑戮之民也". ○예(禮)에 따른다면, 마땅히 "덕으로써 덕에 보답한다."라고 해야 하는데, 현재 "원망함으로써 덕을 갚는다."라고 했으니, 그 사람은 흉악한 것으로, 형벌을 받아야만 하는 백성에 해당한다.

訓纂 彬謂: 鄭因下"刑戮之民"而言, 其實仁卽人字古通用.

번역 내가 생각하기에, 정현은 아래문장에서 '형륙지민(刑戮之民)'이라고 한 말에 따라서 설명을 했는데, 실제로 인(仁)자와 인(人)자는 고자에서는 통용되었다.

集解 呂氏大臨曰: 天下有道, 所謂德·怨之報者皆出於天下之公而已. 有德者報以官, 有功者報以賞, 所謂以德報德, 民知所勸矣. 傷人者報以刑, 滅人者報以殺, 所謂以怨報怨, 民知所懲矣.

번역 여대림이 말하길, 천하에 도가 있으니 이른바 덕이나 원망함으로 갚는다는 것은 모두 천하의 공공된 도리에서 나온 것일 뿐이다. 덕을 갖춘 자에게는 관직으로 보답하고 공적을 세운 자에게는 상으로 보답하는 것은 이른바 덕으로써 덕에 보답하는 것이 백성들에게 권면해야 할 바를 알게끔 하는 것이다. 남을 해한 자에게는 형벌로 갚아주고, 남을 죽은 자에게는 사형으로 갚아주는 것은 이른바 원망함으로 원망함을 갚는 것이 백성들에게 징벌해야 할 바를 알게끔 하는 것이다.

集解 愚謂: 呂氏以報爲德·怨之報, 是也. 德·怨之報得其公, 則人皆知怨之不宜樹而競於德矣, 故曰天下之利.

번역 내가 생각하기에, 여씨는 '보(報)'자를 덕이나 원망으로 갚는다는 뜻으로 여겼는데, 그 주장은 옳다. 덕이나 원망으로 갚는 것이 공정성을 얻는다면, 사람들은 모두 원망함을 키워서 덕과 다투게 해서는 안 된다는 사실을 알게 된다. 그렇기 때문에 "천하의 이로움이다."라고 말한 것이다.

集解 勸者, 勉於施德; 懲者, 戒於樹怨. 引大甲言君能安其民, 則民能戴其君, 以德報德之義也.

번역 '권(勸)'자는 덕을 베푸는데 노력한다는 뜻이며, '징(懲)'자는 원망을 키우는 것을 경계한다는 뜻이다. 『서』「태갑(太甲)」편을 인용하여 군주가 백성들을 편안하게 만들 수 있다면, 백성들도 군주를 실어줄 수 있다고 말한 것으로, 덕으로써 덕에 보답한다는 뜻에 해당한다.

集解 呂氏大臨曰: 以德報怨, 雖過於寬而本於厚, 未害其爲仁也. 以怨報德, 則反易天常, 天下之亂民, 法所當誅者也.

번역 여대림이 말하길, 덕으로써 원망을 갚는 것은 비록 관대함이 지나치지만 두터움에 근본을 두고 있으니, 인(仁)을 시행함에 있어서 해가 되지 않는다. 원망함으로 덕을 갚는다면 하늘의 항상된 이치를 거스르고 바꾸는 것이니, 천하를 어지럽히는 백성으로, 법에 따라 마땅히 사형을 받아야할 자이다.

集解 愚謂: 寬猶容也. 以德報怨, 則天下無不釋之怨矣. 雖非中道, 而可以寬容其身, 亦仁之一偏也. 若以怨報德, 則爲人情之所共忿, 而刑戮必及之矣.

번역 내가 생각하기에, '관(寬)'자는 "수용하다[容]."는 뜻이다. 덕으로써 원망함을 갚는다면, 천하에는 풀어지지 않을 원망이 없게 된다. 비록 알맞은 도가 아니지만, 자신을 너그럽고 수용할 수 있으니, 또한 인(仁)에 따른 점이 있다. 만약 원망함으로 덕을 갚는다면, 인정에 따라 모두가 분노할 일이며, 형벌이 반드시 그에게 미치게 된다.

참고 『시』「대아(大雅)·억(抑)」

抑抑威儀, (억억위의) : 촘촘한 위엄스러운 거동이여,
維德之隅. (유덕지우) : 그 덕은 엄숙하고 단정하구나.
人亦有言, (인역유언) : 사람들이 또한 말하길,
靡哲不愚. (미철불우) : 현명한 자가 아니라면 어리석은 것처럼 하지 않는구나.
庶人之愚, (서인지우) : 일반인의 어리석음은,

亦職維疾. (역직유질) : 본성상의 병통이니라.
哲人之愚, (철인지우) : 현명한 자의 어리석은 태도는,
亦維斯戾. (역유사려) : 죄를 짓게 될까 염려해서이다.

無競維人, (무경유인) : 현자를 얻는데 힘쓰지 않는 자여,
四方其訓之. (사방기훈지) : 현자는 사방을 가르칠 사람이로다.
有覺德行, (유각덕행) : 곧은 덕행을 소유하게 되리니,
四國順之. (사국순지) : 사방의 나라가 따르리라.
訏謨定命, (우모정명) : 도를 크게 하며 명령을 확정하여,
遠猶辰告. (원유진고) : 계획을 원대하게 하여 때에 맞게 알려주리라.
敬愼威儀, (경신위의) : 공경스럽게 신중하며 위엄스러운 거동이여,
維民之則. (유민지칙) : 백성들의 법도이니라.

其在于今, (기재우금) : 지금 여왕(厲王)의 치하에 있어서는,
興迷亂于政. (흥미란우정) : 소인을 숭상하여 정사를 혼란케 하는구나.
顚覆厥德, (전복궐덕) : 공덕을 무너트리고,
荒湛于酒. (황담우주) : 정사를 황폐하게 하여 술독에 빠지는구나.
女雖湛樂從, (여수담락종) : 너희 군신들이 술독에 빠져 서로 즐거워하며
　　　　　　　　　따르지만,
弗念厥紹. (불념궐소) : 너희 후손들이 본받아 따를 것을 생각하지 못하
　　　　　　　　는구나.
罔敷求先王, (망부구선왕) : 선왕의 도를 구하여,
克共明刑. (극공명형) : 함께 법도를 드러내지 못하는구나.

肆皇天弗尙, (사황천불상) : 예나 지금이나 황천(皇天)께서 가상히 여기
　　　　　　　　　지 않아,
如彼泉流, (여피천류) : 방만한 정치가 저 흘러가는 물과도 같으니,
無淪胥以亡. (무륜서이망) : 서로 바로잡아 이끌어줌이 없어 모두 망하게
　　　　　　　　되리라.
夙興夜寐, (숙흥야매) : 일찍 일어나고 밤늦게 자서,
洒埽庭內, (쇄소정내) : 마당을 깨끗이 청소하여,
維民之章. (유민지장) : 백성들의 표본이 되어야 하니라.

脩爾車馬, (수이차마) : 너의 수레와 말,

弓矢戎兵. (궁시융병) : 활과 화살 및 병장기를 수선할지어다.

用戒戎作, (용계융작) : 이로써 대비하여 군대를 일으키면 정벌하고,

用遏蠻方. (용적만방) : 이로써 오랑캐를 막을지어다.

質爾人民, (질이인민) : 너의 백성들을 편안케 하며,

謹爾侯度, (근이후도) : 너의 제후들에게 모범이 되지 못할까 염려하리니,

用戒不虞. (용계불우) : 이로써 뜻하지 않은 변고를 대비하여라.

愼爾出話, (신이출화) : 너의 교화와 정령을 신중히 하고,

敬爾威儀. (경이위의) : 너의 위엄스러운 거동을 공경스럽게 하여,

無不柔嘉. (무불유가) : 안정되고 선하지 않은 일이 없게끔 하라.

白圭之玷, (백규지점) : 백색 옥의 흠집은,

尙可磨也, (상가마야) : 오히려 갈아서 없앨 수 있으나,

斯言之玷, (사언지점) : 이 말의 흠집은,

不可爲也. (불가위야) : 그렇게 할 수 없느니라.

無易由言, (무이유언) : 말을 경솔히 하지 말지니,

無曰苟矣, (무왈구의) : 구차하도다,

莫捫朕舌, (막문짐설) : 내 혀를 잡아주는 자가 없다고 말하지 말지니,

言不可逝矣. (언불가서의) : 교령(敎令)이 한 번이라도 백성들에게 미치지 못하는구나.

無言不讎, (무언불수) : 말은 쓰이지 않음이 없고,

無德不報. (무덕불보) : 덕은 보답하지 않음이 없도다.

惠于朋友, (혜우붕우) : 제후들에게 도에 따라 베풀고,

庶民小子, (서민소자) : 백성들에게도 베풀어야 하느니라.

子孫繩繩, (자손승승) : 자손들이 왕의 교령을 조심하는데,

萬民靡不承. (만민미불승) : 백성들 중 받들지 않는 자가 없구나.

視爾友君子, (시이우군자) : 너의 제후와 경들을 보니,

輯柔爾顔, (집유이안) : 모두가 너의 안색만 편안케 하노라,

不遐有愆. (불하유건) : 멀지 않아 죄를 범하리라.

相在爾室, (상재이실) : 신하들이 너의 묘실(廟室)에 있는데,

尙不愧于屋漏. (상불괴우옥루) : 오히려 신들에게 공경하지 않는구나.

無日不顯, (무왈불현) : 드러나지 않으니,

莫予云覯. (막여운구) : 나를 보는 이가 없다고 말하지 말지어다.

神之格思, (신지격사) : 신이 찾아옴은,

不可度思, (불가탁사) : 헤아릴 수 없거늘,

矧可射思. (신가역사) : 하물며 제사 말미에 나태하게 굴 수 있겠는가.

辟爾爲德, (벽이위덕) : 네가 시행하는 덕을 잘 헤아려,

俾臧俾嘉. (비장비가) : 백성과 신하들이 아름답게 여기도록 하라.

淑愼爾止, (숙신이지) : 너의 행동거지를 삼가고 조심하여,

不愆于儀. (불건우의) : 위엄스러운 예법을 어기지 말지어다.

不僭不賊, (불참부적) : 어기지 않고 그르치지 아니하면,

鮮不爲則. (선불위칙) : 법도로 삼지 않는 자가 적을 것이니라.

投我以桃, (투아이도) : 나에게 복숭아를 던져주면,

報之以李. (보지이리) : 그에게 오얏으로 보답하리라.

彼童而角, (피동이각) : 저 덕이 없는 왕후(王后)⁴⁾는 덕이 있다 여기니,

實虹小子. (실홍소자) : 실로 왕의 정사를 황망하게 만드는구나.

荏染柔木, (임염유목) : 부들부들하고 유연한 나무는,

言緡之絲. (언민지사) : 끈을 매어 활로 만드느니라.

溫溫恭人, (온온공인) : 온화하고 공손한 사람은,

維德之基. (유덕지기) : 덕의 기틀이니라.

其維哲人, (기유철인) : 저 현명한 사람은,

告之話言, (고지화언) : 선한 말로 일러주니,

順德之行. (순덕지행) : 덕에 따라 행동할지어다.

其維愚人, (기유우인) : 저 어리석은 사람은,

覆謂我僭, (복위아참) : 도리어 나를 믿지 않는다 하니,

民各有心. (민각유심) : 백성들은 각기 다른 마음을 품고 있구나.

---

4) 왕후(王后)는 천자의 본부인을 뜻한다. 후대에는 황후(皇后)라고 부르기도 하였다. 고대에는 천자(天子)를 왕(王)이라고 불렀기 때문에, 천자의 부인을 '왕후'라고 부른다. 또한 '왕'자를 생략하여 '후(后)'라고도 부른다.

於呼小子, (오호소자) : 아아, 왕이여,

未知臧否. (미지장부) : 선한지 아닌지도 모르는가.

匪手攜之, (비수휴지) : 내가 손으로 끌어줄 뿐 아니라,

言示之事. (언시지사) : 직접 그 일의 시비를 보여주지 않았던가.

匪面命之, (비면명지) : 내가 대면하여 말한 것이 아니라,

言提其耳. (언제기이) : 귀에 대고 직접 말해주지 않았던가.

借曰未知, (차왈미지) : 어떤 이는 왕은 무지한데도,

亦旣抱子. (역기포자) : 또한 이미 아이를 안고 있을 만큼 나이를 먹었다
고 하는구나.

民之靡盈, (민지미영) : 백성들이 왕에게 만족을 못하는데,

誰夙知而莫成. (수숙지이막성) : 그 누가 일찍 깨우치고도 늦게 이룬단
말인가.

昊天孔昭, (호천공소) : 호천(昊天)[5]께서 밝게 살피신데,

我生靡樂. (아생미락) : 나의 삶은 즐겁지 않구나.

視爾夢夢, (시이몽몽) : 네 뜻의 몽매함을 보니,

我心慘慘. (아심참참) : 내 마음의 근심이 비참하구나.

誨爾諄諄, (회이순순) : 너를 가르치길 정성을 다하였거늘,

聽我藐藐. (청아막막) : 내 말을 건성으로 듣는구나.

---

5) 호천상제(昊天上帝)는 호천(昊天)과 상제(上帝)로 구분하여 해석하기도 하
며, '호천상제'를 하나의 용어로 해석하기도 한다. 후자의 경우 '호천'이라는
말은 '상제'를 수식하는 말이다. 고대에는 축호(祝號)라는 것을 지어서 제사
때의 용어를 수식어로 꾸미게 되는데, '호천상제'의 경우는 '상제'에 대한 축
호에 해당하며, 세분하여 설명하자면 신(神)의 명칭에 수식어를 붙이는 신호
(神號)에 해당한다. 『예기』「예운(禮運)」편에는 "作其祝號, 玄酒以祭, 薦其血
毛, 腥其俎, 孰其殽."라는 기록이 있고, 이에 대한 진호(陳澔)의 주에서는 "作
其祝號者, 造爲鬼神及牲玉美號之辭. 神號, 如昊天上帝."라고 풀이했다. '호천'
과 '상제'로 풀이할 경우, '상제'는 만물을 주재하는 자이며, '상천(上天)'이라
고도 불렀다. 고대인들은 길흉(吉凶)과 화복(禍福)을 내릴 수 있는 능력을 갖
추고 있었다고 생각하였다. 한편 '상제'는 오행(五行) 관념에 따라 동·서·남·
북·중앙의 구분이 생기면서, 천상을 각각 나누어 다스리는 오제(五帝)로 설
명되기도 한다. '호천'의 경우 천신(天神)을 뜻하는데, '상제'와 비슷한 개념이
다. '호천'을 '상제'보다 상위의 개념으로 해석하여, 오제 위에서 군림하는 신
으로 해석하는 경우도 있다.

匪用爲敎, (비용위교) : 내 말을 정사에 사용하지 않고서,
覆用爲虐. (복용위학) : 도리어 내 말이 해를 끼친다 하는구나.
借曰未知, (차왈미지) : 어떤 이는 왕은 무지한데도,
亦聿旣耄. (역율기모) : 또한 이미 늙었다고 하는구나.

於乎小子, (오호소자) : 아아, 왕이여,
告爾舊止. (고이구지) : 너에게 오래전부터 내려오던 말을 일러주노라.
聽用我謀, (청용아모) : 내 말을 듣고서 따른다면,
庶無大悔. (서무대회) : 큰 후회가 거의 없으리라.
天方艱難, (천방간난) : 하늘이 재앙을 내려,
曰喪厥國. (왈상궐국) : 그 나라를 망하게 할지라.
取譬不遠, (취비불원) : 내 비유함이 심원한 것이 아니니,
昊天不忒. (호천불특) : 호천의 덕과 차이를 두지 말지어다.
回遹其德, (회휼기덕) : 그 덕을 어기고서,
俾民大棘. (비민대극) : 백성들을 매우 궁핍하게 만드는구나.

毛序 抑, 衛武公, 刺厲王, 亦以自警也.

모서 「억(抑)」편은 위(衛)나라 무공(武公)이 여왕(厲王)을 풍자한 시이며, 또한 스스로 경계하는 말이다.

참고 『서』「상서(商書)·태갑중(太甲中)」

經文 作書曰: 民非后, 罔克胥匡以生.

번역 이윤(伊尹)이 글을 지어 말하길, 백성은 군주가 아니라면 서로 바로잡으며 살아갈 수 없습니다.

孔傳 無能相匡, 故須君以生.

번역 서로 바로잡을 수 없기 때문에 군주를 통해서 살아가야만 한다.

經文 后非民, 罔以辟四方.

번역 군주는 백성이 아니라면 사방을 통치할 수 없습니다.

孔傳 須民以君四方.

번역 백성을 통해서만이 사방을 통치할 수 있다.

經文 皇天眷佑有商, 俾嗣王克終厥德, 實萬世無疆之休.

번역 황천께서 은나라를 살피시고 도와서 사왕(嗣王)[6]으로 하여금 그 덕을 제대로 마무리할 수 있게 하시니, 이것은 만세토록 다함이 없는 아름다움입니다.

孔傳 言王能終其德, 乃天之顧佑商家, 是商家萬世無窮之美.

번역 천자가 그의 덕을 제대로 마무리 지을 수 있다면 하늘이 은나라를 살피고 도와주게 되니, 이것은 은나라가 만세토록 다함이 없는 아름다움에 해당한다는 뜻이다.

蔡傳 民非君, 則不能相正以生, 君非民, 則誰與爲君者? 言民固不可無君, 而君尤不可失民也. 太甲改過之初, 伊尹首發此義, 其喜懼之意深矣. 夫太甲不義, 有若性成, 一朝翻然改悟, 是豈人力所至? 蓋天命眷商, 陰誘其衷, 故嗣王能終其德也. 向也湯緒幾墜, 今其自是有永, 豈不爲萬世無疆之休乎?

---

6) 사왕(嗣王)은 본래 '효왕(孝王)'과 마찬가지로 군주가 제사 때 자신을 지칭하는 용어이다. 다만 제사 대상이 천지(天地) 등의 외신(外神)일 때 사용한다. '왕위를 계승한 자'라는 의미이다. 또한 천자 및 이전 군왕에 뒤이어 제위에 오르는 자를 가리키는 용어로도 사용된다.

번역 백성은 군주가 아니라면 서로 바로잡으며 살아갈 수 없고, 군주는 백성이 아니라면 누구와 함께 군주노릇을 할 수 있겠는가? 즉 백성에게는 진실로 군주가 없을 수 없으며, 군주는 더더욱 백성을 잃어서는 안 된다는 뜻이다. 태갑이 과실을 고친 초기에 이윤은 처음으로 이 뜻을 나타냈으니, 기뻐하면서도 두려워하는 뜻이 매우 깊다. 태갑의 의롭지 못한 점은 마치 천성적으로 이루어진 것과 같았지만 하루아침에 불현듯 잘못을 깨닫고 고쳤으니, 이것이 어찌 인력으로 이룬 바이겠는가? 천명이 은나라를 돌보고 은밀하게 그 마음을 인도하였기 때문에 사왕이 그 덕을 마무리할 수 있었다. 이전 탕임금이 세웠던 기틀이 거의 실추되었는데 현재 이 시기부터 영원하게 유지될 수 있었으니, 어찌 만세토록 다함이 없는 아름다움이 되지 않겠는가?

참고 구문비교

출　　처	내　　　　용
『禮記』「表記」	以德報德, 則民有所勸.
	以怨報怨, 則民有所懲.
	以德報怨, 則寬身之仁也.
	以怨報德, 則刑戮之民也.
『論語』「憲問」	或曰, 以德報怨, 何如? 子曰, 何以報德?
	以直報怨, 以德報德.
『國語』「周語中」	以怨報德, 不仁.

● **그림 11-1** 은(殷)나라 세계도(世系圖)

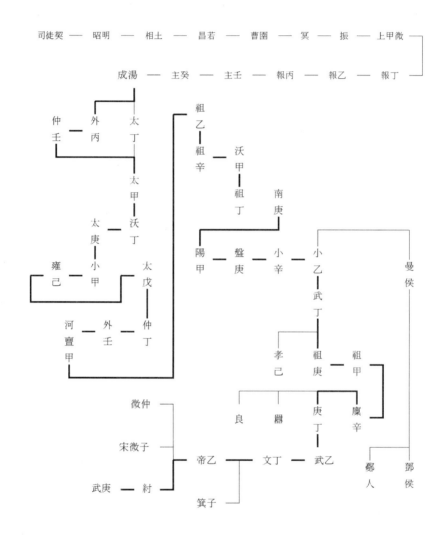

※ **출처:**『역사(繹史)』1권「역사세계도(繹史世系圖)」

그림 11-2 은(殷)나라 탕왕(湯王)

※ **출처:** 『삼재도회(三才圖會)』「인물(人物)」1권

그림 11-3   이윤작서도(伊尹作書圖)

※ 출처: 『흠정서경도설(欽定書經圖說)』 14권

그림 11-4 이윤(伊尹)

※ **출처:** 『고성현상전략(古聖賢像傳略)』

호인(好仁)과 오불인(惡不仁)

【625a】

子曰, "無欲而好仁者, 無畏而惡不仁者, 天下一人而已矣.
是故君子議道自己, 而置法以民."

직역 子가 曰, "欲이 無한데 仁을 好한 者와 畏가 無한데 不仁을 惡하는 者는 天下의 一人일 따름이다. 是故로 君子는 道를 議하길 己로 自하고, 法을 置하길 民으로써 한다."

의역 공자가 말하길, "욕심이 없는데도 인(仁)을 좋아하는 자와 두려움이 없는데도 불인(不仁)함을 싫어하는 자는 천하에 오직 인(仁)을 편안하게 여기는 한 사람이 있을 따름이다. 이러한 까닭으로 군자가 도를 의논할 때에는 자신으로부터 시작하고, 법도를 세울 때에는 백성을 기준으로 한다."라고 했다.

集說 呂氏曰: 安仁者, 天下一人而已, 則非聖人不足以性仁. 苟志於仁矣, 無惡也, 則衆人皆可以爲仁. 以聖人之所性而議道, 則道無不盡, 以衆人之可爲而制法, 則法無不行.

번역 여씨가 말하길, 인(仁)을 편안히 여기는 자는 천하에 한 사람일 뿐이라고 했으니, 성인이 아니라면 인(仁)을 자신의 본성으로 삼기에 부족하다. 만약 인(仁)에 뜻을 두고 악함이 없다면 백성들은 모두 인(仁)을 시행할 수 있다. 성인이 본성으로 삼고 도를 의논하게 된다면 도에 다하지 않는 것이 없고, 백성들이 시행할 수 있는 것을 법도로 제정한다면 법에 시행되지 않는 것이 없다.

集說 方氏曰: 欲而好仁, 則知者利仁之事也; 畏而惡不仁, 則畏罪者强仁之事也. 若所好生於無欲, 所惡生於無畏, 非中心安仁者不能, 故曰天下一人而已.

번역 방씨가 말하길, 욕심이 있는데도 인(仁)을 좋아하는 것은 지혜로운 자가 인(仁)을 이롭게 여겨서 시행하는 사안이 되며, 두려워하여 인(仁)하지 못함을 싫어하는 것은 죄를 두려워하는 자가 힘써 인(仁)을 시행하는 사안이 된다. 만약 좋아하는 것이 바라는 것이 없는 데에서 생겨나고 싫어하는 것이 두려워함이 없는 데에서 생겨나는 경우라면, 마음으로 인(仁)을 편안하게 여기는 자가 아니라면 잘하지 못한다. 그렇기 때문에 "천하에 한 사람일 뿐이다."라고 했다.

大全 慮氏曰: 無欲而好仁, 則所好無非仁, 自仁之外, 別無他好也. 無畏而惡不仁, 則所惡無非不仁, 自不仁之外, 別無他惡也.

번역 복씨[1]가 말하길, 욕심이 없는데도 인(仁)을 좋아한다면, 좋아하는 것이 인(仁)에 해당하지 않는 것이 없으니, 인(仁) 이외에 별도로 좋아함이 없는 것이다. 두려움이 없는데도 불인(不仁)함을 싫어한다면, 싫어하는 것이 불인함이 아닌 것이 없으니, 불인함 이외에 별도로 다른 악함이 없는 것이다.

大全 延平周氏曰: 無欲而好仁者, 仁之至也. 無畏而惡不仁者, 義之至也. 無欲而能好, 無畏而能惡者, 天下一人而已矣. 以其無欲而能好, 無畏而能惡者, 天下常寡, 故君子議道則以己, 而置法則必以人. 蓋無欲而好仁, 無畏而惡不仁者, 己之所能, 以己之所能而議道, 則可以合道. 有欲而好仁, 有畏而惡不仁者, 民之所能, 以民之所能而置法, 則法之所以易行者也.

번역 연평주씨가 말하길, 욕심이 없는데도 인(仁)을 좋아하는 것은 인

---

1) 복씨(慮氏, ?~?): 생몰년 및 행적에 대해서는 자세히 알려져 있지 않다.

(仁)의 지극함이다. 두려움이 없는데도 불인(不仁)함을 싫어하는 것은 의 (義)의 지극함이다. 욕심이 없는데도 좋아할 수 있고, 두려움이 없는데도 싫어할 수 있는 것은 천하에 한 사람이 있을 뿐이다. 욕심이 없는데도 좋아할 수 있고, 두려움이 없는데도 싫어할 수 있는 자는 천하에 항상 부족하기 때문에, 군자는 도를 의논할 때 자신을 기준으로 하고 법도를 세울 때에는 반드시 남을 기준으로 한다. 무릇 욕심이 없는데도 인(仁)을 좋아하고 두려움이 없는데도 불인함을 싫어하는 것은 자신이 잘하는 것이니, 자신이 잘하는 것으로 도를 의논한다면 도에 합치될 수 있다. 반면 욕심이 있어서 인(仁)을 좋아하고, 두려움이 있어서 불인함을 싫어하는 것은 백성들이 잘하는 것이니, 백성들이 잘하는 것으로 법도를 세운다면, 법도는 쉽게 시행될 수 있다.

鄭注 "一人而已", 喩少也. "自己", 自盡己所能行.

번역 "한 사람일 따름이다."라고 한 말은 적다는 말을 비유한 것이다. "자신으로부터 한다."는 말은 스스로 자신이 잘 시행할 수 있는 것을 다한다는 뜻이다.

釋文 好, 乎報反. 惡, 烏路反.

번역 '好'자는 '乎(호)'자와 '報(보)'자의 반절음이다. '惡'자는 '烏(오)'자와 '路(로)'자의 반절음이다.

孔疏 ●"子曰無欲而好仁"者, 自此以下, 廣明仁道. 凡仁道有三, 一是安仁, 二是利仁, 三是强仁. 此明安仁之事. 安仁者, 無所畏惡, 而自安仁道. 凡人好仁, 皆有所欲. 今無有所求欲而自好仁道.

번역 ●經文: "子曰無欲而好仁". ○이곳 구문으로부터 그 이하의 내용은 인(仁)의 도에 대해서 폭넓게 설명한 것이다. 무릇 인(仁)의 도에는 세 가지가 있으니 첫 번째는 인(仁)을 편안하게 여기는 것이며, 두 번째는 인(仁)을 이롭게 여기는 것이고, 세 번째는 인(仁)을 힘써 시행하는 것이다. 이 문장은 인(仁)을 편안하게 여기는 사안에 해당한다. 인(仁)을 편안하게 여기는 자는 두려워하거나 싫어하는 것이 없어서, 스스로 인(仁)의 도를 편안하게 여긴다. 일반인들이 인(仁)을 좋아하는 것은 모두 바라는 점이 있기 때문이다. 이곳 기록은 바라는 것이 없으면서도 스스로 인(仁)의 도를 좋아한다는 뜻이다.

孔疏 ●“無畏而惡不仁”者, 凡人憎惡不仁, 皆有所畏, 始惡不仁. 今無有所畏而能惡不仁者.

번역 ●經文: “無畏而惡不仁”. ○일반인들이 불인(不仁)함을 증오하는 것은 모두 두려워하는 점이 생긴 뒤에야 비로소 불인함을 싫어하게 된다. 이곳 기록은 두려워하는 점이 없는데도 불인함을 싫어할 수 있는 자에 해당한다.

孔疏 ●“天下一人而已矣”者, 言無欲好仁, 無畏惡不仁, 雖天下之人, 廣能行此者, 但有一人而已, 喩其少也.

번역 ●經文: “天下一人而已矣”. ○욕심이 없는데도 인(仁)을 좋아하고, 두려워함이 없는데도 불인(不仁)함을 싫어하는 것은 비록 천하 사람들 중 이러한 것들을 폭넓게 시행할 수 있는 자가 단지 한 사람밖에 없다고 했는데, 이것은 적다는 뜻을 비유한 말이다.

孔疏 ●“是故君子議道自己”者, 好仁之法, 須恩惠及人, 當恕己而行, 故君子謀議道理, 先自己而始.

번역 ●經文: “是故君子議道自己”. ○인(仁)을 좋아하는 법도는 은혜가 남에게 미쳐야 하니, 마땅히 자신을 헤아려서 시행해야 한다. 그렇기 때문에 군자는 도리에 대해 도모할 때 우선적으로 자신을 통해서 시작한다.

孔疏 ●"置法以民"者, 己所能行, 乃施於人, 故云"置法以民". 言從己而始, 乃可以施置法度於它人.

번역 ●經文: "置法以民". ○자신이 잘하는 것을 곧 남에게 베푼 것이다. 그렇기 때문에 "법도를 세움에 백성으로써 한다."라고 한 것이다. 즉 자신을 통해서 시작한다면, 다른 사람들에게도 법도를 베풀 수 있다는 뜻이다.

集解 呂氏大臨曰: 無欲而好仁, 無畏而惡不仁, 所謂性之者也, 安仁者也.

번역 여대림이 말하길, 욕심이 없는데도 인(仁)을 좋아하고, 두려움이 없는데도 불인(不仁)함을 싫어하는 것은 이른바 본성대로 하는 자이며 인(仁)을 편안하게 여기는 자이다.

참고 구문비교

출 처	내 용
『禮記』「表記」	無欲而好仁者, 無畏而惡不仁者, 天下一人而已矣.
『論語』「里仁」	我未見好仁者惡不仁者.
	好仁者, 無以尙之.
	惡不仁者, 其爲仁矣, 不使不仁者加乎其身.

• 제 13 절 •

안인(安仁) · 이인(利仁) · 강인(强仁)과 인(仁) · 의(義)

【625b~c】

子曰, "仁有三, 與仁同功而異情. 與仁同功, 其仁未可知也. 與
仁同過, 然後其仁可知也. 仁者安仁, 知者利仁, 畏罪者强仁.
仁者右也, 道者左也. 仁者人也, 道者義也. 厚於仁者, 薄於義,
親而不尊; 厚於義者, 薄於仁, 尊而不親."

직역 子가 曰, "仁에는 三이 有한데, 仁과 與하여 功이 同이라도 情이 異하다.
仁과 與하여 功이 同함은 그 仁을 可히 知함을 未라. 仁과 與하여 過가 同한 然後에
야 그 仁함을 可히 知라. 仁者는 仁을 安하고, 知者는 仁을 利하며, 罪를 畏한 者는
仁을 强한다. 仁者는 右이고, 道者는 左이다. 仁者는 人이고, 道者는 義이다. 仁에
厚한 者는 義에 薄하니, 親이나 不尊하고; 義에 厚한 者는 仁에 薄하니, 尊이나
不親이라."

의역 공자가 말하길, "인(仁)을 시행하는 것에는 세 종류가 있는데, 인(仁)으로
회귀함에 있어서 그 공덕은 동일하지만 실정에는 차이가 있다. 인(仁)으로 회귀함
에 있어서 공덕이 동일한 경우에는 그 인(仁)에 대해서는 아직 알 수 없다. 그러나
인(仁)으로 회귀함에 있어서 지나침이 동일하게 나타난 뒤에라야 인(仁)함에 대해
서 알 수 있다. 인자한 자는 인(仁)을 편안하게 여기고, 지혜로운 자는 인(仁)을
이롭게 여기며, 죄를 두려워하는 자는 인(仁)을 힘써서 시행한다. 비유하자면 인
(仁)은 우측이 되고, 도(道)는 좌측이 된다. 인(仁)이라는 것은 사람다운 것이며,
도(道)라는 것은 의(義)에 해당한다. 인(仁)에 두터운 자는 의(義)에는 상대적으로
박하니, 친근하지만 존귀하지 않고, 의(義)에 두터운 자는 상대적으로 인(仁)에는
박하니, 존귀하지만 친근하지 않다."라고 했다.

集說 呂氏曰: 安仁·利仁·强仁, 三者之功, 同歸於仁, 而其情則異, 此堯舜
性之, 湯武身之, 五霸假之, 所以異也. 桓公九合諸侯, 一匡天下, 雖湯武之擧,
不過乎是, 而其情則不同, 故其仁未可知也. 過者人所避, 有不幸而致焉, 周公
使管叔殷畔, 過於愛兄而已; 孔子對陳司敗以昭公知禮, 過於諱君而已, 皆出
乎情, 而其仁可知也. 道非仁不立, 義非人不行, 凡人之擧動, 必右先而後左隨
之, 故曰仁右道左.

번역 여씨가 말하길, 인(仁)을 편안하게 여기고, 인(仁)을 이롭게 여기
며, 인(仁)을 애써서 시행하는 경우, 이 세 가지의 공덕은 모두 인(仁)으로
회귀하지만, 그 실정에 있어서는 차이를 보이니, 이것은 요와 순임금이 본
성대로 하고, 탕임금과 무왕이 몸소 실천하며, 오패(五霸)[1]가 빌려온 것[2)

---

1) 오패(五霸)는 오백(五伯)이라고도 부른다. 다섯 명의 패주(霸主)를 뜻한다.
주로 춘추시대(春秋時代)의 패주들을 뜻하는 용어로도 사용되지만, 다섯 명
이 누구였는지에 대해서는 이견이 있고, 또한 주(周)나라 이전의 패주들까지
도 포함시키는 용례들이 있다. 첫 번째 주장은 하(夏)나라의 곤오(昆吾), 은
(殷)나라의 대팽(大彭)과 시위(豕韋), 춘추시대 때의 제환공(齊桓公)과 진문
공(晉文公)을 뜻한다고 보는 견해이다. 『장자(莊子)』「대종사(大宗師)」편에는
彭祖得之, 上及有虞, 下及五伯."이라는 기록이 있는데, 이에 대한 성현영(成
玄英)의 소(疏)에서는 "五伯者, 昆吾爲夏伯, 大彭·豕韋爲殷伯, 齊桓·晉文爲周
伯, 合爲五伯."이라고 풀이했다. 두 번째 주장은 춘추시대의 군주들만을 지칭
하는 견해로, 제환공(齊桓公), 진문공(晉文公), 송양공(宋襄公), 초장공(楚莊
公), 진무공(秦繆公)을 가리킨다. 『여씨춘추(呂氏春秋)』「당무(當務)」편에는
"備說非六王五伯."이라는 기록이 있는데, 이에 대한 고유(高誘)의 주에서는
"五伯, 齊桓·晉文·宋襄·楚莊·秦繆也."라고 풀이했다. 세 번째 주장 또한 춘추
시대의 군주들만을 지칭하는 견해로, 제환공(齊桓公), 진문공(晉文公), 초장
왕(楚莊王), 오왕(吳王) 합려(闔閭), 월왕(越王) 구천(句踐)을 가리킨다. 『순
자(荀子)』「왕패(王霸)」편에는 "雖在僻陋之國, 威動天下, 五伯是也. …… 故齊
桓·晉文·楚莊·吳闔閭·越句踐, 是皆僻陋之國也, 威動天下, 彊殆中國."이라는
기록이 있다. 네 번째 주장 또한 춘추시대의 군주들만을 지칭하는 견해로,
제환공(齊桓公), 송양공(宋襄公), 진문공(晉文公), 진목공(秦穆公), 오왕(吳王)
부차(夫差)를 가리킨다. 『한서(漢書)』「제후왕표(諸侯王表)」편에는 "故盛則
周·邵相其治, 致刑錯; 衰則五伯扶其弱, 與其守."라는 기록이 있는데, 이에 대
한 안사고(顔師古)의 주에서는 "伯讀曰霸. 此五霸謂齊桓·宋襄·晉文·秦穆·吳
夫差也."라고 풀이했다.
2) 『맹자』「진심상(盡心上)」 : 孟子曰, "堯舜, 性之也, 湯武, 身之也, 五霸, 假之也.

이 차이를 보이는 이유이다. 환공은 아홉 차례 제후들을 회합하고 천하를 한 차례 바로잡았는데,[3] 비록 탕임금과 무왕이 실천한 것이라도 여기에서 벗어나지 않지만, 그 실정에 있어서는 같지 않다. 그렇기 때문에 그 인(仁)함에 대해서는 알 수 없다. 지나친 것은 사람들이 피하는 것이지만, 불행하게도 그러함에 이르는 경우가 있으니, 주공이 관숙을 파견하여 결국 은나라 유민들과 배반을 하도록 만든 것은 형제를 사랑함이 지나쳤기 때문이며,[4] 공자가 진(陳)나라 사패에게 대답을 하며 소공(昭公)이 예를 안다고 한 것은 군주의 과실을 숨겨줌이 지나쳤기 때문인데,[5] 이 모두는 정감에서 도출된 것이고, 그 인(仁)함에 대해서 알 수 있다. 도(道)는 인(仁)이 아니라면 성립되지 않고, 의(義)는 사람이 아니라면 시행되지 않는데, 모든 사람들의 행동거지는 반드시 우측을 우선으로 하고 그 이후에 좌측이 뒤따르게 된다. 그렇기 때문에 "인(仁)은 우측이고, 도(道)는 좌측이다."라고 했다.

大全 嚴陵方氏曰: 與仁同功, 其仁未可知者, 以其三者之情雖異, 及其成功則一, 而未知其孰爲仁者也. 與仁同過, 然後其仁可知者, 論語曰, 人之過也, 各於其黨, 觀過, 斯知仁矣, 正謂是也. 仁者之爲仁, 猶之生於陵者, 安於陵而已, 故曰安仁. 知者之爲仁, 知仁之爲己利則爲之, 知不仁之爲己害則不爲也, 故曰利仁. 畏罪者之爲仁, 畏不仁之貽罪則戒而惡之, 欲仁之爲功則强而好之, 故曰强仁.

번역 엄릉방씨가 말하길, 인(仁)과 더불어 공덕이 같은 경우에 그 인

久假而不歸, 惡知其非有也."

3) 『논어』「헌문(憲問)」: 子貢曰, "管仲非仁者與? 桓公殺公子糾, 不能死, 又相之." 子曰, "管仲相桓公, 霸諸侯, 一匡天下, 民到于今受其賜. 微管仲, 吾其被髮左衽矣. 豈若匹夫匹婦之爲諒也, 自經於溝瀆而莫之知也?"

4) 『맹자』「공손추하(公孫丑下)」: 曰, "周公使管叔監殷, 管叔以殷畔, 知而使之, 是不仁也, 不知而使之, 是不智也. 仁智, 周公未之盡也, 而況於王乎? 賈請見而解之."

5) 『논어』「술이(述而)」: 陳司敗問昭公知禮乎, 孔子曰, "知禮." 孔子退, 揖巫馬期而進之, 曰, "吾聞君子不黨, 君子亦黨乎? 君取於吳爲同姓, 謂之吳孟子. 君而知禮, 孰不知禮?" 巫馬期以告. 子曰, "丘也幸, 苟有過, 人必知之."

(仁)함을 아직 알 수 없다고 한 것은 세 가지 경우의 실정에 비록 차이가 있더라도, 공덕을 이룸에 있어서는 동일하니, 어느 것이 인(仁)이 되는지 아직 알 수 없는 것이다. 인(仁)과 더불어 지나침이 같은 뒤에야 그 인(仁)함을 알 수 있다고 한 것은 『논어』에서 "사람의 과실은 각각 그 부류에 따르니, 과실을 살펴보면 이에 인(仁)함을 알 수 있다."[6]라고 한 말이 바로 이러한 뜻을 나타낸다. 인자한 자가 시행하는 인(仁)은 구릉지대에서 태어난 자가 구릉지대를 편안하게 여기는 것과 같다. 그렇기 때문에 "인(仁)을 편안하게 여긴다."라고 했다. 지혜로운 자가 시행하는 인(仁)은 인(仁)이 자신의 이로움이 된다는 것을 알면 시행하고, 불인(不仁)함이 자신에게 해가 된다는 것을 알면 시행하지 않는 것이다. 그렇기 때문에 "인(仁)을 이롭게 여긴다."라고 했다. 죄를 두려워하는 자가 시행하는 인(仁)은 불인함에 따른 죄를 두려워한다면 경계하여 싫어하고, 인(仁)이 공덕이 됨을 바란다면 애써서 좋아하는 것이다. 그렇기 때문에 "인(仁)을 힘써서 시행한다."라고 했다.

大全 藍田呂氏曰: 右者, 人所有事, 左者, 居於不用之地, 而助右之所不及也. 仁者, 人之體也, 將有爲也, 將有行也, 非仁不可也, 故曰仁者右也, 又曰仁者人也. 道者, 天之理也, 仁至于不可行, 不可不節, 則理有所不得已, 以助人之所不及者義也, 故曰道者左也, 又曰道者義也. 仁莫隆於父子, 父子之道親親也, 義莫重於君臣, 君臣之道尊尊也. 厚於此則薄於彼, 厚於彼則薄於此, 惟知其所以爲左右, 則尊尊親親並行, 而不相悖, 無厚薄之間矣.

번역 남전여씨가 말하길, 우측은 사람들이 일삼는 곳이고, 좌측은 작용이 이루어지지 않는 곳이면서도 우측이 미치지 못하는 것을 돕는 곳이다. 인(仁)이라는 것은 사람의 본체이며, 장차 행위함이 있게 된다. 시행함이 있게 되면 인(仁)이 아니라면 불가하다. 그렇기 때문에 "인(仁)은 우측이다."라고 했고, 또 "인(仁)은 사람이다."라고 했다. 도(道)는 하늘의 이치인

---

6) 『논어』「이인(里仁)」 : 子曰, "人之過也, 各於其黨. 觀過, 斯知仁矣."

데, 인(仁)에 따라 시행할 수 없는 것에 이르게 되어, 규범을 정하지 않을
수가 없다면, 이치상 부득이한 점이 있어서, 이를 통해 사람들이 미치지
못하는 점을 돕는 것은 의(義)이다. 그렇기 때문에 "도(道)는 좌측이다."라
고 했고, 또 "도(道)는 의(義)이다."라고 했다. 인(仁) 중에는 부자관계의
윤리보다 융성한 것이 없는데, 부자관계의 도의는 친근한 자를 친애하는
것이며, 의(義) 중에는 군신관계의 윤리보다 중대한 것이 없는데, 군신관계
의 도의는 존귀한 자를 존귀하게 여기는 것이다. 여기에 대해 두텁게 한다
면 저기에 대해서는 상대적으로 박하게 되고, 저기에 대해 두텁게 한다면
여기에 대해서는 상대적으로 박하게 된다. 오직 좌측이 되고 우측이 되는
이유를 알고 있어야만, 존귀한 자를 존귀하게 대하고 친근한 자를 친애하
는 것이 모두 시행되더라도 서로 어그러트리지 않으니, 두텁고 박한 차이
가 없는 것이다.

鄭注 三, 謂安仁也, 利仁也, 强仁也. 利仁·强仁, 功雖與安仁者同, 本情則
異. 功者, 人所貪也. 過者, 人所辟也. 在過之中, 非其本情者, 或有悔者焉. "右
也", "左也", 言相須而成也. "人也", 謂施以人恩也. "義也", 謂斷以事宜也. 春
秋傳曰: "執未有言舍之者, 此其言舍之何? 仁之也." 言仁義並行者也. 仁多
則人親之, 義多則人尊之.

번역 '삼(三)'은 인(仁)을 편안하게 여기는 것이고, 인(仁)을 이롭게 여
기는 것이며, 인(仁)을 힘써서 시행하는 것이다. 인(仁)을 이롭게 여기고
인(仁)을 힘써서 시행하는 경우 그 공덕은 비록 인(仁)을 편안하게 여기는
경우와 같지만, 본래의 실정에는 차이가 있다. 공덕은 사람들이 탐내는 대
상이다. 과실은 사람들이 피하는 것이다. 과실에 해당하는 것들은 본래의
정감이 아니지만, 간혹 뉘우치는 점이 있게 된다. "우측이다."라고 말하고,
"좌측이다."라고 했는데, 서로 도와서 완성된다는 뜻이다. "사람이다."라고
한 말은 사람다운 은정을 베푼다는 뜻이다. "의(義)이다."라고 한 말은 사리
의 마땅함에 따라서 결단한다는 뜻이다. 『춘추전』에서는 "잡았을 때 아직
까지 가둔다고 말하지 않았지만, 이곳에서 가둔다고 말한 것은 어째서인

가? 인(仁)으로 여겼기 때문이다."7)라고 했다. 즉 인(仁)과 의(義)가 모두 시행된 경우를 뜻한다. 인(仁)이 상대적으로 많으면 사람들이 친근하게 여기고, 의(義)가 상대적으로 많으면 사람들이 존귀하게 여긴다.

釋文 强, 其兩反, 下文同. 知者音智. 辟音避. 斷, 丁亂反.

번역 '强'자는 '其(기)'자와 '兩(량)'자의 반절음이며, 아래문장에 나오는 글자도 그 음이 이와 같다. '知者'에서의 '知'자는 그 음이 '智(지)'이다. '辟'자의 음은 '避(피)'이다. '斷'자는 '丁(정)'자와 '亂(란)'자의 반절음이다.

孔疏 ●"子曰: 仁有三, 與仁同功而異情", 此明仁道有三, 其功雖同, 其情則異, 以終能汎愛, 其功同也. 一則無所求爲而安靜行仁, 一則規求其利而行仁, 一則畏懼於罪而行仁, 是"異情"也.

번역 ●經文: "子曰: 仁有三, 與仁同功而異情". ○이것은 인(仁)의 도에는 세 가지가 있어서, 그것의 공덕은 비록 동일하지만 실정에 있어서는 차이가 남을 밝히고 있는데, 이를 통해 널리 친애할 수 있다면 그 공덕이 동일하게 된다고 결론을 맺었다. 세 가지 중 하나는 바라는 것이 없는데도 인(仁)을 시행하는 것을 안정되게 하는 것이며, 다른 하나는 규범에 따라 이로움을 추구하여 인(仁)을 시행하는 것이며, 나머지 하나는 죄를 짓는 것을 두려워하여 인(仁)을 시행하는 것인데, 이것이 "실정이 다르다."는 뜻에 해당한다.

孔疏 ●"與仁同功, 其仁未可知也"者, 此一經申明同功異情之事. 三者之仁, 其功俱是, 汎施博愛, 其事一種, 是未可知也.

번역 ●經文: "與仁同功, 其仁未可知也". ○이곳 경문은 공덕이 같지만

---

7) 『춘추공양전』「성공(成公) 16년」: 九月, 晉人執季孫行父, 舍之于招丘, <u>執未可言舍之者, 此其言舍之何? 仁之也</u>.

실정이 다르다는 사안을 거듭 나타내고 있다. 세 가지 인(仁)은 그 공덕이 모두 옳아서, 널리 시행되고 널리 친애함에 있어서 그 사안이 동일하여, 어느 것인지 모른다는 뜻이다.

孔疏 ●"與仁同過, 然後其仁可知也"者, 過, 謂利之與害. 若遭遇利害之事, 其行仁之情則可知也.

번역 ●經文: "與仁同過, 然後其仁可知也". ○'과(過)'자는 이롭게 여기거나 해가 됨을 뜻한다. 만약 이해관계를 따지는 일을 접하게 된다면, 그때 인(仁)을 시행한 실정을 알 수 있다는 의미이다.

孔疏 ●"仁者安仁"者, 此明三者可知之事, 若天性仁者, 非關利害而安仁也.

번역 ●經文: "仁者安仁". ○이것은 세 가지 사안에 대해서 알 수 있는 일을 나타내고 있으니, 만약 천성적으로 인(仁)한 자라면 이해관계를 따지지 않고 인(仁)을 편안하게 여긴다는 의미이다.

孔疏 ●"知者利仁"者, 若有知謀者, 貪利而行仁, 有利則行, 無利則止, 非本情也.

번역 ●經文: "知者利仁". ○만약 지모를 가진 자라면 이로움을 탐하여 인(仁)을 시행하니, 이로움이 있다면 시행하고 이로움이 없다면 그치는 것으로, 본래의 정감에 따른 것이 아니다.

孔疏 ●"畏罪者强仁"者, 若畏懼於罪者, 自强行仁, 望免離於罪. 若無所畏, 則不能行仁也.

번역 ●經文: "畏罪者强仁". ○만약 죄짓는 것을 두려워하는 자라면, 스스로 인(仁)을 시행하는데 힘을 쓰니, 죄에서 벗어나고자 바라는 것이다.

만약 두려워할 점이 없다면, 인(仁)을 제대로 시행할 수 없다.

孔疏 ●"仁者右也, 道者左也", 此經明仁義相須, 若手之左右. 仁恩者, 若人之右手, 右手是用之便也, 仁恩亦行之急也.

번역 ●經文: "仁者右也, 道者左也". ○이곳 경문은 인(仁)과 의(義)는 서로 필요로 하는 관계인데, 이것은 마치 우측 손과 좌측 손의 관계와 같음을 나타내고 있다. 인(仁)에 따른 은정은 사람의 우측 손과 같으니, 우측 손은 사용하기 편리한 곳이며, 인(仁)에 따른 은정 또한 시급히 시행해야 할 것이다.

孔疏 ●"道者左也", 道是履蹈而行, 比仁恩稍劣, 故爲左也.

번역 ●經文: "道者左也". ○도(道)는 직접 밟고서 시행하는 것인데, 인(仁)에 따른 은정과 비교해보면 조금 미치지 못한다. 그렇기 때문에 좌측이 된다.

孔疏 ●"仁者人也", 言仁恩之道, 以人情相愛偶也.

번역 ●經文: "仁者人也". ○인(仁)에 따른 은정의 도리는 사람의 정감에 따라 서로 친근하게 대한다는 뜻이다.

孔疏 ●"道者義也", 義, 宜也. 凡可履蹈而行者, 必斷割得宜, 然後[8]可履蹈, 故云"道者義也".

번역 ●經文: "道者義也". ○'의(義)'자는 마땅함[宜]이다. 무릇 밟고서 실천하는 것들은 반드시 결단함에 있어서 마땅함을 얻은 뒤에야 밟을 수

---

8) '후(後)'자에 대하여. '후'자는 본래 없던 글자인데, 완원(阮元)의 『교감기(校勘記)』에서는 "포당(浦鏜)은 '연(然)'자 뒤에는 마땅히 '후'자가 누락된 것이라고 했다."라고 했다.

있다. 그렇기 때문에 "도(道)는 의(義)이다."라고 했다.

孔疏 ◎注"人也"至"人也". ○正義曰: "人也, 謂施以人恩也", 解經中"仁者人也". 仁, 謂施以人恩, 言施人以恩, 正謂意相愛偶人也. 云"義也, 謂斷以事宜也", 謂裁斷其理, 使合事宜, 故可履蹈而行, 是"道者義也". 引春秋傳者, 此成十六年公羊傳文. 按彼稱晉人執季孫行父, 舍之于招丘. 傳云: "執未有言舍之者, 此其言舍之何? 仁也." 傳稱春秋諸侯執大夫, 經不書"舍". 此執行父言"舍之招丘"何? 欲人愛此行父, 故特言"舍之". 引之者, 證人是人偶相存愛之義也.

번역 ◎鄭注: "人也"~"人也". ○정현이 "사람이라고 한 말은 사람다운 은정을 베푼다는 뜻이다."라고 했는데, 경문에 나오는 '인자인야(仁者人也)'라는 말을 풀이한 것이다. '인(仁)'은 사람다운 은정을 베푼다는 뜻으로, 사람들에게 은정을 베푼다는 의미로, 그 뜻이 서로 친애함으로 상대를 대하게 됨을 가리킨다. 정현이 "의(義)라고 한 말은 사리의 마땅함에 따라서 결단한다는 뜻이다."라고 했는데, 그 이치를 판결함에 있어서 그것으로 하여금 그 사안의 마땅함에 맞게끔 해야 한다는 뜻이다. 그렇기 때문에 밟고서 실천할 수 있으니, 이것은 "도(道)는 의(義)이다."라는 말에 해당한다. 정현이 『춘추전』을 인용했는데, 이것은 성공(成公) 16년에 대한 『공양전』의 문장이다. 『공양전』을 살펴보면, 경문에서는 "진(晉)나라가 계손행보를 붙잡아서 초구(招丘)에 가두었다."라고 했다. 그리고 전문(傳文)에서는 "잡았을 때 아직까지 가둔다고 말하지 않았지만, 이곳에서 가둔다고 말한 것은 어째서인가? 인(仁)에 해당하기 때문이다."라고 했다. 전문에서는 춘추시대 때의 제후가 대부를 붙잡았을 때, 경문에서 사(舍)라고 기록하지 않는다고 한 것이다. 그런데 이곳에서는 행보를 잡았을 때, "초구에 가두었다."라고 말한 것은 어째서인가? 사람들이 이러한 행보를 친애하고자 했기 때문에 특별히 "가두었다."라고 말했다는 뜻이다. 이 문장을 인용한 것은 인(人)자가 사람들이 서로 친애하는 감정을 보존한다는 뜻임을 증명하기 위해서이다.

訓纂 吳幼清曰: 仁右義左, 猶言禮先樂後. 蓋仁者中心所具之德體也, 道者事物所由之路用也. 體先用後, 故借左右以喩其分, 非謂尊卑懸絶也. 仁之爲體, 以此心之在人者言, 故曰人也. 道之爲用, 以事物之義理而言, 故曰義也. 人之氣稟, 得生物之氣多者, 仁厚而義薄; 得收物之氣多者, 義厚而仁薄. 仁者溫然慈惠, 故人親愛之. 義者截然裁制, 故人尊敬之.

번역 오유청9)이 말하길, 인(仁)은 우측이고 의(義)는 좌측이라고 했는데, 이것은 예(禮)가 앞이고 악(樂)이 뒤라고 한 말과 같다. 무릇 인(仁)이라는 것은 마음에 갖추고 있는 덕의 본체이고, 도(道)라는 것은 사물이 말미암게 되는 길이자 작용이다. 본체는 앞이고 작용은 뒤이기 때문에, 좌측과 우측이라는 말을 빌려서 그 구분을 비유한 것이니, 존비의 차이가 현격하게 남을 뜻하는 말이 아니다. 인(仁)은 본체가 되니, 이러한 마음이 사람에게 있는 것을 기준으로 말했기 때문에 "인(人)이다."라고 했다. 도(道)는 작용이 되니, 사물의 의리를 기준으로 말했기 때문에 "의(義)이다."라고 했다. 사람이 기를 품수 받을 때, 사물을 낳는 기를 많이 받은 자는 인(仁)이 두텁고 의(義)가 상대적으로 박하며, 사물을 수렴하는 기를 많이 받은 자는 의(義)가 두텁고 인(仁)이 상대적으로 박하다. 인(仁)이 많은 자는 온화하게 인자하고 은혜롭기 때문에 사람들이 친애하게 된다. 의(義)가 많은 자는 단호하게 재단하고 판결하기 때문에 사람들이 존경하게 된다.

集解 愚謂: 功者, 人之所有心而勉之者也, 故與仁同功, 未足以知其情之異也. 過者, 人之所無意而失之者也, 故與仁同過, 而後其仁可知. 觀人者, 不於其所勉, 而於其所忽也. 安仁者, 與仁爲一者也. 利仁者, 眞知仁之可好, 而必欲得之者也. 畏罪者强仁, 自恐蹈於不仁之罪, 而勉力於爲仁者也. 論語言 "好仁者無以尙之", 利仁者也. "惡不仁者, 其爲仁矣, 不使不仁者加乎其身", 强仁者也.

---

9) 오징(吳澄, A.D.1249~A.D.1333) : =임천오씨(臨川吳氏)·오유청(吳幼清)·초려오씨(草廬吳氏). 송원대(宋元代)의 유학자이다. 이름은 징(澄)이다. 자(字)는 유청(幼清)이다. 저서로 『예기해(禮記解)』가 있다.

번역 내가 생각하기에, 공덕은 사람들이 마음에 두어 힘써 시행하는 것이다. 그렇기 때문에 인(仁)과 더불어서 공덕이 같지만, 그 실정의 차이를 알기에는 부족하다. 지나침은 사람들이 뜻하지 않게 잘못을 범한 것이다. 그렇기 때문에 인(仁)과 더불어서 지나침이 같아진 이후에야 인(仁)함을 알 수 있다. 사람을 관찰할 때에는 힘써 시행하는 것을 살피는 것이 아니라 소홀하게 여기는 것을 살핀다. 인(仁)을 편안하게 여기는 자는 인(仁)과 동일한 자이다. 인(仁)을 이롭게 여기는 자는 인(仁)이 좋아할만한 것임을 진실로 알아서 기필코 그것을 얻고자 하는 자이다. 죄를 두려워하여 인(仁)을 힘써 시행하는 자는 스스로 불인(不仁)의 죄에 빠지게 될까를 염려하여 인(仁)을 시행하는데 노력하는 자이다. 『논어』에서는 "인(仁)을 좋아하는 자는 더 이상 더할 것이 없다."라고 했으니, 인(仁)을 이롭게 여기는 자에 해당한다. 또 "불인함을 싫어하는 자는 인(仁)을 시행할 때 불인한 것이 자신에게 더해지지 않게끔 한다."라고 했으니,10) 인(仁)을 힘써 시행하는 자에 해당한다.

---

10) 『논어』「이인(里仁)」: 子曰, "我未見好仁者, 惡不仁者. <u>好仁者, 無以尙之, 惡不仁者, 其爲仁矣, 不使不仁者加乎其身</u>. 有能一日用其力於仁矣乎? 我未見力不足者. 蓋有之矣, 我未之見也."

참고 구문비교

출 처	내 용
『禮記』「表記」	仁者, 安仁, 知者, 利仁, 畏罪者, 强仁.
『禮記』「中庸」	或安而行之, 或利而行之, 或勉强而行之.
『禮記』「喪服四制」	仁者, 可以觀其愛焉, 知者, 可以觀其理焉, 强者, 可以觀其志焉.
『論語』「里仁」	仁者, 安仁, 知者, 利仁.
『論語』「雍也」	知者, 樂水, 仁者, 樂山. 知者, 動, 仁者, 靜. 知者, 樂, 仁者, 壽.
『論語』「子罕」	知者, 不惑, 仁者, 不憂, 勇者, 不懼.
『論語』「憲問」	仁者, 必有勇, 勇者, 不必有仁.
『論語』「憲問」	仁者, 不憂, 知者, 不惑, 勇者, 不懼.
『春秋穀梁傳』「桓公 18」	知者, 慮, 義者, 行, 仁者, 守.
『易』「繫辭上」	仁者, 見之謂之仁, 知者, 見之謂之知.

그림 13-1 제요(帝堯) 도당씨(陶唐氏)

氏　唐　陶　堯　帝

※ **출처:** 『삼재도회(三才圖會)』 「인물(人物)」 1권

● 그림 13-2 제순(帝舜) 유우씨(有虞氏)

氏 虞 有 舜 帝

※ 출처: 『삼재도회(三才圖會)』「인물(人物)」1권

그림 13-3 주(周)나라 무왕(武王)

王　武　周

※ 출처: 『삼재도회(三才圖會)』「인물(人物)」 1권

그림 13-4 주공(周公)

※ 출처: 『삼재도회(三才圖會)』「인물(人物)」 4권

• 제 14 절 •

지도(至道) · 의도(義道) · 고도(考道)

【626a】

> "道, 有至, 有義, 有考. 至道以王, 義道以霸, 考道以爲無失."

직역 "道에는 至가 有하고, 義가 有하며, 考가 有하다. 至道로는 王하고, 義道로는 霸하며, 考道로는 失이 無함을 爲한다."

의역 공자가 계속하여 말하길, "도(道)에는 세 가지가 있으니, 첫 번째는 지도(至道)이고, 두 번째는 의도(義道)이며, 세 번째는 고도(考道)이다. 지도로는 왕노릇을 할 수 있고, 의도로는 패주가 될 수 있으며, 고도로는 잘못을 범하지 않을 수 있다."라고 했다.

集說 應氏曰: 至道, 卽仁也. 至道渾而無迹, 故得其渾全精粹以爲王; 義道嚴而有方, 故得其裁割斷制以爲霸. 盡稽考之道, 而事不輕擧焉, 亦可以無失矣.

번역 응씨가 말하길, '지도(至道)'는 인(仁)에 해당한다. 지극한 도는 순전하고 자취가 없다. 그렇기 때문에 순전한 정수를 얻어서 왕노릇을 할 수 있다. 의도(義道)는 엄격하며 방정함이 있다. 그렇기 때문에 가르고 제재하여 패주가 될 수 있다. 살펴보는 도를 다하여 사안에 있어서 경솔하게 시행하지 않는다면 또한 실수가 없을 수 있다.

集說 石梁王氏曰: 義道以霸, 非孔子之言.

번역 석량왕씨가 말하길, 의도(義道)를 통해 패주가 된다는 말은 공자의 말이 아니다.

大全 藍田呂氏曰: 至道者, 至于道之極, 不可以有加也, 所謂所過者化, 所存者神, 上下與天地同流者也, 故曰至道以王. 義道者, 揆道而裁之者也, 所謂制節謹度, 是可以有國而長諸侯者也, 故曰義道以霸. 考道者, 必稽古昔稱先王, 所謂非法不言, 非道不行, 雖未達道不能以義起, 亦庶幾乎不失道矣.

번역 남전여씨가 말하길, '지도(至道)'는 도의 지극함에 이르러서 더할 수 없다는 뜻으로, 이른바 "지나는 곳은 교화가 되고 마음에 보존한 것은 신묘하게 되어, 상하가 천지와 함께 흐른다."[1]라고 말한 경우이다. 그렇기 때문에 "지도로 왕노릇을 한다."라고 했다. '의도(義道)'는 도(道)를 법도로 삼아 재단하는 것이니, 이른바 "비용을 절약하고 법도를 신중히 따른다."[2]라고 말한 경우로, 이것은 나라를 소유하여 제후들을 이끌 수 있는 경우이다. 그렇기 때문에 "의도로 패주를 한다."라고 했다. '고도(考道)'는 반드시 옛 것을 살피고 선왕의 도리에 빗대는 것이니, 이른바 "법도가 아니면 말하지 않고 법도가 아니면 시행하지 않는다."[3]라고 말한 경우로, 비록 도(道)에 달통하지 못해서 의(義)로써 일으킬 수 없지만, 또한 거의 도를 잃지는 않을 것이다.

鄭注 此讀當言道有至有義有考, 字脫一"有"耳. "有至", 謂兼仁義者. "有義", 則無仁矣. "有考", 考, 成也, 能取仁義之一成之, 以不失於人, 非性也.

번역 이 구문은 마땅히 '도유지유의유고(道有至有義有考)'라고 풀이해야 하니, 글자 중 하나의 '유(有)'자가 누락되었을 따름이다.[4] '유지(有至)'

---
1) 『맹자』「진심상(盡心上)」 : 夫君子所過者化, 所存者神, 上下與天地同流, 豈曰小補之哉?
2) 『효경』「제후장(諸侯章)」 : 在上不驕, 高而不危. 制節謹度, 滿而不溢.
3) 『효경』「경대부장(卿大夫章)」 : 非先王之法服, 不敢服. 非先王之法言, 不敢道, 非先王之德行, 不敢行. 是故非法不言, 非道不行.

는 인(仁)과 의(義)를 모두 포함하고 있는 것을 뜻한다. '유의(有義)'는 인(仁)이 없는 것이다. '유고(有考)'라고 했는데, '고(考)'자는 "이루다[成]."는 뜻이니, 인(仁)과 의(義)의 한 측면을 취해 완성해서 남에 대해 잘못을 저지르지 않을 수 있다는 것이지만, 본성에 따른 것은 아니다.

釋文 道有至義, 依注讀爲"道有至有義". 王, 于況反. 脫音奪.

번역 '도유지의(道有至義)'는 정현의 주에 따르면 '도유지유의(道有至有義)'로 풀이한다. '王'자는 '于(우)'자와 '況(황)'자의 반절음이다. '脫'자의 음은 '奪(탈)'이다.

孔疏 ●"道有至義有考"者, 如注所云, 當云"道有至有義有考", "義"上脫一"有"字. 言道之所用"有至", 一也. "至", 謂兼行仁義, 行之至極, 故云"有至". "有義", 二也. 謂仁義之中, 唯有義無仁, 故云"有義". "有考", 三也. 考, 成也. 謂於仁義之中, 或取仁, 或取義之一事, 勉力成之, 非本性也.

번역 ●經文: "道有至義有考". ○정현의 주에서 언급한 것처럼 마땅히 '도유지유의유고(道有至有義有考)'라고 풀이해야 하니, '의(義)'자 앞에 하나의 '유(有)'자가 누락된 것이다. 즉 도(道)의 작용에 있어서 '유지(有至)'가 있으니, 이것이 첫 번째이다. '지(至)'자는 인(仁)과 의(義)를 모두 시행하여, 행실이 지극해지는 것을 뜻한다. 그렇기 때문에 "지(至)가 있다."라고 했다. '유의(有義)'가 두 번째이다. 즉 인(仁)과 의(義) 중에서 오직 의(義)만 갖추고 인(仁)이 없는 것이다. 그렇기 때문에 "의(義)가 있다."라고 했다. '유고(有考)'가 세 번째이다. '고(考)'자는 "이루다[成]."는 뜻이다. 즉 인(仁)과 의(義)에 대해서 어떤 때에는 인(仁)을 취하고, 또 어떤 때에는 의(義)라는 한 측면만을 취하여, 힘써 노력해서 완성하는 것이니, 본성에 따른 것은 아니다.

---

4) 『십삼경주소(十三經注疏)』 북경대 출판본에는 경문이 '도유지의유고(道有至義有考)'로 기록되어 있다.

孔疏 ●“至道以王”者, 旣能兼行仁義, 至極可以王有天下, 故云“至道以王”.

번역 ●經文: “至道以王”. ○이미 인(仁)과 의(義)를 모두 시행하여, 지극함에 이르러 왕노릇을 하여 천하를 소유할 수 있다. 그렇기 때문에 “지극한 도로 왕노릇을 한다.”라고 했다.

孔疏 ●“義道以霸”者, 直能斷決, 若齊桓·晉文以甲兵斷割, 可以霸於諸侯, 故云“義道以霸”也.

번역 ●經文: “義道以霸”. ○단지 결단만 할 수 있으니, 제(齊)나라의 환공(桓公)이나 진(晉)나라의 문공(文公) 등이 병력을 동원해서 제재를 하여 제후들의 패주가 될 수 있었던 것과 같다. 그렇기 때문에 “의(義)의 도로 패주를 한다.”라고 했다.

孔疏 ●“考道以爲無失”者, 旣於仁義之中, 隨取其一而成之以道, 不違於理, 故云“考道以爲無失”也.

번역 ●經文: “考道以爲無失”. ○이미 인(仁)과 의(義) 중에서 한 측면에 따라 완성하여 도(道)로 삼았으니, 이치에는 어긋나지 않는다. 그렇기 때문에 “도(道)를 이루어서 잘못이 없게 한다.”라고 했다.

孔疏 ◎注“有至”至“性也”. ○正義曰: 知“有至, 謂兼仁義”者, 此經云“至道以王”, 故穀梁傳云“仁義歸往曰王”, 是王有仁義也. 又按: 前經“道者義也”, 是唯義與道. 此經云“道有至有義有考”, 是一道之內兼有三種, 與前經不同者. 但道之爲義, 取開通履蹈而行, 兼包大小精麤. 若大而言之, 則天道造化, 自然之理, 謂之爲道. 則老子云: “道可道, 非常道”, 則自然造化虛無之謂也. 若小而言之, 凡人才藝, 亦謂之爲道. 是道無定分, 隨大小異言, 皆是開通於物, 其身履蹈而行也. 云“考, 成也”, 爾雅·釋詁文也. 云“能取仁義之一成之, 以不失於人"者, 以"考道"劣於"至道", 又劣於義, 但能於仁義之中隨其一能成就之, "不失於人", 謂於人不失也. 云"非性也"者, 言考道勉強而行以成就之, 非是 天性自然所稟者. 然則至道·義道, 天性有之也.

번역 ◎鄭注: "有至"~"性也". ○정현이 "'유지(有至)'는 인(仁)과 의(義) 를 모두 포함하고 있는 것을 뜻한다."라고 했는데, 이러한 사실을 알 수 있는 이유는 이곳 경문에서 "지도(至道)로 왕노릇을 한다."라고 했기 때문 에, 『곡량전』에서는 "인(仁)과 의(義)가 귀의하는 자를 왕(王)이라고 한다 ."5)라고 했으니, 이것은 왕(王)이 인(仁)과 의(義)를 포함하고 있음을 나타 낸다. 또 살펴보니 앞의 경문에서는 "도(道)는 의(義)이다."라고 했는데, 이 것은 오직 의(義)와 도(道)만을 나타낸다. 이곳 경문에서는 "도(道)에는 지 (至)가 있고, 의(義)가 있으며, 고(考)가 있다."라고 했는데, 이것은 하나의 도(道) 안에 이러한 세 종류가 모두 포함되어 있음을 뜻하니, 앞의 경문에 서 언급한 내용과 다르다. 다만 도(道)가 의(義)가 된다는 것은 밟고서 실천 함에 두루 통한다는 뜻을 취하여, 크고 작음 및 정밀하고 거친 것을 모두 포함하고 있다. 만약 큰 것을 기준으로 말한다면, 천도의 조화와 자연의 이치를 도(道)라고 하는데, 『노자』에서 "도(道)는 말을 할 수 있으면 항상 된 도(道)가 아니다."6)라고 했으니, 자연의 조화는 비어 있고 인위적임이 없다는 뜻이다. 만약 작은 것을 기준으로 말한다면, 사람의 재능과 기예를 또한 도(道)라고 부른다. 이것은 도(道)에 고정된 구분이 없어서 크고 작음 에 따라 말이 다르지만, 이 모두는 사물에 대해 두루 통하고, 본인도 그것을 밟고서 실천할 수 있음을 뜻한다. 정현이 "'고(考)'자는 '이루다[成].'는 뜻이 다."라고 했는데, 이것은 『이아』「석고(釋詁)」편의 문장이다.7) 정현이 "인 (仁)과 의(義)의 한 측면을 취해 완성해서 남에 대해 잘못을 저지르지 않을 수 있다는 것이다."라고 했는데, "도를 완성한다."는 것은 지도(至道)보다 도 못하고, 또 의도(義道)보다도 못하다. 단지 인(仁)과 의(義) 중에서 한

5) 『춘추곡량전』「장공(莊公) 3년」: 其曰王者, 民之所歸往也.
6) 『노자(老子)』「1장」: 道可道, 非常道, 名可名, 非常名.
7) 『이아』「석고(釋詁)」: 功·績·質·登·平·明·考·就, 成也.

측면만을 따라서 성취할 수 있다. "남에 대해 잘못을 저지르지 않는다."라고 했는데, 이것은 남에게 잘못을 저지르지 않는다는 뜻이다. "본성에 따른 것은 아니다."라고 했는데, 도를 완성하여 힘써 시행해서 성취를 하는 것이니, 천성적이며 자연적으로 부여받은 것이 아니다. 그렇다면 지도(至道)와 의도(義道)는 천성적으로 갖추고 있는 것이다.

訓纂 呂與叔曰: 葉少蘊以仁爲人道之至, 故三代得天下以仁, 所謂至道以王. 義者, 制事而有宜, 五霸假仁而近義, 所謂義道以霸. 仁義不足於己, 而能考合於道而行之, 則亦無失於己. 蓋王霸之道有得於民, 而無失者得己而已.

번역 여여숙이 말하길, 섭소온은 인(仁)이 인도의 지극함이라고 여겼기 때문에, 삼대(三代)8) 때의 제왕은 천하를 인(仁)을 통해 소유했다고 했으니, 이른바 "지극한 도로 왕노릇을 한다."는 뜻이다. 의(義)라는 것은 사안을 재단하여 마땅함을 갖추는 것인데, 오패는 인(仁)을 빌리고 의(義)에 가까웠으니, 이른바 "의도(義道)로 패주를 한다."는 뜻이다. 인(仁)과 의(義)가 자신에게 부족하여, 도(道)를 고찰하여 합치시켜 시행할 수 있다면, 이 또한 자신에 대해서 잘못을 저지르지 않는다고 했다. 무릇 왕도와 패도에는 백성들의 마음을 얻는 점이 있지만, 잘못이 없는 경우는 자신만 얻을 따름이다.

集解 馬氏晞孟曰: 考道, 非體道者也, 惟稽考而已, 故止於無失.

번역 마희맹이 말하길, '고도(考道)'는 도를 체득한 것이 아니니, 오직 살펴봄만 있을 따름이다. 그렇기 때문에 잘못이 없는 것에만 그친다.

---

8) 삼대(三代)는 하(夏), 은(殷), 주(周)의 세 왕조를 말한다. 『논어』「위령공(衛靈公)」편에는 "斯民也, 三代 之所以直道而行也."라는 기록이 있고, 이에 대한 형병(邢昺)의 소(疏)에서는 "三代, 夏殷周也."로 풀이했다.

효(孝)와 자(慈)

【626b】

子言之, "仁有數, 義有長短小大. 中心憯怛, 愛人之仁也. 率法而强之, 資仁者也. 詩云, '豐水有芑, 武王豈不仕. 詒厥孫謀, 以燕翼子[1]', 數世之仁也. 國風曰, '我今不閱, 皇恤我後', 終身之仁也."

직역　子가 言하길, "仁에는 數가 有하며, 義에는 長短과 小大가 有하다. 中心이 憯怛함은 人을 愛하는 仁이다. 法을 率하여 强함은 仁을 資하는 者이다. 詩에서 云, '豐水에 芑가 有한데, 武王이 豈히 不仕리오. 그 孫에게 謀를 詒하여, 이로써 子를 燕翼이라', 數世의 仁이다. 國風에서 曰, '我가 今에 不閱한데, 皇히 我의 後를 恤이리오', 身을 終하는 仁이다."

의역　공자가 말하길, "인(仁)에는 여러 가지가 있으며, 의(義)에는 길고 짧음과 작고 큼의 차이가 있다. 마음에 측은한 단서가 나타난 것은 남을 사랑하는 인(仁)이다. 법에 따라서 힘써 시행하는 것은 남의 인(仁)함을 취해서 자신의 선함으로 삼는 자이다. 『시』에서 '풍수가에 차조가 자라나니, 무왕이 어찌 다스리지 않겠는가. 그 후손들에게 계책을 남겨주어, 이로써 후손들을 편안하게 해주고 도와주었도다.'라

---

1) '이연익자(以燕翼子)'에 대하여. 『십삼경주소(十三經注疏)』 북경대 출판본에는 이 구문 뒤에 '무왕증재(武王烝哉)'라는 네 글자가 더 기록되어 있고, "『민본(閩本)』·『감본(監本)』·『모본(毛本)』·『석경(石經)』·『악본(岳本)』·『가정본(嘉靖本)』 및 위씨(衛氏)의 『집설(集說)』에도 동일하게 기록되어 있다. 『방본(坊本)』에는 이 네 글자가 누락되어 있다. 『석경고문제요(石經考文提要)』에서는 『송대자본(宋大字本)』·『송본구경(宋本九經)』·『남송건상본(南宋巾箱本)』·『여인중본(余仁仲本)』·『유숙강본(劉叔剛本)』에도 모두 이 구문이 기록되어 있다."라고 했다.

고 했으니, 여러 세대를 거쳐서 전해지는 인(仁)이다. 「국풍(國風)」에서 '나도 현재 받아들여지지 않는데, 하물며 나의 후대를 걱정하겠는가.'라고 했으니, 자신에게만 한정된 인(仁)이다."라고 했다.

集說 仁有數, 言行仁之道非止一端, 蓋爲器重, 爲道遠, 隨其所擧之多寡, 所至之遠近, 皆可謂之仁也. 義有長短小大, 言義無定體, 在隨事而制其宜也. 中心憯怛, 惻隱之端也, 故爲愛人之仁. 率循古人之成法而勉强行之, 此爲求仁之事. 資仁, 取諸人以爲善也, 卽上文强仁之意. 詩, 大雅文王有聲之篇. 言豐水之傍, 以潤澤生芑穀, 喩養成人才也. 武王豈不官使之乎? 言無遺才也. 聖人爲後嗣計, 莫大於遺之以人才, 是欲傳其孫之謀而燕安翼輔其子耳. 曾玄以下皆孫也, 故夫子以爲數世之仁. 蓋中心憯怛, 所發者深, 故所及者遠也. 國風, 邶風谷風之篇. 今, 詩作躬. 閱, 容也. 言我身且不見容, 何暇憂後事乎? 此但欲以仁終其身而已耳. 蓋勉强資仁, 所發者淺, 故所及者近也.

번역 '인유수(仁有數)'는 인(仁)을 시행하는 도는 한 가지 단서에만 그치는 것이 아니니, 기물이 되었을 때에는 중대하고 도가 되었을 때에는 원대하여, 시행한 것의 많고 적음 또 도달한 곳의 멀고 가까움에 따른다면, 이 모두를 인(仁)이라고 부를 수 있다. "의(義)에는 길고 짧음 및 작고 큰 차이가 있다."는 말은 의(義)에는 고정된 본체가 없어서 그 사안에 따라서 마땅함에 맞춰 제재를 한다는 뜻이다. '중심참달(中心憯怛)'은 측은한 마음의 단서를 뜻하니, 남을 사랑하는 인(仁)이 된다. 옛 사람들이 완성한 법도를 따라서 힘써 시행하는 것은 인(仁)을 구하는 일에 해당한다. '자인(資仁)'은 남에게서 취하여 자신의 선함으로 삼는 것이니, 앞에서 인(仁)을 힘써 시행한다고 한 뜻에 해당한다. 이 시는 『시』「대아(大雅)·문왕유성(文王有聲)」편이다.[2] 풍수의 곁은 물기가 젖어들어 차조를 생장하게 한다는 뜻으로, 이를 통해 사람의 재주를 길러주고 완성해준다는 사실을 비유하였다. "무왕이 어찌 이곳을 다스리지 않았겠는가?"라는 말은 재주를 빠트리는

---

2) 『시』「대아(大雅)·문왕유성(文王有聲)」: 豐水有芑, 武王豈不仕. 詒厥孫謀, 以燕翼子. 武王烝哉.

일이 없다는 뜻이다. 성인은 후손들을 위해 계획을 세우는데, 훌륭한 인재를 남겨주는 것보다 큰 것이 없으니, 이것은 후손들에게 계책을 전수하여 후손을 편안하게 해주고 도와주고자 했다는 뜻이다. 증손자와 현손자로부터 그 이하의 자손들은 모두 손(孫)이 된다. 그렇기 때문에 공자는 여러 세대가 지나더라도 따라야 할 인(仁)으로 여긴 것이다. 마음에 있는 측은함의 단서가 나타난 것이 깊기 때문에 미치는 것도 멀다. 「국풍(國風)」은 『시』「패풍(邶風)·곡풍(谷風)」편이다.[3] '금(今)'자를 『시』에서는 '궁(躬)'자로 기록했다. '열(閱)'자는 "수용하다[容]."는 뜻이다. 즉 내 자신 또한 수용되지 못하는데, 어느 겨를에 뒷일을 걱정하겠느냐는 의미이다. 이것은 단지 인(仁)으로 생을 마감하기를 바란 것일 뿐이다. 힘써 시행하고 인(仁)을 바탕으로 삼으려고 하는 것은 나타나는 것이 얕기 때문에 미치는 것도 가깝다.

大全 藍田呂氏曰: 以其誠心愛人, 故曰愛人之仁; 以其有取於外, 故曰資仁, 此所發淺深之數也. 數世之仁, 終身之仁, 此所施遠近之數也, 故曰仁有數. 義無定體, 唯其所宜而已. 宜長則長, 宜短則短, 宜大則大, 宜小則小, 如孔子可以仕則仕, 可以止則止, 可以久則久, 可以速則速. 禮有以高爲貴者, 以下爲貴者, 有以大爲貴者, 以小爲貴者之類, 是也, 故曰義有長短小大. 此章論仁而及義者, 蓋仁之數, 是亦義也.

번역 남전여씨가 말하길, 성실한 마음으로 남을 사랑하기 때문에 "사람을 사랑하는 인(仁)이다."라고 했고, 외적으로 취한 점이 있기 때문에 "인(仁)을 취한다."라고 했는데, 이것은 나타남에 있어서 얕고 깊음 등의 여러 차이가 있다는 뜻이다. 여러 세대를 거치는 인(仁)과 자신의 일생에만 한정된 인(仁)은 미치는 곳에 있어서 멀고 가까움 등의 여러 차이가 있다는 뜻이다. 그렇기 때문에 "인(仁)에는 여러 가지가 있다."라고 했다. 의(義)에는 고정된 본체가 없고 오직 그 마땅함에 따를 뿐이다. 마땅히 길어야 한다면 길어야 하고, 마땅히 짧아야 한다면 짧아야 하며, 마땅히 커야 한다면 커야

---

3) 『시』「패풍(邶風)·곡풍(谷風)」: 涇以渭濁, 湜湜其沚. 宴爾新昏, 不我屑以. 毋逝我梁, 毋發我笱. 我躬不閱, 遑恤我後.

하고, 마땅히 작아야 한다면 작아야 하니, 마치 공자가 벼슬할 만하면 벼슬
하고, 그만둘 만하면 그만두며, 오래 머물 만하면 오래 머물고, 빨리 떠날
만하면 빨리 떠난 것과 같다.4) 예에는 높은 것을 존귀한 것으로 여기는
경우가 있고,5) 낮은 것을 존귀한 것으로 여기는 경우가 있으며,6) 큰 것을
존귀한 것으로 여기는 경우가 있고, 작은 것을 존귀한 것으로 여기는 경우
가 있는데,7) 이러한 부류들이 여기에 해당한다. 그렇기 때문에 "의(義)에는
길고 짧음과 작고 큼의 차이가 있다."라고 했다. 이 장은 인(仁)을 논의하며
의(義)까지도 언급했으니, 무릇 인(仁)의 여러 가지가 또한 의(義)에도 해
당한다.

鄭注 資, 取也. 數, 與長短小大互言之耳. 性仁義者, 其數長大. 取仁義者,
其數短小. 芑, 枸檵也. 仕之言事也. 詒, 遺也. 燕, 安也. 丞, 君也. 言武王豈不
念天下之事乎, 如豐水之有芑矣, 乃遺其後世之子孫以善謀, 以安翼其子也.
君哉武王, 美之也. 閱, 猶容也. 皇, 暇也. 恤, 憂也. 言我今尙恐不能自容, 何暇
憂我後之人乎.

번역 '자(資)'자는 "취하다[取]."는 뜻이다. '수(數)'자는 길고 짧음 및 작
고 큼과 상호 호환이 되도록 말한 것일 뿐이다. 인(仁)과 의(義)를 본성으로
삼은 경우 그 수가 길고도 크다. 반면 인(仁)과 의(義)를 취한 경우에는 그
수가 짧고도 작다. '기(芑)'는 구기자이다. '사(仕)'자는 "일삼다[事]."는 뜻

---

4) 『맹자』「공손추상(公孫丑上)」: 可以仕則仕, 可以止則止, 可以久則久, 可以速
則速, 孔子也. / 『맹자』「만장하(萬章下)」: 可以速則速, 可以久則久, 可以處則
處, 可以仕則仕, 孔子也.
5) 『예기』「예기(禮器)」【300c】: 有以高爲貴者, 天子之堂九尺, 諸侯七尺, 大夫五
尺, 士三尺. 天子諸侯臺門. 此以高爲貴也.
6) 『예기』「예기(禮器)」【300d】: 有以下爲貴者, 至敬不壇, 埽地而祭. 天子諸侯
之尊廢禁, 大夫士棜禁. 此以下爲貴也.
7) 『예기』「예기(禮器)」【299d~300a】: 有以大爲貴者, 宮室之量, 器皿之度, 棺
槨之厚, 丘封之大, 此以大爲貴也. 有以小爲貴者, 宗廟之祭, 貴者獻以爵, 賤者
獻以散, 尊者擧觶, 卑者擧角. 五獻之尊, 門外缶, 門內壺. 君尊瓦甒. 此以小爲
貴也.

이다. '이(詒)'자는 "남겨주다[遺]."는 뜻이다. '연(燕)'자는 "편안하다[安]."
는 뜻이다. '증(烝)'자는 군주[君]를 뜻한다. 즉 무왕이 어찌 천하의 일들에
대해 생각하지 않았겠느냐는 뜻으로, 마치 풍수가에 구기자가 자라남과 같
으니, 이것은 곧 후세의 자손들에게 선한 계책을 남겨주어, 자손들을 편안
하게 만들고 도와주었던 것을 뜻한다. "군주로다 문왕이여."라고 한 말은
찬미를 한 것이다. '열(閱)'자는 "수용하다[容]."는 뜻이다. '황(皇)'자는 겨
를[暇]을 뜻한다. '휼(恤)'자는 "근심하다[憂]."는 뜻이다. 즉 내가 현재 오히
려 스스로 수용되지 못함을 염려하고 있는데, 어느 겨를에 나의 후대 사람
들에 대해 염려할 수 있겠느냐는 뜻이다.

釋文 數, 所住反. 懧, 七惑反. 怛, 丹葛反. 豐, 芳弓反. 芑音起. 詒, 以之反.
烝, 之承反. 數, 色主反. 枸本亦作苟. 櫼音計. 遺, 于季反, 下同. "我今", 毛詩
作"我躬". 閱音悅.

번역 '數'자는 '所(소)'자와 '住(주)'자의 반절음이다. '懧'자는 '七(칠)'자
와 '惑(혹)'자의 반절음이다. '怛'자는 '丹(단)'자와 '葛(갈)'자의 반절음이다.
'豐'자는 '芳(방)'자와 '弓(궁)'자의 반절음이다. '芑'의 음은 '起(기)'이다. '詒'
자는 '以(이)'자와 '之(지)'자의 반절음이다. '烝'자는 '之(지)'자와 '承(승)'자
의 반절음이다. '數'자는 '色(색)'자와 '主(주)'자의 반절음이다. '枸'자는 판
본에 따라서 또한 '苟'자로도 기록한다. '櫼'자의 음은 '計(계)'이다. '遺'자는
'于(우)'자와 '季(계)'자의 반절음이며, 아래문장에 나오는 글자도 그 음이
이와 같다. '我今'을 『모시』에서는 '我躬'으로 기록했다. '閱'자의 음은 '悅
(열)'이다.

孔疏 ●"子言"至"仁也". ○正義曰: 自此以下至"不稱其服", 更廣明仁義
之道, 又顯中心外貌內外相稱, 故更稱"子言之".

번역 ●經文: "子言"~"仁也". ○이곳 구문으로부터 그 이하로 "그 옷에
어울리지 않다."[8]라고 한 말까지는 인(仁)과 의(義)의 도에 대해서 재차

폭넓게 설명하고, 또 마음과 겉 및 내외가 서로 어울리는 것을 드러냈다. 그렇기 때문에 재차 '자언지(子言之)'라고 기록했다.

孔疏 ●"仁有數"者, 行仁之道, 有度數多少也.

번역 ●經文: "仁有數". ○인(仁)을 시행하는 도에는 그 법도에 있어서 많고 적은 차이가 있다는 뜻이다.

孔疏 ●"義有長短小大"者, 言義之爲體, 有長有短, 有小有大. 言仁有數, 則義亦有數. 義言長短小大, 則仁亦有長短小大, 互言之也. 若天性仁義者, 則其數長而大. 若强取仁義而行者, 則其數短而小. 長謂國祚久遠, 大謂覆養廣多, 短謂世位淺促, 小謂所施狹近也.

번역 ●經文: "義有長短小大". ○의(義)의 본체에는 길고 짧음의 차이가 있고 작고 큰 차이가 있다는 뜻이다. 인(仁)에 법도의 차이가 있다고 했다면, 의(義)에도 법도의 차이가 있다. 의(義)에 대해서 길고 짧음 및 작고 큼의 차이가 있다고 했다면, 인(仁)에도 길고 짧음 및 작고 큼의 차이가 있는 것이니, 상호 호환이 되도록 말한 것이다. 만약 천성적으로 인(仁)과 의(義)를 갖춘 자라면, 그 법도는 길고 크다. 만약 힘써서 인(仁)과 의(義)를 취하여 시행하는 자라면, 그 법도는 짧고 작다. 길다는 것은 나라의 운명이 장구하게 유지된다는 뜻이며, 크다는 것은 덮어주고 길러줌이 넓고도 많다는 뜻이고, 짧다는 것은 대대로 계승되는 지위가 짧다는 뜻이며, 작다는 것은 베풀어지는 반경이 협소하다는 뜻이다.

孔疏 ●"中心憯怛, 愛人之仁也", 此明性有仁者, 以天性自仁, 故中心淒憯

---

8) 『예기』「표기」【629a~b】: 是故君子服其服, 則文以君子之容; 有其容, 則文以君子之辭; 遂其辭, 則實以君子之德. 是故君子恥服其服而無其容, 恥有其容而無其辭, 恥有其辭而無其德, 恥有其德而無其行. 是故君子衰絰則有哀色, 端冕則有敬色, 甲冑則有不可辱之色. 詩云, "維鵜在梁, 不濡其翼. 彼記之子, <u>不稱其服</u>."

傷怛, 憐愛於人, 故云"愛人之仁也".

번역 ●經文: "中心憯怛, 愛人之仁也". ○이것은 본성에 인(仁)을 갖추고 있는 자는 천성적으로 저절로 인(仁)하기 때문에 마음에 측은한 마음이 일어나서 남에 대해서도 가엽게 여기게 됨을 나타내고 있다. 그래서 "남을 사랑하는 인(仁)이다."라고 했다.

孔疏 ●"率法而强之, 資仁者也", 此明取仁者. 率, 循也. 資, 取也. 率循善法, 自强行之, 非是天性, 直取仁道行之者也.

번역 ●經文: "率法而强之, 資仁者也". ○이것은 인(仁)을 취하는 자에 대해서 나타내고 있다. '솔(率)'자는 "순응하다[循]."는 뜻이다. '자(資)'자는 "취하다[取]."는 뜻이다. 즉 선한 법도에 따라서 스스로 열심히 시행하는 것은 천성적인 것이 아니며, 단지 인(仁)한 도를 취해서 시행하는 자라는 의미이다.

孔疏 ●"詩云: 豐水有芑, 武王豈不仕"者, 證天性之仁其數長. 所引詩者, 大雅·文王有聲之篇, 美武王之德, 言豐水自然有芑, 喩武王之身自然有天下之事, 故云"武王豈不仕". 仕之言事也. 言武王豈不念天下之事乎, 猶如豐水豈無此芑乎.

번역 ●經文: "詩云: 豐水有芑, 武王豈不仕". ○천성적으로 인(仁)한 경우는 그 법도가 길다는 것을 증명한 것이다. 인용한 시는 『시』「대아(大雅)·문왕유성(文王有聲)」편으로, 무왕(武王)의 덕을 찬미한 것이니, 풍수가에는 자연적으로 기(芑)가 생장하는데, 이것은 무왕 본인이 자연적으로 천하의 정사를 소유하게 됨을 비유한다. 그렇기 때문에 "무왕이 어찌 일삼지 않겠는가."라고 말한 것이다. '사(仕)'자는 "일삼다[事]."는 뜻이다. 즉 무왕이 어찌 천하의 일들에 대해서 고려하지 않겠느냐는 의미이니, 풍수가에 어찌 이러한 기(芑)가 없을 수 있느냐는 뜻과 같다.

孔疏 ●"詒厥孫謀"者, 詒, 遺也; 厥, 其也; 孫, 謂子孫; 謀, 謂善謀. 言武王能遺其子孫以美善之謀, 謂伐紂定天下, 以王業遺於子孫.

번역 ●經文: "詒厥孫謀". ○'이(詒)'자는 "남겨주다[遺]."는 뜻이며, '궐(厥)'자는 그[其]라는 뜻이고, '손(孫)'자는 자손을 뜻하며, '모(謀)'자는 선한 계책을 뜻한다. 즉 무왕이 자신의 자손들에게 아름답고 선한 계책을 남겨줄 수 있었다는 의미이니, 주임금을 정벌하여 천하를 안정시켜서 천자의 과업을 자손들에게 남겨주었다는 뜻이다.

孔疏 ●"以燕翼子"者, 燕, 安也; 翼, 助也. 言武王能安助其子孫也.

번역 ●經文: "以燕翼子". ○'연(燕)'자는 "편안하다[安]."는 뜻이며, '익(翼)'자는 "돕다[助]."는 뜻이다. 즉 무왕이 자신의 자손들을 편안하게 해주고 도와줄 수 있었음을 의미한다.

孔疏 ●"武王烝哉"者, 烝, 君也. 言武王有爲君之德哉.

번역 ●經文: "武王烝哉". ○'증(烝)'자는 군주[君]를 뜻한다. 즉 무왕은 군주가 될 만한 덕을 갖추고 있었다는 의미이다.

孔疏 ●"數世之仁"者, 以武王行仁, 遺及子孫, 是仁之所及其數長也.

번역 ●經文: "數世之仁". ○무왕이 인(仁)을 시행하여, 자손들에게까지 남겨주었는데, 이것은 인(仁)이 영향을 미침에 있어서 그 법도가 길다는 의미이다.

孔疏 ●"國風曰: 我今不閱, 皇恤我後", 此引國風者, 明取仁義者, 其數短也. 所引詩者, 是邶風·谷風之篇. 婦人被夫棄絶, 初憂子孫困苦, 還自悔之.

번역 ●經文: "國風曰: 我今不閱, 皇恤我後". ○이곳에서 「국풍」의 시를 인용한 것은 인(仁)과 의(義)를 취하는 경우 그 법도가 짧다는 사실을 나타내기 위해서이다. 인용한 시는 『시』「패풍(邶風)·곡풍(谷風)」편이다. 부인이 남편에게 버림을 당해서, 처음에는 자손들이 곤궁하게 됨을 염려하다가 재차 스스로 후회하게 된다는 뜻이다.

孔疏 ●云"我今不閱", 閱, 容也. 言我今尙不能自容, 被夫放棄.

번역 ●經文: "我今不閱". ○'열(閱)'자는 "수용하다[容]."는 뜻이다. 즉 나는 현재 오히려 스스로도 수용될 수 없어서, 남편에 의해 버림을 받았다는 의미이다.

孔疏 ●"皇恤我後"者, 皇, 暇也; 恤, 憂也. 言我有何閒暇能憂我後世子孫之人乎. 引之者, 證取仁而行者, 唯在我當身之主, 何暇能憂及後世, 是"終身之仁也". 唯望終竟一身, 是其數短也. 前文云"仁有數, 義有長短小大", 仁義竝言, 此獨說"仁"者, 以仁事爲重, 故擧仁言之, 則其"義"可知也.

번역 ●經文: "皇恤我後". ○'황(皇)'자는 겨를[暇]을 뜻하며, '휼(恤)'자는 "근심하다[憂]."는 뜻이다. 즉 내가 어느 겨를에 나의 후세 자손이 될 사람에 대해 걱정을 할 수 있겠느냐는 의미이다. 이 시를 인용한 것은 인(仁)을 취하여 시행하는 자는 오직 자신에 대한 것이 주가 되는데, 어느 겨를에 후세까지도 염려하겠느냐는 사실을 증명한 것이니, 이것은 "자신만을 마치는 인(仁)이다."라는 뜻에 해당한다. 오직 자기 일평생만 제대로 마치기를 바라는 것으로, 그 법도가 짧은 것이다. 앞에서는 "인(仁)에는 법도의 차이가 있고, 의(義)에는 길고 짧으며 작고 큰 차이가 있다."라고 하여, 인(仁)과 의(義)를 모두 언급했는데, 이곳에서 유독 인(仁)에 대해서만 설명한 것은 인(仁)에 대한 사안이 중대하므로 인(仁)을 제시해서 언급을 했다면, 의(義)에 대한 사안도 알 수 있기 때문이다.

孔疏 ◎注"芑枸"至"之也". ○正義曰: "芑, 枸檵", 爾雅·釋木文. 孫炎云: "則今枸芑也." 云"乃遺其後世之子孫以善謀"者, 孫, 謂子孫也. 云"以安翼其子也"者, 翼, 助也. 謂以王業保安翼助其子孫. 按詩箋以"詒"爲"傳", 以"孫"爲"順", 以"翼"爲"敬", 言傳其所順天下之謀, 以安其敬事之子孫, 謂使其長行之也. 與此乖者, 引詩斷章. 此經云數世之仁, 故以爲子孫而翼成之也.

번역 ◎鄭注: "芑枸"~"之也". ○정현이 "'기(芑)'는 구기자이다."라고 했는데, 이것은 『이아』「석목(釋木)」편의 문장이다.9) 손염10)은 "오늘날의 구기(枸芑)라는 식물이다."라고 했다. 정현이 "이것은 곧 후세의 자손들에게 선한 계책을 남겨준 것이다."라고 했는데, '손(孫)'자는 자손을 뜻한다. 정현이 "이로써 자손들을 편안하게 만들고 도와주었던 것이다."라고 했는데, '익(翼)'자는 "돕다[助]."는 뜻이다. 즉 천자의 과업을 통해서 자손들을 보호해주고 도와주었다는 의미이다. 『시』의 전문(箋文)을 살펴보니, '이(詒)'자를 "전하다[傳]."는 뜻으로 여겼고, '손(孫)'자를 "따르다[順]."는 뜻으로 여겼으며, '익(翼)'자를 "공경하다[敬]."는 뜻으로 여겼으니, 즉 천하에 순응하는 계책을 전수하여, 그 과업을 공경스럽게 따르는 자손들을 편안하게 해주었다는 의미로, 그들로 하여금 장구하게 시행토록 했다는 뜻이다. 그 의미가 이곳의 풀이와 어긋나는 것은 이곳에서 『시』의 의미를 단장취의 했기 때문이다. 이곳 경문에서는 수 세대를 거치면서도 시행되는 인(仁)을 말했기 때문에, 이 내용을 자손들을 위해 도와서 완성시킨다는 뜻으로 풀이한 것이다.

訓纂 廣雅: 憯怛, 痛也.

번역 『광아』11)에서 말하길, '참달(憯怛)'은 아파한다는 뜻이다.

---

9) 『이아』「석목(釋木)」: 杞, 枸檵.
10) 손염(孫炎, ?~?): 삼국시대(三國時代) 때의 학자이다. 자(字)는 숙연(叔然)이다. 정현의 문도였으며, 『이아음의(爾雅音義)』를 저술하여 반절음을 유행시켰다.
11) 『광아(廣雅)』는 위(魏)나라 때 장읍(張揖)이 지은 자전(字典)이다. 『박아(博

訓纂 今毛詩作"我躬不閱, 遑恤我後".

번역 현행본 『모시』에서는 '아궁불열(我躬不閱), 황휼아후(遑恤我後)'로 기록하고 있다.

集解 此下七章, 專明仁之道也.

번역 이하의 7개 장은 전적으로 인(仁)의 도를 나타내고 있다.

참고 『시』「대아(大雅)·문왕유성(文王有聲)」

文王有聲, (문왕유성) : 문왕께서 아름다운 명성을 두시니,
遹駿有聲. (휼준유성) : 선조의 명성을 크게 이어받은 것이라.
遹求遹寧, (휼구휼녕) : 이어받아 백성들을 편안케 하는 도리를 구하고,
遹觀厥成. (휼관궐성) : 이어받아 백성들의 덕을 완성시키나니.
文王烝哉. (문왕증재) : 문왕은 참다운 군주로다.

文王受命, (문왕수명) : 문왕께서 천명을 받으시어,
有此武功. (유차무공) : 이에 무공을 세우셨도다.
旣伐于崇, (기벌우숭) : 숭(崇)나라를 정벌하시고,
作邑于豐. (작읍우풍) : 풍(豐) 땅에 도읍을 세우셨도다.
文王烝哉. (문왕증재) : 문왕은 참다운 군주로다.

築城伊淢, (축성이역) : 성을 쌓되 수로 안에 두셨으니,
作豐伊匹. (작풍이필) : 풍읍의 규모를 적절히 맞췄구나.

───────

雅)』라고도 부른다. 『이아』의 체제를 계승하고, 새로운 내용을 보충하여, 경전(經典)에 기록된 글자들을 해석한 서적이다. 본래 상·중·하 3권으로 구성되어 있었지만, 수(隋)나라 조헌(曹憲)이 재차 10권으로 편집하였다. 한편 '광(廣)'자가 수나라 양제(煬帝)의 시호였기 때문에, 피휘를 하여, 『박아』라고 부르게 되었다.

匪棘其欲, (비극기욕) : 자신의 욕심을 빨리 이루려고 함이 아니니,
遹追來孝. (휼추래효) : 선조의 효행을 미루어 시행함이라.
王后烝哉. (왕후증재) : 문왕은 참다운 군주로다.

王公伊濯, (왕공이탁) : 천자의 과업이 점점 커지니,
維豐之垣. (유풍지원) : 풍읍에 담장을 두르셨도다.
四方攸同, (사방유동) : 사방에서 마음을 함께 하여 귀의하니,
王后維翰. (왕후유한) : 문왕께서 근간으로 삼으셨도다.
王后烝哉. (왕후증재) : 문왕은 참다운 군주로다.

豐水東注, (풍수동주) : 풍수(豐水)가 동쪽으로 흘러가니,
維禹之績. (유우지적) : 우임금의 공적이로다.
四方攸同, (사방유동) : 사방에서 마음을 함께 하여 귀의하니,
皇王維辟. (황왕유벽) : 무왕께서 군주가 되시도다.
皇王烝哉. (황왕증재) : 무왕은 참다운 군주로다.

鎬京辟雝, (호경벽옹) : 호경에 벽옹(辟雝)[12]을 세우시니,
自西自東. (자서자동) : 서에서 오며 동에서 오도다.
自南自北, (자남자북) : 남에서 오며 북에서 오니,
無思不服. (무사불복) : 마음에 감복하지 않는 자가 없도다.
皇王烝哉. (황왕증재) : 문왕은 참다운 군주로다.

考卜維王, (고복유왕) : 서약하여 거북점을 치는 자는 무왕이로니,
宅是鎬京. (택시호경) : 호경에 도읍을 정하시는구나.
維龜正之, (유귀정지) : 거북점이 길한 점괘를 내놓으니,
武王成之. (무왕성지) : 무왕께서 도읍을 정하셨도다.
武王烝哉. (무왕증재) : 무왕은 참다운 군주로다.

---

12) 벽옹(辟雝)은 벽옹(辟雍)과 같은 말이다. 천자의 국성(國城)에 있는 태학(太學)을 지칭한다. '벽(辟)'자는 밝다는 뜻이고, '옹(雍)'자는 조화롭다는 뜻이다. '벽옹'은 천자가 이곳을 통해 천하의 모든 사람들을 밝고 조화롭게 만든다는 뜻이다. 참고로 제후국에 있는 태학을 반궁(頖宮: =泮宮)이라고 부른다.

豐水有芑, (풍수유기) : 풍수가에 작물이 잘 자라나니,

武王豈不仕. (무왕기불사) : 무왕이 어찌 일삼지 않으리오.

詒厥孫謀, (이궐손모) : 천하를 순종시키는 계책을 자손들에게 전해주시니,

以燕翼子. (이연익자) : 공손한 자속들을 편안케 하시는구나.

武王烝哉. (무왕증재) : 무왕은 참다운 군주로다.

毛序 文王有聲, 繼伐也. 武王, 能廣文王之聲, 卒其伐功也.

모서 「문왕유성(文王有聲)」편은 무왕이 문왕의 뒤를 이어 은나라를 정벌했던 일을 읊은 시이다. 무왕은 문왕의 명성을 크게 넓힐 수 있었고, 마침내 정벌의 공적을 이룩하였다.

참고 『시』「패풍(邶風)·곡풍(谷風)」

習習谷風, (습습곡풍) : 온화하고 쾌적한 곡풍(谷風)[13]이여,

以陰以雨. (이음이우) : 흐려져 비가 내리는구나.

黽勉同心, (민면동심) : 힘쓰고 노력하여 마음을 함께 하니,

不宜有怒. (불의유노) : 노여움을 두어서는 안 되느니라.

采葑采菲, (채봉채비) : 봉(葑)을 캐고 비(菲)를 캐는 것은,

無以下體. (무이하체) : 뿌리줄기 때문이 아니니라.

德音莫違, (덕음막위) : 덕음은 어긋남이 없으니,

及爾同死. (급이동사) : 그대와 죽을 때까지 함께 하리라.

行道遲遲, (행도지지) : 길을 감에 더디고 더디니,

---

13) 곡풍(谷風)은 동쪽에서 불어오는 바람을 뜻한다. 『이아』「석천(釋天)」편에는 "東風謂之谷風."이라는 기록이 있고, 이에 대한 형병(邢昺)의 소에서는 손염(孫炎)의 주장을 인용하여, "谷之言穀. 穀, 生也; 谷風者, 生長之風也."라고 풀이했다. 즉 '곡풍'의 '곡(谷)'자는 '곡(穀)'자의 뜻이 되는데, '곡(穀)'즌 생장시킨다는 뜻이다. 따라서 '곡풍'은 동쪽에서 불어와서 만물을 생장시키는 바람을 뜻한다.

中心有違. (중심유위) : 마음에 배회함이 있도다.

不遠伊邇, (불원이이) : 멀리 가지 않고 가까이에서 하니,

薄送我畿. (박송아기) : 나를 전송함에 박하여 문안에서 하는구나.

誰謂荼苦, (수위도고) : 그 누가 씀바귀를 쓰다고 하는가,

其甘如薺. (기감여제) : 달기가 냉이와 같구나.

宴爾新昏, (연이신혼) : 네가 새로운 혼사를 편안하게 여기니,

如兄如弟. (여형여제) : 마치 형제와 같구나.

涇以渭濁, (경이위탁) : 경수(涇水)는 위수(渭水)로 인해 탁해졌는데,

湜湜其沚. (식식기지) : 물가는 고요하고 정지되어 있구나.

宴爾新昏, (연이신혼) : 네가 새로운 혼사를 편안하게 여기니,

不我屑以. (불아설이) : 나를 다시 데려가지 않는구나.

毋逝我梁, (무서아량) : 나의 어량(魚梁)에 가지 말아라,

毋發我笱. (무발아구) : 나의 통발을 꺼내지 말아라.

我躬不閱, (아궁불열) : 내 몸 조차 포용할 수 없거늘,

遑恤我後. (황휼아후) : 내 후손을 어느 겨를에 근심하랴.

就其深矣, (취기심의) : 깊은 곳에 나아가니,

方之舟之. (방지주지) : 뗏목을 타고 배를 타는구나.

就其淺矣, (취기천의) : 얕은 곳에 나아가니,

泳之游之. (영지유지) : 헤엄을 치는구나.

何有何亡, (하유하망) : 무엇이 있고 무엇이 없는가,

黽勉求之. (민면구지) : 힘쓰고 노력하여 구하는구나.

凡民有喪, (범민유상) : 백성에게 상사가 발상하니,

匍匐救之. (포복구지) : 다급히 달려가 도와주는구나.

不我能慉, (불아능휵) : 나를 길들이지 못하거늘,

反以我爲讎. (반이아위수) : 도리어 나를 원수로 여기는구나.

旣阻我德, (기조아덕) : 내 덕을 은폐하니,

賈用不售. (가용불수) : 장사꾼이 물건을 팔지 못하는구나.

昔育恐育鞫, (석육공육국) : 예전 어렸을 때에는 늙어서도 궁핍할까 걱정
　　　　　　　　　　하여,

及爾顚覆. (급이전복) : 너와 함께 가사에 혼심을 다하였도다.
旣生旣育, (기생기육) : 살만해지고 나이가 들자,
比予于毒. (비여우독) : 나를 독충처럼 여기는구나.

我有旨蓄, (아유지축) : 내가 맛있는 채소를 모아두는 것은,
亦以御冬. (역이어동) : 또한 겨울을 대비하기 위해서라.
宴爾新昏, (연이신혼) : 네가 새로운 혼사를 편안하게 여기니,
以我御窮, (이아어궁) : 나를 곤궁함을 막는 수단으로 여겼구나.
有洸有潰, (유광유궤) : 펄쩍펄쩍 뛰고 노기를 내니,
旣詒我肄. (기이아이) : 나에게 수고로움을 떠넘기는구나.
不念昔者, (불념석자) : 그 옛날
伊余來墍. (이여래기) : 내가 와서 안식을 주었던 것을 생각하지 않는구나.

毛序 谷風, 刺夫婦失道也. 衛人化其上, 淫於新昏而棄其舊室, 夫婦離絶,
國俗傷敗焉.

모서 「곡풍(谷風)」편은 부부사이에서 도리를 잃어버린 것을 풍자한 시
이다. 위(衛)나라 사람들은 군주에게 동화되어 새로 부인을 맞이하는 것에
빠지고 이전 부인을 내버리니, 부부의 도리가 끊어지고 나라의 풍속이 무
너졌다.

● 그림 15-1   풍수(豐水)

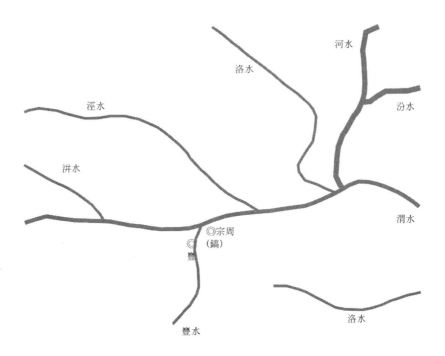

※ **참고:**『중국역사지도집(中國歷史地圖集)』1권

그림 15-2 천자의 오학(五學)

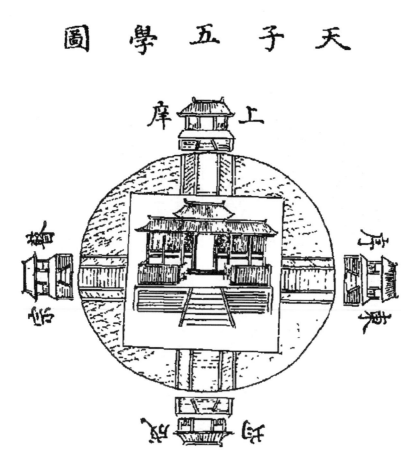

◎ 중앙의 학교는 벽옹(辟雍)

※ **출처:** 『가산도서(家山圖書)』

●그림 15-3 벽옹(辟雝)

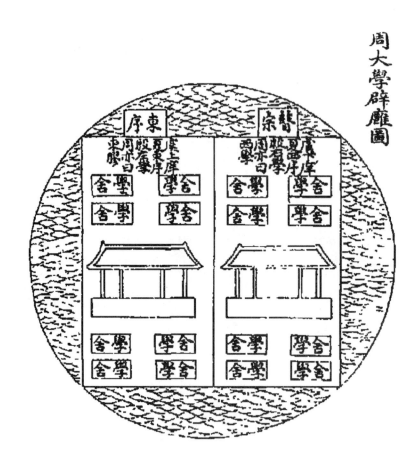

※ **출처:**『주례도설(周禮圖說)』하권

그림 15-4 반궁(泮宮)

圖　宮　泮　侯　諸

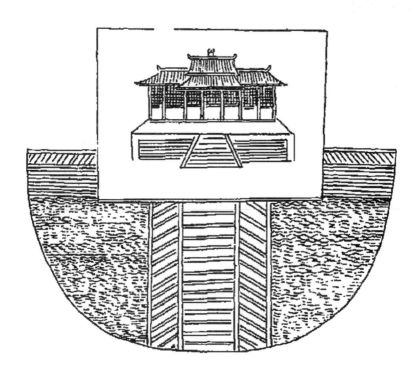

※ 출처: 『가산도서(家山圖書)』

• 제 16 절 •

인(仁)의 중(重) · 원(遠)

【626d】

子曰, "仁之爲器重, 其爲道遠, 擧者莫能勝也, 行者莫能致也. 取數多者, 仁也. 夫勉於仁者, 不亦難乎? 是故君子以義度人, 則難爲人; 以人望人, 則賢者可知已矣."

직역 子가 曰, "仁의 器가 爲함은 重하고, 그 道가 爲함은 遠하여, 擧者에 能히 勝함을 莫하고, 行者에 能히 致함을 莫이라. 數를 取함이 多한 者는 仁이다. 夫히 仁에 勉하는 者 亦히 難이 不이리오? 是故로 君子가 義로써 人을 度하면, 人이 爲하기가 難하고; 人으로써 人을 望하면, 賢者를 可히 知할 따름이다."

의역 공자가 말하길, "인(仁)의 기물 됨은 무겁고 도(道)가 됨은 멀어서, 그것을 든다면 무게를 감당할 수 없고, 걸어간다면 도달할 수가 없다. 취하는 방도가 많은 것은 인(仁)이다. 무릇 인(仁)에 힘써 시행하는 자는 또한 어렵지 않겠는가? 이러한 까닭으로 군자가 의(義)를 통해 남을 헤아린다면, 그에 걸맞은 사람을 찾기가 어렵고, 사람들이 일반적으로 살펴보는 기준으로 찾는다면, 현명한 점을 알아볼 수 있을 따름이다."라고 했다.

集說 呂氏曰: 管仲之功, 微子之去, 箕子之囚, 比干之死, 皆得以仁名之, 語仁之盡則堯舜其猶病諸. 此仁所以取數之多也. 以義度人, 盡義以度人者也. 以人望人者, 擧今之人相望也. 盡義以求人, 非聖人不足以當之, 故難爲人. 擧今之人相望, 則大賢愈於小賢, 故賢者可知已.

번역 여씨가 말하길, 관중의 공덕, 미자의 떠남, 기자의 잡힘, 비간의 죽음은 모두 인(仁)이라고 부를 수 있는데, 인(仁)의 다함을 말하고자 한다면, 요나 순임금도 오히려 괴로워했을 것이다. 이것이 바로 인(仁)이 그 수를 취함이 많은 이유이다. 의(義)로써 남을 헤아린다는 말은 의(義)를 다하여 남을 헤아리는 것을 뜻한다. 사람으로 사람을 바라본다는 말은 오늘날의 사람들이 서로 바라보는 것을 제시한 말이다. 의(義)를 다하여 사람을 찾는 것은 성인이 아니라면 감당할 수 없다. 그렇기 때문에 그에 걸맞은 사람을 찾기가 어렵다. 현재 사람들이 서로 살피는 것을 기준으로 든다면, 큰 현자는 작은 현자보다 뛰어나다. 그렇기 때문에 현명한 자를 알아볼 수 있을 따름이다.

大全 嚴陵方氏曰: 器, 若器用之器, 道, 若道路之道. 勝, 言勝其任, 致, 言致其至. 擧, 若手擧, 行, 若足行. 論語曰, 士不可以不弘毅, 任重而道遠. 仁以爲己任, 不亦重乎? 死而後已, 不亦遠乎? 其言正與此合. 儒行言, 溫良之本, 敬愼之地, 寬裕之作, 孫接之能, 禮節之貌, 言談之文, 歌樂之和, 分散之施, 其用雖不同, 至於本乎仁則一也. 孟子言, 天子之保四海, 諸侯之保社稷, 大夫之保宗廟, 士庶人之保四體, 其位雖不同, 至於本乎仁亦一也. 孔子言, 郊社之於鬼神, 嘗禘之於昭穆, 饋奠之於死喪, 射鄕之於鄕黨, 食饗之於賓客, 其禮雖不同, 至於本乎仁亦一也. 玆非取數之多乎? 以其數之多, 此勉於仁者, 所以爲難也. 以義而度人, 則天下無全人, 故曰則難爲人. 以人而望人, 則不求備於人, 故曰則賢者可知. 所謂賢者, 賢於人也. 與某賢於某, 猶賢乎己之賢同, 則彼善於此而已.

번역 엄릉방씨가 말하길, '기(器)'는 용기의 기(器)와 같고, '도(道)'는 도로의 도(道)와 같다. '승(勝)'자는 그 임무를 이겨낸다는 뜻이며, '치(致)'자는 그 지극함을 다한다는 뜻이다. '거(擧)'는 손을 드는 것과 같고, '행(行)'은 발로 걷는 것과 같다. 『논어』에서는 "선비는 넓고 굳세지 않을 수가 없으니, 맡은 임무가 무겁고 도는 멀기 때문이다. 인(仁)을 자신의 임무로 여기니 또한 무겁지 않겠는가? 죽은 뒤에야 끝나니 또한 멀지 않겠는가?"[1]라고 했는데, 그 말이 바로 이곳의 뜻과 합치된다. 『예기』「유행(儒行)」편에서는 "인(仁)은 온화하고 어진 것의 근본이고, 공경하고 신중함의 바탕이며, 관대하고 너그러움이 일어나는 것이고, 공손하게 대하는 능력이며, 예절의 모습이고, 말의 격식이며, 노래의 조화로움이고, 나눠줌을 베푸는 것이다."[2]라고 했는데, 그 쓰임에 비록 차이가 있더라도, 인(仁)에 근본을 두고 있다는 점에서는 동일하다. 맹자는 "인(仁)을 통해 천자는 사해를 보존하고, 제후는 사직을 보존하며, 대부는 종묘를 보존하고, 사와 서인은 자신을 보존한다."[3]라고 했는데, 그 지위에 비록 차이가 있더라도, 인(仁)에 근본을 두고 있는 점에서는 또한 동일하다. 공자는 "인(仁)하게 대함에 있어서 귀신에 대해서는 교사(郊社)[4]의 의례가 있고, 소목(昭穆)에 해당하는 자손들에 대해서는 상체(嘗禘)[5]의 의례가 있으며, 상례(喪禮)와 장례(葬禮)에 대해서는 궤전(饋奠)[6]의 의례가 있고, 향당(鄕黨)에 속한 자들에 대해서는 향사례(鄕射禮)[7]나 향음주례(鄕飮酒禮)[8]의 의례가 있으며, 빈객에 대해서

---

1) 『논어』「태백(泰伯)」: 曾子曰, "士不可以不弘毅, 任重而道遠. 仁以爲己任, 不亦重乎? 死而後已, 不亦遠乎?"
2) 『예기』「유행(儒行)」【687c】: 溫良者, 仁之本也. 敬愼者, 仁之地也. 寬裕者, 仁之作也. 孫接者, 仁之能也. 禮節者, 仁之貌也. 言談者, 仁之文也. 歌樂者, 仁之和也. 分散者, 仁之施也. 儒皆兼此而有之, 猶且不敢言仁也. 其尊讓有如此者.
3) 『맹자』「이루상(離婁上)」: 天子不仁, 不保四海, 諸侯不仁, 不保社稷, 卿大夫不仁, 不保宗廟, 士庶人不仁, 不保四體.
4) 교사(郊社)는 본래 천지(天地)에 대한 제사를 뜻한다. 교(郊)는 천(天)에 대한 제사를 뜻하고, 사(社)는 지(地)에 대한 제사를 뜻한다. '교사(郊祀)'라고도 부르고, '교제(郊祭)'라고도 부른다. 또한 하늘에 대한 제사만을 지칭하기도 한다.
5) 상체(嘗禘)는 본래 종묘에서 정규적으로 지내는 가을제사인 상(嘗)과 여름제사인 체(禘)를 합쳐서 부른 말이다. 따라서 '상체'는 종묘제사를 범칭하는 용어로 사용되었으며, 후대에는 제사 자체를 범칭하는 용어로도 사용되었다.
6) 궤전(饋奠)은 상중(喪中)에 시행하는 전제사[奠祭]를 가리킨다.
7) 향사례(鄕射禮)는 활쏘기를 하며 음주를 했던 의례(儀禮)이다. 크게 두 가지로 나뉘는데, 하나는 지방의 수령이 지방학교인 서(序)에서 사람들을 모아서 활쏘기를 익히며 음주를 했던 의례이고, 다른 하나는 향대부(鄕大夫)가 3년마다 치르는 대비(大比)라는 시험을 끝내고 공사(貢士)를 한 연후에, 향대부가 향로(鄕老) 및 향인(鄕人)들과 향학(鄕學)인 상(庠)에서 활쏘기를 익히고 음주를 했던 의례이다. 『주례』「지관(地官)·향대부(鄕大夫)」편에는 "退而以鄕

는 사향(食饗)9)의 의례가 있다."10)라고 했는데, 그 의례에는 비록 차이가 있더라도, 인(仁)에 근본을 두고 있다는 점에서는 또한 동일하다. 이것이 바로 인(仁)이 그 수를 취함이 많다는 뜻이 아니겠는가? 그 수가 많기 때문에, 인(仁)에 힘쓰는 자가 어렵게 되는 이유이다. 의(義)로써 남을 헤아린다면 천하에는 온전한 사람이 없기 때문에 "제대로 된 사람을 얻기가 어렵다."라고 말한 것이다. 사람을 기준으로 남을 살펴보게 된다면, 남에 대해서 온전히 갖추기를 구하지 않기 때문에 "현명함을 알아볼 수 있다."라고 말한 것이다. 이른바 '현(賢)'이라는 것은 남보다 현명하다는 뜻이다. 아무개가 아무개보다 현명하며, 자신보다 현명하다고 할 때의 현(賢)과 같다면, 저 사람이 이 사람보다 선하다는 뜻일 따름이다.

大全 馬氏曰: 子曰, 我欲仁, 斯仁至矣. 又曰, 有能一日用其力於仁矣乎? 我未見力不足者. 而云擧者莫能勝, 行者莫能致, 何也? 此言有抑揚之理也.

射之禮五物詢衆庶."라는 기록이 있는데, 이에 대한 손이양(孫詒讓)의 『정의(正義)』에서는 "退, 謂王受賢能之書事畢, 鄕大夫與鄕老, 則退各就其鄕學之庠而與鄕人習射, 是爲鄕射之禮."라고 풀이하였다.

8) 향음례(鄕飮禮)는 '향음주례(鄕飮酒禮)'라고도 부른다. 주(周)나라 때에는 향학(鄕學)에서 3년마다 대비(大比)라는 시험을 치러서, 선발된 자들을 천거하였다. 이러한 행사를 실시할 때 향대부(鄕大夫)는 음주 연회의 자리를 만들어서, 선발된 자들에게 빈례(賓禮)에 따라 대접을 하며, 그들에게 술을 따라주었는데, 이 의식을 '향음례' 또는 '향음주례'라고 불렀다. 『의례』「향음주례(鄕飮酒禮)」편에 대한 가공언(賈公彦)의 소(疏)에서는 정현의 『삼례목록(三禮目錄)』을 인용하여, "諸侯之鄕大夫三年大比, 獻賢者能於其君, 以賓禮待之, 與之飮酒. 於五禮屬嘉禮."라고 풀이했다. 또한 일반적으로 음주를 즐기며 연회를 하는 것을 뜻하기도 한다.

9) 사향(食饗)은 술과 음식을 준비하여, 빈객(賓客)들을 대접하거나, 종묘(宗廟)에서 제사를 지내는 등의 일을 뜻한다. 『예기』「악기(樂記)」편에는 "食饗之禮, 非致味也."라는 기록이 있는데, 이에 대한 공영달(孔穎達)의 소(疏)에서는 "食饗, 謂宗廟祫祭."라고 풀이했으며, 『공자가어(孔子家語)』「논례(論禮)」편에는 "食饗之禮, 所以仁賓客也."라는 기록이 있다.

10) 『예기』「중니연거(仲尼燕居)」【598d~599a】: 子貢退, 言游進曰, "敢問禮也者, 領惡而全好者與?" 子曰, "然." "然則何如?" 子曰, "郊社之義, 所以仁鬼神也. 嘗禘之禮, 所以仁昭穆也. 饋奠之禮, 所以仁死喪也. 射鄕之禮, 所以仁鄕黨也. 食饗之禮, 所以仁賓客也."

蓋仁之道, 自其本而言之, 仁在我也, 在我者, 易以勉. 自其仁之成名而言之,
唯中心安仁者能之, 則是勉於仁者, 蓋亦難矣.

번역 마씨가 말하길, 공자는 "내가 인(仁)을 하고자 한다면 이에 인(仁)
이 이른다."[11]라고 했다. 또 "하루라도 인(仁)에 대해서 힘을 다할 수 있는
가? 나는 힘이 부족한 자를 보지 못했다."[12]라고 했다. 그런데도 "드는 자
는 무게를 이겨낼 수 없고, 가는 자는 도달할 수 없다."라고 말한 것은 어째
서인가? 이것은 누르고 드날리는 이치가 있음을 나타낸다. 무릇 인(仁)의
도라는 것은 그 근본을 기준으로 말을 하자면, 인(仁)은 나에게 있는 것으
로, 나에게 있는 것은 힘쓰기가 쉽다. 그런데 인(仁)을 통해 명성을 이룬다
는 것을 기준으로 말을 하자면, 오직 마음으로 인(仁)을 편안하게 여기는
자만이 할 수 있으니, 이것은 인(仁)에 대해서 힘쓰는 자는 또한 시행하기
가 어려움을 나타낸다.

鄭注 "取數多", 言計天下之道, 仁居其多. 言以先王成法擬度人則難中也,
當以時人相比方耳.

번역 '취수다(取數多)'는 천하의 도를 헤아려보면, 인(仁)이 많은 것을
차지하고 있다는 뜻이다. 선왕이 만든 법도를 기준으로 남에 대해서 살펴
본다면, 그에 알맞은 사람을 찾기가 어려우니, 마땅히 당시 사람들을 기준
으로 서로 비교를 해봐야만 할 따름이다.

釋文 勝音升. 數, 色住反. 度, 待洛反, 注同. 擬, 魚起反. 中, 丁仲反.

번역 '勝'자의 음은 '升(승)'이다. '數'자는 '色(색)'자와 '住(주)'자의 반절
음이다. '度'자는 '待(대)'자와 '洛(낙)'자의 반절음이며, 정현의 주에 나오는

---

11) 『논어』「술이(述而)」: 子曰, "仁遠乎哉? 我欲仁, 斯仁至矣."
12) 『논어』「이인(里仁)」: 子曰, "我未見好仁者, 惡不仁者. 好仁者, 無以尚之, 惡
不仁者, 其爲仁矣, 不使不仁者加乎其身. 有能一日用其力於仁矣乎? 我未見力
不足者. 蓋有之矣, 我未之見也."

글자도 그 음이 이와 같다. '擬'자는 '魚(어)'자와 '起(기)'자의 반절음이다. '中'자는 '丁(정)'자와 '仲(중)'자의 반절음이다.

孔疏　●"子曰"至"其服". ○此一節廣明仁, 故言"子曰".

번역　●經文: "子曰"~"其服". ○이곳 문단은 인(仁)에 대해서 폭넓게 나타내고 있다. 그렇기 때문에 '자왈(子曰)'이라고 했다.

孔疏　●"仁之爲器重"者, 仁是愛養, 非賢聖不能行, 故言"爲器重".

번역　●經文: "仁之爲器重". ○'인(仁)'은 사랑하고 길러주는 것이니, 현명한 성인이 아니라면 제대로 시행할 수 없다. 그렇기 때문에 "기물 됨이 무겁다."라고 말했다.

孔疏　●"其爲道遠"者, 以廣博覆物, 是爲道廣遠也.

번역　●經文: "其爲道遠". ○넓고 두텁게 사물을 덮어주니, 이것은 도(道)가 됨이 광대하고 멀다는 뜻이다.

孔疏　●"擧者莫能勝也, 行者莫能致也", 據凡庸, 於仁不能勝致也.

번역　●經文: "擧者莫能勝也, 行者莫能致也". ○일반인들을 기준으로 한다면, 인(仁)에 대해서 감당하거나 이룰 수 없다는 뜻이다.

孔疏　●"取數多者仁也", 言於萬種善事之中, 論利益於物, 取數最多者是仁也. 言仁恩於善事之中, 利益最多也.

번역　●經文: "取數多者仁也". ○온갖 종류의 선한 일들 중에서 사물에게 보탬이 될 수 있는 것을 논의한다면, 가장 많은 방법을 취할 수 있는 것이 인(仁)이라는 뜻이다. 즉 인(仁)은 모든 선한 일들에 대해서 은정을 베풀어서 이익이 가장 많다는 의미이다.

孔疏 ●"夫勉於仁者, 不亦難乎", 言仁爲愛養, 行之不易, 故勉力行仁者不亦難乎, 言其難也.

번역 ●經文: "夫勉於仁者, 不亦難乎". ○인(仁)은 사랑함과 길러줌이 되는데, 그것을 시행하기가 쉽지 않다는 뜻이다. 그렇기 때문에 힘써 인(仁)을 시행하는 것은 또한 어렵지 않겠냐고 했으니, 어려움을 뜻한다.

孔疏 ●"是故君子以義度人, 則難爲人者", 義, 宜也. 言在上君子, 以先王之義擬度於人, 欲使人必行先王成法, 則難可爲人, 言人難中於古法也.

번역 ●經文: "是故君子以義度人, 則難爲人者". ○'의(義)'는 마땅함[宜]이다. 즉 위정자의 자리에 있는 군자가 선왕의 마땅한 법도에 따라 남을 헤아려서, 그 사람으로 하여금 반드시 선왕이 이루어 놓은 법도를 시행하도록 한다면, 그에 걸맞게 행동하기가 어렵다는 의미로, 일반인은 고대의 법도에 합치되기가 어렵다는 뜻이다.

孔疏 ●"以人望人, 則賢者可知已矣"者, 望, 比也. 言以今世人道比望於古人, 能合於今世事者, 則是賢人也. 若不能合於今世事者, 則非賢人也, 故云 "則賢者可知已矣". "已矣", 語助也. 此明仁道不可以古義責人, 當以時事擬人, 是仁恩之心.

번역 ●經文: "以人望人, 則賢者可知已矣". ○'망(望)'자는 "비교하다[比]."는 뜻이다. 즉 현재 사람들이 따르는 인도(人道)를 기준으로 고대 사람들이 따르던 법도를 비교해봤을 때, 현재의 일에 합치될 수 있는 자라면 현명한 자에 해당한다는 의미이다. 만약 현재의 일에 합치될 수 없다면, 현명한 자가 아니다. 그렇기 때문에 "현명한 자를 알아볼 수 있을 따름이다."라고 했다. '이의(已矣)'는 어조사이다. 이것은 인(仁)의 도에 있어서는 고대의 마땅함으로 남을 책망할 수 없고, 마땅히 당시의 사안을 통해 사람됨을 헤아려야만 함을 나타내고 있으니, 이것은 인자하고 은혜로운 마음에 해당한다.

集解 呂氏大臨曰: 仁爲器重, 爲道遠, 隨其所擧之多少, 所至之遠近, 皆可以謂之仁.

번역 여대림이 말하길, 인(仁)은 기물 됨이 무겁고 도(道) 됨이 멀다고 했는데, 이것은 그것을 시행하는 많고 적은 차이와 도달함의 멀고 가까운 차이에 따르면, 이 모두를 인(仁)이라고 부를 수 있다는 의미이다.

集解 呂氏大臨曰: 此亦以數而言仁也.

번역 여대림이 말하길, 이 또한 수(數)를 기준으로 인(仁)을 말한 것이다.

集解 愚謂: 仁之取數多, 故人皆可以與於仁, 然非勝其重, 致其遠, 則不足以盡仁之道, 故勉於仁者難其人也.

번역 내가 생각하기에, 인(仁)은 수를 취함이 많다고 했다. 그렇기 때문에 사람들은 모두 인(仁)에 참여할 수 있다. 그러나 그 무거움을 감당하고 멀리 도달할 수 있는 자가 아니라면, 인(仁)의 도를 다하기에는 부족하다. 그렇기 때문에 인(仁)에 힘쓰는 자는 그 사람됨을 실현하기가 어려운 것이다.

集解 陸氏佃曰: 以義度人, 若春秋是也. 齊桓·晉文, 皆罪人也, 以諸侯望之, 可謂賢矣, 故曰"春秋無義戰, 彼善於此則有之."

번역 육전[13]이 말하길, 의(義)로써 사람을 헤아린다는 것은 『춘추』가

---

13) 산음육씨(山陰陸氏, A.D.1042~A.D.1102) : =육농사(陸農師)·육전(陸佃). 북송(北宋) 때의 유학자이다. 자(字)는 농사(農師)이며, 호(號)는 도산(陶山)이다. 어려서 집안이 매우 가난했다고 전해지며, 왕안석(王安石)에게 수학하였으나 왕안석의 신법에 대해서는 반대하였다. 저서로는 『비아(埤雅)』, 『춘추

여기에 해당한다. 제(齊)나라 환공(桓公)이나 진(晉)나라 문공(文公)과 같
은 자는 모두 죄인이지만, 당시 제후들을 기준으로 살펴본다면 현명하다고
평할 수 있다. 그렇기 때문에 "『춘추』에는 의로운 전쟁이 없으니, 저것이
이것보다 나은 경우라면 있다."[14]라고 한 것이다.

● 그림 16-1 관중(管仲)

※ 출처: 『고성현상전략(古聖賢像傳略)』

　　후전(春秋後傳)』, 『도산집(陶山集)』 등이 있다.
14) 『맹자』「진심하(盡心下)」 : 孟子曰, "春秋無義戰. 彼善於此, 則有之矣. 征者,
　　上伐下也, 敵國不相征也."

● 그림 16-2 미자(微子)

※ **출처:**『고성현상전략(古聖賢像傳略)』

그림 16-3 기자(箕子)

※ **출처:** 『고성현상전략(古聖賢像傳略)』

█ 그림 16-4 █ 비간(比干)

※ **출처:**『고성현상전략(古聖賢像傳略)』

• 제 17 절 •

안인(安仁)

【627b~c】

子曰, "中心安仁者, 天下一人而已矣. 大雅曰, '德輶如毛, 民鮮克擧之. 我儀圖之, 惟仲山甫擧之, 愛莫助之.' 小雅曰, '高山仰止, 景行行止.'" 子曰, "詩之好仁如此. 郷道而行, 中道而廢, 忘身之老也, 不知年數之不足也; 俛焉日有孶孶, 斃而后已."

직역 子가 曰, "中心이 仁을 安하는 者는 天下에 一人일 따름이다. 大雅에서 曰, '德의 輶가 毛가 如한데, 民에 克히 擧함이 鮮이라. 我가 儀圖하니, 惟히 仲山甫가 擧한데, 愛나 助가 莫이라.' 小雅에서 曰, '高山은 仰止하고, 景行은 行止라.'" 子가 曰, "詩의 仁을 好함이 此와 如하다. 道를 郷하여 行이여 中道에 廢하여, 身의 老를 忘하니, 年數가 不足함을 不知이며; 俛焉하여 日에 孶孶가 有하고, 斃한 후에 已라."

의역 공자가 말하길, "마음으로 인(仁)을 편안하게 여기는 자는 천하에 오직 한 사람이 있을 따름이다. 「대아(大雅)」에서는 '덕의 가볍기는 털과 같아서 시행하기가 쉬운데, 백성들 중에는 잘 시행하는 자가 적구나. 내가 그 부류에서 살펴보니, 오직 중산보만이 제대로 시행하여, 그를 아끼지만 도와줄 수가 없구나.'라고 했고, 「소아(小雅)」에서는 '높은 산은 우러러 보게 되고, 선한 행동은 따르게 된다.'"라고 했다. 공자가 말하길, "『시』를 지은 자가 인(仁)을 좋아함이 이와 같다. 도(道)를 향해 시행하다가 힘을 다하여 그만두며 자신의 연로함을 잊으니, 앞으로 살날이 적다는 것을 모르는 것이며, 다른 것을 들어보지 않고 날마다 힘써 노력하고 죽은 이후에야 그만두는 것이다."라고 했다.

集說 大雅, 烝民之篇. 言德之在人, 其輕如毛, 非難能也, 而民少能舉之者, 尹吉甫於儀匹之中圖謀之, 求其能舉德者, 乃惟仲山甫能舉之. 我愛其人, 使其或有不及, 我思效忠以助之, 今吉甫雖愛山甫而欲助之, 而山甫全德, 吉甫無可以致其助者也. 小雅, 車舝之篇. 言有高山, 則人瞻望而仰之; 有景大之德行, 則人視法而行之. 二止字皆語辭. 夫子引此兩詩而贊之曰, 詩人之好仁如此哉! 中道而廢, 言力竭而止, 若非力竭則不止也. 不足, 少也, 人老則未來之歲月少矣. 俛焉, 無他顧之意. 孳孳, 勤勉之貌. 斃, 死也.

번역 「대아(大雅)」는 『시』「대아(大雅)·증민(烝民)」편이다.[1] 즉 덕이 사람에게 있어서 그 가벼움은 털과 같아서 잘하기 어려운 것이 아니다. 그런데도 백성들 중에는 잘 시행하는 자가 드문데, 윤길보가 비슷한 부류에서 헤아리고 계획하여, 덕을 잘 시행하는 자를 찾아보니, 오직 중산보만이 잘 시행했다. 내가 그 사람을 아껴서 간혹 미치지 못하는 점이 있다면 내가 그 충심을 본받아서 그를 돕고자 하는 것으로, 현재 윤길보가 비록 중산보를 아껴서 그를 돕고자 하지만, 중산보는 덕이 온전하여 윤길보가 도움을 줄 수 있는 것이 없다는 뜻이다. 「소아(小雅)」는 『시』「소아(小雅)·거할(車舝)」편이다.[2] 즉 높은 산이 있다면 사람들은 우러러 보게 되고, 아름답고 큰 덕을 시행함이 있다면, 사람들이 그 법도를 살펴서 시행하게 된다는 뜻이다. 이 기록에 나타나는 2개의 '지(止)'자는 모두 어조사이다. 공자는 이러한 두 구절의 시를 인용하고 찬미를 하면서 "『시』를 지은 자가 인(仁)을 좋아함이 이와 같구나!"라고 한 것이다. 중도에 그만둔다는 것은 힘을 다하여 그친다는 뜻이니, 만약 힘을 다하지 않았다면 그치지 않는 것이다. '부족(不足)'은 "적다[少]."는 뜻이니, 사람이 연로하게 되면 앞으로 남은 세월이 적게 된다는 뜻이다. '면언(俛焉)'은 다른 것을 살펴봄이 없다는 뜻이다. '자자(孳孳)'는 열심히 노력하는 모습이다. '폐(斃)'자는 "죽는다[死]."는 뜻이다.

---

1) 『시』「대아(大雅)·증민(烝民)」 : 人亦有言, <u>德輶如毛, 民鮮克舉之. 我儀圖之. 維仲山甫舉之, 愛莫助之</u>. 袞職有闕, 維仲山甫補之.
2) 『시』「소아(小雅)·거할(車舝)」 : <u>高山仰止, 景行行止</u>. 四牡騑騑, 六轡如琴. 覯爾新昏, 以慰我心.

集說 應氏曰: 前章言仁重且遠, 而人不可以全責, 此又總敍而勸勉之.

번역 응씨가 말하길, 앞에서는 인(仁)이 무겁고 멀며, 사람들에 대해서 온전히 갖추기를 추궁할 수 없다고 했는데, 이곳에서는 또한 총괄적으로 서술하며 노력하기를 독려하는 것이다.

大全 藍田呂氏曰: 中心安仁者, 天下一人而已, 聖人之任也. 雖未至焉, 不敢不勉, 不以世莫之助而不爲, 故曰惟仲山甫擧之.

번역 남전여씨가 말하길, "마음으로 인(仁)을 편안하게 여기는 자는 천하에 오직 한 사람일 뿐이다."라는 말은 성인의 책무에 해당한다. 비록 미치지 못하더라도 감히 노력하지 않을 수가 없으니, 세상에 도와주는 자가 없다고 하여 시행하지 않는 것을 따르지 않는다. 그렇기 때문에 "오직 중산보만이 시행한다."라고 했다.

大全 嚴陵方氏曰: 高山出雲, 故澤加於民, 民賴而仰之. 景行當於道, 故德加於民, 民傚而行之. 詩人思高山之可仰, 景行之可行, 非好仁者, 疇或能之? 忘身之老者, 卽所謂不知老之將至, 是也. 斃而後已者, 卽所謂死而後已, 是也.

번역 엄릉방씨가 말하길, 높은 산은 구름을 생성하기 때문에 그 은택이 백성들에게 미쳐서 백성들이 그에 힘입어 우러러 보게 된다. 선한 행실은 도에 마땅하기 때문에 그 덕이 백성들에게 미쳐서 백성들이 본받아 시행하는 것이다. 『시』를 지은 자는 높은 산은 우러러 보기에 충분하고, 선행 행동은 따르기에 충분하다는 것을 뜻했던 것이니, 인(仁)을 좋아하는 자가 아니라면 그 누가 이처럼 할 수 있겠는가? "자신의 늙음을 잊는다."는 말은 "늙음이 장차 이르게 됨을 모른다."[3]는 말에 해당한다. "폐(斃)한 후에 그만둔

---

3) 『논어』「술이(述而)」: 葉公問孔子於子路, 子路不對. 子曰, "女奚不曰, 其爲人也, 發憤忘食, 樂以忘憂, 不知老之將至云爾."

다.”는 말은 “죽은 이후에야 그친다.”4)는 말에 해당한다.

大全 臨川吳氏曰: 引詩斷章, 蓋借仰高山以興行大道也. 鄕此大道而行之, 行至中半, 力不能進而後止, 若猶能進則不止也. 好仁之甚, 故力行不輟如此.

번역 임천오씨가 말하길, 『시』를 인용하며 단장취의를 한 것이니, 높은 산을 우러러 본다는 뜻을 가져와서 큰 도를 흥성하게 시행시키고자 한 것이다. 이러한 큰 도에 따라서 시행을 하는데, 시행함이 중도에 이르러 그 힘으로 나아갈 수 없게 된 이후에야 그치니, 만약 아직까지 나아갈 수 있다면 그치지 않는다. 인(仁)을 좋아함이 매우 심하기 때문에 힘써 시행하길 이처럼 그치지 않는 것이다.

鄭注 輶, 輕也. 鮮, 罕也. 儀, 匹也. 圖, 謀也. 愛, 猶惜也. 言德之輕如毛耳, 人皆以爲重, 罕能擧行之者. 作此詩者, 周宣王之大臣也. 言我之匹謀之, 仲山甫則能擧行之, 美之也. 惜乎時人無能助之者, 言賢者少. 仰高勤行者, 仁之次也. 景, 明也. 有明行者, 謂古賢聖也. 廢, 喩力極罷頓不能復行則止也. 俛焉, 勤勞之貌. 斃, 仆也.

번역 ‘유(輶)’자는 “가볍다[輕].”는 뜻이다. ‘선(鮮)’자는 “드물다[罕].”는 뜻이다. ‘의(儀)’자는 짝[匹]을 뜻한다. ‘도(圖)’자는 “도모하다[謀].”는 뜻이다. ‘애(愛)’자는 “애석하다[惜].”는 뜻이다. 즉 덕의 가벼움이 털과 같은데, 사람들이 모두 무겁다고 여겨서, 잘 시행할 수 있는 자가 드물다는 의미이다. 이 『시』를 지은 자는 주나라 선왕(宣王) 때의 대신이다. 즉 내가 동료들과 살펴보니, 중산보만이 제대로 시행할 수 있다는 뜻으로, 그를 찬미한 것이다. 애석하게도 당시 사람들 중에는 도와줄 수 있는 자가 없다고 했는데, 이것은 현명한 자가 적다는 의미이다. 높은 것을 우러러 보고 실천에 힘쓰는 것은 인(仁) 다음 수준이 된다. ‘경(景)’자는 “밝다[明].”는 뜻이다.

---

4) 『논어』「태백(泰伯)」: 曾子曰, “士不可以不弘毅, 任重而道遠. 仁以爲己任, 不亦重乎? <u>死而後已</u>, 不亦遠乎?”

즉 현저하게 드러나는 실천을 갖췄던 자는 고대의 현명한 성인을 뜻한다. '폐(廢)'는 힘이 다하여 다시 갈 수 없다면 그치는 것을 뜻한다. '면언(俛焉)' 은 노력하며 애쓰는 모습을 뜻한다. '폐(斃)'자는 "죽는다[仆]."는 뜻이다.

釋文 輶音酉, 一音由. 鮮, 息淺反, 注及下並同. 仰止, 本或作"仰之". 景行, 下孟反, 注"明行"同. 行止, 詩作"行之". 好, 呼報反, 下同. 鄕, 許亮反. 數, 色 住反. 强, 其兩反, 一本作俛, 音勉, 本或作僶, 非也. 孶音玆. 斃音幣, 仆也, 本又作弊. 已音以. 罷音皮. 頓如字, 又徒困反. 復, 扶又反. 仆, 蒲北反, 又音 赴.

번역 '輶'자의 음은 '酉(유)'이며, 다른 음은 '由(유)'이다. '鮮'자는 '息 (식)'자와 '淺(천)'자의 반절음이며, 정현의 주 및 아래문장에 나오는 글자도 모두 그 음이 이와 같다. '仰止'를 판본에 따라서는 또한 '仰之'로도 기록한 다. '景行'에서의 '行'자는 '下(하)'자와 '孟(맹)'자의 반절음이며, 정현의 주 에 나오는 '明行'에서의 '行'자도 그 음이 이와 같다. '行止'를『詩』에서는 '行之'로 기록한다. '好'자는 '呼(호)'자와 '報(보)'자의 반절음이며, 아래문장 에 나오는 글자도 그 음이 이와 같다. '鄕'자는 '許(허)'자와 '亮(량)'자의 반 절음이다. '數'자는 '色(색)'자와 '住(주)'자의 반절음이다. '强'자는 '其(기)' 자와 '兩(량)'자의 반절음이며, 다른 판본에서는 '俛'자로도 기록하는데, 그 음은 '勉(면)'이며, 또 판본에 따라서는 '僶'자로도 기록하는데, 잘못된 기록 이다. '孶'자의 음은 '玆(자)'이다. '斃'자의 음은 '幣(폐)'이며, 죽는다는 뜻이 고, 판본에 따라서는 또한 '弊'자로도 기록한다. '已'자의 음은 '以(이)'이다. '罷'자의 음은 '皮(피)'이다. '頓'자는 글자대로 읽으며, 또한 '徒(도)'자와 '困 (곤)'자의 반절음도 된다. '復'자는 '扶(부)'자와 '又(우)'자의 반절음이다. '仆'자는 '蒲(포)'자와 '北(북)'자의 반절음이며, 또한 그 음은 '赴(부)'도 된 다.

孔疏 ●"子曰: 中心安仁者, 天下一人而已矣", 言中心安靜行仁, 是天性 仁者, 天下之間唯一人而已矣, 言少也.

번역 ●經文: "子曰: 中心安仁者, 天下一人而已矣". ○마음으로 인(仁)을 시행하는 것을 편안하게 여기는 것은 천성적으로 인(仁)을 갖춘 자이니, 천하에 오직 한 사람만 있을 따름이라는 뜻으로, 적다는 의미이다.

孔疏 ●"大雅曰: 德輶如毛, 民鮮克擧之. 我儀圖之", 引詩·大雅·烝民之篇, 以明行仁者少也.

번역 ●經文: "大雅曰: 德輶如毛, 民鮮克擧之. 我儀圖之". ○『시』「대아(大雅)·증민(烝民)」편을 인용하여, 인(仁)을 시행하는 자가 적다는 뜻을 나타내었다.

孔疏 ●"德輶如毛, 民鮮克擧之"者, 此詩美宣王之大臣仲山甫也. 輶, 輕也. 鮮, 罕也. 克, 能也. 言德之輕, 易擧如毛然, 民尙以爲重, 罕能擧而行之也.

번역 ●經文: "德輶如毛, 民鮮克擧之". ○이것은 선왕(宣王)의 대신이었던 중산보를 찬미한 시이다. '유(輶)'자는 "가볍다[輕]."는 뜻이다. '선(鮮)'자는 "드물다[罕]."는 뜻이다. '극(克)'자는 능히[能]라는 뜻이다. 즉 덕은 가벼워서 그것을 시행하기가 털을 드는 것처럼 쉬운데도, 백성들은 오히려 무겁다고 여겨서, 그것을 잘 시행하는 자가 드물다는 뜻이다.

孔疏 ●"我儀圖之"者, 儀, 匹也; 圖, 謀也. 詩人言我與倫匹共圖謀能擧行之也.

번역 ●經文: "我儀圖之". ○'의(儀)'자는 짝[匹]을 뜻하며, '도(圖)'자는 "도모하다[謀]."는 뜻이다. 즉 이 『시』를 지은 자는 내가 동료들과 함께 잘 시행할 수 있는 자에 대해서 살펴보았다고 말한 것이다.

孔疏 ●"唯仲山甫擧之, 愛莫助之"者, 愛, 惜也. 言唯有仲山甫能擧行其德, 可惜乎無人能助行之者. 記人引此者, 證中心安仁者少, 亦無人能行之, 言賢者少也.

번역 ●經文: "唯仲山甫擧之, 愛莫助之". ○'애(愛)'자는 "애석하다[惜]." 는 뜻이다. 즉 오직 중산보만이 자신의 덕을 잘 시행할 수 있는데, 애석하게 도 사람들 중에 그를 도와서 시행할 수 있는 자가 없다는 뜻이다.『예기』를 기록한 자는 이 시를 인용하여, 마음으로 인(仁)을 편안하게 여기는 자가 적고 또한 사람들 중 잘 시행하는 자가 없음을 증명하였으니, 현명한 자가 적다는 의미이다.

孔疏 ◎注"輶, 輕也. 圖, 謀也". ○正義曰: "輶, 輕也", 爾雅·釋言文. "圖, 謀也", 釋詁文.

번역 ◎鄭注: "輶, 輕也. 圖, 謀也". ○정현이 "'유(輶)'자는 '가볍다[輕].' 는 뜻이다."라고 했는데, 이것은『이아』「석언(釋言)」편의 문장이다.[5] 정현 이 "'도(圖)'자는 '도모하다[謀].'는 뜻이다."라고 했는데, 이것은『이아』「석 고(釋詁)」편의 문장이다.[6]

孔疏 ●"小雅曰: 高山仰止, 景行行止"者, 此小雅刺幽王之詩·車舝之篇. 言幽王若能脩德如高山, 則天下之人瞻仰之. 若幽王有景明之行, 則天下之人 仰行之. 引之者, 證古昔賢聖能行仁道, 則後世之人瞻仰慕行也.

번역 ●經文: "小雅曰: 高山仰止, 景行行止". ○여기에서 말한「소아(小 雅)」는 유왕(幽王)을 풍자했던『시』「소아(小雅)·거할(車舝)」편이다. 즉 유 왕이 만약 덕을 닦음에 높은 산처럼 할 수 있다면, 천하의 사람들이 우러러 보게 되며, 만약 유왕이 밝은 행실을 갖춘다면 천하의 사람들이 우러러 시 행하게 된다는 뜻이다. 이『시』를 인용한 것은 고대의 현명한 성인은 인 (仁)의 도를 잘 시행할 수 있어서, 후세 사람들이 우러러 보며 사모하여

---

5)『이아』「석언(釋言)」: 輶, 輕也.
6)『이아』「석고(釋詁)」: 靖·惟·漠·圖·詢·度·咨·諏·究·如·慮·謨·獻·肇·基·訪, 謀 也.

따르게 됨을 증명하기 위해서이다.

孔疏 ●"子曰: 詩之好仁如此"者, 言高山景行, 瞻仰慕行, 是好愛仁德如此之甚也.

번역 ●經文: "子曰: 詩之好仁如此". ○높은 산과 밝은 행실은 우러러보고 사모하여 따르게 되는데, 이것은 인(仁)의 덕을 좋아함이 이처럼 심하다는 뜻이다.

孔疏 ●"鄉道而行, 中道而廢"者, 言好仁之甚, 鄉仁道而行, 在於中道, 力之罷極而始休廢之也.

번역 ●經文: "鄉道而行, 中道而廢". ○인(仁)을 좋아함이 심하여, 인(仁)의 도에 따라서 시행하다가 중간에 힘이 다하여 비로소 그치게 됨을 뜻한다.

孔疏 ●"忘身之老也, 不知年數之不足也", 言行仁勤急, 忘己身之衰老, 不自覺知年數之不足, 言己雖年老, 謂爲數淺少, 不復盈足, 猶行仁不止.

번역 ●經文: "忘身之老也, 不知年數之不足也". ○인(仁)을 시행함에 부지런히 하여 자신이 늙어간다는 사실도 잊고, 앞으로 살날이 부족함을 스스로 깨닫지 못한다는 뜻이니, 자신이 비록 연로해져서 헤아릴 수 있는 날이 적고 다시 채울 수가 없지만 오히려 인(仁)을 시행하길 그치지 않는다는 의미이다.

孔疏 ●"俛焉日有孳孳, 斃而后已"者, 言形貌俛俛焉, 勤勞行仁, 每日恒有孳孳, 唯力之斃仆而后已止, 言行仁之道深也. 熊氏云: "'俛焉', 謂前儵焉可輕賤." 以爲字同而注異. 熊氏之說非也.

번역 ●經文: "俛焉日有孳孳, 斃而后已". ○겉으로 드러나는 모습이 노

력하고 힘쓴다는 뜻이니, 인(仁)을 시행하는데 애쓰고 노력하여 매일 항상
되게 애쓰는 모습이 나타나고, 오직 힘이 다한 이후에야 그친다는 뜻으로,
인(仁)을 시행하는 도가 깊음을 의미한다. 웅안생7)은 "'면언(俛焉)'이라는
것은 앞서 어긋났던 것들은 천시할 수 있다는 뜻이다."라고 했는데, 글자가
같더라도 주석이 달라지게 된다. 따라서 웅안생의 주장은 잘못되었다.

訓纂 王氏念孫曰: 說文, "孜, 汲汲也." 皐陶謨, "予思曰孜孜." 孶, 與孜通.

번역 왕념손8)이 말하길, 『설문』9)에서는 "자(孜)자는 급급하다는 뜻이
다."라고 했고, 『서』「고요모(皐陶謨)」편에서는 "저는 날마다 부지런히 힘
쓸 것을 생각합니다."10)라고 했다. '자(孶)'자는 자(孜)자와 통용된다.

訓纂 應子和曰: 安仁者, 雖獨立無儔, 然德本甚輕, 人自鮮擧. 幸有能者,
當衆圖而共助, 仰高勤行, 終其身而後已. 是其望於人者無已, 不容有自恕之
心也.

번역 응자화가 말하길, 인(仁)을 편안히 여기는 자는 비록 홀로 서서 짝
을 이루는 자들이 없는데, 덕은 본래 매우 가벼운 것인데도 사람들 스스로

---

7) 웅안생(熊安生, ?~A.D.578) : =웅씨(熊氏). 북조(北朝) 때의 경학자이다. 자
   (字)는 식지(植之)이다. 『주례(周禮)』, 『예기(禮記)』, 『효경(孝經)』 등 많은
   전적에 의소(義疏)를 남겼지만, 모두 산일되어 남아 있지 않다. 현재 마국한
   (馬國翰)의 『옥함산방집일서(玉函山房輯佚書)』에 『예기웅씨의소(禮記熊氏義
   疏)』 4권이 남아 있다.
8) 왕념손(王念孫, A.D.1744~A.D.1832) : 청(淸)나라 때의 학자이다. 자(字)는
   회조(懷租)이고, 호(號)는 석구(石臞)이다. 부친은 왕안국(王安國)이고, 아들
   은 왕인지(王引之)이다. 대진(戴震)에게 학문을 배웠다. 저서로는 『독서잡지
   (讀書雜志)』 등이 있다.
9) 『설문해자(說文解字)』는 후한(後漢) 때의 학자인 허신(許愼)이 찬(撰)했다고
   전해지는 자서(字書)이다. 『설문(說文)』이라고도 칭해진다. A.D.100년경에
   완성되었다고 전해진다. 글자의 형태, 뜻, 음운(音韻)을 수록하고 있다.
10) 『서』「우서(虞書)·익직(益稷)」 : 禹拜曰, 都. 帝. 予何言. <u>予思日孜孜</u>. 皐陶曰,
   吁, 如何.

시행하는 자가 드물다. 요행히 잘하는 자가 있다면 마땅히 함께 계획하고 함께 도와서 우러러보며 힘써 시행하고, 자신의 생이 끝난 뒤에야 그만둔다. 이것은 남에게 바라기를 그치지 않으면서도, 스스로를 용서하는 마음을 용납하지 않는 것이다.

集解 引大雅烝民之篇, 言安仁者少, 其有能至之者, 又非有待於人之助也.

번역 『시』「대아(大雅)·증민(烝民)」편을 인용한 것으로, 인(仁)을 편안하게 여기는 자가 적고, 그것을 잘 이룰 수 있는 자 또한 남의 도움을 필요로 하지 않음을 나타낸 것이다.

集解 按: 行字, 朱子讀如字, 今從之.

번역 살펴보니, '行'자에 대해 주자는 글자대로 읽어서 풀이를 했으니, 현재 그에 따른다.

集解 朱子曰: 景行, 大道也. 高山則可仰, 大道則可行.

번역 주자가 말하길, '경행(景行)'은 큰 길을 뜻한다. 높은 산은 우러러볼 수 있고, 큰 길은 다닐 수 있다.

集解 愚謂: 鄕道而行, 仁以爲己任也. 廢, 謂廢竭. 中道而廢, 若所謂旣竭吾才, 言其力之廢竭而無餘也. 年數之不足, 謂旣老而將來之年少也. 俛焉, 用力之篤而無他顧之意. 此言其欲罷不能, 死而後已也. 詩之於仁如此, 此所以能勝其重而致其遠與.

번역 내가 생각하기에, 도를 향해서 시행한다는 것은 인(仁)을 자신의 책무로 여긴다는 뜻이다. '폐(廢)'자는 다한다는 뜻이다. 중도에 다한다는 말은 "이미 나의 재주를 다하였다."[11]라는 뜻으로, 힘을 다하여 남은 것이 없다는 의미이다. 연수(年數)가 부족하다는 말은 이미 늙어서 앞으로 살날이 적다는 의미이다. '면언(俛焉)'은 힘쓰기를 독실하게 시행하여 다른 것을 둘러봄이 없다는 뜻이다. 이것은 그만 두고자 해도 그만둘 수 없고, 죽은 이후에야 그만둔다는 뜻이다. 『시』의 내용은 인(仁)에 대해 이와 같으니 이것은 그 무거움을 감당하여 원대함에 도달할 수 있는 것이다.

참고 『시』「대아(大雅)·증민(烝民)」

天生烝民, (천생증민) : 하늘이 만민을 낳음에,
有物有則. (유물유칙) : 본성에 오덕이 있고 정감에 법도가 있도다.
民之秉彝, (민지병이) : 백성들이 항상된 도를 지니고 있어서,
好是懿德. (호시의덕) : 아름다운 덕을 좋아하도다.
天監有周, (천감유주) : 하늘이 주나라의 정사를 살피시어,
昭假于下. (소가우하) : 빛을 아래로 내려주시도다.
保茲天子, (보자천자) : 천자를 보우하여,
生仲山甫. (생중산보) : 중산보를 낳으셨도다.

仲山甫之德, (중산보지덕) : 중산보의 덕은,
柔嘉維則. (유가유칙) : 유순하고 아름다워서 법칙이 되었도다.
令儀令色, (영의령색) : 행동거지를 아름답게 하고 용모를 아름답게 하며,
小心翼翼. (소심익익) : 조심스럽고 공경스럽도다.
古訓是式, (고훈시식) : 옛 도리를 본받으며,
威儀是力. (위의시력) : 위엄스러운 거동에 힘쓰는구나.
天子是若, (천자시약) : 천자를 따르고,
明命使賦. (명명사부) : 성군의 명령을 뭇 신하들이 따르게 하노라.

王命仲山甫, (왕명중산보) : 왕이 중산보에게 명하시어,

---

11) 『논어』「자한(子罕)」 : 顏淵喟然歎曰, "仰之彌高, 鑽之彌堅. 瞻之在前, 忽焉在後. 夫子循循然善誘人, 博我以文, 約我以禮, 欲罷不能. 旣竭吾才, 如有所立卓爾. 雖欲從之, 末由也已."

式是百辟. (식시백벽) : 제후들의 모범이 되도록 하시도다.

纘戎祖考, (찬융조고) : 너의 선조를 계승하여,

王躬是保. (왕궁시보) : 왕을 보필하도다.

出納王命, (출납왕명) : 왕명을 출납하니,

王之喉舌. (왕지후설) : 왕의 입이 되도다.

賦政于外, (부정우외) : 밖으로 정사를 펼치니,

四方爰發. (사방원발) : 사방에서 호응하도다.

肅肅王命, (숙숙왕명) : 엄숙한 왕의 명령을,

仲山甫將之. (중산보장지) : 중산보가 받들어 시행하도다.

邦國若否, (방국약부) : 제후국 중 따르거나 따르지 않는 자가 있으면,

仲山甫明之. (중산보명지) : 중산보가 선악을 밝히는구나.

旣明且哲, (기명차철) : 밝고도 명철하여,

以保其身. (이보기신) : 자신을 보호하도다.

夙夜匪解, (숙야비해) : 밤낮으로 게을리 하지 않아서,

以事一人. (이사일인) : 왕을 섬기는구나.

人亦有言, (인역유언) : 사람들이 또한 말하길,

柔則茹之, (유즉여지) : 달면 삼키고,

剛則吐之. (강즉토지) : 쓰면 뱉는다 하노라.

維仲山甫, (유중산보) : 중산보만은,

柔亦不茹, (유역불여) : 달더라도 삼키지 않고,

剛亦不吐, (강역불토) : 쓰더라도 뱉지 않으니,

不侮矜寡, (불모긍과) : 홀아비나 과부를 업신여기지 아니하고,

不畏彊禦. (불외강어) : 난폭한 자를 두려워하지 않는구나.

人亦有言, (인역유언) : 사람들이 또한 말하길,

德輶如毛, (덕유여모) : 덕의 가볍기는 털과도 같은데,

民鮮克擧之, (민선극거지) : 사람들 중 들 수 있는 자가 드물다 하니,

我儀圖之. (아의도지) : 내가 그들과 함께 헤아려보도다.

維仲山甫擧之, (유중산보거지) : 오직 중산보만이 들 수 있는데,

愛莫助之. (애막조지) : 도와줄 자가 없음이 애석하도다.

衰職有闕, (곤직유궐) : 군왕의 일에 결함이 있으면,
維仲山甫補之. (유중산보보지) : 중산보만이 도울 수 있구나.

仲山甫出祖, (중산보출조) : 중산보가 출조(出祖)[12]를 하니,
四牡業業. (사모업업) : 네 마리의 수말이 크고도 높구나.
征夫捷捷, (정부첩첩) : 무리들이 재빨리 도착한데,
每懷靡及. (매회미급) : 사람마다 품고 있는 사심이 미치지 못하는구나.
四牡彭彭, (사모팽팽) : 네 마리의 수말이 움직인데,
八鸞鏘鏘. (팔란장장) : 여덟 개의 방울이 쟁쟁 울리는구나.
王命仲山甫, (왕명중산보) : 왕이 중산보에게 명하시어,
城彼東方. (성피동방) : 저 동쪽에 성을 쌓으라 하셨도다.

四牡騤騤, (사모규규) : 네 마리의 수말이 움직인데,
八鸞喈喈. (팔란개개) : 여덟 개의 방울이 쟁쟁 울리는구나.
仲山甫徂齊, (중산보조제) : 중산보가 제(齊)나라에 가니,
式遄其歸. (식천기귀) : 빨리 되돌아오도록 하는구나.
吉甫作誦, (길보작송) : 길보가 시를 지음에,
穆如淸風. (목여청풍) : 조화로움이 맑은 바람과도 같구나.
仲山甫永懷, (중산보영회) : 중산보는 생각이 많고 수고로우니,
以慰其心. (이위기심) : 이를 통해 그 마음을 위로하노라.

毛序 烝民, 尹吉甫美宣王也, 任賢使能, 周室中興焉.

모서 「증민(烝民)」편은 윤길보가 선왕(宣王)을 찬미한 시이니, 현명한 자에게 일을 맡기고 유능한 자를 등용하여 주나라 왕실이 중흥하였기 때문이다.

---

12) 출조(出祖)는 외부로 출타하게 되었을 때, 도로의 신(神)에게 제사를 지낸다는 뜻이다. 『시(詩)』「대아(大雅)·한혁(韓奕)」편에는 "韓侯出祖, 出宿于屠."라는 기록이 있는데, 이에 대한 공영달(孔穎達)의 소(疏)에서는 "言韓侯出京師之門, 爲祖道之祭."라고 풀이했다. 즉 한후(韓侯)가 수도의 문을 빠져나감에, 도로의 신에게 지내는 제사를 지냈음을 뜻한다.

참고 『시』「소아(小雅)·거할(車轄)」

間關車之轄兮, (간관거지할혜) : 수레에 끼운 비녀장이여,
思孌季女逝兮. (사련계녀서혜) : 단정하고 아름다운 소녀를 생각하여 찾
　　　　　　　　　아가도다.
匪飢匪渴, (비기비갈) : 굶주림도 느끼지 못하고 갈증도 느끼지 못하니,
德音來括. (덕음래괄) : 그녀가 와서 아름다운 덕성으로 왕을 깨우쳐주고
　　　　　　　　　백성들을 모으기를 바라도다.
雖無好友, (수무호우) : 비록 현명한 벗이 없지만,
式燕且喜. (식연차희) : 연회를 열어 기뻐하리라.

依彼平林, (의피평림) : 무성한 저 평지의 숲에,
有集維鷮. (유집유교) : 화려한 꿩이 운집해 있구나.
辰彼碩女, (진피석녀) : 이러한 때 저 현명한 덕을 지닌 소녀만이,
令德來教. (영덕래교) : 아름다운 덕을 가지고 와서 가르쳐주는구나.
式燕且譽, (식연차예) : 연회를 열어 천자의 명예를 기리니,
好爾無射. (호이무역) : 내가 왕을 좋아함에는 싫증냄이 없도다.

雖無旨酒, (수무지주) : 비록 맛있는 술이 없지만,
式飮庶幾. (식음서기) : 이것으로 연회를 열어 마셔주길 바라며.
雖無嘉殽, (수무가효) : 비록 맛있는 음식이 없지만,
式食庶幾. (식식서기) : 이것으로 연회를 열어 먹어주길 바란다.
雖無德與女, (수무덕여녀) : 비록 너에게 걸맞은 덕이 없지만,
式歌且舞. (식가차무) : 연회를 열어 노래하며 춤추리라.

陟彼高岡, (척피고강) : 저 높은 언덕에 올라,
析其柞薪. (석기작신) : 나무를 베어 땔감을 만들도다.
析其柞薪, (석기작신) : 나무를 베어 땔감을 만드노니,
其葉湑兮. (기엽서혜) : 그 잎이 무성하구나.
鮮我觀爾, (선아구이) : 좋구나, 내 이처럼 너를 만나봄이,
我心寫兮. (아심사혜) : 내 마음의 근심이 씻어 내리는구나.

高山仰止, (고산앙지) : 높은 덕을 갖춘 자는 우러러보며,
景行行止. (경행행지) : 바른 행실을 갖춘 자는 본받아 시행하는구나.
四牡騑騑, (사모비비) : 네 마리의 수말이 힘차게 내달리니,
六轡如琴. (육비여금) : 여섯 고삐를 쥠에 완급이 조화롭구나.
覯爾新昏, (구이신혼) : 너의 새로운 혼사를 보니,
以慰我心. (이위아심) : 내 마음의 근심이 제거되는구나.

毛序 車舝, 大夫刺幽王也, 襃姒嫉妬, 無道並進, 讒巧敗國, 德澤不加於民, 周人, 思得賢女以配君子. 故作是詩也.

모서 「거할(車舝)」편은 대부가 유왕(幽王)을 풍자한 시이니, 포사가 시기를 부려 무도한 자가 모두 등용되어, 참소와 교묘한 술수가 나라를 패망하게 만들고 덕과 은택이 백성들에게 전해지지 않았다. 주나라 사람들은 현명한 여자를 얻어 군자의 짝을 만들어주려고 생각했다. 그렇기 때문에 이 시를 지었다.

그림 17-1 주(周)나라 세계도(世系圖) Ⅱ

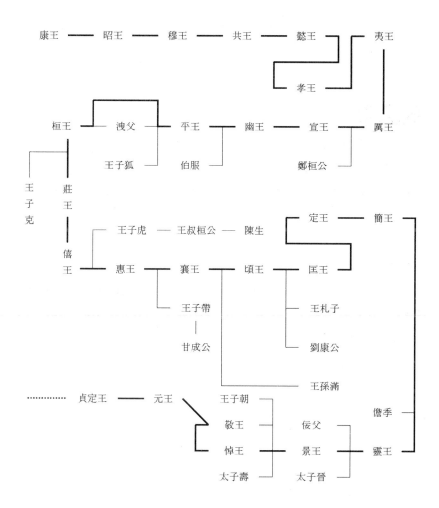

• 제 18 절 •

공(恭)·검(儉)·신(信)

【628a】

子曰, "仁之難成久矣! 人人失其所好, 故仁者之過易辭也."
子曰, "恭近禮, 儉近仁, 信近情, 敬讓以行此, 雖有過, 其不
甚矣. 夫恭寡過, 情可信, 儉易容也. 以此失之者, 不亦鮮乎?
詩云, '溫溫恭人, 維德之基.'"

직역 子가 日, "仁의 成을 難함이 久라! 人人이 그 好한 所를 失이라, 故로 仁者
의 過는 辭가 易라." 子가 日, "恭은 禮에 近하고, 儉은 仁에 近하며, 信은 情에
近하니, 敬讓하여 此를 行하면, 雖히 過가 有라도, 그 不甚이라. 夫히 恭하면 過가
寡하고, 情하면 可히 信하며, 儉하면 容이 易라. 此로써 失한 者는 亦히 鮮이 不오?
詩에서 云, '溫溫하여 恭한 人은 維히 德의 基라.'"

의역 공자가 말하길, "인(仁)을 이루기 어렵게 된 것이 오래되었구나! 그로 인
해 사람들은 좋아해야 할 바를 잃었다. 그러므로 인(仁)한 자가 범한 과실은 변별하
기가 쉽다."라고 했다. 공자가 말하길, "공손함은 예(禮)에 가깝고, 검소함은 인(仁)
에 가까우며, 신의는 정감에 가까우니, 공경함과 겸양함으로 이것을 시행하면, 비
록 과실을 범하더라도 심한 과실을 범하지 않게 된다. 무릇 공손하다면 과실이 적
게 되고, 정감이 있다면 믿을 수 있으며, 검소하다면 쉽게 용납이 된다. 이러한
것을 실천하며 실수를 하는 경우는 또한 드물지 않겠는가? 『시』에서는 '온순하고
온순하며 공손한 사람은 덕의 기틀이 된다.'"라고 했다.

集說 仁之難成, 私欲間之也, 私意行, 則所好非所當好, 故曰失其所好也.
苟志於仁, 雖或有過, 其情則善, 故不待多言而可辨, 故曰易辭也. 恭·儉·信三

者, 未足以爲仁, 而亦行仁之資, 曰不甚·曰鮮, 皆勉人致力於此, 可以由此寡
過而進德也. 詩, 大雅抑之篇.

번역 인(仁)을 이루기가 어렵다는 것은 삿된 욕심이 개입했기 때문이니,
삿된 뜻으로 시행한다면, 좋아하는 것은 마땅히 좋아해야 할 것이 아니다.
그렇기 때문에 "좋아함을 잃었다."라고 했다. 만약 인(仁)에 뜻을 둔다면,
비록 잘못이 발생할 수 있지만, 그 정감은 선하기 때문에 많은 말을 하지
않아도 변별할 수 있다. 그렇기 때문에 "말하기가 쉽다."라고 했다. 공손함·
검소함·신의라는 세 가지는 인(仁)이 되기에는 부족하지만, 또한 인(仁)을
실천하는 바탕이 된다. 그렇기 때문에 "심하지 않다."라고 했고, "드물다."
라고 한 것이니, 이 모두는 사람들에게 여기에 힘을 다하도록 독려하는 것
으로, 이에 따르면 과실이 적게 되고 덕으로 나아갈 수 있다. 시는 『시』「대
아(大雅)·억(抑)」편이다.[1]

集說 石梁王氏曰: 信近情, 當爲情近信.

번역 석량왕씨[2]가 말하길, "신의가 정감에 가깝다."라고 한 말은 마땅
히 "정감이 신의에 가깝다."라고 해야 한다.

大全 嚴陵方氏曰: 能好仁, 則得其所好矣. 以其反此, 而失其所好, 仁所以
難成歟. 苟仁矣, 雖有過, 易辭也. 況無過乎? 以仁者之過, 過於厚故也. 若周
公使管叔監殷, 孔子謂昭[3]公知禮, 非無過也. 然周公之過, 過於愛親, 孔子之
過, 過於愛君. 爲君親而有過, 此其所以易辭歟.

번역 엄릉방씨가 말하길, 인(仁)을 좋아할 수 있다면 좋아하는 것을 얻

---

1) 『시』「대아(大雅)·억(抑)」: 荏染柔木, 言緡之絲. <u>溫溫恭人, 維德之基</u>. 其維哲
人, 告之話言, 順德之行. 其維愚人, 覆謂我僭. 民各有心.
2) 석량왕씨(石梁王氏, ?~?): 자세한 이력이 남아 있지 않다.
3) '소(昭)'자에 대하여. '소'자는 본래 '애(哀)'자로 기록되어 있었는데, 『논어』의
기록에 따라 '소'자로 수정하였다.

을 수 있다. 이와 반대로 하여 좋아하는 것을 잃으니, 인(仁)이 이루어지기
가 어렵게 된 이유일 것이다. 만약 인(仁)에 따른다면 비록 잘못이 있더라
도 쉽게 설명할 수 있다. 하물며 과실이 없는 경우라면 어떻겠는가? 인(仁)
한 자가 범한 과실은 두터움에 지나쳤기 때문이다. 마치 주공이 관숙을 시
켜서 은나라 유민들을 감독하도록 했고,[4] 공자가 소공이 예(禮)를 안다고
했던 것[5]은 과실이 없는 것은 아니다. 그러나 주공의 과실은 친근한 자를
친애함이 지나쳤던 것이고 공자의 과실은 군주를 친애함이 지나쳤던 것이
다. 군주와 친근한 자를 위해서 지나침이 발생한 것이니, 말하기 쉬운 이유
가 아니겠는가.

大全 藍田呂氏曰: 恭儉信, 未足以爲仁, 而仁者之資也. 恭則不侮, 得禮之
意, 近乎禮矣. 儉則不奪, 得仁之意, 近乎仁矣. 言語必信, 存心正行, 近乎情
矣. 三者之行, 不私於己, 又以敬讓行之, 鄕乎仁矣. 雖有過差, 其情則善, 故不
甚矣. 蓋不侮人, 則人亦不侮, 其過寡矣. 近乎情, 則不志於欺, 斯可信矣. 不奪
人, 則知足, 斯易容矣. 如是而失之者鮮矣, 可與進於德矣. 故曰溫溫恭人, 惟
德之基. 雖未成德, 斯德之基矣.

번역 남전여씨가 말하길, 공손함·검소함·신의는 인(仁)이라고 하기에는
부족하지만, 인(仁)의 바탕이 된다. 공손하다면 남을 업신여기지 않아서 예
의 뜻에 맞으니, 예에 가깝게 된다. 검소하다면 사치를 부리지 않아서 인
(仁)의 뜻에 맞으니, 인(仁)에 가깝게 된다. 말을 반드시 믿음직스럽게 하여
마음을 보존하고 행실을 바르게 하는 것은 정감에 가깝다. 세 가지 행실은
자신에게만 사사롭게 적용하는 것이 아니고, 또 공경함과 겸양함으로 시행
하면 인(仁)을 지향하게 된다. 따라서 비록 지나침이나 어긋남이 있더라도

---

4) 『맹자』「공손추하(公孫丑下)」: 曰, "周公使管叔監殷, 管叔以殷畔, 知而使之,
   是不仁也, 不知而使之, 是不智也. 仁智, 周公未之盡也, 而況於王乎? 賈請見而
   解之."
5) 『논어』「술이(述而)」: 陳司敗問昭公知禮乎, 孔子曰, "知禮." 孔子退, 揖巫馬期
   而進之, 曰, "吾聞君子不黨, 君子亦黨乎? 君取於吳爲同姓, 謂之吳孟子. 君而
   知禮, 孰不知禮?" 巫馬期以告. 子曰, "丘也幸, 苟有過, 人必知之."

그 정감은 선한 것이기 때문에 잘못이 심하지 않다. 무릇 남을 업신여기지 않는다면 남 또한 자신을 업신여기지 않으니, 잘못이 적게 된다. 정감에 가깝다면 속임에 뜻을 두지 않으니, 신의롭게 된다. 남의 것을 빼앗지 않는 다면 만족할 줄 아는 것이니, 쉽게 용납이 된다. 이처럼 하면서도 잘못을 범하는 자는 드무니, 함께 덕으로 나아갈 수 있다. 그렇기 때문에 "온순하고 온순하여 공손한 사람은 덕의 기틀이다."라고 말한 것이다. 비록 덕을 완전히 이룬 것은 아니지만, 덕의 기틀이 된다는 뜻이다.

鄭注 言仁道不成, 人所由不得其志. 辭猶解說也. 仁者恭儉, 雖有過, 不爲甚矣. 唯聖人無過. 言罕以此失之.

번역 인(仁)의 도가 완성되지 않았는데, 사람들이 따르는 것이 그 뜻에 맞지 않기 때문이라는 뜻이다. '사(辭)'자는 해명한다는 뜻이다. 인(仁)한 자는 공손하고 검소하니, 비록 과실이 있더라도 심하지 않다. 오직 성인만이 과실이 없다. 이를 통해 잘못을 범하는 것은 드문 일이라는 뜻이다.

釋文 易, 以豉反, 下同. 解, 古買反, 徐又音蟹. 近, 附近之近, 下同.

번역 '易'자는 '以(이)'자와 '豉(시)'자의 반절음이며, 아래문장에 나오는 글자도 그 음이 이와 같다. '解'자는 '古(고)'자와 '買(매)'자의 반절음이며, 서음(徐音)은 또한 '蟹(해)'이다. '近'자는 '부근(附近)'의 '近'이며, 아래문장에 나오는 글자도 그 음이 이와 같다.

孔疏 ●"子曰: 仁之難成久矣", 言仁道難成, 非始今日, 其來久矣.

번역 ●經文: "子曰: 仁之難成久矣". ○인(仁)한 도는 이루기가 어려운데, 오늘날의 일이 아니라 이미 오래되었다는 뜻이다.

孔疏 ●"人人失其所好"者, 人人, 謂天下衆人. 由仁道不成, 天下衆人皆失其所愛好之事, 若有仁道, 人皆得其所愛好之事. 所愛好者, 是吉慶福祥也.

번역 ●經文: "人人失其所好". ○'인인(人人)'은 천하의 모든 사람들을 뜻한다. 인(仁)한 도가 이루어지지 않은 것으로 인해 천하의 백성들이 모두 좋아하는 일을 잃었다는 뜻으로, 만약 인(仁)한 도가 있다면 사람들은 모두 좋아하는 일을 얻게 된다. 좋아하는 것이란 길하고 경사스러우며 복을 받고 상서로운 것을 뜻한다.

孔疏 ◎注"言仁"至"其志". ○正義曰: 言"仁道不成", 解"仁之難成久"矣. 云"人所由不得其志", 解經"人人失其所好". 由仁道不成, 無所依恃, 民人由此不得其志意之所好, 多有禍害. 若仁道成, 人皆得所願也. "故仁者之過易辭也"者, 以仁是善行, 故仁者有過, 其惡不甚, 易可以言辭解說也. 此謂取仁行者, 故有過耳. 其聖人天性仁者, 全無過也.

번역 ◎鄭注: "言仁"~"其志". ○정현이 "인(仁)의 도가 완성되지 않았다."라고 했는데, 이것은 "인(仁)을 이루기가 어렵게 된 것이 오래되었다."라고 한 말을 풀이한 것이다. 정현이 "사람들이 따르는 것이 그 뜻에 맞지 않기 때문이다."라고 했는데, 경문에서 "사람마다 좋아하는 것을 잃었다."라고 한 말을 풀이한 것이다. 인(仁)의 도가 완성되지 않은 것으로 인해 믿고 따를 것이 없어져서 백성들은 이로 인해 자신의 뜻이 좋아하는 것을 얻지 못하여, 대부분 재앙과 피해를 받게 된다는 뜻이다. 만약 인(仁)의 도가 완성된다면, 사람들은 모두 원하던 것을 얻게 된다. "그러므로 인(仁)한 자의 잘못은 해명하기가 쉽다."라고 했는데, 인(仁)은 선한 행실에 해당하기 때문에 인(仁)을 시행한 자가 과실을 범하더라도 그 잘못은 심하지 않아서, 말을 통해 해명하기가 쉽다는 뜻이다. 이것은 인(仁)을 취하여 시행하는 자에 대한 내용이다. 그렇기 때문에 잘못을 범하기도 할 따름이다. 성인처럼 천성적으로 인(仁)을 갖춘 자라면, 완전하여 과실이 없다.

孔疏 ●"子曰: 恭近禮", 禮主於敬, 故6)恭近於禮.

번역 ●經文: "子曰: 恭近禮". ○예는 공경함을 위주로 한다. 그렇기 때문에 공손함이 예에 가까운 것이다.

孔疏 ●"儉近仁"者, 以儉不費用, 無害於物, 故近仁也.

번역 ●經文: "儉近仁". ○검소하여 낭비를 하지 않아서 사물에게 피해를 줌이 없다. 그렇기 때문에 인(仁)에 가깝다.

孔疏 ●"信近情"者, 信, 謂言語信實, 故近情也.

번역 ●經文: "信近情". ○'신(信)'자는 말이 진실되다는 뜻이다. 그렇기 때문에 정감에 가깝다.

孔疏 ●"夫恭寡過"者, 恒能恭敬, 故寡少於過也.

번역 ●經文: "夫恭寡過". ○항상 공손하고 공경스럽기 때문에 과실을 범함이 적다.

孔疏 ●"情可信"者, 以情示人, 故可信也.

번역 ●經文: "情可信". ○정감을 통해 남에게 드러내기 때문에 믿을 수 있다.

孔疏 ●"儉易容也"者, 以儉則寡求, 故易容也.

번역 ●經文: "儉易容也". ○검소하여 요구함이 적기 때문에 쉽게 수용

---

6) '고(故)'자에 대하여. '고'자는 본래 없던 글자인데, 완원(阮元)의 『교감기(校勘記)』에서는 "혜동(惠棟)의 『교송본(校宋本)』에는 '고'자가 기록되어 있으니, 이곳 판본에는 '고'자가 누락된 것이다. 『민본(閩本)』·『감본(監本)』·『모본(毛本)』에도 동일하게 누락되어 있다. 위씨(衛氏)의 『집설(集說)』에는 '고공근례(故恭近禮)'로 기록되어 있다."라고 했다.

이 된다.

孔疏 ●"詩云: 溫溫恭人, 惟德之基"者, 此大雅·抑之篇, 刺厲王之詩. 言顔色溫溫和柔恭敬之人, 惟能爲德之基也. 引之者, 結上文恭近禮, 其過寡少, 是爲德之基也.

번역 ●經文: "詩云: 溫溫恭人, 惟德之基". ○이것은 『시』「대아(大雅)·억(抑)」편으로, 여왕(厲王)을 풍자한 시이다. 즉 안색이 온순하고 부드러우며 공손하고 공경스러운 사람만이 덕의 기틀이 될 수 있다는 뜻이다. 이 시를 인용한 것은 앞에서 공손함이 예에 가까워서 과실이 적으니, 이것은 덕의 기틀이 된다는 뜻을 결론 맺은 것이다.

訓纂 呂與叔曰: 仁者之心公, 衆人之心私. 心誠鄕仁, 雖有過差, 其情則善, 不待辭而辨矣.

번역 여여숙이 말하길, 인(仁)한 자의 마음은 공적이고, 일반인들의 마음은 사적이다. 마음이 진실로 인(仁)을 지향한다면, 비록 과실이 발생하더라도 그 정감은 선하므로, 말을 하지 않아도 변별된다.

集解 愚謂: 仁之爲道, 人莫不知其可好, 此秉彝好德之心也. 然鮮能勝其重致其遠, 此所以人人失之也. 辭, 猶解免也. 仁者有過, 如日月之食, 人皆見之, 未嘗有自解免之意, 然人皆知其心之無他, 故易辭.

번역 내가 생각하기에, 인(仁)이 도(道)가 됨에 있어서, 사람들은 좋아해야 할 바를 모르는 자가 없으니, 이것은 항상된 도를 지니고 덕을 좋아하는 마음에 해당한다. 그러나 그 무거움을 감당할 수 있고 먼 곳에 도달할 수 있는 자가 드무니, 이것은 사람들이 잃게 되는 이유이다. '사(辭)'자는 해명한다는 뜻이다. 인(仁)한 자에게 잘못이 있는 것은 마치 일식이나 월식과 같은 것으로, 사람들이 모두 보게 되어, 일찍이 스스로 해명의 뜻을 가진

적이 없다. 그러나 사람들은 모두 그 마음에 다른 이유가 없다는 것을 알기 때문에 쉽게 해명이 된다.

集解 愚謂: 仁者, 德之全也. 引大雅抑之詩, 言人能有上三者之行, 則可以爲德之基而漸進於仁也.

번역 내가 생각하기에, 인(仁)은 덕의 전체이다. 『시』「대아(大雅)·억(抑)」편을 인용하여, 앞서 말한 세 가지 행실을 사람들이 갖출 수 있다면, 덕의 기틀을 세워서 점진적으로 인(仁)으로 나아갈 수 있다고 말한 것이다.

인(仁)과 괴치(愧恥)

【628c】

> 子曰, "仁之難成久矣! 唯君子能之. 是故君子不以其所能者
> 病人, 不以人之所不能者愧人. 是故聖人之制行也, 不制以
> 己, 使民有所勸勉愧恥, 以行其言. 禮以節之, 信以結之, 容
> 貌以文之, 衣服以移之, 朋友以極之, 欲民之有壹也. 小雅
> 曰, '不愧于人, 不畏于天.'"

직역 子曰, "仁의 成을 難함이 久라! 唯히 君子라야 能한다. 是故로 君子는 그
能한 所의 者로 人을 病하길 不하며, 人의 不能한 所의 者로 人을 愧하길 不한다.
是故로 聖人이 行을 制함에, 己로써 制하길 不하며, 民으로 使하여 勸勉愧恥한 所
를 有하여, 이로써 그 言을 行한다. 禮로써 節하고, 信으로써 結하며, 容貌로써 文하
고, 衣服으로써 移하며, 朋友로써 極함은 民이 壹을 有하길 欲함이다. 小雅에서
曰, '人에게 不愧하며, 天에게 不畏인가.'"

의역 공자가 말하길, "인(仁)을 이루기 어렵게 된 것이 오래되었구나! 오직 군
자만이 잘할 수 있다. 이러한 까닭으로 군자는 자신이 잘하는 것으로 남을 피로하
게 만들지 않았고, 남이 못하는 것으로 그 사람을 부끄럽게 만들지 않는다. 이러한
까닭으로 성인이 행동규범을 제정할 때에는 자신을 기준으로 제정하지 않아서, 백
성들에게 권면하고 부끄럽게 여겨야 할 것을 갖게끔 하여 그 말을 실천하도록 만들
었다. 또한 예를 통해 행동을 규범에 맞게 절제하였고, 신의를 통해 뜻을 단단하게
묶었으며, 용모의 꾸밈을 통해 격식에 맞게끔 했고, 의복을 통해 덕에 알맞도록
했으며, 벗과 서로 수양하도록 해서 지극함에 이르도록 했으니, 백성들이 한결같음
을 지니게끔 하고자 해서이다. 「소아(小雅)」에서는 '남에게 부끄럽지 않으며, 하늘

이 두렵지 않은가.'"라고 했다.

集說 呂氏曰: 聖人制行以立敎, 必以天下之所能行者爲之法, 所以爲達道也. 惟不制乎己, 故民知跂乎此而有所勸勉, 知不及乎此而有所愧恥, 則於仁也知所向矣. 非特此也, 制禮以節其行而使之齊, 立信以結其志而使之固, 容貌以驗其文之著於外, 衣服以稱其德之有於中, 朋友切磋相成以至於極而後已.

번역 여씨가 말하길, 성인이 행동방침을 제정하여 가르침을 세울 때에는 반드시 천하의 사람들이 모두 잘 할 수 있는 것으로 법도를 삼았으니, 두루 통용되는 도로 삼고자 했기 때문이다. 다만 자신을 기준으로 제정하지 않았기 때문에, 백성들은 여기로 점진적으로 나아가 권면해야 함이 있음을 알게 되었고, 여기에 이르지 않으면 부끄러움이 생긴다는 사실을 알게 되었으니, 인(仁)에 대해서 지향할 바를 알게 된 것이다. 다만 이뿐만 아니라 예를 제정하여 행실을 절도에 맞게 하여 그들을 가지런히 만들었고, 신의를 세워서 뜻을 묶어 단단히 만들었으며, 용모의 꾸밈을 통해 외적으로 문채가 드러나는 것을 증험하였고, 의복을 통해서 마음에 갖추고 있는 덕에 알맞게끔 했으며, 벗들과 서로 수양하고 이루어서 지극함에 이르게 한 이후에야 그쳤다.

集說 應氏曰: 五者輔導而夾持之, 欲其趨向之專壹也. 縱有懈怠而欲爲惡者, 獨不愧于人而畏于天乎? 小雅, 何人斯之篇.

번역 응씨가 말하길, 다섯 가지가 돕고 이끌며 보조를 해주는 것은 지향함이 전일하기를 바란 것이다. 나태함이 발상하여 나쁜 짓을 저지르고자 한다면, 남에게 부끄럽지 않고 하늘이 두렵지 않겠는가? 「소아(小雅)」는 『시』「소아(小雅)·하인사(何人斯)」편이다.[1]

---

1) 『시』「소아(小雅)·하인사(何人斯)」: 彼何人斯, 胡逝我陳. 我聞其聲, 不見其身. <u>不愧于人, 不畏于天</u>.

大全 藍田呂氏曰: 人失其所好, 此仁所以難成. 君子責人以恕, 而成人有道, 則仁不難成矣, 故曰唯君子能之.

번역 남전여씨가 말하길, 사람이 좋아하는 것을 잃는 것이 바로 인(仁)이 이루어지기 어려운 이유이다. 군자는 남에게 책임을 물을 때 서(恕)의 마음으로써 했고, 사람을 이루어주는데 도가 있었으니, 인(仁)을 완성시키기가 어렵지 않다. 그렇기 때문에 "오직 군자만이 잘한다."라고 했다.

大全 馬氏曰: 君子已雖能, 不必己之能者病人. 人雖不能, 不以人之所不能者愧人. 故制行不以己, 民之賢者有所勸勉, 不肖者有所愧恥. 以行其言, 言從而行之, 此行不違言之意也. 自禮以節之, 至欲民之有壹者, 此言聖人制行不以己之法也. 夫不足則儉, 有餘則侈, 人之常情也, 故有禮以節之. 償驕而不可繫者, 其惟人心乎, 故有由中之信以結之. 此所以正於內, 又不可不文於外, 故容貌以文之, 衣服以稱之. 然外不可以不資之以友, 故朋友以極之. 自天子以至於庶人, 未有不須友而成也. 聖人之敎人, 俯仰之間, 無所愧怍, 故引詩之辭以況之, 詩之意非如此, 蓋說詩者不以辭害意.

번역 마씨가 말하길, 군자가 이미 잘하더라도 자신의 잘하는 점으로 남을 피로하게 만들 필요는 없다. 사람들이 비록 잘하지 못하더라도 남의 못하는 점으로 그 사람을 부끄럽게 만들어서는 안 된다. 그렇기 때문에 행동규범을 제정할 때에는 자신을 기준으로 하지 않았으니, 백성들 중 현명한 자라면 권면하는 점이 생겼고, 불초한 자는 부끄러움이 생겼다. 이로써 말을 실천하는 것은 그에 따라서 시행한다는 뜻으로, 행동이 말과 위배되지 않는다는 의미이다. "예로써 절제를 한다."라는 것으로부터 "백성들로 하여금 한결같음을 지니게 하고자 한다."라는 것까지는 성인이 행동규범을 제정할 때 자신을 기준으로 하지 않는 법도를 뜻한다. 무릇 부족하게 되면 아끼고 남음이 있으면 사치를 부리는 것이 사람들의 일상적인 정감이다. 그렇기 때문에 예로 절제함이 있는 것이다. 억세고 교만하여 매어둘 수 없는 것은 사람의 마음이다.[2] 그렇기 때문에 마음에 있는 신의를 통해서 매듭을 지음이 있는 것이다. 이것은 내적인 면을 바르게 하는 것인데 또한 외적인 면에도 격식을 차리지 않을 수가 없다. 그렇기 때문에 용모를 가꾸어서 문식을 꾸미고, 의복을 두어서 그에 걸맞게 한다. 그러나 외적인 면에 있어서 벗을 통해 도움을 받지 않을 수가 없다. 그렇기 때문에 벗을 통해서 지극히 한다. 천자로부터 서인들에 이르기까지 벗을 필요치 않고서 완성을 이룬 자가 없었다. 성인이 사람을 가르침에 있어서 일거수일투족에 부끄러워할 점이 없다. 그렇기 때문에 『시』의 말을 인용하여 비유를 한 것이지만, 『시』의 본래 뜻은 이와 같은 것이 아니니, 『시』를 설명함에 있어서 말의 표면적인 뜻으로 본래의 뜻을 해쳐서는 안 된다.

大全 臨川吳氏曰: 上言愧人, 我愧之也. 下言愧恥, 彼自愧也.

번역 임천오씨가 말하길, 앞에서 말한 '괴인(愧人)'은 내가 남을 부끄럽게 여긴다는 뜻이다. 뒤에서 말한 '괴치(愧恥)'는 그들 스스로 부끄럽게 여긴다는 뜻이다.

鄭注 言能成人道者少也. 病·愧, 謂罪咎之. 以中人爲制, 則賢者勸勉, 不及者愧恥, 聖人之言乃行也. 移, 讀如"禾汜移"之"移", 移, 猶廣大也. 極, 致也. 壹, 謂專心於善. 言人有所行, 當慹怖於天人也.

번역 사람의 도를 완성할 수 있는 자가 적다는 사실을 뜻한다. '병(病)' 자와 '괴(愧)'자는 허물로 여긴다는 뜻이다. 일반인을 기준으로 제정한다면, 현명한 자는 권면하게 되고 미치지 못하는 자는 부끄럽게 되니, 성인의 말이 곧 실천되는 것이다. '치(移)'자는 "벼가 넘치고 많다."라고 할 때의 '치(移)'자로 풀이하니, '치(移)'자는 광대하다는 뜻이다. '극(極)'자는 "이르다[致]."는 뜻이다. '일(壹)'은 선에 대해서 마음을 한결같이 한다는 뜻이다.

---

2) 『장자(莊子)』「재유(在宥)」 : 老聃曰, 汝愼無攖人心. 人心排下而進上, 上下囚殺, 淖約柔乎剛强, 廉劌雕琢, 其熱焦火, 其寒凝冰. 其疾俛仰之間而再撫四海之外. 其居也淵而靜, 其動也縣而天. 僨驕而不可係者, 其唯人心乎.

사람에게 행동하는 것이 있다면, 마땅히 하늘과 사람에 대해서 부끄럽게 여겨야 한다는 뜻이다.

釋文 咎, 其九反. 甫行, 下孟反. 己音紀. 移, 昌氏反, 注“范移之移”·“移猶大也”同, 徐又怡耆反, 一音以示反. 范, 芳劍反. 怖, 普故反.

번역 ‘咎’자는 ‘其(기)’자와 ‘九(구)’자의 반절음이다. ‘甫行’에서의 ‘行’자는 ‘下(하)’자와 ‘孟(맹)’자의 반절음이다. ‘己’자의 음은 ‘紀(기)’이다. ‘移’자는 ‘昌(창)’자와 ‘氏(씨)’자의 반절음이며, 정현의 주에 나오는 ‘范移之移’와 ‘移猶大也’의 ‘移’자도 그 음이 이와 같고, 서음(徐音)은 또한 ‘怡(이)’자와 ‘耆(기)’자의 반절음이 되고, 다른 음은 ‘以(이)’자와 ‘示(시)’자의 반절음이다. ‘范’자는 ‘芳(방)’자와 ‘劍(검)’자의 반절음이다. ‘怖’자는 ‘普(보)’자와 ‘故(고)’자의 반절음이다.

孔疏 ●“是故君子不以其所能者病人”者, 謂不以己之所能使他人必能, 若他人不能則爲困病, 是不以所能之事病困於人也.

번역 ●經文: “是故君子不以其所能者病人”. ○자신이 잘하는 것으로 남으로 하여금 반드시 잘하게끔 하지 않으니, 남이 잘하지 못하게 된다면 병통으로 여기게 되므로, 이것이 바로 잘하는 일로 남을 고달프게 하지 않는다는 뜻이다.

孔疏 ●“不以人之所不能者愧人”者, 謂他人力所不能, 必欲使之能行, 若他人之所不能則以爲愧恥, 故不以人之所不能恥愧困苦於人. 若能如此, 亦仁者之行也.

번역 ●經文: “不以人之所不能者愧人”. ○다른 사람이 그 힘으로 잘하지 못하는 것이라면 반드시 그로 하여금 잘하도록 만들고자 하는데, 만약 다른 사람이 잘하지 못하는 것이라면, 이것을 부끄럽게 여긴다. 그렇기 때문에 남이 잘하지 못하는 것으로 그 사람이 부끄럽고 고달프게 만들지 않는다는 뜻이다. 만약 이처럼 할 수 있다면, 이것은 또한 인(仁)한 자의 행실이 된다.

孔疏 ●"是故聖人之制行也, 不制以己"者, 言聖人之制法立行, 不造制以己之所能, 謂不將己之所能以爲制法, 恐凡人不能行也.

번역 ●經文: "是故聖人之制行也, 不制以己". ○성인이 법도를 제정하고 행동규범을 세울 때, 자신이 잘하는 것으로 제정하지 않았다는 뜻으로, 자신이 잘하는 것을 법도로 제정하지 않았던 것은 일반인들이 잘해내지 못할 것을 염려했기 때문이라는 의미이다.

孔疏 ●"使民有所勸勉愧恥, 以行其言"者, 旣不制以己之所能, 但制以中人之行, 使得可行, 則民有所自勸勉, 不能者自懷愧恥. 如此則民得以行其聖人之言也.

번역 ●經文: "使民有所勸勉愧恥, 以行其言". ○이미 자신이 잘하는 것으로 제정하지 않았지만, 일반인들이 행동할만한 것으로 제정하여, 실천할 수 있게끔 하였다면, 백성들 가운데에는 스스로 노력하는 자가 생기고, 잘하지 못하는 자는 스스로 부끄러운 마음을 품게 된다. 이처럼 된다면 백성들은 성인의 말을 실천할 수 있게 된다.

孔疏 ●"衣服以移之"者, 言聖人用中禮而作法, 故制以禮信容貌, 又用衣服移大之, 使之尊嚴也.

번역 ●經文: "衣服以移之". ○성인은 예에 알맞은 것을 사용하여 법도를 제정하였다. 그렇기 때문에 예와 신의 및 용모의 꾸밈을 제정하고 또 의복을 사용하여 광대하게 만들어, 존엄하도록 만들었던 것이다.

孔疏 ●“朋友以極之”者, 謂朋友相勸勵, 以極致於道也.

번역 ●經文: “朋友以極之”. ○벗들이 서로 독려하여 도에 대해서 지극함을 이루도록 했다는 뜻이다.

孔疏 ●“欲民之有壹也”者, 壹謂專壹於善道, 所以爲此敎化者, 欲使民人專心壹意於善道也.

번역 ●經文: “欲民之有壹也”. ○‘일(壹)’은 선한 도에 대해서 전일하다는 뜻이니, 이와 같은 교화를 시행하는 것은 백성들로 하여금 마음을 전일하게 해서 선한 도에 한결같은 마음을 갖도록 만들고자 해서이다.

孔疏 ●“小雅曰: 不愧于人, 不畏于天者”, 此詩·何人斯之篇, 是蘇公刺責暴公. 暴公讒譖於己, 是不愧慙於人, 不畏懼於天. 引之者, 言人之行, 當須愧於人, 畏於天也.

번역 ●經文: “小雅曰: 不愧于人, 不畏于天者”. ○이것은『시』「소아(小雅)·하인사(何人斯)」편으로, 소공(蘇公)이 포공(暴公)을 풍자했던 것이다. 포공이 자신에 대해 참소를 하였으니, 이것은 사람에 대해서 부끄럽게 여기지 않는 것이며, 하늘을 두려워하지 않는 것이다. 이 시를 인용한 것은 사람이 행동을 할 때에는 마땅히 남에 대해서 부끄러워해야 하고 하늘에 대해 두려워해야 함을 뜻한다.

訓纂 呂與叔曰: 君子固賢於衆人矣. 君子之所能, 衆人必有不能者, 使衆人傚己之所能則病矣, 使衆人自彰其不能則愧矣.

번역 여여숙이 말하길, 군자는 진실로 일반인들보다 현명하다. 군자가 잘하는 것에 대해 일반인들 중에는 반드시 잘하지 못하는 자가 있으니, 일반인들로 하여금 자신이 잘하는 것을 본받게 한다면 고달프게 여기고, 일반인들로 하여금 제 스스로 자신의 못하는 점을 드러내도록 한다면 부끄럽게 여긴다.

訓纂 呂與叔曰: 蓋修其外, 則知愧于人, 修其內, 則知畏于天, 故曰不愧于人, 不畏于天.

번역 여여숙이 말하길, 외적인 면을 수양한다면 남에 대해 부끄러워할 줄 알고, 내적인 면을 수양한다면 하늘을 두려워할 줄 안다. 그렇기 때문에 "남에 대해 부끄럽지 않고, 하늘이 두렵지 않은가."라고 말한 것이다.

集解 今按: 移, 讀如字.

번역 현재 살펴보니, '移'자는 글자대로 읽는다.

集解 呂氏大臨曰: 曾子執親之喪, 水漿不入口者七日, 此曾子之所能也. 水漿不入口者三日, 此衆人之所能也. 故喪以三日爲節, 則不取乎七日, 此所謂不制以己也.

번역 여대림이 말하길, 증자는 부모의 상을 치르며, 미음조차 입에 대지 않았던 것이 7일이나 되었는데,[3] 이것은 증자만 할 수 있는 것이다. 미음을 입에 대지 않는 것을 3일 동안 지키는 것은 일반인들이 할 수 있는 것이다. 그렇기 때문에 상에서는 3일을 규범으로 삼았고, 7일의 규정을 따르지 않았으니, 이것은 "자신을 기준으로 제정하지 않는다."는 뜻에 해당한다.

集解 陸氏佃曰: 孔子曰, "衰麻苴杖者, 志不存乎樂, 非耳弗聞, 服使然也. 黼黻袞冕者, 容不褻慢, 非性矜莊, 服使然也." 是之謂移.

번역 육전이 말하길, 공자는 "상복과 지팡이는 뜻이 즐거움에 있지 않은

---

3) 『예기』「단궁상(檀弓上)」【80d~81a】: 曾子謂子思曰: "伋! 吾執親之喪也, <u>水漿不入於口者七日.</u>" 子思曰: "先王之制禮也, 過之者, 俯而就之; 不至焉者, 跂而及之. 故君子之執親之喪也, 水漿不入於口者三日, 杖而後能起."

것으로, 귀가 듣지 않았기 때문이 아니며 복장이 그처럼 만드는 것이다.
또 "보불(黼黻)이 새겨진 옷과 곤면(袞冕)[4]은 용모가 경솔하지 않게 하는
것으로, 본성이 엄숙하고 장엄해서가 아니며, 복장이 그처럼 만드는 것이
다."라고 했는데,[5] 이것이 바로 '이(移)'자의 뜻이다.

集解 愚謂: 壹, 謂專壹於爲善也.

번역 내가 생각하기에, '일(壹)'은 선을 시행하는데 전일하게 한다는 뜻
이다.

참고 『시』「소아(小雅)·하인사(何人斯)」

彼何人斯, (피하인사) : 저 사람은 어떤 사람인가,
其心孔艱. (기심공간) : 그 마음을 헤아리기가 매우 어렵구나.
胡逝我梁, (호서아량) : 어찌하여 내가 설치한 그물에 들어왔음에도,
不入我門. (불입아문) : 내 문으로 들어와 나를 보지 않는가.
伊誰云從, (이수운종) : 나를 참소하는 말은 누구를 통해 생겨났는가,
維暴之云. (유포지운) : 포공이 한 말이로구나.

二人從行, (이인종행) : 두 사람이 나란히 걸어가 왕을 뵈니,

---

4) 곤면(袞冕)은 곤룡포와 면류관을 뜻한다. 본래 천자의 제사복장으로, 비교적
   중요한 제사 때 입는다. 윗옷과 아랫도리에 새겨진 무늬 등은 9가지이다. 『
   주례』「춘관(春官)·사복(司服)」편에는 "享先王則袞冕."이라는 기록이 있다.
   이에 대한 정현의 주에서는 "冕服九章, 登龍於山, 登火於宗彝, 尊其神明也.
   九章, 初一曰龍, 次二曰山, 次三曰華蟲, 次四曰火, 次五曰宗彝, 皆畫以爲繢.
   次六曰藻, 次七曰粉米, 次八曰黼, 次九曰黻, 皆希以爲繡. 則袞之衣五章, 裳四
   章, 凡九也."라고 풀이했다. 즉 '곤면'의 윗옷에는 용(龍), 산(山), 화충(華蟲),
   화(火), 종이(宗彝) 등 5가지 무늬를 그려놓고, 아랫도리에는 조(藻), 분미(粉
   米), 보(黼), 불(黻) 등 4가지를 수놓았다.
5) 『공자가어(孔子家語)』「호생(好生)」 : 孔子作色而對曰, 君胡然焉, 衰麻苴杖者,
   志不存乎樂, 非耳弗聞, 服使然也; 黼黻袞冕者, 容不襲慢, 非性矜莊, 服使然也.

誰爲此禍. (수위차화) : 누가 나에게 이러한 재앙을 내렸는가.

胡逝我梁, (호서아량) : 어찌하여 내가 설치한 그물에 가까이 왔음에도,

不入唁我. (불입언아) : 늘어와 나를 위로하지 않는가.

始者不如今, (시자불여금) : 처음에 너는 나에게 후하여 지금과 같지 않
았거늘,

云不我可. (운불아가) : 어찌하여 내 행실이 가하다고 하지 않는가.

彼何人斯, (피하인사) : 저 사람은 어떤 사람인가,

胡逝我陳. (호서아진) : 어찌하여 내 당하의 길을 가는가.

我聞其聲, (아문기성) : 내 그 소리를 들었음에,

不見其身. (불견기신) : 그 모습을 볼 수 없구나.

不愧于人, (불괴우인) : 남들에게 부끄럽지 않겠으며,

不畏于天. (불외우천) : 하늘이 두렵지 않겠는가.

彼何人斯, (피하인사) : 저 사람은 어떤 사람인가,

其爲飄風. (기위표풍) : 사나운 바람을 일으키는구나.

胡不自北, (호불자북) : 어찌하여 북쪽으로부터 하지 않으며,

胡不自南. (호불자남) : 어찌하여 남쪽으로부터 하지 않는가.

胡逝我梁, (호서아량) : 어찌하여 내가 설치한 그물에 가까이 왔음에도,

祇攪我心. (기교아심) : 내 마음을 혼란스럽게만 하는가.

爾之安行, (이지안행) : 네가 천천히 감에도,

亦不遑舍. (역불황사) : 또한 머무를 겨를이 없구나.

爾之亟行, (이지극행) : 네가 빨리 감에도,

遑脂爾車. (황지이거) : 네 수레를 가리킬 겨를이 없구나.

壹者之來, (일자지래) : 한 차례 와서 나를 보는 것이,

云何其盱. (운하기우) : 너에게 무슨 병이 된다고 하는가.

爾還而入, (이환이입) : 네가 되돌아와서 들어온다면,

我心易也. (아심이야) : 내 마음이 풀어질 것이다.

還而不入, (환이불입) : 돌아옴에 들어오지 않으니,

否難知也. (부난지야) : 소통이 되지 않아 헤아리기가 어렵구나.

壹者之來, (일자지래) : 한 차례 와서 나를 보면,
俾我祇也. (비아기야) : 내 마음이 편안하게 될 것이다.

伯氏吹壎, (백씨취훈) : 맏이가 훈(壎)을 불고,
仲氏吹篪. (중씨취지) : 둘째가 지(篪)를 부는구나.
及爾如貫, (급이여관) : 너와 함께 왕의 신하라고 여겼거늘,
諒不我知. (양불아지) : 현재 네 마음이 진실하다고 하나 나는 모르겠노
라.
出此三物, (출차삼물) : 세 희생물을 출자하여,
以詛爾斯. (이저이사) : 네 말의 의심스러운 점을 판결하노라.

爲鬼爲蜮, (위귀위역) : 너를 귀신이나 작은 여우로 만든다면,
則不可得. (즉불가득) : 진실로 너를 볼 수 없겠구나.
有靦面目, (유전면목) : 교활하게 눈이 있어서,
視人罔極. (시인망극) : 사람들이 서로 살펴봄에 다함이 없노라.
作此好歌, (작차호가) : 이처럼 선한 노래를 지어서,
以極反側. (이극반측) : 너의 불미스러운 마음을 지극히 나타내노라.

毛序 何人斯, 蘇公刺暴公也. 暴公, 爲卿士而譖蘇公焉, 故蘇公作是詩, 以
絶之.

모서 「하인사(何人斯)」편은 소공(蘇公)이 포공(暴公)을 풍자한 시이다.
포공은 경사(卿士)[6]가 되어 소공을 참소했기 때문에, 소공이 이러한 시를
지어서 관계를 끊은 것이다.

---

6) 경사(卿士)는 주(周)나라 때 주왕조의 정사(政事)를 총감독했던 직위이다. 육
경(六卿)과 별도로 설치되었으며, 육관(六官)의 일들을 총감독했다. 『시』「소
아(小雅)·십월지교(十月之交)」편에는 "皇父卿士, 番維司徒."라는 기록이 있
는데, 이에 대한 주희(朱熹)의 『집주(集注)』에서는 "卿士, 六卿之外, 更爲都
官, 以總六官之事也."라고 풀이하였으며, 『춘추좌씨전』「은공(隱公) 3년」편에
는 "鄭武公莊公爲平王卿士."라는 기록이 있는데, 이에 대한 두예(杜預)의 주
에서는 "卿士, 王卿之執政者."라고 풀이하였다.

참고 구문비교

출 처	내 용
『禮記』「表記」	禮以節之, 信以結之, 容貌以文之, 衣服以移之, 朋友以極之.
『禮記』「緇衣」	信以結之, 則民不倍. 恭以涖之, 則民有孫心.
『論語』「衛靈公」	禮以行之, 孫以出之, 信以成之.
『春秋左氏傳』「僖公 28」	禮以行義, 信以守禮, 刑以正邪.
『春秋左氏傳』「成公 2」	名以出信, 信以守器, 器以藏禮, 禮以行義, 義以生利, 利以平民.
『春秋左氏傳』「成公 8」	信以行義, 義以成命.
『春秋左氏傳』「成公 9」	仁以接事, 信以守之, 忠以成之, 敏以行之.
『春秋左氏傳』「成公 15」	信以守禮, 禮以庇身.
『春秋左氏傳』「成公 16」	德以施惠, 刑以正邪, 詳以事神, 義以建利, 禮以順時, 信以守物.
『春秋左氏傳』「襄公 11」	樂以安德, 義以處之, 禮以行之, 信以守之, 仁以厲之.
『春秋左氏傳』「襄公 27」	志以發言, 言以出信, 信以立志. 參以定之.
『春秋左氏傳』「昭公 11」	言以命之, 容貌以明之.

그림 19-1 증자(曾子)

像 子 曾

※ **출처:**『삼재도회(三才圖會)』「인물(人物)」4권

그림 19-2 보(黼)와 불(黻)

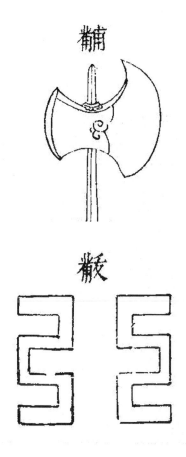

※ **출처:** 『삼재도회(三才圖會)』「의복(衣服)」1권

● 그림 19-3 곤면(袞冕)

※ 출처:『삼례도집주(三禮圖集注)』1권

그림 19-4 훈(塤: =燻)

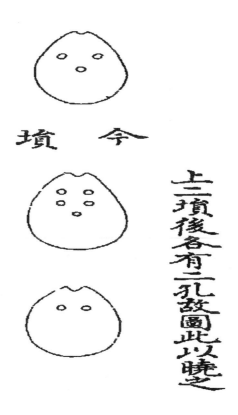

※ **출처**: 『삼례도집주(三禮圖集注)』 5권

● 그림 19-5 지(箎)

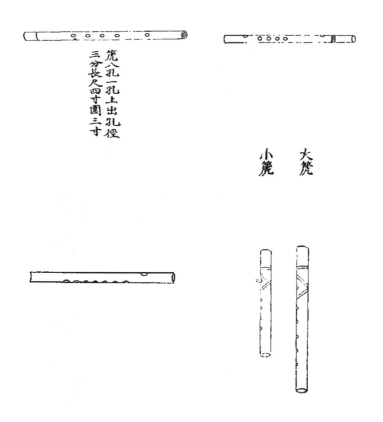

※ 출처:
상좌-『주례도설(周禮圖說)』하권 ; 상우-『삼례도집주(三禮圖集注)』5권
하좌-『육경도(六經圖)』5권 ; 하우-『삼재도회(三才圖會)』「기용(器用)」3권

복(服) · 용(容) · 사(辭) · 덕(德) · 행(行)

【629a~b】

"是故君子服其服, 則文以君子之容; 有其容, 則文以君子之
辭; 遂其辭, 則實以君子之德. 是故君子恥服其服而無其容,
恥有其容而無其辭, 恥有其辭而無其德, 恥有其德而無其行.
是故君子衰絰則有哀色, 端冕則有敬色, 甲冑則有不可辱之
色. 詩云, '維鵜在梁, 不濡其翼. 彼記之子, 不稱其服.'"

직역 "是故로 君子는 그 服을 服하면, 文하길 君子의 容으로써 하고; 그 容이
有하면, 文하길 君子의 辭로써 하며; 그 辭에 遂하면, 實하길 君子의 德으로써 한
다. 是故로 君子는 그 服을 服하되 그 容이 無함을 恥하고, 그 容이 有하되 그 辭가
無함을 恥하며, 그 辭가 有하되 그 德이 無함을 恥하고, 그 德이 有하되 그 行이
無함을 恥한다. 是故로 君子는 衰絰하면 哀色이 有하고, 端冕하면 敬色이 有하며,
甲冑하면 辱이 不可하는 色이 有하다. 詩에서 云, '維鵜가 梁에 在하여, 그 翼을
不濡라. 彼記의 子여, 그 服에 不稱이라.'"

의역 공자가 계속하여 말하길, "이러한 까닭으로 군자는 해당 복장을 입게 되
면, 군자다운 용모를 통해 문식을 꾸미고, 군자의 용모를 갖추게 되면, 군자다운
말로 문식을 꾸미며, 군자의 말을 실천하게 되면 군자다운 덕으로 채운다. 이러한
까닭으로 군자는 해당 복장을 입고도 군자다운 용모가 없는 것을 부끄럽게 여기고,
군자다운 용모를 갖추되 군자다운 말을 못하는 것을 부끄럽게 여기며, 군자다운
말을 하더라도 군자다운 덕이 없는 것을 부끄럽게 여기고, 군자다운 덕을 갖췄어도
군자다운 행동이 없는 것을 부끄럽게 여긴다. 이러한 까닭으로 군자가 상복을 입게
되면 슬퍼하는 표정이 나타나고, 단면(端冕)[1]을 입게 되면 공경스러운 표정이 나

타나며, 갑옷을 입게 되면 남이 욕보일 수 없는 표정이 나타난다. 『시』에서는 '저 제호라는 새가 물고기 잡는 기구 위에 있어서, 그 날개를 적시지 않았구나. 저러한 사람은 그 복장에 걸맞지 않구나.'"라고 했다.

集說 此承上文容貌衣服而言, 欲有其德行以實之也. 德, 謂得之於己. 行, 謂見之於事. 詩, 曹風候人之篇. 鵜, 鵜鶘也, 俗名淘河. 鵜鶘常入水中食魚, 今乃在魚梁之上, 竊人之魚以食, 未嘗濡濕其翼, 如小人居高位以竊祿, 而不稱其服也.

번역 이 내용은 앞에서 용모와 의복을 말한 것을 이어서 한 말이니, 덕과 행실을 갖춰 채우기를 바란 것이다. '덕(德)'은 자신이 터득하는 것이다. '행(行)'은 그 사안을 통해 드러내는 것이다. 이 시는 『시』「조풍(曹風)·후인(候人)」편이다.[2] '제(鵜)'는 제호(鵜鶘)라는 새인데, 세속에서는 도하(淘河)라고도 부른다. 제호는 항상 물로 들어가서 물고기를 잡아먹는데, 현재 물고기를 잡기 위해 한쪽으로만 터놓은 곳 위에 있어서, 장치를 설치한 자가 잡은 물고기를 훔쳐 먹으니, 일찍이 날개를 적신 적이 없는 것으로, 마치 소인이 높은 지위에 있어서 녹봉을 훔치고, 해당 복장에 어울리지 않는 것과 같다.

大全 延平周氏曰: 服其服而能文以君子之容者, 然後可以服先王之法服. 有其容而又文以君子之辭者, 然後可以守先王之法言. 邃其辭而能實以君子之德者, 然後可以行先王之德行. 衰絰有哀色, 端冕有敬色, 甲冑有不可辱之

---

1) 단면(端冕)은 검은색의 옷과 면류관을 뜻한다. 즉 현면(玄冕)을 의미한다. '단(端)'자는 검은색의 옷을 뜻하는데, 면복(冕服)에 대해서, '단'자로 지칭하는 것은 면복 자체가 정폭(正幅)으로 제작되기 때문에, '단'자를 붙여서 부르는 것이다. 『예기』「악기(樂記)」편에서는 "吾端冕而聽古樂, 則唯恐臥; 聽鄭衛之音, 則不知倦."이라는 기록이 있는데, 이에 대한 정현의 주에서는 "端, 玄衣也."라고 풀이했고, 공영달(孔穎達)의 소(疏)에서는 "云'端, 玄衣也'者, 謂玄冕也. 凡冕服, 皆其制正幅, 袂二尺二寸, 袪尺二寸, 故稱端也."라고 풀이했다.
2) 『시』「조풍(曹風)·후인(候人)」: 維鵜在梁, 不濡其翼. 彼其之子, 不稱其服.

色, 君子不失色於人如此.

번역 연평주씨가 말하길, 해당 복장을 착용하고 군자다운 용모로 문식을 꾸밀 수 있은 뒤에야 선왕이 제정한 복장을 착용할 수 있다. 군자다운 용모를 갖추고 또 군자다운 말로 문식을 꾸밀 수 있은 뒤에야 선왕이 제정한 말을 지킬 수 있다. 군자다운 말을 실천하고 군자다운 덕으로 채울 수 있은 뒤에야 선왕의 덕행을 실천할 수 있다. 상복을 입었을 때 슬퍼하는 표정이 나타나고, 단면(端冕)을 입었을 때 공경하는 표정이 나타나며, 갑옷을 입었을 때 욕보일 수 없는 표정이 나타나니, 군자는 이처럼 남에 대해 표정에서 잘못을 범하지 않는다.

大全 藍田呂氏曰: 鵜鶘善居汙澤之中, 捕魚以爲食者也. 不濡其翼, 則不得食. 梁者, 魚梁也, 人之所以捕魚者也. 鵜之求食, 不之澤而之梁, 無濡翼之勞, 坐得其食, 如人之無德無功, 而受顯服者也, 故服之不稱其德, 異乎鵜者未之有也.

번역 남전여씨가 말하길, 제호는 연못에 살면서 물고기를 잡아 먹이로 삼는 새이다. 날개를 적시지 않았다면 먹이를 얻지 못한 것이다. '양(梁)'은 어량(魚梁)이니, 사람이 물고기를 잡기 위해 만든 기구이다. 제호가 먹이를 구함에 연못에 가지 않고 어량으로 가서, 날개를 적시는 수고스러움도 없이 편하게 먹이를 얻은 것이니, 마치 사람에게 덕도 없고 공도 없는데 관복을 얻은 경우와 같다. 그러므로 그 복장을 입었음에도 그에 따른 덕에 걸맞지 않은 경우, 이러한 제호와 차이가 없다.

鄭注 遂, 猶成也. "無其行", 謂不行其德. 言色稱其服也. 鵜, 鵜胡, 汙澤也. 汙澤善居泥水之中. 在魚原3)以不濡汙其翼爲才, 如君子以稱其服爲有德.

---

3) '원(原)'자에 대하여. 『십삼경주소(十三經注疏)』 북경대 출판본에서는 "'원'자를 『예기훈찬(禮記訓纂)』에서는 '량(梁)'자로 기록했다."라고 했다.

번역 '수(遂)'자는 "이루다[成]."는 뜻이다. "그 행동이 없다."라는 말은 그 덕을 시행하지 않았다는 뜻이다. 표정이 해당 복장에 맞는다는 뜻이다. '제(鵜)'는 제호(鵜胡)이니 오택(汚澤)이라는 새이다. 오택은 물이 고인 곳에 잘 산다. 어량(魚梁)에 머물며 자신의 날개를 적시지 않는 것을 재주로 삼는 것이 군자가 그 복장에 어울리게 하는 것을 덕을 갖춘 것으로 삼음과 같다는 뜻이다.

釋文 衰, 七雷反. 経, 田節反. 胄, 直又反. 鵜音啼. 鵜, 鵜胡, 音徒兮反, 一名淘河. 濡, 而朱反. 記, 徐紀吏反. 汚澤一音烏, 下又作洿, 一音化故反. 濡汚, 汚辱之汚.

번역 '衰'자는 '七(칠)'자와 '雷(뢰)'자의 반절음이다. '経'자는 '田(전)'자와 '節(절)'자의 반절음이다. '胄'자는 '直(직)'자와 '又(우)'자의 반절음이다. '鵜'자의 음은 '啼(제)'이다. '鵜'는 鵜胡이니, 그 음은 '徒(도)'자와 '兮(혜)'자의 반절음이고, 다른 이름은 '도하(淘河)'이다. '濡'자는 '而(이)'자와 '朱(주)'자의 반절음이다. '記'자의 서음(徐音)은 '紀(기)'자와 '吏(리)'자의 반절음이다. '汚澤'의 '汚'자는 다른 음이 '烏(오)'이며, '澤'자는 또한 '洿'자로도 기록하는데, 다른 음은 '化(화)'자와 '故(고)'자의 반절음이다. '濡汚'의 '汚'자는 '오육(汚辱)'의 '汚'자이다.

孔疏 ●"遂其辭, 則實以君子之德"者, 遂, 猶成也; 實, 猶充也. 言君子既成其文辭, 則當充實之以君子之德也.

번역 ●經文: "遂其辭, 則實以君子之德". ○'수(遂)'자는 "이루다[成]."는 뜻이며, '실(實)'자는 "채우다[充]."는 뜻이다. 군자가 이미 문식과 말을 이룰 수 있다면, 마땅히 군자의 덕으로써 채워야만 한다는 뜻이다.

孔疏 ●"恥有其德, 而無其行"者, 德在於內, 行接於外. 內既有德, 當須以德行之於外, 以接於人民. 若有德無行, 是君子所恥, 故云"恥有其德而無其行"也.

번역 ●經文: "恥有其德, 而無其行". ○덕은 내면에 있고 행동은 외면과 연결된다. 내적으로 이미 덕을 갖추고 있다면, 마땅히 외적으로 덕을 통해 시행해서, 백성들을 대해야만 한다는 뜻이다. 만약 덕은 있지만 행실이 없다면, 이것은 군자가 부끄럽게 생각하는 것이다. 그렇기 때문에 "그 덕이 있지만 그 행동이 없음을 부끄럽게 여긴다."라고 했다.

孔疏 ●"詩云: 惟鵜在梁, 不濡其翼"者, 此詩·曹風·候人之篇, 刺曹共公之詩. 鵜是汚澤也, 言鵜在魚梁之上, 能不濡濕其翼, 以其爲善, 猶如君子在朝, 能稱可其服, 亦爲善.

번역 ●經文: "詩云: 惟鵜在梁, 不濡其翼". ○이 시는 『시』「조풍(曹風)·후인(候人)」편으로, 조(曹)나라 공공(共公)을 풍자한 시이다. '제(鵜)'는 오택(汚澤)이라는 새이니, 제가 어량(魚梁) 위에 있으면서 날개를 적시지 않을 수 있음을 선함으로 여기는데, 이것은 군자가 조정에 있으면서 그 복장에 걸맞게 할 수 있음이 또한 선함이 된다는 것과 같다는 뜻이다.

孔疏 ●"彼記之子, 不稱其服"者, 記是語辭. 言彼曹朝小人之子, 內無其德, 不能稱可其在外之服. 引之者, 以前經言君子內外皆須相稱, 故引此詩結之.

번역 ●經文: "彼記之子, 不稱其服". ○'기(記)'자는 어조사이다. 즉 저 조나라 조정에 있는 소인은 내적으로 그 덕이 없어서, 외적으로 착용하고 있는 복장에 걸맞도록 할 수 없다는 뜻이다. 이 시를 인용한 것은 앞의 경문에서 군자가 내외적으로 모두 서로 걸맞게 해야 한다고 말했기 때문에, 이 시를 인용해서 결론을 맺은 것이다.

孔疏 ◎注"鵜鵜"至"有德". ○正義曰: "鵜, 汚澤", 爾雅·釋鳥文. 郭景純云:

"今之鵜鶘也, 好群飛, 沈於水, 食魚, 故名'汚澤', 俗呼之爲'淘河'也." 云"以不濡汚其翼爲才"者, 言凡鳥居水中, 必濡濕其翼. 今鵜鶘在水中, 獨能不濡其翼, 故爲才. 按詩注云: "鵜鳥在梁, 可謂不濡其翼乎?" 言必濡其翼也, 猶如小人在位, 必辱其職. 與此乖者, 注禮在前, 注詩在後, 故所注不同也.

번역 ◎鄭注: "鵜鵜"~"有德". ○정현이 "'제(鵜)'는 오택(汚澤)이라는 새이다."라고 했는데, 이것은『이아』「석조(釋鳥)」편의 문장이다.[4] 곽경순[5]은 "오늘날의 제호(鵜鶘)라는 새로 무리를 지어 날아다니길 좋아하고 물속으로 들어가서 물고기를 잡아먹기 때문에 '오택(汚澤)'이라고 부르며 세속에서는 '도하(淘河)'라고 부른다."라고 했다. 정현이 "자신의 날개를 적시지 않는 것을 재주로 삼는다."라고 했는데, 무릇 새가 물가에 살게 되면 반드시 자신의 날개를 적시게 된다. 그런데 현재 제호는 물가에 있으면서도 유독 자신의 날개를 적시지 않을 수 있기 때문에 재주로 삼는 것이다.『시』의 주를 살펴보니, "제라는 새가 어량(魚梁)에 있으니, 날개를 적시지 않는다고 할 수 있는가?"라고 했다. 즉 반드시 날개를 적시게 되는 것은 마치 소인이 지위에 올라서 반드시 그 직무에 탐욕을 부리는 경우와 같다는 뜻이다. 이러한 해석이 이곳 주석의 해석과 어긋나는 것은『예기』에 대한 주는 이전에 작성한 것이고,『시』에 대한 주는 이후에 작성한 것이기 때문에, 해석한 내용이 다른 것이다.

訓纂 今詩作"彼其之子".

번역 현행본『시』에서는 '피기지자(彼記之子)'를 '피기지자(彼其之子)'로 기록했다.

訓纂 方性夫曰: 衰者, 齊衰·斬衰, 経者, 首経·要経, 皆喪服也. 端, 玄端,

---

4)『이아』「석조(釋鳥)」 : 鵜, 鴮鸅.
5) 곽박(郭璞, A.D.276~A.D.324) : =곽경순(郭景純). 진(晉)나라 때의 학자이다. 자(字)는 경순(景純)이다. 저서로는『이아주(爾雅注)』,『방언주(方言注)』,『산해경주(山海經注)』 등이 있다.

冕者, 袞冕之類, 皆祭服. 甲以被體, 胄以加首, 皆兵服也.

번역 방성부가 말하길, '최(衰)'라는 것은 자최복(齊衰服)[6]이나 참최복
(斬衰服)[7]을 뜻하며, '질(絰)'이라는 것은 수질(首絰)과 요질(要絰)을 뜻하
니, 모두 상복에 해당한다. '단(端)'은 현단(玄端)[8]이며, '면(冕)'이라는 것은
곤면(袞冕)의 부류이니, 모두 제복에 해당한다. 갑옷은 몸에 걸치고 투구는
머리에 쓰니, 모두 전쟁용 복장에 해당한다.

集解 此申上"衣服以移之", "容貌以文之"之義. 德者, 道之得於心者也. 行
者, 道之見於事者也. 有其辭而無其德, 則辭爲勦說. 有其德而無其行, 則知之

---

6) 자최복(齊衰服)은 상복(喪服) 중 하나로, 오복(五服)에 속한다. 거친 삼베를
사용해서 만들며, 자른 부위를 꿰매어 가지런하게 정리하기 때문에, '자최복'
이라고 부른다. 이 복장을 입게 되는 기간에도 여러 종류가 있는데, 3년 동안
입는 경우는 죽은 계모(繼母)나 자모(慈母)를 위한 경우이고, 1년 동안 입는
경우는 손자가 죽은 조부모를 위해 입는 경우와 남편이 죽은 아내를 입는 경
우 등이다. 그리고 1년 동안 '자최복'을 입는 경우, 그 기간을 자최기(齊衰期)
라고도 부른다. 또 5개월 동안 입는 경우는 죽은 증조부나 증조모를 위한 경
우이며, 3개월 동안 입는 경우는 죽은 고조부나 고조모를 위한 경우 등이다.
7) 참최복(斬衰服)은 상복(喪服) 중 하나로, 오복(五服)에 속한다. 상복 중에서
도 가장 수위가 높은 상복이다. 거친 삼베를 사용해서 만들며, 자른 부위를
꿰매지 않기 때문에 참최(斬衰)라고 부른다. 이 복장을 입게 되는 기간은 일
반적으로 3년에 해당하며, 죽은 부모를 위해 입거나, 처 또는 첩이 죽은 남편
을 위해 입는다.
8) 현단(玄端)은 고대의 예복(禮服) 중 하나이다. 흑색으로 만든 옷이다. 주로
제사 때 사용했으며, 천자 및 제후로부터 대부(大夫)와 사(士) 계급에 이르기
까지 모두 이 복장을 착용할 수 있었다. '현단'은 상의와 하의 및 관(冠)까지
포함하는 용어이다. 한편 손이양(孫詒讓)의 주장에 따르면, '현단'은 의복에
만 해당하는 용어이며, 관(冠)은 포함하지 않는다고 주장한다. 그리고 천자
로부터 사 계급에 이르기까지 이 복장을 제복(齊服)으로 사용했다고 설명한
다. 『주례』「춘관(春官)·사복(司服)」편에는 "其齊服有玄端素端."이라는 기록
이 있는데, 손이양의 『정의(正義)』에서는 "玄端素端是服名, 非冠名, 蓋自天子
下達至於士通用爲齊服, 而冠則尊卑所用互異."라고 풀이하였다. 그리고 '현단'
은 천자가 평소 거처할 때 착용했던 복장을 가리키기도 한다. 『예기』「옥조
(玉藻)」편에는 "卒食, 玄端而居."라는 기록이 있고, 이에 대한 정현의 주에서
는 "天子服玄端燕居也."라고 풀이하였다.

而未能蹈之也. 蓋衣服容貌若在於外, 然養其外者以及其內, 脩其粗者以及其
精, 而言語·德行皆由此而出焉. 聖人之使人勸勉愧恥以行其言如此. 引曹風
候人之篇, 言人之德必稱其服也.

번역 이 문장은 앞에서 "의복을 통해서 바꾼다."라고 한 말이나 "용모를
통해서 문식을 꾸민다."라고 했던 뜻을 재차 풀이한 것이다. '덕(德)'은 마음
으로 도를 터득한 것이다. '행(行)'은 일을 통해 도를 나타낸 것이다. 해당하
는 말이 있는데 그에 대한 덕이 없다면, 그 말은 남의 것을 베낀 것에 지나
지 않는다. 해당하는 덕을 가지고 있는데 그에 대한 행동이 없다면, 알고
있지만 아직 실천할 수 없는 것이다. 의복과 용모는 외적인 것에 한정된
것 같지만, 외적인 것을 길러서 내적인 면에도 영향을 미치고, 거친 것을
다듬어서 정밀한 것에도 이르니, 말과 덕행은 모두 이러한 것으로부터 나
타난다. 성인이 사람들로 하여금 권면하고 부끄러움을 느끼게 하여 이처럼
그 말을 실천하도록 만든 것이다. 『시』「조풍(曹風)·후인(候人)」편을 인용
한 것은 사람의 덕은 반드시 그 복장에 걸맞아야 함을 나타낸다.

集解 呂氏大臨曰: 此皆脩其外以移其內, 率法而强之者也. 及其成也, 則
與中心安仁者一也.

번역 여대림이 말하길, 이 모두는 외적인 면을 수양하여 내적으로 확장
시키는 것으로, 법도에 따라서 힘써 시행하는 경우이다. 그 완성함에 이르
러서는 마음으로 인(仁)을 편안하게 여기는 경우와 동일하게 된다.

참고 『시』「조풍(曹風)·후인(候人)」

彼候人兮, (피후인혜) : 저 후인(候人)9)이라는 관리는,
何戈與祋. (하과여대) : 창과 날 없는 창을 짊어지고 있구나.
彼其之子, (피기지자) : 저 조(曹)나라 조정의 사람들은,
三百赤芾. (삼백적불) : 적색의 슬갑을 찬 자가 300명이로다.

維鵜在梁, (유제재량) : 제(鵜)라는 새가 어량(魚梁) 위에 있거늘,
不濡其翼. (불유기익) : 그 날개를 적시지 않는구나.
彼其之子, (피기지자) : 저 조나라 조정의 사람들은,
不稱其服. (불칭기복) : 덕이 얕아 존귀한 복장에 어울리지 않는구나.

維鵜在梁, (유제재량) : 제라는 새가 어량 위에 있거늘,
不濡其咮. (불유기주) : 그 부리를 적시지 않는구나.
彼其之子, (피기지자) : 저 조나라 조정의 사람들은,
不遂其媾. (불수기구) : 군주에 대한 두터움을 오래도록 유지할 수 없구나.

薈兮蔚兮, (회혜위혜) : 저 일어나는 작은 구름이,
南山朝隮. (남산조제) : 아침에 남산으로 올라가는구나.
婉兮孌兮, (완혜련혜) : 어리고 어여쁜,
季女斯飢. (계녀사기) : 소녀가 굶주리게 되도다.

毛序 候人, 刺近小人也. 共公, 遠君子而好近小人焉.

모서 「후인(候人)」편은 소인을 가까이함을 풍자한 시이다. 공공(共公)
은 군자를 멀리하고 소인을 가까이하길 좋아하였다.

---

9) 후인(候人)은 도로에서 도적을 감시하거나 빈객을 맞이하고 전송하는 일 등
을 담당하는 관리이다.

참고 구문비교

출 처	내 용
『禮記』「表記」	君子恥服其服而無其容, 恥有其容而無其辭, 恥有其辭而無其德, 恥有其德而無其行.
『禮記』「雜記下」	居其位無其言, 君子恥之. 有其言無其行, 君子恥之. 旣得之而又失之, 君子恥之. 地有餘而民不足, 君子恥之. 衆寡均而倍焉, 君子恥之.
『孔子家語』「好生」	有其德而無其言, 君子恥之. 有其言而無其行, 君子恥之. 旣得之而又失之, 君子恥之. 地有餘民不足, 君子恥之. 衆寡均而人功倍己焉, 君子恥之.

참고 구문비교

출 처	내 용
『禮記』「表記」	甲冑則有不可辱之色.
『禮記』「曲禮上」	介冑則有不可犯之色.

그림 20-1 현면(玄冕)

※ **출처:**『삼례도집주(三禮圖集注)』1권

그림 20-2 경(卿)과 대부(大夫)의 현면(玄冕)

※ 출처: 『삼례도집주(三禮圖集注)』 1권

그림 20-3 현단(玄端)

※ **출처:**『삼례도집주(三禮圖集注)』1권

●그림 20-4 사(士)의 현단(玄端)

※ 출처:『삼례도집주(三禮圖集注)』1권

그림 20-5 제(鷉)

※ **출처:** 『삼재도회(三才圖會)』「조수(鳥獸)」 2권

●그림 20-6 조(曹)나라 세계도(世系圖)

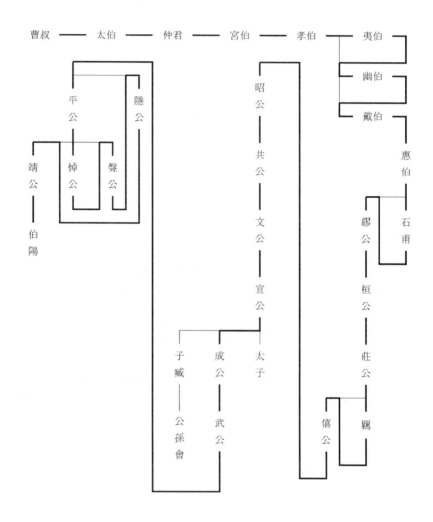

그림 20-7 자최복(齊衰服) 착용 모습

齊 衰 圖

※ **출처:** 『삼재도회(三才圖會)』「의복(衣服)」 3권

그림 20-8 자최복(齊衰服) 각부 명칭

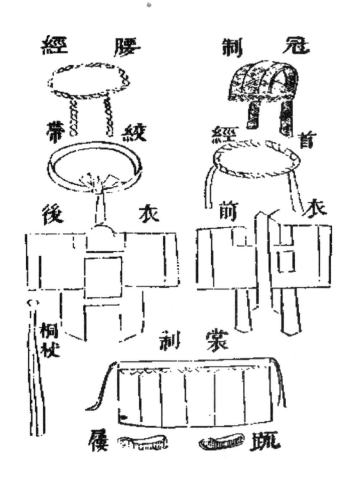

※ 출처: 『삼재도회(三才圖會)』「의복(衣服)」 3권

그림 20-9 참최복(斬衰服) 착용 모습

※ **출처:** 『삼재도회(三才圖會)』「의복(衣服)」 3권

그림 20-10 참최복(斬衰服) 각부 명칭

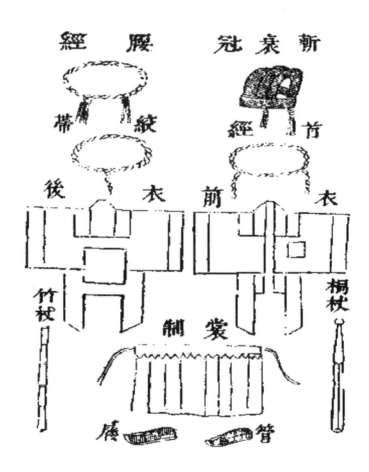

※ 출처: 『삼재도회(三才圖會)』「의복(衣服)」3권

그림 20-11 저질(苴絰: =首絰)과 요질(腰絰)

腰
絰

苴
絰

※ **출처:** 『삼례도집주(三禮圖集注)』 15권

그림 20-12 슬갑[韠: =韍·芾]

※ 출처:『삼례도집주(三禮圖集注)』8권

• 제 21 절 •

의(義)와 친경(親耕)

子言之, "君子之所謂義者, 貴賤皆有事於天下. 天子親耕, 粢盛·秬鬯, 以事上帝, 故諸侯勤以輔事於天子."

직역 子가 言하길, "君子가 義라 謂한 所의 者는 貴賤이 皆히 天下에 事가 有라. 天子가 親히 耕하여, 粢盛과 秬鬯으로 上帝를 事하니, 故로 諸侯가 勤하여 天子를 輔事라."

의역 공자가 말하길, "군자가 말하는 의(義)라는 것은 존귀한 자나 미천한 자 모두 천하에 대해 일삼음이 있는 것이다. 그래서 천자가 직접 경작을 하여 자성(粢盛)과 거창(秬鬯)을 만들어 상제를 섬기기 때문에 제후들도 부지런히 노력하여 천자를 보필하는 것이다."라고 했다.

集說 應氏曰: 義者, 截然正方而無偏私也. 知賤之事貴, 而不知貴之率賤, 豈絜矩之道哉? 故天子竭力致敬以事乎上帝, 則諸侯亦服勤以輔乎天子也.

번역 응씨가 말하길, '의(義)'라는 것은 확연히 바르고 방정하여 치우침이나 사사로움이 없는 것이다. 미천한 자가 존귀한 자를 섬겨야 함을 알지만, 존귀한 자가 미천한 자를 통솔해야 함을 모른다면 어찌 혈지구도라 하겠는가? 그러므로 천자가 힘을 다하고 공경함을 지극히 해서 상제를 섬긴다면, 제후들 또한 복종하고 노력하여 천자를 보필하게 된다.

大全 馬氏曰: 君子之所謂義者, 事之制而制之, 得其宜之謂也. 有宜於貴,必有宜於賤, 故古之人所惡於上, 毋以使下, 所惡於下, 毋以事上, 凡以此也.
天子使諸侯勤以輔上, 在我必先自盡, 然後可以責此, 故天子親耕, 粢盛秬鬯,
以事上帝. 夫以天子之尊, 非不足於耕也. 蓋身致其誠信, 而示其嚴上之禮也,
故諸侯以輔事天子, 亦有嚴上之禮也.

번역 마씨가 말하길, 군자가 말하는 '의(義)'라는 것은 특정 사안에 대한
제도를 통해 제재하여 마땅함을 얻게 한다는 의미이다. 존귀한 자에게 마
땅함이 있다면 반드시 미천한 자에게도 마땅함이 있다. 그렇기 때문에 옛
사람들이 윗사람에게서 싫었던 것으로 아랫사람을 부리지 말고, 아랫사람
에게서 싫었던 것으로 윗사람을 섬기지 말라고 했던 것[1]도 모두 이러한
이유 때문이다. 천자가 제후로 하여금 열심히 노력하여 윗사람을 보필하도
록 시킬 때에는 나에게 있어서 반드시 우선적으로 스스로 다해야 하고, 그
런 뒤에야 이러한 것들을 그들에게 권할 수 있다. 그렇기 때문에 천자는
직접 경작을 하여 자성(粢盛)[2]과 거창(秬鬯)[3]을 만들고, 이것을 통해 상제
를 섬기는 것이다. 무릇 천자는 존귀하므로 직접 경작을 할 만큼 부족한
것은 아니다. 자신이 성실함과 신의를 지극히 하여 윗사람을 존엄하게 대
해야 한다는 예를 보여주는 것이기 때문에, 제후가 천자를 보필하며 섬기
는 것이니, 여기에는 또한 윗사람을 존엄하게 대하는 예가 포함되어 있다.

鄭注 言無事而居位食祿, 是"不義而富且貴".

---

1) 『대학』「전(傳) 10장」: 所惡於上, 毋以使下; 所惡於下, 毋以事上; 所惡於前,
毋以先後; 所惡於後, 毋以從前; 所惡於右, 毋以交於左; 所惡於左, 毋以交於右:
此之謂絜矩之道.

2) 자성(粢盛)은 제성(齊盛)이라고도 부른다. 자(粢)자는 곡식의 한 종류인 기장
을 뜻하고, 성(盛)자는 그릇에 기장을 풍성하게 채워놓은 모양을 뜻한다. 따
라서 '자성'은 제기(祭器)에 곡물을 가득 채워놓은 것을 뜻하며, 제물(祭物)
로 사용되었다. 『춘추공양전』「환공(桓公) 14년」편에는 "御廩者何, 粢盛委之
所藏也."라는 기록이 있는데, 이에 대한 하휴(何休)의 주에서는 "黍稷曰粢,
在器曰盛."이라고 풀이하였다.

3) 거창(秬鬯)은 검은 기장과 향초를 섞어서 만든 울창주이다. 신을 강림시키거
나 공적을 세운 제후에게 하사하는 용도로 사용되었다.

번역 하는 일도 없는데 그 지위에 있으며 녹봉을 받는 것은 "의롭지도
못한데 부유하고 존귀하다."4)는 말에 해당한다는 뜻이다.

釋文 粢盛音咨. 杜預云: "黍稷曰粢, 在器曰盛." 秬音巨, 黑黍. 鬯, 敕亮反,
香酒也.

번역 '粢盛'의 '粢'자는 그 음이 '咨(자)'이다. 두예5)는 "서직(黍稷)을 '자
(粢)'라고 부르며, 그릇에 담는 것을 '성(盛)'이라고 부른다."라고 했다. '秬'
자의 음은 '巨(거)'이니, 검은 기장을 뜻한다. '鬯'자는 '敕(칙)'자와 '亮(량)'
자의 반절음으로, 향기로운 술을 뜻한다.

孔疏 ●"子言"至"便人". ○正義曰: 此一節明天子以下, 各有其事; 又明
舜·禹·文王·周公之德, 皆能上事天帝, 下庇四方. 事異於上, 故記者詳之, 又稱
"子言之"也.

번역 ●經文: "子言"~"便人". ○이곳 문단은 천자로부터 그 이하의 계
층은 각각 일삼는 것이 있음을 나타내고 있고, 또 순임금·우임금·문왕·주공
의 덕은 모두 위로 천제를 섬기고 아래로 사방을 감쌀 수 있음을 나타내고
있다. 그 사안이 앞의 내용과 차이를 보이기 때문에, 『예기』를 기록한 자가
상세히 나타내고자 하여 재차 '자언지(子言之)'라고 기록했다.

孔疏 ●"天子親耕, 粢盛秬鬯以事上帝"者, 天子事上帝, 諸侯事天子, 是貴
賤皆有事於天下6). 按小宰注云: "天地大神, 至尊不祼." 此祭上帝有秬鬯者,

---

4) 『논어』「술이(述而)」: 子曰, "飯疏食飲水, 曲肱而枕之, 樂亦在其中矣. 不義而
富且貴, 於我如浮雲."
5) 두예(杜預, A.D.222~A.D.284): =두원개(杜元凱). 서진(西晉) 때의 유학자이
다. 경조(京兆) 두릉(杜陵) 출신이다. 자(字)는 원개(元凱)이다. 『춘추경전집
해(春秋經典集解)』를 저술하였는데, 이 책은 현존하는 『춘추(春秋)』의 주석
서 중 가장 오래된 것이며, 『십삼경주소(十三經注疏)』의 『춘추좌씨전정의(春
秋左氏傳正義)』에도 채택되어 수록되었다.
6) '하(下)'자에 대하여. '하'자는 본래 '자(子)'자로 기록되어 있었는데, 경문에

凡鬯有二, 若和之以鬱, 謂之鬱鬯, "鬱人"所掌是也, 祭宗廟而灌也. 若不和鬱, 謂之秬鬯, "鬯人"所掌是也. 謂五齊之酒, 以秬鬯爲之, 以芬芳調暢, 故言"秬鬯", 故得以事上帝. 大宗伯云"涖玉鬯"者, 謂享大鬼也. 棫樸詩云"奉璋峨峨"者, 謂據祭宗廟也, 故與此不同也.

번역 ●經文: "天子親耕, 粢盛秬鬯以事上帝". ○천자는 상제를 섬기고 제후는 천자를 섬기니, 이것은 존귀한 자나 미천한 자 모두 천하에 대해 일삼는 것이 있는 것이다. 『주례』「소재(小宰)」편에 대한 정현의 주를 살펴보면, "천지의 대신들은 지극히 존귀하여 관(祼)[7]을 하지 않는다."[8]라고 했다. 그런데 이곳에서는 상제에게 제사를 지내며 검은 기장으로 담근 울창주가 포함된다고 했다. 무릇 울창주에는 두 가지가 있으니 울금초를 섞게 되면 울창(鬱鬯)이라고 부르니, 『주례』에 편제된 울인(鬱人)이라는 관리가 담당하는 것이 이것으로, 종묘에서 제사를 지내며 관례(灌禮)[9]를 할 때 사용한다. 만약 울금초를 섞지 않는다면 거창(秬鬯)이라고 부르니, 『주례』에 편제된 창인(鬯人)이 담당하는 것이 이것이다. 오제(五齊)[10]의 술들

따라 '하'자로 수정하였다.

7) 관(祼)은 본래 향기로운 술을 땅에 부어서 신을 강림시키는 의식인데, 조회를 온 제후 등을 대면하며 관(祼)을 시행하면, 술잔에 향기로운 술을 따라서 빈객을 공경한다는 뜻을 나타내기도 했다. 즉 본래는 제사의 절차였지만, 이러한 절차에 기인하여 빈객에게 따라준 술을 빈객이 마시는 것 까지도 관(祼)이라고 불렀다.

8) 이 문장은 『주례』「천관(天官)·소재(小宰)」편의 "凡祭祀, 贊玉幣爵之事, 祼將之事."라는 기록에 대한 정현의 주이다.

9) 관례(灌禮)는 제례(祭禮) 의식 중 하나이다. 술을 땅에 부어서 신(神)을 강림시키는 것이다. 『논어』「팔일(八佾)」편에는 "禘, 自旣灌而往者, 吾不欲觀之矣."라는 기록이 있고, 이 기록에 대한 하안(何晏)의 『집해(集解)』에서는 공안국(孔安國)의 주장을 인용하여, "灌者, 酌鬱鬯灌於太祖以降神也."라고 풀이하였다.

10) 오제(五齊)는 술의 맑고 탁한 정도에 따라서 다섯 가지 등급으로 분류한 술을 뜻한다. 또한 술을 범칭하는 용어로도 사용된다. 다섯 가지 술은 범제(泛齊), 례제(醴齊), 앙제(盎齊), 제제(緹齊), 침제(沈齊)를 가리킨다. 『주례』「천관(天官)·주정(酒正)」편에는 "辨五齊之名, 一曰泛齊, 二曰醴齊, 三曰盎齊, 四曰緹齊, 五曰沈齊."라는 기록이 있다. 각 술들에 대해 설명하자면, 위의 기록에 대한 정현의 주에서는 "泛者, 成而滓浮泛泛然, 如今宜成醪矣. 醴猶體也,

은 거창으로 만들게 되어 향기로운 냄새가 사방에 가득 퍼지게 한다. 그렇기 때문에 '거창(秬鬯)'이라고 말한 것이고, 그러므로 이것으로 상제를 섬길 수 있다. 『주례』「대종백(大宗伯)」편에서 "옥으로 만든 창주를 뜨는 기구에 임한다."[11]라고 했는데, 이것은 대신을 흠향시키는 것을 뜻한다. 「역복(棫樸)」편의 시에서는 "장찬(璋瓚)을 들어올리길 높이 한다."[12]라고 했는데, 이것은 종묘에서 제사지내는 것을 기준으로 한 말이다. 그렇기 때문에 이곳의 내용과 차이를 보인다.

集解 有事, 有所尊事也, 與坊記"示民有事"義同. 天子之事天, 諸侯之事天子, 皆出於理之所當然, 所謂義也. 在上者先有以自盡, 則在下者莫敢不從矣.

번역 '유사(有事)'는 존귀하게 여겨서 섬겨야 함이 있다는 뜻이니, 『예기』「방기(坊記)」편에서 "백성들에게 섬기는 대상이 있음을 보여주는 것이다."[13]라고 한 말과 뜻이 같다. 천자가 하늘을 섬기고 제후가 천자를 섬기는 것은 모두 이치상 마땅한 바에서 도출된 것이니 이른바 '의(義)'라는 것

成而汁滓相將, 如今恬酒矣. 盎猶翁也, 成而翁翁然, 蔥白色, 如今酇白矣. 緹者, 成而紅赤, 如今下酒矣. 沈者, 成而滓沈, 如今造淸矣. 自醴以上尤濁, 縮酌者. 盎以下差淸. 其象類則然, 古之法式未可盡聞. 杜子春讀齊皆爲粢. 又禮器曰, '緹酒之用, 玄酒之尙.' 玄謂齊者, 每有祭祀, 以度量節作之."라고 풀이했다. 즉 '범제'는 술이 익고 나서 앙금이 둥둥 떠 있는 것으로 정현 시대의 의성료(宜成醪)와 같은 술이고, '례주'는 술이 익고 나서 앙금을 한 차례 걸러낸 것으로 염주(恬酒)와 같은 것이며, '앙제'는 술이 익고 나서 새파란 빛깔을 보이는 것으로 찬백(酇白)과 같은 술이고, '제제'는 술이 익고 나서 붉은 빛깔을 보이는 것으로 하주(下酒)와 같은 술이며, '침제'는 술이 익고 나서 앙금이 모두 가라앉아 있는 것으로 조청(造淸)과 같은 술이다. '범주'는 가장 탁한 술이며, '례주'는 그 다음으로 탁한 술이고, '앙제'부터는 뒤로 갈수록 맑은 술에 해당한다.

11) 『주례』「춘관(春官)·대종백(大宗伯)」: 凡祀大神, 享大鬼, 祭大示, 帥執事而卜日, 宿, 眡滌濯, 涖玉鬯, 省牲鑊, 奉玉齍, 詔大號, 治其大禮, 詔相王之大禮.

12) 『시』「대아(大雅)·역복(棫樸)」: 濟濟辟王, 左右奉璋. 奉璋峨峨, 髦士攸宜.

13) 『예기』「방기(坊記)」【615d】: 子云, "長民者, 朝廷敬老, 則民作孝." 子云, "祭祀之有尸也, 宗廟之有主也, 示民有事也. 修宗廟, 敬祀事, 教民追孝也. 以此坊民, 民猶忘其親."

이 된다. 윗자리에 있는 자가 우선적으로 이를 통해 스스로 다함이 있다면, 아랫자리에 있는 자들도 감히 따르지 않는 자가 없게 된다.

集解 此下四章, 專明義之道也.

번역 이하의 4개 장은 전적으로 의(義)의 도를 나타내고 있다.

참고 구문비교

출 처	내 용
『禮記』「表記」	天子親耕, 粢盛·秬鬯, 以事上帝, 故諸侯勤以輔事於天子.
『禮記』「祭統」	天子親耕於南郊, 以共齊盛, 王后蠶於北郊, 以共純服.
	諸侯耕於東郊, 亦以共齊盛, 夫人蠶於北郊, 以共冕服.
『春秋穀梁傳』「桓公 14」	天子親耕, 以共粢盛, 王后親蠶, 以共祭服.

 주(周)나라 문왕(文王)

王　文　周

※ **출처:** 『삼재도회(三才圖會)』「인물(人物)」 1권

그림 21-2 규찬(圭瓚)과 장찬(璋瓚)

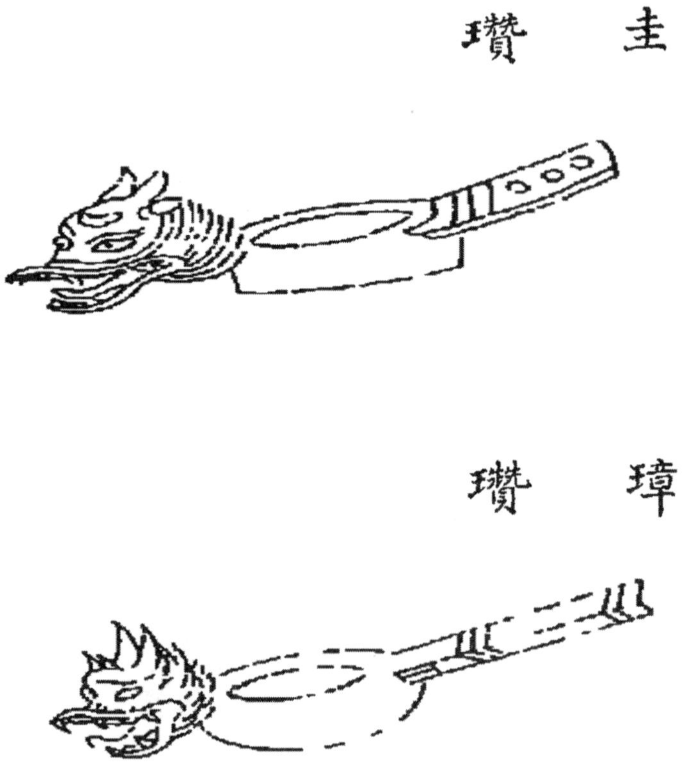

瓚   圭

璋   瓚

※ **출처:**『삼례도집주(三禮圖集注)』14권

군자의 사상(事上)

【629d~630a】

子曰, "下之事上也, 雖有庇民之大德, 不敢有君民之心, 仁之
厚也. 是故君子恭儉以求役仁, 信讓以求役禮, 不自尙其事,
不自尊其身, 儉於位而寡於欲, 讓於賢, 卑己而尊人, 小心而
畏義, 求以事君, 得之自是, 不得自是, 以聽天命. 詩云, '莫
莫葛藟, 施于條枚. 凱弟君子, 求福不回.' 其舜·禹·文王·
周公之謂與. 有君民之大德, 有事君之小心. 詩云, '惟此文
王, 小心翼翼. 昭事上帝, 聿懷多福. 厥德不回, 以受方國.'"

직역 子가 曰, "下가 上을 事함에, 雖히 民을 庇하는 大德을 有라도, 敢히 民을
君하는 心을 有함을 不하니, 仁의 厚이다. 是故로 君子는 恭儉하여 仁에 役하길
求하고, 信讓하여 禮에 役하길 求하며, 自히 그 事를 尙하길 不하고, 自히 그 身을
尊하길 不하며, 位에 儉하고 欲을 寡하며, 賢에게 讓하고, 己를 卑하고 人을 尊하며,
心을 小하고 義를 畏하여, 求하길 君을 事함으로써 하고, 得하면 自히 是하고, 不得
하더라도 自히 是하여, 天命을 聽한다. 詩에서 云, '莫莫한 葛藟여, 條枚에 施로다.
凱弟한 君子여, 福을 求함이 不回로다.' 그 舜·禹·文王·周公을 謂함일 것이다.
民을 君하는 大德을 有하고, 君을 事하는 小心을 有라. 詩에서 云, '惟히 此文王이,
小心이 翼翼이라. 上帝를 昭事하여, 多福을 聿懷라. 厥德이 不回하여, 이로써 方國
을 受라.'"

의역 공자가 말하길, "아랫사람이 윗사람을 섬김에 있어서, 비록 백성들을 감
싸주는 큰 덕을 갖추고 있더라도, 감히 백성들에게 군주노릇을 하려는 마음을 갖지
않으니, 이것은 인(仁)이 두터운 것이다. 이러한 까닭으로 군자는 공손함과 검소함

으로 인(仁)을 실천하길 구하고, 신의와 겸양으로 예(禮)를 실천하길 구하며, 스스로 자신이 시행하는 일을 높이지 않고, 스스로 자신을 존귀하게 높이지 않으며, 지위에 있어서는 검소하고 욕심은 줄이며, 현명한 자에게 양보하고, 자신을 낮추고 상대를 존귀하게 높이며, 마음을 조심하고 의(義)를 두려워하여, 군주 섬기기를 구하고, 이것을 얻게 되면 스스로 옳음을 시행하고 이것을 얻지 못하더라도 스스로 옳음을 시행하여, 천명을 듣는다. 『시』에서는 '무성하고 무성한 저 칡과 등나무가 가지와 줄기에 덩굴을 휘감고 있구나. 화락한 군자가 복을 구함이 사벽하지 않구나.'라고 했는데, 순임금·우임금·문왕·주공을 뜻할 것이다. 그들은 백성들에게 군주노릇을 할 정도의 큰 덕을 갖추고 있었고, 군주를 섬기는 조심스러운 마음까지도 갖추고 있었다. 또 『시』에서는 '이러한 문왕만이 마음을 조심하여 공손하고 공손하다. 상제를 밝게 섬겨서 많은 복이 오도록 했구나. 그 덕이 사벽하지 않아서 사방의 제후국을 받아들였도다.'"라고 했다.

集說 役, 猶爲也. 得之不得, 卽中庸獲乎上不獲乎上也. 詩, 大雅旱麓之篇. 莫莫, 茂密也. 藟似葛, 枝曰條, 榦曰枚, 嚴氏云, "是葛也藟也, 乃蔓於木之枝榦, 喩文王憑先祖之功而起也. 文王凱樂弟易, 其求福不回邪也. 表記言得之自是, 不得自是, 以聽天命, 遂引此章, 蓋有一毫凱倖之心則邪矣." 詩, 大雅大明之篇. 言文王小心翼翼然, 恭敬以明事上帝, 遂能懷來多福. 蓋其德不回邪, 故受此四方侯國之歸也.

번역 '역(役)'자는 "시행하다[爲]."는 뜻이다. 얻는다는 말과 얻지 못한다는 말은 『중용』에서 윗사람에게 신임을 얻는다는 것과 윗사람에게 신임을 얻지 못한다는 말에 해당한다.[1] 앞의 시는 『시』「대아(大雅)·한록(旱麓)」편이다.[2] '막막(莫莫)'은 무성하고 빽빽하다는 뜻이다. 등나무[藟]는 칡[葛]과 유사하며, 가지를 '조(條)'라고 부르고 줄기를 '매(枚)'라고 부르는데,

---

1) 『중용』「20장」 : 在下位不獲乎上, 民不可得而治矣. 獲乎上有道, 不信乎朋友, 不獲乎上矣. 信乎朋友有道, 不順乎親, 不信乎朋友矣. 順乎親有道, 反諸身不誠, 不順乎親矣. 誠身有道, 不明乎善, 不誠乎身矣.
2) 『시』「대아(大雅)·한록(旱麓)」 : 莫莫葛藟, 施于條枚. 豈弟君子, 求福不回.

엄씨는 "이러한 칡과 등나무는 나무의 가지와 줄기에 덩굴을 휘감는데, 이 것은 문왕이 선조들의 공업에 힘입어 왕업을 일으킨 것을 비유한다. 문왕 은 화락하고 평이하고 도가 두터워서 그가 복을 구함에는 사벽하지 않았다. 「표기」에서는 '이것을 얻으면 스스로 옳음을 시행하고 얻지 못해도 스스로 옳음을 시행하여 천명을 듣는다.'라고 하며 이 구절을 인용했으니, 한 터럭 이라도 요행을 바라는 마음이 있다면 사벽하게 되기 때문이다."라고 했다. 뒤의 시는 『시』「대아(大雅)·대명(大明)」편이다.[3] 즉 문왕은 마음을 조심하 며 공손하고 공손하게 하여, 공경을 통해 상제를 밝게 섬겨서 결국 많은 복이 오도록 할 수 있었다는 뜻이다. 그의 덕이 사벽하지 않았기 때문에 사방의 제후국이 귀의하는 것을 받게 되었다.

集說 應氏曰: 數章之內自"恭近禮·儉近仁·信近情"之後, 又言"恭儉役仁· 信讓役禮", 曰"自卑而尊人", 又曰"自卑而民敬尊之", 曰"不自尙其事, 不自尊 其身", 又曰"不自大其事, 不自尙其功."

번역 응씨가 말하길, 여러 장들을 살펴보면 "공손함은 예에 가깝고, 검 소함은 인(仁)에 가까우며, 신의는 정감에 가깝다."라고 한 말로부터 그 이 후로 재차 "공손함과 검소함으로 인(仁)을 시행하고, 신의와 겸양으로 예를 시행한다."라고 했고, "스스로를 낮춰서 남을 존귀하게 대한다."라고 했으 며, 재차 "스스로를 낮춰서 백성들이 공경하며 높인다."라고 했고, "스스로 그 일을 높이지 않고 스스로 자신을 높이지 않는다."라고 했으며, 재차 "스 스로 그 일을 크게 여기지 않고, 스스로 그 공덕을 높이지 않는다."라고 했다.

大全 嚴陵方氏曰: 仁不止於恭儉, 恭儉可以爲仁之用而已; 禮不止於信讓, 信讓可以爲禮之用而已, 故每以役言之也. 事雖爲人所尙, 己未嘗自尙之也.

---

3) 『시』「대아(大雅)·대명(大明)」: <u>維此文王, 小心翼翼</u>. 昭事上帝, 聿懷多福. 厥 德不回, 以受方國.

身雖爲人所尊, 己未嘗自尊之也. 儉於位, 則非貪夫位也. 寡於欲, 則非慕夫祿
也. 讓於賢, 則非爭其名也. 卑己, 故能尊人, 小必, 故能畏義. 君子之爲此者,
豈他求哉? 求以事君而已. 以是事君, 而得君者, 義也. 以是事君, 而不得君者,
則有命存焉. 古之人有行之者, 舜·禹·文王·周公而已. 蓋舜之事堯, 禹之事舜,
文王之事紂, 周公之事成王, 有君民之大德, 又有事君之小心故也. 前曰庇民
者, 止足以覆物, 君民者, 又足以命物. 若舜·禹之受禪, 文王之受命, 周公之攝
政, 皆君民之事也. 雖然豈嘗有是心哉?

번역 엄릉방씨가 말하길, 인(仁)은 공손함과 검소함에만 그치는 것이
아니지만, 공손함과 검소함은 인(仁)의 작용이라 할 수 있을 따름이며, 예
(禮)는 신의와 겸양에만 그치는 것이 아니지만, 신의와 겸양은 예의 작용이
라 할 수 있을 따름이니, 그러므로 매번 이것을 시행해야 한다고 말한 것이
다. 일에 있어서 비록 남들에게 숭상을 받더라도 자신은 일찍이 스스로 높
인 적이 없다. 그 자신은 비록 남에게 존경을 받더라도 자신은 일찍이 스스
로 존귀하게 여긴 적이 없다. 그 지위에서 검소하다면 지위를 탐내는 것이
아니다. 욕심을 줄인다면 녹봉을 탐내는 것이 아니다. 현명한 자에게 양보
를 한다면 명성을 다투려는 것이 아니다. 자신을 낮추기 때문에 남을 존귀
하게 높일 수 있고, 마음을 조심하기 때문에 의(義)를 두려워할 수 있다.
군자가 이러한 것들을 시행함이 어찌 다른 의도가 있어서이겠는가? 군주
를 섬기고자 할 따름이다. 이를 통해 군주를 섬겨서 군주를 얻는 것은 의
(義)에 해당한다. 이를 통해 군주를 섬기지만 군주를 얻지 못한다면 천명이
보존된다. 옛 사람들 중 이처럼 시행할 수 있었던 자는 순임금·우임금·문
왕·주공일 따름이다. 순임금은 요임금을 섬겼고, 우임금은 순임금을 섬겼
으며, 문왕은 주임금을 섬겼고, 주공은 성왕을 섬겼으니, 백성들에게 군주
노릇을 할 정도의 큰 덕을 가지고 있으면서도 군주를 섬기는 조심스러운
마음도 갖추고 있었기 때문이다. 앞에서 "백성들을 감싼다."라고 한 것은
단지 사물들을 품어주기만 할 수 있는 것인데, "백성들에게 군주노릇을 한
다."라고 한 것은 또한 사물에 대해 명령을 내릴 수도 있는 것이다. 순임금
과 우임금이 선양된 지위를 받고, 문왕이 천명을 받으며, 주공이 섭정을

했던 것들은 모두 백성들에게 군주노릇을 했던 일이다. 비록 그렇다고 하지만 어찌 일찍이 이러한 마음이 있어서였겠는가?

大全 石林葉氏曰: 恭儉求役仁, 故不自尙其事, 儉於位寡於欲, 皆役仁之事也. 信讓求役禮, 故不自尊其身, 讓於賢, 卑己以尊人, 皆役禮之事也. 小心而畏義, 求以事君, 所以知人, 得之不得自是, 以聽天命, 所以知天.

번역 석림섭씨가 말하길, 공손함과 검소함으로 인(仁)을 실천하길 구하기 때문에 스스로 그 일을 높이지 않는데, 지위에서 검소하고 욕심을 줄이는 것은 모두 인(仁)을 실천하는 일들이다. 신의와 겸양으로 예(禮)를 실천하길 구하기 때문에 스스로 자신을 높이지 않는데, 현명한 자에게 양보하고 자신을 낮춰서 남을 높이는 것은 모두 예를 실천하는 일들이다. 마음을 조심하고 의(義)를 두려워하며, 군주 섬기기를 구하는 것은 남을 알아보는 방법이고, 얻거나 얻지 못해도 스스로 옳음을 시행하여 천명을 듣는 것은 하늘의 뜻을 알아보는 방법이다.

鄭注 庇, 覆也. 無君民之心, 是思不出其位. 役之言爲也. "求以事君"者, 欲成其忠臣之名也. 言不易道徼祿利也. 凱, 樂也. 弟, 易也. 言樂易之君子, 其求福修德以俟之, 不爲回邪之行以⁴⁾要之, 如葛藟之延蔓於條枚, 是其性也. 言此德當不回也. 昭, 明也. 上帝, 天也. 聿, 述也. 懷, 至也. 言述行上帝之⁵⁾德, 以至於多福也. 方, 四方也. 受四方之國, 謂王天下.

---

4) '이(以)'자에 대하여. '이'자는 본래 없던 글자인데, 완원(阮元)의 『교감기(校勘記)』에서는 "『악본(岳本)』·『가정본(嘉靖本)』에는 '요(要)'자 앞에 '이'자가 기록되어 있고, 위씨(衛氏)의 『집설(集說)』, 혜동(惠棟)의 『교송본(校宋本)』, 『송감본(宋監本)』, 『고문(考文)』에서 인용하고 있는 『고본(古本)』·『족리본(足利本)』에도 동일하게 기록되어 있다."라고 했다.

5) '지(之)'자에 대하여. '지'자는 본래 없던 글자인데, 완원(阮元)의 『교감기(校勘記)』에서는 "혜동(惠棟)의 『교송본(校宋本)』에는 '지'자가 기록되어 있고, 『송감본(宋監本)』·『악본(岳本)』·『가정본(嘉靖本)』 및 위씨(衛氏)의 『집설(集說)』에도 동일하게 기록되어 있으니, 이곳 판본에는 '지'자가 누락된 것이다."라고 했다.

번역 '비(庇)'자는 "덮어주다[覆]."는 뜻이다. 백성들에게 군주노릇을 하려는 마음이 없는 것은 생각이 그 지위에서 벗어나지 않는 것이다.[6] '역(役)'자는 "시행하다[爲]."는 뜻이다. "구하길 군주 섬기기로써 한다."는 말은 충신이라는 명성을 이루고자 한다는 뜻이다. 천명을 듣는다는 것은 도를 바꿔서 녹봉과 이로움을 바라지 않는다는 뜻이다. '개(凱)'자는 "화락하다[樂]."는 뜻이다. '제(弟)'자는 "평이하다[易]."는 뜻이다. 화락하고 평이한 군자는 복을 구함에 덕을 다스려서 기다리며, 사벽한 행위를 하여 바라지 않으니, 이것은 마치 칡과 등나무의 덩굴이 가지와 줄기를 휘감는 것이 그 본성에 해당함과 같다는 뜻이다. 이러한 덕을 갖추고 있다면 마땅히 사벽하게 해서는 안 된다는 의미이다. '소(昭)'자는 "밝다[明]."는 뜻이다. '상제(上帝)'는 하늘[天]을 뜻한다. '율(聿)'자는 "따르다[述]."는 뜻이다. '회(懷)'자는 "이르다[至]."는 뜻이다. 즉 상제의 덕을 계승하고 시행하여 많은 복이 오도록 했다는 뜻이다. '방(方)'자는 사방(四方)을 뜻한다. 사방의 나라를 받는다는 말은 천하에 왕노릇을 한다는 뜻이다.

釋文 庇, 必利反, 徐方至反, 又音秘. 易音亦. 僥, 古堯反. 藟音誄, 力水反. 施, 以豉反. 條枚, 亡回反. 毛詩傳云: "枝曰條, 幹曰枚." 凱, 本亦作愷, 又作豈, 同開待反, 後放此. 弟如字, 本又作悌, 音同, 注及下皆同. 樂音洛, 下同. 易, 以豉反, 下同. 邪, 似嗟反, 曲也. 行, 下孟反, 下至下文"行之浮於名也"及注皆同. 要, 一遙反. 蔓音萬. 與音餘. 聿, 尹必反. 謂, 王于況反.

번역 '庇'자는 '必(필)'자와 '利(리)'자의 반절음이며, 서음(徐音)은 '方(방)'자와 '至(지)'자의 반절음이고, 또한 그 음은 '秘(비)'도 된다. '易'자의 음은 '亦(역)'이다. '僥'자는 '古(고)'자와 '堯(요)'자의 반절음이다. '藟'자의 음은 '誄'이니, '力(력)'자와 '水(수)'자의 반절음이다. '施'자는 '以(이)'자와 '豉(시)'자의 반절음이다. '條枚'에서의 '枚'자는 '亡(망)'자와 '回(회)'자의 반절음이다. 『모시전』에서는 "가지는 '조(條)'라고 부르고, 줄기는 '매(枚)'라

---

6) 『논어』「헌문(憲問)」: 子曰, "不在其位, 不謀其政." 曾子曰, "君子思不出其位." / 『역』「간괘(艮卦)」: 象曰, 兼山, 艮, 君子以思不出其位.

고 부른다."라고 했다. '凱'자는 판본에 따라서 또한 '愷'자로도 기록하고, '豈'자로도 기록하는데, 모두 '開(개)'자와 '待(대)'자의 반절음이며, 이후에 나오는 글자도 그 음이 모두 이와 같다. '弟'자는 글자대로 읽으며, 판본에 따라서는 또한 '悌'자로도 기록하는데, 그 음은 동일하며, 정현의 주와 아래 문장에 나오는 글자도 모두 이와 같다. '樂'자의 음은 '洛(낙)'이며, 아래문장 에 나오는 글자도 그 음이 이와 같다. '易'자는 '以(이)'자와 '豉(시)'자의 반 절음이며, 아래문장에 나오는 글자도 그 음이 이와 같다. '邪'자는 '似(사)'자 와 '嗟(차)'자의 반절음이며, 바르지 않다는 뜻이다. '行'자는 '下(하)'자와 '孟(맹)'자의 반절음이며, 아래문장 중 '行之浮於名也'에서의 '行'자까지 그 리고 정현의 주에 나오는 글자는 모두 그 음이 이와 같다. '要'자는 '一(일)' 자와 '遙(요)'자의 반절음이다. '蔓'자의 음은 '萬(만)'이다. '與'자의 음은 '餘 (여)'이다. '聿'자는 '尹(윤)'자와 '必(필)'자의 반절음이다. '謂'자의 왕음(王 音)은 '于(우)'자와 '況(황)'자의 반절음이다.

孔疏 ●"是故君子恭儉以求役仁", "君子", 有仁德至誠之君子. 言君子旣 有庇民大德, 又自謙退不敢有君民之心, 是仁愛深厚. 以此之故, 君子恭敬節 儉, 以求施爲仁道也. 役, 爲也. 言以此求施爲仁道也.

번역 ●經文: "是故君子恭儉以求役仁". ○'군자(君子)'는 인(仁)한 덕과 지극한 성실함을 갖춘 군자를 뜻한다. 즉 군자는 이미 백성들을 덮어줄 수 있는 큰 덕을 갖추고 있고, 또 스스로 겸손하게 물러나서 감히 백성들에게 군주노릇을 하려는 마음을 갖지 않았으니, 이것은 인(仁)과 친애함이 매우 두텁다는 뜻이다. 이러한 까닭으로 군자는 공손하고 공경하며 절도에 맞추 고 검소하게 처신하여 인(仁)의 도를 시행하고자 한다. '역(役)'자는 "시행 하다[爲]."는 뜻이다. 즉 이러한 것을 통해 인(仁)의 도를 시행하고자 구한 다는 의미이다.

孔疏 ●"信讓以求役禮"者, 謂信實退讓, 以求施爲於禮也.

번역 ●經文: "信讓以求役禮". ○신의롭고 진실되며 겸손하게 사양하여 예(禮)를 시행하고자 구한다는 뜻이다.

孔疏 ●"得之自是, 不得自是"者, "得之", 謂得利祿也, 言雖得利祿, 自行 其爲是之道. 若不得利祿, 亦自行其爲是之道. 言不問得之與失, 恒行其是, 而 不行非也.

번역 ●經文: "得之自是, 不得自是". ○'득지(得之)'는 이로움과 녹봉을 얻는다는 뜻이니, 비록 이로움과 녹봉을 얻더라도 스스로 옳음의 도를 시 행한다는 뜻이다. 만약 이로움과 녹봉을 얻지 않았더라도 스스로 옳음의 도를 시행한다. 즉 얻거나 잃는 것을 따지지 않고 항상 옳음을 실천하고 그릇됨을 실천하지 않는다는 의미이다.

孔疏 ●"以聽天命"者, 言不苟易其道也.

번역 ●經文: "以聽天命". ○구차하게 그 도를 바꾸지 않는다는 뜻이다.

孔疏 ●"詩云: 莫莫葛藟, 施于條枚"者, 此詩·大雅·旱麓之篇, 美文王之詩. 言文王之興, 依約先祖, 莫莫然如葛藟之蔓草, 延施于條枚之木, 猶如子孫之 興, 亦由先祖而德盛也.

번역 ●經文: "詩云: 莫莫葛藟, 施于條枚". ○이 시는 『시』「대아(大雅)· 한록(旱麓)」편으로, 문왕(文王)을 찬미한 시이다. 즉 문왕이 흥성하게 되어, 선조의 과업에 힘입고 따랐는데, 그 무성함이 마치 칡과 등나무의 덩굴이 나무의 가지와 줄기에 뻗어 있는 것과 같으니, 이것은 자손들의 흥성함이 또한 선조로부터 비롯되어 덕이 융성하게 됨과 같다는 의미이다.

孔疏 ●"凱弟君子, 求福不回"者, 凱, 樂也; 弟, 易也. 言大王·王季樂易之 君子求福, 不爲回邪之行. 引之者, 證君子以聽天命, 雖求福祿, 不爲邪僻之

行. 今以爲葛藟施於條枚, 是其性也. 君子求福, 不爲回邪, 亦是其性. 引斷章
取義, 故與詩文不同也.

번역 ●經文: “凱弟君子, 求福不回”. ○‘개(凱)’자는 “화락하다[樂].”는
뜻이며, ‘제(弟)’자는 “평이하다[易].”는 뜻이다. 즉 태왕과 왕계처럼 화락하
고 평이한 군자가 복을 구한 것은 사벽한 행동을 시행한 것이 아니라는
뜻이다. 이 시를 인용한 것은 군자가 이를 통해 천명을 듣는데, 비록 복과
녹봉을 구하더라도 사벽한 행동을 하지 않음을 증명하기 위한 것이다. 현
재 칡과 등나무가 가지와 줄기에 덩굴을 휘감는 것으로 여겼는데, 이것은
그 생물의 본성에 해당한다. 군자가 복을 구할 때 사벽함을 시행하지 않는
것 또한 그의 본성에 해당한다. 『시』를 인용한 것은 단장취의를 한 것이기
때문에 『시』의 본문 내용과는 뜻이 달라진다.

孔疏 ●“其舜·禹·文王·周公之謂與”者, 此是凱弟君子求福不回邪之謂與.
以其雖有庇民之大德, 恒有事君之小心, 常能畏懼, 是不回也.

번역 ●經文: “其舜·禹·文王·周公之謂與”. ○이것은 화락하고 평이한
군자가 복을 구함에 사벽하지 않음을 뜻할 것이라는 의미이다. 비록 백성
들을 덮어주는 큰 덕을 갖추고 있지만, 항상 군주를 섬기려는 조심스러운
마음을 갖추고 항상 두려워하고 조심할 수 있으니, 이것은 사벽하지 않음
에 해당한다.

孔疏 ●“詩云: 惟此文王, 小心翼翼. 昭事上帝, 聿懷多福”者, 此詩·大雅·
大明之篇, 美文王之詩, 言文王, 小心翼翼, 以昭明道德, 尊事上帝. 聿, 述也.
懷, 至也. 言文王述行上帝之德, 以受衆多之福.

번역 ●經文: “詩云: 惟此文王, 小心翼翼. 昭事上帝, 聿懷多福”. ○이 시
는 『시』「대아(大雅)·대명(大明)」편으로, 문왕(文王)을 찬미한 시이니, 즉
문왕은 마음을 조심하고 공손하고 공손하여, 이를 통해 도와 덕을 밝게 빛

내고 상제를 존엄하게 섬겼다는 뜻이다. '율(聿)'자는 "따르다[述]."는 뜻이다. '회(懷)'자는 "이르다[至]."는 뜻이다. 즉 문왕은 상제의 덕을 계승하고 시행하여 많은 복을 받았다는 의미이다.

孔疏 ●"厥德不回, 以受方國"者, 其德不有回邪, 故受四方衆國爲天子也. 引之者, 證上"求福不回"也.

번역 ●經文: "厥德不回, 以受方國". ○그의 덕에는 사벽한 점이 없기 때문에 사방의 모든 제후국을 받아들여 천자가 되었다는 뜻이다. 이것을 인용한 것은 앞에서 "복을 구함이 사벽하지 않았다."라고 한 뜻을 증명하기 위한 것이다.

集解 愚謂: 役, 謂爲其事也. 儉猶約也. 儉於位, 謂不求處尊位也. 不自尙, 不自尊, 恭也. 儉於位而寡於欲, 儉也. 讓於賢, 卑己而尊人, 讓也. 小心而畏義, 信也. 盡仁禮以事君, 不以外之得失而有變焉. 蓋得與不得者命也, 我之所當爲者義也. 義則盡之自己, 命則聽之於天, 此君子之心也.

번역 내가 생각하기에, '역(役)'자는 그 일을 시행한다는 뜻이다. '검(儉)'자는 "검소하다[約]."는 뜻이다. "그 지위에 대해 검소하다."는 말은 존귀한 지위에 오르고자 구하지 않는다는 뜻이다. 스스로를 높이지 않고 스스로를 존귀하게 여기지 않는다는 말은 공손함에 해당한다. 지위에 대해 검소하고 욕심에 대해 줄이는 것은 검소함[儉]에 해당한다. 현명한 자에게 양보하고 자신을 낮추고 남을 존귀하게 높이는 것은 겸양[讓]에 해당한다. 마음을 조심하고 의(義)를 두려워하는 것은 신의[信]에 해당한다. 인(仁)과 예(禮)를 다하여 군주를 섬기고 외적인 득실에 따라 변하지 않는다. 얻거나 얻지 못하는 것은 천명에 달린 것이며, 내가 마땅히 시행해야 하는 것은 의(義)에 해당한다. 의(義)는 스스로를 다하는 것이며, 천명은 하늘에게서 듣는 것이니, 이것은 군자의 마음에 해당한다.

참고 『시』「대아(大雅)·한록(旱麓)」

瞻彼旱麓, (첨피한록) : 저 한산(旱山)의 기슭을 보건데,
榛楛濟濟. (진호제제) : 개암나무와 싸리나무가 무성하구나.
豈弟君子, (개제군자) : 화락하고 평이(平易)한 군자여,
干祿豈弟. (간록개제) : 녹봉을 구함에도 화락하고 평이하구나.

瑟彼玉瓚, (슬피옥찬) : 깨끗한 저 규찬(圭瓚)이여,
黃流在中. (황류재중) : 검은 기장으로 만든 울창주가 그 안에 있도다.
豈弟君子, (개제군자) : 화락하고 평이한 군자여,
福祿攸降. (복록유강) : 복과 녹봉이 내리는구나.

鳶飛戾天, (연비려천) : 솔개가 날아올라 하늘로 떠나버리고,
魚躍于淵. (어약우연) : 물고기는 연못에서 뛰놀아 제자리를 얻도다.
豈弟君子, (개제군자) : 화락하고 평이한 군자여,
遐不作人. (하불작인) : 멀리 사람을 새로이 진작시킴이 아니로다.

淸酒旣載, (청주기재) : 청주(淸酒)[7]를 술동이에 담아놨거늘,
騂牡旣備. (성모기비) : 붉은 수소를 갖추는구나.
以享以祀, (이향이사) : 이것으로 흠향을 드리며 제사를 지내니,
以介景福. (이개경복) : 이것으로 큰 복을 얻게끔 돕는구나.

瑟彼柞棫, (슬피작역) : 무성한 저 떡갈나무와 상수리나무는,
民所燎矣. (민소료의) : 백성들이 불 때는 바로다.
豈弟君子, (개제군자) : 화락하고 평이한 군자여,
神所勞矣. (신소로의) : 신이 도와주는 바로다.

莫莫葛藟, (막막갈류) : 얼기설기 자라나는 칡덩굴이여,

---

7) 청주(淸酒)는 삼주(三酒) 중 하나이다. 제사에서 사용하는 술이며, 삼주 중 가장 맑은 술에 해당하므로 '청주'라고 부른다. '청주'는 중산(中山) 지역에서 겨울에 술을 담가서 여름쯤 다 익은 술을 뜻한다.

施于條枚. (시우조매) : 나뭇가지에 얽혀 있구나.
豈弟君子, (개제군자) : 화락하고 평이한 군자여,
求福不回. (구복불회) : 복을 구함에 선조의 도를 어기지 않는구나.

毛序 旱麓, 受祖也. 周之先祖世脩后稷公劉之業, 大王王季申以百福干祿焉.

모서 「한록(旱麓)」편은 선조의 과업을 받았음을 읊은 시이다. 주나라의 선조는 대대로 후직과 공유의 공업을 닦아서, 태왕과 왕계는 거듭 모든 복과 녹봉을 받게 되었다.

참고 『시』「대아(大雅)·대명(大明)」

明明在下, (명명재하) : 문왕의 덕이 아래로 밝게 베풀어지니,
赫赫在上. (혁혁재상) : 그 징조가 하늘에서 밝게 빛나는구나.
天難忱斯, (천난침사) : 하늘의 뜻을 믿기 어려운 것이 이와 같은데,
不易維王. (불역유왕) : 하늘의 뜻을 바꿀 수 없는 자는 오직 천자로다.
天位殷適, (천위은적) : 천자의 지위가 은나라의 적자에게 있었으나,
使不挾四方. (사불협사방) : 사방에 정치와 교화를 펼치지 못하게 하였구나.

摯仲氏任, (지중씨임) : 지나라 임씨의 둘째 따님이,
自彼殷商, (자피은상) : 저 은나라 수도로부터,
來嫁于周, (내가우주) : 찾아와 주나라에 시집을 오시니,
曰嬪于京. (왈빈우경) : 주나라 수도의 아내가 되셨구나.
乃及王季, (내급왕계) : 왕계의 배필이 되시어,
維德之行. (유덕지행) : 그와 함께 덕을 시행하시는구나.
大任有身, (대임유신) : 대임께서 회임을 하시어,
生此文王. (생차문왕) : 문왕을 낳으셨도다.

維此文王, (유차문왕) : 문왕께서,
小心翼翼. (소심익익) : 공경하고 신중하시구나.

昭事上帝, (소사상제) : 밝게 상제를 섬기시어,
聿懷多福. (율회다복) : 많은 복을 조술하고 생각하시도다.
厥德不回, (궐덕불회) : 그 덕을 어기지 않으셔서,
以受方國. (이수방국) : 사방의 나라를 받으셨구나.

天監在下, (천감재하) : 하늘이 세상에 대해 선악을 살피시니,
有命旣集. (유명기집) : 그 명이 모이게 되리라.
文王初載, (문왕초재) : 문왕은 태어나면서부터 그것을 알아,
天作之合. (천작지합) : 하늘이 그의 짝을 내셨도다.
在洽之陽, (재흡지양) : 흡수(洽水)의 남쪽에 있으며,
在渭之涘. (재위지사) : 위수(渭水)의 물가에 있도다.
文王嘉止, (문왕가지) : 문왕께서 그녀를 찬미하니,
大邦有子. (대방유자) : 큰 나라에 배필로 맞이할 여식이 있도다.

大邦有子, (대방유자) : 큰 나라에 배필로 맞이할 여식이 있으니,
俔天之妹. (견천지매) : 하늘의 여식에 비견되는구나.
文定厥祥, (문정궐상) : 문왕께서 예에 따라 길함을 정하시어,
親迎于渭. (친영우위) : 위수에서 친영(親迎)[8]을 하셨도다.
造舟爲梁, (조주위량) : 배를 만들어 교량 역할을 하니,
不顯其光. (불현기광) : 그 밝은 덕이 드러나지 않겠는가.

有命自天, (유명자천) : 천명이 하늘로부터 내려온지라,
命此文王. (명차문왕) : 문왕에게 명하셨도다.
于周于京, (우주우경) : 주나라 수도에서 하시니,
纘女維莘. (찬여유신) : 대임(大任)을 이을 며느리를 신(莘)나라에 두셨
　　　　　　　　　도다.
長子維行, (장자유행) : 신나라의 장녀 대사(大姒)가 덕행을 펼치니,
篤生武王. (독생무왕) : 돈독히 무왕을 낳으셨도다.
保右命爾, (보우명이) : 보호하고 도우며 명령하시어,

---

8) 친영(親迎)은 혼례(婚禮)에서 시행하는 여섯 가지 예식(禮式) 중 하나이다.
　　사위될 자가 여자 집에 가서 혼례를 치르고, 자신의 집으로 데려오는 예식을
　　뜻한다.

爕伐大商. (섭벌대상) : 협력하여 은나라를 정벌하게 하시도다.

殷商之旅, (은상지려) : 은나라 군대는,
其會如林. (기회여림) : 그 취합함이 숲과 같이 많구나.
矢于牧野, (시우목야) : 목야의 땅에 진을 치지만,
維予侯興. (유여후흥) : 하늘은 제후인 무왕에게 천명을 부여하여 천자로
　　　　　　　　　　　 일으키시도다.
上帝臨女, (상제임여) : 상제께서 그대를 살펴보고 계시니,
無貳爾心. (무이이심) : 두 마음을 품어서는 안 된다.

牧野洋洋, (목야양양) : 목야의 땅이 넓고도 넓으며,
檀車煌煌, (단차황황) : 박달나무 수레가 휘황찬란하고,
駟騵彭彭. (사원팽팽) : 네 필의 말이 건장하구나.
維師尙父, (유사상보) : 태사인 상보는
時維鷹揚, (시유응양) : 때로 날랜 매와 같아서,
涼彼武王. (양피무왕) : 무왕을 돕는구나.
肆伐大商, (사벌대상) : 이에 은나라를 정벌하시니,
會朝淸明. (회조청명) : 병사를 회합함에 청명하도다.

毛序 大明, 文王有明德, 故天復命武王也.

모서 「대명(大明)」편은 문왕이 밝은 덕을 갖추고 있었기 때문에 하늘이
무왕에게 재차 천명을 내렸다는 사실을 노래한 시이다.

참고 구문비교

출　처	내　용
『禮記』「表記」	下之事上也, 雖有庇民之大德, 不敢有君民之心, 仁之厚也.
『春秋繁露』「王道」	五帝三王之治天下, 不敢有君民之心.

참고 구문비교

출　처	내　용
『禮記』「表記」	君子恭儉以求役仁, 信讓以求役禮, 不自尙其事, 不自尊其身, 儉於位而寡於欲, 讓於賢, 卑己而尊人, 小心而畏義, 求以事君, 得之自是, 不得自是, 以聽天命.
『韓詩外傳』「卷 10」	君子溫儉以求於仁, 恭讓以求於禮, 得之自是, 不得自是.

그림 22-1 주(周)나라 성왕(成王)

周　成　王

※ **출처:**『삼재도회(三才圖會)』「인물(人物)」1권

그림 22-2 후직(后稷)

※ **출처:** 『삼재도회(三才圖會)』「인물(人物)」4권

그림 22-3 주(周)나라 세계도(世系圖) Ⅰ

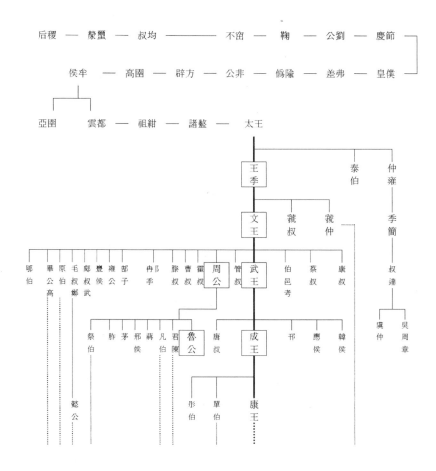

※ **출처**:『역사(繹史)』1권「역사세계도(繹史世系圖)」

군자의 자비(自卑)

【630c~d】

> 子曰, "先王諡以尊名, 節以壹惠, 恥名之浮於行也. 是故君
> 子不自大其事, 不自尚其功, 以求處情; 過行弗率, 以求處厚;
> 彰人之善而美人之功, 以求下賢. 是故君子雖自卑而民敬尊
> 之." 子曰, "后稷, 天下之爲烈也, 豈一手一足哉? 唯欲行之
> 浮於名也, 故自謂便人."

직역 子가 曰, "先王은 諡하여 名을 尊하고, 節하여 惠를 壹하니, 名이 行보다
浮함을 恥한다. 是故로 君子는 自히 그 事를 大하길 不하고, 自히 그 功을 尙하길
不하여, 이로써 情에 處하길 求하며; 過行은 弗率하여, 이로써 厚에 處하길 求하고;
人의 善을 彰하고 人의 功을 美하여, 이로써 賢보다 下하길 求한다. 是故로 君子는
雖히 自히 卑라도 民이 敬尊한다." 子가 曰, "后稷은 天下의 烈이 爲함에, 豈히 一手
이며 一足이리오? 唯히 行이 名보다 浮하기를 欲이라, 故로 自히 便人이라 謂라."

의역 공자가 말하길, "선왕은 시호를 정하여 명성을 존귀하게 드날렸고, 절제
하여 선함을 전일하게 했으며, 명성이 실천보다 커지는 것을 부끄럽게 여겼다. 이
러한 까닭으로 군자는 스스로 자신의 사업을 크다고 여기지 않았고, 스스로 자신의
공적을 높이지 않아서, 이를 통해 실정에 부합되기를 구했다. 또 지나치게 높은
행동은 따르지 않음으로써 두터운 곳에 처하기를 구했다. 또 남의 선함을 드러내고
남의 공적을 찬미하여 현자보다 낮추기를 구했다. 이러한 까닭으로 군자는 비록
스스로를 낮추지만 백성들이 존경하는 것이다."라고 했다. 공자가 말하길, "후직은
천하에 공적을 미쳤으니, 어찌 한 사람의 손이나 발로 따라할 수 있는 것이겠는가?
후직은 오직 실천이 명성보다 높아지기를 원했기 때문에, 자신을 가리켜 백성들의

일을 익숙히 익힌 '편인(便人)'이라고 불렀다."라고 했다.

集說　諡以尊名, 爲美諡以尊顯其聲名也. 壹, 專也. 惠, 善也. 善行雖多, 難以枚擧, 但節取其大者以專其善, 故曰"節以壹惠"也. 以求處情, 謂君子所以不自大尙其事功者, 以求處情實, 不肯虛爲矯飾也. 過行弗率, 以求處厚者, 謂若有過高之行, 則不敢率循, 惟求以處乎篤厚之道而已, 本分上不可加毫末也. 后稷敎民稼穡, 爲周之始祖, 其功烈之在天下, 豈一人之手, 一人之足, 遵而用之哉? 固當以仁聖自居矣, 惟欲行過於名也, 故自謂便習民事之人而已.

번역　"시호(諡號)를 통해서 이름을 높인다."는 말은 아름다운 시호를 정하여 그 명성을 존귀하게 드날린다는 뜻이다. '일(壹)'자는 "전일하다[專]."는 뜻이다. '혜(惠)'자는 선(善)을 뜻한다. 선한 행동이 비록 많더라도 모든 것을 제시하기는 어려운데, 다만 그 중에서도 큰 것을 조절하고 취하여 선함을 오로지하기 때문에 "절제하여 선을 오로지한다."라고 했다. "이로써 실정에 처하기를 구한다."는 말은 군자가 스스로 자신의 일과 공덕을 크게 여기거나 높이지 않는 것은 이를 통해 실정에 합당하게 되기를 구하고, 헛되이 아름답게만 포장하기를 기꺼워하지 않는다는 뜻이다. "지나친 행동을 따르지 않음으로써 두터운 곳에 처하기를 구한다."는 말은 만약 지나치게 높은 행실이 있다면, 감히 따르지 않고 오직 돈독하고 두터운 도에 처하기만을 구할 따름이니, 본분에 있어서 조금의 것도 더할 수 없다는 의미이다. 후직은 백성들에게 농사짓는 법을 가르쳐주었고,[1] 주나라의 시조가 되었으며, 그의 공적은 천하에 영향을 미쳤으니, 어찌 한 사람의 손이나 한 사람의 발로 그에 따라 시행할 수 있겠는가? 진실로 인(仁)한 성인이어야만 스스로 자처할 수 있고, 오직 실천이 명성보다 앞서기를 원했기 때문에, 스스로 백성의 일을 익숙하게 익혔던 사람일 뿐이라고 했던 것이다.

大全　嚴陵方氏曰: 生則有名, 死則有諡, 有諡則諱其名矣, 故曰諡以尊名.

---

1)『맹자』「등문공상(滕文公上)」: 后稷敎民稼穡, 樹藝五穀, 五穀熟而民人育.

檀弓言公叔文子之子請謚, 而曰請所以易其名者, 蓋謂是矣. 謚以誄行而爲之,
然行不一也, 謚有所不勝言, 特以所隆者之一端而爲之節爾, 故曰節以壹惠.
若文王之爲文, 武王之爲武, 此皆壹惠之道也. 行雖多而節之以惠, 則名不浮
於行矣. 孟子曰, 聲聞過情, 君子恥之, 故不自大其事以下, 皆自卑之道也. 揚
子曰, 自下者人高之, 易曰, 卑而不可踰, 故曰君子雖自卑而民敬尊之.

번역 엄릉방씨가 말하길, 살아있을 때에는 이름이 있게 되고, 죽었을 때
에는 시호가 있게 되는데, 시호가 있게 되면 그 이름은 피휘를 한다. 그렇기
때문에 "시호로 이름을 존귀하게 높인다."라고 했다. 『예기』「단궁(檀弓)」
편에서 공숙문자의 자식이 시호를 청원하며, "제 아비의 이름을 대신할 수
있는 시호(謚號)를 내려주시기를 청원합니다."[2]라고 한 것이 바로 이러한
뜻을 나타낸다. 시호를 정할 때에는 그의 행적을 뇌(誄)[3]하여 만들게 되는
데, 행적은 한 가지가 아니므로, 시호로는 그것들을 모두 드러낼 수 없는
점이 있으니, 단지 융성한 것으로 여겨지는 한 측면을 가지고 여러 행동거
지들을 요약할 따름이다. 그렇기 때문에 "절제하여 은혜로움을 하나로 만
든다."라고 한 것이다. 마치 문왕에 대해 시호를 문(文)이라 하고, 무왕에
대해 시호를 무(武)라 하는 것들은 모두 은혜로움을 하나로 하는 도에 해당
한다. 행적에 비록 여러 가지가 있지만 은혜로운 행동거지로 요약한다면,
명성은 행동보다 높아지지 않는다. 『맹자』에서 "명성이 실정보다 지나치게
되는 것을 군자가 부끄럽게 여긴다."[4]라고 했기 때문에, "스스로 자신의
일을 크게 여기지 않는다."라고 한 말로부터 그 이하의 사안들은 모두 스스
로를 낮추는 도에 해당한다. 양자[5]는 "스스로 낮추는 자는 사람들이 높여

---

2) 『예기』「단궁하(檀弓下)」【124a】: 公叔文子卒, 其子戌請謚於君, 曰: "日月有
時, 將葬矣, 請所以易其名者."
3) 뇌(誄)는 죽은 자의 행적들을 열거하여, 그 기록들을 읽으며, 시호(謚號)를
짓는 것을 뜻한다. '뇌'자는 "묶는다[累]."는 뜻이다. 즉 죽은 자의 행적을 하
나로 엮는다는 의미이다.
4) 『맹자』「이루하(離婁下)」: 苟爲無本, 七八月之閒雨集, 溝澮皆盈, 其涸也, 可
立而待也. 故聲聞過情, 君子恥之.
5) 양웅(楊雄, B.C.53~A.D.18): =양웅(揚雄)·양자(揚子). 전한(前漢) 때의 학자
이다. 자(字)는 자운(子雲)이다. 사부작가(辭賦作家)로도 명성이 높았다. 왕

준다.”라고 했고, 『역』에서는 “낮아도 넘을 수 없다.”6)라고 했다. 그렇기 때문에 “군자는 비록 스스로를 낮추지만 백성들이 존경한다.”라고 했다.

大全 呂氏曰: 后稷之教民稼穡, 無此疆爾界, 天下之利, 萬世之功也. 其爲烈也, 非一手一足之所能及也. 然猶不自以爲功, 但自謂便習是事之人耳.

번역 여씨가 말하길, 후직은 백성들에게 농사짓는 방법을 가르치고 이 경계와 저 경계를 없앴으니,7) 천하의 이로움이자 대대로 전해지는 공덕이 된다. 그의 공덕이 베풀어진 것은 한 사람의 손이나 발로 미칠 수 있는 것이 아니다. 그런데도 오히려 이것을 자신의 공적으로 여기지 않고, 단지 이러한 일을 잘 익힌 사람일 뿐이라고 했다.

鄭注 謚者行之迹也. 名者謂聲譽也. 言先王論行以爲謚. “以尊名”者, 使聲譽可得而尊信也. 壹讀爲一. 惠猶善也. 言聲譽雖有衆多者, 卽以其行一大善者爲謚耳. 在上曰“浮”. 君子勤行成功, 聲譽蹂行是所恥. 率, 循也. 過行8)不復循行, 猶不二過. 言謙者所以成行立德. 烈, 業也. 言后稷造稼穡, 天下世以爲業. “豈一手一足”, 喩用之者多無數也. 亦言其謙也. 辟仁聖之名, 云自便習

망(王莽)에게 동조했다는 이유로 송(宋)나라 이후부터는 배척을 당하였다. 만년에는 경학(經學)에 전념하여, 자신을 성현(聖賢)이라고 자처하였다. 참위설(讖緯說) 등을 배척하고, 유가(儒家)와 도가(道家)의 사상을 절충하였다. 저서로는 『법언(法言)』, 『태현경(太玄經)』 등이 있다.

6) 『역』「겸괘(謙卦)」 : 象曰, 謙, 亨. 天道下濟而光明, 地道卑而上行. 天道虧盈而益謙, 地道變盈而流謙, 鬼神害盈而福謙, 人道惡盈而好謙. 謙尊而光, 卑而不可踰, 君子之終也.

7) 『시』「주송(周頌)·사문(思文)」 : 思文后稷, 克配彼天. 立我烝民, 莫匪爾極. 貽我來牟, 帝命率育. 無此疆爾界, 陳常于時夏.

8) ‘과행(過行)’은 본래 ‘행과(行過)’로 기록되어 있었는데, 완원(阮元)의 『교감기(校勘記)』에서는 “혜동(惠棟)의 『교송본(校宋本)』에는 ‘행과’가 ‘과행’으로 기록되어 있고, 위씨(衛氏)의 『집설(集說)』과 『고문(考文)』에서 인용하고 있는 『고본(古本)』에도 동일하게 기록되어 있다. 『악본(岳本)』에도 ‘과행’으로 기록되어 있고, 『가정본(嘉靖本)』·『족리본(足利本)』에도 동일하게 기록되어 있다.”라고 했다.

於此事之人耳.

번역 시호는 행적이 드러나는 것이다. 이름은 명성을 뜻한다. 선왕은 행적을 논의하여 시호를 제정했다는 뜻이다. "이로써 이름을 존귀하게 높인다."는 말은 명성을 존귀하고 신의롭게 만들 수 있다는 뜻이다. '일(壹)'자는 하나[一]라는 뜻이다. '혜(惠)'자는 선함을 뜻한다. 즉 명성이 비록 많더라도, 그 행적 중 매우 큰 선함에 해당하는 하나를 통해서 시호를 정할 따름이라는 뜻이다. 위에 있는 것을 '부(浮)'라고 부른다. 군자는 실천에 노력하여 공덕을 이루는데, 명성이 실천보다 높아지는 것을 부끄럽게 여겼다. '솔(率)'자는 "따르다[循]."는 뜻이다. 지나친 실천을 다시 따라서 시행하지 않는 것은 잘못을 재차 저지르지 않는 것과 같다.9) 겸손함은 행실을 이루고 덕을 세우는 방법이라는 뜻이다. '열(烈)'자는 업적[業]을 뜻한다. 후직은 농사짓는 방법을 고안하여 천하의 사람들은 대대로 그의 과업으로 여겼다는 뜻이다. "어찌 한 사람의 손 한 사람의 발이겠는가?"라고 했는데, 그것을 사용하는 자가 무수히 많다는 뜻이다. 편인(便人)이라고 부른 것 또한 그의 겸손함을 뜻한다. 인(仁)한 성인이라는 명칭을 피하여, 스스로 이러한 일을 잘 익혔던 사람일 뿐이라고 말한 것이다.

釋文 諡音示. 下, 戶嫁反. 復, 扶又反. 行, 下孟反. 便, 婢面反, 又婢縣反, 注同. 辟音避.

번역 '諡'자의 음은 '示(시)'이다. '下'자는 '戶(호)'자와 '嫁(가)'자의 반절음이다. '復'자는 '扶(부)'자와 '又(우)'자의 반절음이다. '行'자는 '下(하)'자와 '孟(맹)'자의 반절음이다. '便'자는 '婢(비)'자와 '面(면)'자의 반절음이며, 또한 '婢(비)'자와 '縣(면)'자의 반절음도 되고, 정현의 주에 나오는 글자도 그 음이 이와 같다. '辟'자의 음은 '避(피)'이다.

---

9) 『논어』「옹야(雍也)」: 哀公問, "弟子孰爲好學?" 孔子對曰, "有顔回者好學, 不遷怒, <u>不貳過</u>. 不幸短命死矣, 今也則亡, 未聞好學者也."

孔疏 ●"子曰先王諡以尊名", 以前經論君子求福不回, 此一節廣明君子名行相副・卑己尊人之義.

번역 ●經文: "子曰先王諡以尊名". ○앞의 경문에서는 군자는 복을 구하지만 사벽하지 않다는 사실을 논의하였으니, 이곳 문단은 군자의 명성과 행실은 서로 부합되며 자신을 낮추고 남을 존귀하게 높였던 뜻을 폭넓게 설명하고 있다.

孔疏 ●"諡以尊名"者, 諡謂諡號, 名謂聲譽. 言人身死之後, 累列生時之行跡作諡號者, 以尊敬生前之聲名, 可得傳於後世.

번역 ●經文: "諡以尊名". ○'시(諡)'자는 시호를 뜻하며, '명(名)'자는 명성을 뜻한다. 즉 사람이 죽은 이후 그가 생전에 실천했던 행적을 열거하여 시호를 짓는데, 이것은 생전의 명성을 존경하여 후세에 전해지도록 할 수 있다는 뜻이다.

孔疏 ●"節以一惠"者, 言爲諡之時, 善行雖多, 但限節以一箇善惠以爲諡也.

번역 ●經文: "節以一惠". ○시호를 지을 때 선행이 비록 많더라도 단지 한 가지 선한 행적으로 제한하여 시호를 짓는다는 뜻이다.

孔疏 ●"恥名之浮於行也"者, 所以善行旣多, 但取一事爲諡者, 恥善名之多, 浮過於行, 忠行不副於名, 所以減衆書之名, 但取一事之善爲諡也.

번역 ●經文: "恥名之浮於行也". ○선한 행실이 이미 많지만 한 가지 사안을 통해 시호를 짓는 것은 선한 명성이 많더라도 그것이 실제의 행적보다 지나치게 높아져서, 본마음에 따른 행동이 명성에 부합되지 않는 것을 부끄럽게 여겼던 것이니, 여러 명성들을 축소하여, 단지 한 가지 사안의 선함만을 통해서 시호를 짓게 되는 이유이다.

孔疏 ●"是故君子不自大其事, 不自尙其功, 以求處情"者, 大, 謂誇大. 旣不欲行過於名, 故不自誇大其所爲之事, 不自加尙其所爲之功名. 所以不"大"·"尙"者, 以求處情實, 不欲虛爲矯節也.

번역 ●經文: "是故君子不自大其事, 不自尙其功, 以求處情". ○'대(大)'자는 과대 포장한다는 뜻이다. 이미 행동이 명성보다 지나치기를 바라지 않기 때문에 스스로 자신이 시행했던 일을 과대 포장하지 않고, 자신이 시행하여 쌓았던 명성에 스스로 덧붙이지 않는 것이다. 과대 포장하거나 덧붙이지 않는 것은 실정에 맞는 것을 구하는 것이며, 허망하게 꾸미고자 하지 않는 것이다.

孔疏 ●"過行弗率, 以求處厚"者, 率, 循也. 若有過失之行, 不復循而行之, 卽脩改以求處其仁厚之道. 過失卽改, 以求處其厚也.

번역 ●經文: "過行弗率, 以求處厚". ○'솔(率)'자는 "따르다[循]."는 뜻이다. 만약 잘못된 행동이 있다면 재차 그것을 따라서 시행하지 않으니, 수양하고 고쳐서 인(仁)의 두터운 도로 처신하고자 구하는 것이다. 잘못을 고쳐서 그 두터움에 처하고자 하는 것이다.

孔疏 ◎注"壹讀爲一. 惠猶善也. 言聲譽雖有"至"踰行所恥". ○正義曰: 上壹是齊壹, 下一是數之一·二也. 今經文爲大壹之字, 鄭恐是均同之理, 故讀爲小一, 取一箇善名而爲謚耳.

번역 ◎鄭注: "壹讀爲一. 惠猶善也. 言聲譽雖有"~"踰行所恥". ○앞의 '일(壹)'자는 가지런히 하다는 뜻이며, 뒤의 '일(一)'자는 1이나 2라고 할 때의 숫자를 뜻한다. 현재 경문에서는 모두 일(壹)자로 기록했는데, 정현은 이 글자가 균일하고 동일하게 하는 뜻으로 읽히게 됨을 염려했다. 그렇기 때문에 일(一)자로 읽어야 한다고 했던 것이니, 한 가지 선한 명성을 취하여 시호를 지을 따름이라는 뜻이다.

孔疏 ◎云“在上曰浮”者, 言物在水上輕10)浮如浮雲. 云“君子勤行成功, 聲譽踰行是所恥”者, 言君子之人, 唯寢默勤行成功, 不自彰伐. 若使聲譽踰越於行, 是君子所恥也.

번역 ◎鄭注: “在上曰浮”. ○사물이 물에 들어가면 가벼운 것은 위에 뜨니 마치 구름이 뜨는 것처럼 된다. 정현이 “군자는 실천에 노력하여 공덕을 이루는데, 명성이 실천보다 높아지는 것은 부끄럽게 여겼다.”라고 했는데 군자라는 사람은 오직 하루 종일 실천에 힘써서 공을 이루지만 스스로 드러내거나 과시하지 않는다. 만약 명성이 자신의 실천보다 높아지게 한다면, 이것은 군자가 부끄럽게 여기는 점이라는 뜻이다.

孔疏 ●“子曰: 后稷, 天下之爲烈也, 豈一手一足哉”, 以上經君子恥11)名浮於行, 故此經名后稷, 證名不可過行也. 言后稷雖有大業, 不自謂聖人, 而稱 “便人”.

번역 ●經文: “子曰: 后稷, 天下之爲烈也, 豈一手一足哉”. ○앞의 경문에서는 군자는 명성이 실천보다 높아지는 것을 부끄럽게 여긴다고 했기 때문에, 이곳 경문에서는 후직의 명성을 드러내어, 그 명성이 실천보다 지나치지 않았음을 증명하였다. 즉 후직은 비록 큰 업적을 세웠지만 스스로를 성인이라고 부르지 않았고 ‘편인(便人)’이라고 지칭했다는 뜻이다.

孔疏 ●“后稷, 天下之爲烈”者, 言后稷周之始祖, 有播殖之功. 烈, 業也. 言天下之人, 並將爲業.

번역 ●經文: “后稷, 天下之爲烈”. ○후직은 주나라의 시조가 되며 곡식

---

10) ‘경(輕)’자에 대하여. ‘경’자는 본래 ‘칭(稱)’자로 기록되어 있었는데, 완원(阮元)의 『교감기(校勘記)』에서는 “『모본(毛本)』에서는 ‘칭’자를 ‘경’자로 기록했다.”라고 했다.

11) ‘치(恥)’자에 대하여. ‘치’자는 본래 ‘취(取)’자로 기록되어 있었는데, 문맥에 따라서 ‘치’자로 수정하였다.

을 파종하여 번식시킨 공적이 있다는 뜻이다. '열(烈)'자는 업적[業]을 뜻한
다. 천하 사람들은 모두 그의 업적을 따라서 시행한다는 뜻이다.

孔疏 ●"豈一手一足哉"者, 言后稷之功, 豈止一人之手, 一人之足而用之
哉. 言用之者多, 天下皆是也.

번역 ●經文: "豈一手一足哉". ○후직의 공적을 어찌 한 사람의 손이나
한 사람의 발로만 따라서 할 수 있겠느냐는 의미이니, 그것을 따르는 자가
많아서, 천하의 모든 사람이 이에 따르게 된다는 뜻이다.

孔疏 ●"唯欲行之, 浮於名也, 故自謂便人"者, 言后稷唯欲得實行過於虛
名, 故自謂便於稼穡之人, 不自謂己之仁聖也.

번역 ●經文: "唯欲行之, 浮於名也, 故自謂便人". ○후직은 오직 헛된 명
성보다는 실질적인 실천이 뛰어나고자 바란 것이기 때문에, 스스로 농사짓
는 것이 익숙한 사람이라고 부른 것이니, 자신이 인(仁)을 갖춘 성인이라고
부르지 않았다는 의미이다.

訓纂 五經通義: 有德則諡善, 無德則諡惡, 故雖君臣可同. 又曰: 諡者, 累
生時之行而諡之. 生有善行, 死有善諡, 所以勸善戒惡也. 諡之言列其所行, 身
雖死, 名常存, 故謂諡也.

번역 『오경통의』12)에서 말하길, 덕이 있으면 선한 시호를 얻고 덕이 없
다면 악한 시호를 얻는데, 비록 군주와 신하라는 신분적 차이가 있더라도
동일하게 따를 수 있다. 또 말하길, 시호라는 것은 생전의 행적을 열거하여
시호를 짓는 것이다. 생전에 선한 행적이 있다면 죽었을 때에도 선한 시호
를 얻으니, 선을 권면하고 악을 경계하는 방법이다. 시호는 그 행적을 열거
한다는 의미이니, 몸은 비록 죽었더라도 명성은 항상 남아 있다. 그렇기

---

12) 『오경통의(五經通義)』는 황간(黃幹, A.D.1152~A.D.1221)의 저작이다.

때문에 '시(諡)'라고 부른다.

集解 諡者, 行之迹也. 先王論行以爲諡, 所以尊崇其名譽, 而使可傳於後也. 惠猶善也. 人之善行雖多, 唯節取其大者以爲諡, 使其善有所專. 如文王非不足於武, 而諡曰文; 武王非不足於文, 而諡曰武也. 君子恥名浮於行, 故制諡之法如此. 情, 實也. 過行, 過高之行, 所以欺世而盜名者也. 率, 循也. 厚, 謂篤厚也. 君子不自矜大以求處情, 則專於爲己而無馳騖之心; 不爲過高之行以求處厚, 則篤於庸行而有踐履之實; 彰人之善而美人之功以求下賢, 則人皆樂告以善而有輔仁之益. 如此, 則德業日進於崇高, 故雖自卑而人尊敬之也. 蓋小人求名浮於行, 行隳而名不可得; 君子求行浮於名, 行脩而名隨之矣.

번역 시호는 행동이 드러난 자취이다. 선왕은 행적을 논의하여 시호를 제정하였으니, 그 명예를 존숭하여 후세에도 전할 수 있게끔 만든 것이다. '혜(惠)'자는 선함을 뜻한다. 그 사람의 선한 행실이 비록 많더라도 오직 그 중에서도 큰 것을 취하여 시호를 지어, 그의 선함에 오로지한 점이 있도록 했다. 예를 들어 문왕은 무예에 있어서 부족했던 것이 아니지만 시호를 '문(文)'이라고 했고, 무왕도 문예에 대해서 부족했던 것은 아니지만 시호를 '무(武)'라고 한 것과 같다. 군자는 행동보다 명예가 높아지는 것을 부끄럽게 여겼기 때문에 이처럼 시호 제정하는 법도를 만들었다. '정(情)'은 실정[實]을 뜻한다. '과행(過行)'은 지나치게 고고한 행동이니, 세상을 기만하여 명예를 훔치는 것이다. '솔(率)'자는 "따르다[循]."는 뜻이다. '후(厚)'자는 돈독하고 두텁다는 뜻이다. 군자는 스스로 과시하거나 과대 포장하지 않음으로써 실정에 처하기를 구하니, 자신을 위한 학문에 전일하고 외적인 것들을 앞 다투어 추구하고자 하는 마음이 없는 것이며, 지나치게 고고한 행동을 하지 않음으로써 두터운 곳에 처하기를 구하니, 중용에 따른 실천에 돈독하고 직접 실천하려는 진실됨이 있는 것이고, 남의 선함을 드러내고 남의 공적을 찬미하여 현자보다 낮추기를 구하니, 사람들이 모두 선함으로 알려주기를 좋아하고 인(仁)을 도와주는 보탬이 있는 것이다. 이처럼 할 수 있다면 덕과 과업은 날로 숭고하게 된다. 그렇기 때문에 비록 스스로 낮추지만 사람들이 존경하는 것이다. 소인은 실천보다 명성이 높아지기를 구하지만, 실천에 태만하면 명성을 얻을 수 없고, 군자는 명성보다 실천이 높아지기를 구하니, 실천을 수양하면 명성이 따르게 된다.

集解 愚謂: 人莫不有所當事, 知其當事而事之, 盡禮義也. 然人之情多好自夸大, 而有不欲下人之心, 則有於所當事而不能事者矣. 故上章引夫子之言, 以明君子之謙卑自下, 此章又引夫子言后稷之事如此, 皆不自尙·不自尊之意, 與舜·禹·文王·周公有君民之大德, 有事君之小心者, 其道一也.

번역 내가 생각하기에, 사람들 중에는 마땅히 일삼아야 할 것들을 가지지 않은 자가 없으니, 마땅히 일삼아야 할 것을 알아서 그 일을 시행하는 것이 예(禮)와 의(義)를 다하는 것이다. 그러나 사람의 정감은 대체로 스스로 과시하고 과대 포장하기를 좋아하며, 남보다 낮추고 싶지 않은 마음이 있으니, 마땅히 일삼아야 할 일에 대해서도 제대로 시행하지 않는 경우가 있다. 그렇기 때문에 앞에서는 공자의 말을 인용하여 군자가 겸손하게 자신을 남보다 낮춘다는 사실을 밝혔고, 이곳에서는 재차 공자의 말을 인용하여 후직이 했던 일이 이와 같다고 했으니, 이 모두는 스스로 높이지 않고 스스로 존귀하게 받들지 않는 뜻으로, 순임금·우임금·문왕·주공이 백성에게 군주노릇을 할 수 있는 큰 덕을 갖추고 있으면서도 군주를 섬기는 조심스러운 마음을 갖추고 있었다는 것과 그 도가 동일하다.

그림 23-1 직파백곡도(稷播百穀圖)

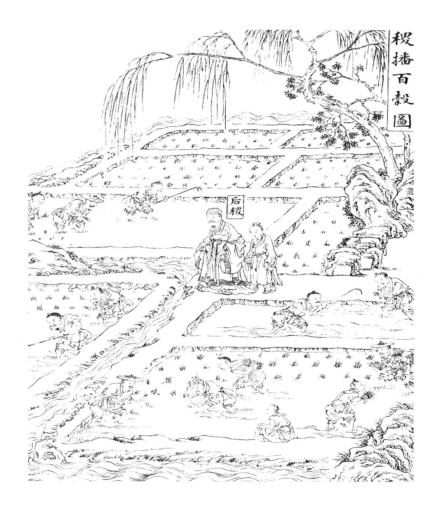

※ **출처:**『흠정서경도설(欽定書經圖說)』3권

• 제 24 절 •

군자의 인(仁)

【631b】

> 子言之, "君子之所謂仁者, 其難乎! 詩云, '凱弟君子, 民之
> 父母.' 凱以强教之, 弟以說安之. 樂而毋荒, 有禮而親, 威莊
> 而安, 孝慈而敬, 使民有父之尊, 有母之親, 如此而后可以爲
> 民父母矣, 非至德其孰能如此乎?"

직역 子가 言하길, "君子가 仁이라 謂한 所의 者는 그 難인가! 詩에서 云, '凱弟한 君子는 民의 父母로다.' 凱하여 强으로써 敎하고, 弟하여 說로써 安이라. 樂이나 荒이 毋하고, 禮가 有이나 親하며, 威莊이나 安하고, 孝慈이나 敬하니, 民으로 使하여 父의 尊이 有하고, 母의 親이 有하여, 此와 如한 后에 可히 民의 父母라 爲하니, 至德이 非라면 그 孰히 能히 此와 如리오?"

의역 공자가 말하길, "군자가 말하는 인(仁)이란 그처럼 어렵단 말인가! 『시』에서는 '화락하고 평이한 군자는 백성의 부모로다.'라고 했는데, 화락함으로 굳세게 가르치고, 평이함으로 기쁘고 편안하게 해준다. 즐겁지만 지나친 곳으로 흐르는 일이 없고, 예를 갖추지만 친애하며, 위엄과 장엄함을 갖추지만 편안하게 해주고, 효와 자애로움을 실천하지만 공경하여, 백성들로 하여금 부친의 존엄함을 갖추고, 모친의 친애함을 갖추게 했으니, 이처럼 한 이후에야 백성의 부모가 될 수 있다. 그런데 지극한 덕을 갖춘 성인이 아니라면, 그 누가 이처럼 할 수 있겠는가?"라고 했다.

集說 呂氏曰: 强教之者, 以道驅之, 如佚道使民, 雖勞不怨者也. 說安之者, 得其心之謂也, 說以使民, 民忘其勞; 說以犯難, 民忘其死者也. 樂, 說安也, 毋

荒則有敎矣; 威莊, 强敎也; 安則說矣; 孝慈, 說也, 敬則有敎矣. 强敎則父之
尊存焉, 說安則母之親存焉. 此言君子仁民之道如此, 非聖人莫能與也.

번역 여씨가 말하길, 굳셈으로 가르친다는 말은 도를 통해 인도하는 것
이니, 마치 "편안하게 해주는 도로 백성들을 부리면 비록 수고롭더라도 원
망하지 않는다."[1]와 같다. 기쁨으로 편안하게 해준다는 말은 그 마음을 얻
는다는 뜻이니, 기쁨으로 백성들을 부리면 백성들이 수고로움을 잊고, 기쁨
으로 어려움을 범하면 백성들이 죽음을 잊는다는 뜻이다.[2] '낙(樂)'자는 기
뻐하며 편안하게 해준다는 뜻인데, 지나침에 빠지는 일이 없다면 가르침이
있게 된다. 위엄을 갖추고 장엄하게 하는 것은 굳세게 가르치는 일이다.
편안하게 해주면 기뻐한다. 효와 자애로움을 펼치면 기뻐하는데, 공경한다
면 가르침이 있게 된다. 굳세게 가르친다면 부친에 대한 존경함이 있게 되
고, 기뻐하며 편안하게 해주면 모친에 대한 친애함이 있게 된다. 이 문장은
군자가 백성들을 인(仁)하게 하는 도가 이와 같으니, 성인이 아니라면 이러
한 곳에 참여할 수 없음을 뜻한다.

大全 馬氏曰: 所謂仁者, 其難乎, 信仁之難其成也. 嚴有以致其尊, 愛有以
致其親, 然後爲功之成也. 詩云, 凱弟君子, 民之父母, 此言仁之成也. 凱以强
敎之, 所以致其尊, 而率之於外也. 弟以說安之, 所以致其親, 而和之於內也.
有以致其尊, 故樂而無荒, 孝慈而敬. 有以致其親, 故有禮而親, 威莊而安. 尊
有以致其親, 親有以致其尊, 其尊可以比於父, 其親可以比於母, 故曰使民有
父之尊, 有母之親, 如此而後, 可以爲民父母矣.

번역 마씨가 말하길, "이른바 인(仁)이라는 것은 어렵구나!"라고 한 말
은 진실로 인(仁)이란 이루기가 어렵다는 뜻이다. 엄격함에는 존귀함을 지
극히 하는 점이 있고, 친애함에는 친근함을 지극히 하는 점이 있는데, 이

---

1) 『맹자』「진심상(盡心上)」: 孟子曰, "以佚道使民, 雖勞不怨. 以生道殺民, 雖死
不怨殺者."
2) 『역』「태괘(兌卦)」: 象曰, 兌, 說也. 剛中而柔外, 說以利貞. 是以順乎天而應乎
人. 說以先民, 民忘其勞, 說以犯難, 民忘其死, 說之大, 民勸矣哉!

처럼 한 뒤에야 공을 이루게 된다. 『시』에서는 "화락하고 평이한 군자는
백성의 부모로다."라고 했는데, 이것은 인(仁)의 이룸을 뜻한다. 화락함으
로 굳세게 가르치는 것은 존귀함을 지극히 하여 외적으로 통솔하는 것이
다. 평이함으로 기쁘고 편안하게 하는 것은 친애함을 지극히 하여 내적으
로 조화롭게 하는 것이다. 존귀함을 지극히 하는 점이 있기 때문에 즐겁지
만 지나친 곳으로 빠지는 일이 없고, 효와 자애로움을 실천하면서도 공경
한다. 친애함을 지극히 하는 점이 있기 때문에 예를 갖추지만 친애하고,
위엄과 장엄함을 갖추더라도 편안하게 여긴다. 존엄함에는 친애함을 지극
히 하는 점이 있고, 친애함에는 존엄함을 지극히 하는 점이 있는데, 존엄
함이라는 것은 부친에게 견줄 수 있고, 친애함이라는 것은 모친에게 견줄
수 있다. 그렇기 때문에 "백성들로 하여금 부친의 존엄함을 갖추게 하고,
모친의 친애함을 갖추게 하니, 이처럼 한 이후에야 백성의 부모가 될 수
있다."라고 했다.

鄭注 有父之尊, 有母之親, 謂其尊親己如父母.

번역 부친의 존엄함이 있고, 모친의 친애함이 있다는 말은 자신을 존엄
하게 여기고 친애하는 것이 부모를 대하는 것과 같다는 뜻이다.

釋文 强, 其良反, 徐其兩反, 說音悅. 毋荒音無.

번역 '强'자는 '其(기)'자와 '良(량)'자의 반절음이며, 서음(徐音)은 '其
(기)'자와 '兩(량)'자의 반절음이다. '說'자의 음은 '悅(열)'이다. '毋荒'에서의
'毋'자는 그 음이 '無(무)'이다.

孔疏 ●"子言"至"此乎". ○正義曰: 此以下至"不勝其文", 更廣明仁道, 又
顯尊親之異, 幷論虞·夏·商·周質文不等. 今各隨文解之.

번역 ●經文: "子言"~"此乎". ○이곳 구문으로부터 그 이하로 "그 문식

을 이겨내지 못한다."[3]라는 구문까지는 재차 인(仁)의 도를 폭넓게 설명하고, 또한 존엄함과 친애함의 차이를 드러냈으며, 아울러 우(虞)・하(夏)・상(商)・주(周)에서 질박함이나 문식을 중요하게 여겼던 차이로 논의하고 있다. 현재 각각의 문장에 따라서 풀이하겠다.

孔疏 ●"仁者其難乎", 言行仁之道, 其甚難乎, 爲之不易.

번역 ●經文: "仁者其難乎". ○인(仁)을 시행하는 도는 매우 어렵다는 뜻으로, 그것을 시행하기가 쉽지 않다는 의미이다.

孔疏 ●"詩云: 凱弟君子, 民之父母"者, 言仁道爲難, 若有仁行可以爲民之父母. 此詩・大雅・泂酌之篇, 戒成王之詩也. 凱, 樂也. 弟, 易也. 言使民樂易之君子, 則得爲民之父母, 言不易也.

번역 ●經文: "詩云: 凱弟君子, 民之父母". ○인(仁)의 도는 시행하기가 어려우니, 만약 인(仁)의 도를 시행할 수 있다면 백성의 부모가 될 수 있다는 뜻이다. 이것은 『시』「대아(大雅)・형작(泂酌)」편으로,[4] 성왕(成王)에 대해 경계지침을 내리는 시이다. '개(凱)'자는 "화락하다[樂]."는 뜻이다. '제(弟)'자는 "평이하다[易]."는 뜻이다. 백성들로 하여금 화락하고 평이하게 만드는 군자라면, 백성들의 부모가 될 수 있다는 뜻이니, 그 일이 쉽지 않다는 의미이다.

孔疏 ●"凱以强敎之, 弟以說安之", 孔子旣引詩, 又釋"凱"・"弟"之義. 凱, 樂也. 言君子初以仁政化下, 使人樂仰, 自强不息, 是"凱以强敎之". 弟, 謂遜弟. 言以遜弟之道下化於民, 民皆說豫而康安, 是"弟以說安之"也.

---

3) 『예기』「표기」【633b】: 子曰, "虞夏之道, 寡怨於民. 殷周之道, 不勝其敝." 子曰, "虞夏之質, 殷周之文, 至矣! 虞夏之文不勝其質, 殷周之質不勝其文."
4) 『시』「대아(大雅)・형작(泂酌)」: 泂酌彼行潦, 挹彼注玆, 可以饋饎. 豈弟君子, 民之父母.

번역 ●經文: "凱以强教之, 弟以說安之". ○공자는 이미 『시』를 인용했는데 재차 '개(凱)'자와 '제(弟)'자의 뜻을 풀이한 것이다. '개(凱)'자는 "화락하다[樂]."는 뜻이다. 즉 군자는 애초부터 인(仁)을 통한 정치로 백성들을 교화하여, 백성들로 하여금 즐겁게 우러러보도록 하여, 스스로 굳세게 시행하며 그치지 않도록 한다는 뜻으로, 이것은 "화락하게 하여 굳셈으로 가르친다."는 뜻에 해당한다. '제(弟)'자는 겸손하고 공손하다는 뜻이다. 겸손과 공손의 도로써 백성들을 교화하여, 백성들이 모두 기뻐하며 편안하게 된다는 뜻이니, 이것은 "겸손하고 공손하게 하여 기쁨으로 편안하게 한다."는 뜻에 해당한다.

孔疏 ●"樂而毋荒, 有禮而親"者, 樂失於荒, 禮失於疏, 言明君敎下爲樂而毋荒, 有禮而相親也.

번역 ●經文: "樂而毋荒, 有禮而親". ○즐거움은 너무 지나친 곳으로 빠지는 잘못을 범하고, 예는 너무 소원하게 대하는 잘못을 범하기도 하니, 현명한 군자가 백성들을 가르쳐서 즐겁지만 지나친 곳으로 빠지는 일이 없게 하고 예를 갖췄지만 서로 친애하도록 했다는 뜻이다.

孔疏 ●"威莊而安, 孝慈而敬"者, 凡矜莊者, 失在危懼; 孝慈者, 失在慢易. 今明君臨下, 威嚴矜莊而民安也, 孝順慈愛而民敬也.

번역 ●經文: "威莊而安, 孝慈而敬". ○무릇 엄숙하고 장엄한 자는 너무 두렵게 만드는 잘못을 범하고, 효와 자애로움을 갖춘 자는 태만하게 하는 잘못을 범한다. 현재 현명한 군자는 백성들을 임하며, 위엄을 갖추고 장엄한 태도를 취하면서도 백성들이 편안하게 되고, 효성스럽고 자애롭게 대하면서도 백성들이 공경하게 된다.

孔疏 ●"使民有父之尊, 有母之親"者, 以有威莊, 故"有父之尊", 言尊之如父. 以有孝慈, 故"有母之親", 言親之如母也.

번역 ●經文: "使民有父之尊, 有母之親". ○위엄과 장엄함을 갖추고 있기 때문에 "부친에 대한 존엄함을 가진다."라고 했으니, 존엄하게 대하길 부친처럼 여긴다는 뜻이다. 효와 자애로움을 갖추고 있기 때문에 "모친에 대한 친애함을 가진다."라고 했으니, 친애하게 대하길 모친처럼 여긴다는 뜻이다.

孔疏 ●"非至德其孰能如此乎"者, 言若非至德之君, 其誰能使民如此, 言仁道難也.

번역 ●經文: "非至德其孰能如此乎". ○만약 지극한 덕을 갖춘 군주가 아니라면 그 누가 이처럼 백성들을 만들 수 있겠느냐는 뜻으로, 인(仁)의 도는 시행하기 어렵다는 의미이다.

訓纂 釋詁: 弟, 易也.

번역 『이아』「석고(釋詁)」편에서 말하길, '제(弟)'자는 평이하다는 뜻이다.5)

訓纂 邵氏晉涵曰: 表記引詩, 而釋之曰"弟以說安之", 毛傳作"易以說安之."

번역 소진함6)이 말하길, 「표기」편에서 『시』를 인용하며, 그 내용을 풀이해서 "제(弟)하여 기쁨으로써 편안하게 한다."라고 했는데, 『모전』에서는 "이(易)하여 기쁨으로써 편안하게 한다."라고 했다.

集解 强教, 謂强勸而敎訓之. 說安, 謂和悅而安定之. 毋荒也, 有禮也, 威

---

5) 『이아』「석고(釋詁)」: 平·均·夷·<u>弟, 易也</u>.
6) 소진함(邵晉涵, A.D.1743~A.D.1796) : 청(淸)나라 때의 학자이다. 자(字)는 여동(與桐)이고, 호(號)는 이운(二雲)·남강(南江)이다. 사학(史學)과 경학 분야에 명성이 높았다.

莊也, 敬也, 皆强教之效, 而使民有父之尊者也. 樂也, 親也, 安也, 孝慈也, 皆
說安之效, 而使民有母之親者也. 於二者兼盡之而不偏, 則可以謂之仁, 可以
謂之民父母矣.

번역 '강교(强教)'는 굳건하게 권유하여 가르친다는 뜻이다. '열안(說
安)'은 화락하여 편안하게 안정시킨다는 뜻이다. 지나친 곳으로 빠짐이 없
다는 것, 예를 갖춘다는 것, 위엄과 장엄함을 갖춘다는 것, 공경한다는 것
등은 모두 굳세게 가르쳐서 나타나는 효과이고, 백성들로 하여금 부친의
존엄함을 갖추게 하는 것이다. 즐거워하는 것, 친애하는 것, 편안하게 여기
는 것, 효와 자애로운 것 등은 모두 기뻐하며 편안하게 해서 나타난 효과이
고, 백성들로 하여금 모친의 친애함을 갖추게 하는 것이다. 이 두 가지에
대해서 모두 다하여 치우치지 않는다면, 인(仁)이라 할 수 있으며, 백성의
부모라 할 수 있다.

참고 『시』「대아(大雅)·형작(泂酌)」

泂酌彼行潦, (형작피행료) : 멀리 저 야트막하게 흐르는 물을 떠다가,
挹彼注茲, (읍피주자) : 저기에서 떠서 이곳에 물을 대니,
可以餴饎. (가이분희) : 술밥을 씻고 익힐 수 있도다.
豈弟君子, (기제군자) : 화락하고 간이한 군자여,
民之父母. (민지부모) : 백성들의 부모로다.

泂酌彼行潦, (형작피행료) : 멀리 저 야트막하게 흐르는 물을 떠다가,
挹彼注茲, (읍피주자) : 저기에서 떠서 이곳에 물을 대니,
可以濯罍. (가이탁뢰) : 뇌(罍)를 씻을 수 있도다.
豈弟君子, (기제군자) : 화락하고 간이한 군자여,
民之攸歸. (민지유귀) : 백성들이 귀의하는 대상이로다.

泂酌彼行潦, (동작피행료) : 멀리 저 야트막하게 흐르는 물을 떠다가,

挹彼注茲, (읍피주자) : 저기에서 떠서 이곳에 물을 대니,
可以濯漑. (가이탁개) : 씻어서 깨끗하게 할 수 있도다.
豈弟君子, (기제군자) : 화락하고 간이한 군자여,
民之攸墍. (민지유기) : 백성들이 휴식을 취할 수 있는 대상이로다.

毛序 泂酌, 召康公, 戒成王也, 言皇天親有德饗有道也.

모서 「형작(泂酌)」편은 소강공이 성왕에게 주의를 주는 시이니, 황천
(皇天)은 덕이 있는 자를 친근하게 여기고, 도가 있는 자의 제사를 흠향한
다는 뜻이다.

참고 구문비교

출 처	내 용
『禮記』「表記」	如此而后可以爲民父母矣.
『孟子』「梁惠王下」	如此然後可以爲民父母.

참고 구문비교

출 처	내 용
『禮記』「表記」	非至德其孰能如此乎?
『孝經』「廣至德章」	非至德其孰能順民如此其大者乎?

• 제 **25** 절 •

친(親)과 존(尊)

【631c~d】

"今父之親子也, 親賢而下無能; 母之親子也, 賢則親之, 無能則憐之. 母親而不尊, 父尊而不親. 水之於民也, 親而不尊; 火尊而不親. 土之於民也, 親而不尊; 天尊而不親. 命之於民也, 親而不尊; 鬼尊而不親."

직역 "今에 父가 子를 親함에, 賢을 親이나 無能은 下하며; 母가 子를 親함에, 賢이라면 親하고, 無能이라면 憐한다. 母는 親이나 不尊하고, 父는 尊이나 不親이라. 水는 民에 대하여, 親이나 不尊하고; 火는 尊이나 不親이라. 土는 民에 대하여, 親이나 不尊하고; 天은 尊이나 不親이라. 命은 民에 대하여, 親이나 不尊하고; 鬼는 尊이나 不親한다."

의역 공자가 계속하여 말하길, "현재 부친이 자식을 친애함에 있어서 현명한 자식은 친애하지만 무능한 자식은 천시한다. 모친이 자식을 친애함에 있어서도 자식이 현명하다면 친애하지만 무능하다면 불쌍히 여긴다. 모친은 친근한 존재이지만 존엄하지는 않고, 부친은 존엄한 존재이지만 친근하지는 않다. 물은 백성에 대해서 친근하지만 존엄하지는 않고, 반면 불은 존엄하지만 친근하지는 않다. 또 흙은 백성에 대해서 친근하지만 존엄하지는 않고, 반면 하늘은 존엄하지만 친근하지는 않다. 또 명(命)은 백성에 대해서 친근하지만 존엄하지는 않고, 반면 귀신은 존엄하지만 친근하지는 않다."라고 했다.

集説 下無能, 賤其無能之子也.

번역 '하무능(下無能)'은 무능한 자식을 천시한다는 뜻이다.

集說 應氏曰: 命者, 造化所以示人者也, 顯而易見, 故人玩之; 鬼幽而難測, 故人畏之. 或曰, 命, 謂君之敎令, 故下文言"夏道尊命".

번역 응씨가 말하길, '명(命)'은 조화롭게 하여 사람들에게 보여주는 것이다. 드러나서 쉽게 볼 수 있기 때문에 사람들이 경시하게 된다. 귀신은 그윽하여 헤아리기 어렵기 때문에 사람들이 두려워한다. 혹자는 '명(命)'은 군주가 내리는 교화와 명령이라는 뜻이기 때문에 아래문장에서 "하나라의 도는 명령을 존엄하게 높인다."[1]라고 했다고 주장한다.

大全 馬氏曰: 父主於敬, 尊而不親, 母主於愛, 親而不尊. 水懦則狎而玩之, 故親而不尊. 火烈則人望而畏之, 故尊而不親. 土則近於人而有利可愛, 故親而不尊. 天則遠於人而有威可畏, 故尊而不親. 命則令人於明而近於人者也, 故親而不尊. 鬼則相人於幽而遠於人者也, 故尊而不親.

번역 마씨가 말하길, 부친은 공경함을 위주로 하여 존엄하지만 친근하지는 않고, 모친은 친애함을 위주로 하여 친근하지만 존엄하지는 않다. 물은 부드러워서 익숙하고 경시하기 때문에 친근하지만 존엄하지는 않다. 불은 맹렬하여 사람들이 바라만 보며 두려워하기 때문에 존엄하지만 친근하지는 않다. 흙은 사람과 가깝고 이로움이 있어서 친애할 만하기 때문에 친근하지만 존엄하지는 않다. 하늘은 사람과 멀리 떨어져 있고 위엄을 가지고 있어서 두려워할 만하기 때문에 존엄하지만 친근하지는 않다. 명(命)은 밝은 인간 세상에서 사람들에게 내려지고 사람과 가까운 것이기 때문에 친근하지만 존엄하지는 않다. 귀신은 그윽한 세상에서 사람을 돕고 사람과 멀리 떨어져 있는 것이기 때문에 존엄하지만 친근하지는 않다.

---

1) 『예기』「표기」【632a】: 子曰, "夏道尊命, 事鬼敬神而遠之, 近人而忠焉, 先祿而後威, 先賞而後罰, 親而不尊. 其民之敝, 惷而愚, 喬而野, 樸而不文. 殷人尊神, 率民以事神, 先鬼而後禮, 先罰而後賞, 尊而不親. 其民之敝, 蕩而不靜, 勝而無恥. 周人尊禮尙施, 事鬼敬神而遠之, 近人而忠焉, 其賞罰用爵列, 親而不尊. 其民之敝, 利而巧, 文而不慚, 賊而蔽."

大全 臨川吳氏曰: 上言至德之君子, 能兼有父母之尊親, 此則言其各偏於
一而不兼有者.

번역 임천오씨가 말하길, 앞에서는 지극한 덕을 갖춘 군자는 부친과 모
친의 존엄함 및 친근함을 함께 가질 수 있다고 했고, 이곳에서는 각각 하나
에 편향되어 모두 갖추지 못한 경우를 언급하고 있다.

鄭注 或見尊或見親, 以其嚴與恩所尙異也. 命, 謂四時政令, 所以敎民勤
事也. 鬼, 謂四時祭祀, 所以訓民事君也.

번역 어떤 것은 존엄하게 여기고 어떤 것은 친근하게 여기는데, 그 대상
의 엄중함과 은혜로움에 있어 숭상하는 것이 차이를 보이기 때문이다. '명
(命)'은 사계절마다 내리는 정령이니, 백성들을 가르쳐서 일에 힘쓰도록 하
는 것이다. '귀(鬼)'는 사계절마다 지내는 제사이니, 백성들을 가르쳐서 군
주를 섬기도록 하는 것이다.

釋文 憐, 力田反.

번역 '憐'자는 '力(력)'자와 '田(전)'자의 반절음이다.

孔疏 ●"今父"至"不親". ○正義曰: 此明尊親之異, 父母不同.

번역 ●經文: "今父"~"不親". ○이곳 문단은 존엄함과 친근함의 차이
에 따라 부친과 모친이 다르다는 사실을 나타내고 있다.

孔疏 ●"今父之親子也, 親賢而下無能"者, 言父之於子, 若見賢者則親愛
之, 若見無能者則下賤之, 以父立於義, 分別善惡也.

번역 ●經文: "今父之親子也, 親賢而下無能". ○부친은 자식에 대해서

만약 현명함을 보게 된다면 친애하지만 무능함을 보게 된다면 천시하니,
부친은 의(義)에 서서 선악을 분별하기 때문이다.

孔疏 ●"母之親子也, 賢則親之, 無能則憐之"者, 言母之於子, 見賢則親愛
之, 見其子無能則憐愛之, 母以恩愛, 不能分別善惡故也.

번역 ●經文: "母之親子也, 賢則親之, 無能則憐之". ○모친은 자식에 대
해서 현명함을 보게 되면 친애하지만 그 자식이 무능하다는 사실을 보게
되면 가엾게 여기니, 모친은 은혜와 친애함으로 인해 선악을 분별할 수 없
기 때문이다.

孔疏 ●"水之於民也, 親而不尊"者, 水沐浴人多用, 故親而不尊.

번역 ●經文: "水之於民也, 親而不尊". ○물은 목욕을 할 때 사람들이
많이 사용한다. 그렇기 때문에 친근하지만 존엄하지는 않다.

孔疏 ●"火尊而不親"者, 火須離之, 近則傷害人. 不須輕近, 故尊而不親.

번역 ●經文: "火尊而不親". ○불은 떨어트려 놓아야 하니, 너무 가까이
하면 사람에게 해를 끼친다. 너무 가볍게 여기거나 가까이 할 수 없기 때문
에 존엄하지만 친근하지는 않다.

孔疏 ●"土之於民也, 親而不尊"者, 土能生物載養, 於人是親也. 於人爲
近, 人所居處, 遂不尊也.

번역 ●經文: "土之於民也, 親而不尊". ○흙은 만물을 태어나게 해주고
실어주며 길러줄 수 있으니, 사람에게 있어서는 친근한 대상이 된다. 사람
과 가까운 존재이고 사람들이 거처하는 곳이라서 결국 존엄하지 않게 된다.

孔疏 ●"天尊而不親"者, 天有雷霆日月, 震耀殺戮, 是尊也, 而體高遠, 是

不親也.

[번역] ●經文: "天尊而不親". ○하늘에는 우레와 천둥이 있고 또 해와 달이 달려 있어서 진동하고 빛을 내며 만물을 죽이니, 이것은 존엄함에 해당한다. 그러나 본체가 높고 멀리 떨어져 있으니, 이것은 친근하지 않음에 해당한다.

[孔疏] ●"命之於民也, 親而不尊"者, 謂人君敎命隨四時以敎於人, 欲人生厚, 是親也. 附近於民, 使民勤事, 是不尊.

[번역] ●經文: "命之於民也, 親而不尊". ○군주가 교화를 하고 명령을 내릴 때에는 사계절에 따라서 사람들을 가르치니, 사람들이 두텁게 생장하길 바라는 것으로, 친근함에 해당한다. 백성과 밀접히 하여 백성으로 하여금 일을 열심히 시행하도록 하니, 이것은 존엄하지 않음에 해당한다.

[孔疏] ●"鬼尊而不親"者, 鬼, 謂鬼神. 神道嚴敬, 降人禍福, 是尊也. 人神道隔, 無形可見, 是不親也.

[번역] ●經文: "鬼尊而不親". ○'귀(鬼)'자는 귀신을 뜻한다. 귀신의 도는 엄중하고 공경스러우며 사람에게 재앙과 복을 내리니, 이것은 존엄함에 해당한다. 사람과 귀신의 도는 멀리 떨어져 있고 그 형체를 볼 수 없으니, 이것은 친근하지 않음에 해당한다.

[訓纂] 呂與叔曰: 水者, 民狎而玩之, 火者, 民望而畏之, 此水火尊親之異也. 地載我者也, 然近人, 可得而履, 天覆我者也, 然遠人, 不可階而升, 此天地尊親之異也. 君之命見於事, 近人而可行, 鬼之道存諸理, 遠人而不可私, 此人鬼尊親之異也.

[번역] 여여숙이 말하길, 물은 백성들이 친근하게 여겨서 경시하고, 불은 백성들이 바라보며 두려워하니, 이것이 물과 불에 대해 존엄하게 대하거나

친근하게 대하는 차이점이다. 땅은 우리들을 실어주는 존재이지만, 사람과 너무 가깝고 사람이 밟을 수 있으며, 하늘은 우리들을 덮어주는 존재이지만, 사람과 너무 멀리 떨어져 있어서 무언가를 밟고 올라갈 수 없으니, 이것이 하늘과 땅에 대해 존엄하게 대하거나 친근하게 대하는 차이점이다. 군주의 명령은 일을 통해 나타나고, 사람과 가까워서 시행할 수 있고, 귀신의 도는 이치상으로 존재하여 사람과 멀리 떨어져 있고 사적으로 할 수 없으니, 이것이 사람과 귀신에 대해 존엄하게 대하거나 친근하게 대하는 차이점이다.

集解 下, 謂卑下之也. 命, 謂君之政令. 鬼, 謂鬼神. 父母之尊·親, 以其情言之; 水火之尊·親, 以其勢言之; 土與天之尊·親, 以其體言之; 命與鬼之尊·親, 以其道言之也. 尊·親之道, 各有所偏主, 而兼之者之所以爲難也.

번역 '하(下)'자는 낮춘다는 뜻이다. '명(命)'자는 군주의 정령을 뜻한다. '귀(鬼)'자는 귀신을 뜻한다. 부친과 모친에 대한 존엄함과 친근함은 정감을 기준으로 말한 것이다. 물과 불의 존엄함과 친근함은 기세를 기준으로 말한 것이다. 땅과 하늘의 존엄함과 친근함은 본체를 기준으로 말한 것이다. 명령과 귀신의 존엄함과 친근함은 도를 기준으로 말한 것이다. 존엄함과 친근함의 도에는 각각 치우쳐 위주로 하는 점이 있어서, 그것을 함께 하는 것이 어려운 이유이다.

• 제 26 절 •

우(虞) · 하(夏) · 은(殷) · 주(周)의 차이점

【632a】

子曰, "夏道尊命, 事鬼敬神而遠之, 近人而忠焉, 先祿而後威, 先賞而後罰, 親而不尊. 其民之敝, 惷而愚, 喬而野, 樸而不文. 殷人尊神, 率民以事神, 先鬼而後禮, 先罰而後賞, 尊而不親. 其民之敝, 蕩而不靜, 勝而無恥. 周人尊禮尚施, 事鬼敬神而遠之, 近人而忠焉, 其賞罰用爵列, 親而不尊. 其民之敝, 利而巧, 文而不慚, 賊而蔽."

직역 子가 曰, "夏道는 命을 尊하여, 鬼를 事하고 神을 敬하여 遠하고, 人을 近하여 忠하니, 祿을 先하고 威를 後하며, 賞을 先하고 罰을 後하여, 親하되 不尊이라. 그 民의 敝는 惷하여 愚하고, 喬하여 野하며, 樸하여 不文이라. 殷人은 神을 尊하여, 民을 率하여 神을 事하니, 鬼를 先하고 禮를 後하며, 罰을 先하고 賞을 後하여, 尊이나 不親이라. 그 民의 敝는 蕩하여 不靜하고, 勝하여 恥가 無라. 周人은 禮를 尊하고 施를 尚하여, 鬼를 事하고 神을 敬하여 遠하고, 人을 近하여 忠하며, 그 賞罰은 爵列에 用하여, 親하되 不尊이라. 그 民의 敝는 利하여 巧하고, 文하여 不慚하며, 賊하여 蔽라."

의역 공자가 말하길, "하나라의 도는 명령을 존엄하게 높여서, 귀신을 섬기고 공경하여 멀리 대했고, 사람을 가까이 하여 진심을 다했으니, 녹봉을 앞세우고 위엄을 뒤로 미뤘으며, 상을 앞세우고 벌을 뒤로 미뤄서, 친근하였지만 존엄하지는 않았다. 결국 백성들에게 나타난 폐단은 우둔하고 어리석게 되었으며, 교만하고 비루하게 되었으며, 질박하여 격식을 따지지 않게 되었다. 은나라는 이러한 폐단을 바로잡고자 귀신을 존엄하게 높여서, 백성들을 통솔하여 신을 섬겼으니, 귀신에 대한 것을 앞세우고 예를 뒤로 미뤘으며, 형벌을 앞세우고 상을 뒤로 미뤄서, 존엄하였지만 친근하지는 않았다. 결국 백성들에게 나타난 폐단은 방탕하여 정숙하지 않았고, 격식만 앞서서 부끄러움이 없어졌다. 주나라는 이러한 폐단을 바로잡고자 예를 존엄하게 높이고 베푸는 것을 숭상하여, 하나라 때처럼 귀신을 섬기고 공경하여 멀리 대했고, 사람을 가까이 하여 진심을 다했는데, 상과 형벌에 있어서는 선후를 따지지 않았고 작위의 서열에 따라서, 친근하였지만 존엄하지는 않았다. 결국 백성들에게 나타난 폐단은 이로움을 따라서 교묘해졌고, 격식만을 따져서 부끄러워함이 없어졌으며, 해를 끼쳐 이치에 어둡게 되었다."라고 했다.

集說 先祿後威, 先賞後罰, 皆是忠厚感人之意. 故民雖知親其上, 而尊君之意則未也, 故曰親而不尊. 憃愚驕傲鄙野質樸之敝, 皆忠之末流也. 殷人欲矯其敝, 故以敬畏爲道, 以事神之道率民, 先其鬼之不可知者, 後其禮之可知者; 先其罰之可畏, 後其賞之可慕. 尊則尊矣, 而親愛之情, 則無由生也, 故曰尊而不親. 流蕩而不知靜定之所者, 尊上鬼神之敝; 務自勝以免刑而無恥者, 先罰後賞之敝也. 周人見其然, 故尊禮以矯後禮之失, 尙施惠以爲恩, 亦如夏時之近人而忠, 其賞罰亦無先後, 但以爵列之高下爲準, 如車服土田之賞有命數之異, 刑罰之施有八辟之議, 及命夫命婦不躬坐獄訟之類, 皆是也. 故亦如夏世之親而不尊, 其後民皆便利而多機巧, 美文辭而言之不怍, 賊害而蔽於理, 皆尊禮太過, 文沒其實之所致.

번역 녹봉을 먼저 하고 위엄을 뒤에 하며, 상을 먼저 하고 벌을 뒤에 한다는 것은 모두 충심이 두터워서 사람을 감동시킨다는 뜻이다. 그렇기 때문에 백성들이 비록 윗사람에 대해 친애해야 함을 알았지만, 군주를 존경해야 한다는 뜻에 대해서 아직 잘하지 못했다. 그러므로 "친근하게 여겼지만 존엄하게 여기지는 않았다."라고 했다. 어리석고 교만하며 비루하고 질박한 폐단은 모두 충심이 말단으로 흐른 병폐에 해당한다. 은나라는 그 폐단을 바로잡으려고 했다. 그렇기 때문에 공경함과 두려움을 도로 삼고, 귀신을 섬기는 도로써 백성들을 통솔하여, 알 수 없는 귀신에 대한 것을 먼저 하고, 알 수 있는 예에 대한 것을 뒤로 했으며, 두려워할만한 형벌을 먼저 하고 사모할 수 있는 상을 뒤로 했다. 존엄하게 하면 존엄해지지만, 친애하는 감정은 생겨날 곳이 없게 된다. 그렇기 때문에 "존엄하게 여겼지만 친근하게 여기지는 않았다."라고 했다. 방탕하게 흘러 고요하고 안정되어야 할 곳을 모르는 것은 윗사람을 존경하고 귀신을 섬길 때 나타나는 폐단이며, 스스로 뛰어나게 되는데 힘써서 형벌을 면하고도 부끄러움이 없게 되는 것은 형벌을 먼저 하고 상을 뒤에 할 때 나타나는 폐단이다. 주나라는 이러한 연유를 보았기 때문에 예를 존귀하게 높여서 예를 뒤로 했던 실수를 바로잡으려고 했고, 은혜 베푸는 것을 숭상하여 은정으로 삼았으니, 또한 하나라 때처럼 사람을 가까이 하여 충심을 다했던 것과 같고, 상벌에 있어서도 또한 선후의 차이를 두지 않았지만, 작위의 서열을 준칙으로 삼았으니, 예를 들어 수레나 의복 및 전답 등을 하사함에 있어서도 명(命)의 등급에 따른 차이를 두었고, 형벌을 시행함에 있어서도 팔벽(八辟)[1]의 의론을 두었으며, 명부(命夫)[2]와 명부(命婦)[3]가 직접 옥송(獄訟)을 받지 않

---

1) 팔의(八議)는 여덟 가지 심의를 뜻한다. 팔벽(八辟)이라고도 부른다. 이러한 심의를 거쳐 죄를 경감하거나 사면하게 된다. 심의 내용은 첫 번째 군주와 친족인지의 여부, 두 번째 군주와 오래전부터 친분이 있었는지의 여부, 세 번째 그 자가 현명한 자인가의 여부, 네 번째 그 자에게 뛰어난 재능이 있는지의 여부, 다섯 번째 그 자가 공적을 세운 적이 있었는지의 여부, 여섯 번째 그 자가 존귀한 신분인지의 여부, 일곱 번째 그 자가 국가의 정무에 대해서 근면하게 일해 왔는지의 여부, 여덟 번째 그 자가 선대 왕조의 후예들이라면, 신하로 대할 수 없으므로, 빈객(賓客)으로 대해야 하는지의 여부이다. 『주례』「추관(秋官)·소사구(小司寇)」편에는 "以八辟麗邦法附刑罰. 一曰議親之辟. 二曰議故之辟. 三曰議賢之辟. 四曰議能之辟. 五曰議功之辟. 六曰議貴之辟. 七曰議勤之辟. 八曰議賓之辟."이라는 기록이 있다.
2) 명부(命夫)는 천자로부터 작명(爵命)을 받은 남자를 일컫는 용어이다. 내명부(內命夫)와 외명부(外命夫)로 나뉘는데, 내명부는 경(卿), 대부(大夫), 사(士)들 중에서 천자의 궁중(宮中)에서 근무하는 자들을 가리키고, 조정(朝廷)에 있는 자들을 외명부라고 부른다. 『주례』「천관(天官)·혼인(閽人)」편에는 "凡外內命夫命婦出入, 則爲之闢."이라는 기록이 있는데, 이에 대한 가공언(賈公彦)의 소(疏)에는 "內命夫, 卿大夫士之在宮中者, 謂若宮正所掌者也. 對在朝卿大夫士爲外命夫."라고 풀이하였다.
3) 명부(命婦)는 고대 봉호(封號)를 부여받은 여자들을 뜻한다. 궁중에 머물며 비(妃)나 빈(嬪)의 신분을 가진 여자들은 내명부(內命婦)라고 부르고, 신하의 처가 된 자들은 외명부(外命婦)라고 부른다.

게 한 부류4) 등은 모두 여기에 해당한다. 그러므로 하나라 때처럼 친근하
게 여겼지만 존엄하게 여기지는 않았으니, 그 이후에 백성들은 모두 이로
움만 따라 대체로 요령을 부렸고, 말을 아름답게 치장하여 말하더라도 부
끄러워하지 않았으며, 해를 당해 이치에 어둡게 되었으니, 이 모두는 예를
너무 지나치게 존엄하게 하여, 격식이 실질의 이룸을 없애게 된 것이다.

集說　應氏曰: 三代之治, 其始各有所尊, 其終各有所敝. 夏之道, 惟思盡心
於民, 惟恐人之有所不正, 不得不重其文告之命, 遠神近人, 後威先祿, 皆其忠
實之過而徇於近也. 近則失之玩, 故商矯之而尊神焉. 君民上下情不相接, 率
民事神, 先鬼先罰, 後禮後賞, 而遠於物也. 遠則失於亢, 故周矯之而尊禮焉.
禮文委曲而徇人, 禮繁文勝, 利巧而賊, 其敝又有甚者焉. 凡此非特見風氣旣
開, 而澆漓之日異, 抑亦至德之不復見而已歟.

번역　응씨가 말하길, 삼대 때의 다스림에 있어서 시작할 때에는 각각
존귀하게 높이는 것이 있었지만, 끝에 가서는 각각 폐단이 발생하였다. 하
나라 때의 도에서는 오직 백성들에 대해서 마음을 다할 것을 생각하여, 사
람들에게 바르지 못함이 생길까를 염려하여, 격식에 맞춰 알리는 명령을
중시여기지 않을 수가 없었고, 신을 멀리 대하고 사람을 가까이 대하며,
위엄을 뒤로 하고 녹봉을 먼저 했으니, 이것은 모두 충실하고 진실함이 지
나쳐서 가까운 것에만 따른 것이다. 가깝게 대하면 경시하는 잘못을 범한
다. 그렇기 때문에 은나라 때에는 그것을 바로잡아서 신을 존귀하게 높였
다. 군주와 백성 및 상하 계층의 정감이 서로 접하지 않았는데, 백성들을
통솔하여 신을 섬겼고, 신을 먼저 하고 벌을 먼저 하며 예를 뒤에 하고 상을
뒤에 하여 사물에 대해서는 멀어졌다. 멀어지면 너무 고원해지는 잘못을
범한다. 그렇기 때문에 주나라 때에는 그것을 바로잡아서 예를 존귀하게
높였다. 예의 격식은 자세하게 갖춰져서 사람의 실정에 따랐는데, 예가 번
잡해지고 격식이 너무 지나쳐져서 이로움만 쫓아서 해를 끼치니, 그 폐단

---

4) 『주례』「추관(秋官)·소사구(小司寇)」: 凡命夫命婦, 不躬坐獄訟.

또한 심각함이 발생했다. 무릇 이러한 것들은 단지 사회의 기풍이 헤이해진 것을 드러낼 뿐만 아니라, 경박함이 날로 차이를 보이는 것이며, 그것이 아니라면 또한 지극한 덕을 갖춘 자가 다시 출현하지 않았기 때문일 것이다.

集說 石梁王氏曰: 此一章, 未敢信以爲孔子之言.

번역 석량왕씨가 말하길, 이곳 문장은 감히 공자의 말이라고 여길 수 없다.

大全 嚴陵方氏曰: 天下之理, 始乎有成, 終乎有敝. 三代之政, 各有所尊, 方其所尊, 則是各有所成也. 始旣各有所尊, 而終不免各有所敝矣, 故皆言民之敝焉. 然則民之敝也, 豈民之罪哉? 政使之然也, 豈政之罪哉? 勢使之然爾, 故三代相承, 各有救敝之政焉, 使之通變而不倦, 新新而不窮也. 雖然近人而忠, 夏周之所同也, 而夏之敝, 則民喬而野, 周之敝, 則文而不慙, 何哉? 蓋夏之近人, 本乎尊命, 周之近人, 則本乎尊禮. 命之所制者簡, 故近人之敝, 喬而野, 禮之所飾者煩, 故近人之敝, 文而不慙. 其源旣異, 其流亦不同.

번역 엄릉방씨가 말하길, 천하의 이치는 이룸이 있는 데에서 시작하지만 폐단이 생기는 데에서 끝을 맺는다. 삼대 때의 정치에는 각각 존엄하게 높인 것이 있었는데, 존엄하게 여기는 것을 바르게 했을 때에는 각각 성취되는 점이 있었다. 처음에 이미 각각 존엄하게 여기는 것이 있었지만, 끝내 각각 폐단이 발생하는 지경에서 벗어나지 못했기 때문에, 모두 백성들의 폐단을 언급했다. 그러나 백성들의 폐단이라는 것이 어찌 백성들의 죄이겠는가? 정치가 그렇게 만든 것이다. 또 그렇다고 하여 정치의 죄이겠는가? 기세가 그처럼 만든 것일 뿐이다. 그렇기 때문에 삼대는 서로 계승하여 각각 폐단을 구원하려는 정치를 시행해서, 그것으로 하여금 변통하여 게으름을 피우지 않게 했고, 늘 새롭게 하여 다함이 없게끔 했다. 비록 그렇지만 사람을 가까이 대하여 진심을 다하는 것은 하나라나 주나라에서 모두 동일하게 따랐던 것인데, 하나라의 폐단은 백성들이 교만해져서 비루하게 되었고, 주나라의 폐단은 격식만 따져서 부끄러움을 느끼지 않게 된 것은 어째서인가? 하나라 때 사람을 가까이 했던 것은 명령을 존엄하게 높였던 것에 근본을 두고 있고, 주나라 때 사람을 가까이 했던 것은 예를 존엄하게 높였던 것에 근본을 두고 있었기 때문이다. 명령에 의해 제재하는 것은 간략하기 때문에 사람을 가까이 했던 폐단은 교만하여 비루하게 된 것이고, 예를 통해 꾸미는 것은 번잡하기 때문에 사람을 가까이 했던 폐단은 격식만 따져서 부끄러움을 느끼지 않게 된 것이다. 그 본원에 있어서 이미 차이를 보이고 있으니, 그 말단의 병폐에 있어서도 또한 차이가 발생한 것이다.

鄭注 遠鬼神·近人, 謂外宗廟, 內朝廷. 以本不困於刑罰, 少詐諼也. 敝, 謂政教衰失之時也. 先鬼後禮, 謂內宗廟, 外朝廷也. 禮者, 君臣朝會, 凡以摯交接相施予. 以本忕於鬼神虛無之事, 令其心放蕩無所定, 困於刑罰, 苟勝免而無恥也. 月令曰: "無作淫巧, 以蕩上心." "賞罰用爵列", 以尊卑爲差. 以本數交接以言辭, 尊卑多獄訟.

번역 귀신을 멀리 하고 사람을 가까이 한다는 말은 종묘를 바깥에 두고 조정을 안에 두었다는 뜻이다. 하나라 초기에는 본래부터 형벌에 의해 시달리지 않아서 속임수를 부리는 자들이 적었다. 폐단은 정치와 교화가 쇠락하고 잘못되는 때를 뜻한다. 귀신을 앞세우고 예를 뒤로 한다는 말은 종묘를 안에 두고 조정을 바깥에 두었다는 뜻이다. 예는 군주와 신하가 조회를 할 때 모두 예물을 가지고 서로 교류하고 서로 주고받는 것을 뜻한다. 은나라 초기에는 본래부터 귀신과 보이지 않는 것들에 익숙했었는데, 마음을 방탕하게 만들어서 안정됨이 없게 만들고 형벌에 시달려서 형벌을 면하고도 부끄러움이 없게 되었다. 『예기』「월령(月令)」편에서는 "지나치게 기교를 부린 것이 되어, 군주의 마음을 사치한 쪽으로 흘러가게 해서는 안 된다."[5]라고 했다. "상과 벌은 작위의 서열에 따랐다."라고 했는데, 신분에

---

5) 『예기』「계춘(季春)·월령(月令)」【198a】: 百工咸理, 監工日號, 毋悖於時, 毋或作爲淫巧, <u>以蕩上心</u>.

따라서 차등을 삼았다는 뜻이다. 주나라 초기에는 본래부터 말을 통해 서로 사귀기를 자주했었는데, 신분의 차이를 막론하고 송사를 많이 벌이게 되었다.

釋文 遠, 于萬反, 注及下同. 近, 附近之近, 注及下同. 朝, 直遙反, 下同. 憃, 傷容反, 徐昌容反, 范陽江反, 又丁絳反, 字林音丑降反, 丑凶反. 喬音驕. 朴, 普角反. 諼, 況袁反, 詐也, 忘也. 以摯音至. 相施, 始至反, 下文同. 勝而, 始證反. 忕音誓, 與上"忕於"同. 令其, 力呈反. 巧, 苦教反, 又如字. 蔽, 畢世反, 又音弊. 數, 色角反.

번역 '遠'자는 '于(우)'자와 '萬(만)'자의 반절음이며, 정현의 주 및 아래문장에 나오는 글자도 그 음이 이와 같다. '近'자는 '부근(附近)'의 '近'자이며, 정현의 주 및 아래문장에 나오는 글자도 그 음이 이와 같다. '朝'자는 '直(직)'자와 '遙(요)'자의 반절음이며, 아래문장에 나오는 글자도 그 음이 이와 같다. '憃'자는 '傷(상)'자와 '容(용)'자의 반절음이며, 서음(徐音)은 '昌(창)'자와 '容(용)'자의 반절음이고, 범음(范音)은 '陽(양)'자와 '江(강)'자의 반절음이며, 또한 '丁(정)'자와 '絳(강)'자의 반절음도 되고, 『자림』6)에서는 그 음이 '丑(축)'자와 '降(강)'자의 반절음이고, '丑(축)'자와 '凶(흉)'자의 반절음이라고 했다. '喬'자의 음은 '驕(교)'이다. '朴'자는 '普(보)'자와 '角(각)'자의 반절음이다. '諼'자는 '況(황)'자와 '袁(원)'자의 반절음이며, 속인다는 뜻이고, 잊는다는 뜻이다. '以摯'에서의 '摯'자는 그 음이 '至(지)'이다. '相施'에서의 '施'자는 '始(시)'자와 '至(지)'자의 반절음이며, 아래문장에 나오는 글자도 그 음이 이와 같다. '勝而'에서의 '勝'자는 '始(시)'자와 '證(증)'자의 반절음이다. '忕'자의 음은 '誓(서)'이며, 앞의 문장에 나오는 '忕於'에서의 '忕'자도 그 음이 이와 같다. '令其'에서의 '令'자는 '力(력)'자와 '呈(정)'자의 반절음이다. '巧'자는 '苦(고)'자와 '敎(교)'자의 반절음이며, 또한 글자대로

---

6) 『자림(字林)』은 고대의 자서(字書)이다. 진(晉)나라 때 학자인 여침(呂忱)이 지었다. 원본은 일실되어 전해지지 않고, 다른 문헌들 속에 일부 기록들만 남아 있다.

읽기도 한다. '蔽'자는 '畢(필)'자와 '世(세)'자의 반절음이며, 또한 그 음은 '弊(폐)'도 된다. '數'자는 '色(색)'자와 '角(각)'자의 반절음이다.

孔疏 ●"子曰"至"不文". ○正義曰: 此一節明夏道親而不尊之義.

번역 ●經文: "子曰"~"不文". ○이곳 문단은 하나라의 도가 친근하지만 존엄하지 않았다는 뜻을 나타내고 있다.

孔疏 ●"夏道尊命", 言夏之爲政之道, 尊重四時政教之命, 使人勸事樂功也.

번역 ●經文: "夏道尊命". ○하나라가 정치를 시행한 도는 사계절마다 내리는 정치와 교화의 명령을 존중하여, 사람들로 하여금 일에 힘쓰고 공적 쌓는 것을 즐겁게 여기도록 했다는 뜻이다.

孔疏 ●"事鬼敬神而遠之, 近人而忠焉"者, 宗廟在外, 是"遠鬼神"也. 朝廷在內, 是"近人"也. 以忠恕養於民, 是"忠焉"也. 所爲如此, 是"親而不尊"也.

번역 ●經文: "事鬼敬神而遠之, 近人而忠焉". ○종묘가 바깥쪽에 있는 것이 바로 "귀신을 멀리 한다."는 뜻이다. 조정이 안쪽에 있는 것이 바로 "사람을 가까이 한다."는 뜻이다. 충서(忠恕)의 마음으로 백성들을 기르는 것이 바로 "진심을 다한다."는 뜻이다. 시행한 것이 이와 같았으니, 이것이 "친근하지만 존엄하지는 않았다."는 뜻이다.

孔疏 ●"其民之敝惷而愚"者, 敝, 謂其後世政教衰敗時. 夏家後世政教敗時, 民皆惷愚. 所以然者, 昔時恒先祿後罰, 則民皆承寬裕, 無澆詭也. 情旣不澆詭, 至於衰末, 猶不知避嚴刑峻法, 如惷愚也.

번역 ●經文: "其民之敝惷而愚". ○폐단은 후대에 정치와 교화가 쇠락하고 무너지는 때를 뜻한다. 하나라 후대에 정치와 교화가 무너졌을 때,

백성들은 모두 우둔하게 되었다. 이처럼 된 이유는 예전에는 항상 녹봉을
앞세우고 형벌을 뒤로 하여 백성들이 모두 관대함을 받들어 따라서 속이는
일이 없었다. 그 정감에는 이미 속이는 일이 없었는데, 말세가 되면 오히려
형벌을 피해야 하고 법을 따라야 함을 모르게 되었으니, 마치 우둔한 자처
럼 되었다.

孔疏 ●"喬而野"者, 亦因昔時寬裕忠恕, 至末世民猶驕野如淳朴之時也.

번역 ●經文: "喬而野". ○이 또한 예전에는 관대하고 충서(忠恕)의 마
음을 다하였던 것인데, 말세가 되면 백성들은 오히려 교만하고 비루하여
마치 너무나 질박했을 때처럼 되었다.

孔疏 ●"朴而不文"者, 淳時民皆質朴, 不競文華. 至亂時猶承奉之亦然也.

번역 ●經文: "朴而不文". ○너무나 질박했을 때에는 백성들이 모두 순
박하여 화려하게 꾸미는 일을 다투지 않았다. 난세가 되었을 때에도 여전
히 그것을 받들어서 또한 이처럼 된 것이다.

孔疏 ◎注"以本不困於刑罰, 少詐諼也". ○正義曰: 以夏尚仁恩, 其民不
困苦於刑罰, 及其衰末, 猶有先世遺風, 少有詐僞諼妄. 爾雅·釋7)訓云: "諼·諼,
忘也", 則忘字"亡"下著"心". 今與詐相對, 則諼是詐之義, 當"亡"下著"女"也.

번역 ◎鄭注: "以本不困於刑罰, 少詐諼也". ○하나라는 인(仁)과 은정을
숭상하여, 백성들은 형벌에 시달리지 않았는데, 말세가 되었는데도 오히려
이전 세대의 유풍이 남아있어서 속임수를 부리는 자가 적었다. 『이아』「석
훈(釋訓)」편에서는 "훤(諼)과 훤(諼)은 잊는다는 뜻이다."8)라고 했는데,

---

7) '석(釋)'자에 대하여. '석'자는 본래 없던 글자인데, 완원(阮元)의 『교감기(校
勘記)』에서는 "손지조(孫志祖)는 이 글은 『이아(爾雅)』「석훈(釋訓)」편의 문
장이니, '훈(訓)'자 앞에 마땅히 '석'자가 있어야 한다고 했다."라고 했다.
8) 『이아』「석훈(釋訓)」: 諼·諼, 忘也.

'망(忘)'자는 '망(亡)'자 밑에 '심(心)'자가 붙은 것이다. 현재 '사(詐)'자와 서로 대비가 되도록 기록했는데, '훤(諼)'자는 속인다는 뜻이 되므로, 마땅히 '망(亡)'자 밑에 '여(女)'자가 붙어야 한다.

孔疏 ●"殷人"至"無恥". ○正義曰: 此一節明殷代尊而不親之事. 尙虛無之事, 故"率民以事神".

번역 ●經文: "殷人"~"無恥". ○이곳 문단은 은나라 때에는 존엄했지만 친근하지 않았던 일을 나타내고 있다. 보이지 않는 것들을 숭상하였기 때문에 "백성들을 통솔하여 신을 섬겼다."고 했다.

孔疏 ●"先罰而後賞"者, 按襄二十六年左傳云: "賞以春夏, 刑9)以秋冬." 又月令云: "春夏行賞, 秋冬行刑", 與此違者, 彼謂王者大體一歲之中法天道生殺, 故春夏賞, 秋冬刑. 此記所云, 謂賞罰同時所行, 夏則先賞後罰, 殷則先罰後賞. 其民之敝蕩而不靜者, 以其本尙虛無之事, 尊敬鬼神, 至其末世敝失, 其民放蕩不能安靜也.

번역 ●經文: "先罰而後賞". ○양공(襄公) 26년에 대한 『좌전』의 기록을 살펴보면, "상은 봄과 여름에 주고 형벌은 가을과 겨울에 시행한다."10)라고 했고, 또 『예기』「월령(月令)」편에서는 "봄과 여름에 상을 주고 가을과 겨울에 형벌을 시행한다."라고 하여 이곳 기록과 차이를 보인다. 그 이유는 「월령」편의 기록은 천자가 한 해에 시행하는 대체적인 틀에서는 하늘의 도가 생장시키고 숙살하는 것을 본받게 되므로, 봄과 여름에 상을 주고 가을과 겨울에 형벌을 내린다고 한 것이다. 이곳 『예기』의 기록에서 말한 내용은

---

9) '형(刑)'자에 대하여. '형'자는 본래 '벌(罰)'자로 기록되어 있었는데, 완원(阮元)의 『교감기(校勘記)』에서는 "혜동(惠棟)의 『교송본(校宋本)』에는 '벌'자가 '형'자로 기록되어 있는데, 이것이 『좌전(左傳)』의 기록과 부합된다."라고 했다.

10) 『춘추좌씨전』「양공(襄公) 26년」: 古之治民者, 勸賞而畏刑, 恤民不倦. <u>賞以春夏, 刑以秋冬</u>.

상과 형벌을 동시에 시행하는 것이니, 하나라는 먼저 상을 주고 이후에 형벌을 내렸으며, 은나라는 먼저 형벌을 내리고 이후에 상을 주었던 것을 뜻한다. 백성들의 폐단은 방탕하게 되어 안정되지 않았는데, 그것은 본래부터 눈에 보이지 않는 것을 숭상하여 귀신을 존경했기 때문에, 말세가 되어 폐단과 잘못이 발생함에 이르게 되면, 백성들은 방탕하게 되어 안정을 찾지 못했다는 뜻이다.

孔疏 ●"勝而無恥"者, 由本困於刑罰, 但得苟勝, 無以慙恥.

번역 ●經文: "勝而無恥". ○본래부터 형벌에 시달린 것에 연유하지만, 구차히 벗어날 수 있었다면 부끄러움을 느끼지 못했다.

孔疏 ◎注云"先鬼而後禮, 謂內宗廟, 外朝廷也". ○正義曰: 以夏·周人敬鬼神而遠之, 近人而忠焉, 外宗廟, 內朝廷. 以此反之, 則殷人先鬼後禮, 是"內宗廟, 外朝廷"也.

번역 ◎鄭注: "先鬼而後禮, 謂內宗廟, 外朝廷也". ○하나라와 주나라에 대해 "귀신을 공경하고 멀리했으며, 사람을 가까이 하여 진심을 다했다."라고 했으니, 종묘를 바깥쪽에 두고 조정을 안쪽에 둔 것이다. 이와 반대로 한다면, 은나라처럼 귀신을 앞세우고 예를 뒤로 미뤘던 경우이니, 이것은 "종묘를 안쪽에 두고 조정을 바깥쪽에 둔다."는 뜻이다.

孔疏 ◎注"以本忕於鬼神虛無之事, 令其心放蕩無所定". ○正義曰: 忕, 串也, 習也. 貴尙習鬼神, 鬼神無體, 故云"虛無之事". 以爲事不在實, 故心放蕩無所定也.

번역 ◎鄭注: "以本忕於鬼神虛無之事, 令其心放蕩無所定". ○'세(忕)'자는 "익숙하다[串]."는 뜻이며, "익힌다[習]."는 뜻이다. 귀신에 대해 익히는 것을 존귀하게 높였는데, 귀신은 형체가 없다. 그렇기 때문에 '보이지 않는 일'이라고 했다. 일삼는 것이 실재하지 않기 때문에 마음이 방탕하게 되고 안정됨이 없게 되었다.

孔疏 ●“周人”至“而赦”. ○此明周代親而不尊之事.

번역 ●經文: “周人”~“而赦”. ○이곳 문단은 주나라 때 친근했지만 존엄하지는 않았던 일을 나타내고 있다.

孔疏 ●“尊禮尚施”者, 謂尊重禮之往來之法, 貴尚施惠之事也.

번역 ●經文: “尊禮尚施”. ○예에 따라 서로 주고받는 법도를 존중하고, 은혜 베푸는 일들을 존귀하게 높였다는 뜻이다.

孔疏 ●“其賞罰用爵列”者, 旣不先賞後罰, 亦不先罰後賞, 唯用爵列尊卑, 或賞或罰也.

번역 ●經文: “其賞罰用爵列”. ○이미 상을 먼저 하고 형벌을 뒤에 하지 않았는데, 또한 형벌을 먼저 하고 상을 뒤에 하지도 않았으니, 오직 작위의 서열에 따라 어떤 경우에는 상을 주고 어떤 경우에는 형벌을 내렸다.

孔疏 ●“其民之敝, 利而巧, 文而不慙”者, 以其尚禮本數交接往來, 故便利機巧, 多文辭而無慙愧之心也.

번역 ●經文: “其民之敝, 利而巧, 文而不慙”. ○예를 숭상하여 본래부터 교제하고 왕래하기를 자주 했기 때문에 이로움에 따르고 기교를 부려서, 대체로 말을 화려하게 꾸미면서도 부끄러워하는 마음이 없었다.

孔疏 ●“賊而蔽”者, 以本爲治之時, 上下有序, 至其敝末, 尊卑錯失, 爲饒獄訟, 共相賊害而困蔽. 以其禮失於煩, 故致然也. “夏道尊命”, 至“殷人尊神”, “周人尊禮”, 三代所尊不同者, 按元命包云: “三王有失, 故立三教以相變. 夏

人之立教以忠, 其失野, 故救野莫若敬. 殷人之立教以敬, 其失鬼, 救鬼莫若
文. 周人之立教以文, 其失蕩, 故救蕩莫若忠." 如此循環, 周則復始, 窮則相承,
此亦三王之道, 故三代不同也.

[번역] ●經文: "賊而蔽". ○본래 다스려질 때에는 상하계층에 질서가 있
었는데, 말단에 이르러서는 신분질서가 무너져서 송사가 많아졌고, 모두가
서로에게 피해를 주어 곤궁하게 되었다. 예는 번잡해지는 잘못을 범하기
때문에 이와 같은 지경에 이르렀다. "하나라의 도는 명령을 존귀하게 높였
다."라는 구문으로부터 "은나라는 신을 존귀하게 높였다."와 "주나라는 예
를 존귀하게 높였다."라는 구문까지는 삼대 때 존귀하게 높였던 것이 다르
다는 사실을 나타낸다. 『원명포』를 살펴보면, "삼왕 때에는 각각 잘못을
범했기 때문에 세 가지 가르침을 세워서 서로 변통하도록 했다. 하나라 때
가르침을 세움에는 진심을 기준으로 했는데, 그 잘못은 비루해지는 것이다.
그러므로 비루함을 구원하는 데에는 공경만한 것이 없다. 은나라 때 가르
침을 세움에는 공경함을 기준으로 했는데, 그 잘못은 귀신을 너무 섬기는
것이며, 귀신만 섬기는 것을 구원하는 데에는 격식만한 것이 없다. 주나라
때 가르침을 세움에는 격식을 기준으로 했는데, 그 잘못은 방탕하게 되는
데 있다. 그러므로 방탕함을 구원하는 데에는 진심만한 것이 없다."라고
했다. 이처럼 순환하여 주나라 때가 되면 다시 시작했고, 다하게 되면 서로
이었으니, 이것이 또한 삼왕 때의 도이므로, 삼대가 달라진 것이다.

[訓纂] 呂與叔曰: 夏·周尙親而不尊, 故遠神而近人. 殷人尙尊而不親, 故先
鬼而後禮. 夏尙忠, 忠者奉上, 故尊命. 殷尙質, 質者不欺, 故尊神. 周尙文, 文
者多儀, 故尊禮. 賞罰用爵列者, 如刑不上大夫, 禮不下庶人, 賜君子小人不同
日, 命夫命婦不躬坐獄訟之類. 雖主於文, 亦人情之近厚者, 所以親而不尊也.
忠之政, 使民近人而已, 不求其所不能; 知勸於爲善而已, 不責其所不能爲. 及
其末也, 人不知進於學, 故守其顓蒙; 不困於刑罰, 故不爲詐諼. 忠之敝, 至於
愚而野, 故殷人尊神以救之, 民知敬鬼神, 則誠也. 及其末也, 求神於虛無不可
知之域, 則茫然不知其所安; 畏威於無所措手足之地, 則不知禮義之所貴. 故

周人尊禮以救之. 禮, 人文也. 人文之著, 則上下有等, 親疏有辨. 及其末也, 溺
於文而不求其實, 拘於末而不反其本, 故其俗文而不悫, 文勝質而不知義也.
其民則賊而蔽, 不反其本, 故賊於其末, 不求其實, 故敝於虛文也. 三代之本末
可知矣.

번역 여여숙이 말하길, 하나라와 주나라는 친근함을 숭상했지만 존엄하
지는 않았다. 그렇기 때문에 귀신을 멀리 했고 사람을 가까이 했다. 은나라
는 존엄함을 숭상했지만 친근하지 않았다. 그렇기 때문에 귀신을 먼저 하
고 예를 뒤에 했다. 하나라는 충심을 숭상했는데, 충심이란 윗사람을 받드
는 것이기 때문에 명령을 존귀하게 여겼다. 은나라는 질박함을 숭상했는데,
질박함은 속이지 않기 때문에 신을 존귀하게 여겼다. 주나라는 문식을 숭
상했는데, 문식은 격식이 많기 때문에 예를 존귀하게 여겼다. 상과 형벌에
대해서 작위의 서열에 따른다는 것은 예를 들어 형벌은 대부까지 올라가지
않고,11) 예는 서인까지 내려가지 않으며,12) 군자와 소인에게 하사할 때 같
은 날에 하지 않고,13) 명부(命夫)와 명부(命婦)가 직접 옥송(獄訟)을 받지
않게 한 부류와 같다. 비록 문식을 위주로 하지만 또한 인정에 대해서도
두터움에 가까워서 친근하지만 존엄하지 않았던 것이다. 충심에 따른 정치
는 백성들로 하여금 사람을 가까이 하도록 할 따름이며, 잘하지 못하는 것
을 구제하지 못하고, 선을 시행하는데 힘써야 함을 알게끔 하지만, 잘하지
못하는 점에 대해서는 책임을 추궁하지 않는다. 따라서 그 말세에 이르러
서는 사람들이 학문에 나아가야 함을 모르게 되었기 때문에 자신의 우둔함
만을 고수하게 되었고, 형벌에 시달리지 않았으므로 거짓된 짓을 꾸미지
않았다. 충심에 따른 폐해는 우둔하고 비루하게 되는 것이기 때문에, 은나
라 때에는 신을 존귀하게 대하여 구제했으니, 백성들이 귀신을 공경해야
할 줄 안다면 성실하게 된다. 그러나 그 말세에 이르러서는 형체가 없고

---

11) 『예기』「곡례상(曲禮上)」【38a】: 刑不上大夫.
12) 『예기』「곡례상(曲禮上)」【37d】: 國君撫式, 大夫下之. 大夫撫式, 士下之. 禮
　　不下庶人.
13) 『예기』「옥조(玉藻)」【391b】: 凡賜君子與小人, 不同日.

알 수 없는 영역에서 신을 찾게 되어, 막연해져서 편안하게 여겨야 할 것을 모르게 되었고, 손과 발을 둘 곳이 없는 데에서 두려워하여, 예의를 존귀하게 높여야 함을 모르게 되었다. 그렇기 때문에 주나라 때에는 예를 존귀하게 높여서 구제했다. 예는 사람이 만든 격식이다. 사람이 만든 격식이 드러나게 되면, 상하 계층에 차등이 생기고, 친하고 소원한 관계에 구별이 생긴다. 그러나 그 말세에 이르게 되면 격식에만 빠져서 실질을 찾지 않고, 말단에만 얽매여 근본을 돌이키지 못했다. 그렇기 때문에 풍속이 격식만 따지고 부끄러워할 줄 모르게 되었고, 형식이 바탕을 이겨서 의(義)를 모르게 되었다. 따라서 그 백성들은 해치고 가려져서 근본을 돌이키지 못했기 때문에 그 말단에 해를 입었고, 실질을 찾지 못했기 때문에 허황된 격식에만 가려지게 되었다. 이를 통해 삼대 때의 근본과 말단을 알 수 있다.

集解 尊命, 謂尊上之政敎也. 遠之, 謂不以鬼神之道示人也. 蓋夏承重黎絶地天通之後, 懲神人雜糅之敝, 故事鬼神而遠之, 而專以人道爲敎. 忠, 情實也. 敝, 謂其後世政敎之失也. 喬與驕同. 上之文網疏, 則下之機智少, 故其敝也, 戇愚而少知識. 內之忠誠勝, 則外之文飾寡, 故其敝也, 驕倨而鄙野, 朴陋而無文.

번역 '존명(尊命)'은 위정자가 시행하는 정치와 교화를 존귀하게 높인다는 뜻이다. '원지(遠之)'는 귀신의 도로 사람들에게 제시하지 않는다는 뜻이다. 하나라는 중(重)과 여(黎)가 하늘과 땅이 통하는 것을 끊은 이후의 시대를 이었고,[14] 귀신과 사람이 혼잡하게 뒤섞이는 폐단을 징벌하였기 때문에 귀신을 섬겼지만 멀리 대했고, 오로지 인도만을 가르침으로 삼았다. '충(忠)'은 정감의 진실됨이다. '폐(敝)'는 후세에 나타난 정치와 교화의 잘못을 뜻한다. '교(喬)'자는 "교만하다."는 뜻의 '교(驕)'자와 동일하다. 위로 법망이 성글게 되면 아래로 기민하고 총명한 자가 적게 된다. 그렇기 때문에 그 폐단은 우둔하여 지혜와 식견을 갖춘 자가 적게 되는 것이다. 내적으로

---

14) 『서』「주서(周書)·여형(呂刑)」: 皇帝哀矜庶戮之不辜, 報虐以威, 遏絶苗民, 無世在下. 乃<u>命重黎, 絶地天通</u>, 罔有降格.

진실됨과 성실함이 너무 커지면, 외적인 꾸밈이 적어지게 된다. 그렇기 때문에 그 폐단은 교만하여 비루하게 되고, 너무 질박하여 격식이 없게 된다.

【集解】 此下五章, 引孔子論虞·夏·殷·周之道, 以申上章"凱弟君子"之義也.

【번역】 이하의 5개 장은 공자가 우(虞)·하(夏)·은(殷)·주(周)나라의 도를 논의한 말을 인용하여, 앞에서 '화락하고 평이한 군자'라고 한 뜻을 거듭 설명하고 있다.

【集解】 夏忠勝而敝, 其失野, 救野莫如敬, 故殷人承之而尊神, 尊神則尙敬也. 觀盤庚之篇, 諄諄於先后之降罰, 則可以知殷人之先鬼; 觀商之詩·書, 皆駿厲而嚴肅, 則可以知殷人之先罰. 尙鬼神, 則馳心於虛無, 故其敝也, 心意放蕩而不安靜; 畏刑罰, 則相競於機變, 故其敝也, 求勝上以苟免, 而無愧恥之心.

【번역】 하나라는 진실한 마음이 너무 앞서서 폐단이 발생했고, 그 잘못은 비루함에 빠지는 것이었는데, 비루함을 구제하는 것 중에는 공경만한 것이 없다. 그렇기 때문에 은나라 때에는 그것을 받들어서 신을 존귀하게 높였는데, 신을 존귀하게 높이면 공경을 숭상하게 된다. 『서』「반경(盤庚)」편을 살펴보면, 선대의 군왕에게 벌을 내려달라고 간곡하게 기원하였으니, 은나라 때 귀신을 앞세웠던 사실을 알 수 있고, 은나라에 대한 『시』와 『서』의 기록을 살펴보면 모두 사납고 엄숙하였으니, 은나라 때 형벌을 앞세웠던 사실을 알 수 있다. 귀신을 숭상한다면 형체가 없는 곳으로 마음이 쏠리게 된다. 그렇기 때문에 그 폐단은 마음과 뜻이 방탕하게 되어 안정되지 못하게 된다. 형벌을 두려워한다면 서로 앞 다투어 권모술수나 임기응변을 부리게 된다. 그렇기 때문에 그 폐단은 구차하게 모면하려고만 들며 부끄러워하는 마음이 없게 된다.

【集解】 按: 薉字, 今讀爲敝.

번역 살펴보니, '폐(蔽)'자는 '폐(敝)'자로 풀이한다.

集解 殷敬勝而敝, 其失鬼, 救鬼莫若文, 故周人承之而尊禮尙施, 尊禮尙施則文勝. 列, 等也. 周之賞罰, 不分先後, 但以爵位之等爲輕重之差也. 文勝則實意衰, 習於威儀揖讓之節, 故其敝也, 便利而儇巧, 相接以言辭, 故其敝也, 文辭多而不以捷給爲慚; 儀物繁多, 故其敝也, 傷害於財力, 至於困敝而不能振也.

번역 은나라 때에는 공경함이 지나쳐서 폐단이 발생했는데, 그 잘못은 귀신에 대한 것이었으니, 귀신에 빠져 있는 것을 구제할 때에는 격식만한 것이 없다. 그렇기 때문에 주나라 때에는 그것을 받들어서 예를 존숭하고 베푸는 것을 숭상하였으니, 예를 존숭하고 베푸는 것을 숭상한다면 격식이 앞서게 된다. '열(列)'자는 등급[等]을 뜻한다. 주나라 때에는 상과 형벌에 대해서 선후를 구별하지 않았고, 단지 작위의 등급에 따라 경중의 차이로 삼았다. 그러나 격식이 지나치면 실질적인 뜻은 쇠락하게 되는데, 위엄을 갖춘 형식과 읍(揖) 하고 겸양하는 절도만을 익히게 되었기 때문에, 그 폐단은 이로움에 치우쳐서 교활하게 되었고, 말을 통해 서로를 대했기 때문에, 그 폐단은 수식을 꾸민 말들이 많아지고 너무 급급하게 하는 것을 부끄럽게 여기지 않았으며, 격식과 그에 따른 사물들이 번잡하게 많아졌기 때문에, 그 폐단은 재물을 낭비하여 곤궁함에 처하게 되었는데도 떨쳐낼 수 없었다.

集解 三代之道, 或强敎之意多, 或說安之意多, 其於或尊或親, 皆不能無偏勝焉. 非聖人之德有所未至, 蓋所値之時不同, 而救敝之道有不得不然者爾.

번역 삼대 때의 도는 어떤 것은 굳세게 가르치는 뜻이 많았고, 어떤 것은 기쁘고 편안하게 해주는 뜻이 많았는데, 존엄하게 여기는 것과 친근하게 여기는 것에 있어서는 모두 한쪽으로 치우침이 없을 수 없다. 성인의 덕에 미진했던 점이 있었던 것은 아니며, 그것을 시행했을 때 상황이 달라서, 폐단을 구원하던 도에도 이러한 점이 없을 수가 없었을 따름이다.

그림 26-1 신하들의 명(命) 등급

	천자(天子) 신하	대국(大國) 신하	차국(次國) 신하	소국(小國) 신하
9명(九命)	상공(上公=二伯) 하(夏)의 후손 은(殷)의 후손			
8명(八命)	삼공(三公) 주목(州牧)			
7명(七命)	후작[侯] 백작[伯]			
6명(六命)	경(卿)			
5명(五命)	자작[子] 남작[男]			
4명(四命)	부용군(附庸君) 대부(大夫)	고(孤)		
3명(三命)	원사(元士=上士)	경(卿)	경(卿)	
2명(再命)	중사(中士)	대부(大夫)	대부(大夫)	경(卿)
1명(一命)	하사(下士)	사(士)	사(士)	대부(大夫)
0명(不命)				사(士)

◎『예기』와『주례』의 기록에는 다소 차이가 있다.

※ **참조:**『주례』「춘관(春官)·전명(典命)」 및 『예기』「왕제(王制)」

그림 26-2 명(命) 등급에 따른 하사 항목

	적용 대상	하사 내용
9명 (九命)	·천자의 삼공(三公) 중 1명(命)이 더해져 상공(上公)이 된 경우	·백(伯)으로 임명
8명 (八命)	·천자의 삼공(三公) ·후작[侯]과 백작[伯] 중 주(州)의 대표로선발된 경우	·주목(州牧)으로 임명
7명 (七命)	·후작[侯] ·백작[伯] ·천자의 경(卿)이 제후로 임명된 경우	·제후국[國] 하사
6명 (六命)	·천자의 경(卿)	·가신(家臣)을 둘 수 있는 권한 하사
5명 (五命)	·자작[子] ·남작[男] ·천자의 대부(大夫)가 출봉(出封)된 경우	·작은 봉지(封地) 하사
4명 (四命)	·부용군(附庸君) ·천자의 대부(大夫) ·대국(大國)의 고(孤)	·제기[器] 하사
3명 (三命)	·천자의 원사(元士) ·대국(大國)의 경(卿) ·차국(次國)의 경(卿)	·천자의 조정에 설 수 있는 지위[位] 하사
2명 (再命)	·천자의 중사(中士) ·대국(大國)의 대부(大夫) ·차국(次國)의 대부(大夫) ·소국(小國)의 경(卿)	·의복[服] 하사
1명 (一命)	·천자의 하사(下士) ·대국(大國)의 사(士) ·차국(次國)의 사(士) ·소국(小國)의 대부(大夫)	·작위[職] 하사

※ **참조:** 『주례』「춘관(春官)·전명(典命)」 및 『주례』「춘관(春官)·대종백(大宗伯)」

●그림 26-3 주(周)나라의 조(朝)·종묘(宗廟)의 배치도

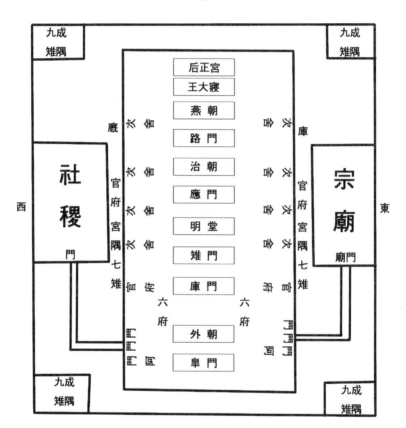

※ 참조: 『삼재도회(三才圖會)』「궁실(宮室)」 2권

그림 26-4 제명중려도(帝命重黎圖)

※ **출처:** 『흠정서경도설(欽定書經圖說)』 47권

【633a】

子曰, "夏道未瀆辭, 不求備, 不大望於民, 民未厭其親. 殷人未瀆禮, 而求備於民. 周人强民, 未瀆神, 而賞爵刑罰窮矣."

직역 子가 曰, "夏道는 辭를 未瀆하고, 備를 不求하며, 民에게 大히 望을 不하니, 民은 그 親을 未厭이라. 殷人은 禮를 未瀆이나 民에게 備를 求한다. 周人은 民에게 强하고, 神을 未瀆이나 賞爵과 刑罰이 窮이라."

의역 공자가 말하길, "하나라의 도는 명령에 대해서 아직 지나치게 친근하게 여기지 않았고, 갖추기를 요구하지 않았으며, 백성들에게 크게 바라지 않았으니, 백성들은 친근한 자에 대해서 아직 싫어하지 않았다. 은나라 때에는 예에 대해서 아직 지나치게 친근하게 여기지 않았지만 백성들에게 갖추기를 요구하였다. 주나라 때에는 백성들에게 강요를 했고, 신에 대해서 아직 지나치게 친근하게 여기지 않았지만, 상과 작위를 하사하고 형벌 내리는 것을 상세히 갖췄다."라고 했다.

集說 未瀆辭, 以其尊命也; 未瀆禮, 以其後禮也; 未瀆神, 以其敬神而遠之也. 不求備, 不大望於民, 卽省刑罰薄稅斂之事. 未厭其親, 尊君親上之心自不能忘也. 言夏之民未厭其親, 則殷周之民不然矣. 强民, 言殷民不服, 而成王周公化之之難也. 賞爵刑罰之制, 至周而詳悉備具, 無以復加, 故曰窮矣. 窮, 極也. 一說, 賞爵不能勸善, 刑罰不能止惡, 故曰窮.

번역 명령을 아직 지나치게 친근하게 여기지 않았다는 것은 명령을 존엄하게 높였기 때문이며, 예를 아직 지나치게 친근하게 여기지 않았다는 것은 예를 뒤로 미뤘기 때문이고, 신에 대해 아직 지나치게 친근하게 여기지 않았다는 것은 신을 공경하되 멀리 대했기 때문이다. 갖추기를 구하지 않고 백성에게 크게 바라지 않았다는 것은 형벌을 줄이고 세금을 줄였던 일에 해당한다. 친근한 자에 대해 아직 싫어하지 않았다는 것은 군주를 높이고 윗사람을 친근하게 대해야 하는 마음을 스스로 잊을 수 없었기 때문

이다. 즉 하나라의 백성들은 아직 친근한 자에 대해 싫어하지 않았다고 했
으니, 은나라나 주나라의 백성들은 그렇지 않았던 것이다. 백성들에게 강요
를 한다는 것은 은나라의 백성들은 복종을 하지 않아서, 성왕과 주공이 교
화하기 어려웠다는 뜻이다. 상과 작위를 하사하고 형벌을 내리는 제도는
주나라에 이르러 더욱 상세히 갖춰져서, 다시 보완할 것이 없었기 때문에
"다했다."라고 했다. '궁(窮)'자는 "지극하다[極]."는 뜻이다. 일설에는 상과
작위를 하사하는 것이 선을 권면할 수 없었고, 형벌을 내리는 것이 악행을
그칠 수 없었기 때문에 궁(窮)이라 했다고 설명한다.

大全 馬氏曰: 夏之時, 其民淳, 故君民者, 無所求備. 不大望於民, 則民樂
推之而不厭, 故曰未厭其親. 殷人尊神, 於禮猶略, 故未瀆禮. 周人雖尊禮, 而
於事神之禮猶略, 故未瀆神. 方周之時, 比有長閭有胥鄕有大夫, 其政致詳, 其
法致嚴, 而善惡無所逃於其間, 故賞爵刑罰極於此矣.

번역 마씨가 말하길, 하나라 때에는 백성들이 순박했기 때문에 백성들
에게 군주노릇을 하는 자는 갖추기를 바라는 점이 없었다. 백성들에게 크
게 바라지 않는다면, 백성들은 즐겁게 그 뜻을 미루어 실천하고 싫증을 내
지 않기 때문에 "친근한 자에 대해서 아직 싫어하지 않았다."라고 했다. 은
나라 때에는 신을 존엄하게 높였는데 예에 대해서는 오히려 소략했기 때문
에, 예에 대해서는 아직 지나치게 친근하게 여기지 않았다. 주나라 때에는
비록 예를 존엄하게 높였지만 신을 섬기는 예법에 대해서는 오히려 소략했
기 때문에, 신에 대해서 아직 지나치게 친근하게 여기지 않았다. 주나라
때에는 비(比)에는 우두머리인 장(長)이 있었고, 여(閭)에는 서(胥)가 있었
으며, 향(鄕)에는 대부(大夫)가 있었으니, 그 정치가 지극히 상세했고 법도
가 지극히 엄중하여, 선과 악이 그 사이에서 빠져나갈 곳이 없었다. 그렇기
때문에 상과 작위를 하사하는 것과 형벌을 내리는 것이 이 시기에 지극해
졌다.

大全 嚴陵方氏曰: 前言殷人尊神矣, 至此乃言周人未瀆神, 何也? 蓋尊與

瀆異, 而瀆神者, 由瀆禮之所致而已. 前言尊神, 而繼之以先鬼後禮, 則非瀆之
所致可知矣. 此其所以異歟.

번역 엄릉방씨가 말하길, 앞에서는 은나라 때에는 신을 존엄하게 높였
다고 했는데, 이곳에서 주나라 때 신에 대해서 지나치게 친근하게 여기지
않았다고 한 것은 어째서인가? 존엄하게 높이는 것과 지나치게 친근하게
여기는 것은 차이가 있으니, 신에 대해 지나치게 친근하게 여기는 것은 예
를 지나치게 친근하게 여겨서 나타난 것일 뿐이다. 또 앞에서는 신을 존엄
하게 높였다고 했고, 이어서 신에 대한 것을 앞세우고 예에 대한 것을 뒤로
미뤘다고 했으니, 지나치게 친근하게 여겨서 나타난 것이 아님을 알 수 있
다. 이것이 바로 차이를 보이는 이유일 것이다.

鄭注 "未瀆辭"者, 謂時王不尙辭, 民不褻爲也. "不求備·不大望", 言其政
寬, 貢稅輕也. "强民", 言承殷難變之敝也. "賞爵刑罰窮矣", 言其繁文備設.

번역 "말을 아직 지나치게 친근하게 여기지 않았다."는 말은 당시 제왕
은 말을 숭상하지 않았고, 백성들도 친근하게 사용하지 않았다는 뜻이다.
"갖추기를 요구하지 않았고 크게 바라지 않았다."라고 했는데, 그 정치가
관대하고 세금을 거두는 것이 가벼웠다는 뜻이다. "백성들에게 강요를 했
다."는 말은 은나라의 고치기 어려운 폐단을 물려받았다는 뜻이다. "상과
작위를 하사하고 형벌을 내리는 것이 다했다."는 말은 번다한 격식이 상세
히 갖춰졌다는 뜻이다.

釋文 厭, 於豔反. 强, 其兩反, 注同. 稅, 申銳反.

번역 '厭'자는 '於(어)'자와 '豔(염)'자의 반절음이다. '强'자는 '其(기)'자
와 '兩(량)'자의 반절음이며, 정현의 주에 나오는 글자도 그 음이 이와 같다.
'稅'자는 '申(신)'자와 '銳(예)'자의 반절음이다.

孔疏　●“子曰”至“窮矣”. ○上明三代親尊有異, 此經更明三代治民有異之
事.

번역　●經文: “子曰”~“窮矣”. ○앞에서는 삼대 때 친근하게 여기고 존
귀하게 여겼던 것에 차이가 있었음을 나타내었고, 이곳 경문에서는 삼대
때 백성을 다스리는 방도에 차이가 있었던 사안을 재차 설명하고 있다.

孔疏　●“未瀆辭”者, 瀆謂褻瀆, 辭謂言辭. 夏時爲政之道, 未褻瀆於言辭.
君旣不尙辭, 民亦不爲, 故言“未瀆辭”. 夏言“未瀆辭”, 則殷瀆辭也.

번역　●經文: “未瀆辭”. ○‘독(瀆)’자는 지나치게 친근하게 여긴다는 뜻
이며, ‘사(辭)’는 말을 뜻한다. 하나라 때 정치를 시행하는 도는 말에 대해서
아직 지나치게 친근하게 여기지 않았다. 군주가 이미 말을 숭상하지 않아
서, 백성들 또한 말을 친근하게 사용하지 않았다. 그렇기 때문에 “말을 아직
지나치게 친근하게 여기지 않았다.”라고 했다. 하나라에 대해서 “말을 아직
지나치게 친근하게 여기지 않았다.”라고 했으니, 은나라 때에는 말을 지나
치게 친근하게 여긴 것이다.

孔疏　●“不求備·不大望於民”者, 求備, 謂每事徵求, 皆令備足. 大望, 謂賦
稅旣重, 大所責望於民. 夏代不然, 故云“不求備·不大望於民”也.

번역　●經文: “不求備·不大望於民”. ○갖추기를 요구한다는 말은 매사
에 요구를 하여 모두 갖추도록 했다는 뜻이다. 크게 바란다는 것은 세금이
이미 무거워서 백성들에 대해 책무를 주는 것이 컸다는 뜻이다. 하나라 때
에는 그렇지 않았기 때문에 “백성에게 갖추기를 요구하지 않았고 크게 바
라지 않았다.”라고 했다.

孔疏　●“民未厭其親”者, 以上“不求備·不大望於民”, 民無困苦, 故未厭其
上下相親之心也.

번역 ●經文: "民未厭其親". ○앞에서는 "백성에게 갖추기를 요구하지 않았고 크게 바라지 않았다."라고 했는데, 백성들에게는 곤궁한 점이 없었기 때문에, 상하 계층이 서로 친애하는 마음에 대해서 아직 싫어하지 않았다.

孔疏 ●"殷人未瀆禮, 而求備於民"者, 以殷承夏後, 雖已褻瀆言辭, 仍未褻瀆於禮, 言君臣上下, 於禮事簡略, 不褻瀆也. 殷言"未瀆禮", 則周瀆禮矣.

번역 ●經文: "殷人未瀆禮, 而求備於民". ○은나라는 하나라의 뒤를 계승하였으니, 비록 말에 대해서 이미 지나치게 친근하게 대했지만, 예에 대해서는 아직까지 지나치게 친근하게 대한 것이 아니다. 즉 군주와 신하 및 상하계층에 있어서 관련 예법과 사안이 간략하여 지나치게 친근하게 대하지 않았다는 뜻이다. 은나라에 대해서 "예에 대해 아직 지나치게 친근하게 대하지 않았다."라고 했으니, 주나라 때에는 예를 지나치게 친근하게 대한 것이다.

孔疏 ●"而求備於民", 瀆者, 言殷不如夏寬, 每事求備於民, 亦大望於民也.

번역 ●經文: "而求備於民". ○지나치게 친근하게 대했다는 것은 은나라 때에는 하나라의 관대함만 못하여, 매사에 백성들에게 요구를 했고, 또 백성들에게 크게 바라게 되었다는 뜻이다.

孔疏 ●"周人強民", 以周承殷後, 遭紂衰亂, 風俗頑凶, 故周人設敎, 強勸人以禮義, 亦比夏·殷多此一句也.

번역 ●經文: "周人強民". ○주나라는 은나라의 뒤를 이었고, 주임금으로 인한 쇠락함과 풍속의 험악함을 접하게 되었기 때문에, 주나라 때에는 교화를 전파하여 백성들에게 억지로 예의(禮義)에 따르도록 권유를 했던

것으로, 이것이 또한 하나라나 은나라의 내용에 비해 이 구문이 더 기술된
이유이기도 하다.

孔疏 ●"未瀆神"者, 言周治太平之時, 雖已瀆於禮, 猶未褻瀆鬼神, 祭天地
宗廟諸神, 尙有時15)限, 未褻瀆也. 則周衰之後, 而瀆神也.

번역 ●經文: "未瀆神". ○주나라가 통치하여 태평성세가 되었을 때에
는 비록 이미 예에 대해서 지나치게 친근하게 대했지만, 여전히 귀신을 섬
기는 일에 대해서는 아직까지 지나치게 친근하게 대하지 않아서, 천지와
종묘의 여러 신들에게 제사를 지낼 때에도 여전히 시기의 제한을 두어 지
나치게 친근하게 대하지 않았다. 그러나 주나라가 쇠락한 이후에는 신에
대해서 지나치게 친근하게 대했다.

孔疏 ●"而賞爵刑罰窮矣"者, 以周人貴禮, 禮尙往來交接, 故賞爵·刑罰之
事, 窮極煩多.

번역 ●經文: "而賞爵刑罰窮矣". ○주나라 때에는 예를 존귀하게 높였
고, 예에서는 서로 주고받고 사귀는 것을 숭상했다. 그렇기 때문에 상과
작위를 하사하고 형벌을 내리는 일이 지극해져서 번다해졌다.

訓纂 呂與叔曰: 不求備者, 不責人之善, 故政令簡, 不大望者, 不竭人之忠,
故貢賦輕, 民所以易從, 而未厭其親. 責人之信己, 必從而後已, 殷人之所以求
備於民也. 周人强民驅之於善, 從之有爵賞, 不從有刑罰, 故爵賞刑罰窮矣.

번역 여여숙이 말하길, 갖추기를 요구하지 않았다는 것은 남에 대해서
선하기를 책망하지 않았기 때문에 정령이 간소하였던 것이고, 크게 바라지
않았다는 것은 남에 대해서 충심을 다하도록 하지 않았기 때문에 세금이

---

15) '시(時)'자에 대하여. '시'자는 본래 없던 글자인데, 완원(阮元)의 『교감기(校
勘記)』에서는 "혜동(惠棟)의 『교송본(校宋本)』에는 '한(限)'자 앞에 '사'자가
기록되어 있다."라고 했다.

가벼워서 백성들이 쉽게 따르며 아직까지 친근한 자에 대해 싫어하지 않았다. 남에 대해서 자신을 믿도록 책임을 지우고, 반드시 따르게 한 뒤에야 그치니, 은나라는 백성들에게 갖추기를 요구했던 것이다. 주나라 때에는 백성들에게 강요를 하여 선으로 옮겨가도록 하고, 따른 자에게는 상과 작위를 하사하고 따르지 않는 자에게는 형벌을 내렸다. 그렇기 때문에 작위와 상을 하사하는 것과 형벌을 내리는 것이 상세히 갖춰지게 되었다.

集解 未瀆辭者, 夏道尚忠尚行而不尚辭也. 刑罰寬, 故所求於民者不備; 禮文簡, 故所望於民者易從. 是以其民安其政教, 而親愛其上, 不至於厭斁也. 忠之俗旣敝, 行脩而人猶未信, 故殷人始瀆辭, 然其於禮尚簡, 未至於瀆, 亦不大望於民. 然先罰後賞, 則法網密而所求於民者備矣. 敬之俗又敝, 辭雖瀆而未足以取信, 故周人始瀆禮, 而事爲之制, 曲爲之防, 則大望於民, 而强之使從上之教矣. 未瀆神者, 事鬼敬神而遠之也. 窮, 盡也. 言周人遠鬼神而盡於人事, 爵賞刑罰, 所以爲治之具備盡而無遺也.

번역 "말에 대해 아직 지나치게 친근하게 대하지 않았다."라고 했는데, 하나라 때의 도는 충심을 숭상했고 실천을 숭상했으며 말을 숭상하지 않았기 때문이다. 형벌에 대해 관대했기 때문에 백성들에게 요구하는 것이 자세하지 않았으며, 예와 격식이 간략했기 때문에 백성들에게 바라는 것도 쉽게 따를 수 있었다. 이러한 까닭으로 백성들은 그 정치와 교화에 대해서 편안하게 여겼고 윗사람을 친애하게 되어 싫어하는 지경에는 이르지 않았다. 충심에 따른 풍속에 이미 폐단이 발생하였고, 행실을 다듬더라도 사람들 중에는 여전히 믿지 않는 자가 있었기 때문에, 은나라 때에는 비로소 말을 지나치게 친근하게 대했지만, 예에 대해서는 오히려 간략하여 지나치게 친근하게 대하는 지경에는 이르지 않았으며, 또한 백성들에게 크게 바라지 않았다. 그러나 형벌을 앞세우고 상을 뒤로 미뤘으니, 법과 기강이 촘촘하여 백성들에게 바라는 것들이 상세해졌다. 공경함의 풍속에도 폐단이 발생하여, 말에 대해 비록 지나치게 친근하게 대했지만 믿음을 주기에는 부족하였다. 그렇기 때문에 주나라 때에는 비로소 예를 지나치게 친근

하게 대하여 사안들은 그것을 통해 제어했고, 잘못된 것은 그것을 통해 방
비했으니, 백성들에게 바라는 것이 커졌고, 강요를 하여 그들로 하여금 윗
사람의 교화에 따르도록 했다. "신에 대해서 아직 지나치게 친근하게 대하
지 않았다."라고 한 것은 귀신을 섬기고 공경했지만 멀리 대했다는 뜻이다.
'궁(窮)'자는 "다하다[盡]."는 뜻이다. 즉 주나라 때에는 귀신을 멀리 하였고
사람과 관련된 일에 대해서는 모든 것을 다하여, 작위와 상을 하사하고 형
벌을 내리는 것은 정치를 시행하는 도구를 자세히 갖춰 빠트리는 것이 없
게 한 것이라는 뜻이다.

그림 26-5 주(周)나라 때의 왕성(王城)·육향(六鄕)·육수(六遂)

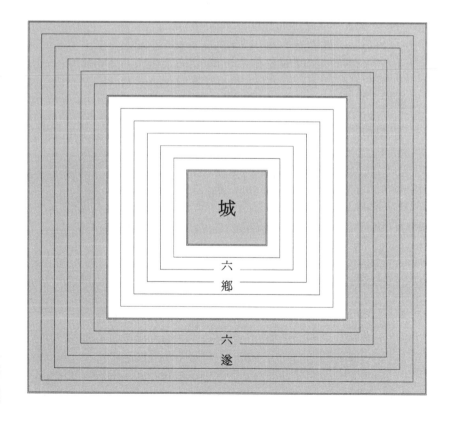

●그림 26-6 향(鄕)의 행정구역 및 담당자

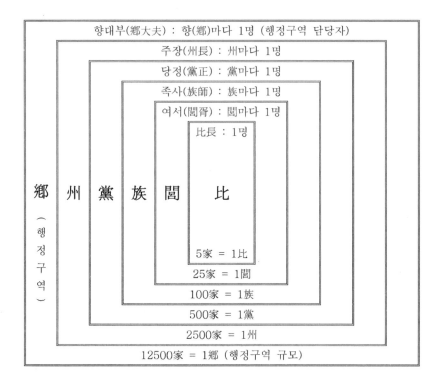

그림 26-7 수(遂)의 행정구역 및 담당자

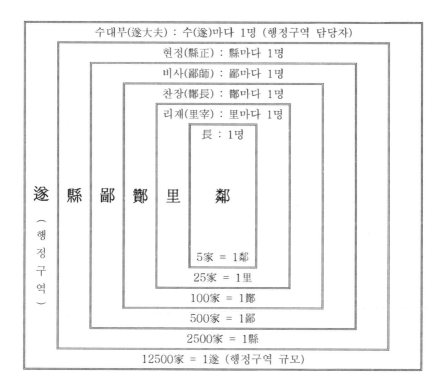

【633b】

子曰, "虞夏之道, 寡怨於民. 殷周之道, 不勝其敝." 子曰, "虞夏之質, 殷周之文, 至矣! 虞夏之文不勝其質, 殷周之質不勝其文."

직역 子가 曰, "虞와 夏의 道는 民에게 怨이 寡라. 殷과 周의 道는 그 敝를 不勝이라." 子가 曰, "虞와 夏의 質과 殷과 周의 文은 至로다! 虞와 夏의 文은 그 質을 不勝하고, 殷과 周의 質은 그 文을 不勝이라."

의역 공자가 말하길, "우와 하나라 때의 도는 백성들에게 원망을 적게 받았다. 은과 주나라 때의 도는 그 폐단을 이겨내지 못했다."라고 했다. 공자가 말하길, "우와 하나라 때의 질박함과 은과 주나라 때의 화려함은 지극하구나! 우와 하나라 때의 화려함은 질박함을 이겨내지 못했고, 은과 주나라 때의 질박함은 화려함을 이겨내지 못했다."라고 했다.

集說 前章言夏殷周之事, 此又兼言虞氏以起下章.

번역 앞에서는 하·은·주에 대한 일을 언급했고, 이곳에서는 또한 우(虞) 때의 일도 함께 언급하여 아래 문단의 내용을 이끌어냈다.

大全 藍田呂氏曰: 虞夏之道質, 質者, 責人也略, 故寡怨於民. 殷周之道文, 文者, 責人也詳, 民之不從則窮刑賞以驅之, 故不勝其敝. 虞夏質之至者也, 故文不勝其質, 殷周文之至者也, 故質不勝其文. 至者, 無以加也. 後世王者, 欲尙質者, 無以加虞夏之質, 欲尙文者, 無以加殷周之文矣. 三代所尙, 非苟爲異, 亦各因時救敝而已. 繼周者, 未有以救之, 楊墨韓莊所以肆行於戰國也.

번역 남전여씨가 말하길, 우와 하나라의 도는 질박하다고 했는데, 질박함이란 남에게 책무를 주는 것이 간략하기 때문에 백성들에게 원망을 적게 샀다. 은과 주나라의 도는 화려하다고 했는데, 화려함이란 남에게 책무를

주는 것이 상세한 것이니, 백성들이 따르지 않는다면 형벌과 상을 지극히
해서 그들을 내몰았기 때문에 그 폐단을 이겨내지 못했다. 우와 하나라는
질박함이 지극했기 때문에 화려함이 질박함을 이겨내지 못했고, 은과 주나
라는 화려함이 지극했기 때문에 질박함이 화려함을 이겨내지 못했다. 지극
함이란 더할 것이 없다는 뜻이다. 후대의 제왕들 중 질박함을 숭상하고자
하는 자는 우와 하나라의 질박함에서 더 이상 더할 것이 없었고, 화려함을
숭상하고자 하는 자는 은과 주나라의 화려함에서 더 이상 더할 것이 없었
다. 삼대 때 숭상했던 것들은 진실로 차이가 확연한 것은 아니니, 이것은
또한 각각 그 시의에 따라 폐단을 구제하려고 했던 것일 뿐이다. 주나라를
계승했던 자는 그 폐단을 구제하려고 함이 없어서, 양주·묵적·한비자·장자
와 같은 자들이 전국시대에 제멋대로 활개를 쳤다.

大全　嚴陵方氏曰: 虞夏非無文也, 特其文不勝質爾. 殷周非無質也, 特其
質不勝文爾. 殷尙質而此以文爲至者, 蓋殷之文則存乎時, 殷之質則存乎人,
爲其時之文, 故人尙質以救之而已. 若夫其道則瀆辭, 是其時之爲文也, 其色
則尙白, 是其人之爲質也.

번역　엄릉방씨가 말하길, 우와 하나라는 화려한 면이 없었던 것은 아니
지만 화려함이 질박함을 이겨내지 못했을 따름이다. 은과 주나라는 질박한
면이 없었던 것은 아니지만 질박함이 화려함을 이겨내지 못했을 따름이다.
은나라는 질박함을 숭상했는데도 이곳에서 화려함이 지극하다고 한 것은
은나라의 화려함은 시의에 달려 있었고 은나라의 질박함은 사람에게 달려
있었는데, 당시 시의에 따라 화려함을 숭상했기 때문에 사람들은 질박함을
숭상하여 구제하려고 했을 따름이다. 도의 측면에서는 말을 지나치게 친근
하게 여겼는데, 이것은 시의에 따른 화려함에 해당하고, 색깔에 있어서는
백색을 숭상했는데,16) 이것은 사람이 질박함을 숭상한 것에 해당한다.

---

16) 『예기』「단궁상(檀弓上)」【73b】: 夏后氏尙黑, 大事斂用昏, 戎事乘驪, 牲用玄.
殷人尙白, 大事斂用日中, 戎事乘翰, 牲用白. 周人尙赤, 大事斂用日出, 戎事乘
騵, 牲用騂.

鄭注 勝, 猶任也. 言殷·周極文, 民無恥而巧利, 後世之政難復. 言後有王者其作, 質·文不能易之. 言王者相變, 質·文各有所多.

번역 '승(勝)'자는 "감내하다[任]."는 뜻이다. 은나라와 주나라는 격식을 지극히 갖춰서 백성들에게는 부끄러움이 없었고 이로움만을 꾀했는데, 후세의 정치에 있어서 복원하기 어려운 것이다. 후대의 제왕이 나타나더라도 질박함과 격식을 지극히 갖추는 것을 바꿀 수 없다는 뜻이다. 제왕이 상호의 것에서 바꾸게 되어, 질박함과 격식을 지극히 갖추는 것에 있어서도 각각 치중한 측면이 있는 것이다.

釋文 勝音升, 注同. 恥音弊. 任, 如金反. 復音伏. 易音亦. 勝, 世證反, 又音升.

번역 '勝'자의 음은 '升(승)'이며, 정현의 주에 나오는 글자도 그 음이 이와 같다. '恥'자의 음은 '弊(폐)'이다. '任'자는 '如(여)'자와 '金(금)'자의 반절음이다. '復'자의 음은 '伏(복)'이다. '易'자의 음은 '亦(역)'이다. '勝'자는 '世(세)'자와 '證(증)'자의 반절음이며, 또한 그 음은 '升(승)'도 된다.

孔疏 ●"子曰"至"此乎". ○正義曰: 此一節總明虞·夏·商·周四代質·文之異.

번역 ●經文: "子曰"~"此乎". ○이곳 문단은 우·하·은·주 사대 때의 질박함과 화려함에 차이가 있었음을 총괄적으로 나타내고 있다.

孔疏 ●"虞夏之道, 寡怨於民", 以其政寬, 故"寡怨於民", 言民怨尙少.

번역 ●經文: "虞夏之道, 寡怨於民". ○정치가 관대했기 때문에, "백성들에게 원망을 적게 샀다."라고 했으니, 백성들이 원망하는 일은 오히려 적었다는 뜻이다.

孔疏 ●“殷周之道, 不勝其敝”者, 以殷·周文煩, 失在苛碎, 故其民不堪勝
敝敗也. 不言無怨, 而言“寡怨於民”者, 天地之大, 猶有所憾, 如冬寒夏雨, 民
猶怨之, 如聖人之德, 無善不包, 人猶怨之, 是不備也. 如舜, 寡怨於民也.

번역 ●經文: “殷周之道, 不勝其敝”. ○은나라와 주나라는 격식이 번잡
하여 가혹하고 번잡해지는 잘못을 범했기 때문에, 백성들은 그 폐단을 감
당할 수 없었다. 원망함이 없었다고 말하지 않았고, “백성들에게 원망을
적게 샀다.”라고 했으니, 천지의 큼에 대해서도 오히려 섭섭하게 느끼는
점이 있는 것으로, 마치 겨울의 추위와 여름의 비에 대해서 백성들 중에는
오히려 원망하는 자가 있고, 성인의 덕은 선을 포함하지 않은 것이 없는데
사람들 중에는 오히려 원망하는 자가 있는 것과 같으니, 이것은 제대로 갖
추지 않은 것에 해당한다. 순임금과 같은 경우에도 백성들에게 원망을 적
게 샀다.

孔疏 ●“子曰: 虞夏之質, 殷周之文至矣”者, 至, 謂至極也. 言虞·夏爲質,
殷·周爲文, 並已至極矣. 縱令後王爲質, 不能過於虞·夏; 後王爲文, 亦不能過
於殷·周, 是至極矣.

번역 ●經文: “子曰: 虞夏之質, 殷周之文至矣”. ○‘지(至)’자는 지극하다
는 뜻이다. 우와 하나라는 질박하였고, 은과 주나라는 화려하였는데, 둘 모
두 이미 지극했다는 뜻이다. 가령 후세의 제왕이 질박함을 시행하고자 한
다면 우와 하나라보다 지나치게 할 수 없고, 또 후세의 제왕이 화려함을
시행하고자 한다면 이 또한 은과 주나라보다 지나치게 할 수 없으니, 이것
은 지극함을 나타낸다.

孔疏 ●“虞夏之文, 不勝其質”者, 言虞·夏之時, 雖有其文, 但文少而質多,
故文不勝於質.

번역 ●經文: “虞夏之文, 不勝其質”. ○우와 하나라 때에는 비록 화려한

측면도 있었지만, 화려함이 적고 질박함이 많았기 때문에 화려함이 질박함을 감당할 수 없었다.

孔疏 ●"殷周之質, 不勝其文"者, 言殷·周雖有其質, 亦質少而文多, 故"不勝其文". 然按三正記云: "文質再而後始." 則虞質夏文, 殷質周文. 而云"虞夏之質, 殷周之文"者, 夏家雖文, 比殷家之文猶質. 殷家雖質, 比夏家之質猶文於夏. 故夏雖有文, 同虞之質, 殷雖有質, 同周之文.

번역 ●經文: "殷周之質, 不勝其文". ○은과 주나라에도 비록 질박한 측면이 있었지만, 또한 질박함은 적고 화려함이 많았기 때문에 "화려함을 감당할 수 없다."고 했다. 그런데 『삼정기』를 살펴보면, "화려함과 질박함은 한 세대를 건넌 뒤에 시작된다."라고 했으니, 우나라는 질박하였고 하나라는 화려하였으며, 은나라는 질박하였고 주나라는 화려한 것이 된다. 그런데도 '우와 하나라의 질박함, 은과 주나라의 화려함'이라고 말한 것은 하나라가 비록 화려했더라도 은나라의 화려함과 비교를 해보면 여전히 질박함이 된다. 또 은나라가 비록 질박하였더라도 하나라의 질박함과 비교를 해보면 여전히 하나라보다 화려한 것이 된다. 그렇기 때문에 하나라에 비록 화려한 측면이 있었더라도 우나라의 질박함과 같다고 한 것이고, 은나라에 비록 질박한 측면이 있었더라도 주나라의 화려함과 같다고 한 것이다.

訓纂 方性夫曰: 加乎虞夏之質, 則爲上古之洪荒; 加乎殷周之文, 則爲後世之虛華. 此其所以爲至與.

번역 방성부가 말하길, 우와 하나라의 질박함에 질박함을 더한다면 상고시대의 혼돈인 상태가 되고, 은과 주나라의 화려함에 화려함을 더한다면 후대의 허망한 화려함이 된다. 이것이 바로 지극함이 되는 이유일 것이다.

集解 方氏慤曰: 至矣者, 言其質文不可復加也.

번역 방각이 말하길, 지극하다는 말은 질박함과 화려함에 대해서 재차 더할 수 없다는 뜻이다.

참고 구문비교

출 처	내 용
『禮記』「表記」	虞夏之質, 殷周之文, 至矣! 虞夏之文不勝其質, 殷周之質不勝其文.
『大戴禮記』「衛將軍文子」	夫强乎武哉! 文不勝其質.
『孔子家語』「弟子行」	强乎武哉! 文不勝其質.

우제(虞帝)의 위대함

【633c~d】

子言之曰, "後世雖有作者, 虞帝弗可及也已矣. 君天下, 生無私, 死不厚其子. 子民如父母, 有憯怛之愛, 有忠利之教. 親而尊, 安而敬, 威而愛, 富而有禮, 惠而能散. 其君子尊仁畏義, 恥費輕實, 忠而不犯, 義而順, 文而靜, 寬而有辨. 甫刑曰, '德威惟威, 德明惟明.' 非虞帝其孰能如此乎?"

직역 子가 言하여 曰, "後世에 雖히 作하는 者가 有라도, 虞帝에는 可히 及이 弗일 뿐이다. 天下를 君함에, 生에는 私가 無하고, 死에는 그 子를 不厚라. 民을 子하길 父母와 如하여, 憯怛의 愛가 有하고, 忠利의 教가 有라. 親하되 尊하고, 安하되 敬하며, 威하되 愛하고, 富하되 禮가 有하며, 惠하되 能히 散이라. 그 君子는 仁을 尊하고 義를 畏하며, 費를 恥하고 實을 輕하며, 忠하되 不犯하고, 義하되 順하며, 文하되 靜하고, 寬하되 辨이 有라. 甫刑에서 曰, '德威에 惟히 威하고, 德明에 惟히 明라.' 虞帝가 非라면 그 孰히 能히 此와 如하리오?"

의역 공자가 말하길, "후세에 비록 제왕이 나타나더라도 우제만큼은 미치지 못할 따름이다. 천하를 통치함에 생전에는 삿됨이 없었고 죽어서도 자신의 자식을 우대하지 않았다. 백성들을 자식처럼 여기길 마치 부모가 하는 것처럼 하여, 가엾게 여기는 자애로움이 있었고, 충심과 이로움을 다하는 가르침이 있었다. 우제는 친근하면서도 존경하였고, 편안하면서도 공경하였으며, 위엄을 갖췄으면서도 친애하였고, 부유하면서도 예를 갖췄으며, 은혜로우면서도 두루 베풀 수 있었다. 우제 때의 군자는 인(仁)을 존엄하게 받들고 의(義)를 두려워했으며, 낭비하는 것을 부끄럽게 여겼고 채우는 것을 경시하였으며, 충심을 다하되 침범하지 않았고, 의(義)

에 따르되 순응하였으며, 격식을 갖추되 고요하였고, 관대하되 변별함이 있었다. 「보형」편에서는 '덕으로 위엄을 드러내니 외경하였고, 덕으로 드러내니 밝아졌다.'[1]라고 했으니, 우제가 아니라면 그 누가 이처럼 할 수 있겠는가?"라고 했다.

集說 呂氏曰: 憺怛之愛, 猶慈母之愛, 非責報於其子也, 非要譽於他人也, 發於誠心而已. 忠利之敎者, 若使契爲司徒, 敎以人倫, 作爲衣裳·舟楫·臼杵·弧矢·宮室·棺椁·書契, 使天下利用而不倦, 是皆有敎人以善之誠, 無所不利之功者也. 富而有禮, 節於物者也; 惠而能散, 周於物者也; 義以相正而不傷乎割, 文以相接而不傷乎動, 故寬裕有容, 而容之中有辨焉.

번역 여씨가 말하길, 가엾게 여기는 사랑은 자애로운 모친의 사랑과 같으니, 자식에게 보답하도록 책무를 주는 것이 아니며, 다른 사람에게 칭찬을 바라는 것이 아니니, 진실된 마음에서 나타난 것일 뿐이다. 충심과 이로움에 따른 교화는 마치 설(契)을 사도(司徒)[2]로 임명하여 인륜을 가르치도록 하고,[3] 상의와 하의·배와 노·절구와 공이·활과 화살·집과 방·관과 곽·글과 부절(符節)을 만들어서, 천하 사람들로 하여금 이롭게 이용하며 게으름을 피우지 않게 한 것[4]들은 모두 사람을 가르침에 선으로써 하는 진실됨이

---

1) 『서』「주서(周書)·여형(呂刑)」: 皇帝淸問下民, 鰥寡有辭于苗, <u>德威惟畏, 德明</u><u>惟明</u>.

2) 사도(司徒)는 본래 주(周)나라 때의 관리로, 국가의 토지 및 백성들에 대한 교화(敎化)를 담당했다. 전설상으로는 소호(少昊) 시대 때부터 설치되었다고 전해진다. 주나라의 육경(六卿) 중 하나였으며, 전한(前漢) 애제(哀帝) 원수(元壽) 2년(B.C. 1)에는 승상(丞相)의 관직명을 고쳐서, 대사도(大司徒)라고 불렀고, 대사마(大司馬), 대사공(大司空)과 함께 삼공(三公)의 반열에 있었다. 후한(後漢) 때에는 다시 '사도'로 명칭을 고쳤고, 그 이후로는 이 명칭을 계속 사용하다가 명(明)나라 때 폐지되었다. 명나라 이후로는 호부상서(戶部尙書)를 '대사도'라고 불렀다.

3) 『맹자』「등문공상(滕文公上)」: 聖人有憂之, <u>使契爲司徒, 敎以人倫</u>, 父子有親, 君臣有義, 夫婦有別, 長幼有序, 朋友有信.

4) 『역』「계사하(繫辭下)」: 黃帝堯舜垂<u>衣裳</u>而天下治, 蓋取諸乾坤. 刳木爲舟, 剡木爲楫, <u>舟楫</u>之利以濟不通, 致遠以利天下, 蓋取諸渙. 服牛乘馬, 引重致遠, 以利天下, 蓋取諸隨. 重門擊柝, 以待暴客, 蓋取諸豫. 斷木爲杵, 掘地爲臼, <u>臼杵</u>之利, 萬民以濟, 蓋取諸小過. 弦木爲弧, 剡木爲矢, <u>弧矢</u>之利, 以威天下, 蓋取

있는 것이고, 이롭지 않는 공덕이 없는 것이다. 부유하지만 예가 있다는
것은 사물에 대해 절제하는 것이며, 은혜롭지만 잘 펼친다는 것은 사물에
대해 두루 미치는 것이고, 의(義)를 통해 서로 바르게 하면서도 판가름에
있어서 해를 끼치지 않고, 격식을 갖춰 서로 대하면서도 행동에 있어서 해
를 끼치지 않기 때문에, 관대하고 너그러워 용납함이 있었고, 용납함 속에
도 변별함이 있었던 것이다.

集說 應氏曰: 生無私, 有天下而不與也. 死不厚其子, 傳諸賢而爲天下得
人也. 生死無所私, 而心乎斯民, 眞若父母之於子. 親而尊至惠而能散, 猶元氣
之運, 妙用無迹, 此中庸所謂用其中於民也, 其君子化之皆爲全德. 尊仁畏義,
不敢犯天下之公理; 恥費輕實, 不敢徇一己之私欲. 恥費用者, 儉於自奉也; 輕
財實者, 薄於言利也. 自庶民大德而下凡三章, 言臣道之難於盡仁, 惟舜禹文
王周公可以爲仁之厚, 而后稷庶幾近之. 自凱弟君子而下凡四章, 言君道之難
於盡仁, 惟虞帝可以爲德之至, 而夏商周皆未免有所偏也.

번역 응씨가 말하길, 살아있을 때에는 삿됨이 없다는 것은 천하를 소유
하고도 자식에게 주지 않았다는 뜻이다. 죽었을 때에는 자식에게 두터이
하지 않았다는 것은 현명한 자에게 전수하여 천하를 위해 해당하는 인재를
얻었다는 뜻이다. 생전이나 사후에도 삿됨이 없었고, 백성들에 대해 마음을
다하였으니, 진실로 부모가 자신의 자식을 대하는 것과 같다. "친근하지만
존귀하다."는 말로부터 "은혜롭지만 잘 펼친다."는 말까지는 원기의 운용
이 오묘하게 작용하여 자취가 없는 것과 같으니, 이것은 『중용』에서 "그
중(中)을 백성에게 쓴다."5)라고 한 뜻과 같으며, 군자가 교화를 함은 모두
온전한 덕에 따른 것이다. 인(仁)을 존경하면서도 의(義)를 두려워한다는

諸聯. 上古穴居而野處, 後世聖人易之以宮室, 上棟下宇, 以待風雨, 蓋取諸大
壯. 古之葬者, 厚衣之以薪, 葬之中野, 不封不樹, 喪期无數, 後世聖人易之以棺
槨, 蓋取諸大過. 上古結繩而治, 後世聖人易之以書契, 百官以治, 萬民以察, 蓋
取諸夬.
5) 『중용』「6장」: 子曰, "舜其大知也與! 舜好問而好察邇言, 隱惡而揚善, 執其兩
端, 用其中於民, 其斯以爲舜乎."

것은 감히 천하의 공공된 이치를 범하지 않는 것이며, 낭비를 부끄럽게 여기고 채우는 것을 경시한다는 것은 감히 한 사람의 사욕에 따르지 않는 것이다. 낭비하는 것을 부끄럽게 여기는 것은 자신을 봉양하는 일에는 검소한 것이며, 재물을 채우는 것을 경시한다는 것은 이로움을 언급하는 것에 박했다는 뜻이다. "백성들을 감싸는 큰 덕이 있다."라는 구문으로부터 그 이하의 총 3개 장은 신하의 도에 있어서 인(仁)을 다하기가 어려운데, 순과 우임금 문왕과 주공만이 인(仁)을 두텁게 시행한 것이고, 후직이 거의 가깝다고 말한 것이다. "화락하고 평이한 군자여."라는 구문으로부터 그 이하의 총 4개 장은 군주의 도에 있어서 인(仁)을 다하기가 어려운데, 우제만이 덕의 지극함을 시행하고, 하·은·주나라 모두 치우침이 있는 것에서 벗어나지 못했다고 말한 것이다.

大全 嚴陵方氏曰: 帝則公天下, 故曰生無私, 以其傳於賢, 故曰死不厚其子. 有憯怛之愛, 有忠利之敎, 愛之則親, 敎之則尊, 故曰親而尊. 親而有所尊, 故安而敬. 尊而有所親, 故威而愛. 敬故富而有禮, 愛故惠而能散, 由是君子化之而尊仁安義, 以至於寬而有辨也. 富而有禮, 則無驕奢之患, 惠而能散, 則無偏黨之私. 仁者天下之表, 故在所尊, 義者天下之制, 故在所畏. 恥費則奉己有節, 輕實則與人無吝. 忠所以抗節, 常失於犯上, 義所以立我, 常失於忤物. 文則常失於妄動, 寬則常失於大雜. 兼父之尊母之親, 故能並行而無偏敝也. 非有威明之德, 其能若是乎? 故引書之言以證之.

번역 엄릉방씨가 말하길, 제왕이 되었다면 천하를 공공의 것으로 여기기 때문에 "생전에는 사사로움이 없었다."라고 했다. 제위를 현명한 자에게 전하였기 때문에 "죽어서는 자신의 자식에게 후하게 하지 않았다."라고 했다. 가엾게 여기는 친애함이 있고 충심과 이로움을 다하는 가르침이 있었는데, 사랑한다면 친애하게 되고 가르친다면 존경하게 된다. 그렇기 때문에 "친애하면서도 존경하였다."라고 했다. 친애하면서도 존경하는 점이 있기 때문에 편안하게 하되 공경하였다. 존경하면서도 친애하는 점이 있기 때문에 위엄이 있되 자애로웠다. 공경하기 때문에 부유하면서도 예를 갖추고,

자애로웠기 때문에 은혜로우면서도 두루 펼칠 수 있었다. 이를 통해 군자가 교화를 하여 인(仁)을 존엄하게 여기고 의(義)를 편안하게 여겨, 관대하면서도 변별함이 있는 경지에 도달한 것이다. 부유하면서도 예를 갖춘다면 교만하거나 사치스럽다는 우환이 없게 되고, 은혜로우면서도 두루 펼칠 수 있다면 치우치는 삿됨이 없게 된다. 인(仁)은 천하의 표본이기 때문에 존경하는 점이 있고, 의(義)는 천하의 제재함이기 때문에 외경하는 점이 있다. 낭비를 부끄럽게 여긴다면 자신을 봉양함에 절제함이 있는 것이고, 채우는 것을 경시한다면 남에게 줄 때 인색함이 없는 것이다. 충심은 굽히지 않고 지조를 지키는 것이니 항상 윗사람을 범하는 잘못에 빠지고, 의(義)는 자신을 확립하는 것이니 항상 사물을 거스르는 잘못에 빠진다. 격식만 차린다면 항상 망령스럽게 행동하는 잘못에 빠지고, 관대하기만 하다면 항상 크게 혼잡스럽게 되는 잘못에 빠진다. 부친의 존엄함과 모친의 친애함을 겸하였기 때문에 함께 시행하면서도 치우치는 폐단이 없을 수 있다. 위엄스럽고 밝은 덕을 갖춘 자가 아니라면 이처럼 할 수 있겠는가? 그렇기 때문에 『서』의 말을 인용해서 증명을 한 것이다.

大全 延平周氏曰: 孟子曰, 天與賢則與賢, 天與子則與子, 又曰, 其子之賢不肖, 皆天也, 是舜之所以生無私, 死不厚其子者, 順天而已矣. 自其有懇悃之愛, 而至於惠而能散者, 特舜之粗迹耳, 果舜之極致, 則惠而能散, 不足以言. 自其君子尊仁畏義, 而至於寬而有辨者, 特舜之德廣耳, 果舜之道化, 則豈止於君子者哉?

번역 연평주씨가 말하길, 맹자는 "하늘이 현명한 자에게 주게 하면 현명한 자에게 주었고, 하늘이 자식에게 주게 하면 자식에게 주었다."[6]라고 했고, 또 "그 자식이 현명하거나 불초한 것은 모두 하늘에 달린 것이다."[7]라고 했으니, 순임금이 생전에 사사로움이 없었고 죽어서도 자식을 후하게

---

6) 『맹자』「만장상(萬章上)」: 孟子曰, 否, 不然也, <u>天與賢, 則與賢, 天與子, 則與子</u>.
7) 『맹자』「만장상(萬章上)」: <u>其子之賢不肖, 皆天也</u>, 非人之所能爲也.

대하지 않았던 것은 하늘에 순응한 것일 뿐이다. "가엾게 여기는 친애함이
있다."라는 것으로부터 "은혜롭되 두루 펼칠 수 있다."라는 것까지는 단지
순임금의 대략적인 행적일 뿐이니, 순임금의 지극함에 대해서는 은혜롭되
두루 펼칠 수 있다는 것으로는 표현하기에 부족하다. "군자가 인(仁)을 존
엄하게 높이고 의(義)를 두려워했다."라는 것으로부터 "관대하되 변별함이
있다."라는 것까지는 순임금의 넓은 덕일 뿐이니, 순임금의 도덕과 교화가
어찌 군자에만 그치겠는가?

鄭注 "死不厚其子", 言既不傳位, 又無以豐饒於諸臣也. "恥費", 不爲辭費
出空言也. 實, 謂財貨也. 辨, 別也, 猶寬而栗也. 靜, 或爲"情". 德所威則人皆
畏之, 言服罪也. 德所明則人皆尊寵之, 言得人也.

번역 "죽어서도 자식에게 후하게 하지 않았다."는 말은 이미 제위를 전
수하지 않았고 또 나머지 신하들보다 풍요롭게 하지 않았다는 뜻이다. "낭
비를 부끄럽게 여겼다."는 말은 말을 낭비하여 공허한 말을 내뱉지 않았다
는 뜻이다. '실(實)'자는 재화를 뜻한다. '변(辨)'자는 "변별하다[別]."는 뜻
이니, 관대하면서도 엄숙하였다는 뜻이다. '정(靜)'자를 다른 판본에서는
'정(情)'자로 기록하기도 한다. 덕에 따라 위엄을 갖춘 것이라면 사람들이
모두 외경하게 되니, 그 죄에 대해서 수복하게 된다는 의미이다. 덕에 따라
밝힌 것이라면 사람들이 모두 존경하고 총애하게 되니, 인재를 얻게 된다
는 의미이다.

釋文 憯, 七感反. 怛, 旦達反. 費, 芳貴反, 注同. 傳, 丈專反. 別, 彼列反,
下"不別"同. 曰音越. 威如字, 威畏也, 讀者亦依尙書音畏也.

번역 '憯'자는 '七(칠)'자와 '感(감)'자의 반절음이다. '怛'자는 '旦(단)'자
와 '達(달)'자의 반절음이다. '費'자는 '芳(방)'자와 '貴(귀)'자의 반절음이며,
정현의 주에 나오는 글자도 그 음이 이와 같다. '傳'자는 '丈(장)'자와 '專
(전)'자의 반절음이다. '別'자는 '彼(피)'자와 '列(렬)'자의 반절음이며, 아래

문장의 '不別'에서의 '別'자도 그 음이 이와 같다. '曰'자의 음은 '越(월)'이다. '威'자는 글자대로 읽으니, 두려워한다는 뜻이고, 읽는 자들에 따라서는 또한 『서』의 기록에 따라 그 음이 '畏(외)'라고도 한다.

孔疏 ●"子言之曰: 後世雖有作者, 虞帝不可及也". ○正義曰: 以上經論虞·夏·商·周, 此特明虞帝之美已矣者, 言後世之君, 雖有作其善政者, 而比於虞帝, 不可齊及之也.

번역 ●經文: "子言之曰: 後世雖有作者, 虞帝不可及也". ○앞의 경문에서는 우·하·은·주나라에 대해 논의했는데, 이곳에서는 특별히 우나라 제왕의 아름다움에 대해서만 나타내고 그쳤으니, 후세의 군주 중에 선정을 펼치는 자가 있을지라도 우제와 비교해보면 미칠 수 없다는 뜻이다.

孔疏 ●"君天下, 生無私"者, 明虞帝之德, 後世雖作, 不可及. 言舜爲天下序爵, 必以德而不用私也.

번역 ●經文: "君天下, 生無私". ○우제의 덕에 있어서 후세에 비록 그처럼 시행하는 자가 나타나더라도 미칠 수 없다는 사실을 나타내고 있다. 즉 순임금은 천하를 위해 작위의 질서를 세웠고, 반드시 덕에 따라서 시행하고 사사로움에 따르지 않았다는 뜻이다.

孔疏 ●"死不厚其子"者, 厚, 謂豐厚. 旣不傳位, 又不以財物豐厚於其子, 故云"不厚其子". "子", 謂商均也.

번역 ●經文: "死不厚其子". ○'후(厚)'자는 풍요롭다는 뜻이다. 이미 제위를 전해주지 않았는데, 재차 재물로 자신의 자식을 풍요롭게 해주지 않은 것이다. 그렇기 때문에 "자식을 풍요롭게 해주지 않았다."라고 했다. '자(子)'는 상균(商均)을 뜻한다.

孔疏 ●“子民如父母”者, 子, 謂子愛於民, 如父母愛子也.

번역 ●經文: “子民如父母”. ○‘자(子)’는 백성에게 자애롭게 대한다는 뜻으로, 마치 부모가 자신의 자식을 사랑하는 것과 같다는 의미이다.

孔疏 ●“有憯怛之愛”者, 言愛民之志, 有淒憯惻怛, 言舜天性自仁, 故憐愛於人.

번역 ●經文: “有憯怛之愛”. ○백성을 사랑하는 뜻에 가엾고 불쌍히 여기는 마음이 있다는 뜻이니, 순임금은 천성적으로 인(仁)을 갖췄기 때문에 사람들을 가엾게 여기며 자애롭게 대했다는 뜻이다.

孔疏 ●“有忠利之敎”者, 言有忠恕利益之敎也.

번역 ●經文: “有忠利之敎”. ○충서(忠恕)와 이익에 따른 가르침이 있었다는 뜻이다.

孔疏 ●“親而尊”者, 有母之親, 有父之尊.

번역 ●經文: “親而尊”. ○모친다운 친애함이 있었고, 부친다운 존엄함이 있었다는 뜻이다.

孔疏 ●“安而敬”者, 體安而能敬, 敬, 卽前“威莊而安”也.

번역 ●經文: “安而敬”. ○편안함을 체현하면서도 공경할 수 있다는 뜻이니, 공경이란 앞에서 “위엄과 장엄함을 갖추지만 편안하게 해준다.”라고 한 말에 해당한다.

孔疏 ●“威而愛”者, 有威而又有愛也.

번역 ●經文: "威而愛". ○위엄이 있고 또 자애로움도 있다는 뜻이다.

孔疏 ●"富而有禮"者, 富, 有四海, 而不驕, 是"有禮"也.

번역 ●經文: "富而有禮". ○부유함으로는 사해를 소유하였다는 뜻이고, 교만하지 않았다는 예를 갖췄다는 의미이다.

孔疏 ●"惠而能散"者, 施惠得所, 爲能散也.

번역 ●經文: "惠而能散". ○은혜를 베푸는 것이 적합하여, 두루 펼칠 수 있었다.

孔疏 ●"其君子尊仁畏義"者, "其君子", 謂虞朝之臣也. 君聖臣賢, 是由舜而得然也, 若民有仁者則尊之, 有義者則畏之.

번역 ●經文: "其君子尊仁畏義". ○'기군자(其君子)'는 우나라 때의 신하들을 뜻한다. 군주가 성인이고 신하가 현인인 것인데, 이것은 순임금으로 인해 이처럼 된 것이다. 만약 백성들 중 인(仁)을 갖춘 자가 있다면 그를 존귀하게 높이고, 의(義)를 갖춘 자가 있다면 외경했다는 의미이다.

孔疏 ●"耻費輕實"者, 費, 辭費也. 言而不行, 謂之"辭費"也. 言必履而行之, 是耻於辭費也.

번역 ●經文: "耻費輕實". ○'비(費)'자는 말을 낭비한다는 뜻이다. 즉 말을 하고도 실천하지 않는 것을 "말을 낭비한다."라고 부른다. 말을 하면 반드시 그것에 따라 실천하니, 이것은 말을 낭비하는 것을 부끄럽게 여겼기 때문이다.

孔疏 ●"輕實"者, 實, 財貨也. 貴人而賤祿, 是輕財也.

번역 ●經文: "輕實". ○'실(實)'자는 재화를 뜻한다. 사람을 귀하게 여기고 녹봉을 천시한 것이 바로 재물을 경시한다는 뜻이다.

孔疏 ●"忠而不犯"者, 盡心於君, 是其忠也; 無違政敎, 是不犯也.

번역 ●經文: "忠而不犯". ○군주에 대해 마음을 다하는 것이 바로 충(忠)이며, 정치와 교화를 시행함에 어김이 없는 것이 범하지 않는 것이다.

孔疏 ●"義而順"者, 至極君臣之義而不悖德, 是"義而順"也.

번역 ●經文: "義而順". ○군주와 신하의 도의를 지극히 하여 덕을 어그러트리지 않았으니, 이것은 의롭되 순응한다는 뜻이 된다.

孔疏 ●"文而靜"者, 臣皆有文章, 而又淸淨.

번역 ●經文: "文而靜". ○신하에게 모두 화려하게 드러남이 있으면서도 또한 맑음이 있다는 뜻이다.

孔疏 ●"寬而有辨"者, 辨, 別也. 臣之傚舜之寬容, 治政不慢而有分別也.

번역 ●經文: "寬而有辨". ○'변(辨)'자는 "변별하다[別]."는 뜻이다. 신하가 순임금의 관대함을 본받아서 정치를 시행하면서도 태만하게 굴지 않았으며 분별함을 갖췄다는 뜻이다.

孔疏 ●"甫刑曰: 德威惟威, 德明惟明", 引之者, 所以結舜德也. 下"威"訓"畏", 下"明"訓"尊". 言舜之道德, 欲威懼於人, 則在下之民惟畏懼之, 故云"德威惟威".

번역 ●經文: "甫刑曰: 德威惟威, 德明惟明". ○이 글을 인용한 것은 순임금의 덕에 대해 결론을 맺기 위해서이다. 뒤의 '위(威)'자는 "외경하다

[畏].”는 뜻으로 풀이하고, 뒤의 ‘명(明)’자는 “존숭하다[尊].”는 뜻으로 풀이
한다. 즉 순임금의 도와 덕은 사람들에 대해서 위엄을 갖춰 외경하도록 만
들고자 하면 아래에 속한 백성들은 외경하며 두려워하게 된다는 뜻이다.
그렇기 때문에 “덕에 따라 외경하도록 하면 외경하게 된다.”라고 했다.

孔疏 ●“德明惟明”者, 謂舜以德標明善人, 惟能得善人, 惟天下之人皆所
以尊重之.

번역 ●經文: “德明惟明”. ○순임금은 덕을 통해 선한 사람들을 드러내
서, 선한 자들을 얻을 수 있었다는 뜻이니, 천하의 사람들이 모두 존중했다
는 의미이다.

孔疏 ●“非虞帝, 其孰能如此乎”者, 如上之事不是虞帝, 其誰人能得如此
乎? 按今尙書之篇, 以明堯德, 而云“虞帝”者, 言虞帝亦能如是, 且記者斷章而
爲義也.

번역 ●經文: “非虞帝, 其孰能如此乎”. ○앞의 사안들은 우제가 아니라
면 그 누가 이처럼 할 수 있겠느냐는 뜻이다. 현재『서』의 편들을 살펴보면,
요임금의 덕을 드러내고 있는데, 이곳에서 ‘우제(虞帝)’라고 말한 것은 우제
또한 이처럼 할 수 있었음을 뜻하니, 이 또한『예기』를 기록한 자가 단장취
의한 것이다.

訓纂 王氏引之曰: 謂慈民如父母也.

번역 왕인지[8]가 말하길, 백성들에게 자애롭게 대하는 것이 마치 부모가

---

8) 왕인지(王引之, A.D.1766~A.D.1834) : 청(淸)나라 때의 훈고학자이다. 자
(字)는 백신(伯申)이고, 호(號)는 만경(曼卿)이며, 시호(諡號)는 문간(文簡)이
다. 왕념손(王念孫)의 아들이다. 대진(戴震), 단옥재(段玉裁), 부친과 함께 대
단이왕(戴段二王)이라고 일컬어졌다.『경전석사(經傳釋詞)』,『경의술문(經義
述聞)』등의 저술이 있다.

하는 것과 같다는 뜻이다.

訓纂 王氏引之曰: 情, 正字也, 靜, 借字也. 文而情者, 外有文章而內誠實
也. 情與文相對爲義.

번역 왕인지가 말하길, '정(情)'자가 본래 글자이며, '정(靜)'자는 가차자
이다. '문이정(文而情)'이라는 말은 외적으로는 격식에 따른 화려함이 드러
나면서도 내적으로는 진실되다는 뜻이다. '정(情)'자는 '문(文)'자와 더불어
서로 상대적인 뜻이 된다.

訓纂 呂與叔曰: 一以義斷, 或入於不順則不愛. 敬主於別, 別則文, 文煩則
不靜. 愛主於恩, 恩則寬, 寬而踰節則無辨. 行此道而天下敬之, 則德威也. 行
此道而天下愛之, 則德明也.

번역 여여숙이 말하길, 한결같이 의(義)에 따라 판결을 하는데, 간혹 순
응하지 않는 것에 빠진다면 친애하지 않는 것이다. 공경함은 구별을 위주
로 하고, 구별을 하면 격식이 드러나는데, 격식이 번잡해지면 고요하지 않
다. 친애함은 은혜를 위주로 하는데, 은혜롭다면 관대하게 되고 관대하여
절도를 벗어나게 되면 변별이 없어진다. 이러한 도를 시행하여 천하의 모
든 사람들이 공경을 한다면 덕이 위엄을 갖춘 것이다. 이러한 도를 시행하
여 천하의 모든 사람들이 친애한다면 덕이 밝아진 것이다.

訓纂 吳幼淸曰: 恥費, 不侈用也.

번역 오유청이 말하길, '치비(恥費)'는 사치를 부리지 않는다는 뜻이다.

集解 呂氏大臨曰: 三代之道, 或親而不尊, 或尊而不親, 不免流於一偏. 若
虞帝則子民如父母, 有母之親, 故有憮恤之愛; 有父之尊, 故有忠利之教.

번역 여대림이 말하길, 삼대 때의 도 중에서 어떤 것은 친근하지만 존엄

하지 못하고 어떤 것은 존엄하지만 친근하지 않아서, 한쪽으로 치우치는 것에서 벗어나지 못했다. 우제의 경우라면 백성들을 자식처럼 대하여 마치 부모가 자식에게 하는 것처럼 했는데, 모친의 자애로움을 갖췄기 때문에 가엾게 여기는 친애함이 있었고, 부친의 존엄함을 갖췄기 때문에 충심을 다하고 이롭게 하는 가르침이 있었다.

集解 愚謂: 有忠利之教者, 言其實心於利民而敎之也. 威, 畏也. 安也, 愛也, 富也, 惠也, 皆由於憯怛之愛, 而民之所以親之也. 敬也, 威也, 有禮也, 能散也, 皆由於忠利之敎, 而民之所以尊之也. 尊仁者, 尊行仁道. 畏義者, 顧畏義理. 恥費者, 恥於靡費, 儉也. 輕實者, 輕於貨財, 廉也. 忠而不犯, 愛而將之以敬也. 義而順, 剛而克之以柔也. 文則不朴陋, 而又能靜則非浮華之文也. 寬則不慘刻, 而又有辨則非縱弛之寬也. 尊仁也, 恥費也, 不犯也, 順也, 文也, 寬也, 皆由於憯怛之愛, 而君子之所以親之也. 畏義也, 輕實也, 忠也, 義也, 靜也, 辨也, 皆由於忠利之敎, 而君子之所以尊之也. 蓋所謂凱弟君子者, 惟舜可以當之.

번역 내가 생각하기에, 이롭게 하는데 충심을 다하는 가르침이 있다는 말은 백성들을 이롭게 하는데 진심을 다하여 가르친다는 뜻이다. '위(威)'자는 "두려워하다[畏]."는 뜻이다. 편안하게 해주고 친애하며 부유하게 해주고 은혜를 베푸는 것들은 모두 가엾게 여기는 자애로움에서 비롯되어, 백성들이 친근하게 여기는 것이다. 공경하고 위엄을 갖추며 예를 갖추고 두루 펼칠 수 있는 것들은 모두 이로움에 충심을 다하는 가르침에서 비롯되어, 백성들이 존경하는 것이다. 인(仁)을 존엄하게 여기는 것은 인(仁)의 도를 존엄하게 여겨서 시행하는 것이다. 의(義)를 외경한다는 것은 의리를 살피고 두려워한다는 뜻이다. '치비(恥費)'는 낭비하는 것을 부끄럽게 여기는 것으로, 검소함에 해당한다. '경실(輕實)'은 재물을 경시하는 것으로, 염치에 해당한다. 충심을 다하고 범하지 않는 것은 친애하며 공경함으로써 나아가는 것이다. 의롭고 순응한다는 말은 굳세게 시행하며 부드러움으로 이루어낸다는 뜻이다. 격식을 갖추면 너무 비루하고 질박하게 하지 않는 것이고, 또 고요할 수 있다면 헛되게 화려한 격식만 갖춘 것이 아니다. 관대하다면 무자비하지 않은 것이고, 또 변별함을 갖출 수 있다면 방종하는 관대함이 아니다. 인(仁)을 존엄하게 여기고 낭비를 부끄럽게 여기며 범하지 않고 순응하며 격식을 갖추고 관대한 것들은 모두 가엾게 여기는 자애로움에서 비롯되어, 군자가 친근하게 여기는 것이다. 의(義)를 외경하고 재물을 경시하며 충심을 다하고 의롭게 하며 고요하고 변별하는 것들은 모두 이로움에 충심을 다하는 가르침에서 비롯되어, 군자가 존경하는 것이다. 이것들은 화락하고 평이한 군자는 오직 순임금만이 해당할 수 있음을 뜻한다.

참고 『서』「주서(周書)·여형(呂刑)」

經文 乃命重黎, 絕地天通, 罔有降格.

번역 이에 중(重)과 여(黎)에게 명하시어 땅과 하늘이 통하는 것을 끊게 하여 강림하거나 다다름이 없도록 했다.

孔傳 重卽羲, 黎卽和. 堯命羲和世掌天地四時之官, 使人神不擾, 各得其序, 是謂絕地天通. 言天神無有降地, 地民不至于天, 明不相干.

번역 '중(重)'은 곧 희(羲)에 해당하고, '여(黎)'는 화(和)에 해당한다. 요임금은 희와 화에게 명령하여 천지와 사계절을 담당하는 관리로 삼았고,[9] 사람과 귀신이 어지럽게 뒤섞이지 않도록 하여 각각 그 질서를 갖추게 했으니, 이것이 땅과 하늘이 통하는 것을 끊었다는 의미이다. 즉 하늘의 신이 땅으로 강림하는 일이 없고 땅에 사는 백성이 하늘에 도달하지 못한다는 뜻으로, 서로 간섭하지 않는다는 사실을 나타낸다.

---

9) 『서』「우서(虞書)·요전(堯典)」: 乃命羲和, 欽若昊天, 曆象日月星辰, 敬授人時.

經文 群后之逮在下, 明明棐常, 鰥寡無蓋.

번역 군후(群后)10)들이 서로 참여하여 제후국에 머물며 밝고 밝은 큰 도리에 따라 항상된 법도를 보필하여 시행하니, 홀아비나 과부가 가려지는 일이 없었다.

孔傳 群后諸侯之逮在下國, 皆以明明大道輔行常法, 故使鰥寡得所, 無有掩蓋.

번역 군후와 제후들이 서로 참여하여 제후국에 머물면서 모두 밝고 밝은 큰 도리에 따라 항상된 법도를 보필하여 시행했기 때문에 홀아비나 과부로 하여금 제자리를 얻게 해서 가려지는 일이 없게끔 했다.

經文 皇帝淸問下民, 鰥寡有辭于苗.

번역 황제께서 백성들에게 하문하시니, 홀아비와 과부는 묘민(苗民)11)에 대해 원망하는 말을 했다.

孔傳 帝堯詳問民患, 皆有辭怨於苗民.

번역 요임금은 백성들이 우환으로 여기는 것을 자세히 묻고 살폈는데, 모두 묘민에 대해서 원망하는 말을 했다.

經文 德威惟畏, 德明惟明.

번역 덕에 따라 위엄을 보이니 외경하게 되었고, 덕에 따라 밝히니 모두가 덕을 밝히게 되었다.

---

10) 군후(群后)는 사방의 제후들과 구주(九州)를 담당하는 목백(牧伯)들을 뜻한다. 제후와 병치되었을 때에는 목백을 뜻하는 용어로 사용되기도 한다.
11) 묘민(苗民)은 고대 삼묘(三苗) 부족의 수장을 뜻하며, 또한 삼묘 부족 전체를 가리키기도 한다.

孔傳 言堯監苗民之見怨, 則又增修其德, 行威則民畏服, 明賢則德明人, 所以無能名焉.

번역 요임금은 묘민이 원망을 받는 것을 살펴서, 더욱 자신의 덕을 증진시키고 수양하였는데, 위엄을 행사하자 백성들이 외경하여 수복하였고, 현명함을 드러내자 덕이 그 사람됨을 드러냈으니, 백성들이 무어라 형용할 수 없었던 이유이다.12)

孔疏 ●"乃命"至"推明". ○正義曰: 三苗亂德, 民神雜擾. 帝堯旣誅苗民, 乃命重黎二氏, 使絶天地相通, 令民神不雜. 於是天神無有下至地, 地民無有上至天, 言天神地民不相雜也. 群后諸侯相與在下國, 群臣皆以明明大道輔行常法, 鰥寡皆得其所, 無有掩蓋之者. 君帝帝堯淸審詳問下民所患, 鰥寡皆有辭怨於苗民. 言誅之合民意. 堯視苗民見怨, 則又增修其德. 以德行威, 則民畏之, 不敢爲非. 以德明人, 人皆勉力自修, 使德明. 言堯所行賞罰得其所也.

번역 ●經文: "乃命"~"推明". ○삼묘(三苗)13)가 덕을 문란하게 만들어 백성과 신이 어지럽게 뒤섞여 있었다. 요임음은 묘민(苗民)을 주살하고서 중(重)과 여(黎)에게 명령하여 하늘과 땅이 서로 통하는 것을 끊어, 백성과 신이 뒤섞이지 않도록 했다. 이에 하늘의 신은 땅까지 내려오는 일이 없었고, 땅의 백성들은 하늘까지 올라가는 일이 없었으니, 하늘의 신과 땅의 백성이 서로 뒤섞이지 않았다는 뜻이다. 군후(群后)와 제후들이 서로 참여하여 각 제후국에 머물고, 여러 신하들이 모두 밝고 밝은 큰 도로 항상된 법도를 보필하여 시행해서, 홀아비나 과부들이 모두 제자리를 얻게 되어 가려지는 자가 없게 되었다. 이전 제왕인 요임금은 백성들이 우환으로 여기는 것을 자세히 묻고 살폈는데, 홀아비와 과부 모두 묘민에 대해 원망하는 말을 했다. 즉 그를 주살한 것은 백성들의 뜻에 부합했다는 의미이다.

---

12) 『논어』「태백(泰伯)」: 子曰, "大哉堯之爲君也! 巍巍乎! 唯天爲大, 唯堯則之. 蕩蕩乎, 民無能名焉. 巍巍乎! 其有成功也, 煥乎其有文章!"
13) 삼묘(三苗)는 유묘(有苗)라고도 부르며, 고대 국가의 명칭이다.

요임금은 묘민이 원망을 받았던 것을 살펴서 더욱 자신의 덕을 수양하고
증진해서 덕에 따라 위엄을 행사하니, 백성들은 외경하여 감히 잘못을 저
지르지 않았다. 또 덕에 따라 사람을 밝혀주니, 사람들이 모두 힘써 노력하
여 스스로를 수양해서 자신의 덕을 드러내도록 했다. 즉 요임금이 시행한
상과 형벌이 적합했다는 의미이다.

孔疏 ◎傳“重卽”至“相干”. ○正義曰: 楚語云: “昭王問於觀射父曰: ‘周書
所謂重黎實使天地不通者, 何也? 若無然, 民將能登天乎?’ 對曰: ‘非此之謂
也. 古者民神不雜. 少昊氏之衰也, 九黎亂德, 家爲巫史, 民神同位, 禍災荐臻.
顓頊受之, 乃命南正重司天以屬神, 命火正黎司地以屬民, 使復舊常, 無相侵
瀆, 是謂絶地天通. 其後三苗復九黎之德, 堯復育重黎之後, 不忘舊者, 使復典
之.’” 彼言主說此事, 而堯典云“乃命羲和, 欽若昊天”, 卽所謂育重黎之後, 使
典之也. 以此知“重卽羲”也, “黎卽和”也. 言羲是重之子孫, 和是黎之子孫, 能
不忘祖之舊業, 故以“重黎”言之. 傳言“堯乃命羲和掌天地四時之官”, 堯典文
也. “民神不擾, 是謂絶地天通”, 楚語文也. 孔惟加“各得其序”一句耳. 楚語又
云, 司天屬神, 司地屬民. 令神與天在上, 民與地在下, 定上下之分, 使民神不
雜, 則祭享有度, 災厲不生. 經言民神分別之意, 故言“罔有降格”. 言天神無有
降至于地者, 謂神不干民. 孔因互文云地民不有上至于天者, 言民不干神也.
乃總之云“明不相干”, 卽是民神不雜也. “地民”或作“地祇”. 學者多聞神祇, 又
“民”字似“祇”, 因妄改使謬耳. 如楚語云“乃命重黎”, 是顓頊命之. 鄭玄以“‘皇
帝哀矜庶戮之不辜’至‘罔有降格’, 皆說顓頊之事. 乃命重黎卽是命重黎之身,
非羲和也. ‘皇帝淸問’以下乃說堯事. 顓頊與堯再誅苗民, 故上言‘遏絶苗民’,
下云‘有辭於苗’, 異代別時, 非一事也”. 按楚語云“少昊氏之衰也, 九黎亂德”,
又云“其後三苗復九黎之德”, 則“九黎”·“三苗”非一物也. 顓頊誅九黎謂之“遏
絶苗民”, 於鄭義爲不愜. 楚語言顓頊命重黎, 解爲帝堯命羲和, 於孔說又未允,
不知二者誰得經意也.

번역 ◎孔傳: “重卽”~“相干”. ○『국어』「초어(楚語)」편에서는 “소왕이
관사보에게 묻기를 ‘『서』「주서(周書)」에서 중(重)과 여(黎)로 하여금 하늘

과 땅을 통하지 않게 했다고 한 말은 무슨 뜻인가? 만약 그렇게 하지 않았
다면 백성이 하늘로 올라갈 수 있다는 말인가?'라고 하자 대답하길, '그러한
뜻이 아닙니다. 고대에는 백성과 신이 뒤섞여 있었습니다. 소호씨(少昊
氏)[14]가 쇠락했을 때 구려(九黎)[15]가 덕을 문란하게 하여, 집집마다 무(巫)
와 사(史)를 맡아 백성과 신이 자리를 동일하게 하여 재앙이 이르게 되었습
니다. 전욱(顓頊)[16]이 그 뒤를 이어받자 곧 남정(南正)의 관직을 맡았던
중에게 명령하여 하늘을 담당하게 해서 신을 규합하여 질서를 정했고, 화
정(火正)의 관직을 맡았던 여에게 명령하여 땅을 담당하게 해서 백성들을
규합하게 하여, 옛 상도(常道)를 회복시켜 서로 침범하지 못하도록 했으니,
이것이 바로 하늘과 땅의 통함이 끊어졌다는 뜻입니다. 그 이후 삼묘는 구

---

14) 소호씨(少皞氏)는 소호씨(少昊氏)라고도 부르며, 전설상의 인물이다. 소호
(少昊)라고도 부른다. 고대 동이족의 제왕으로, 황제(黃帝)의 아들이었다고
도 전해진다. 이름은 지(摯)인데, 질(質)이었다고도 한다. 호(號)는 금천씨(金
天氏)이다. 소호(少皞)는 새의 이름으로 관직명을 지었다고 전해지며, 사후
에는 서방(西方)의 신(神)이 되었다고 전해진다. 『춘추좌씨전』「소공(昭公)
17년」편에는 "郯子曰 我高祖少皞摯之立也, 鳳鳥適至, 故紀於鳥, 爲鳥師而鳥
名."이라는 기록이 있는데, 이에 대한 두예(杜預)의 주에서는 "少皞, 金天氏,
黃帝之子, 己姓之祖也."라고 풀이했다.
15) 구려(九黎)는 고대의 부락명으로, 치우(蚩尤)는 바로 구려족의 수장이다.
16) 전욱(顓頊)은 고양씨(高陽氏)라고도 부른다. '전욱'은 고대 오제(五帝) 중 하
나이다. 『산해경(山海經)』「해내경(海內經)」편에는 "黃帝妻雷祖, 生昌意, 昌意
降處若水, 生韓流. 韓流, …… 取淖子曰阿女, 生帝顓頊."이라는 기록이 있다.
즉 황제(黃帝)의 처인 뇌조(雷祖)가 창의(昌意)를 낳았는데, 창의가 약수(若
水)에 강림하여 거처하다가, 한류(韓流)를 낳았다. 다시 한류는 아녀(阿女)를
부인으로 맞이하여 '전욱'을 낳았다. 또한 『회남자(淮南子)』「천문훈(天文訓)」
편에는 "北方, 水也, 其帝顓頊, 其佐玄冥, 執權而治冬."이라는 기록이 있다.
즉 북방(北方)은 오행(五行)으로 배열하면 수(水)에 속하는데, 이곳의 상제
(上帝)는 '전욱'이고, 상제를 보좌하는 신(神)은 현명(玄冥)이다. 이들은 겨울
을 다스린다. 또한 '전욱'과 관련하여 『수경주(水經注)』「호자하(瓠子河)」편에
는 "河水舊東決, 逕濮陽城東北, 故衛也, 帝顓頊之墟. 昔顓頊自窮桑徙此, 號曰
商丘, 或謂之帝丘."라는 기록이 있다. 즉 황하의 물길은 옛날에 동쪽으로 흘
러서, 복양성(濮陽城)의 동북쪽을 경유하였는데, 이곳은 옛 위(衛) 지역으로,
'전욱'이 거처하던 터이며, 예전에 '전욱'이 궁상(窮桑) 땅으로부터 이곳으로
옮겨왔기 때문에, 이곳을 상구(商丘) 또는 제구(帝丘)라고도 부른다.

려의 덕을 복원했는데, 요임금은 재차 중과 여의 후손을 그 관직에 올렸으
니, 옛 법도를 잊지 않고 그들로 하여금 재차 하늘과 땅의 일을 담당하도록
한 것입니다.'"17)라고 했다. 「초어」편에서 말한 내용은 이곳의 사안을 위주
로 하여 설명한 것인데,『서』「요전(堯典)」편에서 "이에 희(羲)와 화(和)에
게 명령하여 공경스럽게 호천(昊天)을 따르라."라고 했으니, 곧 중과 여의
후손을 관직에 올려서 그들로 하여금 담당토록 했다는 뜻이다. 이러한 사
실을 통해서 "중(重)은 희(羲)이다."라고 한 말과 "여(黎)는 화(和)이다."라
고 한 말이 사실임을 알 수 있다. 즉 희는 중의 자손이며, 화는 여의 자손인
데, 선조가 세운 옛 과업을 잊지 않을 수 있었기 때문에 '중(重)'과 '여(黎)'
로 말한 것이다. 공안국의 전문에서는 "요임금은 희와 화에게 명령하여 천
지와 사계절을 담당하는 관리로 삼았다."라고 했는데, 이것은 「요전」편의
문장이다. 공안국이 "백성과 귀신이 어지럽게 뒤섞이지 않도록 한 것이 땅
과 하늘이 통하는 것을 끊었다는 의미이다."라고 했는데, 이것은 「초어」편
의 문장이다. 공안국은 단지 "각각 그 질서를 갖추게 했다."라는 한 구문만
첨가했을 따름이다. 「초어」편에서는 또한 하늘을 담당하게 해서 신을 규합
했고, 땅을 담당하게 해서 백성들을 규합했다고 했다. 신과 하늘은 위에
있게 하고 백성과 땅은 아래에 있게 해서 상하의 구분을 확정하고, 백성과
신으로 하여금 뒤섞이게 만들지 않았으니, 제사를 지냄에 법도가 생겼고
재앙이 발생하지 않았다. 경문에서는 백성과 신이 구별되는 뜻을 언급했다.
그렇기 때문에 "내려오거나 다다름이 있지 않았다."라고 했다. 즉 천신이
땅으로 내려오는 일이 없다는 의미이니, 신이 백성의 일에 간섭하지 않는

---

17)『국어(國語)』「초어하(楚語下)」: 昭王問於觀射父, 曰, "周書所謂重·黎寔使天
地不通者, 何也? 若無然, 民將能登天乎?" 對曰, "非此之謂也. 古者民神不雜.
民之精爽不攜貳者, 而又能齊肅衷正, 其智能上下比義, 其聖能光遠宣朗, 其明
能光照之, 其聰能聽徹之, 如是則明神降之, 在男曰覡, 在女曰巫. …… 及少皞
之衰也, 九黎亂德, 民神雜糅, 不可方物. 夫人作享, 家爲巫史, 無有要質. 民匱
於祀, 而不知其福. 烝享無度, 民神同位. 民瀆齊盟, 無有嚴威. 神狎民則, 不蠲
其爲. 嘉生不降, 無物以享. 禍災薦臻, 莫盡其氣. 顓頊受之, 乃命南正重司天以
屬神, 命火正黎司地以屬民, 使復舊常, 無相侵瀆, 是謂絶地天通. 其後, 三苗復
九黎之德, 堯復育重·黎之後, 不忘舊者, 使復典之."

다는 뜻이다. 공안국은 상호 그 뜻을 드러내도록 한 것에 따라 땅과 백성은
위로 하늘에 이르는 일이 없었다고 했는데, 이것은 백성이 신의 일에 간섭
하지 않았다는 뜻이다. 그러므로 총괄적으로 "서로 간섭하지 않음을 드러
낸다."라고 했으니, 백성과 신이 뒤섞이지 않았다는 의미이다. '지민(地民)'
을 다른 판본에서는 '지기(地祇)'로 기록하기도 한다. 학자들은 대체로 신기
(神祇)라는 말을 들어보았고, 또 '민(民)'자는 '기(祇)'자와 자형이 비슷해서,
이로 인해 망령스럽게 고쳐 오류가 발생토록 만든 것일 뿐이다. 「초어」편
에서는 "이에 중과 여에게 명령했다."라고 했는데, 이것은 전욱이 명령한
것이다. 정현은 "'황제가 무고하게 여러 형벌을 받은 자들을 불쌍하게 여겼
다.'[18]라는 말로부터 '강림하거나 다다름이 없도록 했다.'라는 구문까지는
모두 전욱의 일을 설명한 것이다. 이에 중과 여에게 명령했다는 것은 중과
여 본인에게 명령을 했다는 뜻이니, 희와 화를 가리키는 말이 아니다. '황제
가 자세히 물었다.'라는 말로부터 그 이하의 구문은 요임금의 일을 설명한
것이다. 전욱과 요임금은 총 두 차례 묘민을 주살했다. 그렇기 때문에 앞에
서 '묘민을 끊어버렸다.'라고 했고, 뒤에서 '묘민에 대해 원망하는 말을 했
다.'라고 한 것이니, 이것은 다른 왕조에서 벌어진 일이며 시기가 다르니
동일한 사안이 아니다."라고 했다. 「초어」편을 살펴보면, "소호씨가 쇠락했
을 때 구려가 덕을 문란하게 만들었다."라고 했고, 또 "그 이후 삼묘는 구려
의 덕을 복원했다."라고 했으니, '구려(九黎)'와 '삼묘(三苗)'는 동일한 대상
이 아니다. 전욱은 구려를 주살하며 "묘민을 끊어버렸다."라고 했으니, 정
현의 뜻과는 부합되지 않는다. 「초어」편에서는 전욱이 중과 여에게 명령했
다고 했는데, 이것은 요임금이 희와 화에게 명령한 것을 풀이한 것으로,
공안국의 주장과도 합치되지 않는다. 두 주장 중 어느 것이 경문의 본의와
합치되는지 모르겠다.

孔疏 ◎傳"言堯"至"名焉". ○正義曰: 此經二句說帝堯之德事也, 而其言

---

18) 『서』「주서(周書)·여형(呂刑)」: <u>皇帝哀矜庶戮之不辜</u>, 報虐以威, 遏絶苗民, 無
世在下.

不順. 文在"苗民"之下, 故傳以爲"堯監苗民之見怨, 則又增修其德", 敦德以臨之, 以德行其威罰, 則民畏之而不敢爲非. "明賢則德明人"者, 若凡人雖欲以德明賢者, 不能照察. 今堯德明賢者, 則能以德明識賢人, 故皆勸慕爲善. 明與上句相互, 則"德威"者, 凡人雖欲以德行威, 不能威肅. 今堯行威罰, 則能以德威罰罪人, 故人皆畏威服德也.

번역 ◎孔傳: "言堯"~"名焉". ○이곳 경문의 두 구문은 요임금의 덕에 따른 일을 설명한 것인데, 그 말이 순조롭지 않다. 문장이 '묘민(苗民)'에 대한 내용 뒤에 기록되어 있기 때문에 공안국의 전문에서는 "요임금은 묘민이 원망을 받는 것을 살펴서 더욱 자신의 덕을 증진시키고 수양하였다." 라고 한 것인데, 덕을 돈독하게 해서 임하고, 덕으로 위엄과 형벌을 시행한다면, 백성들이 외경하여 감히 잘못을 저지르지 못한다. 공안국이 "현명함을 드러내자 덕이 그 사람됨을 드러냈다."라고 했는데, 일반인들은 덕을 통해 현명함을 드러내고자 하더라도 비추고 드러낼 수 없다. 현재 요임금의 덕으로 현명함을 드러냈으니, 덕으로 현명한 자를 드러내고 식별할 수 있다. 그렇기 때문에 모두가 선을 시행하는 것을 사모하도록 권면한 것이다. 이것은 앞의 구문과 상호 그 뜻을 드러내도록 한 것이니, '덕위(德威)'라는 것은 일반인들이 비록 덕에 따라 위엄을 행사하려고 해도 엄숙할 수 없다. 현재 요임금이 위엄과 형벌을 행사하므로, 덕을 통해 죄인에게 위엄과 형벌을 행사할 수 있는 것이다. 그렇기 때문에 사람들이 모두 그의 위엄을 외경했고 덕에 수복했던 것이다.

蔡傳 重, 少昊之後. 黎, 高陽之後. 重, 卽羲, 黎, 卽和也.

번역 '중(重)'은 소호씨의 후손이다. '여(黎)'는 고양씨의 후손이다. '중(重)'은 곧 희(羲)이고 '여(黎)'는 곧 화(和)이다.

蔡傳 呂氏曰: 治世公道昭明, 爲善得福, 爲惡得禍. 民曉然知其所由, 則不求之渺茫冥昧之間. 當三苗昏虐, 民之得罪者, 莫知其端, 無所控訴, 相與聽於

神, 祭非其鬼, 天地人神之典, 雜揉瀆亂, 此妖誕之所以興, 人心之所以不正
也. 在舜當務之急, 莫先於正人心, 首命重黎, 修明祀典, 天子然後祭天地, 諸
侯然後祭山川, 高卑上下, 各有分限, 絶地天之通, 嚴幽明之分, 凡鬻妖誕之說,
擧皆屛息, 群后及在下之群臣, 皆精白一心, 輔助常道. 民卒善而得福, 惡而得
禍, 雖鰥寡之微, 亦無有蓋蔽而不得自伸者也.

번역 여씨가 말하길, 세상이 다스려지면 공공의 도리가 밝게 드러나서,
선을 시행하면 복을 받고 악을 저지르면 재앙을 당한다. 백성들이 분명하
게 그 연유를 알게 되면 아득하고 요원한 곳에서 찾지 않는다. 삼묘가 혼탁
하고 잔혹한 정치를 펼쳤을 때 백성들 중 죄를 받은 자는 그 이유를 몰랐으
며 하소연할 곳이 없어서, 서로 신에게 이유를 물었는데, 자신이 제사지낼
신이 아닌데도 제사를 지내게 되어, 하늘·땅·사람의 신들에 대한 규정이
뒤섞이고 문란하게 되었다. 이것이 바로 요사함과 거짓됨이 일어나고 인심
이 바르지 못하게 된 이유이다. 순임금 때 마땅히 급선무로 힘써야 할 것
중에는 인심을 바로잡는 것보다 급한 것이 없었으므로, 우선적으로 중과
여에게 명령하여 제사에 대한 규정을 정비하여 밝히게 했으니, 천자가 된
뒤에야 천지에게 제사를 지내고 제후가 된 뒤에야 산천에게 제사를 지내게
되어, 신분 및 상하 계층에 각각 제한이 생겨, 땅과 하늘의 통합을 끊고,
그윽한 귀신세상과 밝은 인간세상의 구분을 엄격히 하여, 괴상하고 요사한
말들이 모두 사라지게 되었으며, 제후들과 그 밑에 있는 여러 신하들이 모
두 한결같은 마음을 정결히 하고 깨끗하게 해서 상도를 보필하여 도왔다.
따라서 백성들은 마침내 선을 시행하면 복을 받고, 악을 저지르면 재앙을
당하게 되었으니, 비록 홀아비나 과부처럼 미미한 자일지라도 가려져 스스
로 펼치지 못하는 자가 없었다.

蔡傳 按, 國語曰, “少皥氏之衰, 九黎亂德, 民神雜揉, 家爲巫史, 民瀆齊盟,
禍災荐臻. 顓頊受之, 乃命南正重司天以屬神, 北正黎司地以屬民, 使無相侵
瀆. 其後三苗, 復九黎之德, 堯復育重黎之後, 不忘舊者, 使復典之.”

번역 살펴보니,『국어』에서는 "소호씨가 쇠락했을 때 구려가 덕을 어지럽혀서 백성과 신이 뒤섞였고, 집집마다 무(巫)와 사(史)를 맡아 백성들이 무례하고 서로 맹약을 맺어 재앙이 이르게 되었다. 전욱이 그 뒤를 이어받아서 곧 남정인 중에게 명령하여 하늘에 대한 일을 담당하여 신들을 규합했고, 북정인 여에게 명령하여 땅에 대한 일을 담당하여 백성들을 규합해서, 서로 침탈하거나 무례하게 굴지 못하도록 했다. 그 이후 삼묘는 구려의 덕을 복원했는데, 요임금은 재차 중과 여의 후손을 그 관직에 올렸으니, 옛 법도를 잊지 않고 그들로 하여금 재차 하늘과 땅의 일을 담당하도록 했다."라고 했다.

蔡傳 清問, 虛心而問也. 有辭, 聲苗之過也. 苗以虐爲威, 以察爲明, 帝反其道, 以德威而天下無不畏, 以德明而天下無不明也.

번역 '청문(清問)'은 마음을 비우고서 물어보았다는 뜻이다. '유사(有辭)'는 묘의 잘못을 성토한다는 뜻이다. 묘는 잔학함을 위엄으로 삼고 자세히 감독하는 것을 밝음으로 삼았는데, 순임금은 그 도를 반대로 하여 덕으로 위엄을 드러내자 천하에는 외경하지 않는 자가 없었고, 덕으로 드러내자 천하에는 드러내지 않는 자가 없었다.

참고 구문비교

출 처	내 용
『禮記』「表記」	子民如父母, 有憯怛之愛, 有忠利之敎.
『後漢書』「肅宗孝章帝紀」	蓋君人者, 視民如父母, 有憯怛之憂, 有忠和之敎, 匍匐之救.

그림 27-1 설(契)

像 徒 司 髙

※ **출처:**『고성현상전략(古聖賢像傳略)』

그림 27-2 설부오교도(契敷五教圖)

※ **출처:**『흠정서경도설(欽定書經圖說)』2권

그림 27-3 유우씨(有虞氏) 세계도(世系圖)

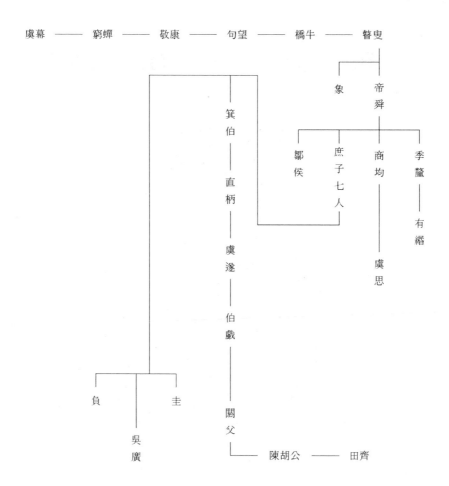

※ **출처:**『역사(繹史)』1권「역사세계도(繹史世系圖)」

그림 27-4 소호(少昊) 금천씨(金天氏)

※ **출처:** 『삼재도회(三才圖會)』「인물(人物)」 1권

그림 27-5 전욱(顓頊) 고양씨(高陽氏)

※ **출처:**『삼재도회(三才圖會)』「인물(人物)」1권

그림 27-6 제왕전수총도(帝王傳授總圖)

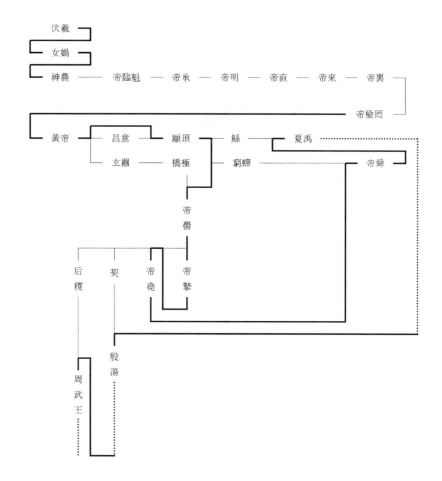

※ 출처: 『역사(繹史)』1권 「역사세계도(繹史世系圖)」

그림 27-7 소호(少皥)의 세계도(世系圖)

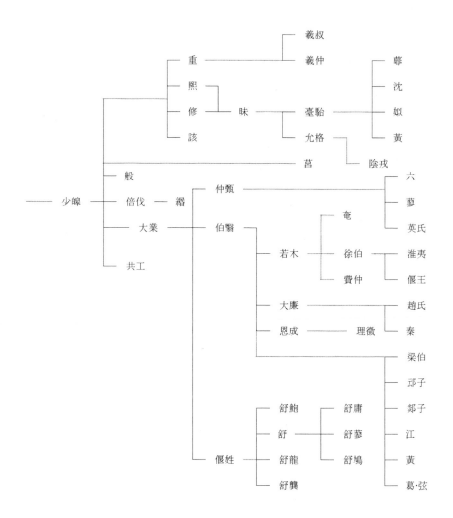

※ **출처:** 『역사(繹史)』1권 「역사세계도(繹史世系圖)」

● 그림 27-8 전욱(顓頊)의 세계도(世系圖)

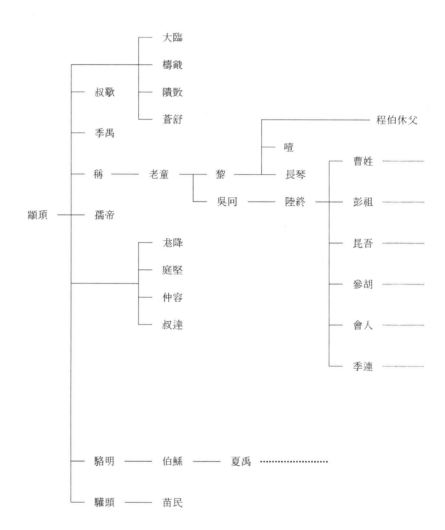

※ **출처:** 『역사(繹史)』 1권 「역사세계도(繹史世系圖)」

그림 27-9 제곡(帝嚳)의 세계도(世系圖)

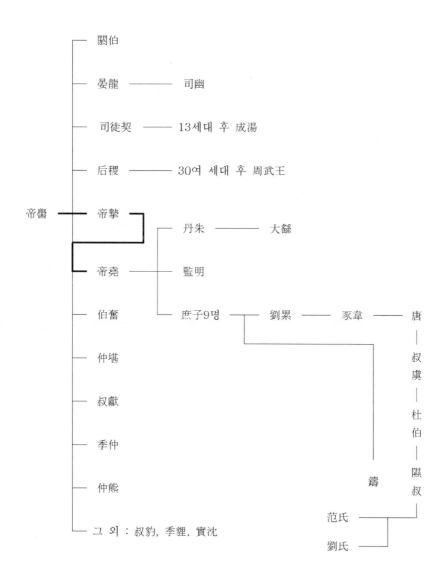

※ **출처:**『역사(繹史)』1권「역사세계도(繹史世系圖)」

●그림 27-10 알절묘민도(遏絶苗民圖)

※ 출처:『흠정서경도설(欽定書經圖說)』47권

그림 27-11   명관수시도(命官授時圖)

※ **출처:**『흠정서경도설(欽定書經圖說)』1권

• 제 28 절 •

사군(事君)과 신(信)

【634c】

子言之, "事君先資其言, 拜自獻其身, 以成其信. 是故君有責於其臣, 臣有死於其言, 故其受祿不誣, 其受罪益寡."

직역 子가 言하길, "君을 事하길 先히 그 言을 資하고, 拜하여 自히 그 身을 獻하여, 그 信을 成한다. 是故로 君은 그 臣에게 責함이 有하고, 臣은 그 言에 死함이 有하니, 故로 그 祿을 受함이 不誣하고, 그 罪를 受함이 益히 寡하다."

의역 공자가 말하길, "군주를 섬길 때에는 우선적으로 자신의 뜻을 말로 드러내어 그것에 의지하며, 절을 하고 스스로 자신을 맡겨, 믿음을 완성한다. 이러한 까닭으로 군주는 자신의 신하에 대해서 책무를 부여함이 있고, 신하는 자신의 말에 대해서 목숨을 거는 것이 있으니, 이러한 이유로 녹봉을 받음에 속임이 없고 죄를 받는 것이 더욱 줄어든다."라고 했다.

集說 應氏曰: 資, 憑藉也. 古之爲臣, 其經世之學, 皆豫定於胸中. 至於事君, 則前定之規模, 先形於言以爲藉, 然後自獻其身以成其信. 自獻者, 非屈己以求售也. 如書之自靖自獻, 致命而無所愧也. 旣畝幡然之數語, 說命對揚之三篇, 此伊傅先資之言也. 齊桓問答而爲書, 燕昭命下而有對, 此管樂先資之言也. 言於先而信於後, 無一不酬者. 後世若登壇東向之答, 草廬三顧之策, 亦庶幾焉.

번역 응씨가 말하길, '자(資)'자는 의지한다는 뜻이다. 고대의 신하들은 세상을 경륜하는 학문이 모두 가슴에 이미 확정되어 있었다. 군주를 섬김에 미쳐서는 이전에 확정했던 규범이 우선적으로 말을 통해 드러나서 이것을 바탕으로 삼고, 그런 뒤에 스스로 자신을 바쳐서 믿음을 완성한다. 스스로 바친다는 것은 자신을 굽혀서 스스로를 팔고자 구하는 것이 아니다. 『서』에서 스스로 자신의 뜻을 편안히 시행하여 스스로 바친다고 한 말과 같으니,1) 명을 이루어 부끄러운 점이 없는 것이다. 밭이랑에 처해 있었을 때 갑작스럽게 했던 여러 말들2)과 『서』「열명(說命)」편에서 군주의 도를 널리 알린다고 했던 세 편3)은 이윤과 부열이 우선적으로 의지로 삼았던 말에 해당한다. 제나라 환공의 문답을 기록하고, 연나라 소왕이 명령을 내리자 대답함이 있었던 것은 관중과 악의가 우선적으로 의지로 삼았던 말에 해당한다. 앞서 말하고 뒤에 믿는 것이 하나라도 되갚지 않은 것이 없다는 뜻이다. 후대에 연단에 올라가 동쪽을 향하고 대답을 하거나 삼고초려를 했던 계책이 또한 여기에 가깝다.

集說 馬氏曰: 受祿不誣, 言不素餐也.

번역 마씨가 말하길, 녹봉을 받되 속이지 않는다는 말은 소찬(素餐)4)을 하지 않는다는 뜻이다.

大全 嚴陵方氏曰: 先資其言者, 先以言爲之資也. 獻其身, 將以行其言也. 能行其言, 故足以成其信. 拜謂受其命也, 獻謂效其能也. 君無爲也, 故有責於臣, 臣有守也, 故有死於其言. 臣能任責, 則非尸祿者矣, 故受祿不誣. 臣能效

---

1) 『서』「상서(商書)·미자(微子)」: 自靖, 人自獻于先王, 我不顧行遯.
2) 『맹자』「만장상(萬章上)」: 湯三使往聘之, 旣而幡然改曰, '與我處畎畝之中, 由是以樂堯舜之道, 吾豈若使是君爲堯舜之君哉? 吾豈若使民爲堯舜之民哉? 吾豈若於吾身親見之哉?
3) 『서』「상서(商書)·열명상(說命上)」, 「열명중(說命中)」, 「열명하(說命下)」편을 뜻한다.
4) 소찬(素餐)은 시록소찬(尸祿素餐)을 뜻한다. '시록소찬'은 또한 시록소손(尸祿素飱)·시위소찬(尸位素餐) 등으로도 쓴다. 맡아서 하는 일도 없이 녹봉만 받는 벼슬아치들을 풍자하는 말이다. 『설원(說苑)』「지공(至公)」편에는 "久踐高位, 妨群賢路, 尸祿素飱, 貪欲無猒."이라는 기록이 있다.

死, 則非有罪者矣, 故受罪益寡. 人亦或以忠獲罪, 此所以不言無罪, 止言益寡而已.

번역 엄릉방씨가 말하길, '선자기언(先資其言)'은 우선적으로 자신의 말을 바탕으로 삼는다는 뜻이다. '헌기신(獻其身)'은 자신이 한 말을 시행한다는 뜻이다. 자신의 말을 시행할 수 있기 때문에 믿음을 이루기에 충분하다. '배(拜)'는 명령을 받는다는 뜻이며, '헌(獻)'은 그 능력을 드러낸다는 뜻이다. 군주는 겉으로 드러나게 행동함이 없기 때문에 신하에게 책무를 부여함이 있고, 신하는 고수함이 있기 때문에 자신의 말에 목숨을 바치는 일이 있다. 신하가 책무를 떠맡을 수 있다면 시록소찬을 하는 자가 아니다. 그렇기 때문에 녹봉을 받음에 속이지 않는다. 신하가 목숨을 바칠 수 있다면, 죄가 있는 것이 아니다. 그렇기 때문에 죄를 받는 것이 더욱 줄어든다. 사람은 또한 간혹 충심을 다하다가 죄를 얻는 경우도 있으니, 이것이 바로 죄가 없다고 말하지 않고, 더욱 줄어든다고만 말한 이유이다.

鄭注 資, 謀也. 獻, 猶進也. 言臣事君, 必先謀定其言, 乃後親進爲君言也. "死其言"者, 竭力於其所言之事, 死而不負. 於事不信曰誣.

번역 '자(資)'자는 "도모하다[謀]."는 뜻이다. '헌(獻)'자는 "나아간다[進]."는 뜻이다. 신하가 군주를 섬길 때에는 반드시 우선적으로 그 말에 대해 도모하여 확정해야만 하고, 그런 뒤에는 직접 나아가서 군주를 위해 말해야 한다는 뜻이다. '사기언(死其言)'은 자신이 말한 일에 대해서는 힘을 다하며 죽더라도 저버리지 않는다는 뜻이다. 일에 대해서 믿지 못하게 하는 것을 '무(誣)'라고 부른다.

釋文 誣音無.

번역 '誣'자의 음은 '無(무)'이다.

孔疏 ●“子言”至“益寡”. ○正義曰: 此一節至“辭欲巧”, 廣明君子事君之道, 又明君子爲行, 須內外相副. 今各隨文解之.

번역 ●經文: “子言”~“益寡”. ○이곳 문단으로부터 “말은 도리를 살피고자 해야 한다.”5)라는 구문까지는 군자가 임금을 섬기는 도에 대해서 폭넓게 나타내고 있고, 또한 군자가 행동을 할 때에는 내외가 서로 부합해야 함을 나타내고 있다. 현재 각각의 문장에 따라서 풀이하겠다.

孔疏 ●“事君先資其言”者, 言臣欲見君, 必須先謀度其言, 言定然後見也.

번역 ●經文: “事君先資其言”. ○신하가 군주를 뵙고자 할 때에는 반드시 그보다 앞서서 자신의 말에 대해 살펴야만 하고, 말이 확정된 이후에야 뵙는다는 뜻이다.

孔疏 ●“拜自獻其身”者, 獻, 進也. 爲謀旣定, 乃拜見自進其身也.

번역 ●經文: “拜自獻其身”. ○‘헌(獻)’자는 “나아간다[進].”는 뜻이다. 계획한 것이 이미 확정되었다면 절을 하고 알현하여 스스로 자신을 몸을 이끌고 나아가야 한다.

孔疏 ●“以成其信”者, 謂先謀後見, 成其言之信實.

번역 ●經文: “以成其信”. ○우선적으로 계획을 한 이후에 찾아뵙고, 자신의 말이 진실하다는 사실을 증명한다는 뜻이다.

孔疏 ●“是故君有責於臣, 臣有死於其言”者, 以其先謀, 乃可見君, 故君有責於其臣, 臣當竭力守節, 死於其所言也.

---

5) 『예기』「표기」【639a】: 子曰, “君子不以色親人. 情疏而貌親, 在小人則穿窬之盜也與.” 子曰, “情欲信, 辭欲巧.”

번역 ●經文: "是故君有責於臣, 臣有死於其言". ○우선적으로 계획을 해야만 군주를 뵐 수 있다. 그렇기 때문에 군주는 신하에 대해서 책무를 부여함이 있고, 신하는 마땅히 힘을 다하고 절개를 지켜서 자신이 한 말에 목숨을 바쳐야 한다.

孔疏 ●"故其受祿不誣, 其受罪益寡"者, 以其言善乃受祿, 是受祿不誣罔也. 順死其言, 以竭臣力, 是受罪益寡少也.

번역 ●經文: "故其受祿不誣, 其受罪益寡". ○말이 선하다면 녹봉을 받게 되는데, 이것은 녹봉을 받음에 속임수를 부리지 않는 것이다. 자신이 한 말에 대해 목숨을 바치며 신하의 힘을 다하니, 이것은 죄를 받음이 더욱 줄어드는 것이다.

集解 資, 藉也. 拜, 謂受其命. 獻, 謂進於朝. 先藉其言以告君, 所謂敷奏以言也. 度君之能用我言焉而後進, 故無不可踐之言, 而能成其信. 君有責於其臣, 於其所資者課之也. 臣有死於其言, 於其所資者守之也. 功與位稱, 故受祿不誣. 事與言符, 故受罪益寡.

번역 '자(資)'자는 의지한다는 뜻이다. '배(拜)'자는 명령을 받는다는 뜻이다. '헌(獻)'자는 조정으로 나아간다는 뜻이다. 우선적으로 자신의 말에 의지하여 임금에게 아뢰니, "말로써 펴서 아뢴다."[6]라고 한 말에 해당한다. 군주가 자신의 말을 써줄 수 있음을 헤아린 이후에 진출을 한다. 그렇기 때문에 실천할 수 없는 말이 없고, 자신의 믿음을 완성할 수 있다. 군주가 신하에게 책무를 부여하는 것은 그가 바탕으로 삼은 것에 대해 책무를 부여하는 것이다. 신하가 자신의 말에 목숨을 거는 것은 바탕으로 삼은 것을 고수하는 것이다. 공적과 지위가 알맞기 때문에 녹봉을 받음에 속이지 않는다. 일과 말한 것이 부합되기 때문에 죄를 받는 것이 더욱 줄어든다.

---

6) 『서』「우서(虞書)・순전(舜典)」: 十有一月朔巡守, 至于北岳, 如西禮, 歸, 格于藝祖, 用特, 五載一巡守, 群后四朝, <u>敷奏以言</u>, 明試以功, 車服以庸.

集解 此下十二章, 皆明事君之道也.

번역 아래로 12개 장은 모두 군주를 섬기는 도를 나타내고 있다.

그림 28-1 부열(傅說)

像　　　說　　　傅

※ **출처:**『삼재도회(三才圖會)』「인물(人物)」4권

• 제 29 절 •

사군(事君)과 언(言) · 녹(祿)

【635a】

子曰, "事君, 大言入則望大利, 小言入則望小利, 故君子不
以小言受大祿, 不以大言受小祿. 易曰, '不家食, 吉.'"

직역 子가 曰, "君을 事함에, 大言이 入하면 大利를 望하고, 小言이 入하면 小
利를 望이라. 故로 君子는 小言으로 大祿을 受하길 不하고, 大言으로 小祿을 受하
길 不한다. 易에서 曰, '家食을 不하면, 吉하다.'"

의역 공자가 말하길, "군주를 섬길 때, 큰 계책을 구상한 말이 받아들여지면
큰 이로움을 바라고, 작은 계책을 구상한 말이 받아들여지면 작은 이로움을 바란다.
그렇기 때문에 군자는 작은 계책으로 큰 녹봉을 받지 않고, 큰 계책으로 작은 녹봉
을 받지 않는다. 『역』에서는 '집에서 밥을 먹지 않으면 길하다.'라고 했다.

集說 不家食吉, 大畜之彖辭也. 謂大畜之君子, 才德所蘊者大, 則當食祿
於朝, 以有爲於天下, 而不食於家則吉. 此言不以大言受小祿, 所謂達可行於
天下而後行之者也.

번역 '불가식길(不家食吉)'이라는 말은 『역』「대축괘(大畜卦)」의 괘사이
다.[1] 즉 대축에 해당하는 군자는 재주와 덕을 쌓은 것이 크니, 마땅히 조정
에서 녹봉을 받아 천하에 큰일을 시행해야 하며, 집에서 밥을 먹지 않는다
면 길하다는 뜻이다. 이것은 큰 말을 통해 작은 녹봉을 받지 않는다는 뜻으
로, "영달하여 천하에 시행할 수 있은 뒤에야 행하는 자이다."[2]에 해당한

---

1) 『역』「대축괘(大畜卦)」: 大畜, 利貞, 不家食吉, <u>利涉大川</u>.

다.

集說 呂氏曰: 大言, 所言者大也; 小言, 所言者小也. 利及天下, 澤及萬世, 大利也. 進一介之善, 治一官之事, 小利也. 諫行言聽, 利斯從之矣. 先儒謂利 爲祿賞, 人臣事君, 各效其忠而已, 言入而遂望其祿賞, 乃小人之道, 非所以事 君也. 所謂不以小言受大祿, 不以大言受小祿者, 此君之所以報臣, 非臣之所 以望君也. 受之以義, 亦稱其大小而已. 小言而大祿, 則報踰其分, 大言而小 祿, 則君不我知, 亦不可受也.

번역 여씨가 말하길, '대언(大言)'은 말한 내용이 크다는 뜻이며, '소언 (小言)'은 말한 내용이 작다는 뜻이다. 이로움이 천하에 미치고 은택이 만 세에 미치는 것은 큰 이로움이다. 하나의 선만을 진작시키고 한 관부의 일 만을 다스리는 것은 작은 이로움이다. 간언하고 실천하며 말하고 듣게 되 면 이로움이 따르게 된다. 선대 학자들은 이로움은 녹봉과 상이 되는데, 신하가 군주를 섬길 때에는 각각 자신의 충심을 드러낼 따름이며, 말이 받 아들여져서 녹봉과 상을 바라는 것은 소인의 도이니, 군주를 섬기는 방법 이 아니라고 했다. 작은 말로 큰 녹봉을 받지 않게 하고 큰 말로 작은 녹봉 을 받지 않게 한다는 것은 군주가 신하에게 보답하는 것이지 신하가 군주 에게 바라는 것이 아니다. 의로움에 따라 받게 할 때에도 크고 작음에 마땅 하게 한다. 작은 말을 했는데도 큰 녹봉을 받는다면 보답이 분수에 넘치는 것이고, 큰 말을 했는데도 작은 녹봉을 받는다면 군주가 자신을 알아보지 못한 것이니 또한 받을 수 없다.

集說 石梁王氏曰: 此非孔子之言.

번역 석량왕씨가 말하길, 이것은 공자의 말이 아니다.

---

2) 『맹자』「진심상(盡心上)」: 孟子曰, "有事君人者, 事是君則爲容悅者也, 有安社 稷臣者, 以安社稷爲悅者也, 有天民者, 達可行於天下而後行之者也, 有大人者, 正己而物正者也."

大全 張子曰: 大言入則望大利, 利非歸己之利. 大言入則吾道可大行, 是大利也. 小言入則可小利.

번역 장자가 말하길, 큰 말이 받아들여지면 큰 이로움을 바란다고 했는데, 이로움은 자신에게 되돌아오는 이로움이 아니다. 큰 말이 받아들여지면 나의 도가 크게 시행될 수 있으니, 이것이 큰 이로움이다. 작은 말이 받아들여지면 작은 이로움이 된다.

鄭注 大言, 可以立大事也. 小言, 可以立小事也. 入, 謂3)君受之. 利, 祿賞也. 入, 或爲"人". 言臣受祿, 各用其德能也. 此大畜・象辭也. 象曰: "不家食吉, 養賢也." 言君有大畜積, 不與家食之而已. 必以祿賢者, 賢有大小, 祿有多少.

번역 '대언(大言)'은 큰 사업을 수립할 수 있다. '소언(小言)'은 작은 일을 수립할 수 있다. '입(入)'자는 군주가 수용한다는 뜻이다. '이(利)'자는 녹봉과 상이다. '입(入)'자를 다른 판본에서는 '인(人)'자로 기록하기도 한다. 신하가 녹봉을 받을 때에는 각각 그들의 덕과 재능에 따른다는 뜻이다. 인용문은 『역』「대축(大畜)」의 괘사이다. 「단전」에서는 "집에서 식사를 하지 않아서 길하다는 말은 현명한 자를 길러줌이다."4)라고 했다. 군자는 크게 쌓은 것이 있어서 가족들과 식사하지 않을 따름이라는 뜻이다. 반드시 현명한 자에게 녹봉을 주는데, 현명함에는 크고 작은 차이가 있으니, 녹봉에도 많고 적은 차이가 있다.

釋文 爲君, 于僞反. 畜, 敕六反, 下同. 象, 吐亂反.

---

3) '위(謂)'자에 대하여. '위'자는 본래 '위(爲)'자로 기록되어 있었는데, 완원(阮元)의 『교송본(校宋本)』에는 "혜동(惠棟)의 『교송본(校宋本)』에는 위(爲)자가 위(謂)자로 기록되어 있고, 『송감본(宋監本)』, 위씨(衛氏)의 『집설(集說)』, 『고문(考文)』에서 인용하고 있는 『고본(古本)』과 『족리본(足利本)』에도 동일하게 기록되어 있다."라고 했다.
4) 『역』「대축(大畜)」: 象曰, 大畜, 剛健篤實, 輝光日新其德, 剛上而尙賢, 能止健, 大正也. "不家食吉", 養賢也. "利涉大川", 應乎天也.

번역 '爲君'의 '爲'자는 '于(우)'자와 '僞(위)'자의 반절음이다. '畜'자는 '敕(칙)'자와 '六(륙)'자의 반절음이며, 아래문장에 나오는 글자도 그 음이 이와 같다. '彖'자는 '吐(토)'자와 '亂(란)'자의 반절음이다.

孔疏 ●"子曰"至"食吉". ○正義曰: 此一節廣明[5]事君之道, 依言大小而受祿.

번역 ●經文: "子曰"~"食吉". ○이곳 문단은 군주를 섬기는 도에 대해 폭넓게 나타내고 있으니, 말의 크고 작음에 따라 녹봉을 받는다는 의미이다.

孔疏 ●"大言入則望大利"者, 入, 猶受也. 利, 祿也. 大言, 謂立大事之言, 進入於君, 君所受納, 如此乃望大祿.

번역 ●經文: "大言入則望大利". ○'입(入)'자는 "수용하다[受]."는 뜻이다. '이(利)'자는 녹봉[祿]을 뜻한다. '대언(大言)'은 큰 사업을 수립하는 말을 뜻하니, 군주에게 나아가 받아들여졌는데, 군주가 받아들이는 것이 이와 같은 뒤에야 큰 녹봉을 기대한다는 뜻이다.

孔疏 ●"小言入則望小利"者, 小言, 謂立小事之言. 小言進入受於君, 則唯望小利也.

번역 ●經文: "小言入則望小利". ○'소언(小言)'은 작은 사업을 수립하는 말을 뜻한다. 작은 말이 군주에게 나아가 받아들여진다면, 오직 작은 이익만을 기대한다는 뜻이다.

---

5) '명(明)'자에 대하여. '명'자는 본래 없던 글자인데, 완원(阮元)의 『교송본(校宋本)』에는 "혜동(惠棟)의 『교송본(校宋本)』에는 광(廣)자 뒤에 '명'자가 기록되어 있고, 위씨(衛氏)의 『집설(集說)』에도 동일하게 기록되어 있다."라고 했다.

孔疏 ●"故君子不以小言受大祿, 不以大言受小祿", 言臣祿各以其德能相稱. 若小言受大祿則臣濫, 若大言受小祿則君重財而薄德也.

번역 ●經文: "故君子不以小言受大祿, 不以大言受小祿". ○신하의 녹봉은 각각 그들의 덕과 재능에 부합되도록 한다는 뜻이다. 만약 작은 사업을 수립할 수 있는 말을 했는데 큰 녹봉을 받는다면 신하의 분수에 넘치는 것이며, 만약 큰 사업을 수립할 수 있는 말을 했는데 작은 녹봉을 받는다면 군주가 재물을 중시하고 덕이 박한 것이다.

孔疏 ●"易曰: 不家食吉", 此大畜卦辭也. 按: 易·大畜: "利貞, 不家食吉, 利涉大川."

번역 ●經文: "易曰: 不家食吉". ○이것은 『역』「대축(大畜)」의 괘사이다. 살펴보니, 『역』「대축」에서는 "곧음이 이로우니, 집에서 밥을 먹지 않는 것이 길하고, 큰 내를 건너는 것이 이롭다."라고 했다.

孔疏 ●"不家食吉"者, 言君有大畜積, 不唯與家人食之而已, 當與賢人食之, 故得吉. 此大畜, 乾下艮上之卦, 注云: "自九三至上九, 有頤象居外, 是不家食吉, 而養賢." 引之者, 證君有祿而養賢, 賢有大小, 故祿亦有多少.

번역 ●經文: "不家食吉". ○군자는 크게 쌓은 것이 있으니, 가족하고만 밥을 먹지 않을 따름으로, 마땅히 현명한 자와 함께 먹어야 한다. 그렇기 때문에 길함을 얻는다는 뜻이다. 대축괘(大畜卦䷙)는 건괘(乾卦☰)가 아래에 있고 간괘(艮卦☶)가 위에 있는 괘인데, 주에서는 "구삼으로부터 상구에 이르면 이괘(頤卦䷚)의 상이 있어 밖에 머무니, 이것이 집에서 밥을 먹지 않아서 길하고, 현명한 자를 길러주는 것이다."라고 했다. 이 말을 인용한 것은 군주는 녹봉을 지급하여 현명한 자를 길러준다는 사실을 증명하기 위한 것인데, 현명함에는 크고 작은 차이가 있기 때문에 녹봉에도 많고 적은 차이가 있다.

集解 愚謂: 言, 卽所資之言也. 利, 謂臣所建白之效也. 祿, 臣所受於君之
食也. 祿必稱其位之大小, 小言入, 則所望者小利而已, 受大祿, 則祿浮於其
言, 而不足以稱其職. 大言入, 則所望者大利也, 受小祿, 則言浮於其祿, 而不
足以行其道. 引大畜卦辭, 言臣之受祿不可苟也. 若以小言受大祿, 以大言受
小祿, 則不可謂之吉矣.

번역 내가 생각하기에, 말은 의지하게 되는 말에 해당한다. 이로움은 신
하가 건의하고 아뢰어 나타난 효과를 뜻한다. 녹봉은 신하가 군주로부터
받는 식록이다. 녹봉은 반드시 그 지위의 크고 작은 차이에 맞춰야 하는데,
작은 말이 받아들여지면 바라는 것도 작은 이익일 따름이며, 큰 녹봉을 받
는다면 녹봉이 말보다 높아진 것으로, 그 직무에 알맞게 할 수 없다. 큰
말이 받아들여지면 바라는 것은 큰 이익인데, 작은 녹봉을 받는다면 말이
녹봉보다 높은 것으로, 그 도를 시행할 수 없다.『역』「대축(大畜)」의 괘사
를 인용한 것은 신하가 녹봉을 받을 때에는 구차하게 할 수 없음을 뜻한다.
만약 작은 말을 했는데도 큰 녹봉을 받고, 큰 말을 했는데도 작은 녹봉을
받는다면 길하다고 할 수 없다.

참고 『역』「대축괘(大畜卦)」

卦辭 大畜, 利貞. 不家食, 吉. 利涉大川.

번역 대축괘는 곧음이 이롭다. 집에서 밥을 먹지 않아서 길하다. 큰 하
천을 건너는 것이 이롭다.

孔疏 ○正義曰: 謂之“大畜”者, 乾健上進, 艮止在上, 止而畜之, 能畜止剛
健, 故曰“大畜”. 象云, “能止健, 大正也.” 是能止健, 故爲大畜也. 小畜則巽在
乾上, 以其巽順, 不能畜止乾之剛, 故云小畜也. 此則艮能止之, 故爲大畜也.
“利貞”者, 人能止健, 非正不可, 故“利貞”也. “不家食吉”者, 己有大畜之資, 當

須養順賢人, 不使賢人在家自食, 如此乃吉也. "利涉大川"者, 豐則養賢, 應於
天道, 不憂險難, 故"利涉大川"

번역 ○'대축(大畜)'이라고 부르는 것은 건괘의 강건함이 위로 나아가고
간괘의 그침이 위에 있으니, 그쳐서 저지하니, 강건함을 저지할 수 있기
때문에 '크게 저지함[大畜]'이라고 했다. 「단전」에서 "강건함을 저지할 수
있어서 크게 바르다."라고 했는데, 이것은 강건함을 저지할 수 있기 때문에
크게 저지함이 됨을 뜻한다. 소축괘(小畜卦☴)는 손괘(巽卦☴)가 건괘(乾卦
☰) 위에 있으니, 공손하고 온순하여 건괘의 강건함을 그치고 저지할 수
없다. 그렇기 때문에 '작게 저지함[小畜]'이라고 했다. 대축괘는 간괘가 저
지할 수 있기 때문에 '크게 저지함[大畜]'이 된다. "곧음이 이롭다."는 말은
사람들이 강건함을 저지할 수 있는 것은 바르지 않음이라면 불가능하다.
그렇기 때문에 "곧음이 이롭다."라고 했다. "집에서 밥을 먹지 않아서 길하
다."라고 했는데, 본인은 크게 저지할 수 있는 자질이 있으니, 마땅히 현명
한 자를 길러주고 그에 따라야 하며, 현명한 자로 하여금 집에 머물며 홀로
밥을 먹게 해서는 안 되니, 이처럼 하면 길하다. "큰 하천을 건너는 것이
이롭다."라고 했는데, 풍요롭다면 현명한 자를 길러주어 천도에 호응해야
하며, 험준함과 어려움을 근심하지 않는다. 그렇기 때문에 "큰 하천을 건너
는 것이 이롭다."라고 했다.

程傳 莫大於天而在山中, 艮在上而止乾於下, 皆蘊畜至大之象也. 在人爲
學術道德, 充積於內, 乃所畜之大也, 凡所畜聚皆是, 專言其大者. 人之蘊畜,
宜得正道, 故云利貞. 若夫異端偏學, 所畜至多而不正者固有矣. 旣道德充積
於內, 宜在上位, 以享天祿, 施爲於天下, 則不獨於一身之吉, 天下之吉也. 若
窮處而自食於家, 道之否也, 故不家食則吉. 所畜旣大, 宜施之於時, 濟天下之
艱險, 乃大畜之用也, 故利涉大川. 此只據大畜之義而言, 象更以卦之才德而
言, 諸爻則惟有止畜之義, 蓋易體道隨宜, 取明且近者.

번역 하늘보다 큰 것이 없는데 하늘이 산 가운데 있고, 간괘가 위에 있

어서 건괘를 아래에서 그치게 하니, 모두 온축하여 지극히 커지는 상이 된
다. 사람에게 있어서 학문과 도덕이 내면에 가득 쌓인다면 쌓인 것이 큰
것이니, 쌓고 모은 것은 모두 여기에 해당하지만 전적으로 큰 것만을 말했
다. 사람이 온축하는 것은 마땅히 바른 도를 얻어야하기 때문에 "곧음이
이롭다."고 했다. 이단의 학설처럼 편벽된 학문은 쌓는 것이 지극히 많더라
도 바르지 못한 것도 진실로 포함된다. 이미 도덕을 내면에 가득 쌓았으므
로 마땅히 군주의 자리에 있어서 하늘이 내린 녹봉을 향유하여 천하에 그
것을 베푼다면, 자기만의 길함이 될 뿐 아니라 천하의 길함도 된다. 만약
곤궁하게 처신하여 집에서 홀로 밥을 먹으면 도가 막힌 것이다. 그렇기 때
문에 집에서 밥을 먹지 않으면 길하다. 쌓인 것이 이미 크니 마땅히 시의
적절하게 베풀어서 천하의 험준함을 구제해야 하는데, 이처럼 한다면 대축
의 쓰임이 된다. 그렇기 때문에 큰 하천을 건너는 것이 이롭다. 이곳에서는
단지 대축괘의 뜻만을 가지고서 말한 것이고, 「단전」에서는 재차 괘의 재
질과 덕으로 말했는데, 여러 효에는 오직 저지하는 뜻만 있다. 역은 도를
체득하고 마땅함에 따라 분명하고도 가까운 것을 취했기 때문이다.

本義 大, 陽也, 以艮畜乾, 又畜之大者也. 又以內乾剛健, 外艮篤實輝光,
是以能日新其德而爲畜之大也. 以卦變言, 此卦自需而來, 九自五而上, 以卦
體言, 六五尊而尙之, 以卦德言, 又能止健, 皆非大正, 不能, 故其占爲利貞而
不家食吉也. 又六五下應於乾, 爲應乎天, 故其占又爲利涉大川也. 不家食, 謂
食祿於朝, 不食於家也.

번역 '대(大)'는 양(陽)을 뜻하니, 간괘로 건괘를 저지하는 것은 또한 저
지함 중에서도 큰 것이다. 또 안에 있는 건괘는 굳세고 강건하며, 밖에 있는
간괘는 독실하고 밝게 빛나니, 이러한 이유로 날마다 덕을 새롭게 하여 쌓
임이 큰 것이 된다. 괘의 변화로 말을 한다면, 대축괘는 수괘(需卦☰)로부터
와서 구(九)가 오효에서 위로 올라간다. 괘의 몸체로 말을 한다면, 육오는
존귀한데도 높여준다. 괘의 덕으로 말을 한다면, 또한 강건함을 저지할 수
있으니, 이 모두는 크게 바른 것이 아니면 할 수 없다. 그렇기 때문에 점이

곧음이 이롭고 집에서 밥을 먹지 않아서 길하다. 또 육오는 아래로 건괘에 호응하여 하늘과 호응함이 되므로, 점이 또한 큰 하천을 건넘이 이롭다. 집에서 밥을 먹지 않는다는 말은 조정에서 녹봉을 받고 집에서 밥을 먹지 않는다는 뜻이다.

彖傳 彖曰: 大畜, 剛健篤實, 輝光日新其德.

번역 「단전」에서 말하길, 대축괘는 굳세고 강건하며 독실하여, 밝게 빛나서 날마다 그 덕을 새롭게 한다.

王注 凡物旣厭而退者, 弱也; 旣榮而隕者, 薄也. 夫能輝光日新其德者, 唯剛健篤實也.

번역 무릇 사물 중 이미 싫증이 나서 물러나면 약하게 되고, 이미 영화롭게 되어 떨어지면 엷어진다. 밝게 빛나서 날마다 그 덕을 새롭게 할 수 있는 것은 오직 굳세고 강건하며 독실하기 때문이다.

孔疏 ○正義曰: 言"大畜剛健篤實"者, 此釋大畜之義, "剛健"謂乾也. 乾體剛性健, 故言"剛健"也. "篤實", 謂艮也. 艮體靜止, 故稱"篤實"也. "輝光日新其德"者, 以其剛健篤實之故, 故能輝耀光榮, 日日增新其德. 若無剛健, 則劣弱也, 必旣厭而退. 若無篤實, 則虛薄也, 必旣榮而隕, 何能久有輝光, 日新其德乎?

번역 ○"대축괘는 굳세고 강건하며 독실하다."라고 했는데, 이것은 대축괘의 뜻을 풀이한 말이다. "굳세고 강건하다."는 말은 건괘를 뜻한다. 건괘의 몸체는 굳세고 본성은 강건하기 때문에 "굳세고 강건하다."라고 했다. "독실하다."는 말은 간괘를 뜻한다. 간괘는 몸체는 고요하고 그치기 때문에 "독실하다."라고 했다. "밝게 빛나서 날마다 그 덕을 새롭게 한다."라고 했는데, 굳세고 강건하며 독실하기 때문에 밝게 빛나며 영화로워서, 날마다 그 덕을 증진시키고 새롭게 할 수 있다. 만약 굳세고 강건함이 없다면 용렬하고 연약하니, 반드시 싫증을 내어 물러나게 된다. 만약 독실함이 없다면 비고 엷게 되니, 반드시 이미 영화롭게 되어 떨어지게 되는데, 어떻게 오래도록 빛나면서 날마다 그 덕을 새롭게 할 수 있겠는가?

孔疏 ◎注"凡物旣厭"至"剛健篤實也". ○正義曰: "凡物旣厭而退者, 弱也"者, 釋經"剛健"也. 若不剛健, 則見厭被退. 能剛健, 則所爲日進, 不被厭退也. "旣榮而隕者薄也"者, 釋經"篤實"也. 凡物暫時榮華而卽損落者, 由體質虛薄也. 若能篤厚充實, 則恒保榮美, 不有損落也.

번역 ◎王注: "凡物旣厭"~"剛健篤實也". ○왕필이 "무릇 사물 중 이미 싫증이 나서 물러나면 약하게 된다."라고 했는데, 이것은 경문에 나오는 '강건(剛健)'을 풀이한 말이다. 만약 굳세고 강건하지 않다면 상대가 싫증을 내어 물러나게 된다. 굳세고 강건할 수 있다면 시행하는 것이 날마다 진척되니, 싫증을 내어 물러나게 되지 않는다. 왕필이 "이미 영화롭게 되어 떨어지면 엷어진다."라고 했는데, 이것은 경문에 나오는 '독실(篤實)'을 풀이한 말이다. 사물들 중 잠시 영화로운 것들은 곧바로 떨어지게 되니, 그 본체의 바탕이 비어 있고 엷기 때문이다. 만약 돈독하고 충실하다면 항상 영화로운 아름다움을 보호할 수 있어서 떨어지지 않는다.

程傳 以卦之才德而言也. 乾體剛健, 艮體篤實, 人之才剛健篤實, 則所畜能大, 充實而有輝光, 畜之不已, 則其德日新也.

번역 괘의 재질과 덕으로 말한 것이다. 건괘의 본체는 굳세고 강건하며, 간괘의 본체는 독실하니, 사람의 재주가 굳세고 강건하며 독실하다면, 쌓는 것이 클 수 있고, 충실하여 밝게 빛나게 되니, 쌓는 것을 그치지 않는다면, 그 덕은 날마다 새롭게 된다.

本義 以卦德釋卦名義.

번역 괘의 덕으로 괘의 이름과 뜻을 풀이하였다.

象傳 剛上而尙賢,

번역 굳셈이 위에 있어서 현명한 자를 숭상하니,

王注 謂上九也. 處上而大通, 剛來而不距, 尙賢之謂也.

번역 상구를 가리킨다. 상효에 처하여 크게 통하여, 굳셈이 오는 것을 막지 않으니, 현명한 자를 숭상한다는 뜻이다.

孔疏 ●"剛上而尙賢". ○正義曰: "剛上"謂上九也. 乾剛向上, 上九不距, 是貴尙賢也.

번역 ●象傳: "剛上而尙賢". ○"굳셈이 위에 있다."는 말은 상구를 뜻한다. 건괘의 굳셈은 위를 향하는데 상구는 막지 않으니 이것은 현명한 자를 존귀하게 여기고 숭상하는 것이다.

孔疏 ◎注"謂上九"至"尙賢之謂也". ○正義曰: "謂上九也"者, 言上九之德, 見乾之上進而不距逆, 是貴尙賢也. "處上而大通"者, 釋上九"何天之衢亨", 是處上通也. 旣處於上, 下應於天, 有大通之德也. "剛來而不距"者, 以有大通, 旣見乾來而不距逆, 是"尙賢"之義也.

번역 ◎王注: "謂上九"~"尙賢之謂也". ○왕필이 "상구를 가리킨다."라고 했는데, 상구의 덕은 건괘가 위로 나아가는 것을 보더라도 막지 않으니, 이것은 현명한 자를 존귀하게 여기고 숭상하는 것이다. 왕필이 "상효에 처하여 크게 통한다."라고 했는데, 상구에서 "하늘의 거리이니 형통하다."[6]라고 한 말을 풀이한 것으로, 상효에 처하여 통한다는 뜻이다. 이미 상효에

---

6) 『역』「대축괘(大畜卦)」: 上九, 何天之衢, 亨.

처했는데 아래로 하늘과 호응하니, 크게 통하는 덕을 가지게 된다. 왕필이 "굳셈이 오는 것을 막지 않는다."라고 했는데, 크게 통하는 덕을 가지고 있으니, 이미 건괘가 오는 것을 봤음에도 막지 않는다. 이것은 "현명한 자를 숭상한다."는 뜻이 된다.

象傳 能止健, 大正也.

번역 강건함을 저지할 수 있어서 크게 바르다.

王注 健莫過乾而能止之, 非夫大正, 未之能也.

번역 강건함은 건괘보다 지나치지 않아서 그칠 수 있는데, 크게 바른 자가 아니라면 할 수 없다.

孔疏 ○正義曰: 釋"利貞"義. 所以艮能止乾之健者, 德能大正, 故能止健也.

번역 "곧음이 이롭다."는 뜻을 풀이한 것이다. 간괘가 건괘의 강건함을 그칠 수 있는 것은 그 덕이 크게 바를 수 있기 때문에 강건함을 그칠 수 있는 것이다.

程傳 剛上, 陽居上也. 陽剛居尊位之上, 爲尙賢之義. 止居健上, 爲能止健之義. 止乎健者, 非大正則安能? 以剛陽在上與尊尙賢德, 能止至健, 皆大正之道也.

번역 '강상(剛上)'은 양효가 상효에 있다는 뜻이다. 양의 굳셈이 존귀한 자리인 상효에 있어서 현명한 자를 숭상하는 뜻이 된다. 그침이 강건함의 위에 있어서 강건함을 그칠 수 있는 뜻이 된다. 강건함을 그치는 것은 크게 바른 것이 아니라면 어찌 할 수 있겠는가? 굳센 양이 상효에 있고 현명한 덕을 존숭하며, 지극한 강건함을 그칠 수 있는 것은 모두 크게 바른 도가 된다.

本義 以卦變卦體釋卦辭.

번역 괘의 변화 및 괘의 몸체로 괘사를 풀이하였다.

彖傳 "不家食吉", 養賢也. "利涉大川", 應乎天也.

번역 "집에서 밥을 먹지 않아서 길하다."는 말은 현명한 자를 길러준다는 뜻이다. "큰 하천을 건너는 것이 이롭다."는 말은 하늘에 호응한다는 뜻이다.

王注 有大畜之實, 以之養賢, 令賢者不家食, 乃吉也. "尙賢"制健, "大正" 應天, 不憂險難, 故"利涉大川"也.

번역 대축의 실질을 가지고 있으면서 이를 통해 현명한 자를 길러주어, 현명한 자로 하여금 집에서 밥을 먹지 않게 한다면 길하다. "현명한 자를 숭상한다."는 것은 강건함을 저지하는 것이며, "크게 바르다."는 말은 하늘과 호응하는 것이고, 험준함과 어려움을 걱정하지 않기 때문에 "큰 하천을 건너는 것이 이롭다."고 했다.

孔疏 ●"不家食吉"至"應乎天也". ○正義曰: "不家食吉, 養賢"者, 釋"不家食吉", 所以不使賢者在家自食而獲吉也. 以在上有大畜之實, 養此賢人, 故不使賢者在家自食也. "利涉大川, 應乎天"者, 以貴尙賢人, 大正應天, 可踰越險難, 故利涉大川也.

번역 ●象傳: "不家食吉"~"應乎天也". ○"집에서 밥을 먹지 않아서 길하다는 말은 현명한 자를 길러준다는 뜻이다."라고 했는데, 괘사의 "집에서 밥을 먹지 않아서 길하다."는 말을 풀이한 것으로, 현명한 자로 하여금 집에 머물며 혼자 밥을 먹지 않게끔 하여 길함을 얻는다. 위에 있어서 대축의 실질을 가지고 있고, 이를 통해 이러한 현자를 길러주기 때문에 현명한 자가 집에 머물며 혼자 밥을 먹지 않게끔 한다. "큰 하천을 건너는 것이 이롭다는 말은 하늘에 호응한다는 뜻이다."라고 했는데, 현명한 자를 존귀하게 높이고 숭상하며, 크게 바름이 하늘과 호응하므로, 험준함과 어려움을 뛰어넘을 수 있다. 그렇기 때문에 큰 하천을 건너는 것이 이롭다.

孔疏 ◎注"有大畜之實"至"利涉大川也". ○正義曰: "尙賢制健"者, 謂上九剛來不距, "尙賢"之謂也. 艮能畜剛, "制健"之謂也. 故上經云: "剛上而尙賢", 王注云: "謂上九也." 又云: "能止健, 大正也." 王注云: "健莫過乾, 而能止之, 非夫大正, 未之能也", 則是全論艮體. 明知尙賢謂上九也. "制健"謂艮體也. "大正應天"者, 謂艮也. 故前文云: "能止健, 大正也." 止健是艮也, 應天者, 上體之艮, 應下體之乾, 故稱"應天"也. 此取上卦·下卦而相應, 非謂一陰一陽而相應也.

번역 ◎王注: "有大畜之實"~"利涉大川也". ○왕필이 "현명한 자를 숭상한다는 것은 강건함을 저지하는 것이다."라고 했는데, 상구는 굳셈이 오더라도 막지 않으니, "현명한 자를 숭상한다."는 말을 가리킨다. 간괘는 굳셈을 저지할 수 있으니, "강건함을 저지한다."는 말을 가리킨다. 그러므로 앞의 경문에서는 "굳셈이 위에 있어서 현명한 자를 숭상한다."라고 했는데, 왕필의 주에서는 "상구를 가리킨다."라고 했고, 또 "강건함을 저지할 수 있어서 크게 바르다."라고 했는데, 왕필의 주에서는 "강건함은 건괘보다 지나치지 않아서 그칠 수 있는데, 크게 바른 자가 아니라면 할 수 없다."라고 했으니, 이것은 간괘의 몸체를 전체적으로 논의한 것이다. 따라서 현명한 자를 숭상한다는 것이 상구를 가리킴을 명확히 알 수 있다. "강건함을 저지한다."는 말은 간괘의 몸체를 가리킨다. "크게 바르며 하늘에 호응한다."는 말은 간괘를 가리킨다. 그렇기 때문에 앞에서는 "강건함을 저지할 수 있어서 크게 바르다."라고 말한 것이다. 강건함을 그치게 하는 것은 간괘에 해당하고, 하늘에 호응하는 것은 상체의 간괘가 하체의 건괘와 호응하는 것이다. 그렇기 때문에 "하늘에 호응한다."라고 했다. 이것은 상괘와 하괘가 서로 호응하는 것에서 뜻을 취한 것이니, 하나의 음과 하나의 양이 서로 호응하는 것을 가리킴이 아니다.

本義 亦取尙賢之象.

번역 「단전」의 "不家食吉, 養賢也."에 대하여. 또한 현명한 자를 숭상하는 상에서 취했다.

程傳 大畜之人, 所宜施其所畜, 以濟天下, 故不食於家則吉, 謂居天位, 享天祿也, 國家養賢, 賢者得行其道也. 利涉大川, 謂大有蘊畜之人, 宜濟天下之艱險也. 象更發明卦才, 云所以能涉大川者, 以應乎天也. 六五, 君也, 下應乾之中爻, 乃大畜之君, 應乾而行也. 所行能應乎天, 无艱險之不可濟, 況其他乎?

번역 크게 쌓은 사람은 마땅히 쌓은 것을 베풀어서 천하를 구제해야만 한다. 그렇기 때문에 집에서 밥을 먹지 않으면 길하니, 제왕의 지위에 올라 하늘이 내린 녹봉을 향유하는 것이며, 국가에서 현명한 자를 배양하여 현명한 자가 자신의 도를 시행할 수 있는 것이다. 큰 하천을 건너는 것이 이롭다는 말은 크게 온축함이 있는 사람은 마땅히 천하의 어려움과 험준함을 구제해야만 한다는 뜻이다. 「단전」에서는 재차 괘의 재질을 나타내어, 큰 하천을 건널 수 있는 것은 하늘에 호응하기 때문이라고 했다. 육오는 군주에 해당하는데, 아래로 건괘의 가운데 효와 호응하니, 대축괘의 군주가 건괘에 호응하여 시행하는 것이 된다. 시행하는 것이 하늘에 호응할 수 있다면, 구제할 수 없는 어려움과 험준함이 없는데, 하물며 다른 것에 있어서는 어떠하겠는가?

本義 亦以卦體而言.

번역 「단전」의 "利涉大川, 應乎天也."에 대하여. 또한 괘의 몸체로 설명하였다.

사군(事君)과 상달(上達)

【635b~c】

> 子曰, "事君不下達, 不尙辭, 非其人弗自. 小雅曰, '靖共爾位, 正直是與; 神之聽之, 式穀以女.'"

직역 子가 曰, "君을 事함에 下達을 不하고, 辭를 不尙하며, 그 人이 非라면 自를 弗한다. 小雅에서 曰, '爾의 位를 靖共하고, 正直이 是에 與한다면; 神이 聽하여, 穀을 式하여 女에게 以하리라.'"

의역 공자가 말하길, "군주를 섬길 때에는 더럽고 누추하게 하지 않고, 말재주를 숭상하지 않으며, 그만한 인물이 아니라면 나아가지 않는다. 「소아」에서는 '너의 지위를 안정되며 공손하게 하고, 정직함으로 함께 한다면, 신명이 그것을 듣고서, 복과 녹봉을 너에게 내려주리라.'"라고 했다.

集說 下達, 謂趨乎汙下, 如曰吾君不能, 如曰長君之惡, 逢君之惡, 皆是也. 伊尹使君爲堯舜之君, 孟子非堯舜之道不陳, 則謂之上達也. 尙辭, 利口捷給也. 自, 所由以進者也. 小雅, 小明之篇, 言人臣能安靖恭敬其職位, 惟正直之道是與, 則神明聽之, 將用福祿與汝矣. 以, 與也.

번역 '하달(下達)'은 더럽고 낮은 것을 추구한다는 뜻이니, 마치 "나의 군주는 불가능하다."[1]라고 말하거나 "군주의 악행을 조장하고, 군주의 악행을 미리 맞아준다."[2]라고 말하는 것들이 모두 여기에 해당한다. 이윤은

---

1) 『맹자』 「이루상(離婁上)」 : 故曰, 責難於君謂之恭, 陳善閉邪謂之敬, <u>吾君不能</u>謂之賊.

군주를 요순과 같은 군주로 만들었고, 맹자는 요순의 도가 아니면 진술하지 않았으니, 상달(上達)이라 할 수 있다. '상사(尙辭)'는 말을 잘하며 재빨리 대답한다는 뜻이다. '자(自)'자는 말미암아서 나아가는 것을 뜻한다. '소아(小雅)'는 『시』「소아(小雅)・소명(小明)」편으로,3) 신하가 자신의 직무와 지위를 안정되고 공경할 수 있으며, 오직 정직의 도로 함께 한다면, 신명이 그것을 듣고서 복과 녹봉을 너에게 내려줄 것이라는 뜻이다. '이(以)'자는 "주다[與]."는 뜻이다.

大全 藍田呂氏曰: 以下達之事事其君, 則賊其君者也. 尙辭而實不稱, 則欺其君者也. 非其人而自達之, 枉己以事君者也. 三者皆不正, 非所謂靖共正直者也. 人臣敬治其職, 所與正直, 則神將福之, 況於君乎?

번역 남전여씨가 말하길, 이로움만을 추구하는 사안으로 군주를 섬긴다면 군주를 해치는 자이다. 말재주만 숭상하고 실정에 맞지 않다면 군주를 속이는 자이다. 그만한 인물이 아닌데도 스스로 나아가는 것은 자신을 굽혀서 군주를 섬기는 자이다. 세 가지 경우는 모두 바르지 못한 것이니, 안정되고 공손하며 정직한 자가 아니다. 신하가 자신의 직무를 공경스럽게 다스리고 정직에 따른다면, 신은 장차 그에게 복을 줄 것이니, 하물며 군주에게 있어서는 어떻겠는가?

鄭注 "不下達", 不以私事自通於君也. "不尙辭", 不多出浮華之言也. "弗自", 不身與相親. 靖, 治也. 爾, 女也. 式, 用也. 穀, 祿也. 言敬治女位之職事, 正直之人乃與爲倫友, 神聽女之所爲, 用祿與女.

번역 '불하달(不下達)'은 사사로운 사안을 군주에게 아뢰지 않는다는 뜻이다. '불상사(不尙辭)'는 허황되고 듣기에 좋은 말을 많이 내뱉지 않는다는

---

2) 『맹자』「고자하(告子下)」: <u>長君之惡</u>其罪小, <u>逢君之惡</u>其罪大. 今之大夫皆逢君之惡, 故曰, 今之大夫, 今之諸侯之罪人也.

3) 『시』「소아(小雅)・소명(小明)」: 嗟爾君子, 無恒安處. <u>靖共爾位, 正直是與. 神之聽之, 式穀以女</u>.

뜻이다. '불자(弗自)'는 직접 상대와 더불어서 친근하게 대하지 않는다는 뜻이다. '정(靖)'자는 "다스리다[治]."는 뜻이다. '이(爾)'자는 너[女]라는 뜻이다. '식(式)'자는 "사용하다[用]."는 뜻이다. '곡(穀)'자는 녹봉[祿]을 뜻한다. 즉 너의 지위에 따른 직무를 공경스럽게 다스리면, 정직한 사람이 곧 너와 친우가 되고, 신도 네가 행한 것을 들어서 녹봉을 너에게 줄 것이라는 뜻이다.

釋文 共音恭, 本亦作恭, 同. 女音汝, 注同.

번역 '共'자의 음은 '恭(공)'이며, 판본에 따라서는 또한 '恭'자로도 기록하는데, 그 음은 동일하다. '女'자의 음은 '汝(여)'이며, 정현의 주에 나오는 글자도 그 음이 이와 같다.

孔疏 ●"子曰"至"以女". ○此一節廣明臣之事君, 當以正直之道.

번역 ●經文: "子曰"~"以女". ○이곳 문단은 신하가 군주를 섬기는 도를 폭넓게 설명하고 있는데, 마땅히 정직의 도로써 시행해야 한다는 의미이다.

孔疏 ●"不下達"者, 不以在下細碎小事通達於君.

번역 ●經文: "不下達". ○낮고 미미하며 작은 일로 군주에게 아뢰어서는 안 된다는 뜻이다.

孔疏 ●"不尙辭"者, 不貴尙浮華之言辭.

번역 ●經文: "不尙辭". ○허황되고 화려한 말만을 존귀하게 숭상하지 않는다는 뜻이다.

孔疏 ●"非其人弗自"者, 非其好人, 不身自與之相親.

[번역] ●經文: "非其人弗自". ○좋은 사람이 아니라면, 자신이 직접 그와 더불어 서로 친애하지 않는다는 뜻이다.

[孔疏] ●"小雅曰: 靖共爾位, 正直是與", 此詩·小雅·小明之篇, 刺幽王之詩. 大夫悔仕亂世, 戒其未仕者, 云"靖共爾位". 靖, 謀也. 共, 具也. 言明君靖謀共具爾之爵位, 有正直之德者, 於是與也.

[번역] ●經文: "小雅曰: 靖共爾位, 正直是與". ○이 시는 『시』「소아(小雅)·소명(小明)」편으로, 유왕(幽王)을 풍자한 시이다. 대부가 난세에 벼슬한 것을 후회하여 아직 벼슬하지 않은 자들을 경계하며, "너의 지위를 정공(靖共)하라."라고 한 것이다. '정(靖)'자는 "도모하다[謀]."는 뜻이다. '공(共)'자는 "갖추다[具]."는 뜻이다. 현명한 군주가 너의 작위를 갖춰주고자 계획하니, 정직한 덕을 갖춘 자가 이에 참여한다는 뜻이다.

[孔疏] ●"神之聽之, 式穀以女"者, 式, 用也; 穀, 善也; 以, 用也. 言神明聽聆女德, 君若用其善人, 則當用女也. 詩之本文如此, 今記者斷章取義, 證明非善人不德與之相親. 靖, 治也. 爾, 女也. 言爲女之道, 治理恭敬女之職位; 若見正直善人, 於是與之爲朋友, 如此則神明聽聆女之所爲. 穀, 祿也. 用此福祿, 以與女也.

[번역] ●經文: "神之聽之, 式穀以女". ○'식(式)'자는 "사용하다[用]."는 뜻이며, '곡(穀)'자는 선함[善]을 뜻하고, '이(以)'자는 "사용하다[用]."는 뜻이다. 즉 신명이 너의 덕을 들으니, 군주가 만약 좋은 사람을 등용한다면 마땅히 너를 쓰게 되리라는 뜻이다. 『시』의 본문은 이와 같은데, 현재 『예기』를 기록한 자는 단장취의를 하여, 선한 자가 아니라면 자신의 덕으로 서로 친애해서는 안 된다는 사실을 증명한 것이다. 따라서 이곳 기록에서 '정(靖)'자는 "다스리다[治]."는 뜻이며, '이(爾)'자는 너[女]를 뜻한다. 즉 너의 도를 시행하여 너의 직무와 지위를 이치에 따라 다스리고 공경해야 하는데, 만약 정직하고 선한 자를 보게 된다면 이에 그와 함께 벗이 되어야

하니, 이처럼 한다면 신명이 너의 행위를 보게 된다는 뜻이다. '곡(穀)'자는
녹봉[祿]을 뜻한다. 이러한 복과 녹봉을 사용하여 너에게 준다는 의미이다.

訓纂 彬謂: 釋詁, "由·從, 自也." 郭注, "自, 猶從也." 若商鞅由嬖臣景監以
見秦孝公, 司馬相如由狗監楊得意所薦, 皆非其人之謂.

번역 내가 생각하기에, 『이아』「석고(釋詁)」편에서는 "유(由)자와 종
(從)자는 자(自)자의 뜻이다."⁴⁾라고 했고, 곽경순의 주에서는 "자(自)자는
따른다는 뜻이다."라고 했다. 상앙이 아첨하던 신하인 경감을 통해 진나라
효공을 만났고, 사마상여가 구감인 양득의를 통해 천거가 된 것 등은 모두
그에 걸맞은 사람이 아니라고 한 말에 해당한다.

集解 呂氏大臨曰: 傳曰, "君子上達, 小人下達." 上達者, 進於高明, 如伊
尹恥其君不爲堯舜, 孟子非堯舜之道不敢以陳於王前者也. 下達者, 趨乎汚下,
如孟子所謂吾君不能謂之賊者也.

번역 여대림이 말하길, 『논어』에서는 "군자는 상달(上達)하고 소인은
하달(下達)한다."⁵⁾라고 했다. '상달(上達)'은 고명한 곳으로 나아가는 것으
로, 이윤이 자신의 군주가 요나 순임금처럼 되지 못함을 부끄럽게 여겼고,
맹자가 요와 순임금의 도가 아니라면 감히 임금 앞에서 진술하지 않았던
것과 같다. '하달(下達)'은 더럽고 낮은 것을 추구한다는 뜻이니, 맹자가 "나
의 군주가 불가능하다고 하는 것은 해침을 뜻한다."라고 한 말과 같다.

集解 愚謂: 自, 由也, 所由以進者也. 非其人而由之以進, 則己先不正, 而
無以正君矣. 如楊龜山之於蔡京, 吳康齋之於石亨, 猶不免爲賢者之累, 況其
下者乎! 詩, 小雅小明之篇. 與, 助也. 穀, 善道也. 靖則不尙繁辭, 恭則責難於
君. 正直之人是助, 則無比匿之失, 而所自必正矣.

---

4) 『이아』「석고(釋詁)」: 遹·遵·率·循·由·從, 自也. 遹·遵·率, 循也.
5) 『논어』「헌문(憲問)」: 子曰, "君子上達, 小人下達."

번역 내가 생각하기에, '자(自)'자는 유(由)자의 뜻이니, 말미암아서 나아가는 것을 뜻한다. 그만한 사람이 아닌데도 그를 통해 나아간다면 자신이 우선적으로 바르지 못하여 군주를 바르게 할 수 없다. 예를 들어 양구산과 채경의 관계, 오강재와 석형의 관계에 있어서도 오히려 현명한 자를 얽어매는 것을 면하지 못했는데, 하물며 그보다 낮은 자에게 있어서는 어떻겠는가! 시는『시』「소아(小雅)·소명(小明)」편이다. '여(與)'자는 "돕다[助]."는 뜻이다. '곡(穀)'자는 선한 도를 뜻한다. 편안하다면 말을 번잡하게 하는 것을 숭상하지 않고, 공손하다면 군주에게서 어려운 일을 맡게 된다. 정직한 사람이 이에 돕는다면 그릇된 무리와 함께 하는 잘못이 없고, 말미암게 되는 자도 반드시 바르게 된다.

참고 『시』「소아(小雅)·소명(小明)」

明明上天, (명명상천) : 밝고 밝으신 상천은,
照臨下土. (조임하토) : 천하를 비춰주며 살피시는구나.
我征徂西, (아정조서) : 내가 길을 떠나 서쪽으로 가서,
至于艽野. (지우구야) : 멀리 떨어진 황망한 곳에 이르렀도다.
二月初吉, (이월초길) : 2월 초하루에 길을 떠났는데,
載離寒暑. (재리한서) : 지금에 이르러 겨울의 추위와 여름의 더위를 재차 겪었노라.
心之憂矣, (심지우의) : 마음의 근심이여,
其毒大苦. (기독대고) : 그 독이 매우 쓰구나.
念彼共人, (염피공인) : 저 공경하며 자신의 직무를 따르는 동료를 생각하면,
涕零如雨. (체령여우) : 눈물이 비 오듯 내리는구나.
豈不懷歸, (기불회귀) : 어찌 돌아감을 생각하지 않으리오,
畏此罪罟. (외차죄고) : 촘촘한 형벌의 법망이 두렵도다.

昔我往矣, (석아왕의) : 예전 내가 이곳으로 온 것이,

日月方除. (일월방제) : 4월이었구나.

曷云其還, (갈운기환) : 어떻게 되돌아간다 하는가,

歲聿云莫. (세율운막) : 이 해가 이미 다 가는구나.

念我獨兮, (염아독혜) : 생각해보니 나 홀로 여러 일을 걱정하니,

我事孔庶. (아사공서) : 내 일이 매우 많구나.

心之憂矣, (심지우의) : 마음의 근심이여,

憚我不暇. (탄아불가) : 나를 괴롭혀 겨를이 없구나.

念彼共人, (염피공인) : 저 공경하며 자신의 직무를 따르는 동료를 생각하면,

睠睠懷顧. (권권회고) : 깊이 돌아가 벼슬할 것을 생각하노라.

豈不懷歸, (기불회귀) : 어찌 돌아감을 생각하지 않으리오,

畏此譴怒. (외차견노) : 성냄을 당할까 두렵도다.

昔我往矣, (석아왕의) : 예전 내가 이곳으로 온 것이,

日月方奧. (일월방오) : 막 따뜻해지는 때였구나.

曷云其還, (갈운기환) : 어떻게 되돌아간다 하는가,

政事愈蹙. (정사유축) : 정사가 더욱 급박하게 돌아가는구나.

歲聿云莫, (세율운막) : 이 해가 이미 다 가서,

采蕭穫菽. (채소확숙) : 쑥을 따고 콩을 수확했구나.

心之憂矣, (심지우의) : 마음의 근심이여,

自詒伊戚. (자이이척) : 내 스스로 이러한 슬픔을 끼쳤구나.

念彼共人, (염피공인) : 저 공경하며 자신의 직무를 따르는 동료를 생각하면,

興言出宿. (흥언출숙) : 일어나 밖에서 잠을 자도다.

豈不懷歸, (기불회귀) : 어찌 돌아감을 생각하지 않으리오,

畏此反覆. (외차반복) : 죄를 다시 받을까 두렵도다.

嗟爾君子, (차이군자) : 아 너희 군자들아,

無恒安處. (무항안처) : 항상 안전하게 머물 수 있는 곳은 없느니라.

靖共爾位, (정공이위) : 현명한 군주가 너의 작위를 마련해줄 것이니,

正直是與. (정직시여) : 정직한 사람과 정사를 함께 함이라.

神之聽之, (신지청지) : 신명이 도와 들어준다면,

式穀以女. (식곡이녀) : 선한 자를 쓰리니 너로 하리라.

嗟爾君子, (차이군자) : 아 너희 군자들아,
無恒安息. (무항안식) : 항상 안전하게 머물 수 있는 곳은 없느니라.
靖共爾位, (정공이위) : 현명한 군주가 너의 작위를 마련해줄 것이니,
好是正直. (호시정직) : 정직한 사람과 정사를 함께 함이라.
神之聽之, (신지청지) : 신명이 도와 들어준다면,
介爾景福. (개이경복) : 너를 도와 큰 복을 주리라.

毛序 小明, 大夫悔仕於亂世也.

모서 「소명(小明)」편은 난세에 벼슬한 것을 후회하는 시이다.

• 제 31 절 •

사군(事君)과 간언 · 본분

【635d】

子曰, "事君, 遠而諫, 則諂也. 近而不諫, 則尸利也." 子曰, "邇臣守和, 宰正百官, 大臣慮四方."

직역 子가 曰, "君을 事함에, 遠한데 諫하면, 諂이다. 近한데 不諫하면, 尸利이다." 子가 曰, "邇臣은 和를 守하고, 宰는 百官을 正하며, 大臣은 四方을 慮한다."

의역 공자가 말하길, "군주를 섬김에, 관계가 먼데도 간언을 하는 것은 아첨하는 것이다. 관계가 가까운데도 간언을 하지 않는다면 하는 일도 없이 사욕을 채우는 것이다."라고 했다. 공자가 말하길, "가까운 신하는 조화로움을 지키고, 재상은 모든 관료를 올바르게 하며, 대신은 사방의 일들을 근심한다."라고 했다.

集說 呂氏曰: 陵節犯分, 以求自達, 故曰諂. 懷祿固寵, 主於爲利, 故曰尸利也.

번역 여씨가 말하길, 절차를 뛰어넘고 분수를 어겨서 자신의 영달을 구하기 때문에 "아첨한다[諂].''라고 말했다. 녹봉을 탐하는 마음을 품고 총애를 고수하며 이익 추구하는 것을 위주로 하기 때문에 "이로움을 위주로 한다.''라고 말했다.

集說 方氏曰: 所謂守和者, 過於和, 則流而爲同; 不及於和, 則乖而爲異. 故在於能守, 守則適中, 而無過與不及之患矣.

번역 방씨가 말하길, 이른바 "조화로움을 지킨다."는 말은 조화로움에 지나치다면 방탕하게 흘러서 모두가 동일하게 되며, 조화로움에 미치지 못한다면 어그러져 차이만 생긴다. 그렇기 때문에 지킬 수 있음에 달려 있으니, 지킨다면 알맞게 되고 지나치거나 미치지 못하는 우환이 없게 된다.

集說 應氏曰: 宰, 以職言; 大臣, 以位言. 自三公以下皆是, 不特六卿. 其序則先君德而後朝廷, 先朝廷而後天下也.

번역 응씨가 말하길, '재(宰)'는 직무를 기준으로 한 말이고, '대신(大臣)'은 지위를 기준으로 한 말이다. 삼공(三公)[1]으로부터 그 이하는 모두 여기에 해당하니, 단지 육경(六卿)[2]에만 한정되지 않는다. 순서로 따지자면 군

---

1) 삼공(三公)은 중앙정부의 가장 높은 관직자 3명을 합쳐서 부르는 말이다. '삼공'에 속한 관직명에 대해서는 각 시대별로 차이가 있다. 『사기(史記)』「은본기(殷本紀)」편에는 "以西伯昌, 九侯, 鄂侯, 爲三公."이라는 기록이 있다. 즉 은나라 때에는 서백(西伯)인 창(昌), 구후(九侯), 악후(鄂侯)들을 '삼공'으로 삼았다. 또한 주(周)나라 때에는 태사(太師), 태부(太傅), 태보(太保)를 '삼공'으로 삼았다. 『서』「주서(周書)·주관(周官)」편에는 "立太師·太傅·太保, 玆惟三公, 論道經邦, 燮理陰陽."이라는 기록이 있다. 한편 『한서(漢書)』「백관공경표서(百官公卿表序)」에 따르면 사마(司馬), 사도(司徒), 사공(司空)을 '삼공'으로 삼았다는 기록이 있다.

2) 육경(六卿)은 여섯 명의 경(卿)을 가리키는데, 주로 여섯 명의 주요 관직자들을 뜻한다. 각 시대마다 해당하는 관직명과 담당하는 영역에는 차이가 있었다. 『서』「하서(夏書)·감서(甘誓)」편에는 "大戰于甘, 乃召六卿."이라는 기록이 있고, 이에 대한 공안국(孔安國)의 전(傳)에서는 "天子六軍, 其將皆命卿."이라고 풀이했다. 즉 천자는 6개의 군(軍)을 소유하고 있는데, 각 군의 장수를 '경(卿)'으로 임명하였기 때문에, 이들 육군(六軍)의 수장을 '육경'이라고 부른다는 뜻이다. 이 기록에 따르면 하(夏)나라 때에는 육군의 장수를 '육경'으로 불렀다는 결론이 도출된다. 한편 『주례(周禮)』의 체제에 따르면, 주(周)나라에서는 여섯 개의 관부를 설치하였고, 이들 관부의 수장을 '경'으로 임명하였다. 따라서 천관(天官)의 총재(冢宰), 지관(地官)의 사도(司徒), 춘관(春官)의 종백(宗伯), 하관(夏官)의 사마(司馬), 추관(秋官)의 사구(司寇), 동관(冬官)의 사공(司空)이 '육경'에 해당한다. 『한서(漢書)·백관공경표상(百官公卿表上)』편에는 "夏殷亡聞焉, 周官則備矣. 天官冢宰, 地官司徒, 春官宗伯, 夏官司馬, 秋官司寇, 冬官司空, 是爲六卿, 各有徒屬職分, 用於百事."라는 기록이 있다.

주의 덕이 우선이 되고 조정이 그 뒤가 되며, 조정이 우선이 되고 천하가
그 뒤가 된다.

集說 石梁王氏曰: 遠而諫則諂, 非孔子之言.

번역 석량왕씨가 말하길, "멀리 떨어져 있는데도 간언을 한다면 아첨하
는 것이다."라는 말은 공자의 말이 아니다.

大全 石林葉氏曰: 遠於君則見之略, 諫則爲佞, 近於君則見之詳, 諫則不
爲素餐, 素餐則尸利也.

번역 석림섭씨가 말하길, 군주와 멀리 떨어져 있다면 만나보는 것이 적
으니, 간언을 한다면 아첨하는 것이 되고, 군주와 가까이 있다면 만나보는
것이 많으니, 간언을 한다면 소찬(素餐)이 되지 않는다. 소찬을 한다면 시
리(尸利)가 된다.

大全 嚴陵方氏曰: 遠而諫, 似忠而非忠, 秖以爲諂耳. 近而不諫, 似愼而非
愼, 秖以爲利耳.

번역 엄릉방씨가 말하길, 관계가 먼데도 간언을 한다면 충심인 것 같지
만 충심이 아니니, 단지 아첨하는 것일 뿐이다. 가까운데도 간언을 하지
않는다면 신중한 것 같지만 신중한 것이 아니니, 단지 이로움을 추구하는
것일 뿐이다.

鄭注 尸, 謂不知人事無辭讓也. 邇, 近也. 和, 謂調和君事者也. 齊景公曰:
唯據與我和. 宰, 家宰也. 家宰主治百官.

번역 '시(尸)'자는 사람에 대한 일도 모르고 사양함도 없는 자를 뜻한다.
'이(邇)'자는 "가깝다[近]."는 뜻이다. '화(和)'자는 군주에 대한 일을 조화롭
게 한다는 뜻이다. 제(齊)나라 경공(景公)은 "오직 양구거만이 나와 조화를

이루는구나."3)라고 했다. '재(宰)'자는 총재(冢宰)4)를 뜻한다. 총재는 백관(百官)5) 다스리는 일을 주관한다.

釋文 讇, 本亦作諂, 敕撿反.

번역 '讇'자는 판본에 따라서 또한 '諂'자로도 기록하며, '敕(칙)'자와 '撿(검)'자의 반절음이다.

孔疏 ●"子曰"至"忘之". ○此一節明臣事君諫諍之道.

번역 ●經文: "子曰"~"忘之". ○이곳 문단은 신하가 군주를 섬기며 간언하고 쟁론하는 도를 나타내고 있다.

孔疏 ●"遠而諫則讇也"者, 若與君疏遠, 强欲諫諍, 則是讇佞之人, 望欲自達也.

번역 ●經文: "遠而諫則讇也". ○만약 군주와 소원한 관계인데 억지로 간언과 쟁론을 하고자 한다면 이것은 아첨하는 사람에 해당하니, 자신의 영달만을 바라는 것이다.

孔疏 ●"近而不諫, 則尸利也"者, 若親近於君而不諫, 則似如尸之受利祿

---

3) 『춘추좌씨전』「소공(昭公) 20년」: 齊侯至自田, 晏子侍于遄臺, 子猶馳而造焉. 公曰, "唯據與我和夫!"

4) 총재(冢宰)는 대재(大宰)와 같은 말이다. '대재'는 태재(太宰)라고도 부른다. '대재'는 은(殷)나라 때 설치된 관직이라고 전해지며, 주(周)나라에서는 '총재'라고도 불렀다. 『주례(周禮)』의 체제상으로는 천관(天官)의 수장이며, 경(卿) 1명이 담당했다. 『주례』의 체제상으로는 가장 높은 관직이다. 따라서 '대재'가 담당했던 일은 국정 전반에 대한 것이었다.

5) 백관(百官)은 공경(公卿) 이하의 관리들을 뜻한다. 또한 각 부서의 하급 관리들을 총칭하는 용어로도 사용되었다. 『예기』「교특생(郊特牲)」편에는 "獻命庫門之內, 戒百官也."라는 기록이 있고, 이에 대한 정현의 주에서는 "百官, 公卿以下也."라고 풀이하였다.

也. 祭祀之尸, 無言辭而受享祭時, 猶似近臣不諫, 不知人事, 無辭讓之心, 如
尸之受利然也.

번역 ●經文: "近而不諫, 則尸利也". ○만약 군주와 가깝고 친한 관계인
데도 간언을 하지 않는다면, 마치 시동이 녹봉을 받는 것과 유사하다. 제사
에서의 시동은 아무런 말도 하지 않고 제사의 흠향만을 받아들이니, 마치
가까운 신하가 간언을 하지 않고 사람에 대한 일도 모르며 사양하는 마음
도 없는 것과 유사하니, 이것은 시동이 녹봉을 받는 것과 같은 것이다.

孔疏 ●"子曰邇臣守和"者, 邇, 近也; 和, 謂調和. 言親近之臣, 獻可替否,
毗輔贊助於君, 守其調和之事也.

번역 ●經文: "子曰邇臣守和". ○'이(邇)'자는 "가깝다[近]."는 뜻이며,
'화(和)'자는 조화를 뜻한다. 즉 가깝고 친한 신하가 선을 권장하고 잘못을
바로잡으며 군주를 보조하여 돕고, 조화로운 일들을 지키는 것을 뜻한다.

孔疏 ●"宰正百官"者, 宰, 謂冢宰; 正, 治百官.

번역 ●經文: "宰正百官". ○'재(宰)'자는 총재(冢宰)를 뜻하며, '정(正)'
자는 백관을 다스린다는 뜻이다.

孔疏 ●"大臣慮四方"者, 謂二伯州牧之等, 謀慮四方. 此大臣亦兼冢宰, 但
冢宰居於中, 故言"正百官"耳.

번역 ●經文: "大臣慮四方". ○이백(二伯)6)과 주목(州牧)7) 등은 사방에

---

6) 이백(二伯)은 주(周)나라 초기에 천하를 동서(東西)로 양분하여, 각 방위에
있던 제후들을 다스렸던 2명의 주요 신하를 가리키는 말이다. 구체적 인물로
는 주공(周公)과 소공(召公)이 '이백'을 맡았었다고 전해진다. 『공총자(孔叢
子)』「거위(居衛)」편에는 "古之帝王, 中分天下, 使二公治之, 謂之二伯."이라는
기록이 있고, 『예기』「왕제(王制)」편에는 "八伯各以其屬, 屬於天子之老二人,
分天下以爲左右, 曰二伯."이라는 기록이 있는데, 이에 대한 정현의 주에서는

대한 일을 계획하고 염려한다는 뜻이다. 여기에서 말하는 대신은 또한 총재까지도 포함하는데, 총재는 천자의 조정에 머물기 때문에 "백관을 다스린다."라고만 말한 것일 뿐이다.

訓纂 呂與叔曰: 遠臣既無言責, 非其職而諫, 凌節犯分, 以求自達, 故曰諂. 近者, 有言責之臣, 不諫則曠厥官, 懷祿固寵, 主於爲利, 故曰尸利也. 尸, 主也.

번역 여여숙이 말하길, 멀리 떨어져 있는 신하에게는 이미 간언을 올려야 하는 책무가 없는데 자신의 직무가 아닌데도 간언을 한다면, 절차를 뛰어넘고 분수를 어겨서 자기의 영달을 구하는 것이기 때문에 "아첨한다[諂]."라고 말했다. 가까운 신하는 신하로서 간언을 올려야 하는 책무가 있는데 간언을 하지 않는다면, 자신이 맡고 있는 관직을 공허하게 하며 녹봉을 탐하는 마음을 품고 총애를 고수하며 이로움을 추구하는 것을 위주로 하기 때문에 "이로움을 위주로 한다."라고 했다. '시(尸)'자는 "위주로 하다[主]."는 뜻이다.

集解 邇臣, 謂侍御僕從之臣. 邇臣日在君側, 慮其便辟側媚, 故欲其和而不同, 獻可替否, 以成君德也. 冢宰統百官, 故欲其以正率之. 大臣, 謂卿大夫也. 大臣謀慮四方之大事, 非徒治一職而已. 宰非不慮四方也, 而以正百官爲急, 百官正則四方無不正矣.

번역 '이신(邇臣)'은 가까이에서 시중을 드는 신하를 뜻한다. 이신은 날마다 군주 곁에 있으니 비위를 맞추거나 사특하게 아첨하는 짓들을 염려하

"自陝以東, 周公主之, 自陝以西, 召公主之."라고 풀이했다.
7) 주목(州牧)은 1주(州)를 대표하는 수장을 뜻한다. 고대 중국에서는 천하를 9개의 주로 구획하였고, 각 주에 소속된 제후들 중에서 수장이 되는 자를 '주목'이라고 불렀다. 『서』「주서(周書)·주관(周官)」편에는 "唐虞稽古, 建官惟百, 內有百揆四岳, 外有州牧侯伯."이라는 기록이 있고, 이에 대한 채침(蔡沈)의『집전(集傳)』에서는 "州牧, 各總其州者."라고 풀이했다.

기 때문에, 조화로우나 동일하게 되지 않고 선을 권장하고 잘못을 바로잡
아서 군주의 덕을 완성하고자 해야 한다. 총재는 백관들을 통솔하기 때문
에 올바름을 통해서 이끌고자 해야 한다. '대신(大臣)'은 경이나 대부를 뜻
한다. 대신은 사방의 중대한 일을 계획하고 염려하니, 단지 하나의 직무만
을 맡는 것이 아닐 따름이다. 총재도 사방에 대한 일을 염려하지 않는 것은
아니지만, 백관을 바르게 하는 것을 급선무로 삼으니, 백관이 올바르게 된
다면 사방에는 바르지 못한 일이 없게 된다.

【636a】

> 子曰, "事君, 欲諫不欲陳. 詩云, '心乎愛矣, 瑕不謂矣. 中
> 心藏之, 何日忘之.'"

직역 子가 曰, "君을 事함에, 諫은 欲이나 陳은 不欲이라. 詩에서 云, '心에 愛하
니, 瑕히 不謂리오. 中心에 藏하니, 何日에 忘이리오.'"

의역 공자가 말하길, "군주를 섬김에, 간언은 올리고자 해야 하지만 그 잘못을
남에게 말하고자 해서는 안 된다. 『시』에서는 '마음에 군주를 사모하는 마음이 있
으니, 어찌 말하지 못하겠는가. 마음에 보존하고 있으니, 어느 날엔들 잊겠는가.'"
라고 했다.

集說 諫者, 止君之失; 陳者, 揚君之失也. 詩, 小雅隰桑之篇. 瑕, 詩作遐.
本謂我心愛慕此賢者, 思相與語, 以其相去遐遠, 故不得共語. 然欲發之言, 藏
於我心, 何日而忘之乎? 此記者借以爲喩, 言我有愛君之心, 欲諫其過, 胡不
言乎? 縱未得進諫, 亦藏於心而不忘, 但不以語他人耳.

번역 간언은 군주의 잘못을 그치게 하는 것이고, 진술은 군주의 잘못을
드러내는 것이다. 이 시는 『시』「소아(小雅)·습상(隰桑)」편이다.8) '하(瑕)'

자를 『시』에서는 '하(遐)'자로 기록했다. 본래의 뜻은 "내 마음이 이러한 현자를 사모하고 있어서 서로 말을 하고자 생각하는데, 서로의 거리가 너무 멀리 떨어져 있기 때문에 함께 말을 할 수 없다. 그러나 말을 하고자 하는 것이 내 마음에 보존되어 있는데 어느 날엔들 잊겠는가?"라는 의미이다. 이곳 문장은 『예기』를 기록한 자가 이 문장을 차용하여 비유를 든 것이니, "나에게 군주를 사모하는 마음이 있어 그 과실에 대해서 간언을 하고자 하는데 어찌 말하지 못하겠는가? 비록 아직 간언을 올리지 못했지만 또한 마음에 보존되어 있어서 잊지 못하니, 다만 남에게 말을 할 수 없을 따름이다."라는 뜻이다.

大全 嚴陵方氏曰: 陳善閉邪, 謂之敬, 故諫不欲陳. 陳之則是暴君之過矣, 然有犯無隱則陳之矣. 蓋諫之不從, 不得已而後陳焉, 然則陳者非所欲也, 故以不欲言之.

번역 엄릉방씨가 말하길, 선을 드러내고 삿됨을 막는 것을 경(敬)이라고 한다. 그렇기 때문에 간언을 하지만 잘못을 드러내는 일을 하고자 하지 않는다. 만약 잘못을 드러낸다면 이것은 군주의 잘못에 대해 모질게 구는 것이지만, 면전에서 허물을 직접적으로 지적하고 허물을 덮어주는 일이 없다면,9) 잘못을 드러내는 것에 해당한다. 간언을 했는데도 따르지 않아서 부득이한 상황이 된 뒤에야 잘못을 드러내는 것이니, 그렇다면 잘못을 드러내는 것은 하고자 해서가 아니다. 그렇기 때문에 불욕(不欲)이라고 말했다.

大全 臨川吳氏曰: 引詩中心藏之, 明不欲陳其過於外之意.

번역 임천오씨가 말하길, 『시』에서 "마음에 보존하고 있다."라는 말을

---

8) 『시』「소아(小雅)·습상(隰桑)」: 心乎愛矣, 遐不謂矣. 中心藏之, 何日忘之.
9) 『예기』「단궁상(檀弓上)」【69a】: 事親有隱而無犯, 左右就養無方, 服勤至死, 致喪三年. 事君有犯而無隱, 左右就養有方, 服勤至死, 方喪三年. 事師無犯無隱, 左右就養無方, 服勤至死, 心喪三年.

인용한 것은 그 잘못을 겉으로 드러내지 않고자 하는 뜻을 나타낸다.

鄭注 陳, 謂言其過於外也. 瑕之言胡也. 謂, 猶告也.

번역 '진(陳)'자는 잘못을 밖으로 드러나도록 말한다는 뜻이다. '하(瑕)'자는 어찌[胡]라는 뜻이다. '위(謂)'자는 "아뢰다[告]."는 뜻이다.

釋文 藏如字, 鄭解詩作"臧", 云"善也".

번역 '藏'자는 글자대로 읽는데, 정현은 『시』에서 기록된 '臧'자를 풀이하며, "옳게 여긴다는 뜻이다."라고 했다.

孔疏 ●"詩云: 心乎愛矣, 瑕不謂矣", 此小雅·隰桑之篇, 刺幽王之詩. 君子在野, 詩人念之, 云心乎愛此君子矣. 瑕, 遠也. 謂, 勤也. 言念此君子遠離, 此不勤乎, 言近於勤矣, 終當念之.

번역 ●經文: "詩云: 心乎愛矣, 瑕不謂矣". ○이 시는 『시』 「소아(小雅)·습상(隰桑)」편으로, 유왕(幽王)을 풍자한 시이다. 군자가 초야에 있는데 『시』를 지은 자가 그를 생각하며, "마음으로 이 군자를 사모한다."라고 말한 것이다. '하(瑕)'자는 "멀다[遠]."는 뜻이다. '위(謂)'자는 "부지런히 하다[勤]."는 뜻이다. 즉 "이러한 군자가 멀리 떨어져 있는 것을 생각하니, 여기에서 부지런히 하지 않을 수 있겠는가?"라는 뜻이다. 즉 부지런히 함에 가깝다는 의미로 결국 그를 기억해야만 한다는 뜻이다.

孔疏 ●"中心藏之, 何日忘之"者, 藏, 善也. 言中心善此君子, 何日忘此君子矣. 詩之本文如此, 今記人所引此, 云心乎愛此君子矣. 瑕之言胡, 胡, 何也. 謂, 猶告也. 言何不以事告諫於君矣. "中心藏之", 與詩文同. 王肅以爲"藏, 善", 鄭亦然也. 皇氏以爲人臣中心包藏君惡, 不欲嚮人陳之, 非其義也. 凡諫者, 若常諫之時, 天子諍臣七人, 諸侯五人, 大夫三人. 唯大臣得諫, 若歲初則

貴賤皆得諫也, 故襄十四年左傳師曠對晉侯云: "自王以下, 各有父兄子弟, 以
補察其政. 史爲書, 瞽爲詩, 工誦箴諫, 大夫規誨, 士傳言, 庶人謗, 商旅于市,
百工獻藝." 國語又云: "天下聽政, 公卿至於列士獻詩, 瞽獻曲, 史獻書, 師箴,
瞍賦, 矇誦, 百工諫, 庶人傳語, 近臣盡規." 此皆孟春之月, 上下皆諫, 故傳引
夏書曰每歲孟春, "遒人以木鐸徇於路", 是也.

번역 ●經文: "中心藏之, 何日忘之". ○'장(藏)'자는 "옳게 여긴다[善]."
는 뜻이다. 즉 마음에 이러한 군자를 옳게 여기고 있는데 어느 날엔들 이러
한 군자를 잊겠느냐는 의미이다. 『시』의 본문은 이와 같은데 현재 『예기』
를 기록한 자가 이 문장을 인용하며, "마음으로 이러한 군자를 사모한다."
라고 말한 것이다. '하(瑕)'자는 호(胡)자의 뜻이니, '호(胡)'자는 어찌[何]라
는 의미이다. '위(謂)'자는 "아뢰다[告]."는 뜻이다. 즉 어찌 그 사안으로 군
주에게 간언을 아뢰지 않을 수 있겠느냐는 의미이다. '중심장지(中心藏之)'
는 『시』의 본문과 동일하다. 왕숙[10]은 "장(藏)자는 선(善)이라는 뜻이다."
라고 했는데, 정현 또한 그러하다고 했다. 황간은 신하가 마음으로 군주의
악행을 감추어, 다른 사람에게 드러내고자 하지 않는 것이라고 여겼는데,
잘못된 주장이다. 무릇 간언에 있어서, 일반적으로 간언을 할 때 천자에게
는 간언을 올리는 신하가 7명이 있고, 제후에게는 5명이 있으며, 대부에게
는 3명이 있다. 오직 대신만이 간언을 올릴 수 있는데, 정초가 된다면 신분
에 상관없이 신하라면 모두 간언을 올릴 수 있다. 그렇기 때문에 양공(襄
公) 14년에 대한 『좌전』의 기록에서는 사광이 진(晉)나라 후작에게 대답하
며, "천자로부터 그 이하의 계층은 각각 부형과 자제가 있어서 이를 통해
정사의 잘못을 보완하고 살피게 했습니다. 그래서 사관은 기록을 하고, 악
사는 『시』를 지으며, 악공은 간언하는 말을 읊조리고, 대부는 규범에 따라
간언하여 이끌며, 사는 그 말을 대부에게 전하고, 서인은 비방을 하며, 상인

---

10) 왕숙(王肅, A.D.195~A.D.256) : =왕자옹(王子雍). 위진남북조(魏晉南北朝)
   때의 위(魏)나라 경학자이다. 자(字)는 자옹(子雍)이다. 출신지는 동해(東海)
   이다. 부친 왕랑(王朗)으로부터 금문학(今文學)을 공부했으나, 고문학(古文
   學)의 고증적인 해석을 따랐다. 『상서(尙書)』, 『시경(詩經)』, 『좌전(左傳)』, 『
   논어(論語)』 및 삼례(三禮)에 대한 주석을 남겼다.

은 시장에서 비판을 하고, 백공(百工)11)은 정치를 기물로 표현하여 바칩니
다."12)라고 했다. 『국어』에서는 또한 "천자가 정사를 살필 때, 공과 경으로
부터 열사(列士)13)에 이르기까지 『시』를 채집하여 바치고, 악사(樂師)14)는
악곡을 바치며, 사관은 기록을 바치고, 소사(少師)15)는 천자의 잘못을 경계
하며, 수(瞍)16)는 채집한 시를 읊고, 몽(矇)17)은 암송하며, 백공은 간언을
하고, 서인은 말을 전달하며, 근신은 규범을 모두 아뢴다."18)라고 했다. 이
것들은 모두 맹춘의 달에 상하의 모든 계층이 간언을 올렸다는 사실을 뜻
한다. 그렇기 때문에 『좌전』에서는 「하서(夏書)」를 인용하여, 매해 맹춘에
는 "주인(遒人)19)이 목탁을 두들기며 도로를 순행한다."20)라고 한 것이

---

11) 백공(百工)은 각종 장인(匠人)들을 총칭하는 말이다. 『묵자(墨子)』「절용중
(節用中)」편에는 "凡天下群百工, 輪車鞼匏, 陶冶梓匠, 使各從事其所能."이라
는 용례가 있다. 또한 '백공'은 모든 관리들을 뜻하는 백관(百官)의 뜻으로도
사용된다. 『서』「우서(虞書)·요전(堯典)」편에도 "允釐百工, 庶績咸熙."이라는
기록이 나오고, 『춘추좌씨전』「소공(昭公) 5년」편에도 "王子朝因舊官百工之
喪職秩者, 與靈景之族以作亂."이라는 기록이 나온다.
12) 『춘추좌씨전』「양공(襄公) 14년」: 自王以下各有父兄子弟以補察其政. 史爲書,
瞽爲詩, 工誦箴諫, 大夫規誨, 士傳言, 庶人謗, 商旅于市, 百工獻藝.
13) 열사(列士)는 원사(元士)로 천자에게 소속된 상사(上士)를 뜻한다. 일설에는
고대의 상사(上士)·중사(中士)·하사(下士)를 총칭하는 말이라고도 한다.
14) 악사(樂師)는 『주례』에 나온 관직명으로, 음악을 담당했던 관리 중 하나이
다. 총 책임자인 대사악(大司樂)의 부관이었다. 『주례』「춘관(春官)·악사(樂
師)」편에는 "樂師, 掌國學之政, 以敎國子小舞."라는 기록이 있다. 즉 '악사'는
국학(國學)에 있는 국자(國子)들에게 소무(小舞) 등을 가르쳤다.
15) 소사(少師)는 음악을 담당하는 관리로, 대사(大師)를 보좌하는 악공들의 대
표이다.
16) 수(瞍)는 악공(樂工)이다. 눈동자가 없는 자를 '수'라고 부른다.
17) 몽(矇)은 악공(樂工)이다. 눈동자가 있지만 볼 수 없는 자를 '몽'이라고 부른
다.
18) 『국어(國語)』「주어상(周語上)」: 故天子聽政, 使公卿至於列士獻詩, 瞽獻曲,
史獻書, 師箴, 瞍賦, 矇誦, 百工諫, 庶人傳語, 近臣盡規, 親戚補察, 瞽·史敎誨,
耆·艾修之, 而後王斟酌焉, 是以事行而不悖.
19) 주인(遒人)은 고대의 제왕들이 파견하여 민심을 살피던 관리이다.
20) 『서』「하서(夏書)·윤정(胤征)」: 聖有謨訓, 明徵定保. 先王克謹天戒, 臣人克有
常憲, 百官修輔, 厥后惟明明, 每歲孟春, 遒人以木鐸徇于路, 官師相規, 工執藝
事以諫.

다.21)

集解 陳, 謂陳數其君之失也. 引詩以明諫君者由於心之愛君, 而陳者不能然也.

번역 '진(陳)'자는 군주의 과실을 늘어놓고 헤아린다는 뜻이다. 『시』를 인용하여 군주에게 간언을 하는 것은 군주를 사랑하는 마음에서 비롯된 것이며, 과실을 늘어놓는 것은 그렇지 못하다는 뜻을 나타낸 것이다.

참고 『시』「소아(小雅)·습상(隰桑)」

隰桑有阿, (습상유아) : 습지의 뽕나무는 가지가 아름다우며,
其葉有難. (기엽유나) : 그 잎이 무성하구나.
旣見君子, (기견군자) : 이미 재야의 군자가 지위에 오른 것을 볼 수 있다면,
其樂如何. (기락여하) : 그 즐거움이 어떠하리오.

隰桑有阿, (습상유아) : 습지의 뽕나무는 가지가 아름다우며,
其葉有沃. (기엽유옥) : 그 잎이 부드럽구나.
旣見君子, (기견군자) : 이미 재야의 군자가 지위에 오른 것을 볼 수 있다면,
云何不樂. (운하불락) : 어찌 즐겁지 않다고 하겠는가.

隰桑有阿, (습상유아) : 습지의 뽕나무는 가지가 아름다우며,
其葉有幽. (기엽유유) : 그 잎이 검기도 하구나.
旣見君子, (기견군자) : 이미 재야의 군자가 지위에 오른 것을 볼 수 있다면,

---

21) 『춘추좌씨전』「양공(襄公) 14년」 : 故夏書曰, '遒人以木鐸徇於路, 官師相規, 工執藝事以諫.' 正月孟春, 於是乎有之, 諫失常也.

德音孔膠. (덕음공교) : 그 덕에 따른 교화가 매우 견고하구나.

心乎愛矣, (심호애의) : 내 마음이 이러한 군자를 사모하고 있는데,
遐不謂矣. (하불위의) : 어찌 그에 대한 생각을 열심히 하지 않겠는가.
中心藏之, (중심장지) : 내 마음이 이러한 군자를 좋게 생각하고 있는데,
何日忘之. (하일망지) : 어느 날엔들 잊겠는가.

毛序 隰桑, 刺幽王也. 小人在位, 君子在野, 思見君子, 盡心以事之.

모서 「습상(隰桑)」편은 유왕(幽王)을 풍자한 시이다. 소인이 조정에 있고 군자가 재야에 있어서, 군자를 만나보아 마음을 다해 그를 섬기고자 생각한 것이다.

• 제 **32** 절 •

사군(事君)과 진(進) · 퇴(退)

【636b】

子曰, "事君, 難進而易退, 則位有序; 易進而難退, 則亂也. 故君子三揖而進, 一辭而退, 以遠亂也."

직역 子가 日, "君을 事함에, 進을 難하고 退를 易하면, 位에 序가 有하며; 進을 易하고 退을 難하면, 亂이라. 故로 君子는 三히 揖하고 進하며, 一히 辭하고 退하여, 亂을 遠한다."

의역 공자가 말하길, "군주를 섬김에, 나아가기를 어렵게 하고 물러나기를 쉽게 한다면, 작위에 질서가 생길 것이다. 그러나 나아가기를 쉽게 하고 물러나기를 어렵게 한다면, 문란하게 된다. 그러므로 군자는 세 차례 읍(揖)을 하고 나아가며, 한 차례 사양을 하고 물러나서, 이를 통해 문란함을 멀리한다."라고 했다.

集說 呂氏曰: 所謂有序者, 小德役大德, 小賢役大賢之謂也. 所謂亂者, 賢不肖倒置之謂也. 君信我可以爲師, 非學焉而後臣之, 則不進也; 信我可以執國政, 雖待以季孟之間, 亦不進也. 膰肉不至而卽行, 靈公問陳而卽行, 君子之道, 正君而已. 枉己者, 未有能直人者也. 人之相見, 三揖至于階, 三讓以賓升, 而其退也, 一辭而出, 主人拜送, 賓去不顧. 若主人之敬未至而强進, 主人之意已懈而不辭, 則賓主之分亂矣. 可仕可已, 可見可辭, 進退之義一也.

번역 여씨가 말하길, 이른바 "질서가 있다."라는 말은 "작은 덕을 갖춘 자는 큰 덕을 갖춘 자에게 부림을 받고, 작은 현명함을 갖춘 자는 큰 현명함을 갖춘 자에게 부림을 받는다."[1)]는 뜻이다. 이른바 "문란하다."는 말은 현명한 자와 불초한 자가 뒤바뀌었다는 뜻이다. 군주가 나를 믿어서 스승으로 삼을 수 있지만 배운 이후에 신하로 삼은 경우가 아니라면 나아가지 않고,[2] 나를 믿어서 국정을 맡길 수 있는데 비록 계씨나 맹씨 중간 정도로 대우를 하더라도 나아가지 않는다.[3] 제사를 지낸 고기가 오지 않아서 곧바로 떠났고,[4] 영공이 진법에 대해 묻자 곧바로 떠났으니,[5] 군자의 도는 군주를 바르게 하는 것일 뿐이다. 자신을 굽히는 자 중에 남을 바르게 펼 수 있는 자는 없었다. 사람이 서로 만나볼 때에는 세 차례 읍(揖)을 하여 계단에 이르고, 세 차례 사양을 하여 빈객이 계단에 오르게 하지만, 물러갈 때에는 한 차례 사양을 하고 물러나며, 주인은 절을 하며 전송하고, 빈객이 떠날 때 뒤를 돌아보지 않는다. 만약 주인의 공경함이 지극하지 못하여 억지로 나아가게 하고, 주인의 뜻이 이미 나타내져 사양을 하지 않는다면, 빈객과 주인의 구분이 문란하게 된다. 벼슬을 할 만하고 그만둘 만하며, 만나볼 만하고 사양할 만함에 있어서, 나아가고 물러나는 뜻은 동일하다.

大全 延平周氏曰: 其進也以禮故難, 其退也以義故易. 進也不以禮故易, 退也不以義故難. 難進而易退, 則位之所以有序, 易進而難退, 則位之所以亂而無序, 故君子三揖而進若甚難, 一辭而退若甚易者, 蓋遠其亂於賓主之間, 況君臣之間, 可不遠其亂也哉?

번역 연평주씨가 말하길, 나아갈 때에는 예(禮)에 따르기 때문에 어려

---

1) 『맹자』「이루상(離婁上)」: 孟子曰, 天下有道, <u>小德役大德, 小賢役大賢</u>, 天下無道, 小役大, 弱役强. 斯二者, 天也. 順天者存, 逆天者亡.
2) 『맹자』「공손추하(公孫丑下)」: 故湯之於伊尹, <u>學焉而後臣之</u>, 故不勞而王, 桓公之於管仲, 學焉而後臣之, 故不勞而霸.
3) 『논어』「미자(微子)」: 齊景公待孔子曰, "若季氏, 則吾不能, <u>以季孟之間待之.</u>" 曰, "吾老矣, 不能用也." 孔子行.
4) 『맹자』「고자하(告子下)」: 孔子爲魯司寇, 不用, 從而祭, <u>燔肉不至</u>, 不稅冕而行. 不知者以爲爲肉也, 其知者以爲爲無禮也. 乃孔子則欲以微罪行, 不欲爲苟去. 君子之所爲, 衆人固不識也.
5) 『논어』「위령공(衛靈公)」: 衛靈公問陳於孔子. 孔子對曰, "俎豆之事, 則嘗聞之矣, 軍旅之事, 未之學也." 明日<u>遂行</u>, 在陳絶糧, 從者病, 莫能興.

운 것이고, 물러날 때에는 의(義)에 따르기 때문에 쉬운 것이다. 나아감을 예로써 하지 않기 때문에 쉬운 것이고, 물러남을 의로써 하지 않기 때문에 어려운 것이다. 나아감을 어렵게 하고 물러남을 쉽게 한다면 지위에 질서가 생기고, 나아감을 쉽게 하고 물러남을 어렵게 한다면 지위가 문란해져 질서가 없게 된다. 그러므로 군자는 세 차례 읍(揖)을 하고 나아가서 마치 매우 어려운 것처럼 하고, 한 차례 사양을 하고 물러나서 마치 매우 쉬운 것처럼 하니, 빈객과 주인의 사이에서도 문란하게 됨을 멀리하는데, 하물며 군주와 신하 사이에서 문란함을 멀리하지 않을 수 있겠는가?

大全 山陰陸氏曰: 易進而難退, 則亂之階由此始也.

번역 산음육씨가 말하길, 나아가길 쉽게 하고 물러나길 어렵게 한다면 문란함이 이를 통해 시작된다.

鄭注 亂, 謂賢否不別. 進難者, 爲主人之擇己也. 退速者, 爲君子之倦也.

번역 '난(亂)'은 현명한 자와 그렇지 않은 자의 구별이 서지 않는다는 뜻이다. 나아가기를 어렵게 하는 것은 주인이 나를 선택했기 때문이다. 물러나길 신속히 하는 것은 군자가 피로해 하기 때문이다.

釋文 易, 以豉反, 下及注"易絶"同. 遠, 于萬反. 爲主人, 于爲反, 下同.

번역 '易'자는 '以(이)'자와 '豉(시)'자의 반절음이며, 아래문장 및 정현의 주에 나오는 '易絶'의 '易'자도 그 음이 이와 같다. '遠'자는 '于(우)'자와 '萬(만)'자의 반절음이다. '爲主人'에서의 '爲'자는 '于(우)'자와 '爲(위)'자의 반절음이며, 아래문장에 나오는 글자도 그 음이 이와 같다.

孔疏 ●"子曰"至"爲亂". ○此明臣事君, 亦當使賢與不賢分別之事.

번역 ●經文: "子曰"~"爲亂". ○이곳 문장은 신하가 군주를 섬길 때에는 또한 현명하고 현명하지 않은 자를 구별해야만 한다는 사안을 나타내고 있다.

孔疏 ●"難進", 謂君擇己, 易退謂君厭己.

번역 ●經文: "難進". ○군주가 나를 선택했다는 뜻이니, 물러나기를 쉽게 하는 것은 군주가 나를 싫어하기 때문이다.

孔疏 ●"則位有序"者, 謂賢愚別也.

번역 ●經文: "則位有序". ○현명하고 어리석은 자가 구별된다는 뜻이다.

孔疏 ●"則亂"者, 謂賢愚不別也.

번역 ●經文: "則亂". ○현명하고 어리석은 자가 구별되지 않는다는 뜻이다.

集解 愚謂: 事君難進而易退, 則量而後入, 而位必與其德相稱, 故有序; 易進而難退, 則干進務入, 而且至於蔽賢矣. 故事君者易進而難退, 則亂賢否之分. 相見者易進而難退, 則亂賓主之分. 故君子三揖而進, 一辭而遂退, 所以遠亂也.

번역 내가 생각하기에, 군주를 섬김에 나아가기를 어렵게 하고 물러나기를 쉽게 한다면, 헤아린 이후에 들어가는 것이고, 지위는 반드시 그의 덕에 마땅하게 된다. 그렇기 때문에 질서가 생긴다. 반면 나아가기를 쉽게 하고 물러나기를 어렵게 한다면, 벼슬하기를 도모하여 들어가는데 힘쓰게 되고, 또 현명한 자를 가리는 지경에 이른다. 그러므로 군주를 섬기는 자가 나아가기를 쉽게 하고 물러나기를 어렵게 한다면, 현명한 자와 그렇지 않은 자의 구분을 문란하게 만든다. 서로 만나볼 때 나아가기를 쉽게 하고 물러나기를 어렵게 한다면, 빈객과 주인의 구분을 문란하게 만든다. 그래서 군자는 세 차례 읍(揖)을 하고 나아가며, 한 차례 사양을 하고 곧바로 물러 나니, 이것은 문란하게 됨을 멀리하는 방법이다.

참고 구문비교

출 처	내 용
『禮記』「表記」	難進而易退, 則位有序.
『禮記』「儒行」	其難進而易退也, 粥粥若無能也.
『孔子家語』「儒行解」	難進而易退, 粥粥若無能也.

【636d】

子曰, "事君, 三違而不出竟, 則利祿也. 人雖曰不要, 吾弗信也."

직역 子가 曰, "君을 事함에, 三히 違하고도 竟을 不出이라면, 祿을 利함이다. 人이 雖히 不要라 曰이라도, 吾는 信을 弗이라."

의역 공자가 말하길, "군주를 섬김에, 세 차례 지위를 사양하여 떠난다고 했음 에도 국경을 벗어나지 않는다면 녹봉을 탐하는 것이다. 그러한 사람이 비록 '나는 녹봉을 바라는 것이 아니다.'라고 말한다 하더라도 나는 믿지 않을 것이다."라고 했다.

集說 違, 猶去也. 不出竟, 實無去志也. 謂非要利可乎?

번역 '위(違)'자는 "떠나다[去]."는 뜻이다. 국경을 벗어나지 않는 것은 실제로는 떠나려는 뜻이 없는 것이다. 이로움을 원하는 것이 아니라고 말하는 것이 가능하겠는가?

集說 呂氏曰: 孔子去魯, 遲遲吾行, 以不忍於父母之國也. 孟子去齊, 三宿出晝, 冀齊王之悔悟也. 然卒出竟以去, 君子之義可見矣.

번역 여씨가 말하길, 공자가 노(魯)나라를 떠남에 "더디구나, 나의 걸음이여."라고 했던 것은 부모의 나라를 차마 떠날 수 없는 마음이 있었기 때문이다.[6] 맹자가 제(齊)나라를 떠날 때 3일을 묵은 뒤 주(晝) 땅을 벗어난 것은 제왕이 잘못을 뉘우치고 깨닫기를 기대했기 때문이다.[7] 그러나 끝내 국경을 벗어나 떠나갔으니, 군자의 뜻을 확인할 수 있다.

大全 山陰陸氏曰: 三違而不出竟, 內實利之而外强違之, 非要利而何?

번역 산음육씨가 말하길, 세 차례 사양하고 떠남에 국경을 벗어나지 않는 것은 내적으로는 실제로 이로움을 탐하는 것이며 외적으로는 억지로 떠나는 것인데, 이로움을 바라는 것이 아니라면 무엇이겠는가?

鄭注 違, 猶去也. "利祿", 言爲貪祿留也. 臣以道去君, 至於三而不遂去, 是貪祿, 必以其强與君要也.

번역 '위(違)'자는 "떠나다[去]."는 뜻이다. '이록(利祿)'은 녹봉과 잔류하기를 탐한다는 뜻이다. 신하는 도(道)에 따라 군주를 떠나는데, 세 차례 사양하여 떠남에 이르렀는데도 결국 떠나지 않는 것은 녹봉을 탐하는 것이니, 반드시 억지로라도 군주와 함께 하기를 바라기 때문이다.

---

6) 『맹자』「만장하(萬章下)」 : 孔子之去齊, 接淅而行, <u>去魯, 曰, '遲遲吾行也', 去父母國之道也</u>. 可以速則速, 可以久則久, 可以處則處, 可以仕則仕, 孔子也. / 『맹자』「진심하(盡心下)」 : 孟子曰, "<u>孔子之去魯, 曰, '遲遲吾行也, 去父母國之道也.'</u> 去齊, 接淅而行——去他國之道也."
7) 『맹자』「공손추하(公孫丑下)」 : 孟子去齊. 尹士語人曰, "不識王之不可以爲湯武, 則是不明也, 識其不可, 然且至, 則是干澤也. 千里而見王, 不遇故去, <u>三宿而後出晝</u>, 是何濡滯也? 士則茲不悅."

釋文 竟音境. 要, 於遙反, 注同. 言爲, 于僞反. 强, 其良反, 舊其兩反.

번역 '竟'자의 음은 '境(경)'이다. '要'자는 '於(어)'자와 '遙(요)'자의 반절음이며, 정현의 주에 나오는 글자도 그 음이 이와 같다. '言爲'에서의 '爲'자는 '于(우)'자와 '僞(위)'자의 반절음이다. '强'자는 '其(기)'자와 '良(량)'자의 반절음이며, 구음(舊音)은 '其(기)'자와 '兩(량)'자의 반절음이다.

集解 違, 猶去也. 利, 猶貪也. 要, 求也. 人臣以道去君, 或猶有望其道之行, 而不忍遽出其竟者, 若孟子三宿而後出晝是也. 然至於三違, 則我之必不合於君, 而君之必不能行其道, 聽其言亦可見矣. 如是而猶不出竟, 則必其貪慕爵祿, 而有所求於君, 而非眞有不忍去其君之意也.

번역 '위(違)'자는 "떠나다[去]."는 뜻이다. '이(利)'자는 "탐내다[貪]."는 뜻이다. '요(要)'자는 "구한다[求]."는 뜻이다. 신하는 도(道)에 따라서 군주를 떠나는데, 간혹 그 도가 시행되기를 기대하여, 차마 급작스럽게 국경을 벗어나지 못하는 경우도 있으니, 맹자가 3일을 묵은 이후에야 주(晝) 땅을 벗어난 경우가 여기에 해당한다. 그러나 세 차례 떠난다고 한 경우에 이르면, 본인은 분명 군주와 화합하지 못하고, 군주도 분명 그 도를 시행할 수 없으니, 그 말을 들어보면 또한 알 수 있다. 이와 같은데도 오히려 국경을 벗어나지 않는다면, 분명 작위와 녹봉을 탐하여 군주에게 바라는 점이 있는 것이니, 진실로 차마 그 군주를 떠나지 못하는 뜻이 있는 것이 아니다.

참고 구문비교

출　처	내　용
『禮記』「表記」	人雖曰不要, 吾弗信也.
『禮記』「緇衣」	人雖曰不利, 吾不信也.

• 제 **33** 절 •

사군(事君)과 신(愼)·경(敬)

【636d】

子曰, "事君, 愼始而敬終." 子曰, "事君, 可貴可賤, 可富可貧, 可生可殺, 而不可使爲亂."

직역 子가 曰, "君을 事함에, 始를 愼하고 終을 敬한다." 子가 曰, "君을 事함에, 貴가 可하고 賤이 可하며, 富가 可하고 貧이 可하며, 生이 可하고 殺이 可하니, 使히 亂이 爲함이 不可하다."

의역 공자가 말하길, "군주를 섬김에, 시작을 신중히 하고 끝을 공경스럽게 해야 한다."라고 했다. 공자가 말하길, "군주를 섬김에, 귀하게 여길 수도 있고 천하게 여길 수도 있으며, 부유하게 할 수도 있고 가난하게 할 수도 있으며, 살릴 수도 있고 죽일 수도 있으니, 그것들을 문란하게 만들어서는 안 된다."라고 했다.

集說 馬氏曰: 在物者有命, 故可貴可賤可生可殺; 在己者有義, 故不可使爲亂也.

번역 마씨가 말하길, 사물에 있어서는 명(命)이 있기 때문에, 귀하게 여길 수도 있고 천하게 여길 수도 있으며, 살릴 수도 있고 죽일 수도 있다. 자신에게 있어서는 의(義)가 있기 때문에 문란하게 만들어서는 안 된다.

大全 延平周氏曰: 進以禮, 所以愼始, 退以義, 所以敬終.

번역 연평주씨가 말하길, 예(禮)에 따라 나아가는 것은 시작을 신중하게 하는 방법이다. 의(義)에 따라 물러나는 것은 끝을 공경스럽게 하는 방법이다.

大全 藍田呂氏曰: 貴賤貧富殺生, 君之所操以御臣之具者也. 雖有是具以御臣, 然所以御之者理也. 理義, 人心之所同然, 天所以命於人. 君君臣臣父父子子, 所以保乎天下國家也, 故臣之事君, 無所逃乎天地之間, 東西南北惟命是從. 及違於理義, 則臣得以爭於君, 匹夫不可奪其志, 故君以我爲賢, 則可處之以富貴, 以我爲不肖, 則可處之以貧賤, 以我爲無罪, 則可生, 以我爲有罪, 則可殺. 六者莫不惟君所命, 其不可奪者, 吾之理義而已.

번역 남전여씨가 말하길, 존귀함과 천함, 가난함과 부유함, 죽이고 살림은 군주가 잡고서 신하를 제어하는 도구들이다. 비록 이러한 도구를 두어 신하를 제어하더라도 제어하는 방법은 이치일 따름이다. 이치와 의(義)는 사람의 마음에 동일하게 갖추고 있는 것이며, 하늘이 사람에게 명한 것이다. 군주가 군주답고 신하가 신하다우며 부친이 부친답고 자식이 자식다운 것은 천하와 국가를 보존하는 방법이다. 그렇기 때문에 신하가 군주를 섬김에 있어서 천지사이에 도망갈 곳이 없으니, 어느 곳에서건 오직 명에 따라야 한다. 그러나 이치와 의(義)를 어김에 이르게 되면 신하는 군주와 다툴 수 있고, 필부에 대해서도 그 뜻을 빼앗을 수 없다. 그렇기 때문에 군주가 나를 현명하다고 여기면 부유함과 존귀함으로 대우할 수 있고, 나를 불초하다고 여기면 가난함과 미천함으로 대우할 수 있으며, 나에게 죄가 없다고 여기면 나를 살릴 수 있고, 나에게 죄가 있다고 여기면 나를 죽일 수도 있다. 이러한 여섯 가지는 군주가 명령하지 않는 것이 없는데, 빼앗을 수 없는 것은 나의 이치와 의(義)일 따름이다.

鄭注 輕交易絶, 君子所恥. 亂, 謂違廢事君之禮.

번역 앞의 말은 사귐을 경시하고 관계를 쉽게 끊는 것을 군자가 부끄럽게 여긴다는 뜻이다. '난(亂)'자는 군주를 섬기는 예법을 어긴다는 뜻이다.

孔疏 ●“子曰: 事君愼始而敬終”者, 愼, 謂謹愼以盡忠, 是“愼始”也. 終, 謂
終竟擇善爲朋友.

번역 ●經文: “子曰: 事君愼始而敬終”. ○‘신(愼)’자는 신중하게 처신하
여 충심을 다한다는 뜻인데, 이것은 “시작을 신중히 한다.”는 말에 해당한
다. ‘종(終)’자는 끝내 선한 자를 택하여 벗으로 삼는다는 뜻이다.

孔疏 ●“子曰: 事君可貴可賤”者, 言事君可使之貴, 可使之賤, 可使之富,
可使之貧, 可使之生, 可使之死, 但不可使爲亂也. 亂, 謂廢事君之禮也. 熊氏
以爲“可殺”者, 謂臣可殺君, 引春秋殺君稱君, 君無道. 此非辭也.

번역 ●經文: “子曰: 事君可貴可賤”. ○군주를 섬길 때에는 그를 존귀하
게 만들 수도 있고 미천하게 만들 수도 있으며, 부유하게 만들 수도 있고
가난하게 만들 수도 있으며, 살릴 수도 있고 죽일 수도 있지만, 문란하게
만들어서는 안 된다. ‘난(亂)’자는 군주 섬기는 예를 없앤다는 뜻이다. 웅안
생은 “죽일 수 있다.”라는 말은 신하가 군주를 죽일 수도 있다는 뜻이라고
하여, 『춘추』에서 군주를 시해했는데 ‘군(君)’이라고 지칭한 것은 군주가
무도했기 때문이라고 했다. 그러나 이 내용은 그것과 관련된 말이 아니다.

訓纂 呂與叔曰: 故凡違乎理義者, 皆亂也.

번역 여여숙이 말하길, 그러므로 이치와 의(義)를 어기는 자는 모두 ‘난
(亂)’에 해당한다.

集解 愚謂: 愼始, 不敢苟進. 敬終, 不敢苟去也. 孔子於魯, 以微罪行, 孟子
於齊, 三宿而後出晝. 蓋君子雖難進易退, 而其去亦必有其道也, 不然則未免
爲小丈夫矣.

번역 내가 생각하기에, “시작을 신중히 한다.”는 말은 감히 구차하게 나
아갈 수 없다는 뜻이다. “끝을 공경스럽게 한다.”는 말은 감히 구차하게 떠

날 수 없다는 뜻이다. 공자는 노(魯)나라에서 미미한 죄명으로 떠나갔고, 맹자는 제(齊)나라에서 3일을 묵은 이후에 주(晝) 땅을 벗어났다. 군자는 비록 나아가길 어렵게 하고 물러나길 쉽게 하더라도, 그가 떠남에 있어서는 반드시 해당하는 도가 있다. 그렇지 않다면 소장부를 면치 못한다.

참고 구문비교

출　처	내　용
『禮記』「表記」	子曰, 事君, 愼始而敬終.
『禮記』「經解」	易曰, 君子愼始, 差若豪氂, 繆以千里.
『春秋左氏傳』「襄公 25」	書曰, 愼始而敬終, 終以不困.

참고 구문비교

출　처	내　용
『禮記』「表記」	可貴可賤, 可富可貧, 可生可殺, 而不可使爲亂.
『荀子』「仲尼」	可貴可賤也, 可富可貧也, 可殺而不可使爲姦也.
『春秋繁露』「爲人者天」	是可生可殺, 而不可使爲亂.

【637a~b】

子曰, "事君, 軍旅不辟難, 朝廷不辭賤. 處其位而不履其事, 則亂也. 故君使其臣, 得志則愼慮而從之, 否則孰慮而從之, 終事而退, 臣之厚也. 易曰, '不事王侯, 高尙其事.'"

직역 子가 曰, "君을 事함에, 軍旅에서는 難을 不辟하고, 朝廷에서는 賤을 不辭한다. 그 位에 處하고도 그 事를 不履하면, 亂이라. 故로 君이 그 臣을 使한데, 志가 得이라면 愼히 慮하고 從하며, 否라면 孰히 慮하고 從하며, 事를 終하고 退하니, 臣의 厚이다. 易에서 曰, '王侯를 不事하고, 그 事를 高尙한다.'"

의역 공자가 말하길, "군주를 섬김에, 군대에서는 어려운 일을 피하지 않고, 조정에서는 천한 일을 마다하지 않는다. 그 지위에 올라서 해당 업무를 처리하지 않는다면 문란하게 된다. 그렇기 때문에 군주가 신하를 부림에 있어서, 신하가 군주의 뜻을 얻게 된다면 신중히 생각해서 따르고, 그렇지 않다면 깊게 생각해서 따르며, 일을 마치면 물러나니, 이러한 자는 신하 중에서도 충심이 두터운 자이다. 『역』에서는 '천자와 제후를 섬기지 않고 그 일을 고상하게 여긴다.'"라고 했다.

集說 呂氏曰: 亂者, 如絲之不治而無緖也. 臣受君命, 雖有所合, 不敢以得志而自滿, 故愼慮而從之, 乃臨事而懼, 好謀而成者也. 有所不合, 又非所宜辭, 亦不敢怨於不得志. 故孰慮而從之, 卒事則致爲臣而去, 故可以自免而不累於上, 故曰臣之厚也. 易, 蠱之上九, 事之終, 且無位也. 有似乎仕焉而已者, 故曰不事王侯, 乃可以高尙其事, 而不見役于人也.

번역 여씨가 말하길, '난(亂)'은 실을 다듬지 않아서 실마리가 없는 것과 같다. 신하가 군주의 명을 받았을 때, 비록 부합하는 점이 있더라도, 감히 뜻을 얻었다고 하여 자만해서는 안 된다. 그렇기 때문에 신중히 생각하여 따르고 그 일에 임해서 조심한다면, 계획하기를 잘하여 완성시키는 자에 해당한다. 만약 부합되지 않는 점이 있다면 또한 마땅히 사양할 것은 아니며, 뜻을 얻지 못한 것에 대해서도 감히 원망해서는 안 된다. 그러므로 무르익게 생각하여 따르고, 일을 끝내면 신하로서의 지위를 돌려주고 떠난다. 그러므로 스스로 벗어나며 윗사람을 얽어매지 않을 수가 있다. 그래서 "신하 중에서도 충심이 두터운 자이다."라고 했다. 『역』은 『역』「고괘(蠱卦)」의 상구로,[1] 일의 끝이며 또한 지위도 없다. 이것은 벼슬을 하고 그만두는 경우와 비슷하다. 그렇기 때문에 "천자와 제후를 섬기지 않는다면, 그 일을 고상하게 여겨서 남에게 부림을 당하지 않는다."라고 한 것이다.

大全 石林葉氏曰: 位軍旅則以勇, 故不辟難. 位朝廷則以仁, 故不辭賤. 處其位而辟難辭賤, 則事不治而亂, 何有於仁勇? 於事君, 有得志而與否者命也, 慮而從之者義也. 得志而愼慮, 所以畏命, 故其寵若驚, 不得志而孰慮, 所以畏義, 故其辱若驚.

번역 석림섭씨가 말하길, 군대에 있게 되면 용맹함에 따르기 때문에 어려운 일도 피하지 않는다. 조정에 있게 되면 인(仁)에 따르기 때문에 천한 일도 마다하지 않는다. 그 지위에 올라서 어려운 일을 피하고 천한 일을 사양한다면, 해당 업무는 다스려지지 않아서 혼란스럽게 되는데, 어떻게 인(仁)과 용맹함이 있다고 하겠는가? 군주를 섬김에 있어서도 뜻을 얻는 것과 그렇지 않은 것은 명(命)에 달린 것이고, 고려해서 따르는 것은 의(義)에 해당한다. 뜻을 얻어서 신중히 생각하는 것은 명(命)을 외경하는 것이다. 그렇기 때문에 총애를 받더라도 놀란 듯이 한다. 뜻을 얻지 못하더라도 깊이 생각하는 것은 의(義)를 외경하는 것이다. 그렇기 때문에 치욕을 당하

---

1) 『역』「고괘(蠱卦)」: 上九, 不事王侯, 高尙其事.

더라도 놀란 듯이 한다.

鄭注 言尙忠且謙也. 履, 猶行也. 使, 謂使之聘問·師役之屬也. "愼慮而從之"者, 此己志也, 欲其必有成也. 否, 謂非己志也. "熟慮而從之", 又計於己利害也. "終事而退", 非己志者, 事成則去也. 事, 或爲"身". 言臣致仕而去, 不復事君也, 君猶高尙其所爲之事, 言尊大其成功也.

번역 충심과 겸손함을 숭상한다는 뜻이다. '이(履)'자는 "시행하다[行]."는 뜻이다. '사(使)'자는 그로 하여금 빙문(聘問)²⁾이나 군대의 일 등을 시킨다는 뜻이다. "신중히 생각해서 따른다."는 말은 자신의 뜻에 있어서 반드시 완성을 시키고자 한다는 뜻이다. '부(否)'자는 자신의 뜻이 아니라는 의미이다. "깊이 생각해서 따른다."는 것은 또한 자신의 이해관계를 계산한다는 뜻이다. "일을 마치고서 물러난다."는 말은 자신의 뜻이 아닌 경우, 일을 완성하면 떠난다는 뜻이다. '사(事)'자를 다른 판본에서는 '신(身)'자로 기록하기도 한다. 인용문은 신하가 관직에서 물러나고 떠나서 재차 그 군주를 섬기지 않는데, 군주는 여전히 그가 시행했던 일을 높이고 숭상한다는 의미로, 그가 이룬 공적을 존귀하고 위대하게 여긴다는 뜻이다.

釋文 辟音避. 難, 乃旦反. 朝, 直遙反. 愼字, 本亦作古昚字. 復, 扶又反.

번역 '辟'자의 음은 '避(피)'이다. '難'자는 '乃(내)'자와 '旦(단)'자의 반절음이다. '朝'자는 '直(직)'자와 '遙(요)'자의 반절음이다. '愼'자는 판본에 따라서 고자인 '昚'자로 기록하기도 한다. '復'자는 '扶(부)'자와 '又(우)'자의 반절음이다.

孔疏 ●"子曰"至"其事". ○此廣明爲臣事君之禮.

---

2) 빙문(聘問)은 국가 간이나 개인 간에 사람을 보내서 상대방을 찾아가 안부를 묻는 의식 절차를 통칭하는 말이다. 또한 제후가 신하를 시켜서 천자에게 보내, 안부를 묻는 예법을 뜻하기도 한다.

번역 ●經文: "子曰"~"其事". ○이곳 문장은 신하가 군주를 섬기는 예법에 대해서 폭넓게 설명하고 있다.

孔疏 ●"軍旅不辟難"者, 謂使之在軍旅之中, 不辟危亡之難也.

번역 ●經文: "軍旅不辟難". ○그로 하여금 군대에 있게 했을 때, 위태로움을 자초하는 어려운 일도 피하지 않는다는 뜻이다.

孔疏 ●"朝廷不辭賤"者, 謂在朝廷之中, 不得辭其卑賤之所也.

번역 ●經文: "朝廷不辭賤". ○조정에 있게 했을 때, 미천한 곳이라도 사양할 수 없다는 뜻이다.

孔疏 ●"處其位而不履其事, 則亂也", 履, 行也. 謂臣處其位而不行其事, 則近亂也.

번역 ●經文: "處其位而不履其事, 則亂也". ○'이(履)'자는 "시행하다 [行]."는 뜻이다. 즉 신하가 그 지위에 올랐는데도 해당 일을 시행하지 않는다면 문란하게 만드는데 가깝게 된다.

孔疏 ●"故君使其臣, 得志則愼慮而從之"者, 既必無辟, 故有此以下事也. 使之, 謂聘問·師役之事. 得志, 謂君使臣當己才. 雖當己才, 猶宜謹愼思慮, 從君之命而行之, 必使成功也.

번역 ●經文: "故君使其臣, 得志則愼慮而從之". ○이미 기어코 피함이 없기 때문에 이곳 구문으로부터 그 이하의 구문에서 설명한 사안들이 생기는 것이다. 그를 시킨다는 것은 빙문(聘問)이나 군대의 일 등을 뜻한다. 뜻을 얻었다는 것은 군주가 신하를 시켰을 때, 그 일이 신하의 재주에 부합된다는 뜻이다. 비록 자신의 재주에 부합되더라도 여전히 신중하게 생각하여 군주의 명에 따라 시행해서 반드시 공적을 이루어야만 한다.

孔疏 ●"否則孰慮而從之"者, 否, 謂君所使之事非己本才也. 雖非己本才而君命無擇, 則彌孰思慮而從行之.

번역 ●經文: "否則孰慮而從之". ○'부(否)'는 군주가 시킨 일이 자신의 재주에 부합되지 않는다는 뜻이다. 비록 자신의 재주에 맞지 않더라도 군주의 명령에 대해서는 선택을 할 수 없으니, 더욱 깊게 생각하여 그에 따라 시행해야 한다.

孔疏 ●"終事而退"者, 終事, 謂事畢也. 旣本非己才, 而幸得終竟, 竟卽辭而退也.

번역 ●經文: "終事而退". ○'종사(終事)'는 일이 끝났다는 뜻이다. 이미 본래부터 자신의 재주에 맞지 않는 일인데 다행하게도 일을 마칠 수 있었으니, 일을 마치면 관직을 사양하고 물러나는 것이다.

孔疏 ●"臣之厚也"者, 得志及不得志, 並從而無違, 是臣行之篤厚也.

번역 ●經文: "臣之厚也". ○재주에 부합되거나 부합되지 않더라도 모두 그에 따르고 어김이 없으니, 이것은 신하의 행실이 돈독한 것이다.

孔疏 ●"易曰: 不事王侯, 高尙其事"者, 此易·蠱卦上九爻辭, 按: 易·蠱卦, 巽下艮上, 上九艮爻, 艮爲山, 辰在戌, 得乾氣父老之象, 是臣之致事也, 故"不事王侯". 是不得事君, 君猶高尙其所爲之事. 引之者, 證臣之事君, 終事而退, 是臣之厚重也.

번역 ●經文: "易曰: 不事王侯, 高尙其事". ○이것은 『역』「고괘(蠱卦)」의 상구 효사이니, 『역』의 고괘(蠱卦䷑)를 살펴보면 손괘(巽卦☴)가 아래에 있고 간괘(艮卦☶)가 위에 있는데, 상구는 간괘의 효가 되며 간괘는 산이 되고 그 시기는 술(戌)에 있어서, 건괘의 기운과 부친이 늙는 상을 얻으니, 이것은 신하가 일을 그만두는 것에 해당한다. 그렇기 때문에 "천자와 제후

를 섬기지 않는다."라고 했다. 이것은 군주를 섬길 수 없다는 뜻인데, 군주
는 여전히 그가 시행했던 일을 높이고 숭상한다. 이 문장을 인용한 것은
신하가 군주를 섬김에 있어서 일을 마치고 물러나는 것이 신하의 두터움에
해당함을 증명하기 위한 것이다.

孔疏 ◎注"使謂"至"去也". ○正義曰: 知"使謂聘問·師役"者, 以經云"愼
慮而從之", 又云"孰慮而從之", 謂隨從其事, 故知出使在外也. 云"愼慮而從
之者, 此己志也, 欲其必有成也"者, 所以謹愼思慮, 而從就此事者, 是己之思
慮所及, 欲其必有成功, 故須愼慮也. 云"否謂非己志也, 孰慮而從之, 又計於
己利害也"者, 謂此事非本己志, 當孰須思慮計謀此事於我己身利之與害. 若
於己爲利, 當勤力爲之. 若於己害, 亦須爲之, 不得辭也. 云"終事而退, 非己志
者, 事成則去也"者, 若元是己志, 其事雖成, 猶須爲之, 不可卽退. 若此事元非
己志, 爲君暫使, 己事成之後, 則當退也.

번역 ◎鄭注: "使謂"~"去也". ○정현이 "'사(使)'자는 그로 하여금 빙문
(聘問)이나 군대의 일 등을 시킨다는 뜻이다."라고 했는데, 경문에서는 "신
중히 생각해서 따른다."라고 했고, 또 "깊이 생각해서 따른다."라고 했으니,
그 일에 따르는 것을 의미한다. 그렇기 때문에 국경을 벗어나 외지로 나가
게 됨을 알 수 있다. 정현이 "'신중히 생각해서 따른다.'는 말은 자신의 뜻에
있어서 반드시 완성을 시키고자 한다는 뜻이다."라고 했는데, 신중하게 생
각하여 그 일에 종사하는 것은 자신의 생각이 미치는 바이니, 기어코 공적
을 이루고자 하는 것이다. 그렇기 때문에 신중히 생각해야만 한다. 정현이
"'부(否)'자는 자신의 뜻이 아니라는 의미이다. '깊이 생각해서 따른다.'는
것은 또한 자신의 이해관계를 계산한다는 뜻이다."라고 했는데, 이때의 일
은 본래부터 자신의 뜻에 맞지 않는 것이지만, 마땅히 깊이 생각하고 자신
에게 이로움이 될지 아니면 해로움이 될지를 고려해야만 한다는 뜻이다.
만약 자신에게 이로움이 된다면 마땅히 힘을 다하여 그 일을 시행해야만
한다. 만약 자신에게 해가 된다면 이러한 경우에도 그 일을 시행해야 하며
사양할 수 없다. 정현이 "'일을 마치고서 물러난다.'는 말은 자신의 뜻이

아닌 경우, 일을 완성하면 떠난다는 뜻이다."라고 했는데, 만약 본래부터 자신의 뜻에 맞는 일이라면 그 일이 비록 완성되었더라도 여전히 그 일을 시행하며 곧바로 떠날 수 없다. 만약 그 일이 본래부터 자신의 뜻에 맞지 않는 것이라면, 군주를 위해서 잠시 그 일을 시행하지만, 자신의 일이 완성된 이후라면 마땅히 물러나야 한다.

訓纂 朱氏軾曰: 不得志有二, 一違其願, 一違其才. 違其願者, 如北山詩人勞於王事, 不得養父母之類是也. 違其才者, 或才大而局於小, 或任重而屈於力, 如士元不堪百里, 公綽不可爲滕·薛大夫是也. 孰慮而從者, 靜氣平心, 周咨博考, 務於國事有濟. 經言從, 不言不從. 然曰孰慮而從, 則亦有不從者矣.

번역 주식3)이 말하길, 뜻을 얻지 못하는 경우에는 두 가지가 있으니, 하나는 원하던 것과 어긋나는 것이며, 다른 하나는 자신의 재주와 어긋나는 것이다. 원하던 것과 어긋난다는 것은 『시』「북산(北山)」편을 지은 시인이 천자의 일에 복무하다가 부모를 봉양하지 못했던 부류이다. 자신의 재주와 어긋난다는 것은 재주가 큰데도 작은 일에 국한되고 임무가 막중한데도 힘이 부족한 것으로, 마치 사원이 백리를 감당하지 못하고, 공작이 등과 설의 대부가 될 수 없는 부류이다. 깊이 생각하여 따른다는 것은 기운과 마음을 평온하게 하고 두루 자문을 구하고 널리 살펴보아 국사에 구제할 것이 있을 때 힘쓰는 것이다. 경문에서는 '종(從)'이라고 말하고 '부종(不從)'이라고 말하지 않았다. 그러나 "깊이 생각해서 따른다."라고 했다면, 또한 따르지 않는 경우도 있는 것이다.

集解 賤, 謂卑辱之役也. 事君處其位則有其事, 雖患難之事, 卑辱之役, 不可辭也. 若避難辭辱, 則職守曠矣. 得志, 謂諫行·言聽也. 愼慮而從之, 敬愼以從事, 不可以得志而自滿也. 否, 謂不得其志, 而君之所使者非己之所欲也. 孰

---

3) 주식(朱軾, A.D.1665~A.D.1735): 청(淸)나라 때의 명신(名臣)이다. 자(字)는 약섬(若贍)·백소(伯蘇)이고, 호(號)는 가정(可亭)이다.

慮而從之, 謂詳孰思慮, 欲其無悖乎君之命, 而又無貶乎己之道也. 終事, 謂終竟所使之事. 退, 謂去位也. 仕不得志而遽退, 則顯其君之失, 故孰慮以從之; 旣終事而後退, 忠厚之道也.

번역 '천(賤)'자는 미천하고 욕된 노역을 뜻한다. 군주를 섬길 때 그 지위에 오르게 된다면 그에 해당하는 일이 있으니, 비록 어려운 일이며 미천하고 욕된 노역이라 하더라도 사양할 수 없다. 만약 어려운 것을 피하고 욕된 일을 사양한다면 직무가 문란하게 된다. '득지(得志)'는 간언이 시행되고 말이 받아들여진다는 뜻이다. 신중히 생각하여 따른다는 것은 공경하고 신중히 처신하여 그 일을 따르는 것이니, 뜻을 얻었다고 하여 자만해서는 안 된다. '부(否)'는 뜻을 얻지 못했다는 의미이니, 군주가 시킨 일이 자신이 원하던 것이 아니라는 의미이다. 깊이 생각해서 따른다는 것은 상세히 고찰하여 군주의 명을 어기는 점이 없고자 하고, 또 자신의 도를 떨어트리는 일도 없게끔 한다는 뜻이다. '종사(終事)'는 시킨 일을 끝냈다는 뜻이다. '퇴(退)'자는 지위에서 물러난다는 뜻이다. 벼슬을 했는데 뜻을 얻지 못하여 급작스럽게 물러나게 된다면, 군주의 과실을 드러내는 꼴이 된다. 그렇기 때문에 깊이 생각해서 따르는 것이며, 이미 일을 마쳤다면 그 이후에 물러나니, 충심이 두터운 도에 해당한다.

集解 呂氏大臨曰: 此篇言亂有三, 易進而難退, 亂於賢不肖者也. 不可使爲亂, 亂於理義者也. 處其位而不履其事, 亂於名實者也. 易, 蠱之上九之辭. 唯不事王侯, 乃可以高尙其事, 若委質而仕, 反欲高尙而不事事, 則曠官尸利, 無所逃罪矣.

번역 여대림이 말하길, 「표기」편에서 말하는 '난(亂)'에는 세 가지가 있다. 첫 번째는 나아가길 쉽게 하고 물러나기를 어렵게 하는 것으로, 현명한 자와 불초한 자의 구분을 문란하게 만드는 것이다. 두 번째는 문란하게 해서는 안 되는 것으로, 의리를 어지럽히는 것이다. 세 번째는 그 지위에 올라서 그 일을 시행하지 않는 것으로, 명분과 실정을 문란하게 만드는 것이다.

『역』은 『역』「고괘(蠱卦)」 구사의 효사이다. 천자와 제후를 섬기지 않는다면, 그 일을 고상하게 여길 수 있으니, 만약 자신이 뜻하여 벼슬을 했는데 도리어 고상하고자 하며 그 일을 시행하지 않는다면 관부를 비워두고 이로움만 위주로 하는 것으로, 죄를 피할 길이 없다.

참고 『역』「고괘(蠱卦)·상구(上九)」

爻辭 上九, 不事王侯, 高尙其事.

번역 상구는 왕후(王侯)[4]를 섬기지 않고, 그 일을 높이고 숭상한다.

王注 最處事上而不累於位, “不事王侯, 高尙其事”也.

번역 일의 가장 위에 처하여 자리에 얽매이지 않는 것이 “왕후를 섬기지 않으며 그 일을 높이고 숭상한다.”는 뜻이다.

孔疏 ○正義曰: 最處事上, 不復以世事爲心, 不係累於職位, 故不承事王侯, 但自尊高慕尙其淸虛之事, 故云“高尙其事”也.

번역 ○일의 가장 위에 처하여, 재차 세상사를 마음에 두지 않고, 직위에 얽매이지 않는다. 그렇기 때문에 왕후를 섬기지 않고 단지 제 스스로 맑게 하고 비워내는 일을 존귀하게 높이고 사모한다. 그렇기 때문에 “그 일을 높이고 숭상한다.”라고 했다.

程傳 上九居蠱之終, 无係應於下, 處事之外, 无所事之地也. 以剛明之才, 无應援而處无事之地, 是賢人君子不偶於時而高潔自守, 不累於世務者也, 故云不事王侯高尙其事. 古之人有行之者, 伊尹太公望之始, 曾子子思之徒是也.

---

4) 왕후(王侯)는 천자와 제후를 뜻한다.

不屈道以徇時, 旣不得施設於天下, 則自善其身, 尊高敦尙其事, 守其志節而已. 士之自高尙, 亦非一道, 有懷抱道德, 不偶於時而高潔自守者, 有知止足之道, 退而自保者, 有量能度分, 安於不求知者, 有淸介自守, 不屑天下之事, 獨潔其身者, 所處雖有得失小大之殊, 皆自高尙其事者也. 象所謂志可則者, 進退合道者也.

[번역] 상구는 고괘(蠱卦)의 끝에 있어서 아래와 호응하는 것에 얽매임이 없으며, 일 밖에 있으니 일삼는 것이 없는 곳이다. 굳세고 밝은 재질로 호응하여 끌어당김이 없고 일삼는 것이 없는 자리에 있으니, 현명한 자와 군자가 세상을 만나지 못해 고결함을 스스로 지켜서 세상의 일에 얽매이지 않는 자이다. 그렇기 때문에 "왕후를 섬기지 않고 그 일을 높이고 숭상한다."라고 했다. 옛 사람들 중에는 이처럼 시행한 자가 있었으니, 이윤이나 태공망의 초기, 증자와 자사의 무리가 여기에 해당한다. 도를 굽혀서 세상을 따르지 않고, 이미 세상에 덕을 펼칠 수 없으면 스스로 자신을 선하게 하고, 그 일을 존귀하게 높이고 돈독히 숭상하며, 지조와 절개를 지킬 따름이다. 선비가 스스로 높이고 숭상하는 것 또한 한 가지 방도만 있는 것이 아니니, 도덕을 품고서 때를 만나지 못하여 고결함으로 스스로 지키는 자가 있고, 만족할 때 그치는 도를 알아서 물러나 스스로 보존하는 자가 있으며, 자신의 역량을 헤아리고 분수를 살펴서 알아주길 구하지 않음을 편안히 여기는 자가 있고, 청렴과 지조를 스스로 지켜서 천하의 일을 좋게 여기지 않으며 홀로 자신만을 깨끗하게 하는 자가 있다. 이처럼 각각 처한 것에는 비록 득실과 대소의 차이가 있지만 이 모두는 스스로 그 일을 높이고 숭상하는 자들이다. 「상전」에서 "뜻이 법칙이 될 만하다."라고 했으니, 나아가고 물러남이 도에 합치되는 자이다.

[本義] 剛陽居上, 在事之外, 故爲此象, 而占與戒皆在其中矣.

[번역] 굳센 양이 상효에 있고 일의 밖에 있기 때문에 이러한 상이 되고, 점과 경계하는 말이 모두 그 안에 포함되어 있다.

象辭 象曰, "不事王侯", 志可則也.

번역 「상전」에서 말하길, "왕후를 섬기지 않는다."는 말은 그 뜻을 법도로 삼을 수 있음을 의미한다.

孔疏 ○正義曰: 釋"不事王侯"之義. 身旣不事王侯, 志則淸虛高尙, 可法則也.

번역 ○"왕후를 섬기지 않는다."는 뜻을 풀이한 것이다. 자신은 이미 왕후를 섬기지 않고 있는데, 뜻은 맑게 하고 비워내는 것을 높이고 숭상하니, 법도로 삼을 수 있다.

程傳 如上九之處事外, 不累於世務, 不臣事於王侯, 蓋進退以道, 用捨隨時, 非賢者, 能之乎? 其所存之志可爲法則也.

번역 상구처럼 일의 밖에 있으며 세상의 일에 얽매이지 않고, 신하가 되어 왕후를 섬기지 않는다면, 나아가고 물러남을 도로써 하고 시행하고 그만둠을 시의에 따르는 것이니, 현명한 자가 아니라면 가능하겠는가? 그가 간직한 뜻은 법도로 삼을 수 있다.

참고 구문비교

출 처	내 용
『禮記』「表記」	軍旅不辟難, 朝廷不辭賤.
『禮記』「坊記」	君子辭貴不辭賤, 辭富不辭貧.
『春秋左氏傳』「襄公 3」	事君不辟難, 有罪不逃刑.
『韓非子』「有度」	朝廷不敢辭賤, 軍旅不敢辭難.

• 제 35 절 •

순명(順命)과 역명(逆命)

【637c】

子曰, "唯天子受命于天, 士受命于君. 故君命順, 則臣有順命; 君命逆, 則臣有逆命. 詩曰, '鵲之姜姜, 鶉之賁賁. 人之無良, 我以爲君.'"

직역 子가 日, "唯히 天子라야 天에서 命을 受하고, 士는 君에서 命을 受한다. 故로 君의 命이 順이면, 臣은 命을 順함이 有하고; 君의 命이 逆이면, 臣은 命을 逆함이 有하다. 詩에서 日, '鵲이 姜姜하고, 鶉이 賁賁이라. 人이 良이 無한데, 我는 君이라 爲라.'"

의역 공자가 말하길, "오직 천자라야 하늘로부터 명령을 받고, 사는 군주로부터 명령을 받는다. 그러므로 군주가 내린 명령이 하늘의 뜻에 따른 것이라면 신하는 명령에 따르게 되지만, 군주가 내린 명령이 하늘의 뜻을 거스르는 것이라면 신하는 명령을 거스르게 된다. 『시』에서는 '까치가 서로 뒤따르며 억세게 굴고, 메추라기가 서로 뒤따르며 싸우는 듯하구나. 선량함이 없는 사람을 나는 군주라 여기는구나.'"라고 했다.

集說 詩, 衛風鶉之奔奔篇. 嚴氏云, "鶉之奔奔然鬪者, 不亂其匹也. 鵲之彊彊然剛者, 不淫其匹也. 刺宣姜與公子頑非匹偶也. 人之不善者, 我乃以爲小君乎?"

번역 이 시는 『시』「위풍(衛風)·순지분분(鶉之奔奔)」편이다.[1] 엄씨는

---

1) 『시』「용풍(鄘風)·순지분분(鶉之奔奔)」: 鵲之彊彊, 鶉之奔奔. 人之無良, 我以

"메추라기가 서로 뒤따르며 싸우는 것은 짝 맺는 것을 문란하지 않게 하기 위해서이다. 까치가 서로 뒤따르며 억세게 구는 것은 짝 맺는 것을 음란하지 않게 하기 위해서이다. 이 시는 선강과 공자 완(頑)은 배필이 아니라고 풍자하고 있다. 불선한 사람인데도 나는 그를 소군(小君)[2]이라 여겨야 하는가?"라고 했다.

集說 呂氏曰: 天道無私, 莫非理義. 君所以代天而治者, 推天之理義以治斯人而已. 天秩天敍, 天命天討, 莫非天也. 臣之受命于君者, 命合乎理義, 爲順天命; 不合, 則爲逆天命. 順則爲臣者將不令而行, 逆則爲臣者雖令不從矣.

번역 여씨가 말하길, 하늘의 도에는 삿됨이 없고 의리가 아닌 것이 없다. 군주는 하늘을 대신해서 통치하는 자이니, 하늘의 의리를 미루어서 사람들을 다스릴 따름이다. 하늘이 질서를 세우고 하늘이 명령하고 토벌함에 하늘의 뜻이 아닌 것들이 없다. 신하가 군주에게 명령을 받을 때, 그 명령이 의리에 합치되면 하늘의 명령에 따르는 것이 되지만, 합치되지 않는다면 하늘의 명령을 거스르는 것이 된다. 따른다면 신하는 명령하지 않아도 시행하게 되고, 거스른다면 신하는 비록 명령을 하더라도 따르지 않는다.

大全 馬氏曰: 天之命於君者, 豈諄諄然命之乎? 使之居天位, 食天祿, 治天職, 牧天民, 蓋所謂命也, 故由其道而順天, 則謂之順命, 不由其道而逆天, 則謂之逆命. 雖然上者下之儀, 而臣之逆順, 亦視其君之所爲而已.

번역 마씨가 말하길, 하늘이 군주에게 명령을 내린 것이 어찌 간곡하게 명령한 것이 아니겠는가? 그로 하여금 하늘의 지위에 앉히고 하늘의 녹봉을 받게 했으며 하늘의 직무를 다스리게 했고 하늘의 백성들을 통치하도록 했으니, 이른바 명(命)이라는 것이다. 그러므로 그 도에 따라 하늘의 뜻에

爲君.

2) 소군(小君)은 주대(周代)에 제후의 부인을 지칭하던 용어이다. 『춘추』「희공(僖公) 2년」편에는 "夏五月辛巳, 葬我小君哀姜."이라는 용례가 있다.

순종한다면 이것을 '순명(順命)'이라고 부르고, 그 도에 따르지 않고 하늘의 뜻을 거스른다면 이것을 '역명(逆命)'이라고 부른다. 비록 그렇다고 하지만 윗사람은 아랫사람의 모범이 되니, 신하가 거스르고 따르는 것은 또한 군주가 시행하는 것을 본받아서 할 따름이다.

大全 嚴陵方氏曰: 天子者, 天之所子, 故雖天子受命于天. 士以事人爲事, 故受命于君. 此止以士言者, 蓋降於士, 則有府史胥徒之屬, 皆其官長所自辟除. 其卑不能上達, 故不得受命于君也. 然則受命于君者, 其卑止於士而已.

번역 엄릉방씨가 말하길, '천자(天子)'는 하늘이 자식으로 삼는 자이다. 그렇기 때문에 비록 천자라 하더라도 하늘로부터 명령을 받는다. 사는 사람 섬기는 것을 자신의 일로 삼는다. 그렇기 때문에 군주에게 명령을 받는다. 이곳에서는 단지 '사(士)'라고만 말했는데, 사보다 낮은 계층으로는 부(府)·사(史)·서(胥)·도(徒)와 같은 말단 관리들이 있는데, 이들은 모두 그 관부의 수장이 가려내는 자들이다. 그들은 신분이 매우 미천하여 자신의 뜻을 위로 전달할 수 없다. 그렇기 때문에 군주로부터 명령을 받을 수 없다. 그러므로 군주로부터 명령을 받을 때, 신분이 낮은 계층은 사에서 그칠 따름이다.

鄭注 言皆有所受, 不敢專也. "唯", 當爲"雖", 字之誤也. 言臣受順則行順, 受逆則行逆, 如其所受於君, 則爲君不易矣. 姜姜·賁賁, 爭鬪惡貌也. 良, 善也. 言我以惡人爲君, 亦使我惡, 如大鳥姜姜於上, 小鳥賁賁於下.

번역 모두 명령을 받아서 감히 마음대로 하지 않는다는 뜻이다. '유(唯)'자는 마땅히 '수(雖)'자가 되어야 하니, 글자가 비슷해서 생긴 오류이다. 신하가 순리에 따르는 명령을 받았다면 순리에 따라 시행하고, 거스르는 명령을 받았다면 거스르게 시행한다는 뜻인데, 만약 군주로부터 받은 것이라면, 군주를 위해서 쉽게 여기지 않는다. '강강(姜姜)'과 '분분(賁賁)'은 다투고 싫어하는 모습을 뜻한다. '양(良)'자는 선함[善]을 뜻한다. 즉 나는 악한 사람을 군주로 삼았는데, 또한 나를 악하게 만드니, 마치 큰 새가 위에서 서로 다투고 작은 새가 밑에서 서로 다투는 것과 같다는 뜻이다.

釋文 唯天子, 唯音雖, 出注. 易, 以豉反. 鵲, 字林作䧿, 說文作䧿, 音七略反. 姜, 居良反. 鶉, 士倫反. 賁音奔, 注同.

번역 '唯天子'에서의 '唯'자는 그 음이 '雖(수)'이니, 정현의 주에 따른 것이다. '易'자는 '以(이)'자와 '豉(시)'자의 반절음이다. '鵲'자를 『자림』에서는 '䧿'자로 기록했고, 『설문』에서는 '䧿'자로 기록했는데, 그 음은 '七(칠)'자와 '略(략)'자의 반절음이다. '姜'자는 '居(거)'자와 '良(량)'자의 반절음이다. '鶉'자는 '士(사)'자와 '倫(륜)'자의 반절음이다. '賁'자의 음은 '奔(분)'이며, 정현의 주에 나오는 글자도 그 음이 이와 같다.

孔疏 ●"子曰"至"爲君". ○此節明臣事君不敢專輒, 又明君之出命不可不愼. 爲與上更端, 故言"子曰".

번역 ●經文: "子曰"~"爲君". ○이곳 문단은 신하가 군주를 섬길 때에는 감히 제멋대로 할 수 없음을 나타내고 있고, 또한 군주가 명령을 내릴 때에는 신중하지 않을 수가 없음도 나타내고 있다. 앞의 문단과 비교해보면 새로운 서두가 시작되므로, '자왈(子曰)'이라고 했다.

孔疏 ●"唯天子受命於天"者, "唯", 當爲"雖", 雖天子之尊, 不敢自專, 猶須受命於天然後行也.

번역 ●經文: "唯天子受命於天". ○'유(唯)'자는 마땅히 '수(雖)'자가 되어야 하니, 비록 천자처럼 존귀한 자라도 감히 자기 마음대로 할 수 없고, 오히려 하늘로부터 명령을 받은 이후에 시행해야 한다.

孔疏 ●"詩曰: 鵲之姜姜"者, 此詩·鄘風·鶉之奔奔篇, 刺宣姜之詩. 其詩之意, 以宣姜通於公子頑, 母與子淫, 鶉·鵲之不若, 故刺之. 云鵲自匹偶姜姜然, 鶉自匹偶賁賁然, 各當有匹. 今宣姜與公子頑私通, 不如鶉·鵲也.

번역 ●經文: "詩曰: 鵲之姜姜". ○이 시는 『시』「용풍(鄘風)·순지분분(鶉之奔奔)」편으로, 선강(宣姜)을 풍자한 시이다. 이 시의 뜻은 선강이 공자 완과 내통을 했는데, 이것은 모친과 자식이 음란한 것으로 메추라기나 까치만도 못한 것이다. 그렇기 때문에 풍자를 했다. 즉 까치는 배필끼리 서로 뒤따르며 싸우고, 메추라기는 배필끼리 서로 뒤따르며 싸우는데, 각각 정해진 배필이 있는 것이다. 그런데 선강은 공자 완과 사적으로 내통하였으니, 메추라기나 까치만도 못하다는 뜻이다.

孔疏 ●"人之無良, 我以爲君"者, 人, 謂宣姜, 無良善之行, 我君惠公反以此爲小君. 此經引詩斷章, 言君有逆命, 似大鳥姜姜爭鬪於上, 小鳥賁賁亦爭鬪於下, 謂君無良善, 我等萬民以惡人爲君也.

번역 ●經文: "人之無良, 我以爲君". ○'인(人)'은 선강을 뜻하니, 선량한 행실이 없는데, 나의 군주 혜공은 오히려 그를 소군으로 삼았다는 의미이다. 이곳 경문에서 『시』를 인용하며 단장취의를 해서 군주가 거스르는 명령을 내리는 것은 마치 큰 새가 위에서 서로 뒤따르며 다투고, 작은 새가 밑에서 서로 뒤따르며 다투는 것과 같다는 뜻이니, 군주에게 선량함이 없다면 나와 같은 백성들은 나쁜 자를 군주로 삼게 된다는 의미이다.

集解 今按: 唯如字. 姜, 詩作疆.

번역 현재 살펴보니, '唯'자는 글자대로 읽는다. '姜'자를 『시』에서는 '疆'자로 기록했다.

集解 呂氏大臨曰: 此章重述事君不可使爲亂之義也.

번역 여대림이 말하길, 이 문장은 군주를 섬길 때 문란하게 만들어서는 안 된다는 뜻을 거듭 기술하고 있다.

集解 呂氏大臨曰: 此所以有逆命順命之異, 然後知其不可使爲亂也.

번역 여대림이 말하길, 이것은 명을 거스르거나 명을 따르는 차이가 생긴 뒤에야 문란하게 만들 수 없음을 알게 되는 것이다.

集解 愚謂: 唯, 發端之辭. 天子於天之命, 臣於君之命, 皆當順而不當逆也. 然惟天命無不順, 君之命則有順有逆. 君命逆則君不順於天, 而臣亦將不順乎君矣. 上章言終事而退, 謂其事雖非己之所欲, 而猶無甚害於義理者也. 命逆則害於義理, 而不可以苟從矣, 可諫則諫, 不可諫則去之可也.

번역 내가 생각하기에, '유(唯)'자는 서두를 꺼낼 때 쓰는 말이다. 천자와 하늘의 명령, 신하와 군주의 명령에 대해서는 모두 따라야만 하며 거스르게 해서는 안 된다. 그러나 오직 하늘의 명령에 있어서만 따르지 않는 경우가 없고, 군주의 명령에 있어서는 따르는 경우도 있고 또 거스르는 경우도 있다. 군주의 명령이 이치를 거스른다면, 군주가 하늘의 뜻을 따르지 않는 것이니, 신하 또한 군주를 따르지 않게 된다. 앞에서는 "일을 마치면 물러난다."라고 했는데, 그 사안은 비록 자신이 바라던 것은 아니지만 여전히 의리에 대해서는 심각한 해를 끼치는 것이 없음을 뜻한다. 명령이 거스른다면 의리에 해를 끼치게 되므로 구차하게 따를 수 없으니, 간언을 할 수 있다면 간언을 하고, 간언을 할 수 없다면 떠나는 것이 옳다.

참고 『시』「용풍(鄘風)·순지분분(鶉之奔奔)」

鶉之奔奔, (순지분분) : 메추라기가 날아오르며 짝끼리 서로 뒤따르고,
鵲之彊彊. (작지강강) : 까치가 날아오르며 짝끼리 서로 뒤따르는구나.
人之無良, (인지무량) : 선량함이 없는 사람을,

我以爲兄. (아이위형) : 나는 군주의 형으로 여기는구나.

鵲之彊彊, (작지강강) : 까치가 날아오르며 짝끼리 서로 뒤따르고,
鶉之奔奔. (순지분분) : 메추라기가 날아오르며 짝끼리 서로 뒤따르는구나.
人之無良, (인지무량) : 선량함이 없는 사람을,
我以爲君. (아이위군) : 나는 우리나라의 소군(小君)으로 여기는구나.

毛序 鶉之奔奔, 刺衛宣姜也, 衛人以爲宣姜鶉鵲之不若也.

모서 「순지분분(鶉之奔奔)」편은 위(衛)나라 선강(宣姜)을 풍자한 시이니, 위나라 사람들은 선강이 메추라기나 까치만도 못하다고 여긴 것이다.

참고 구문비교

출 처	내 용
『禮記』「表記」	唯天子受命于天, 士受命于君.
『春秋繁露』「爲人者天」	唯天子受命於天, 天下受命於天子, 一國則受命於君.
『春秋繁露』「順命」	天子受命於天, 諸侯受命於天子, 子受命於父, 臣妾受命於君, 妻受命於夫.

참고 구문비교

출 처	내 용
『禮記』「表記」	君命順, 則臣有順命; 君命逆, 則臣有逆命.
『春秋繁露』「爲人者天」	君命順, 則民有順命; 君命逆, 則民有逆命.

● 제 36 절 ●

행(行)과 사(辭)

【637d~638a】

子曰, "君子不以辭盡人, 故天下有道, 則行有枝葉; 天下無道, 則辭有枝葉."

직역　子가 曰, "君子는 辭로 人을 盡하길 不하니, 故로 天下에 道가 有하면, 行에 枝葉이 有하고; 天下에 道가 無하면, 辭에 枝葉이 有하다."

의역　공자가 말하길, "군자는 말을 통해 그 사람의 진면목을 모두 가늠하지 않는다. 그렇기 때문에 천하에 도가 있다면 행동이 두루 나타나게 되고, 천하에 도가 없다면 말만 그럴싸하게 한다."라고 했다.

集說　不以辭盡人, 謂不可以言辭而盡見其人之實, 蓋有言者不必有德也. 行有枝葉, 根本盛而條達者也. 辭有枝葉, 則蕪辭蔓說而已. 此皆世敎盛衰所致, 故以有道無道言之.

번역　"말로 사람을 다하지 않는다."는 말은 말로 그 사람의 실질을 모두 볼 수 없다는 뜻이니, 좋은 말을 하더라도 반드시 그에 해당하는 덕을 갖춘 것은 아니기 때문이다. 행동에 지엽이 있다는 말은 근본이 융성하여 조리가 두루 통한 것을 뜻한다. 말에 지엽이 있다면, 조리가 없는 잡된 소리일 따름이다. 이것은 모두 세상의 교화가 융성하거나 쇠퇴하여 나타난 것들이다. 그렇기 때문에 도가 있거나 없는 것으로 말을 했다.

大全　張子曰: 盡, 極也, 取也. 有道, 是有實也. 有實則行有文章也. 無實則

言有文章也. 行有文章, 則莫非實事也. 言尙浮華, 則惟虛辭相譽而已, 無其實
也. 故君子問寒則衣之, 稱美則爵之. 今言無有實, 其求益與夫相親相依之言,
皆相奉而已. 有道則行得伸, 無道則辭得伸. 辭行, 天下之辭行也. 有道無道,
亦天下之有道無道也. 辭得伸也, 以天下無道, 明無以考其實, 所以浮辭得伸,
蓋莫能窮辨之也.

[번역] 장자가 말하길, '진(盡)'자는 "지극하다[極]."는 뜻이며, "취하다
[取]."는 뜻이다. 도(道)가 있다는 말은 실질이 있다는 뜻이다. 실질이 있다
면 행동에 격식과 화려함이 나타난다. 실질이 없다면 말에만 격식과 화려
함이 나타난다. 행동에 격식과 화려함이 나타난다면 실질에 따른 일이 아
닌 것들이 없다. 말에 있어서 허황된 화려함만을 숭상한다면, 허황된 말로
만 서로를 높여주기만 할 따름이니, 실질이 없기 때문이다. 그래서 군자는
춥냐고 묻게 되면 옷을 입히고, 미덕을 칭송하면 작위를 준다. 현재 그 말에
실질을 갖춘 것이 없으니, 더 나아지기를 구하는 것과 서로 친근하게 대하
고 서로 의지하는 말들은 모두 서로를 받들 따름이다. 도가 있다면 행실이
펼쳐지게 되고 도가 없다면 말만 펼쳐지게 된다. 말과 행동은 천하의 말과
행동을 뜻한다. 도가 있거나 없음 또한 천하에 도가 있거나 없다는 뜻이다.
말이 펼쳐질 수 있는 것은 천하에 도가 없기 때문이니, 그 실질을 고찰하지
못하여 허황된 말만 펼쳐지게 되었음을 나타낸다. 이것은 지극히 변별하지
못하기 때문이다.

[大全] 藍田呂氏曰: 枝葉者, 榦之文也. 天下有道, 則人致文於行. 禮儀三百,
威儀三千, 乃行之文也, 故曰行有枝葉. 天下無道, 則人致文於辭. 詩曰, 巧言
如簧, 顔之厚矣, 乃辭之文也, 故曰辭有枝葉.

[번역] 남전여씨가 말하길, 가지와 잎은 줄기에서 나타나는 격식이다. 천
하에 도가 있다면 사람들은 행동에 격식을 지극히 나타내게 된다. "예의가
300가지이고, 위의가 3,000가지이다."[1]라고 했으니, 행동의 격식에 해당한

---

1) 『중용』「27장」: 優優大哉! 禮儀三百, 威儀三千.

다. 그렇기 때문에 "행동에 가지와 잎이 있다."라고 했다. 천하에 도가 없다면 사람들은 말에만 격식을 지극히 나타내게 된다. 『시』에서는 "생황처럼 교묘한 말은 얼굴이 두껍기 때문이다."[2]라고 했으니, 말의 격식에 해당한다. 그렇기 때문에 "말에 가지와 잎이 있다."라고 했다.

鄭注 不見人之言語, 則以爲善, 言其餘行或時惡也. 行有枝葉, 所以益德也. 言有枝葉, 是衆虛華也. 枝葉依幹而生, 言行亦由禮出.

번역 사람의 말을 보고서 그 사람이 선하다고 여길 수 없으니, 그의 나머지 행동 중에는 간혹 때에 따라 악한 것도 있다는 뜻이다. 행동에 가지와 잎이 있는 것은 덕을 늘리는 것이다. 말에 가지와 잎이 있는 것은 허황된 화려함만 늘리는 것이다. 가지와 잎은 줄기에 의지해서 생겨나고, 말과 행동은 또한 예를 통해서 나타난다.

釋文 行, 下孟反, 下文幷注同.

번역 '行'자는 '下(하)'자와 '孟(맹)'자의 반절음이며, 아래문장 및 정현의 주에 나오는 글자도 모두 그 음이 이와 같다.

孔疏 ●"子曰"至"用餕". ○前明事君之道, 此明君子之行, 不可虛用其辭. 以事殊於上, 故言"子曰".

번역 ●經文: "子曰"~"用餕". ○앞에서는 군주를 섬기는 도를 나타내었고, 이곳에서는 군자의 행실은 허황되게 말을 할 수 없음을 나타내고 있다. 그 사안이 앞의 내용과 차이를 보이기 때문에 '자왈(子曰)'이라고 말했다.

孔疏 ●"君子不以辭盡人"者, 皆君子與人之交, 必須驗行, 不得以其言辭

---

2) 『시』「소아(小雅)·교언(巧言)」 : 荏染柔木, 君子樹之. 往來行言, 心焉數之. 蛇蛇碩言, 出自口矣. <u>巧言如簧, 顔之厚矣</u>.

之善, 則謂行之盡善. 或發言善而行惡也.

번역 ●經文: "君子不以辭盡人". ○이 모두는 군자가 남과 교제할 때에는 반드시 행동을 통해 드러내야 하며, 선한 말로만 할 수 없으니, 행동을 통해 선함을 모두 드러내야 한다는 의미이다. 즉 어떤 경우에는 말은 선하지만 행동은 악한 경우도 있기 때문이다.

孔疏 ●"故天下有道, 則行有枝葉"者, 言有道之世, 則依禮所行, 外餘有美好, 猶如樹幹之外, 更有枝葉也.

번역 ●經文: "故天下有道, 則行有枝葉". ○도가 있는 세상이라면 예에 따라 행동하여 겉으로는 아름다움과 좋음이 넘쳐나니, 마치 나무의 줄기가 겉으로 가지와 잎을 생겨나게 한 것과 같다.

孔疏 ●"天下無道, 則辭有枝葉"者, 無道之世, 人皆無禮, 行不誠實, 但言辭虛美, 如樹幹之外, 而更有枝葉也.

번역 ●經文: "天下無道, 則辭有枝葉". ○도가 없는 세상이라면 사람들은 모두 무례하게 되어 행동이 진실되지 못하며, 단지 말만 허황되고 아름답게 꾸미니, 마치 나무의 줄기가 겉으로 가지와 잎을 생겨나게 한 것과 같다.

【638b】

"是故君子於有喪者之側, 不能賻焉, 則不問其所費; 於有病者之側, 不能饋焉, 則不問其所欲; 有客不能館, 則不問其所舍. 故君子之接如水, 小人之接如醴, 君子淡以成, 小人甘以壞. 小雅曰, '盜言孔甘, 亂是用餤.'"

직역 "是故로 君子는 喪이 有한 者의 側에서, 賻를 不能이라면, 그 費한 所를 不問하고; 病이 有한 者의 側에서, 饋를 不能이라면, 그 欲한 所를 不問하며; 客이 有한데 館을 不能이라면, 그 舍한 所를 不問한다. 故로 君子의 接은 水와 如하고, 小人의 接은 醴와 如하며; 君子는 淡하여 成하고, 小人은 甘하여 壞한다. 小雅에서 曰, '盜言은 孔히 甘이나, 亂이 이로써 餤이라.'"

의역 공자가 계속하여 말하길, "이러한 까닭으로 군자는 상을 당한 자 옆에 있을 때 부의를 할 수 없는 상황이라면 필요한 것들을 묻지 않고, 병이 걸린 자 옆에 있을 때 음식을 보내줄 수 없는 상황이라면 원하는 것들을 묻지 않으며, 빈객이 있는데 숙소를 제공해줄 수 없는 상황이라면 머물 곳을 묻지 않는다. 그래서 군자의 사귐은 물과 같고, 소인의 사귐은 단술과 같으니, 군자는 담백함으로 사귐을 이루고, 소인은 달콤함으로 사귐을 무너트린다. 「소아」에서는 '감언이설은 매우 달콤하지만, 문란함은 이를 통해 진작된다.'"라고 했다.

集說 三者不能則不問, 不可以虛言待人也. 接, 交也. 小雅, 巧言之篇. 盜言, 小人讒賊之言也. 餤, 進也.

번역 세 가지를 할 수 없다면 묻지 않으니, 헛된 말로 남을 대할 수 없기 때문이다. '접(接)'자는 "교제하다[交]."는 뜻이다. 「소아」는 『시』「소아(小雅)·교언(巧言)」편이다.[3] '도언(盜言)'은 소인이 비방하며 헐뜯는 말이다. '담(餤)'자는 "나아가다[進]."는 뜻이다.

大全 藍田呂氏曰: 問所費於喪者, 而不能賻, 問所欲於病者, 而不能饋, 問所舍於客, 而不能館, 則其言也, 不出於誠心, 君子恥之, 故與其不能惠而問之, 不如不問之愈也. 君子之接人也, 以信而不以苟說人, 故如水淡而可久. 於此三者, 不能惠則不問, 此交之所以全而無後怨, 故曰淡以成. 小人之接人也, 苟說而不以信, 故如醴之甘而不可久. 於此三者, 能問而不能惠, 取說於頃刻, 而

---

3) 『시』「소아(小雅)·교언(巧言)」: 君子屢盟, 亂是用長. 君子信盜, 亂是用暴. 盜言孔甘, 亂是用餤. 匪其止共, 維王之邛.

不顧其後, 此交之所以難保, 故曰甘以壞. 故凡言之甘而不出乎誠心者, 必將有以盜諸人. 傳曰幣重而言甘, 誘我也. 甘言入則受其盜, 故言盜言孔甘, 亂是用餤.

번역 남전여씨가 말하길, 상을 당한 자에게 필요한 것을 물었지만 부의를 할 수 없고, 병이 든 자에게 원하는 것을 물었지만 음식을 보내줄 수 없으며, 빈객에게 머물 곳을 물었지만 숙소를 마련해줄 수 없다면, 그 말은 진실된 마음에서 나온 것이 아니므로, 군자가 부끄럽게 여긴다. 그렇기 때문에 은혜를 베풀 수 없는데도 묻는 것은 묻지 않는 것만 못하다. 군자가 남과 교제할 때에는 신의로써 하며 구차하게 남을 기쁘게 하지 않는다. 그렇기 때문에 물처럼 담백하여 오래도록 관계를 유지할 수 있다. 이러한 세 가지 것들에 대해서 은혜를 베풀 수 없다면 묻지 않으니, 이것은 교제를 온전히 하여 이후에 생길 원망이 없도록 하는 것이다. 그렇기 때문에 "담백함으로 완성한다."라고 했다. 소인이 남과 교제할 때에는 구차하게 기쁘게 만들고 신의로써 하지 않는다. 그렇기 때문에 단술의 감미로움과 같지만 관계를 오래도록 유지할 수 없다. 이러한 세 가지 것들에 대해서 물을 수는 있지만 은혜를 베풀 수 없으니, 잠시 기쁘게 만드는 것을 취하고 이후를 고려하지 않은 것이므로, 이것은 교제를 보존하기 어렵게 만드는 것이다. 그렇기 때문에 "달콤함으로 무너트린다."라고 했다. 그러므로 감미로운 말들은 진실된 마음에서 나온 것이 아니니, 반드시 남을 해치게 된다. 『좌전』에서는 "예물이 많고 말이 달콤하니, 우리를 유인하는 것입니다."[4]라고 했다. 달콤한 말이 들어오면 도적을 받아들이는 것이기 때문에 "감언이설이 매우 달콤하지만, 문란함은 이를 통해 진작된다."라고 했다.

鄭注 皆辟有言而無其實. 水相得, 合而已. 酒醴相得, 則敗. 淡, 無酸酢少味也. 接, 或爲"交". 盜, 賊也. 孔, 甚也. 餤, 進也.

번역 이 모두는 말만 하고 실질이 없는 것을 피하는 것이다. 물이 서로

---

4) 『춘추좌씨전』「희공(僖公) 10년」: 郤芮曰, "<u>幣重而言甘, 誘我也.</u>"

만나면 합쳐질 따름이다. 술과 단술이 서로 만나면 맛이 없어진다. 담백함은 신맛이 없는 것으로 맛이 없다. '접(接)'자를 다른 판본에서는 '교(交)'자로 기록하기도 한다. '도(盜)'자는 "도적질하다[賊]."는 뜻이다. '공(孔)'자는 매우[甚]라는 뜻이다. '담(餤)'자는 "나아가다[進]."는 뜻이다.

釋文 賻音附. 費, 芳貴反. 饋, 其位反. 辟音避. 醴, 徐音禮. 淡, 大敢反, 又大暫反, 徐徒闞反, 注同. 酸, 悉官反. 酢, 七故反. 餤音談, 徐本作監, 以占反.

번역 '賻'자의 음은 '附(부)'이다. '費'자는 '芳(방)'자와 '貴(귀)'자의 반절음이다. '饋'자는 '其(기)'자와 '位(위)'자의 반절음이다. '辟'자의 음은 '避(피)'이다. '醴'자의 서음(徐音)은 '禮(례)'이다. '淡'자는 '大(대)'자와 '敢(감)'자의 반절음이며, 또한 '大(대)'자와 '暫(잠)'자의 반절음이고, 서음은 '徒(도)'자와 '闞(감)'자의 반절음이며, 정현의 주에 나오는 글자도 그 음이 이와 같다. '酸'자는 '悉(실)'자와 '官(관)'자의 반절음이다. '酢'자는 '七(칠)'자와 '故(고)'자의 반절음이다. '餤'자의 음은 '談(담)'이며, 『서본』에는 '監'자로 기록되어 있으니, '以(이)'자와 '占(점)'자의 반절음이다.

孔疏 ●"是故君子於有喪者之側, 不能賻焉, 則不問其所費"者, 此經皆有言無實, 戒其不得虛言也.

번역 ●經文: "是故君子於有喪者之側, 不能賻焉, 則不問其所費". ○이곳 경문은 모두 말은 있지만 실질이 없는 것에 대해서 허황된 말을 해서는 안 된다고 경계를 하고 있다.

孔疏 ●"君子之接如水"者, 言君子相接, 不用虛言, 如兩水相交尋合而已.

번역 ●經文: "君子之接如水". ○군자가 서로 교제할 때에는 허황된 말을 하지 않으니, 마치 두 물이 서로 만나 합치되는 것과 같을 따름이다.

孔疏 ●“小人之接如醴”者, 小人以虛辭相飾, 如似酒⁵⁾醴相合, 必致敗壞.

번역 ●經文: “小人之接如醴”. ○소인은 허황된 말로 서로 수식만 하니, 마치 술과 단술이 서로 합쳐졌을 때 반드시 맛이 없어지게 되는 것과 같다.

孔疏 ●“君子淡以成, 小人甘以壞”者, 水相合爲江河, 酒醴相合而久乃敗壞也.

번역 ●經文: “君子淡以成, 小人甘以壞”. ○물이 서로 합쳐지면 강을 이루고, 술과 단술이 서로 합쳐져 오래 놔두면 맛이 없어지게 된다.

孔疏 ●“小雅曰: 盜言孔甘, 亂是用餤”者, 此巧言之篇, 刺幽王之詩. 孔, 甚也. 餤, 進也. 言盜賊小人, 其言甚美, 幽王信之, 禍亂用是進益. 引之者, 證小人甘以壞.

번역 ●經文: “小雅曰: 盜言孔甘, 亂是用餤”. ○이 시는 『시』「소아(小雅)·교언(巧言)」편으로, 유왕(幽王)을 풍자한 시이다. ‘공(孔)’자는 매우[甚]라는 뜻이다. ‘담(餤)’자는 “나아가다[進].”는 뜻이다. 남을 해치는 소인은 그 말이 매우 아름다운데, 유왕이 그를 믿어서 재앙과 혼란이 이를 통해 늘어났다는 뜻이다. 이 시를 인용한 것은 소인이 달콤함으로 무너트리게 됨을 증명하기 위해서이다.

集解 問其所費, 石經無所字.

번역 ‘문기소비(問其所費)’에 있어서 『석경』에는 ‘소(所)’자가 없다.

集解 君子不以辭盡人, 不以言而決人之賢否也. 天下有道, 則人尙行, 故

---

5) ‘주(酒)’자에 대하여. ‘주’자는 본래 ‘량(兩)’자로 기록되어 있었는데, 완원(阮元)의 『교감기(校勘記)』에서는 “『민본(閩本)』·『감본(監本)』·『모본(毛本)』에서는 ‘량’자를 ‘주’자로 기록하고 있다.”라고 했다.

行有枝葉; 天下無道, 則人尙辭, 故辭有枝葉. 行有枝葉, 則行有餘於其言; 言有枝葉, 則言有餘於其行. 故以言觀人者, 皆不足以盡其賢否之實也. 然君子之行己, 則但當致力於行, 而不可致飾於言, 故不爲無實之言以取悅於人也. 君子與人以實, 一時若無可悅, 而其後不至於相負, 如水之淡而可久. 小人悅人以言, 一時雖可以結人之歡, 而其後至於相怨, 如醴之甘而必敗.

[번역] 군자는 말을 통해 사람을 다하지 않는다고 했는데, 말을 통해서 그 사람이 현명한지 그렇지 않은지를 결정하지 않는다는 뜻이다. 천하에 도가 있다면 사람들은 행동을 숭상하게 된다. 그렇기 때문에 행동에 가지와 잎이 생겨나게 된다. 천하에 도가 없다면 사람들은 말을 숭상하게 된다. 그렇기 때문에 말에 가지와 잎이 생겨난다. 행동에 가지와 잎이 생겨난다면 행동이 말보다 앞서는 것이며, 말에 가지와 잎이 생겨난다면 말이 행동보다 앞서는 것이다. 그렇기 때문에 말을 통해 사람을 관찰하는 것은 모두 그 사람의 현명하거나 그렇지 않은 실질을 가려내기에는 부족하다. 그러므로 군자가 자신을 통해 실천한다면, 단지 행동에 힘을 기울이며 말에 대해서는 지극히 수식을 꾸미지 않는다. 그렇기 때문에 실질이 없는 말로 남을 기쁘게 만들지 않는다. 군자가 남과 사귈 때에는 실질에 따라서 하니, 어느 시기에는 기뻐할 것이 없을 수도 있지만, 그 이후에는 서로 등지는 지경에 이르지 않으니, 마치 물이 담백하여 오래도록 질리지 않는 것과 같다. 소인은 말을 통해 남을 기쁘게 만드니, 어느 시기에는 비록 남과 우호를 다지는 기쁨을 누릴 수 있지만, 그 이후에는 서로 원망하는 지경에 이르니, 마치 단술이 감미롭지만 반드시 부패하게 되는 것과 같다.

[集解] 皇氏謂"篇中凡八稱'子言之', 皆是發端起義". 然此章實發端之辭, 而不稱子言之, 說已見篇首. 此下四章, 皆論言行之要, 蓋以申明第一支言信之義也.

[번역] 황간은 "「표기」편은 8차례 '자언지(子言之)'라고 기록했는데, 이 모두는 새로운 단서를 나타내며 그 뜻을 일으키는 것이다."라고 했다. 그러

나 이 문장은 실질적으로 새로운 단서를 일으키는 말에 해당하지만 '자언
지(子言之)'라고 기록하지 않았고, 이에 대한 설명은 「표기」편의 첫 부분에
서 설명했다. 이하의 4개 장은 모두 언행의 요점을 논의하고 있으니, 첫
번째 조목에 해당하는 "말에 믿음이 있어야 한다."고 했던 뜻을 거듭 설명
하는 것이다.

참고 『시』「소아(小雅)·교언(巧言)」

悠悠昊天, (유유호천) : 호천(昊天)을 근심하나니,
曰父母且. (왈부모저) : 처음에는 백성의 부모라 하더라.
無罪無辜, (무죄무고) : 지금은 무고한 자들을 벌하니,
亂如此憮. (난여차무) : 난리가 이처럼 심해졌도다.
昊天已威, (호천이위) : 호천이 너무 위엄을 부리는데,
予愼無罪. (여신무죄) : 나는 진실로 죄가 없도다.
昊天大憮, (호천대무) : 호천이 너무 포악한데,
予愼無辜. (여신무고) : 나는 진실로 죄가 없도다.

亂之初生, (난지초생) : 난리가 처음 발생한 것은,
僭始旣涵. (참시기함) : 참소하는 말이 처음으로 받아들여졌기 때문이라.
亂之又生, (난지우생) : 난리가 재차 발생한 것은,
君子信讒. (군자신참) : 군자가 참소의 말을 믿기 때문이라.
君子如怒, (군자여노) : 군자가 만약 참소하는 자에게 화를 낸다면,
亂庶遄沮. (난서천저) : 난리가 빨리 그치게 되리라.
君子如祉, (군자여지) : 군자가 만약 현자에게 복을 내린다면,
亂庶遄已. (난서천이) : 난리가 빨리 그치게 되리라.

君子屢盟, (군자루맹) : 군자가 자주 맹약을 맺는지라,
亂是用長. (난시용장) : 난리가 이로 인해 계속되도다.
君子信盜, (군자신도) : 군자가 소인을 믿는지라,

亂是用暴. (난시용폭) : 난리가 이로 인해 심해지도다.

盜言孔甘, (도언공감) : 소인의 말은 매우 달콤한지라,

亂是用餤. (난시용담) : 난리가 이로 인해 늘어나도다.

匪其止共, (비기지공) : 소인은 맡은 일을 처리하지 않는지라,

維王之邛. (유왕지공) : 왕을 병들게 하도다.

奕奕寢廟, (혁혁침묘) : 크고 큰 침묘(寢廟)는,

君子作之. (군자작지) : 군자가 만들었도다.

秩秩大猷, (질질대유) : 지혜를 일으키는 큰 도는,

聖人莫之. (성인막지) : 성인이 계획했도다.

他人有心, (타인유심) : 타인이 가진 마음은,

予忖度之. (여촌도지) : 내가 헤아리도다.

躍躍毚兎, (약약참토) : 빠르고 빠른 토끼는,

遇犬獲之. (우견획지) : 개를 만나면 잡히도다.

荏染柔木, (임염유목) : 부드럽고 부드러운 나무는,

君子樹之. (군자수지) : 군자가 심었도다.

往來行言, (왕래행언) : 군자가 내뱉는 말은,

心焉數之. (심언수지) : 마음으로 헤아렸도다.

蛇蛇碩言, (이이석언) : 천근하디 천근한 말은,

出自口矣. (출자구의) : 단지 입에서만 나왔도다.

巧言如簧, (교언여황) : 생황처럼 교묘한 말은,

顔之厚矣. (안지후의) : 얼굴이 두껍기 때문이리라.

彼何人斯, (피하인사) : 저 참소하는 소인들은,

居河之麋. (거하지미) : 하수가에 살도다.

無拳無勇, (무권무용) : 힘도 없고 용맹도 없지만,

職爲亂階. (직위란계) : 주로 난리의 계제를 만드는구나.

旣微且尰. (기미차종) : 이미 정강이에 종기가 나고 발이 부었는데,

爾勇伊何. (이용이하) : 너의 용맹으로 무엇을 할 수 있겠는가.

爲猶將多, (위유장다) : 네가 꾸미는 참소가 크고도 많지만,

爾居徒幾何. (이거도기하) : 너와 함께 하는 자가 몇이나 되겠는가.

毛序 巧言, 刺幽王也, 大夫傷於讒, 故作是詩也.

모서 「교언(巧言)」편은 유왕(幽王)을 풍자한 시이니, 대부가 참소로 인해 피해를 보았기 때문에, 이 시를 지었다.

참고 구문비교

출　처	내　용
『禮記』「表記」	君子於有喪者之側, 不能賻焉, 則不問其所費.
『禮記』「曲禮上」	弔喪弗能賻, 不問其所費.
『禮記』「表記」	於有病者之側, 不能饋焉, 則不問其所欲.
『禮記』「曲禮上」	問疾弗能遺, 不問其所欲.
『禮記』「表記」	有客不能館, 則不問其所舍.
『禮記』「曲禮上」	見人弗能館, 不問其所舍.

【638c】

子曰, "君子不以口譽人, 則民作忠. 故君子問人之寒則衣之, 問人之飢則食之, 稱人之美則爵之. 國風曰, '心之憂矣, 於我歸說.'"

직역 子가 曰, "君子가 口로써 人을 譽하길 不하면, 民은 忠을 作한다. 故로 君子는 人의 寒을 問하면 衣하고, 人의 飢를 問하면 食하며, 人의 美를 稱하면 爵한다. 國風에서 曰, '心의 憂여, 我에게 歸하여 說라.'"

의역 공자가 말하길, "군자가 말로만 남의 선함을 지나치게 칭찬하지 않는다면, 백성들은 충심을 일으키게 된다. 그렇기 때문에 군자는 남에 대해 춥냐고 묻게 되면 그에게 옷을 입히고, 남에게 배고프냐고 묻게 되면 그에게 음식을 먹이며, 남의 미덕을 칭송하게 되면 그에게 작위를 내린다. 「국풍」에서는 '마음의 근심이여, 나에게 돌아와서 머물며 쉬어라.'"라고 했다.

集說 譽者, 揚人之善而過其實者也. 國風, 曹風蜉蝣之篇. 詩人憂昭公之無所依, 故曰其於我而歸稅乎. 說, 讀爲稅, 舍息也.

번역 '예(譽)'는 남의 선한 점을 드러내며 실제보다 지나치게 하는 것이다. 「국풍」은 『시』「조풍(曹風)·부유(蜉蝣)」편이다.6) 이 시를 지은 자는 소공(昭公)에게 의지할 자가 없음을 근심하였다. 그렇기 때문에 "나에게 돌아와서 쉬어라."라고 했던 것이다. '세(說)'자는 세(稅)자로 풀이하니, 놓아두고 쉰다는 뜻이다.

大全 嚴陵方氏曰: 不以口譽人, 則言之所與, 必發於心, 不止於外貌, 故民化之而作忠焉. 若問人之寒則衣之之類, 皆非口譽之事也. 口譽者, 內外之不相應也.

번역 엄릉방씨가 말하길, 입으로만 남을 칭찬하지 않는다면, 말을 건넨것이 반드시 마음에서 우러나오게 되며, 외형에만 그치지 않는다. 그렇기때문에 백성들은 그에 감화되어 충심을 일으키게 된다. 남에 대해 춥냐고묻게 되면 옷을 입힌다는 부류들은 모두 입으로만 칭찬하는 일들이 아니다. 입으로만 칭찬하는 것은 내외가 서로 호응하지 않는다.

鄭注 譽, 繩也. 皆爲有言不可以無實. 欲歸其所說忠信之人也.

번역 '예(譽)'자는 "판단하다[繩]."는 뜻이다. 이 모두는 말을 할 때 실질이 없어서는 안 된다는 뜻이다. 충심과 신의를 좋아하는 사람들을 돌아오게끔 하는 것이다.

釋文 譽音餘, 注同. 繩, 市升反. 左傳以"繩"爲"譽". 衣, 於旣反. 食音嗣.

---

6) 『시』「조풍(曹風)·부유(蜉蝣)」: 蜉蝣掘閱, 麻衣如雪. 心之憂矣, 於我歸說.

爲, 于僞反. 說音悅, 又始銳反, 注同.

[번역] '譽'자의 음은 '餘(여)'이며, 정현의 주에 나오는 글자도 그 음이 이와 같다. '繩'자는 '市(시)'자와 '升(승)'자의 반절음이다. 『좌전』에서는 '繩'자를 '譽'자로 여겼다. '衣'자는 '於(어)'자와 '旣(기)'자의 반절음이다. '食'자의 음은 '嗣(사)'이다. '爲'자는 '于(우)'자와 '僞(위)'자의 반절음이다. '說'자의 음은 '悅(열)'이며, 또한 '始(시)'자와 '銳(예)'자의 반절음도 되고, 정현의 주에 나오는 글자도 그 음이 이와 같다.

[孔疏] ●"子曰"至"歸說". 所以前經君子不用虛言, 故此經明言當以實, 其事稍殊, 故言"子曰".

[번역] ●經文: "子曰"~"歸說". ○앞의 경문에서는 군자는 허황된 말을 하지 않는다고 했기 때문에, 이곳 경문에서는 말을 할 때에는 마땅히 실질로써 해야 함을 나타내고 있는데, 그 사안이 조금 달라졌기 때문에 '자왈(子曰)'이라고 말했다.

[孔疏] ◎注"譽, 繩也". ○正義曰: 言繩可以度量於物, 凡口譽於人, 先須付度, 亦量之於心, 故以"譽"爲"繩"也. 按莊十四年左傳云: "蔡侯繩息嬀以語楚子." 杜注云: "繩, 譽也." 繩旣訓爲"譽", 譽亦訓"繩", 鄭注以爲此解.

[번역] ◎鄭注: "譽, 繩也". ○먹줄[繩]은 사물을 측량할 수 있으니, 입으로 남에 대해 칭송할 때에는 우선적으로 그를 헤아려야만 하며, 또한 마음으로 헤아려야만 한다는 뜻이다. 그렇기 때문에 '예(譽)'자를 승(繩)자로 풀이했다. 장공(莊公) 14년에 대한 『좌전』의 기록을 살펴보면, "채(蔡)나라 후작은 식규를 칭송하여 초(楚)나라 자작에게 말했다."[7]라고 했고, 두예의 주에서는 "'승(繩)'자는 칭송한다는 뜻이다."라고 했다. '승(繩)'자를 이미 '예

---

7) 『춘추좌씨전』「장공(莊公) 14년」: 蔡哀侯爲莘故, 繩息嬀以語楚子. 楚子如息, 以食入享, 遂滅息.

(譽)'자로 풀이했으니, '예(譽)'자는 또한 '승(繩)'자로 풀이되므로, 정현의 주에서 이처럼 풀이한 것이다.

孔疏 ●"國風曰: 心之憂矣, 於我歸說"者, 此曹風·蜉蝣之篇, 刺曹君之詩. 言曹君好絜其衣服, 不修政事, 國將滅亡, 故賢臣之心憂矣. 說, 舍也. 國旣滅亡, 於我之身, 何所歸舍. 此則引詩斷章, 故義不與詩相當, 言虛華之人, 心憂矣, 我今歸此所說忠信之人. 引之者, 證疾其虛言也.

번역 ●經文: "國風曰: 心之憂矣, 於我歸說". ○이 시는 『시』「조풍(曹風)·부유(蜉蝣)」편으로, 조나라 군주를 풍자한 시이다. 즉 조나라 군주는 의복을 좋아하여 정사를 돌보지 않아서 국가가 패망하려는 지경에 이르렀다. 그렇기 때문에 현명한 신하의 마음에 근심이 생겼다는 뜻이다. '열(說)'자는 "머물다[舍]."는 뜻이다. 국가가 이미 패망을 했으니, 나의 몸은 어디로 되돌아가 쉴 수 있겠는가? 이곳에서 인용한 것은 『시』를 단장취의한 것이다. 그렇기 때문에 그 의미가 『시』의 본래 의미와 맞지 않은 것이니, 허황된 화려함만 추구하는 사람은 마음에 근심이 있으니, 나는 지금 이처럼 충심과 신의를 기뻐하는 자를 돌아오게 한다는 뜻이다. 이 시를 인용한 것은 허황된 말을 꺼린다는 사실을 증명하기 위해서이다.

訓纂 呂與叔曰: 君子力可以周人之窮, 則不徒問其飢寒, 必有以衣食之. 勢可以進賢, 則不徒譽而已, 必有以爵祿之. 故曰不以口譽人.

번역 여여숙이 말하길, 군자의 능력이 사람의 곤궁함에 대해 두루 보살필 수 있다면, 배고픔이나 추위를 묻지 않더라도 반드시 의복을 주고 음식을 주게 된다. 그 세력이 현명한 자를 등용시킬 수 있다면, 칭송만 할 따름이 아니며 반드시 작위와 녹봉을 하사하게 된다. 그렇기 때문에 "말로만 남을 칭송하지 않는다."라고 했다.

集解 以口譽人, 言徒譽之以口, 而不根於實心也. 君子不以口譽人, 其言

必本於心, 忠之道也, 故民化之而作忠. 引曹風蜉蝣之篇, 言憂其人則欲其於
我歸說, 不以口譽人之事也.

번역 "말로 남을 칭송한다."라는 말은 단지 말로만 칭송하고, 그것이 진
실된 마음에 근본을 두지 않았다는 뜻이다. 군자는 말로만 남을 칭송하지
않으니, 그 말은 반드시 그 마음에 근본을 두고 있으므로, 충의 도가 된다.
그렇기 때문에 백성들이 그에 감화되어 충심을 일으키게 된다.『시』「조풍
(曹風)・부유(蜉蝣)」편을 인용한 것은 남에 대해 근심을 한다면 나에게 되돌
아와 기뻐하기를 바라게 된다는 뜻으로, 말로만 남을 칭송하지 않는 사안
에 해당한다.

참고 『시』「조풍(曹風)・부유(蜉蝣)」

蜉蝣之羽, (부유지우) : 하루살이의 날개여,
衣裳楚楚. (의상초초) : 의복이 선명하도다.
心之憂矣, (심지우의) : 마음이 이로 인해 근심스러우니,
於我歸處. (어아귀처) : 내 군주는 어디로 돌아가 의지한단 말인가.

蜉蝣之翼, (부유지익) : 하루살이의 날갯짓이여,
采采衣服. (채채의복) : 많고도 많은 의복이로다.
心之憂矣, (심지우의) : 마음이 이로 인해 근심스러우니,
於我歸息. (어아귀식) : 내 군주는 어디로 돌아가 쉰단 말인가.

蜉蝣掘閱, (부유굴열) : 하루살이가 처음 생겨남에,
麻衣如雪. (마의여설) : 심의(深衣)[8]가 눈처럼 하얗구나.

---

8) 심의(深衣)는 일반적으로 상의와 하의가 서로 연결된 옷을 뜻한다. 제후, 대
부(大夫), 사(士)들이 평상시 집안에 거처할 때 착용하던 복장이기도 하며,
서인(庶人)에게는 길복(吉服)에 해당하기도 한다. 순색에 채색을 가미하기도
했다.

心之憂矣, (심지우의) : 마음이 이로 인해 근심스러우니,

於我歸說. (어아귀세) : 내 군주는 어디로 돌아가 머물러 쉰단 말인가.

毛序 蜉蝣, 刺奢也. 昭公, 國小而迫, 無法以自守, 好奢而任小人, 將無所依焉.

모서 「부유(蜉蝣)」편은 사치를 풍자한 시이다. 소공(昭公)은 나라가 작고 좁은데도, 법도에 따라 자신을 단속하지 못하고, 사치를 좋아하고 소인을 등용하여 의지할 곳이 없어지게 되었다.

참고 구문비교

출 처	내 용
『禮記』「表記」	君子不以口譽人, 則民作忠.
『禮記』「坊記」	善則稱君, 過則稱己, 則民作忠.

그림 36-1 심의(深衣)

深衣卽中衣麻衣長衣註見本章

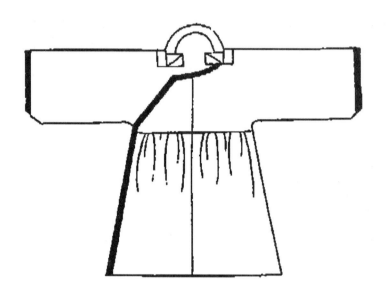

※ 출처: 『삼례도집주(三禮圖集注)』 3권

【638d】

子曰, "口惠而實不至, 怨菑及其身. 是故君子與其有諾責也, 寧有已怨. 國風曰, '言笑晏晏, 信誓旦旦, 不思其反. 反是不思, 亦已焉哉.'"

직역　子가 曰, "口로 惠이나 實이 不至하면, 怨菑가 그 身에 及한다. 是故로 君子는 與히 그 諾責이 有보다는 寧히 已怨이 有하다. 國風에서 曰, '言笑가 晏晏하며, 信誓가 旦旦이라, 그 反을 不思라. 反을 不思하니, 亦히 已라.'"

의역　공자가 말하길, "입으로만 은혜를 베풀고 실제의 시행이 말한 것에 미치지 못한다면, 원망과 재앙이 자신에게 미치게 된다. 이러한 까닭으로 군자는 함부로 약속을 하여 지키지 못한 책임을 받게 되느니, 차라리 처음부터 함부로 약속을 하지 않아 받게 되는 원망을 감내한다. 「국풍」에서는 '말과 웃음이 온화하고 부드러우며, 신의와 맹세가 밝고도 밝으니, 뒤바꾸리라고는 생각치도 못했다. 뒤바꾸리라 생각치도 못했으니 또한 어찌할 수 없구나.'"라고 했다.

集說　國風, 衛風氓之篇. 晏晏, 和柔也. 旦旦, 明也. 始焉不思其反覆, 今之反覆, 是始者不思之過也. 今則無如之何矣, 故曰亦已焉哉.

번역　「국풍」은 『시』「위풍(衛風)·맹(氓)」편이다.[9] '안안(晏晏)'은 온화하고 부드럽다는 뜻이다. '단단(旦旦)'은 밝다는 뜻이다. 처음에는 뒤바꿀 것을 생각하지 못했는데 현재 뒤바꾸었으니, 이것은 처음에 생각하지 못했던 잘못이다. 따라서 현재는 어찌할 수 없기 때문에 "또한 어찌할 수 없다."라고 했다.

集說　呂氏曰: 有求而不許, 始雖咈人之意, 而終不害乎信, 故其怨小. 諾人

---

9) 『시』「위풍(衛風)·맹(氓)」 : 及爾偕老, 老使我怨. 淇則有岸, 隰則有泮. 總角之宴, 言笑晏晏. 信誓旦旦, 不思其反. 反是不思, 亦已焉哉.

而不踐, 始雖不咈人意, 而終害乎信, 故其責大.

[번역] 여씨가 말하길, 요구가 있더라도 함부로 허락을 하지 않는 것은 처음에는 비록 그 사람의 뜻에 거스르는 점이 있더라도 끝내 신의에 해를 끼치지 않는다. 그렇기 때문에 원망함이 작다. 남에게 약속을 하고도 실천하지 않는다면 처음에는 비록 남의 뜻을 거스르지 않더라도 끝내 신의에 해를 끼친다. 그렇기 때문에 책임을 묻는 것이 크다.

[大全] 藍田呂氏曰: 口惠而實不至, 則害信之大者. 自古皆有死, 民無信不立, 危國亡家之本, 此怨蓄所以及其身.

[번역] 남전여씨가 말하길, 입으로만 은혜를 베풀고 실제의 시행이 미치지 못한다면, 신의에 해를 끼치는 것이 크다. "예로부터 모든 사람은 죽었지만, 사람은 신의가 없으면 설 수 없다."[10]고 했으니, 나라를 위태롭게 하고 가정을 망치는 근본이 되므로, 원망과 재앙이 자신에게 미치게 되는 것이다.

[大全] 嚴陵方氏曰: 口惠者, 始終之不相副也.

[번역] 엄릉방씨가 말하길, 입으로만 은혜를 베푼다는 것은 처음과 끝이 서로 합치되지 않는 것이다.

[鄭注] 善言而無信, 人所惡也. 已, 謂不許也. 言諾而不與, 其怨大於不許. 此皆相與爲昏禮而不終也. 言始合會, 言笑和說, 要誓甚信. 今不思其本恩之反覆, 反覆之不思, 亦已焉哉. 無如此人, 何怨之深也.

[번역] 말만 잘하고 신의가 없는 것은 사람들이 싫어하는 대상이다. '이

---

10) 『논어』「안연(顔淵)」: 子貢問政. 子曰, "足食, 足兵, 民信之矣." 子貢曰, "必不得已而去, 於斯三者何先?" 曰, "去兵." 子貢曰, "必不得已而去, 於斯二者何先?" 曰, "去食. 自古皆有死, 民無信不立."

(已)'자는 허락하지 않는다는 뜻이다. 말로만 허락하고 주지 않는다면, 그때
의 원망은 허락하지 않았을 때보다 크다.『시』의 내용은 모두 서로 혼례를
치르기로 했다가 끝을 맺지 못한 것을 뜻한다. 즉 처음에 회합을 가졌을
때에는 말과 웃음소리가 조화롭고 기뻐하였으며, 약속과 맹세가 매우 믿음
직했다. 그런데 현재 본래의 은정을 뒤엎으리라고는 생각하지 않았고, 뒤엎
으리라는 것을 생각하지 않았으니 또한 어찌할 수 없을 따름이라는 뜻이다.
어와 같은 사람이 없다면 어찌 원망함이 깊어지겠는가?

釋文 菑音災. 惡, 烏路反. 已音以. 晏, 於諫反. 信誓, 本亦作"矢誓". 旦如
字, 字林作"▼(旦/心)". 亦已音以. 說音悅. 覆·反覆, 並芳服反.

번역 '菑'자의 음은 '災(재)'이다. '惡'자는 '烏(오)'자와 '路(로)'자의 반절
음이다. '已'자의 음은 '以(이)'이다. '晏'자는 '於(어)'자와 '諫(간)'자의 반절
음이다. '信誓'를 판본에 따라서는 또한 '矢誓'로 기록하기도 한다. '旦'자는
글자대로 읽는데,『자림』에서는 '▼(旦/心)'자로 기록했다. '亦已'에서의 '已'
자는 그 음이 '以(이)'이다. '說'자의 음은 '悅(열)'이다. '覆'자와 '反覆'에서의
'覆'자는 모두 '芳(방)'자와 '服(복)'자의 반절음이다.

孔疏 ●"子曰"至"焉哉". ○正義曰: 前經明其言當實, 此明言若不實, 則怨
及身.

번역 ●經文: "子曰"~"焉哉". ○앞의 경문에서는 그 말은 마땅히 진실
되어야 함을 나타냈고, 이곳 문장에서는 말이 만약 진실되지 못하다면 원
망이 자신에게 미친다고 나타냈다.

孔疏 ●"口惠而實不至"者, 言口施恩惠於人, 而實行不至, 人則怨之, 故言
"怨菑及其身"也.

번역 ●經文: "口惠而實不至". ○말로만 남에게 은혜를 베풀고 실질적

인 행동이 미치지 못하면, 상대가 원망하게 된다는 뜻이다. 그렇기 때문에 "원망과 재앙이 그 자신에게 미친다."라고 했다.

孔疏 ●"是故君子與其有諾責也"者, 諾, 謂許人之物. 責, 謂許而不與而被責. 若其有物許人, 不與被責也.

번역 ●經文: "是故君子與其有諾責也". ○'낙(諾)'자는 남에게 사물을 허락한다는 뜻이다. '책(責)'자는 허락을 했음에도 주지 않아서 책망을 받는다는 뜻이다. 마치 남에게 어떤 사물을 주기로 허락했는데, 주지 않아서 책망을 받는 것과 같다.

孔疏 ●"寧有已怨"者, 已, 謂休已. 寧可有發初休已不許而被怨. 許而不與, 其責大. 發初不與, 其責小.

번역 ●經文: "寧有已怨". ○'이(已)'자는 그만둔다는 뜻이다. 차라리 처음부터 그만두어 허락을 하지 않아서 원망을 받는 것이 낫다는 뜻이다. 허락을 했음에도 주지 않았을 때에는 그 책망이 크다. 그러나 처음부터 허락을 하지 않는다면 그 책망이 작다.

孔疏 ●"國風曰: 言笑晏晏, 信誓旦旦"者, 衛風·氓之篇也. 婦人被男子所誘, 在後色衰見棄, 追恨男子云, 初時與我言笑晏晏然和悅也, 信其言誓旦旦然相思懇誠也.

번역 ●經文: "國風曰: 言笑晏晏, 信誓旦旦". ○이 시는 『시』「위풍(衛風)·맹(氓)」편이다. 부인이 남자의 속임에 넘어갔는데, 이후 나이가 들자 버림을 당하여 남자를 원망하며, "처음에는 나와 대화를 하고 웃을 때 온화하고 즐거워했기 때문에, 그 말과 맹세를 믿는 것이 매우 간절하고 진실했다."라고 한 것이다.

孔疏 ●"不思其反"者, 謂今男子不思念其本恩之反覆, 是男子不思之事如此, 則無如之何.

번역 ●經文: "不思其反". ○현재 남자가 본래의 은정이 뒤집어지리라고는 생각하지 못했으니, 이것은 남자가 이처럼 생각하지 못했다면, 어찌할 수 없다는 뜻이다.

孔疏 ●"亦已焉哉", 言恨之甚也. 引者, 證許而不與, 被人所怨也.

번역 ●經文: "亦已焉哉". ○매우 한탄한다는 뜻이다. 이 시를 인용한 것은 허락을 했음에도 주지 않는다면, 남에게 원망을 받는다는 것을 증명하기 위한 것이다.

集解 愚謂: 引衛風氓之篇, 言約誓者不思其後之反覆, 以致於乖離, 猶輕諾者不思其後之不能踐, 以至於見怨也.

번역 내가 생각하기에, 『시』「위풍(衛風)·맹(氓)」편을 인용한 것은 약속과 맹세를 했을 때 훗날 뒤엎으리라고 생각하지 못하여, 서로 배반하는 지경에 이르게 되는데, 이것은 마치 경솔하게 약속하고 훗날 실천할 수 없음을 생각하지 못하여 원망을 받게 됨과 같다는 뜻이다.

참고 『시』「위풍(衛風)·맹(氓)」

氓之蚩蚩, (맹지치치) : 안색이 돈후해 보이는 백성이,
抱布貿絲. (포포무사) : 포를 안고 찾아와서 실을 사는구나.
匪來貿絲, (비래무사) : 실을 사러 옴이 아니니,
來卽我謀. (내즉아모) : 찾아와 나와 도모하려 하는구나.
送子涉淇, (송자섭기) : 그대를 전송하기 위해 기수(淇水)를 건너,
至于頓丘. (지우돈구) : 돈구(頓丘)에 이르렀노라.
匪我愆期, (비아건기) : 내가 기한을 어기려고 해서가 아니며,
子無良媒. (자무량매) : 그대에게 좋은 중매가 없어서니라.
將子無怒, (장자무노) : 청하니, 그대는 노여워하지 말지어다,
秋以爲期. (추이위기) : 가을로 너와 기약하노라.

乘彼垝垣, (승피궤원) : 저 무너진 담장에 올라가서,
以望復關. (이망복관) : 군자가 있는 곳에서 바라보느니라.
不見復關, (불견복관) : 군자가 있는 곳에서 볼 수 없으니,
泣涕漣漣. (읍체연연) : 눈물과 콧물이 줄줄 흐르는구나.
旣見復關, (기견복관) : 군자가 있는 곳에서 보게 되니,
載笑載言. (재소재언) : 웃음을 보이며 말하는구나.
爾卜爾筮, (이복이서) : 너의 거북점과 너의 시초점에,
體無咎言. (체무구언) : 조짐과 점괘에 허물의 말이 없구나.
以爾車來, (이이거래) : 너의 수레를 끌고 오라,
以我賄遷. (이아회천) : 내가 재물을 가지고 옮겨가리라.

桑之未落, (상지미락) : 뽕잎이 떨어지기 전에는,
其葉沃若. (기엽옥약) : 그 잎이 무성하고 윤기가 흐르는구나.
于嗟鳩兮, (우차구혜) : 아, 비둘기야,
無食桑葚. (무식상심) : 뽕나무 열매를 먹지 말지어다.
于嗟女兮, (우차여혜) : 아, 여자야,
無與士耽. (무여사탐) : 남자와 놀아나지 말지어다.
士之耽兮, (사지탐혜) : 남자가 놀아남은,

猶可說也. (유가설야) : 오히려 말을 할 수 있도다.
女之耽兮, (여지탐혜) : 여자가 놀아남은,
不可說也. (불가설야) : 말을 할 수 없도다.

桑之落矣, (상지락의) : 뽕잎이 떨어지니,
其黃而隕. (기황이운) : 누렇게 되어 떨어지는구나.
自我徂爾, (자아조이) : 내가 너에게 찾아가니,
三歲食貧. (삼세식빈) : 삼년 동안 곡식이 궁핍했도다.
淇水湯湯, (기수탕탕) : 기수가 세차게 흐르는데도,
漸車帷裳. (점거유상) : 건너 점점 수레의 휘장에 가까워지도다.
女也不爽, (여야불상) : 내 너에 대한 마음에 차이가 있어서가 아니며,
士貳其行. (사이기행) : 남자가 행실에 두 마음을 품어서니라.
士也罔極, (사야망극) : 남자의 행실에 바름이 없는지라,
二三其德. (이삼기덕) : 그 덕이 이랬다 저랬다 하노라.

三歲爲婦, (삼세위부) : 삼년 동안 부인이 된지라,
靡室勞矣. (미실로의) : 가사를 수고롭게 여기지 않는도다.
夙興夜寐, (숙흥야매) : 일찍 일어나고 밤늦게 자니,
靡有朝矣. (미유조의) : 하루만 그렇게 하는 것이 아니니라.
言旣遂矣, (언기수의) : 내가 이미 삼년을 지내자,
至于暴矣. (지우폭의) : 포악함을 보게 되었노라.
兄弟不知, (형제부지) : 형제들은 이를 모르니,
咥其笑矣. (질기소의) : 알게 되면 희희덕거리며 나를 비웃으리라.
靜言思之, (정언사지) : 조용히 생각해보니,
躬自悼矣. (궁자도의) : 내 스스로 슬퍼지도다.

及爾偕老, (급이해로) : 너와 해로하고자 한데,
老使我怨. (노사아원) : 늙자 나를 원망토록 하는구나.
淇則有岸, (기칙유안) : 기수에는 낭떨어지가 있고,
隰則有泮. (습즉유반) : 습지에는 물가가 있도다.
總角之宴, (총각지연) : 총각시절 편안했을 때,
言笑晏晏. (언소안안) : 너와 말하고 웃음에 화락하였도다.

信誓旦旦, (신서단단) : 믿고 맹세함이 진실되었으니,

不思其反. (불사기반) : 뒤집힐 줄은 생각하지 못했노라.

反是不思, (반시불사) : 뒤집힐 줄 생각조차 못했으니,

亦已焉哉. (역이언재) : 또한 어찌할 수 없구나.

毛序 氓, 刺時也. 宣公之時, 禮義消亡, 淫風大行, 男女無別, 遂相奔誘, 華落色衰, 復相棄背, 或乃困而自悔喪其妃耦. 故序其事以風焉, 美反正, 刺淫泆也.

모서 「맹(氓)」편은 시대를 풍자한 시이다. 선공(宣公) 때에는 예의가 쇠락하였고 음란한 풍속이 크게 유행하여, 남녀 사이에 유별함이 없어 결국 서로에게 달려가 유혹하였다. 젊음이 끝나 노쇠하게 되자 서로 등지고 배신하였고, 간혹 곤궁하게 되면 짝을 버린 일을 후회하였다. 그렇기 때문에 그 일들을 서술하여 풍자한 것이니, 정도로 되돌아옴을 찬미하고, 음란함을 풍자하였다.

• 제 37 절 •

정(情) · 모(貌) · 사(辭)

【639a】

子曰, "君子不以色親人. 情疏而貌親, 在小人則穿窬之盜也
與." 子曰, "情欲信, 辭欲巧."

직역 子가 曰, "君子는 色으로 人을 親하길 不한다. 情이 疏한데 貌가 親함은
小人에게 在해서는 穿窬의 盜일 것이다." 子가 曰, "情은 信을 欲하고, 辭는 巧를
欲한다."

의역 공자가 말하길, "군자는 표정만 좋게 지어서 남과 친하게 지내는 것을
하지 않는다. 정감이 소원한데도 모습만 친하게 짓는 것은 소인에게 있어서는 벽을
뚫고 담을 넘는 도적이 될 것이다."라고 했다. 공자가 말하길, "정감은 신의롭게
하고자 하고, 말은 도리를 살피고자 해야 한다."라고 했다.

集說 情欲信, 卽大學意誠之謂也. 巧, 當作考, 卽曲禮則古昔稱先王之謂
也. 否則爲無稽之言矣.

번역 정감은 신의롭게 하고자 한다는 말은 『대학』에서 "뜻이 성실해진
다."[1]라고 한 말에 해당한다. '교(巧)'자는 마땅히 '고(考)'자가 되어야 하니,
『예기』「곡례(曲禮)」편에서 "옛날의 교훈을 법도로 삼아서 하고, 선왕(先
王)의 도리에 빗대어야 한다."[2]라고 한 말에 해당한다. 그렇지 않다면 도리

---

1) 『대학』「경(經) 1장」: 物格而后知至, 知至而后意誠, 意誠而后心正, 心正而后
身修, 身修而后家齊, 家齊而后國治, 國治而后天下平.
2) 『예기』「곡례상(曲禮上)」【20d~21a】: 正爾容, 聽必恭. 毋勦說, 毋雷同. 必則
古昔, 稱先王.

를 살펴봄도 없는 말이 된다.

集說 呂氏曰: 穿窬之盜, 欺人之不見, 以爲不義而已. 色親人者, 巧言令色
足恭, 無誠心以將之. 情疏貌親, 主於爲利, 亦欺人之不見也. 孔子曰, "色厲而
內荏, 譬諸小人, 其猶穿窬之盜也." 與孟子曰, "士未可以言而言, 是以言餂之
也." 是皆穿窬之類也. 二者亦欺人之不見, 以爲不義, 故所以爲穿窬也.

번역 여씨가 말하길, 벽을 뚫거나 담을 넘는 도적은 남이 보지 못하는
곳을 속이니, 이것을 의롭지 못하다고 여긴 것일 뿐이다. 표정을 좋게 지어
남과 친하게 지내는 자는 말을 교묘히 하고 표정을 좋게 지으며 지나치게
공손하여,[3] 진실된 마음에서 이끌어낸 것이 없다. 정감이 소원한데 모양만
친하게 꾸민다는 것은 이로움을 위주로 하니, 또한 남이 보지 못하는 곳을
속이는 것이다. 공자는 "표정을 근엄하게 지으면서도 내적으로 유약한 것
은 소인에게 비유하자면 벽을 뚫거나 담을 넘는 도적과 같다."[4]라고 했고,
맹자는 "사가 아직 말을 해서는 안 되는데도 말을 하는 것은 말로 꾀어내는
것이다."[5]라고 했다. 이 모두는 벽을 뚫거나 담을 넘는 부류에 해당한다.
두 가지는 또한 남이 보지 못하는 곳을 속이니, 의롭지 못하다고 여긴 것이
다. 그렇기 때문에 벽을 뚫고 담을 넘는 것이 된다.

集說 石梁王氏曰: 辭欲巧, 決非孔子之言. 巧言令色鮮矣仁.

번역 석량왕씨가 말하길, '사욕교(辭欲巧)'라는 말은 결코 공자의 말이
아니다. 말을 교묘히 꾸미고 표정을 좋게 짓는 자 중에는 인(仁)한 자가
드물다고 했다.[6]

---

3) 『논어』「공야장(公冶長)」: 子曰, "巧言令色足恭, 左丘明恥之, 丘亦恥之. 匿怨
而友其人, 左丘明恥之, 丘亦恥之."
4) 『논어』「양화(陽貨)」: 子曰, "色厲而內荏, 譬諸小人, 其猶穿窬之盜也與."
5) 『맹자』「진심하(盡心下)」: 士未可以言而言, 是以言餂之也, 可以言而不言, 是
以不言餂之也. 是皆穿踰之類也.
6) 『논어』「학이(學而)」: 子曰, "巧言令色, 鮮矣仁!"

大全 馬氏曰: 君子不以色親人者, 以其有相愛之情出於中, 愉色婉容見於外. 蓋眞積於內, 然後誠動於外, 故君子不以色親人, 而慮其情之不信也. 匿怨而友其人者, 君子所恥也.

번역 마씨가 말하길, 군자가 표정을 좋게 짓는 것으로 남에게 친하게 대하지 않는 것은 서로 친애하는 정감이 마음에서 우러나오고, 온화한 표정과 유순한 태도가 겉으로 드러나기 때문이다. 무릇 내적으로 진실됨이 쌓인 뒤에야 겉으로 진실됨이 나타난다. 그렇기 때문에 군자는 표정을 좋게 짓는 것으로 남에게 친하게 대하지 않고, 정감이 신의롭지 못한 것을 염려한다. 원망을 숨기고 그 사람과 교우하는 것을 군자는 부끄럽게 여긴다.7)

鄭注 巧, 謂順而說也.

번역 '교(巧)'자는 순종하며 기뻐한다는 뜻이다.

釋文 穿音川. 奩, 范羊朱反, 徐音旦. 與音餘. 說音悅.

번역 '穿'자의 음은 '川(천)'이다. '奩'자는 범음(范音)은 '羊(양)'자와 '朱(주)'자의 반절음이며, 서음(徐音)은 '旦(단)'이다. '與'자의 음은 '餘(여)'이다. '說'자의 음은 '悅(열)'이다.

孔疏 ●"子曰"至"欲巧". ○正義曰: 此明更申以情行相副, 故稱"子曰".

번역 ●經文: "子曰"~"欲巧". ○이곳 문장은 정감과 행동이 서로 부합된다는 사실을 재차 설명하고 있다. 그렇기 때문에 '자왈(子曰)'이라고 했다.

---

7) 『논어』「공야장(公冶長)」: 子曰, "巧言令色足恭, 左丘明恥之, 丘亦恥之. 匿怨而友其人, 左丘明恥之, 丘亦恥之."

孔疏 ●“君子不以色親人”者, 謂不以虛僞善色詐親於人也.

번역 ●經文: “君子不以色親人”. ○허망과 거짓으로 좋은 표정을 짓고 거짓으로 남과 친하게 지내지 않는다는 뜻이다.

孔疏 ●“在小人則穿窬之盜也與”, 言情疏貌親, 而心不慤實, 恒畏於人, 譬之於細小人, 則穿窬之盜也. 許愼說文云穿窬者, 外貌爲好, 而內懷姦盜, 似此情疏貌親之人, 外內乖異, 故云“穿窬之盜也與”.

번역 ●經文: “在小人則穿窬之盜也與”. ○정감이 소원한데도 모습만 친하게 하여, 마음이 진실되지 않아서, 항상 남을 두려워 하니, 이것을 소인에게 비유하자면 벽을 뚫고 담을 넘는 도적이 된다. 허신8)의 『설문』에서는 ‘천유(穿窬)’라는 것은 외형만 좋고 내면이 간사한 것이라고 했으니, 이것은 마치 정감이 소원한데도 모습만 친하게 하는 자와 유사하다. 즉 외형과 내면이 서로 괴리되어 있기 때문에 “벽을 뚫고 담을 넘는 도적일 것이다.”라고 했다.

孔疏 ●“子曰: 情欲信, 辭欲巧”者, 旣稱“情疏而貌親”, 故更明情貌信實, 所以重言之也.

번역 ●經文: “子曰: 情欲信, 辭欲巧”. ○이미 “정감이 소원한데도 모습만 친하게 한다.”라고 했기 때문에 재차 정감과 모습이 진실되어야 함을 나타냈으니, 거듭 설명한 것이다.

孔疏 ●“辭欲巧”者, 言君子情貌欲得信實, 言辭欲得和順美巧, 不違逆於理, 與“巧言令色”者異也.

---

8) 허신(許愼, A.D.30~A.D.124): =허숙중(許叔重). 후한(後漢) 때의 학자이다. 자(字)는 숙중(叔重)이다. 『설문해자(說文解字)』의 저자로 널리 알려져 있으며, 다른 저서로는 『오경이의(五經異義)』가 있으나 산일되었다. 『오경이의』는 송대(宋代) 때 다시 편찬되었으나 진위를 따지기 힘들다.

번역 ●經文: "辭欲巧". ○군자의 정감과 모양은 진실하고자 하며, 말은 조화롭고 온순하며 아름답게 하고자 하며, 이치를 거스르지 않고자 한다는 뜻이니, "말을 교묘히 꾸미고 표정을 좋게만 짓는다."라고 한 말과는 다르다.

訓纂 方性夫曰: 穿窬者, 穿垣墉而爲之盜也.

번역 방성부가 말하길, '천유(穿窬)'는 담장을 뚫고서 도적질을 한다는 뜻이다.

集解 君子待人以誠, 故不以色親人. 親人以貌, 而不本於誠心, 此必有所利於人, 而又恐人之窺其實也, 故擬之以穿窬之盜.

번역 군자는 진실됨으로 남을 대하기 때문에 표정만 좋게 해서 남과 친하게 지내지 않는다. 겉모습만으로 남과 친하게 지내며 진실된 마음에 근본을 두지 않는 것은 분명 남에 대해서 이로움을 꾀하고자 하는 것이 있고, 또 남이 자신의 진실됨을 엿보게 될까를 염려하는 것이다. 그렇기 때문에 벽을 뚫고 담을 넘는 도적이라고 비유했다.

集解 愚謂: 孔子言"巧言令色, 鮮矣仁", 而詩曰"令儀令色", 此曰"辭欲巧", 何也? 蓋孔子惡巧言, 謂其無誠心而徒致飾於言者也. 此云"情欲信", 則其心固已有其實矣. 但恐恃其信而發爲言者或失之鄙朴, 或失之徑遂, 故又欲其巧, 巧, 謂善達其情, 而非致飾於外也.

번역 내가 생각하기에, 공자는 "말을 교묘히 꾸미고 표정을 좋게 짓는 자 중에는 인(仁)한 자가 드물다."라고 했는데, 『시』에서 "규범에 따른 행동이 아름답고 표정이 아름답다."9)라고 했고, 이곳에서 "말은 아름답게 하고

---

9) 『시』「대아(大雅)·증민(烝民)」: 仲山甫之德, 柔嘉維則. 令儀令色, 小心翼翼. 古訓是式, 威儀是力. 天子是若, 明命使賦.

자 한다."라고 한 것은 어째서인가? 공자는 말을 교묘히 꾸미는 것을 싫어
했으니, 그 말에는 진실된 마음이 없고 단지 말에 대해서 수식만 지극히
꾸민 것이기 때문이다. 이곳에서 "정감은 신의롭게 하고자 한다."라고 했으
니, 마음에 진실로 실질적인 것을 갖추고 있는 것이다. 다만 그 말만을 믿고
말을 꺼낸다면 간혹 비루하고 천박하게 말하는 잘못을 범하기도 하고, 너
무 직설적으로 말하는 잘못을 범하기도 한다. 그렇기 때문에 아름답게 꾸
미고자 하는 것이니, '교(巧)'는 그 정감을 잘 전달하는 것으로, 외적으로
수식만 지극히 하는 것이 아님을 뜻한다.

集解 朱子曰: 容貌·詞氣之間, 正學者持養用力之地. 然有意於巧·令, 以悅
人之觀聽, 則心馳於外而鮮仁矣. 若就此持養, 發禁躁妄, 動必溫恭, 只要體當
自家直內·方外之實事, 乃是爲己之切, 求仁之要, 復何病乎? 故夫子告顏淵以
克己復禮之目, 不過視·聽·言·動之間, 而曾子將死之善言, 亦不外乎容貌·顏
色·辭氣三者而已. 夫子所謂"遜以出之", 辭欲巧者, 亦其一事也.

번역 주자가 말하길, 용모와 말은 바로 학자들이 배양하고 힘써야 할
곳이다. 그러나 교묘히 하고 아름답게만 하는데 뜻을 두어, 남이 보고 들음
을 기쁘게만 만들려고 한다면, 마음이 밖으로 쏠리게 되어 인(仁)이 적게
된다. 만약 이러한 것들을 배양하여 말을 할 때 성급함과 망령됨을 금지하
고 움직일 때 반드시 온화하고 공손하게 해야 하는데, 다만 스스로 내적인
면을 바르게 하고 외적인 면을 방정하게 하는 실질적인 사안을 체득해야만
하니, 이것이 바로 자신을 위한 절실한 공부이고, 인(仁)을 구하는 요점인
데, 무슨 병폐가 있겠는가? 그러므로 공자가 안연에게 자신을 이겨서 예를
회복하라고 알려준 조목은 보고·듣고·말하고·행동하는 것에 지나지 않았
고,10) 증자가 죽음을 맞이하며 남긴 좋은 말 또한 용모·안색·말이라는 세
가지에서 벗어나지 않았을 따름이다.11) 공자가 "겸손함으로써 나타낸다."12)

---

10) 『논어』「안연(顏淵)」: 顏淵問仁. 子曰, "克己復禮爲仁. 一日克己復禮, 天下歸
仁焉. 爲仁由己, 而由人乎哉?" 顏淵曰, "請問其目." 子曰, "非禮勿視, 非禮勿
聽, 非禮勿言, 非禮勿動." 顏淵曰, "回雖不敏, 請事斯語矣."

라고 했는데, "말은 아름답게 하고자 한다."라고 한 말 또한 이와 동일한
사안이다.

참고 구문비교

출 처	내 용
『禮記』「表記」	君子不以色親人. 情疏而貌親, 在小人則穿窬之盜也與.
『論語』「陽貨」	色厲而內荏, 譬諸小人, 其猶穿窬之盜也與.

참고 구문비교

출 처	내 용
『禮記』「表記」	辭欲巧.
『論語』「學而」	巧言令色, 鮮矣仁.
『論語』「公冶長」	巧言令色足恭, 左丘明恥之, 丘亦恥之.
『論語』「衛靈公」	巧言亂德, 小不忍, 則亂大謀.
『論語』「陽貨」	巧言令色, 鮮矣仁.

---

11) 『논어』「태백(泰伯)」 : 曾子有疾, 孟敬子問之. 曾子言曰, "鳥之將死, 其鳴也哀,
人之將死, 其言也善. 君子所貴乎道者三, 動容貌, 斯遠暴慢矣, 正顏色, 斯近信
矣, 出辭氣, 斯遠鄙倍矣. 籩豆之事, 則有司存."
12) 『논어』「위령공(衛靈公)」 : 子曰, "君子義以爲質, 禮以行之, 孫以出之, 信以成
之. 君子哉!"

• 제 38 절 •

신명(神明)과 복서(卜筮)

子言之, "昔三代明王, 皆事天地之神明, 無非卜筮之用, 不敢
以其私褻事上帝, 是以不犯日月, 不違卜筮. 卜筮不相襲也."

직역 子가 言하길, "昔에 三代의 明王은 皆히 天地의 神明을 事하고, 卜筮의 用이 非함이 無하며, 敢히 그 私褻로 上帝를 事하길 不하니, 是以로 日月을 不犯하고, 卜筮를 不違라. 卜筮는 相襲을 不이라."

의역 공자가 말하길, "예전 삼대 때의 성왕들은 모두 천지의 신명을 섬겼고, 거북점과 시초점을 사용하지 않았던 적이 없으며, 감히 사적인 친근함으로 상제를 섬기지 않았다. 이러한 까닭으로 해와 달의 운행을 침범하지 않았고, 거북점과 시초점의 점괘를 어기지 않았다. 거북점과 시초점은 서로 연달아 치지 않는다."라고 했다.

集說 不相襲, 說見曲禮.

번역 "서로 연달아 치지 않는다."에 대한 설명은 『예기』「곡례(曲禮)」편에 나온다.1)

---

1) 『예기』「곡례상(曲禮上)」【42b】에는 "曰, '爲日, 假爾泰龜有常', '假爾泰筮有常'. 卜筮不過三, 卜筮不相襲."이라는 기록이 있고, 이에 대한 진호(陳澔)의 『집설(集說)』에서는 "襲, 因也. 卜不吉則止, 不可因而更筮, 筮不吉則止, 不可因而更卜也."라고 풀이했다. 즉 "'습(襲)'자는 '~연유하여[因]'라는 뜻이다. 예를 들어 거북점을 쳤는데, 불길하다는 점괘가 나오면 거기에서 멈추는 것이니, 거북점으로 불길하다는 점괘가 나왔다고 해서 다시 시초점을 쳐서는 안

集說 劉氏曰: 此段經文, 言事天地神明, 無非卜筮之用. 而又云大事有時日, 呂氏以爲冬夏至祀天地, 四時迎氣用四立, 他祭祀之當卜日者, 不可犯此素定之日. 非此, 則其他自不可違卜筮也. 然曲禮止云大饗不問卜, 周官太宰祀五帝卜日, 祀大神示亦如之, 太卜大祭祀眡高命龜, 春秋·魯禮又有卜郊之文, 郊特牲又有郊用辛之語. 是蓋互相牴牾, 未有定說. 又如卜筮不相襲, 大事卜, 小事筮. 而洪範有龜從筮從, 龜從筮逆之文, 筮人有凡國之大事, 先筮而後卜, 太卜又凡事涖卜. 又如外事用剛日, 內事用柔日, 而特牲社用甲, 召誥丁巳郊, 戊午社, 洛誥戊辰烝祭歲. 凡此皆不合禮家之說, 未知所以一之也, 姑闕以俟知者.

番譯 유씨가 말하길, 이곳 단락의 경문에서는 "천지의 신명을 섬기며, 거북점과 시초점을 사용하지 않은 자가 없다."고 했다. 또 "중대한 일에는 시일(時日)이 있다."라고 했는데, 여씨는 동지와 하지에 천지에 대해 제사를 지내고, 사계절마다 해당 기운을 맞이할 때에는 입춘·입하·입추·입동에 따르니, 마땅히 거북점으로 제삿날을 점쳐야 하는 다른 제사에 있어서는 이처럼 이미 확정된 날짜를 침범해서는 안 된다. 이러한 경우가 아니라면 나머지 것들은 거북점과 시초점의 결과를 어겨서는 안 된다고 했다. 그런데 『예기』「곡례(曲禮)」편에서는 단지 "큰 제사 때에는 점을 쳐서 날짜를 묻지 않는다."[2]라고 했고, 『주례』「대재(大宰)」편에서는 "오제(五帝)[3]에게 제사를 지낼 때에는 제삿날에 대해 거북점을 치고, 대신기(大神示)[4]에게

되고, 시초점을 쳐서 불길하다는 점괘가 나오면, 거기에서 멈추는 것이니, 시초점으로 불길하다는 점괘가 나왔다고 해서 다시 거북점을 쳐서는 안 된다."라는 뜻이다.

2) 『예기』「곡례하(曲禮下)」【66b】: 大享不問卜, 不饒富.
3) 오제(五帝)는 천상(天上)의 다섯 신(神)을 가리킨다. 오행설(五行說)과 참위설(讖緯說)에 영향을 받은 것으로, 중앙의 황제(黃帝)인 함추뉴(含樞紐), 동쪽의 창제(蒼帝)인 영위앙(靈威仰), 남쪽의 적제(赤帝)인 적표노(赤熛怒), 서쪽의 백제(白帝)인 백소구(白昭矩: =白招拒), 북쪽의 흑제(黑帝)인 협광기(叶光紀)를 가리킨다.
4) 대신기(大神示)는 대신(大神)인 천(天)과 대기(大示: =大祇)인 지(地)를 뜻한다. 즉 천지의 신을 의미한다.

제사를 지낼 때에도 또한 이처럼 한다.”고 했으며,5) 또 『주례』「대복(大卜)」
편에서는 “큰 제사를 지내게 되면 거북껍질 중 불로 지질 수 있는 높은
곳에서 바라보며 거북껍질에게 명령을 한다.”6)라고 했고, 『춘추』와 『노례』
에서는 또한 교(郊)제사에 대해 거북점을 친다는 기록이 나오며, 『예기』「
교특생(郊特牲)」편에는 또한 “교제사는 신(辛)자가 들어가는 날을 이용해
서 치른다.”7)는 말이 나오는데, 이러한 기록들은 상호 어긋나는 기록들이
므로, 확정된 설이 없다. 또 예를 들어 거북점과 시초점은 서로 연달아 치지
않고, 중대한 일에 대해서는 거북점을 치고 상대적으로 덜 중요한 일에 대
해서는 시초점을 친다고 했다. 그런데 『서』「홍범(洪範)」편에는 “거북점이
따르고 시초점이 따르며, 거북점이 따르고 시초점이 거스른다.”8)는 기록이
있고, 『주례』「서인(筮人)」편에는 “국가의 중대사가 발생했을 때에는 우선
적으로 시초점을 치고 이후에 거북점을 친다.”9)라고 했으며, 「대복」편에서
는 “모든 소소한 사안들에 대해서는 거북점 치는 일에 임한다.”10)라고 했
다. 또 예를 들어 외사(外事)11)에는 강일(剛日)12)을 사용하고, 내사(內

---

5) 『주례』「천관(天官)·대재(大宰)」 : 祀五帝, 則掌百官之誓戒, 與其具脩. 前期十
   日, 帥執事而卜日, 遂戒. 及執事, 眂滌濯. 及納亨, 贊王牲事. 及祀之日, 贊玉幣
   爵之事. <u>祀大神示亦如之.</u>

6) 『주례』「춘관(春官)·대복(大卜)」 : 大祭祀, 則眂高命龜.

7) 『예기』「교특생(郊特牲)」【328b】 : 於郊, 故謂之郊. 牲用騂, 尚赤也. 用犢, 貴
   誠也. <u>郊之用辛也.</u>

8) 『서』「주서(周書)·홍범(洪範)」 : 庶民從, <u>龜從, 筮從</u>, 汝則逆, 卿士逆, 吉. 汝則
   從, <u>龜從, 筮逆</u>, 卿士逆, 庶民逆, 作內吉, 作外凶.

9) 『주례』「춘관(春官)·서인(筮人)」 : 凡國之大事, 先筮而後卜.

10) 『주례』「춘관(春官)·대복(大卜)」 : 凡小事, 涖卜.

11) 외사(外事)는 내사(內事)와 상대되는 말이다. 교외(郊外)에서 제사를 지내거
    나, 사냥하는 일 등을 총칭하는 말이다. 또는 외국과의 외교관계에서 연합을
    하거나, 군대를 출동시키는 일 등도 가리킨다. 『예기』「곡례상(曲禮上)」편에
    는 “外事以剛日, 內事以柔日.”이라는 기록이 있는데, 이에 대한 정현의 주에
    서는 “出郊爲外事.”라고 풀이했고, 공영달(孔穎達)의 소에(疏)서는 “外事, 郊
    外之事也. …… 崔靈恩云, 外事, 指用兵之事.”라고 풀이했다. 또한 손희단(孫
    希旦)의 집해(集解)에서는 “愚謂外事, 謂祭外神. 田獵出兵, 亦爲外事.”라고 풀
    이했다.

12) 강일(剛日)은 십간(十干)을 음양(陰陽)으로 구분했을 때, 양(陽)에 해당하는
    날짜를 뜻한다. 십간에 따라 날짜를 구분할 때 갑(甲)·병(丙)·무(戊)·경(庚)·

事)13)에는 유일(柔日)14)을 사용한다고 했는데,「교특생」편에서는 "사(社)에 대한 제사에서는 갑(甲)자가 들어간 날을 사용한다."15)라고 했고,『서』「소고(召誥)」편에서는 "정사(丁巳)일에 교제사를 지내고 무오(戊午)일에 사제사를 지낸다."16)라고 했으며,『서』「낙고(洛誥)」편에서는 "무진(戊辰)일에 증(烝)제사17)를 지내며 해마다 한 차례씩 올렸다."18)라고 했다. 무릇 이러한 것들은 모두 예학자들의 설명과는 합치되지 않으며, 일치시킬 수 있는 방법을 모르겠으니, 잠시 그대로 놔두며 후대의 지혜로운 자가 풀이해주기를 기다린다.

大全 藍田呂氏曰: 郊所以事上帝, 卜日而用之, 不敢必其期也. 卜牲而養之, 不敢必其物也. 是乃不敢以私褻事之也.

임(壬)자가 들어가는 날이 '강일'이 된다. '강일'과 반대되는 말은 유일(柔日)이며, 십간 중 을(乙)·정(丁)·기(己)·신(辛)·계(癸)자가 들어가는 날이 '유일'이 된다.

13) 내사(內事)는 외사(外事)와 상대되는 말이다. 본래 교내(郊內)에서 시행하는 모든 일들을 총칭하는 말이지만, 주로 제사를 가리키며, 특히 종묘(宗廟)에서 지내는 제사를 뜻한다.『예기』「곡례상(曲禮上)」편에는 "外事以剛日, 內事以柔日."이라는 기록이 있는데, 이에 대한 공영달(孔穎達)의 소(疏)에서는 "內事, 郊內之事也. 乙丁己辛癸五偶爲柔也."라고 풀이했고, 손희단(孫希旦)의『집해(集解)』에서는 "內事, 謂祭內神."이라고 풀이했다.

14) 유일(柔日)은 십간(十干)을 음양(陰陽)으로 구분했을 때, 음(陰)에 해당하는 날짜를 뜻한다. 십간에 따라 날짜를 구분할 때 을(乙)·정(丁)·기(己)·신(辛)·계(癸)자가 들어가는 날이 '유일'이 된다. '유일'과 반대되는 말은 강일(剛日)이며, 십간 중 갑(甲)·병(丙)·무(戊)·경(庚)·임(壬)자가 들어가는 날이 '강일'이 된다.

15)『예기』「교특생(郊特牲)」【325b】: 社祭土而主陰氣也, 君南鄕於北墉下, 答陰之義也. 旦用甲, 用日之始也.

16)『서』「주서(周書)·소고(召誥)」: 越三日丁巳, 用牲于郊, 牛二. 越翼日戊午, 乃社于新邑, 牛一羊一豕一.

17) 증(烝)은 겨울에 종묘(宗廟)에서 지내는 제사를 뜻한다. '증'자는 중(衆)자의 뜻으로, 겨울에는 만물 중에 성숙한 것이 많다는 의미에서 붙여진 말이다.『백호통(白虎通)』「종묘(宗廟)」편에는 "冬曰烝者, 烝之爲言衆也, 冬之物成者衆."이라는 기록이 있다.

18)『서』「주서(周書)·낙고(洛誥)」: 戊辰, 王在新邑, 烝祭歲, 文王騂牛一, 武王騂牛一.

번역 남전여씨가 말하길, 교(郊)제사는 상제를 섬기는 방법이니, 제삿날에 대해 거북점을 쳐서 따르는 것은 감히 그 시기를 기필할 수 없기 때문이다. 희생물에 대해서 거북점을 쳐서 선택한 것을 잘 기르는 것은 감히 그 희생물에 대해서 기필할 수 없기 때문이다. 이것은 바로 감히 사적인 친근함으로 섬기지 않는다는 뜻에 해당한다.

大全 馬氏曰: 三代事天地之神明, 無非卜筮之用. 祭義曰, 雖有明知之心, 必進斷其志焉, 示不敢專, 以尊天也, 與此同意.

번역 마씨가 말하길, 삼대 때에는 천지의 신명을 섬기며 거북점과 시초점을 사용하지 않았던 적이 없다. 『예기』「제의(祭義)」편에서 "비록 밝은 지혜를 갖추고 있더라도, 반드시 거북점을 쳐서 그 뜻을 결정하니, 이를 통해 감히 자기마음대로 한 것이 아님을 드러내어 하늘을 존귀하게 높인다."[19)라고 했는데, 이곳의 내용과 의미가 같다.

大全 張子曰: 不犯日月, 謂不使祭日相見犯, 若一時有兩祭, 則必相回互, 使之不相妨.

번역 장자가 말하길, "해와 달을 범하지 않는다."는 말은 제삿날이 서로 겹치도록 하지 않는다는 뜻이니, 한 계절에 두 제사를 지내게 된다면, 반드시 서로 살펴서 상호 방해가 되지 않도록 해야만 한다.

鄭注 言動任卜筮也. 神明, 謂群神也. 日月, 謂冬・夏至, 正月及四時也. 所不違者, 日與牲尸也. 襲, 因也. 大事則卜, 小事則筮.

번역 말하고 행동하여 거북점과 시초점에 임한다는 뜻이다. '신명(神明)'은 뭇 신들을 뜻한다. '일월(日月)'은 동지와 하지, 정월과 사계절 등을

19)『예기』「제의(祭義)」【571d~572a】: 昔者, 聖人建陰陽天地之情, 立以爲易. 易抱龜南面, 天子卷冕北面, <u>雖有明知之心, 必進斷其志焉, 示不敢專, 以尊天也</u>; 善則稱人, 過則稱己, 敎不伐, 以尊賢也.

뜻한다. 어기지 않는 것은 날짜와 희생물 및 시동을 뜻한다. '습(襲)'자는
"~에 연유하다[因]."는 뜻이다. 중대한 사안이라면 거북점을 치고, 상대적
으로 소소한 사안이라면 시초점을 친다.

釋文 夏, 戶嫁反.

번역 '夏'자는 '戶(호)'자와 '嫁(가)'자의 반절음이다.

孔疏 ●"子言"至"百姓". ○正義曰: 此以下至於篇末, 總明卜筮之用, 各隨
文解之.

번역 ●經文: "子言"~"百姓". ○이곳 구문으로부터 그 이하로 「표기」
편의 끝까지는 거북점과 시초점의 용도에 대해서 총괄적으로 나타내고 있
으니, 각각의 문장에 따라서 풀이하겠다.

孔疏 ●"昔三代明王"者, 謂夏·殷·周.

번역 ●經文: "昔三代明王". ○하·은·주나라를 뜻한다.

孔疏 ●"皆事天地之神明"者, 謂祭事天地及諸神明也.

번역 ●經文: "皆事天地之神明". ○천지 및 여러 신들에게 제사를 지낸
다는 뜻이다.

孔疏 ●"無非卜筮之用"者, 言皆須卜筮, 唯九月大享帝於明堂, 不用卜也.
故曲禮下篇云: "大饗不問卜." 鄭云: "莫適卜也." 以其總饗五帝, 不知主何帝
而卜之, 故不卜矣. 所以必須卜者, 不敢以其私褻奉事上帝, 故皆卜之也.

번역 ●經文: "無非卜筮之用". ○모두 거북점과 시초점을 쳐야만 하는
데, 오직 9월에 명당(明堂)[20]에서 오제(五帝)에게 지내는 큰 제사에서만 거

북점을 사용하지 않는다. 그렇기 때문에『예기』「곡례하(曲禮下)」편에서는 "큰 제사 때에는 점을 쳐서 날짜를 묻지 않는다."21)라고 말한 것이고, 정현 은 "각각 점을 쳐서 묻지 않는다."라고 한 것이다. 즉 오제에 대해서 총괄적 으로 제사를 지내는데, 어떤 제(帝)를 위주로 해야 할지 몰라서 거북점을 치는 것이기 때문에 이러한 경우에는 거북점을 치지 않는다. 반드시 거북 점을 쳐야만 하는 것은 감히 사적인 친근함으로 상제를 섬길 수 없기 때문 이다. 그래서 모든 경우에 거북점을 친다.

孔疏 ◎注"日月"至"尸也". ○正義曰: 冬至, 謂祭圜丘; 夏至, 謂祭方澤; 正月, 謂祭感生之帝; 及四時迎氣, 用四時之吉日也. 知冬·夏及四時皆卜者, 按大宰云: "祀五帝, 帥執事而卜日." 鄭注云"五帝, 謂四郊及明堂", 是四郊有 卜也. 大宰又云: "祀大神, 祭大示亦如之." 大神, 則冬至祭圜丘, 大示, 則夏至 祭方澤. 按: 公羊·穀梁"魯郊", 傳云"卜三正", 則知天子郊用夏正亦卜之, 故知 冬·夏至, 正月及四時, 皆卜日也. 然明堂不問卜, 而注"大宰祀五帝卜日." 云 "四郊及明堂"者, 廣解五帝所在, 其實祀明堂不卜也. 按周禮, 祀宗廟亦卜日. 注不言宗廟者, 以經云"事上帝", 故唯解祭天之時. 云"不違者, 日與牲尸"者, 按僖三十一年左傳云: "禮不卜常祀, 而卜其牲日." 是有其牲日也. 按特牲·少 牢云: 大夫·士筮尸, 則天子諸侯有卜尸也.

번역 ◎鄭注: "日月"~"尸也". ○동지에는 환구(圜丘)22)에서 제사를 지

---

20) 명당(明堂)은 일반적으로 고대 제왕이 정교(政教)를 베풀던 장소를 지칭하는 용어로 사용되었다. 이곳에서는 조회(朝會), 제사(祭祀), 경상(慶賞), 선사(選 士), 양로(養老), 교학(教學) 등의 국가 주요 업무가 시행되었다.『맹자』「양혜 왕하(梁惠王下)」편에는 "夫明堂者, 王者之堂也."라는 용례가 있고,『옥태신영 (玉台新詠)』「목난사(木蘭辭)」편에도 "歸來見天子, 天子坐明堂."이라는 용례 가 있다. '명당'의 규모나 제도는 시대마다 다르다. 또한 '명당'이라는 건물군 중에서 남쪽의 실(室)을 가리키는 용어로도 사용되었다.
21) 『예기』「곡례하(曲禮下)」【66b】: 大享不問卜, 不饒富.
22) 환구(圜丘)는 원구(圓丘)라고도 부른다. 고대에 제왕이 동지(冬至)에 제천(祭 天) 의식을 집행하던 곳이다. 자연적으로 형성된 언덕의 형상을 본떠서, 흙 을 높이 쌓아올려 만들었기 때문에, '구(丘)'자를 붙여서 부른 것이며, 하늘의 둥근 형상을 본떴다는 뜻에서 '환(圜)' 또는 '원(圓)'자를 붙여서 부른 것이다.

낸다는 뜻이며, 하지에는 방택(方澤)[23]에서 제사를 지낸다는 뜻이고, 정월
에는 감생제(感生帝)[24]에게 제사를 지낸다는 뜻이며, 사계절마다 해당 기
운을 맞이할 때에는 각 계절의 길한 날을 이용한다. 동지와 하지 및 사계절
마다의 제사에서 모두 거북점을 친다는 사실을 알 수 있는 이유는『주례』「
대재(大宰)」편에서 "오제에게 제사를 지내게 되면 일을 맡아보는 자들을
통솔하여 제삿날에 대해 거북점을 친다."[25]라고 했고, 정현의 주에서는 "오
제(五帝)에 대해서는 사방의 교외 및 명당(明堂)에서 제사를 지낸다."라고
했으니, 이것은 사방 교외에서 지내는 제사에서 거북점을 친다는 사실을
나타낸다. 또「대재」편에서는 "대신(大神)에게 제사를 지내고, 대기(大示)
에게 제사를 지낼 때에도 또한 이처럼 한다."[26]라고 했다. '대신(大神)'에
대해서는 동지에 환구에서 제사를 지내게 되며, 대기(大示)에 대해서는 하
지에 방택에서 제사를 지내게 된다.『공양전』과『곡량전』을 살펴보면, '노
(魯)나라의 교(郊)제사'라는 기록이 있고, 전문에서는 "삼정(三正)[27]에 대

『주례』「춘관(春官)·대사악(大司樂)」편에는 "冬日至, 於地上之圜丘奏之."라는
　기록이 있고, 이에 대한 가공언(賈公彦)의 소(疏)에서는 "土之高者曰丘, 取自
　然之丘. 圜者, 象天圜也."라고 풀이했다.

23) 방택(方澤)은 '방구(方丘)'라고도 부른다. 고대에 제왕이 땅에 대해서 제사를
　지냈던 곳이다. 그 모양이 사각형이기 때문에 '방(方)'자를 붙여서 부르는 것
　이며, 언덕처럼 흙을 쌓아서 만들었기 때문에 '구(丘)'자를 붙여서 부르는 것
　이다. 또한 이 제단은 본래 못가에 설치하였기 때문에 '방택'이라고도 부르는
　것이다.『광아(廣雅)』「석천(釋天)」편에는 "圓丘大壇, 祭天也, 方澤大折, 祭地
　也."라는 기록이 있다.

24) 감생제(感生帝)는 감제(感帝)·감생(感生)이라고도 부른다. 태미오제(太微五
　帝)의 정기를 받아서 태어난 인간세상의 제왕을 뜻한다. 고대에는 각 왕조의
　선조들이 모두 상제(上帝)의 기운을 받아서 태어났다고 여겼기 때문에, '감
　생제'라는 명칭이 생기게 되었다.

25)『주례』「천관(天官)·대재(大宰)」: 祀五帝, 則掌百官之誓戒, 與其具脩. 前期十
　日, 帥執事而卜日, 遂戒.

26)『주례』「천관(天官)·대재(大宰)」: 祀大神示亦如之.

27) 삼정(三正)은 하(夏)·은(殷)·주(周) 세 나라의 정월(正月)을 뜻한다. 또한 세
　나라의 역법(曆法)을 가리키기도 한다. 북두칠성은 회전을 하는데, 각 왕조
　에서는 천상을 12지(支)로 구분하여, 북두칠성의 자루 부분이 어느 방향을
　지시하느냐에 따라 정월을 달리하였다. 하나라 때에는 북두칠성의 자루가
　인(寅)을 가리킬 때를 정월로 여겼고, 은나라 때에는 축(丑)을 가리킬 때를

해 거북점을 친다."라고 했으니, 천자가 교제사를 지낼 때에는 하정(夏
正)²⁸⁾에 따르고 또한 거북점을 친다는 사실을 알 수 있다. 그러므로 동지와
하지 및 정월과 사계절마다 지내는 제사에서는 모두 그 날짜에 대해서 거
북점을 친다는 사실을 알 수 있다. 그러나 명당에서 지내는 제사에서는 거
북점을 쳐서 묻지 않는데, 주에서는 "대재는 오제에 대한 제사를 지낼 때
제삿날에 대해서 거북점을 친다."라고 했다. 그리고 '사방 교외 및 명당'이
라고 했는데, 이것은 오제를 모시는 장소에 대해서 폭넓게 풀이한 것이니,
실제로 명당에서 제사를 지낼 때에는 거북점을 치지 않는다.『주례』를 살
펴보면 종묘에서 제사를 지낼 때에도 또한 제삿날에 대해 거북점을 친다.
그런데도 정현의 주에서 종묘를 언급하지 않은 것은 경문에서 "상제를 섬
긴다."라고 했기 때문에, 오직 하늘에 대해 제사를 지내는 때에 대해서만
풀이한 것이다. 정현이 "어기지 않는 것은 날짜와 희생물 및 시동을 뜻한
다."라고 했는데, 희공(僖公) 31년에 대한『좌전』의 기록을 살펴보면, "예법
에 따르면 정규적으로 지내는 제사에서는 길흉을 점치지 않고, 사용되는
희생물과 제삿날에 대해서만 거북점을 친다."²⁹⁾라고 했다. 이것은 희생물
과 제삿날에 대해서 거북점을 친다는 사실을 나타낸다. 또『의례』「특생궤
식례(特牲饋食禮)」³⁰⁾와「소뢰궤식례(少牢饋食禮)」³¹⁾편을 살펴보면, 대부

정월로 여겼으며, 주나라 때에는 자(子)를 가리킬 때를 정월로 여겼다.

28) 하정(夏正)은 하(夏)나라의 정월(正月)을 뜻한다. 이러한 뜻에서 파생되어 하
나라의 역법(曆法)을 지칭하기도 한다. 하력(夏曆)을 기준으로 두었을 때, 은
(殷)나라는 12월을 정월로 삼았으며, 주(周)나라는 11월을 정월로 삼았다.『
사기(史記)』「역서(曆書)」편에서는 "秦及漢初曾一度以夏曆十月爲正月, 自漢
武帝改用夏正后, 曆代沿用."이라고 하여, 진(秦)나라와 전한초기(前漢初期)에
는 하력에서의 10월을 정월로 삼았다가, 한무제(漢武帝)부터는 다시 하력을
따랐다고 전해진다. 또한 '하력'은 농력(農曆)이라고도 부르는데, '하력'에 기
준을 두었을 때, 농사의 시기와 가장 잘 맞았기 때문이다. 따라서 역대 왕조
에서 역법을 개정할 때에는 '하력'에 기준을 두게 되었다.

29)『춘추좌씨전』「희공(僖公) 31년」: 夏四月, 四卜郊, 不從, 乃免牲, 非禮也. 猶
三望, 亦非禮也. 禮不卜常祀, 而卜其牲·日. 牛卜日曰牲. 牲成而卜郊, 上怠·慢
也. 望, 郊之細也. 不郊, 亦無望可也.

30)『의례』「특생궤식례(特牲饋食禮)」: 前期三日之朝, 筮尸, 如求日之儀. 命筮曰,
"孝孫某, 諏此某事, 適其皇祖某子, 筮某之某爲尸, 尙饗."

와 사는 시동에 대해서 시초점을 친다고 했으니, 천자와 제후는 시동에 대
해 거북점을 치는 절차가 포함된다.

孔疏 ◎注"大事則卜, 小事則筮". ○正義曰: 此解經"卜·筮不相襲"之事.
旣大事卜, 小事筮, 是二者不相因襲也. 此大事, 謂征伐出師及巡守也. 其實是
中事對小事爲大耳. "小事則筮"者, 若周禮·簭人有九筮, "筮更"·"筮咸"之屬,
是也. 此與曲禮文同而注異者, 各隨文勢也.

번역 ◎鄭注: "大事則卜, 小事則筮". ○이 문장은 경문에 나오는 "거북
점과 시초점은 서로 연달아 치지 않는다."라고 한 사안을 풀이한 것이다.
이미 중대한 사안에 대해서 거북점을 치고 소소한 사안에 대해서 시초점을
친다고 했는데, 이 두 가지 경우에는 서로 연달아 치지 않는다. 여기에서
'대사(大事)'라고 한 말은 정벌을 하거나 군대를 동원하고 순수(巡守)[32]를
하는 일 등을 뜻한다. 이러한 일들을 실제로는 중사(中事)에 해당하지만
소사(小事)와 대비를 시켜서 대사(大事)라고 한 것일 뿐이다. 정현이 "소소

---

31) 『의례』「소뢰궤식례(少牢饋食禮)」: 宿. 前宿一日, 宿戒尸. 明日朝<u>筮尸</u>, 如筮
日之禮.

32) 순수(巡守)는 '순수(巡狩)'라고도 부른다. 천자가 수도를 벗어나 제후의 나라
를 시찰하는 것을 뜻한다. '순수'의 '순(巡)'자는 그곳으로 행차를 한다는 뜻
이고, '수(守)'자는 제후가 지키는 영토를 뜻한다. 제후는 천자가 하사해준 영
토를 대신 맡아서 수호하는 것이기 때문에, 천자가 그곳에 방문하여, 자신의
영토를 어떻게 관리하고 있는지를 시찰하게 된다. 『서』「우서(虞書)·순전(舜
典)」편에는 "歲二月, 東<u>巡守</u>, 至于岱宗, 柴."라는 기록이 있고, 이에 대한 공
안국(孔安國)의 전(傳)에서는 "諸侯爲天子守土, 故稱守. 巡, 行之."라고 풀이
했으며, 『맹자』「양혜왕하(梁惠王下)」편에서는 "天子適諸侯曰<u>巡狩</u>. 巡狩者,
巡所守也."라고 기록하였다. 한편 『예기』「왕제(王制)」편에는 "天子, 五年, 一
<u>巡守</u>."라는 기록이 있고, 『주례』「추관(秋官)·대행인(大行人)」편에는 "十有二
歲王巡守殷國."이라는 기록이 있다. 즉 「왕제」편에서는 천자가 5년에 1번 순
수를 시행하고, 「대행인」편에서는 12년에 1번 순수를 시행한다고 기록하고
있는데, 이러한 차이점에 대해서 정현은 「왕제」편의 주에서 "五年者, 虞夏之
制也. 周則十二歲一巡守."라고 풀이했다. 즉 5년에 1번 순수를 하는 제도는
우(虞)와 하(夏)나라 때의 제도이며, 주(周)나라에서는 12년에 1번 순수를 했
다.

한 사안이라면 시초점을 친다."라고 했는데, 『주례』「서인(筮人)」편에는 구서(九筮)[33]가 기록되어 있는데, '서경(筮更)'이나 '서함(筮咸)' 등이 바로 여기에 해당한다. 이곳의 내용은 『예기』「곡례(曲禮)」편의 문장과 동일한데 주의 해석에 차이를 보이는 것은 각각 그 문장의 의미에 따라 풀이를 했기 때문이다.

集解 愚謂: 私, 謂情之所便. 褻, 謂事之所習. 犯, 謂犯其不吉之日也. 卜·筮吉, 然後用, 故不犯日月. 旣卜·筮, 必從之, 故不違卜·筮.

번역 내가 생각하기에, '사(私)'자는 편하게 여기는 정감을 뜻한다. '설(褻)'자는 익숙한 일을 뜻한다. '범(犯)'자는 불길한 날에 따라서 범하게 된다는 뜻이다. 거북점과 시초점이 모두 길하다고 나온 이후에야 따르기 때문에, 해와 달의 운행을 범하지 않는다. 이미 거북점과 시초점을 쳤다면 반드시 그에 따르기 때문에 거북점과 시초점을 어기지 않는다.

集解 此以下皆言卜·筮之義, 又以申明第五章"貴賤皆有事於天下"之義也.

번역 이곳 구문으로부터 그 이하의 내용들은 모두 거북점과 시초점의 뜻을 설명하고 있으며, 또한 이를 통해 제 5장에서 "존귀한 자나 미천한 자 모두 천하에 대해 일삼음이 있는 것이다."[34]라고 한 뜻을 나타내고 있다.

---

33) 구서(九筮)는 시초점을 칠 때, 그 대상이 되는 9종류의 항목을 뜻한다. 9종류의 항목은 서경(筮更), 서함(筮咸), 서식(筮式), 서목(筮目), 서역(筮易), 서비(筮比), 서사(筮祠), 서삼(筮參), 서환(筮環)이다. '서경'은 천도를 할 때 시초점을 친다는 뜻이다. '서함'은 민심이 기뻐하게 될지 아닐지에 대해서 시초점을 친다는 뜻이다. '서식'은 제도와 법도를 만들 때 시초점을 친다는 뜻이다. '서목'은 사안에 대한 방침이 합당한가에 대해 시초점을 친다는 뜻이다. '서역'은 백성들이 기뻐하지 않는 것에 대해 고쳐야 할지에 대해 시초점을 친다는 뜻이다. '서비'는 백성들과 화목하게 될 것에 대해 시초점을 친다는 뜻이다. '서사'는 희생물과 제삿날에 대해 시초점을 친다는 뜻이다. '서삼'은 수레에 함께 오르게 되는 수레를 모는 자와 호위무사에 대해 시초점을 친다는 뜻이다. '서환'은 군대를 되돌려야 할지 아닐지에 대해 시초점을 친다는 뜻이다.

34) 『예기』「표기」【629c】: 子言之, "君子之所謂義者, 貴賤皆有事於天下. 天子親

集解 說見曲禮.

번역 '불상습(不相襲)'에 대한 설명은 『예기』「곡례(曲禮)」편에 나온다.

참고 『춘추』의 교제(郊祭) 기록

희공(僖公) 31년 夏, 四月, 四卜郊, 不從, 乃免牲.

번역 여름 4월 네 차례 교제사에 대해 거북점을 쳤는데 불길하다고 나와서 희생물을 풀어주었다.

선공(宣公) 3년 三年, 春, 王正月, 郊牛之口傷, 改卜牛. 牛死, 乃不郊.

번역 3년 봄 주나라 왕력으로 정월, 교제사에 사용될 소가 입에 상처가 나서, 점을 쳐서 소를 바꿨다. 그 소가 죽어 교제사를 지내지 않았다.

성공(成公) 7년 七年, 春, 王正月, 鼷鼠食郊牛角, 改卜牛. 鼷鼠又食其角, 乃免牛.

번역 7년 봄 주나라 왕력으로 정월, 쥐가 교제사에 사용될 소의 뿔을 갉아먹어서, 점을 쳐서 소를 바꿨다. 쥐가 재차 그 소의 뿔도 갉아먹어서, 소를 풀어주었다.

성공(成公) 7년 不郊, 猶三望.

번역 교제사를 지내지 않고, 오히려 삼망(三望)35)의 제사를 지냈다.

耕, 粢盛·秬鬯, 以事上帝, 故諸侯勤以輔事於天子."
35) 삼망(三望)은 제사의 명칭이다. 망(望)은 일종의 제사 형식이다. 제사 대상이 여러 산천(山川)들일 경우, 그 중 가장 크고 높은 대상이 있는 지역에 가서,

성공(成公) 10년 夏, 四月, 五卜郊, 不從, 乃不郊.

번역 여름 4월 다섯 차례 교제사에 대해 거북점을 쳤는데 불길하다고 나와서 교제사를 지내지 않았다.

성공(成公) 17년 九月, 辛丑, 用郊.

번역 9월 신축일에 교제사를 지냈다.

양공(襄公) 7년 夏, 四月, 三卜郊, 不從, 乃免牲.

번역 여름 4월 세 차례 교제사에 대해 거북점을 쳤는데 불길하다고 나와서 희생물을 풀어주었다.

양공(襄公) 11년 夏, 四月, 四卜郊, 不從, 乃不郊.

번역 여름 4월 네 차례 교제사에 대해 거북점을 쳤는데 불길하다고 나와서 교제사를 지내지 않았다.

정공(定公) 15년 鼷鼠食郊牛, 牛死, 改卜牛.

번역 쥐가 교제사에 사용될 소를 갉아먹어 소가 죽어서, 점을 쳐서 소를 바꿨다.

정공(定公) 15년 夏, 五月, 辛亥, 郊.

번역 여름 5월 신해일에 교제사를 지냈다.

나머지 여러 산천들을 두루 바라보며 지내는 제사이다. '삼(三)'자를 붙여 부른 것은 제후의 입장에서 '망' 제사를 지내는 대상이 3가지이기 때문이다. 참고로 천자에게는 사망(四望)의 제사가 있다.

애공(哀公) 1년 鼷鼠食郊牛, 改卜牛.

번역 쥐가 교제사에 사용될 소를 갉아먹어서, 점을 쳐서 소를 바꿨다.

애공(哀公) 1년 夏, 四月, 辛巳, 郊.

번역 여름 4월 신사일에 교제사를 지냈다.

참고 구문비교

출 처	내 용
『禮記』「表記」	不違卜筮, 卜筮不相襲也.
『禮記』「曲禮上」	卜筮不過三, 卜筮不相襲.

그림 38-1 주나라의 명당(明堂)

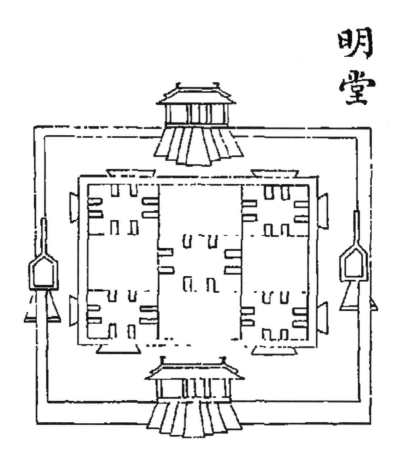

※ 출처:『삼례도집주(三禮圖集注)』4권

그림 38-2 주나라의 명당(明堂)-『삼재도회』

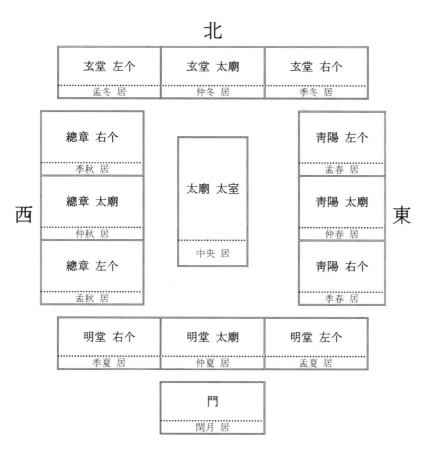

※ **참고:**『삼재도회(三才圖會)』

●그림 38-3 주나라의 명당(明堂)-주자의 설

北

玄堂 左个 總章 右个	玄堂 太廟	玄堂 右个 靑陽 左个
季秋·孟冬 居	仲冬 居	孟春·季冬 居
總章 太廟	太廟 太室	靑陽 太廟
仲秋 居	中央 居	仲春 居
總章 左个 明堂 右个	明堂 太廟	靑陽 右个 明堂 左个
季夏·孟秋 居	仲夏 居	季春·孟夏 居

西 ... 東

南

※ 참고: 『주자어류(朱子語類)』

그림 38-4 환구단(圜丘壇)

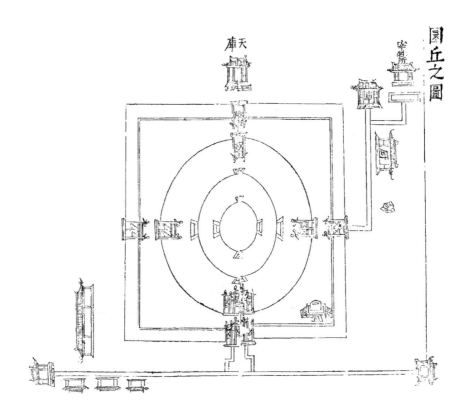

※ **출처:** 『삼재도회(三才圖會)』「궁실(宮室)」 2권

그림 38-5 방구단(方丘壇)

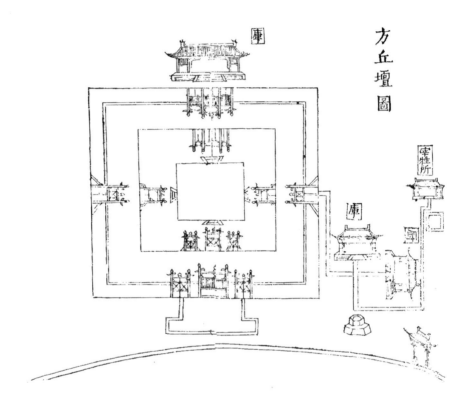

※ **출처**: 『삼재도회(三才圖會)』「궁실(宮室)」 2권

【640a】

"大事有時日; 小事無時日, 有筮. 外事用剛日, 內事用柔日, 不違龜筮." 子曰, "牲牷禮樂齊盛, 是以無害乎鬼神, 無怨乎百姓."

직역 "大事에는 時日이 有하고; 小事에는 時日이 無이나 筮가 有하다. 外事에는 剛日을 用하고, 內事에는 柔日을 用한다." 子가 曰, "牲牷·禮樂·齊盛은 龜筮를 不違하니, 是以로 鬼神에게 害함이 無하고, 百姓에게 怨함이 無하다."

의역 공자가 계속하여 말하길, "중대한 사안에 대해서는 그 시기에 대해 거북점을 치고, 소소한 사안에 대해서는 그 시기에 대해 거북점을 치지 않지만 시초점을 친다. 외사(外事)에 강일(剛日)을 사용하고, 내사(內事)에 유일(柔日)을 사용한다."라고 했다. 공자가 말하길, "제사에 사용되는 희생물·예악·제성(齊盛)에 대해서는 거북점과 시초점을 친 결과를 어기지 않으니, 이러한 이유로 귀신으로부터 해를 당하는 일이 없고, 백성에게 원망을 사는 일이 없다."라고 했다.

集說 大事, 祭大神也. 小事, 祭小神也. 外剛內柔, 見曲禮. 詳文理"不違龜筮"四字, 當在"牲牷禮樂齊盛"之下, 以其一聽於龜筮, 故神人之心皆順也.

번역 '대사(大事)'는 중대한 신에게 제사를 지낸다는 뜻이다. '소사(小事)'는 소소한 신들에게 제사를 지낸다는 뜻이다. 외사(外事)에 강일(剛日)을 사용하고, 내사(內事)에 유일(柔日)을 사용한다는 것에 대해서는 그 설명이 『예기』「곡례(曲禮)」편에 나온다.[36] 문장의 흐름을 자세히 살펴보면,

---

36) 『예기』「곡례상(曲禮上)」【41d】에는 "外事以剛日, 內事以柔日."이라는 기록이 있고, 이에 대한 진호(陳澔)의 『집설(集說)』에서는 "甲丙戊庚壬爲剛, 乙丁己辛癸爲柔. 先儒以外事爲治兵, 然巡狩朝聘盟會之類, 皆外事也. 內事, 如宗廟之祭, 冠昏之禮皆是."라고 풀이했다. 즉 "십간(十干) 중 갑(甲)·병(丙)·무(戊)·경(庚)·임(壬)자가 들어가는 날이 '강일(剛日)'이 되고, 을(乙)·정(丁)·기(己)·신(辛)·계(癸)자가 들어가는 날이 '유일(柔日)'이 된다. 선대 유학자들은 '외사(外事)'를 군대를 다스리는 일로 여겼는데, 순수(巡守)를 하거나 조빙(朝

'불위구서(不違龜筮)'라는 네 글자는 마땅히 '생전례악제성(牲牷禮樂齊盛)'
이라는 구문 뒤에 와야 하니, 한결같이 거북점과 시초점의 점괘를 들어서
신과 사람의 마음이 모두 따르기 때문이다.

大全 馬氏曰: 外事陽也, 而剛亦陽也, 故用剛日. 內事陰也, 而柔亦陰也,
故用柔日. 以郊爲外事矣而用辛, 以社爲內事矣而用甲. 說者以天地至尊之祭,
不可同於外內, 其說似得之矣.

번역 마씨가 말하길, 외사(外事)는 양(陽)에 해당하고, 굳셈 또한 양(陽)
에 해당한다. 그렇기 때문에 강일(剛日)을 사용한다. 내사(內事)는 음(陰)
에 해당하고 부드러움 또한 음(陰)에 해당한다. 그렇기 때문에 유일(柔日)
을 사용한다. 교(郊)제사는 외사에 해당하여 신(辛)자가 들어가는 날에 지
내고, 사(社)제사는 내사에 해당하여 갑(甲)자가 들어가는 날에 지낸다. 학
자에 따라서는 천지에 대한 제사는 지극히 존귀한 제사이므로, 외사나 내
사와 동일하게 치를 수 없다고 하는데, 그 설명은 아마도 맞는 것 같다.

大全 嚴陵方氏曰: 牲牷天産, 齊盛地産. 禮者威儀, 樂者節奏. 於物則有天
産地産, 於事則有威儀節奏. 事物雖盡, 苟或有違於龜筮焉, 又烏能幽無鬼神
之害, 明無百姓之怨乎? 故先王之於祭祀, 不特卜日, 而又卜尸, 不特卜尸, 而
又卜牲也. 違龜筮而百姓怨者, 書不云乎? 詢謀僉同, 鬼神其依, 則以鬼神依
人而行故也. 鬼神有害, 則百姓有所怨, 可知矣.

번역 엄릉방씨가 말하길, 희생물은 하늘이 낳아준 산물이고, 제성(齊盛)
은 땅이 길러준 산물이다. 예(禮)라는 것은 격식에 따른 위엄스러운 행동이
고, 악(樂)이라는 것은 절도에 따라 합주하는 것이다. 사물에 있어서는 하
늘이 낳아주고 땅이 길러준 것이 있고, 사안에 있어서는 위엄스러운 거동

聘) 및 회맹 등의 부류도 모두 '외사'에 포함된다. 그리고 '내사(內事)'에 대해
서는 종묘(宗廟)에서 지내는 제사를 뜻한다고 하였는데, 관례(冠禮)나 혼례
(婚禮)들도 모두 '내사'에 포함된다."라는 뜻이다.

과 절도에 따른 합주가 있다. 사물과 사안에 대해서 비록 다하더라도 만약 거북점과 시초점의 점괘를 어기는 일이 있다면, 또한 어찌 그윽한 저 세상에 있어서는 귀신의 해악이 없을 수 있으며, 밝은 인간 세상에 있어서는 백성들의 원망이 없을 수 있겠는가? 그러므로 선왕이 제사를 지낼 때에는 제삿날에 대해서만 거북점을 친 것이 아니라, 시동에 대해서도 거북점을 쳤고, 시동에 대해서만 거북점을 친 것이 아니라, 희생물에 대해서도 거북점을 쳤다. 거북점과 시초점을 어기면 백성들은 원망하게 되니, 『서』에서 말하지 않던가? 사람들에게 묻고 상의하여 모두 동의하면 귀신이 그에 의지하게 된다고.[37] 즉 귀신은 사람에게 의지하여 활동하기 때문이다. 귀신이 해를 끼침이 있다면, 백성들에게 원망함이 생긴다는 사실을 알 수 있다.

鄭注 大事, 有事於大神, 有常時常日也. 有事於小神, 無常時常日. "有筮", 臨有事筮之. 順陰陽也. 陽爲外, 陰爲內. 事之外內, 別乎四郊. 牷, 猶純也.

번역 '대사(大事)'는 중대한 신에게 제사를 지낸다는 뜻인데, 그 제사에는 일정한 시기와 일정한 날짜가 있다. 소소한 신들에게 제사를 지낼 때에는 일정한 시기와 일정한 날짜가 없다. "시초점이 있다."는 말은 제사를 지내야 할 때 임해서 시초점을 친다는 뜻이다. 강일(剛日)과 유일(柔日)을 구분해서 따르는 것은 음양에 따르기 때문이다. 양(陽)은 비교하자면 밖이 되고, 음(陰)은 안이 된다. 외사(外事)와 내사(內事)는 사방 교외에서 지내는 제사와 구별된다. '전(牷)'자는 "순수하다[純]."는 뜻이다.

釋文 別, 彼列反. 牷音全, 純色也, 本亦作全, 注同. 齊音粢, 本亦作齏.

번역 '別'자는 '彼(피)'자와 '列(렬)'자의 반절음이다. '牷'자의 음은 '全(전)'이며, 잡색이 섞이지 않은 순색을 뜻하고, 판본에 따라서는 또한 '全'자로도 기록하는데, 정현의 주에 나오는 글자도 이와 같다. '齊'자의 음은 '粢(자)'이며, 판본에 따라서 또한 '齏'자로도 기록한다.

---

37) 『서』「우서(虞書)·대우모(大禹謨)」 : 朕志先定, <u>詢謀僉同, 鬼神其依</u>, 龜筮協從.

孔疏 ●"子曰: 牲牷禮樂齊盛, 是以無害乎鬼神, 無怨乎百姓"者, 以其事上帝神明, 不敢自專, 皆依卜筮, 動合於禮, 故夫子總更結之. 牲牷之等, 禮樂之儔, 粢盛之實, 皆不違龜筮. 是以此等所用, 無虧害於鬼神, 無見怨於百姓, 以其無非卜筮之用, 動順於禮故也.

번역 ●經文: "子曰: 牲牷禮樂齊盛, 是以無害乎鬼神, 無怨乎百姓". ○상제와 뭇 신들에게 제사를 지내는 것이므로, 감히 자기 마음대로 할 수 없으니, 모든 경우 거북점과 시초점에 의거하며, 행동이 예법에 부합되기 때문에, 공자가 총괄적으로 재차 결론을 맺은 것이다. 순색의 희생물을 사용하는 것, 예악을 사용하는 것, 자성(粢盛)을 채우는 것 등이 모두 거북점과 시초점의 점괘를 어기지 않는다. 따라서 이러한 것들을 사용함에 귀신에게서 해를 받을 일이 없고, 백성에게 원망을 받을 일이 없으니, 거북점과 시초점을 사용하지 않음이 없고, 행동이 예법에 따르기 때문이다.

孔疏 ◎注"大事, 有事於大神, 有常時常日也". ○正義曰: 旣"有常時常日", 而用卜者, 亦不敢專也. 故曲禮篇云: "日而行事則必踐之." 又祭統云: "雖有明知之心, 必進斷其志." 是雖有常日, 猶用卜也.

번역 ◎鄭注: "大事, 有事於大神, 有常時常日也". ○이미 "일정한 시기와 일정한 날짜가 있다."라고 했고, 거북점을 친다고 했으니 또한 감히 마음대로 하지 못하는 것이다. 그렇기 때문에『예기』「곡례(曲禮)」편에서는 "점을 쳐서 날짜를 정하여 그 일을 시행하기로 했다면, 반드시 그 일을 실천해야 한다."38)라고 한 것이고, 또『예기』「제통(祭統)」편에서는 "비록 밝은 지혜를 갖추고 있더라도, 반드시 거북점을 쳐서 그 뜻을 결정한다."39)라고

---

38)『예기』「곡례상(曲禮上)」【42c】: 龜爲卜, 筴爲筮. 卜筮者, 先聖王之所以使民信時日, 敬鬼神, 畏法令也, 所以使民決嫌疑, 定猶與也. 故曰, "疑而筮之, 則弗非也, 日而行事, 則必踐之."
39)『예기』「제통(祭統)」【571d~572a】: 昔者, 聖人建陰陽天地之情, 立以爲易. 易抱龜南面, 天子卷冕北面, 雖有明知之心, 必進斷其志焉, 示不敢專, 以尊天也; 善則稱人, 過則稱己, 敎不伐, 以尊賢也.

했으니, 이것은 비록 일정한 날짜가 정해져 있더라도 여전히 거북점을 사용한다는 뜻이다.

孔疏 ◎注"有事於小神, 無常時常日, 有筮, 臨有事筮之". ○正義曰: 此經皆論祭祀之事, 故解小事. 云"有小事於小神", 其實周禮小事非唯小祀而已. 旣云小事用筮, 而大卜云"凡小事涖卜"者, 彼謂大事中之小事, 非此之小事也.

번역 ◎鄭注: "有事於小神, 無常時常日, 有筮, 臨有事筮之". ○이곳 경문에서는 모두 제사 지내는 사안을 논의하고 있다. 그렇기 때문에 소사(小事)에 대해서 이처럼 풀이한 것이다. 정현이 "소소한 신들에게 제사를 지낸다."라고 했는데, 실제로 『주례』에서 말하는 소사(小事)는 오직 소사(小祀)[40]만을 뜻하는 것이 아니다. 이미 "소사에는 시초점을 사용한다."라고 했는데, 『주례』「대복(大卜)」편에서 "무릇 소사에 대해서는 거북점 치는 일에 임한다."[41]라고 한 것은 「대복」편의 기록은 대사 중에서도 소사를 뜻하는 것이니, 이곳에서 말하는 소사가 아니다.

孔疏 ◎注"事之外內, 別乎四郊". ○正義曰: 先師以爲祭天而用辛, 雖外用柔日, 祭社用甲, 雖內用剛日, 殊別於四郊之祭, 言用剛·柔之日, 不可與四郊同. 其餘他事, 今謂"事之外內, 別乎四郊"者, 謂四郊之外爲外事, 若甲午祠兵, 吉日庚午, 旣差我馬之屬, 是也. 四郊之內爲內事, 若郊之用辛, 及宗廟少牢用丁亥之屬是也, 故言"別於四郊". 外內別用, 限別以四郊爲限.

번역 ◎鄭注: "事之外內, 別乎四郊". ○선대 학자들은 하늘에 대한 제사

---

40) 소사(小祀)는 비교적 규모가 작은 제사를 가리킨다. 또한 군사(群祀)라고 부르기도 한다. 사중(司中), 사명(司命), 풍백(風伯: =風師), 우사(雨師), 제성(諸星), 산림(山林), 천택(川澤) 등에 대해 지내는 제사이다. 『주례』「춘관(春官)·사사(肆師)」편에는 "立小祀用牲."이라는 기록이 있는데, 이에 대한 정현의 주에서는 "鄭司農云 小祀司命已下. 玄謂 小祀又有司中風師雨師山川百物."이라고 풀이하였고, 『구당서(舊唐書)』「예의지일(禮儀志一)」에도 "司中司命風伯雨師諸星山林川澤之屬爲小祀."라는 기록이 있다.

41) 『주례』「춘관(春官)·대복(大卜)」: 凡小事, 涖卜.

를 지낼 때에는 신(辛)자가 들어가는 날을 사용한다고 했는데, 비록 외사
(外事)에 유일(柔日)을 사용한다고 하지만, 사(社)에 대한 제사에서는 갑
(甲)자가 들어가는 날을 사용하며, 비록 내사(內事)에 강일(剛日)을 사용한
다고 하지만, 사방 교외에서 지내는 제사와는 구별되니, 강일이나 유일을
사용한다는 것은 사방 교외의 제사와 동일하게 여길 수 없다는 의미이다.
나머지 다른 제사의 경우 이곳에서 정현은 "외사(外事)와 내사(內事)는 사
방 교외에서 지내는 제사와 구별된다."라고 했는데, 사방 교외 밖에서 시행
하는 것은 외사(外事)가 되니, 마치 "갑오(甲午)일에 사병(祠兵)[42]을 했다
."[43]라는 것과 "길일인 경오(庚午)일에 이미 내 말을 골랐다."[44]고 한 부류
가 여기에 해당한다. 사방 교외의 안에서 시행하는 것은 내사(內事)가 되니,
마치 교(郊)제사를 지낼 때 신(辛)자가 들어가는 날을 사용하고, 종묘에서
소뢰(少牢)[45]를 사용하며 정해(丁亥)일을 사용했던 부류가 여기에 해당한
다. 그렇기 때문에 "사방 교외에서 지내는 제사와 구별된다."라고 했다. 내
외에 따라 사용하는 것을 구별했는데, 구별의 제한은 사방 교외에 대한 제
사로 제한을 삼았다.

訓纂 金氏榜曰: 此指祭祀卜筮時日而言, 如郊用辛, 社用甲, 禘于大廟, 日
用丁亥之等, 皆大事有時日, 不用此內外剛柔之限故也.

번역 금방[46]이 말하길, 이 문장은 제사를 지내며 그 시기에 대해 거북점

---

42) 사병(祠兵)은 전쟁을 위해 군대를 출병할 때, 근교(近郊)에 머물며, 희생물을
　　잡아서 제사를 지내고, 병사들을 배불리 먹게 하는 것이다.
43) 『춘추』「장공(莊公) 8년」: 甲午, 祠兵.
44) 『시』「소아(小雅)·길일(吉日)」: 吉日庚午, 既差我馬. 獸之所同, 麀鹿麌麌. 漆
　　沮之從, 天子之所.
45) 소뢰(少牢)는 제사에서 양(羊)과 돼지[豕] 두 가지 희생물을 사용하는 것을
　　뜻한다. 『춘추좌씨전』「양공(襄公) 22년」편에는 "祭以特羊, 殷以少牢."라는
　　기록이 있는데, 이에 대한 두예(杜預)의 주에서는 "四時祀以一羊, 三年盛祭
　　以羊豕. 殷, 盛也."라고 풀이하였다.
46) 금방(金榜, A.D.1735~A.D.1801): 청(淸)나라 때의 학자이다. 자(字)는 예중
　　(蕊中)·보지(輔之)이다. 한림원수찬(翰林院修撰) 등을 지냈으며, 외조부(外祖
　　父)가 죽자 복상(服喪)을 하고, 이후 두문불출하며 오로지 독서와 저술에만

과 시초점을 치는 사안을 가리켜서 한 말이니, 마치 교(郊)제사를 지낼 때 신(辛)자가 들어가는 날을 사용하고, 사(社)[47]제사를 지낼 때 갑(甲)자가 들어가는 날을 사용하며, 태묘에서 체(禘)제사[48]를 지낼 때 그 날짜는 정해(丁亥)일을 사용했던 것들은 모두 중대한 제사에는 그 시기가 있으니, 내외에 따른 강일(剛日)이나 유일(柔日)의 제한에 따르지 않기 때문이다.

訓纂 方性夫曰: 鬼神有禍福, 故曰害. 百姓有休戚, 故曰怨.

번역 방성부가 말하길, 귀신은 재앙이나 복을 내리기 때문에 '해(害)'라고 했다. 백성은 안락하거나 근심하기 때문에 '원(怨)'이라고 했다.

集解 愚謂: 大事雖有常日, 亦必卜之, 但以常日爲主耳. 周禮大宰"祀五帝, 帥執事而卜日, 祀大神示亦如之", 是也. 天子大事先卜後筮, 小事專用卜, 故云"天子無筮". 此云小事有筮者, 謂諸侯之禮也.

번역 내가 생각하기에, 중대한 사안에 일정한 날짜가 정해져 있더라도 반드시 거북점을 치는 것은 단지 일정하게 정해진 날짜를 위주로 한다는 뜻일 뿐이다. 『주례』「대재(大宰)」편에서 "오제(五帝)에게 제사를 지내게 되면, 일을 맡아보는 자들을 이끌고 그 날짜에 대해서 거북점을 치며, 대신기(大神示)에게 제사를 지낼 때에도 또한 이처럼 한다."[49]라고 한 말이 바

전념하였다. 대진(戴震)과 동학(同學)했으며, 『예전(禮箋)』 등을 저술하였다.

47) 사(社)는 흙을 쌓아서 만든 제단을 뜻한다. 고대에는 분봉을 받게 되면, 흙을 쌓고 그곳에 적합한 나무를 심어서, 토지신이 머무는 장소로 여기고, 이곳에서 제사를 지냈다. 이러한 뜻에서 연유하여, '사'는 토지신에 대한 제사와 그 제단, 그리고 토지신을 가리키는 용어로도 사용되었고, 국가를 상징하는 용어로도 사용되었다.

48) 체제(禘祭)는 천신(天神) 및 조상신(祖上神)에게 지내는 '큰 제사[大祭]'를 뜻한다. 『이아』「석천(釋天)」편에는 "禘, 大祭也."라는 기록이 있고, 이에 대한 곽박(郭璞)의 주에서는 "五年一大祭."라고 풀이하여, 대제(大祭)로써의 체제사는 5년마다 1번씩 지낸다고 설명한다. 그러나 『예기』「왕제(王制)」에 수록된 각종 제사들에 대한 기록을 살펴보면, 체제사는 큰 제사임에는 분명하나, 반드시 5년마다 1번씩 지내는 제사는 아니었다.

로 이러한 사실을 나타낸다. 천자가 중대한 사안을 치를 때에는 우선적으로 거북점을 치고 이후에 시초점을 치며, 소소한 일이라면 오로지 거북점만 친다. 그렇기 때문에 "천자에게는 시초점을 치는 일이 없다."[50]라고 말한 것이다. 이곳에서 "소소한 일에는 시초점을 사용한다."라고 한 것은 제후의 예법을 뜻한다.

集解 說見曲禮.

번역 강일(剛日)과 유일(柔日)을 사용한다는 설명은 『예기』「곡례(曲禮)」편에 나온다.

集解 "子曰"二字, 疑當在"不違龜筮"之上. 言不違龜筮, 故用牲牷・禮樂・齊盛以祭祀, 而無傷害乎鬼神; 神降之福, 故無怨乎百姓.

번역 '자왈(子曰)'이라는 두 글자는 아마도 '불위구서(不違龜筮)'라는 구문 앞으로 와야만 할 것 같다. 즉 거북점과 시초점을 어기지 않기 때문에 온전한 희생물・예악・제성(齊盛)을 사용하여 제사를 지내고, 귀신에게 해를 끼치는 일이 없게 되니, 귀신이 복을 내려주기 때문에 백성에게 원망을 사는 일이 없는 것이다.

참고 구문비교

출　처	내　용
『禮記』「表記」	外事用剛日, 內事用柔日, 不違龜筮.
『禮記』「曲禮上」	外事以剛日, 內事以柔日.

---

49) 『주례』「천관(天官)・대재(大宰)」: 祀五帝, 則掌百官之誓戒, 與其具脩. 前期十日, 帥執事而卜日, 遂戒. 及執事, 眡滌濯. 及納亨, 贊王牲事. 及祀之日, 贊玉幣爵之事. 祀大神示亦如之.

50) 『예기』「표기」【640c】: 子曰, "大人之器威敬. 天子無筮, 諸侯有守筮. 天子道以筮. 諸侯非其國, 不以筮, 卜宅寢室. 天子不卜處大廟."

【640b】

子曰, "后稷之祀易富也, 其辭恭, 其欲儉, 其祿及子孫. 詩
曰, '后稷兆祀, 庶無罪悔, 以迄于今.'"

직역 子가 曰, "后稷의 祀는 富가 易하니, 그 辭는 恭하고, 그 欲은 儉하며,
그 祿은 子孫에게 及이라. 詩에서 曰, '后稷이 兆히 祀하니, 庶히 罪悔가 無하여,
今에 迄이라.'"

의역 공자가 말하길, "후직이 제사를 지낼 때에는 제수를 갖추기가 매우 쉬웠
으니, 그의 말은 공손하였고, 그의 욕심은 검소하였으며, 그의 녹봉은 자손에게까
지 미쳤다. 『시』에서는 '후직이 처음으로 제사를 지내니, 죄와 후회가 거의 없어져
서, 지금에 이르렀도다.'"라고 했다.

集說 富, 備也. 詩, 大雅生民之篇. 兆, 詩作肇, 始也. 以迄于今, 明其祿及
子孫也.

번역 '부(富)'자는 "갖추다[備]."는 뜻이다. 이 시는 『시』「대아(大雅)·생
민(生民)」편이다.[51] '조(兆)'자를 『시』에서는 '조(肇)'자로 기록했으니, 처음
[始]이라는 뜻이다. "이로써 지금에 이르다."는 말은 녹봉이 자손에게 미쳤
다는 뜻을 나타낸다.

大全 藍田呂氏曰: 后稷之祀, 竭力以共齊盛, 無非誠信, 故易富也. 其祀也,
求無罪悔而已, 此所以其辭恭其欲儉也. 以迄于今, 至于周, 推后稷以配天, 一
用后稷之法, 故曰其祿及子孫.

번역 남전여씨가 말하길, 후직이 제사를 지낼 때에는 힘을 다하여 제성
(齊盛)을 바쳤고, 진실되지 않은 것이 없었다. 그렇기 때문에 쉽게 부유해

---

51) 『시』「대아(大雅)·생민(生民)」: 卬盛于豆, 于豆于登. 其香始升, 上帝居歆. 胡
臭亶時. <u>后稷肇祀, 庶無罪悔, 以迄于今</u>.

졌다. 그가 제사를 지낸 것은 죄와 후회가 없고자 구한 것일 뿐이니, 이것이 바로 말을 공손히 하고 욕심을 검소하게 했던 이유이다. "이로써 지금에 이르렀다."는 말은 주나라에 이르러, 후손들이 후직을 추존해서 하늘에 배향했고, 한결같이 후직의 법도를 사용했다는 뜻이다. 그렇기 때문에 "그 녹봉이 자손에게까지 미쳤다."라고 했다.

大全 嚴陵方氏曰: 其辭恭, 則物雖薄, 而誠足以饗神. 其欲儉, 則物雖少, 而用足以行禮. 此祀之所以易富也. 盛德必百世祀, 故其祿及于子孫.

번역 엄릉방씨가 말하길, 그 말이 공손하다면 사물을 갖춘 것이 비록 부족하더라도 그의 진심은 신들을 흠향시키기에 충분하다. 그 욕심이 검소하다면 사물을 갖춘 것이 비록 적더라도 그 쓰임은 의례 절차를 시행하기에 충분하다. 이것이 바로 제사에서 갖추기가 쉬웠던 이유이다. 성대한 덕을 가진 자는 100세대 동안 제사를 받는다고 했기 때문에,[52] 그 녹봉이 자손에게까지 미치는 것이다.

鄭注 富之言備也. 以傳世之祿, 恭儉者之祭易備也. 兆, 四郊之祭處也. 迄, 至也. 言祀后稷於郊以配天. 庶幾其無罪悔乎, 福祿傳世, 乃至於今.

번역 '부(富)'자는 "갖추다[備]."는 뜻이다. 대대로 전수되는 녹봉으로 인해 공손하고 검소하게 처신하는 자의 제사에서는 갖추기가 쉽다. '조(兆)'[53]는 사방 교외에서 제사를 지내는 장소이다. '흘(迄)'자는 "~에 이르

---

52) 『춘추좌씨전』 「소공(昭公) 8년」: 臣聞盛德必百世祀. 虞之世數未也, 繼守將在齊, 其兆旣存矣.

53) 조(兆)는 고대에 사교(四郊)에 설치했던 일종의 제단(祭壇)이다. 또한 사교(四郊)에서 제사를 지내는 장소를 뜻한다. 『예기』 「표기(表記)」편에는 "詩曰, 后稷兆祀, 庶無罪悔, 以迄于今."이라는 기록이 있고, 이에 대한 정현의 주에서는 "兆, 四郊之祭處也."라고 풀이했다. 한편 『예기』 「예기(禮器)」편에는 "有以下爲貴者, 至敬不壇, 埽地而祭."라는 기록이 있다. 즉 지극히 공경을 표해야 하는 제사에서는 제단을 쌓지 않고, 단지 땅만 쓸고서 제사를 지낸다는 뜻이다. 이 문장에 대해 진호(陳澔)의 『집설(集說)』에서는 "封土爲壇, 郊祀則

다[至].”는 뜻이다. 교외에서 후직에게 제사를 지내며 하늘에 배향한다는
뜻이다. 거의 죄와 후회가 없게 될 것이니, 복과 녹봉이 대대로 전수되어
지금까지 이르렀다.

釋文 易, 以豉反, 注同. 傳, 丈專反, 下同. 共音恭. 迄, 許訖反. 處, 昌慮反,
下“建國之處”同.

번역 ‘易’자는 ‘以(이)’자와 ‘豉(시)’자의 반절음이며, 정현의 주에 나오는
글자도 그 음이 이와 같다. ‘傳’자는 ‘丈(장)’자와 ‘專(전)’자의 반절음이며,
아래문장에 나오는 글자도 그 음이 이와 같다. ‘共’자의 음은 ‘恭(공)’이다.
‘迄’자는 ‘許(허)’자와 ‘訖(흘)’자의 반절음이다. ‘處’자는 ‘昌(창)’자와 ‘慮(려)’
자의 반절음이며, 아래문장에 나오는 ‘建國之處’에서의 ‘處’자도 그 음이 이
와 같다.

孔疏 ●“子曰”至“于今”. ○以前經明不違卜筮, 動合神明, 故此經明后稷
祭祀, 福流後世, 以證成其義.

번역 ●經文: “子曰”~“于今”. ○앞의 경문에서는 거북점과 시초점을
어기지 않고 행동이 신명에 부합되어야 함을 나타내고 있다. 그렇기 때문
에 이곳 경문에서는 후직이 지낸 제사로 인해 복이 후대까지 흐르게 되었
음을 나타내어, 그 뜻을 증명하였다.

不壇, 至敬無文也.”라고 풀이한다. 즉 흙을 높게 쌓아서 제단을 만들게 되는
데, 교사(郊祀)와 같은 경우는 지극히 공경을 표해야 하는 제사에 해당하므
로, 제단을 만들지 않는다. 그 이유는 이러한 제사에서는 화려한 꾸밈을 하
지 않기 때문이다. 한편 『예기』「예기」편의 문장에 대해 공영달(孔穎達)의 소
(疏)에서는 “此謂祭五方之天, 初則燔柴於大壇, 燔柴訖, 於壇下掃地而設正祭,
此周法也.”라고 설명한다. 즉 지극히 공경을 표해야 하는 제사는 오방(五方)
의 천신(天神)들에게 지내는 제사를 뜻하는데, 제사 초반부에는 태단(太壇)
에서 섶을 태워서 신들에게 알리고, 섶 태우는 일이 끝나면, 제단 아래에서
땅을 쓸고, 본격적인 제사를 지내게 되는데, 이것은 주(周)나라 때의 예법에
해당한다.

孔疏 ●"后稷之事, 易富也"者, 富, 備也. 后稷乃帝嚳之子, 世有祿位, 后稷又祭祀恭儉, 以世祿之饒供儉薄之祭, 故易豐備也.

번역 ●經文: "后稷之事, 易富也". ○'부(富)'자는 "갖추다[備]."는 뜻이다. 후직(后稷)54)은 제곡(帝嚳)55)의 아들이며, 대대로 녹봉과 지위를 소유하였고, 후직은 또한 제사를 지내며 공손하고 검소하였으니, 대대로 전수되는 풍요로운 녹봉으로 검소한 제사에 공급했기 때문에 풍부하게 갖추기가 쉬웠다.

孔疏 ●"其祿及子孫"者, 以后稷祭祀, 其辭恭敬, 其欲節儉, 神之降福, 故祿及子孫.

번역 ●經文: "其祿及子孫". ○후직의 제사에서는 그 말이 공경스러웠고 그의 욕심은 절제하고 검소하여 신이 복을 내려주었기 때문에 녹봉이 자손에게까지 미쳤다.

孔疏 ●"詩曰: 后稷兆祀"者, 是大雅·生民之篇, 美成王尊祖配天. 所以尊后稷配天者, 以后稷生存之時, 於四郊之兆域, 祭祀於天, 而事皆合禮, 庶幾無

---

54) 후직(后稷)은 전설상의 인물이다. 주(周)나라의 선조(先祖) 중 한 사람이다. 강원(姜嫄)이 천제(天帝)의 발자국을 밟고 회임을 하여 '후직'을 낳았는데, 불길하다고 생각하여 버렸기 때문에, 이름을 기(棄)로 지어졌다 한다. 이후 순(舜)이 '기'를 등용하여 농사를 담당하는 신하로 임명해서, 백성들에게 농사짓는 법을 가르쳤기 때문에, '후직'으로 일컬어지게 되었다. 『시』「대아(大雅)·생민(生民)」편에는 "厥初生民, 時維姜嫄. …… 載生載育, 時維后稷."이라는 기록이 있다. 한편 농사를 주관하는 관리를 '후직'으로 부르기도 한다.
55) 제곡(帝嚳)은 고신씨(高辛氏)라고도 부른다. '제곡'은 고대 오제(五帝) 중 하나이다. 황제(黃帝)의 아들 중에는 현효(玄囂)가 있었는데, '제곡'은 현효의 손자가 된다. 은(殷)나라의 복사(卜辭) 기록 속에서는 은나라 사람들이 '제곡'을 고조(高祖)로 여겼다는 기록도 나온다. 한편 '제곡'은 최초 신(辛)이라는 땅을 분봉 받았다가, 이후에 제(帝)가 되었으므로, '제곡'을 고신씨(高辛氏)라고도 부르는 것이다.

罪過悔恨, 故迄至於今文·武之時, 而王有天下.

번역 ●經文: "詩曰: 后稷兆祀". ○이 시는 『시』「대아(大雅)·생민(生民)」
편으로, 성왕(成王)이 조상을 존숭하여 하늘에 배향한 것을 찬미한 것이다.
후직을 존숭하여 하늘에 배향했던 것은 후직이 생존했을 때, 사방 교외에
설치한 조(兆)에서 하늘에 제사를 지냈고, 그 사안이 모두 예법에 부합되어,
죄나 후회가 거의 없어지게 되었다. 그렇기 때문에 현재인 문왕과 무왕 시
대에 이르러서 천자가 되어 천하를 소유하게 되었다.

訓纂 方性夫曰: 曾子固曰, "自后稷肇祀, 前後相承, 兢兢業業, 唯恐一有
罪悔, 獲戾于天, 閱數百年而此心不易. 言周人世世如此也."

번역 방성부가 말하길, 증자고[56]는 "후직이 제사를 지낸 이후로부터 그
이후의 세대가 서로 계승하여 열심히 노력하고 조심하였으며 오직 하나라
도 죄나 후회될 것이 생겨 하늘로부터 죄를 얻을까 염려했으니, 수백 년이
지나더라도 이 마음이 바뀌지 않았다. 이것은 곧 주나라 때에는 대대로 이
처럼 했다는 의미이다."라고 했다.

訓纂 朱氏軾曰: 富, 福也. 人之求福甚奢, 神亦難厭其欲. 若后稷之祀, 神
之福之易易也. 辭, 謂祝嘏之辭, 如周禮大祝"掌六祝之辭", "祈福祥, 求永貞"
之類. 后稷之辭, 但致其恭敬而已, 不願望大福. 然雖不求福, 而其福自及子
孫, 故引詩以證之.

번역 주식이 말하길, '부(富)'자는 복(福)을 뜻한다. 사람이 복을 바람이
매우 지나치면 신 또한 그의 욕구를 싫어하게 된다. 후직처럼 제사를 지내
는 경우라면 신이 복을 내려주는 것이 매우 쉽다. '사(辭)'는 축사(祝辭)[57]

---

56) 증공(曾鞏, A.D.1019~A.D.1083): =증자고(曾子固). 송(宋)나라 때의 학자이
  다. 자(字)는 자고(子固)이다. 저서로는 『금석록(金石錄)』·『원풍유고(元豊類
  稿)』 등이 있다.
57) 축사(祝辭)는 제사를 지낼 때 신에게 아뢰는 말이다. 축관(祝官)이 제주(祭

와 하사(嘏辭)[58]를 뜻하니, 예를 들어『주례』「대축(大祝)」편에서 "육축(六祝)[59]에 대한 축사들을 담당한다."라고 했고, "복과 상서로움을 내려주도록 기원하여 오래도록 바르기를 구한다."라고 한 부류와 같다.[60] 후직의 사(辭)는 단지 공경함을 지극히 했을 따름이며, 큰 복을 희망하지 않았다. 그러나 비록 복을 기원하지 않았더라도 그 복이 자손에게까지 미쳤다. 그렇기 때문에『시』를 인용해서 그 사실을 증명한 것이다.

訓纂 王氏引之曰: 古字福與富通. 祿, 亦福也. 爾雅曰, "祿, 福也." 又案其

主)의 명령에 따라 축문(祝文)을 읽게 되는데, 이것이 바로 '축사'이다. 고대의 '축사'는 경우에 따라 여섯 종류로 나뉜다. 이것을 육축(六祝)이라고 부른다.

58) 하사(嘏辭)의 하(嘏)자는 축복을 받는다는 뜻이다. 제사를 지내게 되면, 시동이 입가심 하는 술을 받은 다음, 술잔이 오가게 되는데, 그 일이 끝나게 되면 축관(祝官)에게 명령하여, 제주(祭主)에게 축복을 내려주도록 한다. 이 의식을 '하'라고 부른다. 시동의 명령을 받은 축관은 '하'를 하게 되는데, 그 말에서는 "황시(皇尸)가 나 축관에게 명하여, 효손인 그대에게 많은 복을 영원토록 내리게 하였다. 그대 효손으로 하여금 하늘로부터 녹봉[祿]을 받게 하고, 많은 농토를 경작하게 할 것이며, 장수하여 천년만년 향유하도록 할 것이니, 폐망하는 일 없이 잘 이끌어가야 한다."라고 한다. 이것이 바로 '하사'이다.『의례』「소뢰궤식례(少牢饋食禮)」편에는 "卒命祝, 祝受以東, 北面于戶西, 以嘏于主人曰, '皇尸命工祝, 承致多福無疆于女孝孫. 來女孝孫, 使女受祿于天, 宜稼于田, 眉壽萬年, 勿替引之.'"라는 기록이 있다.

59) 육축(六祝)은 제사를 지낼 때 신에게 아뢰는 여섯 가지 축사(祝辭)를 뜻한다. 여섯 가지 축사는 곧 순축(順祝), 연축(年祝), 길축(吉祝), 화축(化祝), 서축(瑞祝), 협축(筴祝)을 가리킨다. '순축'은 풍년이 들기를 기원하는 축사이고, '연축'은 천수를 누리기를 기원하는 축사이며, '길축'은 상서로운 복을 내려주기를 기원하는 축사이고, '화축'은 재앙과 전란이 그치기를 기원하는 축사이며, '서축'은 기상변이가 일어나지 않도록 기원하는 축사이고, '협축'은 죄와 질병으로부터 멀어지고자 기원하는 축사이다.『주례』「춘관(春官)·대축(大祝)」편에는 "大祝, 掌六祝之辭, 以事鬼神示, 祈福祥, 求永貞. 一曰順祝, 二曰年祝, 三曰吉祝, 四曰化祝, 五曰瑞祝, 六曰筴祝."이라는 기록이 있고, 이에 대한 정현의 주에서는 정사농(鄭司農)의 주장을 인용하여, "鄭司農云, '順祝, 順豐年也. 年祝, 求永貞也. 吉祝, 祈福祥也. 化祝, 弭災兵也. 瑞祝, 逆時雨·寧風旱也. 筴祝, 遠罪疾."이라고 풀이했다.

60)『주례』「춘관(春官)·대축(大祝)」: 大祝; 掌六祝之辭, 以事鬼神示, 祈福祥, 求永貞. 一曰順祝, 二曰年祝, 三曰吉祝, 四曰化祝, 五曰瑞祝, 六曰筴祝.

辭恭, 其欲儉, 謂其語不敢自矜夸, 其意不敢有奢望, 則恭儉之謂矣. 此據詩發
論, 非引詩以爲證也. 不然, 后稷之祀之恭儉, 何從而知之乎?

번역 왕인지가 말하길, 고자에서 '복(福)'자는 '부(富)'자와 통용되었다.
'녹(祿)'자 또한 복(福)을 뜻한다. 『이아』에서는 "녹(祿)은 복(福)이다."[61]라
고 했다. 또 살펴보니, 그 말이 공손하고 그 욕심이 검소하였다고 했는데,
그가 한 말은 감히 스스로를 과시하지 않았고, 그의 뜻은 감히 과도하게
바라는 것이 없었다는 의미이니, 이것을 공손하고 검소하다고 말한 것이다.
이곳에서는 『시』를 인용하여 논의를 개진한 것이니, 『시』를 인용하여 증명
한 것이 아니다. 그렇지 않다면 후직이 제사를 지낸 것이 공손하고 검소하
다는 것을 어디를 통해 알 수 있겠는가?

集解 愚謂: 后稷之祀, 見於生民之篇, 其辭則曰"以興嗣歲"而已, 無祈禱
之辭, 是恭也. 其所欲則秬·秠·穈·芑, "取蕭祭脂, 取羝以軷"而已, 是儉也. 兆,
始也, 今毛詩作"肇". 言自后稷始爲祭祀, 以迄於今, 而無罪悔, 唯其易備故也.

번역 내가 생각하기에, 후직의 제사에 대해서는 『시』「대아(大雅)·생민
(生民)」편에 나오는데, 그 말의 경우에는 "이로써 그 해를 일으키고 이었
다."[62]라고 했을 뿐이며, 기원하는 말들이 없으니, 이것은 공손함에 해당한
다. 그리고 바라던 것은 곡식인 거(秬)·비(秠)·미(穈)·기(芑)였고,[63] 이에
대해서 "쑥을 취하여 기름과 섞어 신을 강림하게 했고, 숫양을 취하여 발
(軷)제사[64]를 지냈다."[65]라고 했을 뿐이니, 이것은 검소함에 해당한다. '조

<hr/>

61) 『이아』「석고(釋詁)」: 祿·祉·履·戩·祓·禧·禠·祜, 福也.
62) 『시』「대아(大雅)·생민(生民)」: 誕我祀如何. 或舂或揄, 或簸或蹂. 釋之叟叟,
烝之浮浮. 載謀載惟, 取蕭祭脂, 取羝以軷. 載燔載烈, 以興嗣歲.
63) 『시』「대아(大雅)·생민(生民)」: 誕降嘉種, 維秬維秠, 維穈維芑. 恒之秬秠, 是
穫是畝. 恒之穈芑, 是任是負. 以歸肇祀.
64) 발제(軷祭)는 조도(祖道) 또는 조제(祖祭)와 같은 의미로, 외부로 출타하게
되었을 때, 도로의 신(神)에게 지내는 제사이다.
65) 『시』「대아(大雅)·생민(生民)」: 誕我祀如何. 或舂或揄, 或簸或蹂. 釋之叟叟,
烝之浮浮. 載謀載惟, 取蕭祭脂, 取羝以軷. 載燔載烈, 以興嗣歲.

(兆)'자는 처음[始]이라는 뜻인데, 현행본『모시』에서는 '조(肇)'자로 기록
했다. 즉 후직으로부터 처음으로 제사를 지내게 되어 현재에 이르렀는데도
죄나 후회가 없었으니, 쉽게 갖췄기 때문이다.

참고 『시』「대아(大雅)·생민(生民)」

厥初生民, (궐초생민) : 주나라의 시조를 낳은 자는,
時維姜嫄. (시유강원) : 바로 강원(姜嫄)[66]이로다.
生民如何, (생민여하) : 후직(后稷)을 낳음은 어찌한 것인가?
克禋克祀, (극인극사) : 교매(郊禖)[67]에서 상제에게 인사(禋祀)[68]를 지내어,

---

66) 강원(姜嫄)은 강원(姜原)이라고도 부른다. 전설상의 인물이다. 유태씨(有邰
氏)의 딸이자, 주(周)나라의 시조인 후직(后稷)의 어머니이다. 제곡(帝嚳)의
본처이며, 거인의 발자국을 밟고서 잉태를 했고, 이후에 직(稷)을 낳았다고
전해진다.『시』「대아(大雅)·생민(生民)」편에는 "厥初生民, 時惟姜嫄."이라는
기록이 있고,『사기(史記)』「주본기(周本紀)」편에는 "周后稷, 名棄. 其母有邰
氏女, 曰姜原. 姜原爲帝嚳元妃. 姜原出野, 見巨人跡, 心忻然說, 欲踐之. 踐之
而身動如孕者."라는 기록이 있다.
67) 고매(高禖)는 교매(郊禖)라고도 부른다. 고대에 제왕이 아들을 낳게 해달라
고 기원했던 신(神)이다. 또한 그에게 제사지내는 장소를 뜻하기도 한다. '고
매'를 '교매'라고 부르는 이유에 대해서, 왕인지(王引之)의『경의술문(經義述
聞)』「예기상(禮記上)」편에서는 "高者, 郊之借字, 古聲高與郊同, 故借高爲郊."
라고 풀이한다. 즉 고(高)자와 교(郊)자는 옛 음이 같아서, 가차해서 사용했
다. 그리고 아들 낳기를 기원했던 신을 '교매'라고 부르게 된 이유는 그 제사
가 교(郊)에서 시행되었기 때문이다.『시』「대아(大雅)·생민(生民)」편에는
"克禋克祀, 以弗無子."라는 기록이 있고, 이에 대해서 모전(毛傳)에서는 "弗,
去也, 去無子. 求有子, 古者必立郊禖焉. 玄鳥至之日, 以太牢祠于郊禖, 天子親
往, 后妃率九嬪御, 乃禮天子所御, 帶以弓韣, 授以弓矢, 于郊禖之前"이라고 풀
이하였다.
68) 인사(禋祀)는 인제(禋祭)라고도 부른다. 연기를 피워 올려서 하늘에게 복을
구원했던 제사이다.『시』「대아(大雅)·생민(生民)」편에는 "厥初生民, 時維姜
嫄. 生民如何, 克禋克祀, 以弗無子."라는 기록이 있는데, 이에 대한 정현의 전
(箋)에서는 "乃禋祀上帝於郊禖, 以祓除其無子之疾而得其福也"라고 풀이했다.
즉 '인사'는 교매(郊禖)를 제사지내는 곳에서 상제(上帝)께 제사를 올리며,
자식이 생기지 않는 병을 치료하고, 복을 받았다고 내용이다.

以弗無子. (이불무자) : 불제(祓除)69)로 자식이 없는 병을 제거했기 때문
　　　　　　　　　　　이라.
履帝武敏, (이제무민) : 상제의 발자국 중 엄지발가락 부분을 밟자,
歆攸介攸止. (흠유개유지) : 마음이 동하며 어떤 사물이 좌우에서 자기
　　　　　　　　　　　속으로 들어왔도다.
載震載夙, (재진재숙) : 몸이 떨리며 회임했고 조심했으며,
載生載育, (재생재육) : 낳고 길렀으니,
時維后稷. (시유후직) : 바로 후직이로다.

誕彌厥月, (탄미궐월) : 위대하게도 열 달을 채우시고,
先生如達. (선생여달) : 첫 아기를 양이 새끼를 낳듯이 쉽게 낳으셨도다.
不拆不副, (불탁불부) : 갈라지지 않고 쪼개지지 않았으며,
無菑無害. (무재무해) : 재앙이 없고 피해가 없도다.
以赫厥靈, (이혁궐령) : 이로써 그 징조를 빛나게 드러냈으니,
上帝不寧. (상제불녕) : 상제께서 편안케 한 것이 아닌가.
不康禋祀, (불강인사) : 인사를 편안히 지내지 않았던가.
居然生子. (거연생자) : 묵묵히 자식을 낳으셨도다.

誕寘之隘巷, (탄치지애항) : 위대하게도 좁은 골목에 내버리자,
牛羊腓字之. (우양비자지) : 소와 양이 피하며 자식처럼 감싸는구나.
誕寘之平林, (탄치지평림) : 위대하게도 평림에 내버리자,
會伐平林. (회벌평림) : 벌목하던 사람이 거두어주는구나.
誕寘之寒冰, (탄치지한빙) : 위대하게도 차디찬 얼음 위에 내버리자,
鳥覆翼之. (조복익지) : 새가 날아와 감싸주는구나.
鳥乃去矣, (조내거의) : 새가 떠나가자,
后稷呱矣. (후직고의) : 후직이 우렁차게 우는구나.

---

69) 불제(祓除)는 재앙과 사악함을 제거하기 위해 지내는 제사이다. 또한 재앙과
　　사악을 제거하는 행위 자체를 가리키기도 한다. 『주례』「춘관(春官)·여무(女
　　巫)」편에는 "掌歲時祓除釁浴."이라는 기록이 있는데, 이에 대한 정현의 주에
　　서는 "歲時祓除, 如今三月上巳如水上之類."라고 풀이했다. 즉 '불제'는 3월 상
　　사(上巳: 상순 중에서 사(巳)자가 들어가는 날)에 물가에서 몸을 정갈하게
　　하는 의식과 비슷하다.

實覃實訏, (실담실우) : 태어날 때부터 앉을 수 있었고 크게 부르짖을 수
　　　　　　　　　　있었으니,
厥聲載路. (궐성재로) : 그 소리가 거리에 가득했도다.

誕實匍匐, (탄실포복) : 위대하게도 태어날 때부터 기어 다닐 수 있었으니,
克岐克嶷, (극기극억) : 그 모습이 우뚝하여,
以就口食. (이취구식) : 집을 돌아다니며 양식을 구해서 먹었도다.
蓺之荏菽, (예지임숙) : 임숙(荏菽)을 심으시니,
荏菽旆旆, (임숙패패) : 임숙의 가지가 깃발처럼 펄럭였고,
禾役穟穟, (화역수수) : 벼를 심어둔 열이 아름다우며,
麻麥幪幪, (마맥몽몽) : 마와 보리가 무성하며,
瓜瓞唪唪. (과질봉봉) : 오이와 작은 오이가 주렁주렁 열리도다.

誕后稷之穡, (탄후직지색) : 위대하게도 후직이 농사를 담당하니,
有相之道. (유상지도) : 신명이 도와주는 도가 있는 것 같구나.
茀厥豐草, (불궐풍초) : 무성한 풀을 제거하고,
種之黃茂. (종지황무) : 아름다운 곡식을 심었도다.
實方實苞, (실방실포) : 가지런히 하고 무성하게 하며,
實種實襃, (실종실포) : 뒤섞여 자라나지 않게 하고 가지와 잎이 길쭉하
　　　　　　　　　　게 하며,
實發實秀, (실발실수) : 발아하고 과실이 맺히며,
實堅實好, (실견실호) : 튼튼하고 좋아지며,
實穎實栗, (실영실율) : 늘어지고 알차지니,
卽有邰家室. (즉유태가실) : 이에 요임금으로부터 태(邰)에 분봉을 받더라.

誕降嘉種, (탄강가종) : 위대하게도 아름다운 종자를 내려주시니,
維秬維秠, (유거유비) : 거(秬)이며 비(秠)이고,
維穈維芑. (유미유기) : 미(穈)이며 기(芑)로다.
恒之秬秠, (항지거비) : 두루 거와 비를 심으시니,
是穫是畝. (시확시무) : 수확하고 이랑을 내도다.
恒之穈芑, (항지미기) : 두루 미와 기를 심으시니,
是任是負, (시임시부) : 감싸고 짊어져서,

以歸肇祀. (이귀조사) : 돌아와 교제사의 신위에게 제사를 지냈다.

誕我祀如何. (탄아사여하) : 위대하구나, 후직이 하늘에 제사지냄은 어떠
한가.

或舂或揄, (혹용혹유), : 방아를 찧어 퍼내고,

或簸或蹂. (혹파혹유) : 키질을 하여 불리는구나.

釋之叟叟, (석지수수), : 씻기를 싹싹하고,

烝之浮浮. (증지부부). : 쪄서 김이 뭉게뭉게 오르는구나.

載謀載惟, (재모재유), : 날짜를 계획하고 그 예법을 생각하며,

取蕭祭脂. (취소제지) : 쑥과 희생물의 기름을 취하도다.

取羝以軷, (취저이발) : 숫양을 가져다가 발제(軷祭)를 지내고,

載燔載烈, (재번재열), : 고기를 굽고 꼬치를 구우니,

以興嗣歲. (이흥사세). : 다음해의 풍년을 일으키도다.

卬盛于豆, (앙성우두), : 내가 제기에 담으니,

于豆于登, (우두우등) : 나무로 만든 두(豆)와 질그릇으로 만든 두에 하니,

其香始升, (기향시승), : 그 향기가 비로소 위로 올라가도다.

上帝居歆, (상제거흠), : 상제께서 편안히 흠향하시니,

胡臭亶時. (호취단시). : 어찌 그 향내는 때에 맞는가.

后稷肇祀, (후직조사), : 후직이 교제사의 신위에서 상제에게 제사를 지내니,

庶無罪悔, (서무죄회), : 백성들이 제자리를 얻어 죄를 범함이 없었고,

以迄于今. (이흘우금). : 복을 받아 지금까지 이르렀도다.

毛序 生民, 尊祖也. 后稷, 生於姜嫄, 文武之功, 起於后稷. 故推以配天焉.

모서 「생민(生民)」편은 선조를 존숭하는 시이다. 후직은 강원에게서 태어났고, 문왕과 무왕의 공적은 후직으로부터 일어났다. 그렇기 때문에 미루어서 하늘에 배향했던 것이다.

【640c】

子曰, "大人之器威敬. 天子無筮, 諸侯有守筮. 天子道以筮.
諸侯非其國, 不以筮, 卜宅寢室. 天子不卜處大廟."

직역 子가 曰, "大人의 器는 威敬하다. 天子는 筮가 無하고, 諸侯는 守筮가 有
하다. 天子는 道에서 筮로써 한다. 諸侯는 그 國이 非라면, 筮로써 하길 不하며,
寢室에 宅하길 卜한다. 天子는 大廟에 處함에 不卜한다."

의역 공자가 말하길, "거북껍질이나 시초처럼 성인이 만든 기물은 위엄스럽고
공경스럽다. 천자에게는 시초점을 치는 일이 없고, 제후는 자신의 국가에 보관하고
있는 시초로 시초점을 친다. 다만 천자가 도로에 있을 때라면 시초점을 친다. 제후
는 자신의 나라에 머물러 있지 않은 때라면 시초점을 치지 않지만, 출타하여 머물
곳을 정할 때라면 거북점을 친다. 천자는 태묘에 머물 때, 그 장소에 대해서 거북점
을 치지 않는다."라고 했다.

集說 龜筮之爲器, 聖人所以寓神道之敎, 故言大人之器也. 以其威敬而不
敢玩藝, 故大事則用, 小事則否. 天子無筮, 惟用卜也. 而又云道以筮者, 謂在
道途中則用筮也. 守筮, 謂在國居守, 有事則用筮也. 龜亦曰守龜. 左傳, "國之
守龜, 何事不卜?" 非其國不筮, 謂出行在他國, 不欲人疑其吉凶之問也. 宅,
居也. 諸侯出行, 則必卜其所處之地, 慮他故也. 太廟, 天子所必當處之地, 故
不卜也.

번역 거북껍질과 시초처럼 점치는 기물은 성인이 신의 도에 따른 가르
침을 깃들게 한 것이다. 그렇기 때문에 "대인의 기물이다."라고 했다. 위엄
과 공경함을 갖추고 있어서 감히 함부로 대할 수 없다. 그렇기 때문에 중대
한 사안이라면 그것을 사용하지만, 소소한 일이라면 사용하지 않는다. 천자
에게는 시초점을 치는 일이 없고 오직 거북점만 사용한다. 그런데도 '도이
서(道以筮)'라고 말한 것은 도로에 있을 때라면 시초점을 사용한다는 뜻이

다. '수서(守筮)'는 제후국에서 보관하고 있다는 뜻이니, 일이 있을 때에만 시초점을 사용한다. 거북점을 치는 거북껍질에 대해서도 '수구(守龜)'라고 말한다.『좌전』에서는 "나라에 보관하고 있는 거북껍질로는 어떤 일인들 거북점을 치지 못하겠습니까?"[70]라고 했다. "그 나라가 아니라면 시초점을 치지 않는다."는 말은 출타하여 다른 나라에 있을 때에는 남들로 하여금 길흉을 따진다는 의혹을 일으키지 않고자 한다는 뜻이다. '택(宅)'자는 "거처하다[居]."는 뜻이다. 제후가 출타하게 되면 반드시 머무는 곳에 대해서는 거북점을 치니, 다른 변고가 생길까를 염려하기 때문이다. 태묘는 천자가 반드시 머물러야 하는 곳이기 때문에 거북점을 치지 않는다.

大全　藍田呂氏曰: 如天子無筮, 敬則用祭器, 則龜與祭器, 皆大人之器. 大人所主之器, 當威嚴敬重, 不可私褻於小事, 故大事則不筮, 小事則不卜. 朝聘之饗, 昏冠之禮, 醮皆用祭器, 燕則不用也. 天子無筮者, 天子體尊, 在國中有事, 皆卜而不以筮. 至于巡守征伐, 在道則以筮, 蓋以龜當敬而不可褻也, 故曰天子道以筮. 諸侯卑於天子, 在國中居守有事則筮, 降於天子之用龜也. 至于出竟, 則不筮, 蓋不敢問吉凶於人之國, 且辟天子也, 故曰諸侯非其國不以筮.

번역　남전여씨가 말하길, 천자는 시초점을 치는 일이 없다고 했는데, 공경한다면 제기를 사용하니, 거북껍질과 제기는 모두 성인이 만든 기물이 된다. 성인이 주관해서 만든 기물이므로 마땅히 위엄을 갖추고 더욱 공경해야 하니, 소소한 일에 함부로 사용해서는 안 된다. 그렇기 때문에 중대한 일이라면 시초점을 치지 않고 소소한 일이라면 거북점을 치지 않는다. 조빙(朝聘)의 의례나 혼례 및 관례의 의례를 치를 때 제사 지내는 절차라면 모두 제기를 사용하지만 연회를 하게 되면 제기를 사용하지 않는다. 천자에게는 시초점을 치는 일이 없다고 했는데, 천자는 지극히 존귀한 자이고 수도에 머물러 있을 때 일이 발생한다면 모두 거북점을 치고 시초점을 치

---

70)『춘추좌씨전』「소공(昭公) 5년」: 國之守龜, 其何事不卜? 一臧一否, 其誰能常之?

지 않는다. 그러나 순수를 하거나 정벌을 하게 되어 도로에 있게 되면 시초
점을 치니, 거북껍질은 마땅히 공경해야 하며 함부로 사용할 수 없기 때문
이다. 그래서 "천자는 도로에 있을 때 시초점을 친다."라고 했다. 제후는
천자보다 낮아서, 자신의 나라에 머물러 있을 때 일이 발생하면 시초점을
치니, 천자가 거북껍질을 사용하는 것보다 낮추기 때문이다. 그러나 국경을
벗어나게 되면 시초점을 치지 않으니, 감히 다른 나라에서 길흉을 물을 수
없기 때문이며, 또한 천자의 예법을 피하기 위해서이다. 그렇기 때문에 "제
후는 자신의 나라가 아니라면 시초점을 치지 않는다."라고 했다.

大全 山陰陸氏曰: 諸侯適人之國, 雖不用筮, 其所宅寢室, 猶卜, 若天子適
諸侯, 則舍其寢廟不卜也.

번역 산음육씨가 말하길, 제후가 다른 나라에 가게 되면 비록 시초점을
사용하지 않지만, 그가 머물 곳에 대해서는 오히려 거북점을 친다. 그러나
천자가 제후국에 찾아간 경우라면, 침묘(寢廟)71)에 머물게 되니 거북점을
치지 않는다.

---

71) 침묘(寢廟)는 '묘(廟)'와 '침(寢)'을 합쳐 부르는 말이다. 종묘(宗廟)에 있어서,
앞에 있는 정전(正殿)을 '묘'라고 부르며, 뒤에 있는 후전(後殿)을 '침'이라고
부른다. 이때 '묘'는 접신(接神)하는 장소이기 때문에 앞쪽에 있는 것이다.
'침'은 의관(衣冠) 등을 보관하는 장소이다. '묘'에 비해 상대적으로 낮기 때
문에 뒤에 위치하게 된다. 그리고 '묘'에는 동서쪽에 상(廂)이 있고, 서장(序
牆)이 있는데, '침'에는 단지 실(室)만이 있게 된다. 『시』「소아(小雅)·교언(巧
言)」편에는 "奕奕寢廟, 君子作之."라는 용례가 있다. 또한 『예기』「월령(月令)」
편에는 "寢廟畢備."이라는 기록이 있는데, 이에 대한 정현의 주에서는 "凡廟,
前曰廟, 後曰寢."이라고 풀이하였으며, 공영달(孔穎達)의 소(疏)에서는 "廟是
接神之處, 其處尊, 故在前, 寢, 衣冠所藏之處, 對廟爲卑, 故在後. 但廟制有東
西廂, 有序牆, 寢制唯室而已. 故釋宮云, 室有東西廂曰廟, 無東西廂有室曰寢,
是也."라고 풀이하였다. 또한 '침묘'는 사람이 거주하는 집과 종묘를 지칭하
는 용어로 사용되기도 한다. 『시』「대아(大雅)·숭고(崧高)」편에는 "有俶其城,
寢廟旣成."이라는 기록이 있는데, 이에 대한 공영달의 소에서는 "寢, 人所處,
廟神亦有寢, 但此宜, 處人神, 不應獨言廟事, 故以爲人寢也."라고 풀이하였다.
또한 종묘(宗廟) 및 태묘(太廟)를 지칭하는 말로도 사용된다.

鄭注 言其用之尊嚴. 謂征伐出師若巡守也, 天子至尊, 大率72)皆用卜也. 春秋傳曰: "先王卜征五年, 歲襲其祥." 守筮, 守國之筮, 國有事則用之. 始將 出, 卜之. 道有小事則用筮. 入他國則不筮, 不敢問吉凶於人之國也. 諸侯受封 乎天子, 因國而國, 唯宮室欲改易者, 得卜之耳. 卜可建國之處吉, 則宮廟吉可 知.

번역 기물을 사용함이 존귀하고 엄숙하다는 뜻이다. 천자가 시초점을 치지 않는다는 것은 정벌이나 군대를 동원하거나 순수를 하는 경우를 뜻하 는데, 천자는 지극히 존귀한 존재이므로 대체로 모든 경우에 거북점을 사 용한다. 『춘추전』에서는 "선왕은 정벌하기 5년 전에 거북점을 치고, 해마다 길한가에 대해 거듭 점을 친다."73)라고 했다. '수서(守筮)'는 나라에서 보관 하고 있는 시초를 뜻하니, 나라에 어떤 일이 발생하게 되면 그것을 사용하 여 점을 친다. 천자의 경우 처음 출타하게 되면 거북점을 친다. 그러나 여정 중에 소소한 일이 발생하게 된다면 시초점을 친다. 제후는 다른 나라에 들 어가게 되면 시초점을 치지 않으니, 다른 나라에서 감히 길흉을 물을 수 없기 때문이다. 제후는 천자로부터 봉지를 부여받았으니, 부여받은 나라에 따라서 그 나라를 소유하는데, 오직 궁실을 고치고 바꾸려고 할 때에만 거 북점을 칠 수 있을 따름이다. 천자의 경우 도읍을 세울 수 있는 곳에 대해 거북점을 쳐서 길한 점괘가 나왔다면, 궁실과 종묘에 대해서도 길하다는 사실을 알 수 있다.

釋文 守, 手又反. 大音泰.

번역 '守'자는 '手(수)'자와 '又(우)'자의 반절음이다. '大'자의 음은 '泰

---

72) '률(率)'자에 대하여. 『십삼경주소(十三經注疏)』 북경대 출판본에서는 "'률'자 를 『예기훈찬(禮記訓纂)』에서는 '사(事)'자로 기록했다."라고 했다.

73) 『춘추좌씨전』「양공(襄公) 13년」: 石�言於子囊曰, "先王卜征五年, 而歲習其 祥, 祥習則行. 不習, 則增修德而改卜. 今楚實不競, 行人何罪? 止鄭一卿, 以除 其偪, 使睦而疾楚, 以固於晉, 焉用之? 使歸而廢其使, 怨其君以疾其大夫, 而相 牽引也, 不猶愈乎?"

(태)'이다.

孔疏 ●"子曰"至"於上". ○以上經明在國內事上帝神明及國內諸事, 無非卜筮之用, 此一節更明天子·諸侯用卜筮, 有出行之義.

번역 ●經文: "子曰"~"於上". ○앞의 경문에서는 국내에서 상제 및 뭇 신들에게 제사를 지내고 국내에 발생한 여러 사안들에 대해서 거북점이나 시초점을 사용하지 않는 경우가 없음을 나타내고 있는데, 이곳 문단은 천 자와 제후가 거북점과 시초점을 사용하는 것에는 출타하는 의미가 포함됨을 재차 나타내고 있다.

孔疏 ●"大人之器威敬"者, 大人, 謂天子, 所主之器, 當威嚴敬重, 不可私褻於小事雜用也. 饗時則用, 燕則不用也.

번역 ●經文: "大人之器威敬". ○'대인(大人)'은 천자를 뜻하니, 그가 주 관하여 만든 기물은 마땅히 위엄을 갖추고 공경해야 하며, 소소한 일들과 잡된 용도에 함부로 사용할 수 없다. 제사를 지낼 때라면 사용하지만, 연회를 하게 되면 사용하지 않는다.

孔疏 ●"天子無筮", 天子旣尊重, 於征伐出師若巡守之大事, 皆用卜, 無用筮也.

번역 ●經文: "天子無筮". ○천자는 지극히 존귀한 존재이므로, 정벌을 하거나 군대를 동원하거나 순수를 하는 등의 중대한 사안에 대해서라면, 모두 거북점을 사용하며 시초점을 사용하지 않는다.

孔疏 ●"諸侯有守筮"者, 諸侯卑於天子, 有守國之筮, 謂在國居守, 有事而用筮.

번역 ●經文: "諸侯有守筮". ○제후는 천자보다 낮으니, 나라에서 보관하고 있는 시초가 있다. 즉 나라에 머물고 있을 때 어떤 일이 발생하면 시초점을 친다는 뜻이다.

孔疏 ●"天子道以筮"者, 天子在國旣皆用卜, 若出行於道路之上, 臨時有小事之時, 則唯用筮也.

번역 ●經文: "天子道以筮". ○천자가 수도에 머물러 있을 때에는 모든 경우에 거북점을 친다고 했는데, 만약 출타하여 도로에 있을 때 소소한 일이 발생한다면, 오직 시초점만 친다.

孔疏 ●"諸侯非其國不以筮"者, 諸侯降於天子, 若出行於外, 非其國境不用筮也. 以其不敢問吉凶於人之國, 筮尙不用, 卜不用可知也.

번역 ●經文: "諸侯非其國不以筮". ○제후는 천자보다 낮추니, 만약 외지로 출타를 하게 되었을 때, 자기 나라의 국경 안쪽이 아니라면 시초점을 치지 않는다. 다른 나라에서 감히 길흉을 물을 수 없기 때문에 시초점도 오히려 사용하지 않으니, 거북점 또한 사용하지 않는다는 사실을 알 수 있다.

孔疏 ●"卜宅寢室"者, 謂諸侯旣受天子所封, 不敢卜其所建之國以否, 但建國已後, 宅及寢室須欲改易者得卜之, 故曰"卜宅寢室".

번역 ●經文: "卜宅寢室". ○제후는 천자가 부여한 봉지를 받았으니, 감히 건국할 나라의 가부에 대해서 거북점을 칠 수 없고, 단지 나라를 건국한 이후 궁실 및 건물들에 대해서 고치고 바꾸고자 할 때에만 거북점을 칠 수 있다. 그렇기 때문에 "궁실과 건물에 대해서 거북점을 친다."라고 했다.

孔疏 ●"天子不卜處大廟"者, 以建國之時, 總卜其吉, 不特更卜處大廟所在, 以其吉可知.

번역 ●經文: "天子不卜處大廟". ○나라를 건국할 때에는 길함에 대해서 총괄적으로 거북점을 치고, 태묘를 세울 곳에 대해서만 거북점을 치지 않으니, 나라에 대해 점을 쳐서 길한 점괘를 얻었다면 태묘를 세울 자리 또한 길하다는 사실을 알 수 있기 때문이다.

孔疏 ◎注"謂征"至"其祥". ○正義曰: 知"征伐出師及巡守"者, 以前云外事用剛日, 內事用柔日, 據在國諸事. 今此云"無筮", 又云"天子道以筮", 又云"諸侯非其國不以筮", 皆據將欲出行, 及在道之事. 故知此節以下, 不與上同, 是將出行. 下云"天子道以筮", 此云"無筮", 是未在道也, 故知"征代出師若巡守", 欲發時也. 云"天子至尊, 大事皆用卜也"者, 謂不徒用筮而已, 兼用卜也. 此云"無筮", 無徒筮耳, 不謂全無筮也. 筮人云: "國之大事, 先筮而後卜." 出師·巡守, 皆大事者也. 所引春秋傳者, 襄十三年左傳文. 按襄十一年, 鄭先屬於楚. 今楚弱, 鄭又被晉收, 屬於晉, 鄭使良霄石�告絶於楚, 楚人執之, 故謂楚人云: "先王卜征五年." 謂將欲巡守, 預先五年, 每歲卜之. 云"歲襲其祥"者, 襲, 重也. 謂歲歲恒吉, 重其吉祥, 而後始行. 若不吉, 則更增脩其德, 欲令楚脩德. 引者, 證巡守須卜也.

번역 ◎鄭注: "謂征"~"其祥". ○정현이 "정벌이나 군대를 동원하거나 순수를 하는 경우를 뜻한다."라고 했는데, 이 말이 사실임을 알 수 있는 이유는 앞에서 외사(外事)에 대해서는 강일(剛日)을 사용하고, 내사(內事)에 대해서는 유일(柔日)을 사용한다고 했는데, 이것은 수도에 머물러 있을 때 발생하는 여러 사안들에 기준을 둔 것이다. 현재 이곳에서는 "시초점을 치지 않는다."라고 했고, 또 "천자는 도로에 있을 때 시초점을 친다."라고 했으며, 또 "제후는 자신의 나라가 아니라면 시초점을 치지 않는다."라고 했는데, 이 모두는 출타를 하고자 할 때 및 도로에 있을 때의 사안에 기준을 둔 것이다. 그렇기 때문에 이곳 문단으로부터 그 이하의 내용들이 앞의 사안과 동일하지 않아서, 이것이 출타를 하고자 하는 때에 해당함을 알 수

있다. 아래문장에서는 "천자는 도로에 있을 때 시초점을 친다."라고 했는
데, 이곳에서는 "시초점을 치지 않는다."라고 했으니, 이것은 도로에 있지
않을 때에 해당한다. 그렇기 때문에 "정벌이나 군대를 동원하거나 순수를
하는 경우를 뜻한다."라는 말이 사실임을 알 수 있으며, 이것은 그 일을
진행하고자 하는 때에 해당한다. 정현이 "천자는 지극히 존귀한 존재이므
로 대사(大事)에는 모두 거북점을 사용한다."라고 했는데, 단지 시초점만
사용하는 것이 아니라 거북점도 함께 사용한다는 뜻이다. 이곳에서는 "시
초점을 사용하지 않는다."라고 했는데, 이것은 시초점만 치는 일이 없다는
뜻일 뿐이니, 시초점을 전혀 사용하지 않는다는 뜻이 아니다. 『주례』「서인
(筮人)」편에서는 "나라의 중대한 일에 대해서는 먼저 시초점을 치고 이후
에 거북점을 친다."[74]라고 했다. 군대를 파병하거나 순수를 하는 것들은
모두 중대한 사안에 해당한다. 정현이 『춘추전』을 인용했는데, 이것은 양
공(襄公) 13년에 대한 『좌전』의 기록이다. 양공 11년의 기록을 살펴보면,
정(鄭)나라는 앞서 초(楚)나라에 복속되어 있었다. 현재 초나라가 약해져서
정나라는 재차 진(晉)나라에게 거두어져 진나라에 복속되었는데, 정나라에
서는 양소와 석착을 사신으로 보내 초나라와 관계를 끊겠다고 알렸고, 초
나라에서 그들을 잡아들였기 때문에 초나라에 대해 "선왕은 정벌하기 5년
전에 거북점을 쳤다."라고 말한 것이니, 순수를 하고자 할 때에는 5년 전에
매해마다 거북점을 쳤다는 뜻이다. 그리고 "해마다 길한가에 대해 거듭 점
을 쳤다."라고 했는데, '습(襲)'자는 거듭[重]이라는 뜻이다. 즉 해마다 항상
길한 점괘를 얻어서 길한 조짐이 거듭된 이후에야 비로소 시행했다는 의미
이다. 만약 불길한 점괘가 나온다면 재차 자신의 덕을 다스리고 증진시키
게 되니, 초나라로 하여금 덕을 수양하게끔 만들고자 해서이다. 이 내용을
인용한 것은 순수를 할 때에는 거북점을 쳐야 한다는 사실을 증명하기 위
해서이다.

孔疏 ◎注"守筮, 守國之筮". ○正義曰: 此諸侯守國筮者, 非寢室改易之

---

74) 『주례』「춘관(春官)·서인(筮人)」: 凡國之大事, 先筮而後卜.

屬, 則唯用筮也. 若寢室亦用卜, 故下云"卜宅寢室". 然此節皆明將行及守國
之義, 而云"守筮", 及"卜宅寢室", 及"不卜處大廟", 皆言國史之事者, 此擧國
中以明在外, 外內相明也.

번역 ◎鄭注: "守筮, 守國之筮". ○이 내용은 제후가 자신의 나라에 보관
하고 있는 시초를 사용할 때, 건물 등을 바꾸고자 하는 부류가 아니라면
오직 시초점만 사용한다는 뜻이다. 만약 건물에 대한 것이라면 또한 거북
점을 사용한다. 그렇기 때문에 아래문장에서 "궁실과 건물에 대해서는 거
북점을 친다."라고 말한 것이다. 그런데 이곳 문단의 내용은 모두 출행을
하려고 하거나 나라에 머물러 있을 때의 의미를 나타내고 있는데, '수서(守
筮)'라고 말하고, "궁실과 건물에 대해서는 거북점을 친다."라고 말하며,
"태묘에 머물 때에는 거북점을 치지 않는다."라고 했으니, 이 모두는 나라
의 역사에 기록되는 일들을 뜻하는 것이다. 따라서 이것은 나라 안에서 일
어난 일을 통해 밖에 있을 때의 규정을 드러낸 것이니, 내외를 통해 서로
드러내는 것이다.

孔疏 ◎注"諸侯受封乎天子, 因國而國". ○正義曰: 此諸侯初受封之時不
卜者, 以天子因先王舊國, 而今封諸侯, 不須卜也. 若天子初建國則卜之, 故下
注云"卜可建國之處", 是不因先王舊國也.

번역 ◎鄭注: "諸侯受封乎天子, 因國而國". ○이것은 제후가 처음 분
봉을 받았을 때 거북점을 치지 않는다는 뜻으로, 천자가 선왕이 옛 나
라를 정한 것에 따라서 현재 제후에게 분봉을 해주었던 것으로, 거북점
을 칠 필요가 없다. 만약 천자가 최초 건국을 하는 경우라면 거북점을
친다. 그렇기 때문에 아래 정현의 주에서는 "건국할 수 있는 곳에 대해
거북점을 친다."라고 했으니, 이것은 선왕이 정한 옛 나라에 따르지 않
는 경우이다.

集解 大人之器, 謂龜筮也. 威敬, 言其威重嚴敬, 而不可以褻用也. 天子無

筮, 無徒筮也. 大卜, 凡國之大事, 先卜而後筮. 守筮, 猶言守龜, 言其所寶守之
蓍筴也. 道, 道路也. 天子言道, 諸侯言非其國, 互見之也. 在道, 天子但用筮,
諸侯不筮, 皆簡於其在國之禮也. 宅, 處也. 卜宅寢室者, 諸侯適他國, 於所舍
之寢室, 卜而後處之, 備不虞也. 天子不卜處大廟者, 天子適諸侯, 必舍其大
廟, 不須卜之, 至尊無所疑也.

번역 대인의 기물은 거북껍질과 시초를 뜻한다. '위경(威敬)'은 그것이
매우 위엄스럽고 엄중하며 공경스러워서 함부로 사용할 수 없다는 뜻이다.
"천자는 시초점이 없다."라고 했는데, 시초점만 치는 일이 없다는 뜻이다.
『주례』「대복(大卜)」편에서는 "국가의 중대한 사안이라면 먼저 거북점을
치고 이후에 시초점을 친다."[75]라고 했다. '수서(守筮)'는 수구(守龜)라고
한 말과 같으니, 보물로 여겨 보관하고 있는 시초를 뜻한다. '도(道)'자는
도로를 뜻한다. 천자에 대해서는 도로라고 했고, 제후에 대해서는 그 나라
가 아니라고 한 것은 상호 그 뜻을 드러내도록 기록한 것이다. 도로에 있을
때 천자가 단지 시초점만 사용하고, 제후가 다른 나라에서 시초점을 치지
않는 것은 모두 자기 나라에 머물러 있을 때의 예법보다 간략히 하기 때문
이다. '택(宅)'자는 "거처하다[處]."는 뜻이다. "침실에 거처할 때 거북점을
친다."라고 한 말은 제후가 다른 나라에 갔을 때 머물게 되는 숙소에 대해
서는 거북점을 치고 길한 점괘가 나온 이후에 머문다는 뜻으로, 뜻밖의 일
이 발생할 것을 대비하기 위해서이다. "천자는 태묘에 머물 때 거북점을
치지 않는다."라고 했는데, 천자가 제후국에 갈 때에는 반드시 그 나라의
태묘에 머물게 되니, 거북점을 칠 필요가 없는 것으로, 지극히 존귀한 장소
이므로 의심할 것이 없기 때문이다.

---

75) 『주례』「춘관(春官)·서인(筮人)」 : 凡國之大事, 先筮而後卜.

【641a】

曰, "君子敬則用祭器, 是以不廢日月, 不違龜筮, 以敬事其君長. 是以上不瀆於民, 下不褻於上."

직역 子가 曰, "君子는 敬이라면 祭器를 用하니, 是以로 日月을 不廢하고, 龜筮를 不違하여, 그 君長을 敬事한다. 是以로 上은 民을 不瀆하고, 下는 上을 不褻한다."

의역 공자가 말하길, "군자는 그 예법을 공경한다면 해당 의례에 제기를 사용하니, 이로써 해와 달의 운행을 거스르지 않고, 거북점과 시초점의 뜻을 어기지 않아서, 이를 통해 군주와 존장자를 공경스럽게 섬긴다. 이러한 까닭으로 윗사람은 백성들을 함부로 대하지 않고, 백성들은 윗사람에게 무례하게 굴지 않는다."라고 했다.

集說 敬其禮, 故用祭器; 敬其事, 故詢龜筮. 不瀆不褻, 以其敬故也.

번역 그 예법을 공경하기 때문에 제기를 사용하고, 그 사안을 공경하기 때문에 거북점과 시초점에게 묻는다. 함부로 대하지 않고 무례하게 굴지 않는 것은 공경하기 때문이다.

集說 疏曰: 敬事君長, 謂諸侯朝天子及小國之於大國.

번역 공영달의 소에서 말하길, 천자와 제후를 공경스럽게 섬긴다는 말은 제후가 천자에게 조회를 하고 소국이 대국을 섬기는 것들을 뜻한다.

大全 張子曰: 以聖人之智, 非不能爲後之器皿, 須要作籩豆簠簋以祭, 欲不便於褻用也. 若褻用則自有燕器, 惟是大賓客至敬, 則用祭器.

번역 장자가 말하길, 성인은 지혜로워서 후대에 사용되는 그릇들을 만

들 수 없었던 것이 아니며, 변(籩)·두(豆)·보(簠)·궤(簋) 등의 제기를 만들어
서 제사를 지낼 필요가 있었던 것으로, 일반적인 용도로 사용하지 않게끔
하기 위해서이다. 만약 일반적인 용도로 사용하는 것이라면 연기(燕器)[76]
가 있으니, 오직 중대한 빈객이거나 지극히 공경을 나타내야 할 때여야만
제기를 사용한다.

大全 藍田呂氏曰: 君子之事天地鬼神, 與事其君長, 其敬一也, 故敬則用
祭器. 不廢日月者, 事其君長, 各有日月, 如歲之有朝覲宗遇, 一日之有朝夕,
不敢廢也. 不違龜筮者, 欲見其君長, 及其所貢獻, 皆卜筮而後進也.

번역 남전여씨가 말하길, 군자가 천지 및 귀신들을 섬기는 것은 군주와
존장자를 섬기는 것과 공경함이 동일하다. 그렇기 때문에 공경한다면 제기
를 사용하는 것이다. "해와 달을 폐하지 않는다."라고 했는데, 군주와 존장자
를 섬길 때에는 각각 정해진 시기가 있으니, 마치 한 해 동안 조(朝)·근(覲)·
종(宗)·우(遇)[77]가 있고, 하루 동안 아침과 저녁 문안인사가 있어서 이것들
을 감히 폐지하지 않는 것과 같다. "거북점과 시초점을 어기지 않는다."라고
했는데, 군주와 존장자를 만나보려고 하거나 그에게 바칠 것들에 대해서는
모두 거북점과 시초점을 친 이후에 나아가거나 진상한다는 뜻이다.

大全 嚴陵方氏曰: 祭器, 所以事神, 燕器, 所以事人. 以事神之禮事之, 則
敬可知也. 不廢日月, 不違龜筮, 凡以致敬而已, 故曰以敬事其君長. 上不瀆於

---

76) 연기(燕器)에는 두 가지 뜻이 있다. 첫 번째는 일상적으로 사용하는 기물(器
物)들을 뜻한다. 두 번째는 잔치 때 사용하는 예기(禮器)들을 뜻한다.
77) 조근(朝覲)은 군주가 신하를 만나보는 예법(禮法)을 뜻한다. 군주가 신하를
만나보는 예법에는 조(朝), 근(覲), 종(宗), 우(遇), 회(會), 동(同) 등이 있었는
데, 이것을 총칭하여 '조근'으로 부르기도 한다. 한편 '조근'은 신하가 군주를
찾아뵙는 예법을 뜻하기도 한다. 고대에는 제후가 천자를 찾아뵐 때, 각 계
절별로 그 명칭을 다르게 불렀다. 봄에 찾아뵙는 것을 조(朝)라고 부르며, 여
름에 찾아뵙는 것을 종(宗)이라고 부르고, 가을에 찾아뵙는 것을 근(覲)이라
고 부르며, 겨울에 찾아뵙는 것을 우(遇)라고 부른다. '조근'은 이러한 예법들
을 총칭하는 말이다.

民者, 不爲民所瀆也. 下不褻於上者, 不爲上所褻也.

번역 엄릉방씨가 말하길, '제기(祭器)'는 신을 섬기는 도구이다. '연기(燕器)'는 사람을 섬기는 도구이다. 신을 섬기는 예법으로써 섬기게 된다면 공경한다는 사실을 알 수 있다. 일월을 폐하지 않고 거북점과 시초점을 어기지 않는 것은 공경함을 지극히 하기 때문이다. 그래서 "공경으로써 군주와 존장자를 섬긴다."라고 말했다. "위정자는 백성들에게 독(瀆)하지 않는다."라는 말은 백성들에게 업신여김을 받지 않는다는 뜻이다. "아랫사람은 윗사람에게 설(褻)하지 않는다."라는 말은 윗사람에게 무례함을 받지 않는다는 뜻이다.

鄭注 謂朝聘待賓客崇敬, 不敢用燕器也. 用龜筮, 問所貢獻也. 言上之於下以直, 則下應之以正, 不褻慢也.

번역 조빙(朝聘)을 하고 빈객을 대접하며 존숭하고 공경하여 감히 연기(燕器)를 사용할 수 없다는 뜻이다. 거북점과 시초점을 쳐서 공납할 물건에 대해 길흉을 묻는다. 윗사람이 아랫사람에 대해 곧음으로 대한다면 아랫사람은 바름으로 응대하여, 무례하거나 태만하게 되지 않는다는 뜻이다.

釋文 朝, 直遙反. 長, 丁丈反. 應, 應對之應. 慢, 字又作"僈", 武諫反.

번역 '朝'자는 '直(직)'자와 '遙(요)'자의 반절음이다. '長'자는 '丁(정)'자와 '丈(장)'자의 반절음이다. '應'자는 '응대(應對)'라고 할 때의 '應'이다. '慢'자는 그 글자를 또한 '僈'자로도 기록하는데, '武(무)'자와 '諫(간)'자의 반절음이다.

孔疏 ●"子曰: 君子敬則用祭器"者, 猶事稍異於上, 故更稱"子曰".

번역 ●經文: "子曰: 君子敬則用祭器". ○여전히 그 사안이 앞의 내용과 조금 차이를 보이기 때문에 재차 '자왈(子曰)'이라고 기록했다.

孔疏 ●“敬則用祭器”者, 言愼重其大事, 心有恭敬, 則用祭器. 言愼重其事也.

번역 ●經文: “敬則用祭器”. ○중대한 사안에 대해서 신중하게 대하고 마음에 공경함이 생긴다면, 제기를 사용한다는 뜻이다. 즉 그 사안을 신중하게 대한다는 의미이다.

孔疏 ●“是以不廢日月”者, 總明朝聘之時, 依其日月.

번역 ●經文: “是以不廢日月”. ○조빙(朝聘)을 할 때에는 정해진 시기에 따라야 함을 총괄적으로 나타내고 있다.

孔疏 ●“不違龜筮”者, 謂貢獻之物, 必先卜筮而來.

번역 ●經文: “不違龜筮”. ○공납할 물건에 대해서는 반드시 먼저 거북점과 시초점을 친 이후에 바친다는 뜻이다.

孔疏 ●“以敬事其君長”者, 所以朝聘之時, 必須如此者, 以恭敬事其君長, 不敢褻瀆故也. 君, 謂天子. 言“長”者, 兼諸侯相朝, 小國之於大國也.

번역 ●經文: “以敬事其君長”. ○조빙(朝聘)을 할 때 반드시 이처럼 해야 하는 이유는 군장(君長)을 공경스럽게 섬겨서 감히 무례하거나 함부로 대할 수 없기 때문이다. ‘군(君)’자는 천자를 뜻한다. ‘장(長)’자를 기록한 이유는 제후가 상호 조회하는 경우까지도 포함하고자 해서이니, 소국이 대국에게 조회를 간 경우이다.

孔疏 ●“是以上不瀆於民”, 其上爲此相敬, 不褻瀆於民, 言以直道接民.

번역 ●經文: “是以上不瀆於民”. ○윗사람이 이처럼 서로 공경하여, 백성들에게 함부로 대하지 않으니, 정직의 도리로 백성들을 대한다는 의미이다.

孔疏 ●"下不褻於上"者, 謂以正事上, 不褻慢也.

번역 ●經文: "下不褻於上". ○바름으로 윗사람을 섬겨서 무례하거나
태만하게 굴지 않는다는 뜻이다.

孔疏 ◎注"謂朝聘[78]待若賓客崇敬, 不敢用燕器也". ○正義曰: 但此章據
出行朝聘之事, 故以朝聘解之, 則上文"非其國不以筮", 是出外行也. 其實昏·
冠亦不用燕器也, 用祭器也, 故左傳稱魯襄公冠, 季武子云"君冠, 必以祼享之
禮行之, 以金石之樂節之", 是用祭器也.

번역 ◎鄭注: "謂朝聘待若賓客崇敬, 不敢用燕器也". ○다만 이곳 문장
은 출행을 하여 조빙(朝聘)하는 사안에 기준을 두고 있다. 그렇기 때문에
조빙으로 풀이를 하였으니, 앞에서 "그 나라가 아니라면 시초점을 치지 않
는다."라고 한 것은 영지 밖으로 나가서 행차하는 경우에 해당한다. 실제로
혼례나 관례를 치를 때에도 연기(燕器)를 사용하지 않고 제기(祭器)를 사
용한다. 그렇기 때문에 『좌전』에서는 노(魯)나라 양공(襄公)의 관례에 대
해서, 계무자가 "군주의 관례에서는 반드시 관향(祼享)[79]의 예법으로써 시
행하고, 쇠와 돌로 된 악기를 연주하여 절도를 맞춥니다."[80]라고 한 것이니,
이것은 제기를 사용한다는 사실을 나타낸다.

孔疏 ◎注"用龜筮, 問所貢獻也". ○正義曰: 鄭以"天子無筮"以下, 論出行
在外之事, 故解此"不違龜筮", 謂所問貢獻之物也. 前章云"不違龜筮", 謂在
國所卜諸事也.

---

78) '빙(聘)'자에 대하여. 『십삼경주소(十三經注疏)』북경대 출판본에서는 "'빙'자
는 본래 없던 글자인데, 정현의 주에 근거하여 글자를 보충하였다."라고 했
다.
79) 관향(祼享)은 종묘(宗廟)의 제례 절차 중 하나이다. 땅에 향기로운 술을 뿌려
신(神)을 강림시키는 의식을 뜻한다.
80) 『춘추좌씨전』「양공(襄公) 9년」: 國君十五而生子, 冠而生子, 禮也. 君可以冠
矣. 大夫盍爲冠具?" 武子對曰, "君冠, 必以祼享之禮行之, 以金石之樂節之, 以
先君之祧處之. 今寡君在行, 未可具也, 請及兄弟之國而假備焉."

번역 ◎鄭注: "用龜筮, 問所貢獻也". ○정현은 "천자는 시초점만 치지
않는다."라고 한 구문으로부터 그 이하의 내용들이 출행하여 외지에 있을
때의 사안을 논의한 것이라고 여겼다. 그렇기 때문에 이곳에서 "거북점과
시초점을 어기지 않는다."라고 한 말을 풀이하여, 공납할 물건에 대해서
길흉을 묻는다고 한 것이다. 앞에서 "거북점과 시초점을 어기지 않는다."라
고 한 것은 국내에 있을 때 여러 사안에 대해 점치는 것을 뜻한다.

集解 言君子敬則用祭器, 以引起下文之所言也. 諸侯朝於天子, 竟邑之大
夫入見於其君, 皆卜筮其日月而後行. 祭祀卜日, 事君上亦卜日, 是敬事其長
上與祭祀同, 亦敬則用祭器之義也. 上有以全其尊, 故不瀆於民; 下有以致其
敬, 故不褻於上.

번역 "군자는 공경하면 제기를 사용한다."라고 말해서, 아래문장에서
말하고자 하는 내용을 이끌어낸 것이다. 제후가 천자에게 조회를 하거나
국경 부근의 채읍(采邑)을 가지고 있는 대부가 수도로 들어와서 자신의 군
주를 알현할 때에는 모두 그 시기에 대해 거북점과 시초점을 친 이후에
시행한다. 제사를 지낼 때 제삿날에 대해 거북점을 치고, 군주를 섬길 때에
도 그 날짜에 대해 거북점을 치니, 이것은 윗사람을 공경스럽게 섬기는 것
이 제사와 동일한 것으로, 또한 공경한다면 제기를 사용한다는 의미가 된
다. 윗사람은 자신의 존귀함을 온전히 하기 때문에 백성들에게 업신여김을
받지 않고, 아랫사람은 자신의 공경함을 지극히 나타내기 때문에 윗사람에
게 무례함을 받지 않는다.

참고 구문비교

출 처	내 용
『禮記』「表記」	君子敬則用祭器.
『禮記』「坊記」	敬則用祭器.

그림 38-6 변(籩)

※ 출처:
상좌-『삼례도집주(三禮圖集注)』13권 ; 상우-『삼례도(三禮圖)』4권
하좌-『육경도(六經圖)』6권 ; 하우-『삼재도회(三才圖會)』「기용(器用)」2권

그림 38-7 두(豆)

※ **출처:**
　상좌-『육경도(六經圖)』 6권; 상우-『삼례도(三禮圖)』 4권
　하좌-『삼례도집주(三禮圖集注)』 13권;　하우-『삼재도회(三才圖會)』「기용(器用)」 1권

● 그림 38-8 보(簠)

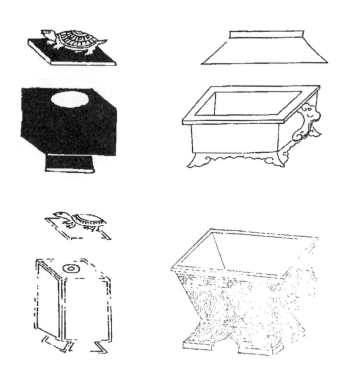

※ 출처:

　상좌-『삼례도집주(三禮圖集注)』13권 ; 상우-『삼례도(三禮圖)』4권

　하좌-『육경도(六經圖)』6권 ; 하우-『삼재도회(三才圖會)』「기용(器用)」1권

그림 38-9 궤(簋)

※ 출처:

　　상좌-『삼례도집주(三禮圖集注)』13권 ; 상우-『삼례도(三禮圖)』4권

　　하좌-『육경도(六經圖)』6권 ; 하우-『삼재도회(三才圖會)』「기용(器用)」1권

表記 人名 및 用語 辭典

◎ 가정본(嘉靖本) : 『가정본(嘉靖本)』에는 간행한 자의 정보가 기록되어 있지 않다. 『십삼경주소(十三經注疏)』의 판본이다. 20권으로 구성되어 있으며, 각 권의 뒤편에는 경문(經文)과 그에 따른 주(注)를 간략히 기록하고 있다. 단옥재(段玉裁)는 이 판본이 가정(嘉靖) 연간에 송본(宋本)을 모방하여 간행된 것이라고 여겼다.

◎ 감본(監本) : 『감본(監本)』은 명(明)나라 국자감(國子監)에서 간행한 『십삼경주소(十三經注疏)』의 판본이다.

◎ 감생제(感生帝) : '감생제'는 감제(感帝)·감생(感生)이라고도 부른다. 태미오제(太微五帝)의 정기를 받아서 태어난 인간세상의 제왕을 뜻한다. 고대에는 각 왕조의 선조들이 모두 상제(上帝)의 기운을 받아서 태어났다고 여겼기 때문에, '감생제'라는 명칭이 생기게 되었다.

◎ 강원(姜嫄) : '강원'은 강원(姜原)이라고도 부른다. 전설상의 인물이다. 유태씨(有邰氏)의 딸이자, 주(周)나라의 시조인 후직(后稷)의 어머니이다. 제곡(帝嚳)의 본처이며, 거인의 발자국을 밟고서 잉태를 했고, 이후에 직(稷)을 낳았다고 전해진다. 『시』 「대아(大雅)·생민(生民)」편에는 "厥初生民, 時惟姜嫄."이라는 기록이 있고, 『사기(史記)』 「주본기(周本紀)」편에는 "周后稷, 名棄. 其母有邰氏女, 曰姜原. 姜原爲帝嚳元妃. 姜原出野, 見巨人跡, 心忻然說, 欲踐之. 踐之而身動如孕者."라는 기

록이 있다.

◎ 강원(姜原) : =강원(姜嫄)

◎ 강일(剛日) : '강일'은 십간(十干)을 음양(陰陽)으로 구분했을 때, 양(陽)에 해당하는 날짜를 뜻한다. 십간에 따라 날짜를 구분할 때 갑(甲)·병(丙)·무(戊)·경(庚)·임(壬)자가 들어가는 날이 '강일'이 된다. '강일'과 반대되는 말은 유일(柔日)이며, 십간 중 을(乙)·정(丁)·기(己)·신(辛)·계(癸)자가 들어가는 날이 '유일'이 된다.

◎ 개(介) : '개'는 부관을 뜻한다. 빈객(賓客)이 방문했을 때 주인(主人)과 빈객 사이에서 진행되는 절차들을 보좌했던 자들이다. 계급에 따라서 '개'를 두는 숫자에도 차이가 났다. 가령 상공(上公)은 7명의 '개'를 두었고, 후작이나 백작은 5명을 두었으며, 자작과 남작은 3명의 개를 두었다. 『예기』「빙의(聘義)」편에는 "上公七介, 侯伯五介, 子男三介."라는 기록이 있다.

◎ 개성석경(開成石經) : 『개성석경(開成石經)』은 당(唐)나라 만들어진 석경(石經)을 뜻한다. 돌에 경문(經文)을 새겼기 때문에, '석경'이라고 부른다. 당나라 때 만들어진 '석경'은 대화(大和) 7년(A.D.833)에 만들기 시작하여, 개성(開成) 2년(A.D.837)에 완성되었기 때문에, '개성석경'이라고도 부르는 것이다.

◎ 거창(秬鬯) : '거창'은 검은 기장과 향초를 섞어서 만든 울창주이다. 신을 강림시키거나 공적을 세운 제후에게 하사하는 용도로 사용되었다.

◎ 경사(卿士) : '경사'는 주(周)나라 때 주왕조의 정사(政事)를 총감독했던 직위이다. 육경(六卿)과 별도로 설치되었으며, 육관(六官)의 일들을 총감독했다. 『시』「소아(小雅)·십월지교(十月之交)」편에는 "皇父卿士, 番維司徒."라는 기록이 있는데, 이에 대한 주희(朱熹)의 『집주(集注)』에서는 "卿士, 六卿之外, 更爲都官, 以總六官之事也."라고 풀이하였으며, 『춘추좌씨전』「은공(隱公) 3년」편에는 "鄭武公莊公爲平王卿士."라는 기록이 있는데, 이에 대한 두예(杜預)의 주에서는 "卿士, 王卿之執政者."라고 풀이하였다.

◎ 고매(高禖) : '고매'는 교매(郊禖)라고도 부른다. 고대에 제왕이 아들을 낳게 해달라고 기원했던 신(神)이다. 또한 그에게 제사지내는 장소를 뜻하기도 한다. '고매'를 '교매'라고 부르는 이유에 대해서, 왕인지(王引之)의 『경의술문(經義述聞)』「예기상(禮記上)」편에서는 "高者, 郊之

借字, 古聲高與郊同, 故借高爲郊."라고 풀이한다. 즉 고(高)자와 교(郊)
자는 옛 음이 같아서, 가차해서 사용했다. 그리고 아들 낳기를 기원했
던 신을 '교매'라고 부르게 된 이유는 그 제사가 교(郊)에서 시행되었
기 때문이다. 『시』「대아(大雅)·생민(生民)」편에는 "克禋克祀, 以弗無
子."라는 기록이 있고, 이에 대해서 모전(毛傳)에서는 "弗, 去也, 去無
子. 求有子, 古者必立郊禖焉. 玄鳥至之日, 以太牢祠于郊禖, 天子親往,
后妃率九嬪御, 乃禮天子所御, 帶以弓韣, 授以弓矢, 于郊禖之前"이라고
풀이하였다.

◎ 고문송판(考文宋板) : 『고문송판(考文宋板)』은 일본 학자 산정정(山井
鼎) 등이 출간한 『칠경맹자고문보유(七經孟子考文補遺)』에 수록된 『
예기정의(禮記正義)』를 뜻한다. 산정정은 『예기정의』를 수록할 때, 송
(宋)나라 때의 판본을 저본으로 삼았다.

◎ 곡풍(谷風) : '곡풍'은 동쪽에서 불어오는 바람을 뜻한다. 『이아』「석천
(釋天)」편에는 "東風謂之谷風."이라는 기록이 있고, 이에 대한 형병(邢
昺)의 소에서는 손염(孫炎)의 주장을 인용하여, "谷之言穀. 穀, 生也;
谷風者, 生長之風也."라고 풀이했다. 즉 '곡풍'의 '곡(谷)'자는 '곡(穀)'자
의 뜻이 되는데, '곡(穀)'은 생장시킨다는 뜻이다. 따라서 '곡풍'은 동쪽
에서 불어와서 만물을 생장시키는 바람을 뜻한다.

◎ 곤면(袞冕) : '곤면'은 곤룡포와 면류관을 뜻한다. 본래 천자의 제사복
장으로, 비교적 중요한 제사 때 입는다. 윗옷과 아랫도리에 새겨진 무
늬 등은 9가지이다. 『주례』「춘관(春官)·사복(司服)」편에는 "享先王則
袞冕."이라는 기록이 있다. 이에 대한 정현의 주에서는 "冕服九章, 登
龍於山, 登火於宗彝, 尊其神明也. 九章, 初一曰龍, 次二曰山, 次三曰華
蟲, 次四曰火, 次五曰宗彝, 皆畫以爲繢. 次六曰藻, 次七曰粉米, 次八曰
黼, 次九曰黻, 皆希以爲繡. 則袞之衣五章, 裳四章, 凡九也."라고 풀이했
다. 즉 '곤면'의 윗옷에는 용(龍), 산(山), 화충(華蟲), 화(火), 종이(宗
彝) 등 5가지 무늬를 그려놓고, 아랫도리에는 조(藻), 분미(粉米), 보
(黼), 불(黻) 등 4가지를 수놓았다.

◎ 공씨(孔氏) : =공영달(孔穎達)

◎ 공안국(孔安國, ?~?) : 전한(前漢) 때의 학자이다. 자(字)는 자국(子
國)이다. 고문상서학(古文尚書學)의 개조(開祖)로 알려져 있다. 『십삼
경주소(十三經注疏)』의 『상서정의(尚書正義)』에는 공안국의 전(傳)이

수록되어 있는데, 통상적으로 이 주석은 후대인들이 공안국의 이름에
가탁하여 붙인 문장으로 인식되고 있다.

◎ 공영달(孔穎達, A.D.574~A.D.648) : =공씨(孔氏). 당대(唐代)의 경학
자이다. 자(字)는 중달(仲達)이고, 시호(諡號)는 헌공(憲公)이다. 『오경
정의(五經正義)』를 찬정(撰定)하는데 중심적인 역할을 했다.

◎ 곽경순(郭景純) : =곽박(郭璞)

◎ 곽박(郭璞, A.D.276~A.D.324) : =곽경순(郭景純). 진(晉)나라 때의 학
자이다. 자(字)는 경순(景純)이다. 저서로는 『이아주(爾雅注)』, 『방언
주(方言注)』, 『산해경주(山海經注)』 등이 있다.

◎ 관(祼) : '관'은 본래 향기로운 술을 땅에 부어서 신을 강림시키는 의
식인데, 조회를 온 제후 등을 대면하며 관(祼)을 시행하면, 술잔에 향
기로운 술을 따라서 빈객을 공경한다는 뜻을 나타내기도 했다. 즉 본
래는 제사의 절차였지만, 이러한 절차에 기인하여 빈객에게 따라준 술
을 빈객이 마시는 것 까지도 관(祼)이라고 불렀다.

◎ 관례(灌禮) : '관례'는 제례(祭禮) 의식 중 하나이다. 술을 땅에 부어서
신(神)을 강림시키는 것이다. 『논어』 「팔일(八佾)」편에는 "禘, 自旣灌而
往者, 吾不欲觀之矣."라는 기록이 있고, 이 기록에 대한 하안(何晏)의
『집해(集解)』에서는 공안국(孔安國)의 주장을 인용하여, "灌者, 酌鬱鬯
灌於太祖以降神也."라고 풀이하였다.

◎ 관향(祼享) : '관향'은 종묘(宗廟)의 제례 절차 중 하나이다. 땅에 향기
로운 술을 뿌려 신(神)을 강림시키는 의식을 뜻한다.

◎ 광아(廣雅) : 『광아(廣雅)』는 위(魏)나라 때 장읍(張揖)이 지은 자전
(字典)이다. 『박아(博雅)』라고도 부른다. 『이아』의 체제를 계승하고,
새로운 내용을 보충하여, 경전(經典)에 기록된 글자들을 해석한 서적
이다. 본래 상·중·하 3권으로 구성되어 있었지만, 수(隋)나라 조헌(曹
憲)이 재차 10권으로 편집하였다. 한편 '광(廣)'자가 수나라 양제(煬帝)
의 시호였기 때문에, 피휘를 하여, 『박아』라고 부르게 되었다.

◎ 교감기(校勘記) : 『교감기(校勘記)』는 완원(阮元)이 학자들을 모아서
편차했던 『십삼경주소교감기(十三經註疏校勘記)』를 뜻한다.

◎ 교기(校記) : 『교기(校記)』는 손이양(孫詒讓)이 지은 『십삼경주소교기
(十三經注疏校記)』를 뜻한다.

◎ 교매(郊祿) : =고매(高祿)

◎ 교사(郊社) : '교사'는 본래 천지(天地)에 대한 제사를 뜻한다. 교(郊)는 천(天)에 대한 제사를 뜻하고, 사(社)는 지(地)에 대한 제사를 뜻한다. '교사(郊祀)'라고도 부르고, '교제(郊祭)'라고도 부른다. 또한 하늘에 대한 제사만을 지칭하기도 한다.

◎ 구려(九黎) : '구려'는 고대의 부락명으로, 치우(蚩尤)는 바로 구려족의 수장이다.

◎ 구서(九筮) : '구서'는 시초점을 칠 때, 그 대상이 되는 9종류의 항목을 뜻한다. 9종류의 항목은 서경(筮更), 서함(筮咸), 서식(筮式), 서목(筮目), 서역(筮易), 서비(筮比), 서사(筮祠), 서삼(筮參), 서환(筮環)이다. '서경'은 천도를 할 때 시초점을 친다는 뜻이다. '서함'은 민심이 기뻐하게 될지 아닐지에 대해서 시초점을 친다는 뜻이다. '서식'은 제도와 법도를 만들 때 시초점을 친다는 뜻이다. '서목'은 사안에 대한 방침이 합당한가에 대해 시초점을 친다는 뜻이다. '서역'은 백성들이 기뻐하지 않는 것에 대해 고쳐야 할지에 대해 시초점을 친다는 뜻이다. '서비'는 백성들과 화목하게 될 것에 대해 시초점을 친다는 뜻이다. '서사'는 희생물과 제삿날에 대해 시초점을 친다는 뜻이다. '서삼'은 수레에 함께 오르게 되는 수레를 모는 자와 호위무사에 대해 시초점을 친다는 뜻이다. '서환'은 군대를 되돌려야 할지 아닐지에 대해 시초점을 친다는 뜻이다.

◎ 군후(群后) : '군후'는 사방의 제후들과 구주(九州)를 담당하는 목백(牧伯)들을 뜻한다. 제후와 병치되었을 때에는 목백을 뜻하는 용어로 사용되기도 한다.

◎ 궤전(饋奠) : '궤전'은 상중(喪中)에 시행하는 전제사[奠祭]를 가리킨다.

◎ 금방(金榜, A.D.1735~A.D.1801) : 청(淸)나라 때의 학자이다. 자(字)는 예중(蕊中)·보지(輔之)이다. 한림원수찬(翰林院修撰) 등을 지냈으며, 외조부(外祖父)가 죽자 복상(服喪)을 하고, 이후 두문불출하며 오로지 독서와 저술에만 전념하였다. 대진(戴震)과 동학(同學)했으며, 『예전(禮箋)』 등을 저술하였다.

◎ 금화응씨(金華應氏, ?~?) : =응용(應鏞)·응씨(應氏)·응자화(應子和). 이름은 용(鏞)이다. 자(字)는 자화(子和)이다. 『예기찬의(禮記纂義)』를 지었다.

ㄴ

◎ 남송석경(南宋石經) : 『남송석경(南宋石經)』은 송(宋)나라 고종(高宗) 때 돌에 새긴 『십삼경주소(十三經注疏)』의 판본이다. 그러나 『예기(禮記)』에 대해서는 「중용(中庸)」 1편만을 기록하고 있다.

◎ 남전여씨(藍田呂氏, A.D.1040~A.D.1092) : =여대림(呂大臨)·여씨(呂氏)·여여숙(呂與叔). 북송(北宋) 때의 학자이다. 이름은 대림(大臨)이고, 자(字)는 여숙(與叔)이며, 호(號)는 남전(藍田)이다. 장재(張載) 및 이정(二程)형제에게서 수학하였다. 저서로는 『남전문집(藍田文集)』 등이 있다.

◎ 내사(內事) : '내사'는 외사(外事)와 상대되는 말이다. 본래 교내(郊內)에서 시행하는 모든 일들을 총칭하는 말이지만, 주로 제사를 가리키며, 특히 종묘(宗廟)에서 지내는 제사를 뜻한다. 『예기』「곡례상(曲禮上)」편에는 "外事以剛日, 內事以柔日."이라는 기록이 있는데, 이에 대한 공영달(孔穎達)의 소(疏)에서는 "內事, 郊內之事也. 乙丁己辛癸五偶爲柔也."라고 풀이했고, 손희단(孫希旦)의 『집해(集解)』에서는 "內事, 謂祭內神."이라고 풀이했다.

◎ 뇌(誄) : '뇌'는 죽은 자의 행적들을 열거하여, 그 기록들을 읽으며, 시호(諡號)를 짓는 것을 뜻한다. '뇌'자는 "묶는다[累]."는 뜻이다. 즉 죽은 자의 행적을 하나로 엮는다는 의미이다.

ㄷ

◎ 단면(端冕) : '단면'은 검은색의 옷과 면류관을 뜻한다. 즉 현면(玄冕)을 의미한다. '단(端)'자는 검은색의 옷을 뜻하는데, 면복(冕服)에 대해서, '단'자로 지칭하는 것은 면복 자체가 정폭(正幅)으로 제작되기 때문에, '단'자를 붙여서 부르는 것이다. 『예기』「악기(樂記)」편에서는 "吾端冕而聽古樂, 則唯恐臥; 聽鄭衛之音, 則不知倦."이라는 기록이 있는데, 이에 대한 정현의 주에서는 "端, 玄衣也."라고 풀이했고, 공영달(孔穎達)의 소(疏)에서는 "云'端, 玄衣也'者, 謂玄冕也. 凡冕服, 皆其制正幅, 袂二尺二寸, 袪尺二寸, 故稱端也."라고 풀이했다.

◎ 대구(大裘) : '대구'는 천자가 제천(祭天) 의식을 시행할 때 입었던 복

장이다. 『주례』「천관(天官)・사구(司裘)」편에는 “司裘掌爲大裘, 以共王祀天之服.”이라는 기록이 있다. 즉 사구(司裘)는 ‘대구’ 만드는 일을 담당하여, 천자가 하늘에 제사를 지낼 때 입는 의복으로 제공한다. 또한 이 기록에 대해 정현의 주에서는 정사농(鄭司農)의 주장을 인용하여, “大裘, 黑羔裘, 服以祀天, 示質.”이라고 풀이했다. 즉 ‘대구’라는 의복은 검은 양의 가죽으로 만든 옷이며, 이것을 입고 하늘에 제사를 지내는 것은 질박함을 보이기 위함이다.

◎ 대신기(大神示) : ‘대신기’는 대신(大神)인 천(天)과 대기(大示: =大祇)인 지(地)를 뜻한다. 즉 천지의 신을 의미한다.

◎ 두예(杜預, A.D.222~A.D.284) : =두원개(杜元凱). 서진(西晉) 때의 유학자이다. 경조(京兆) 두릉(杜陵) 출신이다. 자(字)는 원개(元凱)이다. 『춘추경전집해(春秋經典集解)』를 저술하였는데, 이 책은 현존하는 『춘추(春秋)』의 주석서 중 가장 오래된 것이며, 『십삼경주소(十三經注疏)』의 『춘추좌씨전정의(春秋左氏傳正義)』에도 채택되어 수록되었다.

◎ 두원개(杜元凱) : =두예(杜預)

◎ 마씨(馬氏) : =마희맹(馬晞孟)

◎ 마언순(馬彦醇) : =마희맹(馬晞孟)

◎ 마희맹(馬晞孟, ?~?) : =마씨(馬氏)・마언순(馬彦醇). 자(字)는 언순(彦醇)이다. 『예기해(禮記解)』를 찬술했다.

◎ 명당(明堂) : ‘명당’은 일반적으로 고대 제왕이 정교(政敎)를 베풀던 장소를 지칭하는 용어로 사용되었다. 이곳에서는 조회(朝會), 제사(祭祀), 경상(慶賞), 선사(選士), 양로(養老), 교학(敎學) 등의 국가 주요 업무가 시행되었다. 『맹자』「양혜왕하(梁惠王下)」편에는 “夫明堂者, 王者之堂也.”라는 용례가 있고, 『옥태신영(玉台新詠)』「목난사(木蘭辭)」편에도 “歸來見天子, 天子坐明堂.”이라는 용례가 있다. ‘명당’의 규모나 제도는 시대마다 다르다. 또한 ‘명당’이라는 건물군 중에서 남쪽의 실(室)을 가리키는 용어로도 사용되었다.

◎ 명부(命夫) : ‘명부’는 천자로부터 작명(爵命)을 받은 남자를 일컫는 용어이다. 내명부(內命夫)와 외명부(外命夫)로 나뉘는데, 내명부는 경

(卿), 대부(大夫), 사(士)들 중에서 천자의 궁중(宮中)에서 근무하는 자들을 가리키고, 조정(朝廷)에 있는 자들을 외명부라고 부른다.『주례』「천관(天官)·혼인(閽人)」편에는 "凡外內命夫命婦出入, 則爲之闢."이라는 기록이 있는데, 이에 대한 가공언(賈公彦)의 소(疏)에는 "內命夫, 卿大夫士之在宮中者, 謂若宮正所掌者也. 對在朝卿大夫士爲外命夫."라고 풀이하였다.

◎ 명부(命婦) : '명부'는 고대 봉호(封號)를 부여받은 여자들을 뜻한다. 궁중에 머물며 비(妃)나 빈(嬪)의 신분을 가진 여자들은 내명부(內命婦)라고 부르고, 신하의 처가 된 자들은 외명부(外命婦)라고 부른다.

◎ 모본(毛本) : 『모본(毛本)』은 명(明)나라 말기 급고각(汲古閣)에서 간행된 『십삼경주소(十三經注疏)』의 판본이다. 급고각은 모진(毛晉)이 지은 장서각이었으므로, 이러한 명칭이 생겼다.

◎ 목록(目錄) : 『목록(目錄)』은 정현이 찬술했다고 전해지는 『삼례목록(三禮目錄)』을 가리킨다. 『십삼경주소(十三經注疏)』에서 인용되고 있지만, 이 책은 『수서(隋書)』가 편찬될 당시에 이미 일실되어 존재하지 않았다. 『수서』「경적지(經籍志)」편에는 "三禮目錄一卷, 鄭玄撰, 梁有陶弘景注一卷, 亡."이라는 기록이 있다.

◎ 몽(矇) : '몽'은 악공(樂工)이다. 눈동자가 있지만 볼 수 없는 자를 '몽'이라고 부른다.

◎ 묘민(苗民) : '묘민'은 고대 삼묘(三苗) 부족의 수장을 뜻하며, 또한 삼묘 부족 전체를 가리키기도 한다.

◎ 무산작(無筭爵) : '무산작'은 술잔의 수를 헤아리지 않는다는 뜻이다. 여수(旅酬)를 한 이후에, 빈객들의 제자들과 형제들의 자제들은 각각 그들의 수장에게 술을 따르고, 잔을 들어 올리는 것도 각각 그들의 수장에게 한다. 그리고 빈객들이 잔을 가져다가, 형제들 집단에 술을 권하고, 장형제(長兄弟)들은 잔을 가져다가 빈객의 무리들에게 술을 권하게 된다. 이처럼 여러 차례 술을 따르고 권하기 때문에, 이러한 절차를 '무산작'이라고 부르는 것이다.

◎ 민본(閩本) : 『민본(閩本)』은 명(明)나라 가정(嘉靖) 연간 때 이원양(李元陽)이 간행한 『십삼경주소(十三經注疏)』 판본이다. 한편 『칠경맹자고문보유(七經孟子考文補遺)』에서는 이 판본을 『가정본(嘉靖本)』으로 지칭하고 있다.

ㅂ

◎ 발제(軷祭) : '발제'는 조도(祖道) 또는 조제(祖祭)와 같은 의미로, 외부로 출타하게 되었을 때, 도로의 신(神)에게 지내는 제사이다.

◎ 방각(方愨) : =엄릉방씨(嚴陵方氏)

◎ 방성부(方性夫) : =엄릉방씨(嚴陵方氏)

◎ 방씨(方氏) : =엄릉방씨(嚴陵方氏)

◎ 방택(方澤) : '방택'은 '방구(方丘)'라고도 부른다. 고대에 제왕이 땅에 대해서 제사를 지냈던 곳이다. 그 모양이 사각형이기 때문에 '방(方)' 자를 붙여서 부르는 것이며, 언덕처럼 흙을 쌓아서 만들었기 때문에 '구(丘)'자를 붙여서 부르는 것이다. 또한 이 제단은 본래 못가에 설치하였기 때문에 '방택'이라고도 부르는 것이다. 『광아(廣雅)』「석천(釋天)」편에는 "圓丘大壇, 祭天也, 方澤大折, 祭地也."라는 기록이 있다.

◎ 백공(百工) : '백공'은 각종 장인(匠人)들을 총칭하는 말이다. 『묵자(墨子)』「절용중(節用中)」편에는 "凡天下群百工, 輪車鞼匏, 陶冶梓匠, 使各從事其所能."이라는 용례가 있다. 또한 '백공'은 모든 관리들을 뜻하는 백관(百官)의 뜻으로도 사용된다. 『서』「우서(虞書)·요전(堯典)」편에도 "允釐百工, 庶績咸熙."라는 기록이 나오고, 『춘추좌씨전』「소공(昭公) 5년」편에도 "王子朝因舊官百工之喪職秩者, 與靈景之族以作亂."이라는 기록이 나온다.

◎ 백관(百官) : '백관'은 공경(公卿) 이하의 관리들을 뜻한다. 또한 각 부서의 하급 관리들을 총칭하는 용어로도 사용되었다. 『예기』「교특생(郊特牲)」편에는 "獻命庫門之內, 戒百官也."라는 기록이 있고, 이에 대한 정현의 주에서는 "百官, 公卿以下也."라고 풀이하였다.

◎ 벽옹(辟廱) : '벽옹'은 벽옹(辟雍)과 같은 말이다. 천자의 국성(國城)에 있는 태학(太學)을 지칭한다. '벽(辟)'자는 밝다는 뜻이고, '옹(雍)'자는 조화롭다는 뜻이다. '벽옹'은 천자가 이곳을 통해 천하의 모든 사람들을 밝고 조화롭게 만든다는 뜻이다. 참고로 제후국에 있는 태학을 반궁(頖宮: =泮宮)이라고 부른다.

◎ 벽옹(辟雍) : =벽옹(辟廱)

◎ 별록(別錄) : 『별록(別錄)』은 후한(後漢) 때 유향(劉向)이 찬(撰)했다고 전해지는 책이다. 현재는 일실되어 존재하지 않으며, 『한서(漢書)』

「예문지(藝文志)」편을 통해서 대략적인 내용만을 추측해볼 수 있다.

◎ 복씨(虙氏, ?~?) : 생몰년 및 행적에 대해서는 자세히 알려져 있지 않다.

◎ 불제(祓除) : '불제'는 재앙과 사악함을 제거하기 위해 지내는 제사이다. 또한 재앙과 사악을 제거하는 행위 자체를 가리키기도 한다. 『주례』「춘관(春官)·여무(女巫)」편에는 "掌歲時祓除釁浴."이라는 기록이 있는데, 이에 대한 정현의 주에서는 "歲時祓除, 如今三月上巳如水上之類."라고 풀이했다. 즉 '불제'는 3월 상사(上巳: 상순 중에서 사(巳)자가 들어가는 날)에 물가에서 몸을 정갈하게 하는 의식과 비슷하다.

◎ 빙문(聘問) : '빙문'은 국가 간이나 개인 간에 사람을 보내서 상대방을 찾아가 안부를 묻는 의식 절차를 통칭하는 말이다. 또한 제후가 신하를 시켜서 천자에게 보내, 안부를 묻는 예법을 뜻하기도 한다.

◎ 사(社) : '사'는 흙을 쌓아서 만든 제단을 뜻한다. 고대에는 분봉을 받게 되면, 흙을 쌓고 그곳에 적합한 나무를 심어서, 토지신이 머무는 장소로 여기고, 이곳에서 제사를 지냈다. 이러한 뜻에서 연유하여, '사'는 토지신에 대한 제사와 그 제단, 그리고 토지신을 가리키는 용어로도 사용되었고, 국가를 상징하는 용어로도 사용되었다.

◎ 사도(司徒) : '사도'는 본래 주(周)나라 때의 관리로, 국가의 토지 및 백성들에 대한 교화(敎化)를 담당했다. 전설상으로는 소호(少昊) 시대 때부터 설치되었다고 전해진다. 주나라의 육경(六卿) 중 하나였으며, 전한(前漢) 애제(哀帝) 원수(元壽) 2년(B.C. 1)에는 승상(丞相)의 관직명을 고쳐서, 대사도(大司徒)라고 불렀고, 대사마(大司馬), 대사공(大司空)과 함께 삼공(三公)의 반열에 있었다. 후한(後漢) 때에는 다시 '사도'로 명칭을 고쳤고, 그 이후로는 이 명칭을 계속 사용하다가 명(明)나라 때 폐지되었다. 명나라 이후로는 호부상서(戶部尚書)를 '대사도'라고 불렀다.

◎ 사병(祠兵) : '사병'은 전쟁을 위해 군대를 출병할 때, 근교(近郊)에 머물며, 희생물을 잡아서 제사를 지내고, 병사들을 배불리 먹게 하는 것이다.

◎ 사왕(嗣王) : '사왕'은 본래 '효왕(孝王)'과 마찬가지로 군주가 제사 때 자신을 지칭하는 용어이다. 다만 제사 대상이 천지(天地) 등의 외신(外神)일 때 사용한다. '왕위를 계승한 자'라는 의미이다. 또한 천자 및 이전 군왕에 뒤이어 제위에 오르는 자를 가리키는 용어로도 사용된다.

◎ 사향(食饗) : '사향'은 술과 음식을 준비하여, 빈객(賓客)들을 대접하거나, 종묘(宗廟)에서 제사를 지내는 등의 일을 뜻한다. 『예기』「악기(樂記)」편에는 "食饗之禮, 非致味也."라는 기록이 있는데, 이에 대한 공영달(孔穎達)의 소(疏)에서는 "食饗, 謂宗廟祫祭."라고 풀이했으며, 『공자가어(孔子家語)』「논례(論禮)」편에는 "食饗之禮, 所以仁賓客也."라는 기록이 있다.

◎ 산음육씨(山陰陸氏, A.D.1042~A.D.1102) : =육농사(陸農師)・육전(陸佃). 북송(北宋) 때의 유학자이다. 자(字)는 농사(農師)이며, 호(號)는 도산(陶山)이다. 어려서 집안이 매우 가난했다고 전해지며, 왕안석(王安石)에게 수학하였으나 왕안석의 신법에 대해서는 반대하였다. 저서로는 『비아(埤雅)』, 『춘추후전(春秋後傳)』, 『도산집(陶山集)』 등이 있다.

◎ 삼공(三公) : '삼공'은 중앙정부의 가장 높은 관직자 3명을 합쳐서 부르는 말이다. '삼공'에 속한 관직명에 대해서는 각 시대별로 차이가 있다. 『사기(史記)』「은본기(殷本紀)」편에는 "以西伯昌, 九侯, 鄂侯, 爲三公."이라는 기록이 있다. 즉 은나라 때에는 서백(西伯)인 창(昌), 구후(九侯), 악후(鄂侯)들을 '삼공'으로 삼았다. 또한 주(周)나라 때에는 태사(太師), 태부(太傅), 태보(太保)를 '삼공'으로 삼았다. 『서』「주서(周書)・주관(周官)」편에는 "立太師・太傅・太保, 茲惟三公, 論道經邦, 燮理陰陽."이라는 기록이 있다. 한편 『한서(漢書)』「백관공경표서(百官公卿表序)」에 따르면 사마(司馬), 사도(司徒), 사공(司空)을 '삼공'으로 삼았다는 기록이 있다.

◎ 삼대(三代) : '삼대'는 하(夏), 은(殷), 주(周)의 세 왕조를 말한다. 『논어』「위령공(衛靈公)」편에는 "斯民也, 三代 之所以直道而行也."라는 기록이 있고, 이에 대한 형병(邢昺)의 소(疏)에서는 "三代, 夏殷周也."로 풀이했다.

◎ 삼망(三望) : '삼망'은 제사의 명칭이다. 망(望)은 일종의 제사 형식이

다. 제사 대상이 여러 산천(山川)들일 경우, 그 중 가장 크고 높은 대
상이 있는 지역에 가서, 나머지 여러 산천들을 두루 바라보며 지내는
제사이다. '삼(三)'자를 붙여 부른 것은 제후의 입장에서 '망' 제사를
지내는 대상이 3가지이기 때문이다. 참고로 천자에게는 사망(四望)의
제사가 있다.

◎ 삼묘(三苗) : '삼묘'는 유묘(有苗)라고도 부르며, 고대 국가의 명칭이
다.

◎ 삼정(三正) : '삼정'은 하(夏)·은(殷)·주(周) 세 나라의 정월(正月)을 뜻
한다. 또한 세 나라의 역법(曆法)을 가리키기도 한다. 북두칠성은 회전
을 하는데, 각 왕조에서는 천상을 12지(支)로 구분하여, 북두칠성의 자
루 부분이 어느 방향을 지시하느냐에 따라 정월을 달리하였다. 하나라
때에는 북두칠성의 자루가 인(寅)을 가리킬 때를 정월로 여겼고, 은나
라 때에는 축(丑)을 가리킬 때를 정월로 여겼으며, 주나라 때에는 자
(子)를 가리킬 때를 정월로 여겼다.

◎ 삼황(三皇) : '삼황'은 전설시대에 존재했다고 전해지는 세 명의 제왕
을 뜻한다. 그러나 세 명이 누구였는지에 대해서는 이설(異說)이 많다.
첫 번째 주장은 복희(伏羲), 신농(神農), 황제(黃帝)를 '삼황'으로 보는
견해이다. 『장자(莊子)』「천운(天運)」편에는 "余語汝三皇五帝之治天
下."라는 기록이 있는데, 이에 대한 성현영(成玄英)의 주에서는 "三皇
者, 伏羲·神農·黃帝也."라고 풀이했다. 두 번째 주장은 복희(伏羲), 신
농(神農), 여왜(女媧)로 보는 견해이다. 『여씨춘추(呂氏春秋)』「용중(用
衆)」편에는 "此三皇五帝之所以大立功名也."라는 기록이 있는데, 이에
대한 고유(高誘)의 주에서는 "三皇, 伏羲·神農·女媧也."라고 풀이했다.
세 번째 주장은 복희(伏羲), 신농(神農), 수인(燧人)으로 보는 견해이
다. 『백호통(白虎通)』「호(號)」편에는 "三皇者, 何謂也? 謂伏羲·神農·燧
人也."라는 기록이 있다. 네 번째 주장은 복희(伏羲), 신농(神農), 축융
(祝融)으로 보는 견해이다. 『백호통』「호」편에는 "禮曰, 伏羲·神農·祝
融, 三皇也."라는 기록이 있다. 다섯 번째 주장은 천황(天皇), 지황(地
皇), 태황(泰皇)으로 보는 견해이다. 『사기(史記)』「진시황본기(秦始皇
本紀)」편에는 "古有天皇, 有地皇, 有泰皇. 泰皇最貴."라는 기록이 있다.
여섯 번째 주장은 천황(天皇), 지황(地皇), 인황(人皇)으로 보는 견해
이다. 『예문유취(藝文類聚)』에서는 『춘추위(春秋緯)』를 인용하며, "天

皇, 地皇, 人皇, 兄弟九人, 分九州, 長天下也."라고 기록하였다.

◎ 상개(上介) : '상개'는 개(介) 중에서도 가장 직위가 높았던 자를 뜻한다. 빈객(賓客)이 방문했을 때, 빈객의 부관이 되어, 주인(主人)과의 사이에서 시행해야 할 일들을 도왔던 부관들을 '개'이라고 부른다.

◎ 상체(嘗禘) : '상체'는 본래 종묘에서 정규적으로 지내는 가을제사인 상(嘗)과 여름제사인 체(禘)를 합쳐서 부른 말이다. 따라서 '상체'는 종묘제사를 범칭하는 용어로 사용되었으며, 후대에는 제사 자체를 범칭하는 용어로도 사용되었다.

◎ 석(裼) : '석'은 고대에 의례를 시행할 때 하는 복장 방식 중 하나이다. 좌측 소매를 걷어 올려서, 안에 입고 있는 석의(裼衣)를 드러내는 것이다. 한편 '석'은 비교적 성대하지 않은 의식 때 시행하는 복장 방식으로도 사용되어, 좌측 소매를 걷어 올려서 공경의 뜻을 표기하기도 했다.

◎ 석경(石經) : 『석경(石經)』은 당(唐)나라 개성(開成) 2년(A.D.714)에 돌에 새긴 『십삼경주소(十三經注疏)』의 판본이다. 당나라 국자학(國子學)의 비석에 새겨졌다는 판본이 바로 이것을 가리킨다.

◎ 석량왕씨(石梁王氏, ?~?) : 자세한 이력이 남아 있지 않다.

◎ 석림섭씨(石林葉氏, ?~A.D.1148) : =섭몽득(葉夢得)·섭소온(葉少蘊). 남송(南宋) 때의 유학자이다. 자(字)는 소온(少蘊)이고, 호(號)는 몽득(夢得)이다. 박학다식했다고 전해지며, 『춘추(春秋)』에 대한 조예가 깊었다.

◎ 석의(裼衣) : '석의'는 고대에 의례를 시행할 때 입는 옷이다. 가죽옷이나 갈옷 위에 걸쳤던 외투 중 하나이다. '석의' 위에는 습의(襲衣)를 걸쳤기 때문에, 중간에 입는 옷이라는 뜻에서 '중의(中衣)'라고도 부른다.

◎ 설문(說文) : =설문해자(說文解字)

◎ 설문해자(說文解字) : 『설문해자(說文解字)』는 후한(後漢) 때의 학자인 허신(許愼)이 찬(撰)했다고 전해지는 자서(字書)이다. 『설문(說文)』이라고도 칭해진다. A.D.100년경에 완성되었다고 전해진다. 글자의 형태, 뜻, 음운(音韻)을 수록하고 있다.

◎ 섭몽득(葉夢得) : =석림섭씨(石林葉氏)

◎ 섭소온(葉少蘊) : =석림섭씨(石林葉氏)

◎ 소군(小君) : '소군'은 주대(周代)에 제후의 부인을 지칭하던 용어이다.

『춘추』「희공(僖公) 2년」편에는 "夏五月辛巳, 葬我小君哀姜."이라는 용례가 있다.

◎ 소뢰(少牢) : '소뢰'는 제사에서 양(羊)과 돼지[豕] 두 가지 희생물을 사용하는 것을 뜻한다.『춘추좌씨전』「양공(襄公) 22년」편에는 "祭以特羊, 殷以少牢."라는 기록이 있는데, 이에 대한 두예(杜預)의 주에서는 "四時祀以一羊, 三年盛祭以羊豕. 殷, 盛也."라고 풀이하였다.

◎ 소사(少師) : '소사'는 음악을 담당하는 관리로, 대사(大師)를 보좌하는 악공들의 대표이다.

◎ 소사(小祀) : '소사'는 비교적 규모가 작은 제사를 가리킨다. 또한 군사(群祀)라고 부르기도 한다. 사중(司中), 사명(司命), 풍백(風伯: =風師), 우사(雨師), 제성(諸星), 산림(山林), 천택(川澤) 등에 대해 지내는 제사이다. 『주례』「춘관(春官)·사사(肆師)」편에는 "立小祀用牲."이라는 기록이 있는데, 이에 대한 정현의 주에서는 "鄭司農云 小祀司命已下. 玄謂 小祀又有司中風師雨師山川百物."이라고 풀이하였고,『구당서(舊唐書)』「예의지일(禮儀志一)」에도 "司中司命風伯雨師諸星山林川澤之屬爲小祀."라는 기록이 있다.

◎ 소진함(邵晉涵, A.D.1743∼A.D.1796) : 청(淸)나라 때의 학자이다. 자(字)는 여동(與桐)이고, 호(號)는 이운(二雲)·남강(南江)이다. 사학(史學)과 경학 분야에 명성이 높았다.

◎ 소찬(素餐) : '소찬'은 시록소찬(尸祿素餐)을 뜻한다. '시록소찬'은 또한 시록소손(尸祿素飧)·시위소찬(尸位素餐) 등으로도 쓴다. 맡아서 하는 일도 없이 녹봉만 받는 벼슬아치들을 풍자하는 말이다.『설원(說苑)』「지공(至公)」편에는 "久踐高位, 妨群賢路, 尸祿素飧, 貪欲無猒."이라는 기록이 있다.

◎ 소호씨(少皞氏) : '소호씨'는 소호씨(少昊氏)라고도 부르며, 전설상의 인물이다. 소호(少昊)라고도 부른다. 고대 동이족의 제왕으로, 황제(黃帝)의 아들이었다고도 전해진다. 이름은 지(摯)인데, 질(質)이었다고도 한다. 호(號)는 금천씨(金天氏)이다. 소호(少皞)는 새의 이름으로 관직명을 지었다고 전해지며, 사후에는 서방(西方)의 신(神)이 되었다고 전해진다.『춘추좌씨전』「소공(昭公) 17년」편에는 "郯子曰 我高祖少皞摯之立也, 鳳鳥適至, 故紀於鳥, 爲鳥師而鳥名."이라는 기록이 있는데, 이에 대한 두예(杜預)의 주에서는 "少皞, 金天氏, 黃帝之子, 己姓之祖

也."라고 풀이했다.

◎ 속백(束帛) : '속백'은 한 묶음의 비단으로, 그 수량은 다섯 필(匹)이 된다. 빙문(聘問)을 하거나 증여를 할 때 가져가는 예물(禮物) 등으로 사용되었다. '속(束)'은 10단(端)을 뜻하는데, 1단의 길이는 1장(丈) 8척(尺)이 되며, 2단이 합쳐서 1권(卷)이 되므로, 10단은 총 5필이 된다. 『주례』「춘관(春官)・대종백(大宗伯)」편에는 "孤執皮帛."이라는 기록이 있고, 이에 대한 가공언(賈公彦)의 소(疏)에서는 "束者十端, 每端丈八尺, 皆兩端合卷, 總爲五匹, 故云束帛也."라고 풀이했다.

◎ 손염(孫炎, ?~?) : 삼국시대(三國時代) 때의 학자이다. 자(字)는 숙연(叔然)이다. 정현의 문도였으며, 『이아음의(爾雅音義)』를 저술하여 반절음을 유행시켰다.

◎ 수(瞍) : '수'는 악공(樂工)이다. 눈동자가 없는 자를 '수'라고 부른다.

◎ 순수(巡守) : '순수'는 '순수(巡狩)'라고도 부른다. 천자가 수도를 벗어나 제후의 나라를 시찰하는 것을 뜻한다. '순수'의 '순(巡)'자는 그곳으로 행차를 한다는 뜻이고, '수(守)'자는 제후가 지키는 영토를 뜻한다. 제후는 천자가 하사해준 영토를 대신 맡아서 수호하는 것이기 때문에, 천자가 그곳에 방문하여, 자신의 영토를 어떻게 관리하고 있는지를 시찰하게 된다. 『서』「우서(虞書)・순전(舜典)」편에는 "歲二月, 東巡守, 至于岱宗, 柴."라는 기록이 있고, 이에 대한 공안국(孔安國)의 전(傳)에서는 "諸侯爲天子守土, 故稱守. 巡, 行之."라고 풀이했으며, 『맹자』「양혜왕하(梁惠王下)」편에서는 "天子適諸侯曰巡狩. 巡狩者, 巡所守也."라고 기록하였다. 한편 『예기』「왕제(王制)」편에는 "天子, 五年, 一巡守."라는 기록이 있고, 『주례』「추관(秋官)・대행인(大行人)」편에는 "十有二歲王巡守殷國."이라는 기록이 있다. 즉 「왕제」편에서는 천자가 5년에 1번 순수를 시행하고, 「대행인」편에서는 12년에 1번 순수를 시행한다고 기록하고 있는데, 이러한 차이점에 대해서 정현은 「왕제」편의 주에서 "五年者, 虞夏之制也. 周則十二歲一巡守."라고 풀이했다. 즉 5년에 1번 순수를 하는 제도는 우(虞)와 하(夏)나라 때의 제도이며, 주(周)나라에서는 12년에 1번 순수를 했다.

◎ 습(襲) : '습'은 고대에 의례를 시행할 때 하는 복장 방식 중 하나이다. 겉옷으로 안에 입고 있던 옷들을 완전히 가리는 방식이다. 한편 '습'은 비교적 성대한 의식 때 시행하는 복장 방식으로도 사용되어, 안에 있

고 있는 옷을 드러내지 않음으로써, 공경의 뜻을 표하기도 했다.

◎ 습의(襲衣) : '습의'는 고대에 의례를 시행할 때 입는 옷이다. 석의(裼
衣) 위에 걸쳤던 옷이다. 옷 위에 다시 한 겹을 껴입는다는 뜻에서 '습
(襲)'자를 붙여서 부르는 것이다.

◎ 심의(深衣) : '심의'는 일반적으로 상의와 하의가 서로 연결된 옷을 뜻
한다. 제후, 대부(大夫), 사(士)들이 평상시 집안에 거처할 때 착용하던
복장이기도 하며, 서인(庶人)에게는 길복(吉服)에 해당하기도 한다. 순
색에 채색을 가미하기도 했다.

◎ 악본(岳本) : 『악본(岳本)』은 송(頌)나라 악가(岳珂)가 간행한 『십삼경
주소(十三經注疏)』의 판본이다.

◎ 악사(樂師) : '악사'는 『주례』에 나온 관직명으로, 음악을 담당했던 관
리 중 하나이다. 총 책임자인 대사악(大司樂)의 부관이었다. 『주례』「
춘관(春官)·악사(樂師)」편에는 "樂師, 掌國學之政, 以敎國子小舞."라는
기록이 있다. 즉 '악사'는 국학(國學)에 있는 국자(國子)들에게 소무(小
舞) 등을 가르쳤다.

◎ 양웅(揚雄, B.C.53~A.D.18) : =양웅(揚雄)·양자(揚子). 전한(前漢) 때
의 학자이다. 자(字)는 자운(子雲)이다. 사부작가(辭賦作家)로도 명성
이 높았다. 왕망(王莽)에게 동조했다는 이유로 송(宋)나라 이후부터는
배척을 당하였다. 만년에는 경학(經學)에 전념하여, 자신을 성현(聖賢)
이라고 자처하였다. 참위설(讖緯說) 등을 배척하고, 유가(儒家)와 도가
(道家)의 사상을 절충하였다. 저서로는 『법언(法言)』, 『태현경(太玄經)』
등이 있다.

◎ 양웅(揚雄) : =양웅(楊雄)

◎ 양자(揚子) : =양웅(楊雄)

◎ 엄릉방씨(嚴陵方氏, ?~?) : =방각(方慤)·방씨(方氏)·방성부(方性夫).
송대(宋代)의 유학자이다. 이름은 각(慤)이다. 자(字)는 성부(性夫)이
다. 『예기집해(禮記集解)』를 지었고, 『예기집설대전(禮記集說大全)』에
는 그의 주장이 많이 인용되고 있다.

◎ 여대림(呂大臨) : =남전여씨(藍田呂氏)

◎ 여수(旅酬) : '여수'는 제사가 끝난 후에, 제사에 참가했던 친족 및 빈객(賓客)들이 술잔을 들어 술을 마시고, 서로 공경의 예(禮)를 표하며, 잔을 권하는 의례(儀禮)이다.

◎ 여씨(呂氏) : =남전여씨(藍田呂氏)

◎ 여여숙(呂與叔) : =남전여씨(藍田呂氏)

◎ 연기(燕器) : '연기'에는 두 가지 뜻이 있다. 첫 번째는 일상적으로 사용하는 기물(器物)들을 뜻한다. 두 번째는 잔치 때 사용하는 예기(禮器)들을 뜻한다.

◎ 연평주씨(延平周氏, ?~?) : =주서(周諝)·주희성(周希聖). 송(宋)나라 때의 유학자이다. 이름은 서(諝)이다. 자(字)는 희성(希聖)이다. 『예기설(禮記說)』등의 저서가 있다.

◎ 열사(列士) : '열사'는 원사(元士)로 천자에게 소속된 상사(上士)를 뜻한다. 일설에는 고대의 상사(上士)·중사(中士)·하사(下士)를 총칭하는 말이라고도 한다.

◎ 오경통의(五經通義) : 『오경통의(五經通義)』는 황간(黃幹, A.D.1152~A.D.1221)의 저작이다.

◎ 오유청(吳幼淸) : =오징(吳澄)

◎ 오제(五帝) : '오제'는 전설시대에 존재했다고 전해지는 다섯 명의 제왕(帝王)을 뜻한다. 그러나 다섯 명이 누구였는지에 대해서는 이설(異說)이 많다. 첫 번째 주장은 황제(黃帝: =軒轅), 전욱(顓頊: =高陽), 제곡(帝嚳: =高辛), 당요(唐堯), 우순(虞舜)으로 보는 견해이다. 『사기정의(史記正義)』「오제본기(五帝本紀)」편에는 "太史公依世本·大戴禮, 以黃帝·顓頊·帝嚳·唐堯·虞舜爲五帝. 譙周·應劭·宋均皆同."이라는 기록이 있고, 『백호통(白虎通)』「호(號)」편에도 "五帝者, 何謂也? 禮曰, 黃帝·顓頊·帝嚳·帝堯·帝舜也."라는 기록이 있다. 두 번째 주장은 태호(太昊: =伏羲), 염제(炎帝: =神農), 황제(黃帝), 소호(少昊: =摯), 전욱(顓頊)으로 보는 견해이다. 이 주장은 『예기』「월령(月令)」편에 나타난 각 계절별 수호신들의 내용을 종합한 것이다. 세 번째 주장은 소호(少昊), 전욱(顓頊), 고신(高辛), 당요(唐堯), 우순(虞舜)으로 보는 견해이다. 『서서(書序)』에는 "少昊·顓頊·高辛·唐·虞之書, 謂之五典, 言常道也."라는 기록이 있다. 또 『제왕세기(帝王世紀)』에는 "伏羲·神農·黃帝爲三皇, 少昊·高陽·高辛·唐·虞爲五帝."라는 기록이 있다. 네 번째 주장은 복희(伏

義), 신농(神農), 황제(黃帝), 당요(唐堯), 우순(虞舜)으로 보는 견해이
다. 이 주장은 『역』「계사하(繫辭下)」편의 내용에 근거한 주장이다.

◎ 오제(五帝) : '오제'는 천상(天上)의 다섯 신(神)을 가리킨다. 오행설
(五行說)과 참위설(讖緯說)에 영향을 받은 것으로, 중앙의 황제(黃帝)
인 함추뉴(含樞紐), 동쪽의 창제(蒼帝)인 영위앙(靈威仰), 남쪽의 적제
(赤帝)인 적표노(赤熛怒), 서쪽의 백제(白帝)인 백소구(白昭矩: =白招
拒), 북쪽의 흑제(黑帝)인 협광기(叶光紀)를 가리킨다.

◎ 오제(五齊) : '오제'는 술의 맑고 탁한 정도에 따라서 다섯 가지 등급
으로 분류한 술을 뜻한다. 또한 술을 범칭하는 용어로도 사용된다. 다
섯 가지 술은 범제(泛齊), 례제(醴齊), 앙제(盎齊), 제제(緹齊), 침제(沈
齊)를 가리킨다. 『주례』「천관(天官)·주정(酒正)」편에는 "辨五齊之名,
一曰泛齊, 二曰醴齊, 三曰盎齊, 四曰緹齊, 五曰沈齊."라는 기록이 있다.
각 술들에 대해 설명하자면, 위의 기록에 대한 정현의 주에서는 "泛者,
成而滓浮泛泛然, 如今宜成醪矣. 醴猶體也, 成而汁滓相將, 如今恬酒矣.
盎猶翁也, 成而翁翁然, 蔥白色, 如今酇白矣. 緹者, 成而紅赤, 如今下酒
矣. 沈者, 成而滓沈, 如今造淸矣. 自醴以上尤濁, 縮酌者. 盎以下差淸. 其
象類則然, 古之法式未可盡聞. 杜子春讀齊皆爲粢. 又禮器曰, '緹酒之用,
玄酒之尙.' 玄謂齊者, 每有祭祀, 以度量節作之."라고 풀이했다. 즉 '범
제'는 술이 익고 나서 앙금이 둥둥 떠 있는 것으로 정현 시대의 의성
료(宜成醪)와 같은 술이고, '례주'는 술이 익고 나서 앙금을 한 차례 걸
러낸 것으로 염주(恬酒)와 같은 것이며, '앙제'는 술이 익고 나서 새파
란 빛깔을 보이는 것으로 찬백(酇白)과 같은 술이고, '제제'는 술이 익
고 나서 붉은 빛깔을 보이는 것으로 하주(下酒)와 같은 술이며, '침제'
는 술이 익고 나서 앙금이 모두 가라앉아 있는 것으로 조청(造淸)과
같은 술이다. '범주'는 가장 탁한 술이며, '례주'는 그 다음으로 탁한 술
이고, '앙제'부터는 뒤로 갈수록 맑은 술에 해당한다.

◎ 오징(吳澄, A.D.1249~A.D.1333) : =임천오씨(臨川吳氏)·오유청(吳幼
淸)·초려오씨(草廬吳氏). 송원대(宋元代)의 유학자이다. 이름은 징(澄)
이다. 자(字)는 유청(幼淸)이다. 저서로 『예기해(禮記解)』가 있다.

◎ 오패(五覇) : '오패'는 오백(五伯)이라고도 부른다. 다섯 명의 패주(覇
主)를 뜻한다. 주로 춘추시대(春秋時代)의 패주들을 뜻하는 용어로도
사용되지만, 다섯 명이 누구였는지에 대해서는 이견이 있고, 또한 주

(周)나라 이전의 패주들까지도 포함시키는 용례들이 있다. 첫 번째 주
장은 하(夏)나라의 곤오(昆吾), 은(殷)나라의 대팽(大彭)과 시위(豕韋),
춘추시대 때의 제환공(齊桓公)과 진문공(晉文公)을 뜻한다고 보는 견
해이다. 『장자(莊子)』「대종사(大宗師)」편에는 彭祖得之, 上及有虞, 下
及五伯."이라는 기록이 있는데, 이에 대한 성현영(成玄英)의 소(疏)에
서는 "五伯者, 昆吾爲夏伯, 大彭·豕韋爲殷伯, 齊桓·晉文爲周伯, 合爲五
伯."이라고 풀이했다. 두 번째 주장은 춘추시대의 군주들만을 지칭하
는 견해로, 제환공(齊桓公), 진문공(晉文公), 송양공(宋襄公), 초장공
(楚莊公), 진무공(秦繆公)을 가리킨다. 『여씨춘추(呂氏春秋)』「당무(當
務)」편에는 "備說非六王五伯."이라는 기록이 있는데, 이에 대한 고유
(高誘)의 주에서는 "五伯, 齊桓·晉文·宋襄·楚莊·秦繆也."라고 풀이했다.
세 번째 주장 또한 춘추시대의 군주들만을 지칭하는 견해로, 제환공
(齊桓公), 진문공(晉文公), 초장왕(楚莊王), 오왕(吳王) 합려(闔閭), 월
왕(越王) 구천(句踐)을 가리킨다. 『순자(荀子)』「왕패(王霸)」편에는 "雖
在僻陋之國, 威動天下, 五伯是也. …… 故齊桓·晉文·楚莊·吳闔閭·越句
踐, 是皆僻陋之國也, 威動天下, 彊殆中國."이라는 기록이 있다. 네 번째
주장 또한 춘추시대의 군주들만을 지칭하는 견해로, 제환공(齊桓公),
송양공(宋襄公), 진문공(晉文公), 진목공(秦穆公), 오왕(吳王) 부차(夫
差)를 가리킨다. 『한서(漢書)』「제후왕표(諸侯王表)」편에는 "故盛則周·
邵相其治, 致刑錯; 衰則五伯扶其弱, 與其守."라는 기록이 있는데, 이에
대한 안사고(顔師古)의 주에서는 "伯讀曰霸. 此五霸謂齊桓·宋襄·晉文·
秦穆·吳夫差也."라고 풀이했다.

◎ 왕념손(王念孫, A.D.1744~A.D.1832) : 청(淸)나라 때의 학자이다. 자
(字)는 회조(懷租)이고, 호(號)는 석구(石臞)이다. 부친은 왕안국(王安
國)이고, 아들은 왕인지(王引之)이다. 대진(戴震)에게 학문을 배웠다.
저서로는 『독서잡지(讀書雜志)』 등이 있다.

◎ 왕보사(王輔嗣) : =왕필(王弼)

◎ 왕숙(王肅, A.D.195~A.D.256) : =왕자옹(王子雍). 위진남북조(魏晉南
北朝) 때의 위(魏)나라 경학자이다. 자(字)는 자옹(子雍)이다. 출신지
는 동해(東海)이다. 부친 왕랑(王朗)으로부터 금문학(今文學)을 공부
했으나, 고문학(古文學)의 고증적인 해석을 따랐다. 『상서(尙書)』, 『시
경(詩經)』, 『좌전(左傳)』, 『논어(論語)』 및 삼례(三禮)에 대한 주석을

남겼다.

◎ 왕인지(王引之, A.D.1766~A.D.1834) : 청(淸)나라 때의 훈고학자이다. 자(字)는 백신(伯申)이고, 호(號)는 만경(曼卿)이며, 시호(諡號)는 문간(文簡)이다. 왕념손(王念孫)의 아들이다. 대진(戴震), 단옥재(段玉裁), 부친과 함께 대단이왕(戴段二王)이라고 일컬어졌다. 『경전석사(經傳釋詞)』, 『경의술문(經義述聞)』 등의 저술이 있다.

◎ 왕필(王弼, A.D.226~A.D.249) : =왕보사(王輔嗣). 삼국시대 위(魏)나라의 학자이다. 자(字)는 보사(輔嗣)이다. 저서로는 『노자주(老子注)』·『주역주(周易注)』 등이 있다.

◎ 왕후(王后) : '왕후'는 천자의 본부인을 뜻한다. 후대에는 황후(皇后)라고 부르기도 하였다. 고대에는 천자(天子)를 왕(王)이라고 불렀기 때문에, 천자의 부인을 '왕후'라고 부른다. 또한 '왕'자를 생략하여 '후(后)'라고도 부른다.

◎ 왕후(王侯) : '왕후'는 천자와 제후를 뜻한다.

◎ 외사(外事) : '외사'는 내사(內事)와 상대되는 말이다. 교외(郊外)에서 제사를 지내거나, 사냥하는 일 등을 총칭하는 말이다. 또는 외국과의 외교관계에서 연합을 하거나, 군대를 출동시키는 일 등도 가리킨다. 『예기』 「곡례상(曲禮上)」편에는 "外事以剛日, 內事以柔日."이라는 기록이 있는데, 이에 대한 정현의 주에서는 "出郊爲外事."라고 풀이했고, 공영달(孔穎達)의 소에(疏)서는 "外事, 郊外之事也. …… 崔靈恩云, 外事, 指用兵之事."라고 풀이했다. 또한 손희단(孫希旦)의 집해(集解)에서는 "愚謂外事, 謂祭外神. 田獵出兵, 亦爲外事."라고 풀이했다.

◎ 웅씨(熊氏) : =웅안생(熊安生)

◎ 웅안생(熊安生, ?~A.D.578) : =웅씨(熊氏). 북조(北朝) 때의 경학자이다. 자(字)는 식지(植之)이다. 『주례(周禮)』, 『예기(禮記)』, 『효경(孝經)』 등 많은 전적에 의소(義疏)를 남겼지만, 모두 산일되어 남아 있지 않다. 현재 마국한(馬國翰)의 『옥함산방집일서(玉函山房輯佚書)』에 『예기웅씨의소(禮記熊氏義疏)』 4권이 남아 있다.

◎ 유씨(劉氏) : =장락유씨(長樂劉氏)

◎ 유이(劉彝) : =장락유씨(長樂劉氏)

◎ 유일(柔日) : '유일'은 십간(十干)을 음양(陰陽)으로 구분했을 때, 음(陰)에 해당하는 날짜를 뜻한다. 십간에 따라 날짜를 구분할 때 을

(乙)·정(丁)·기(己)·신(辛)·계(癸)자가 들어가는 날이 '유일'이 된다. '유
일'과 반대되는 말은 강일(剛日)이며, 십간 중 갑(甲)·병(丙)·무(戊)·경
(庚)·임(壬)자가 들어가는 날이 '강일'이 된다.

◎ 유집중(劉執中) : =장락유씨(長樂劉氏)

◎ 육경(六卿) : '육경'은 여섯 명의 경(卿)을 가리키는데, 주로 여섯 명의
주요 관직자들을 뜻한다. 각 시대마다 해당하는 관직명과 담당하는 영
역에는 차이가 있었다. 『서』「하서(夏書)·감서(甘誓)」편에는 "大戰于甘,
乃召六卿."이라는 기록이 있고, 이에 대한 공안국(孔安國)의 전(傳)에
서는 "天子六軍, 其將皆命卿."이라고 풀이했다. 즉 천자는 6개의 군
(軍)을 소유하고 있는데, 각 군의 장수를 '경(卿)'으로 임명하였기 때문
에, 이들 육군(六軍)의 수장을 '육경'이라고 부른다는 뜻이다. 이 기록
에 따르면 하(夏)나라 때에는 육군의 장수를 '육경'으로 불렀다는 결론
이 도출된다. 한편 『주례(周禮)』의 체제에 따르면, 주(周)나라에서는
여섯 개의 관부를 설치하였고, 이들 관부의 수장을 '경'으로 임명하였
다. 따라서 천관(天官)의 총재(冢宰), 지관(地官)의 사도(司徒), 춘관
(春官)의 종백(宗伯), 하관(夏官)의 사마(司馬), 추관(秋官)의 사구(司
寇), 동관(冬官)의 사공(司空)이 '육경'에 해당한다. 『한서(漢書)·백관
공경표상(百官公卿表上)」편에는 "夏殷亡聞焉, 周官則備矣. 天官冢宰,
地官司徒, 春官宗伯, 夏官司馬, 秋官司寇, 冬官司空, 是爲六卿, 各有徒
屬職分, 用於百事."라는 기록이 있다.

◎ 육농사(陸農師) : =산음육씨(山陰陸氏)

◎ 육덕명(陸德明, A.D.550~A.D.630) : =육원랑(陸元朗). 당대(唐代)의
경학자이다. 이름은 원랑(元朗)이고, 자(字)는 덕명(德明)이다. 훈고학
에 뛰어났으며, 『경전석문(經典釋文)』 등을 남겼다.

◎ 육원랑(陸元朗) : =육덕명(陸德明)

◎ 육전(陸佃) : =산음육씨(山陰陸氏)

◎ 육축(六祝) : '육축'은 제사를 지낼 때 신에게 아뢰는 여섯 가지 축사
(祝辭)를 뜻한다. 여섯 가지 축사는 곧 순축(順祝), 연축(年祝), 길축
(吉祝), 화축(化祝), 서축(瑞祝), 협축(筴祝)을 가리킨다. '순축'은 풍년
이 들기를 기원하는 축사이고, '연축'은 천수를 누리기를 기원하는 축
사이며, '길축'은 상서로운 복을 내려주기를 기원하는 축사이고, '화축'
은 재앙과 전란이 그치기를 기원하는 축사이며, '서축'은 기상변이가

일어나지 않도록 기원하는 축사이고, '협축'은 죄와 질병으로부터 멀어
지고자 기원하는 축사이다. 『주례』「춘관(春官)·대축(大祝)」편에는 "大
祝, 掌六祝之辭, 以事鬼神示, 祈福祥, 求永貞. 一曰順祝, 二曰年祝, 三曰
吉祝, 四曰化祝, 五曰瑞祝, 六曰筴祝."이라는 기록이 있고, 이에 대한
정현의 주에서는 정사농(鄭司農)의 주장을 인용하여, "鄭司農云, '順
祝, 順豐年也. 年祝, 求永貞也. 吉祝, 祈福祥也. 化祝, 弭災兵也. 瑞祝,
逆時雨·寧風旱也. 筴祝, 遠罪疾."이라고 풀이했다.

◎ 응씨(應氏) : =금화응씨(金華應氏)

◎ 응용(應鏞) : =금화응씨(金華應氏)

◎ 응자화(應子和) : =금화응씨(金華應氏)

◎ 이백(二伯) : '이백'은 주(周)나라 초기에 천하를 동서(東西)로 양분하
여, 각 방위에 있던 제후들을 다스렸던 2명의 주요 신하를 가리키는
말이다. 구체적 인물로는 주공(周公)과 소공(召公)이 '이백'을 맡았었
다고 전해진다. 『공총자(孔叢子)』「거위(居衛)」편에는 "古之帝王, 中分
天下, 使二公治之, 謂之二伯."이라는 기록이 있고, 『예기』「왕제(王制)」
편에는 "八伯各以其屬, 屬於天子之老二人, 分天下以爲左右, 曰二伯."이
라는 기록이 있는데, 이에 대한 정현의 주에서는 "自陝以東, 周公主之,
自陝以西, 召公主之."라고 풀이했다.

◎ 인사(禋祀) : '인사'는 인제(禋祭)라고도 부른다. 연기를 피워 올려서
하늘에게 복을 구원했던 제사이다. 『시』「대아(大雅)·생민(生民)」편에
는 "厥初生民, 時維姜嫄. 生民如何, 克禋克祀, 以弗無子."라는 기록이
있는데, 이에 대한 정현의 전(箋)에서는 "乃禋祀上帝於郊禖, 以祓除其
無子之疾而得其福也"라고 풀이했다. 즉 '인사'는 교매(郊禖)를 제사지
내는 곳에서 상제(上帝)께 제사를 올리며, 자식이 생기지 않는 병을
치료하고, 복을 받았다고 내용이다.

◎ 임천오씨(臨川吳氏) : =오징(吳澄)

◎ 자림(字林) : 『자림(字林)』은 고대의 자서(字書)이다. 진(晉)나라 때
학자인 여침(呂忱)이 지었다. 원본은 일실되어 전해지지 않고, 다른 문
헌들 속에 일부 기록들만 남아 있다.

◎ 자성(粢盛) : '자성'은 제성(齊盛)이라고도 부른다. 자(粢)자는 곡식의 한 종류인 기장을 뜻하고, 성(盛)자는 그릇에 기장을 풍성하게 채워놓은 모양을 뜻한다. 따라서 '자성'은 제기(祭器)에 곡물을 가득 채워놓은 것을 뜻하며, 제물(祭物)로 사용되었다. 『춘추공양전』「환공(桓公) 14년」편에는 "御廩者何, 粢盛委之所藏也."라는 기록이 있는데, 이에 대한 하휴(何休)의 주에서는 "黍稷曰粢, 在器曰盛."이라고 풀이하였다.

◎ 자최복(齊衰服) : '자최복'은 상복(喪服) 중 하나로, 오복(五服)에 속한다. 거친 삼베를 사용해서 만들며, 자른 부위를 꿰매어 가지런하게 정리하기 때문에, '자최복'이라고 부른다. 이 복장을 입게 되는 기간에도 여러 종류가 있는데, 3년 동안 입는 경우는 죽은 계모(繼母)나 자모(慈母)를 위한 경우이고, 1년 동안 입는 경우는 손자가 죽은 조부모를 위해 입는 경우와 남편이 죽은 아내를 입는 경우 등이다. 그리고 1년 동안 '자최복'을 입는 경우, 그 기간을 자최기(齊衰期)라고도 부른다. 또 5개월 동안 입는 경우는 죽은 증조부나 증조모를 위한 경우이며, 3개월 동안 입는 경우는 죽은 고조부나 고조모를 위한 경우 등이다.

◎ 장락유씨(長樂劉氏, A.D.1017~A.D.1086) : =유씨(劉氏)·유이(劉彛)·유집중(劉執中). 북송(北宋) 때의 성리학자이다. 자(字)는 집중(執中)이다. 복주(福州) 출신이며, 어려서 호원(胡瑗)에게서 학문을 배웠다. 『정속방(正俗方)』, 『주역주(周易注)』를 지었으나 현존하지 않는다. 『칠경중의(七經中議)』, 『명선집(明善集)』, 『거이집(居易集)』 등이 남아 있다.

◎ 장자(張子) : =장재(張載)

◎ 장재(張載, A.D.1020~A.D.1077) : =장자(張子)·장횡거(張橫渠). 북송(北宋) 때의 유학자이다. 북송오자(北宋五子) 중 한 사람으로 칭해진다. 자(字)는 자후(子厚)이다. 횡거진(橫渠鎭) 출신으로, 이곳에서 장기간 강학을 했기 때문에 횡거선생(橫渠先生)으로 일컬어지기도 한다.

◎ 장횡거(張橫渠) : =장재(張載)

◎ 전욱(顓頊) : '전욱'은 고양씨(高陽氏)라고도 부른다. '전욱'은 고대 오제(五帝) 중 하나이다. 『산해경(山海經)』「해내경(海內經)」편에는 "黃帝妻雷祖, 生昌意, 昌意降處若水, 生韓流. 韓流, …… 取淖子曰阿女, 生帝顓頊."이라는 기록이 있다. 즉 황제(黃帝)의 처인 뇌조(雷祖)가 창의(昌意)를 낳았는데, 창의가 약수(若水)에 강림하여 거처하다가, 한류

(韓流)를 낳았다. 다시 한류는 아녀(阿女)를 부인으로 맞이하여 '전욱' 을 낳았다. 또한 『회남자(淮南子)』「천문훈(天文訓)」편에는 "北方, 水 也, 其帝顓頊, 其佐玄冥, 執權而治冬."이라는 기록이 있다. 즉 북방(北 方)은 오행(五行)으로 배열하면 수(水)에 속하는데, 이곳의 상제(上帝) 는 '전욱'이고, 상제를 보좌하는 신(神)은 현명(玄冥)이다. 이들은 겨울 을 다스린다. 또한 '전욱'과 관련하여 『수경주(水經注)』「호자하(瓠子 河)」편에는 "河水舊東決, 逕濮陽城東北, 故衛也, 帝顓頊之墟. 昔顓頊自 窮桑徙此, 號曰商丘, 或謂之帝丘."라는 기록이 있다. 즉 황하의 물길은 옛날에 동쪽으로 흘러서, 복양성(濮陽城)의 동북쪽을 경유하였는데, 이곳은 옛 위(衛) 지역으로, '전욱'이 거처하던 터이며, 예전에 '전욱'이 궁상(窮桑) 땅으로부터 이곳으로 옮겨왔기 때문에, 이곳을 상구(商丘) 또는 제구(帝丘)라고도 부른다.

◎ 정강성(鄭康成) : =정현(鄭玄)

◎ 정씨(鄭氏) : =정현(鄭玄)

◎ 정의(正義) : 『정의(正義)』는 『예기정의(禮記正義)』 또는 『예기주소 (禮記注疏)』를 뜻한다. 당(唐)나라 때에는 태종(太宗)이 공영달(孔穎 達) 등을 시켜서 『오경정의(五經正義)』를 편찬하였는데, 이때 『예기정 의』에는 정현(鄭玄)의 주(注)와 공영달의 소(疏)가 수록되었다. 송대 (宋代)에는 『오경정의』와 다른 경전(經典)에 대한 주석서를 포함한 『 십삼경주소(十三經注疏)』가 편찬되어, 『예기주소』라는 명칭이 되었다.

◎ 정현(鄭玄, A.D.127~A.D.200) : =정강성(鄭康成)·정씨(鄭氏). 한대(漢 代)의 유학자이다. 자(字)는 강성(康成)이다. 『주역(周易)』, 『상서(尙 書)』, 『모시(毛詩)』, 『주례(周禮)』, 『의례(儀禮)』, 『예기(禮記)』, 『논어 (論語)』, 『효경(孝經)』 등에 주석을 하였다.

◎ 제곡(帝嚳) : '제곡'은 고신씨(高辛氏)라고도 부른다. '제곡'은 고대 오 제(五帝) 중 하나이다. 황제(黃帝)의 아들 중에는 현효(玄囂)가 있었는 데, '제곡'은 현효의 손자가 된다. 은(殷)나라의 복사(卜辭) 기록 속에 서는 은나라 사람들이 '제곡'을 고조(高祖)로 여겼다는 기록도 나온다. 한편 '제곡'은 최초 신(辛)이라는 땅을 분봉 받았다가, 이후에 제(帝)가 되었으므로, '제곡'을 고신씨(高辛氏)라고도 부르는 것이다.

◎ 제성(齊盛) : =자성(粢盛)

◎ 조(兆) : '조'는 고대에 사교(四郊)에 설치했던 일종의 제단(祭壇)이다.

또한 사교(四郊)에서 제사를 지내는 장소를 뜻한다. 『예기』「표기(表記)」편에는 "詩曰, 后稷兆祀, 庶無罪悔, 以迄于今."이라는 기록이 있고, 이에 대한 정현의 주에서는 "兆, 四郊之祭處也."라고 풀이했다. 한편 『예기』「예기(禮器)」편에는 "有以下爲貴者, 至敬不壇, 埽地而祭."라는 기록이 있다. 즉 지극히 공경을 표해야 하는 제사에서는 제단을 쌓지 않고, 단지 땅만 쓸고서 제사를 지낸다는 뜻이다. 이 문장에 대해 진호(陳澔)의 『집설(集說)』에서는 "封土爲壇, 郊祀則不壇, 至敬無文也."라고 풀이한다. 즉 흙을 높게 쌓아서 제단을 만들게 되는데, 교사(郊祀)와 같은 경우는 지극히 공경을 표해야 하는 제사에 해당하므로, 제단을 만들지 않는다. 그 이유는 이러한 제사에서는 화려한 꾸밈을 하지 않기 때문이다. 한편 『예기』「예기」편의 문장에 대해 공영달(孔穎達)의 소(疏)에서는 "此謂祭五方之天, 初則燔柴於大壇, 燔柴訖, 於壇下掃地而設正祭, 此周法也."라고 설명한다. 즉 지극히 공경을 표해야 하는 제사는 오방(五方)의 천신(天神)들에게 지내는 제사를 뜻하는데, 제사 초반부에는 태단(太壇)에서 섶을 태워서 신들에게 알리고, 섶 태우는 일이 끝나면, 제단 아래에서 땅을 쓸고, 본격적인 제사를 지내게 되는데, 이것은 주(周)나라 때의 예법에 해당한다.

◎ 조근(朝覲) : '조근'은 군주가 신하를 만나보는 예법(禮法)을 뜻한다. 군주가 신하를 만나보는 예법에는 조(朝), 근(覲), 종(宗), 우(遇), 회(會), 동(同) 등이 있었는데, 이것을 총칭하여 '조근'으로 부르기도 한다. 한편 '조근'은 신하가 군주를 찾아뵙는 예법을 뜻하기도 한다. 고대에는 제후가 천자를 찾아뵐 때, 각 계절별로 그 명칭을 다르게 불렀다. 봄에 찾아뵙는 것을 조(朝)라고 부르며, 여름에 찾아뵙는 것을 종(宗)이라고 부르고, 가을에 찾아뵙는 것을 근(覲)이라고 부르며, 겨울에 찾아뵙는 것을 우(遇)라고 부른다. '조근'은 이러한 예법들을 총칭하는 말이다.

◎ 조빙(朝聘) : '조빙'은 본래 제후가 주기적으로 천자를 찾아뵙는 것을 뜻한다. 고대에는 제후가 천자에 대해서 매년 1번씩 소빙(小聘)을 했고, 3년에 1번씩 대빙(大聘)을 했으며, 5년에 1번씩 조(朝)를 했다. '소빙'은 제후가 직접 찾아가지 않았고, 대부(大夫)를 대신 파견하였으며, '대빙' 때에는 경(卿)을 파견하였다. '조'에서만 제후가 직접 찾아갔는데, 이것을 합쳐서 '조빙'이라고 부른다. 춘추시대(春秋時代) 때에는

진(晉)나라 문공(文公)과 같은 패주(霸主)에게 '조빙'을 하기도 하였다.
『예기』「왕제(王制)」편에는 "諸侯之於天子也, 比年一小聘, 三年一大聘, 五年一朝."라는 기록이 있고, 이에 대한 정현의 주에서는 "比年, 每歲也. 小聘, 使大夫, 大聘, 使卿, 朝, 則君自行. 然此大聘與朝, 晉文霸時所制也."라고 풀이했다. 후대에는 서로 찾아가서 만나보는 것을 '조빙'이라고 범칭하기도 했다.

◎ 주목(州牧) : '주목'은 1주(州)를 대표하는 수장을 뜻한다. 고대 중국에서는 천하를 9개의 주로 구획하였고, 각 주에 소속된 제후들 중에서 수장이 되는 자를 '주목'이라고 불렀다. 『서』「주서(周書)·주관(周官)」편에는 "唐虞稽古, 建官惟百, 內有百揆四岳, 外有州牧侯伯."이라는 기록이 있고, 이에 대한 채침(蔡沈)의 『집전(集傳)』에서는 "州牧, 各總其州者."라고 풀이했다.

◎ 주서(周諝) : =연평주씨(延平周氏)

◎ 주식(朱軾, A.D.1665~A.D.1735) : 청(淸)나라 때의 명신(名臣)이다. 자(字)는 약섬(若贍)·백소(伯蘇)이고, 호(號)는 가정(可亭)이다.

◎ 주신(朱申, ?~?) : 송(宋)나라 때의 학자이다. 자(字)는 유선(維宣)이고, 호(號)는 희시자(熙時子)이다. 저서로는 『손오신주(孫吳新注)』·『어맹변전(語孟辨箋)』·『주역구해(周易句解)』·『춘추좌전구해(春秋左傳句解)』·『효경구해(孝經句解)』 등이 있다.

◎ 주인(遒人) : '주인'은 고대의 제왕들이 파견하여 민심을 살피던 관리이다.

◎ 주희성(周希聖) : =연평주씨(延平周氏)

◎ 증(烝) : '증'은 겨울에 종묘(宗廟)에서 지내는 제사를 뜻한다. '증'자는 중(衆)자의 뜻으로, 겨울에는 만물 중에 성숙한 것이 많다는 의미에서 붙여진 말이다. 『백호통(白虎通)』「종묘(宗廟)」편에는 "冬曰烝者, 烝之爲言衆也, 冬之物成者衆."이라는 기록이 있다.

◎ 증공(曾鞏, A.D.1019~A.D.1083) : =증자고(曾子固). 송(宋)나라 때의 학자이다. 자(字)는 자고(子固)이다. 저서로는 『금석록(金石錄)』·『원풍유고(元豊類稿)』 등이 있다.

◎ 증자고(曾子固) : =증공(曾鞏)

ㅊ

◎ 참최복(斬衰服) : '참최복'은 상복(喪服) 중 하나로, 오복(五服)에 속한
다. 상복 중에서도 가장 수위가 높은 상복이다. 거친 삼베를 사용해서
만들며, 자른 부위를 꿰매지 않기 때문에 참최(斬衰)라고 부른다. 이
복장을 입게 되는 기간은 일반적으로 3년에 해당하며, 죽은 부모를 위
해 입거나, 처 또는 첩이 죽은 남편을 위해 입는다.

◎ 청주(淸酒) : '청주'는 삼주(三酒) 중 하나이다. 제사에서 사용하는 술
이며, 삼주 중 가장 맑은 술에 해당하므로 '청주'라고 부른다. '청주'는
중산(中山) 지역에서 겨울에 술을 담가서 여름쯤 다 익은 술을 뜻한
다.

◎ 체제(禘祭) : '체제'는 천신(天神) 및 조상신(祖上神)에게 지내는 '큰
제사[大祭]'를 뜻한다. 『이아』「석천(釋天)」편에는 "禘, 大祭也."라는 기
록이 있고, 이에 대한 곽박(郭璞)의 주에서는 "五年一大祭."라고 풀이
하여, 대제(大祭)로써의 체제사는 5년마다 1번씩 지낸다고 설명한다.
그러나 『예기』「왕제(王制)」에 수록된 각종 제사들에 대한 기록을 살
펴보면, 체제사는 큰 제사임에는 분명하나, 반드시 5년마다 1번씩 지
내는 제사는 아니었다.

◎ 초려오씨(草廬吳氏) : =오징(吳澄)

◎ 총재(冢宰) : '총재'는 대재(大宰)와 같은 말이다. '대재'는 태재(太宰)
라고도 부른다. '대재'는 은(殷)나라 때 설치된 관직이라고 전해지며,
주(周)나라에서는 '총재'라고도 불렀다. 『주례(周禮)』의 체제상으로는
천관(天官)의 수장이며, 경(卿) 1명이 담당했다. 『주례』의 체제상으로
는 가장 높은 관직이다. 따라서 '대재'가 담당했던 일은 국정 전반에
대한 것이었다.

◎ 축사(祝辭) : '축사'는 제사를 지낼 때 신에게 아뢰는 말이다. 축관(祝
官)이 제주(祭主)의 명령에 따라 축문(祝文)을 읽게 되는데, 이것이 바
로 '축사'이다. 고대의 '축사'는 경우에 따라 여섯 종류로 나뉜다. 이것
을 육축(六祝)이라고 부른다.

◎ 출조(出祖) : '출조'는 외부로 출타하게 되었을 때, 도로의 신(神)에게
제사를 지낸다는 뜻이다. 『시(詩)』「대아(大雅)·한혁(韓奕)」편에는 "韓
侯出祖, 出宿于屠."라는 기록이 있는데, 이에 대한 공영달(孔穎達)의

소(疏)에서는 "言韓侯出京師之門, 爲祖道之祭."라고 풀이했다. 즉 한후 (韓侯)가 수도의 문을 빠져나감에, 도로의 신에게 지내는 제사를 지냈음을 뜻한다.

◎ 친영(親迎) : '친영'은 혼례(婚禮)에서 시행하는 여섯 가지 예식(禮式) 중 하나이다. 사위될 자가 여자 집에 가서 혼례를 치르고, 자신의 집으로 데려오는 예식을 뜻한다.

◎ 침묘(寢廟) : '침묘'는 '묘(廟)'와 '침(寢)'을 합쳐 부르는 말이다. 종묘 (宗廟)에 있어서, 앞에 있는 정전(正殿)을 '묘'라고 부르며, 뒤에 있는 후전(後殿)을 '침'이라고 부른다. 이때 '묘'는 접신(接神)하는 장소이기 때문에 앞쪽에 있는 것이다. '침'은 의관(衣冠) 등을 보관하는 장소이다. '묘'에 비해 상대적으로 낮기 때문에 뒤에 위치하게 된다. 그리고 '묘'에는 동서쪽에 상(廂)이 있고, 서장(序牆)이 있는데, '침'에는 단지 실(室)만이 있게 된다. 『시』「소아(小雅)·교언(巧言)」편에는 "奕奕寢廟, 君子作之."라는 용례가 있다. 또한 『예기』「월령(月令)」편에는 "寢廟畢備."이라는 기록이 있는데, 이에 대한 정현의 주에서는 "凡廟, 前曰廟, 後曰寢."이라고 풀이하였으며, 공영달(孔穎達)의 소(疏)에서는 "廟是接神之處, 其處尊, 故在前, 寢, 衣冠所藏之處, 對廟爲卑, 故在後. 但廟制有東西廂, 有序牆, 寢制唯室而已. 故釋宮云, 室有東西廂曰廟, 無東西廂有室曰寢, 是也."라고 풀이하였다. 또한 '침묘'는 사람이 거주하는 집과 종묘를 지칭하는 용어로 사용되기도 한다. 『시』「대아(大雅)·숭고(崧高)」편에는 "有俶其城, 寢廟旣成."이라는 기록이 있는데, 이에 대한 공영달의 소에서는 "寢, 人所處, 廟神亦有寢, 但此宜, 處人神, 不應獨言廟事, 故以爲人寢也."라고 풀이하였다. 또한 종묘(宗廟) 및 태묘(太廟)를 지칭하는 말로도 사용된다.

ㅍ

◎ 팔벽(八辟) : =팔의(八議)

◎ 팔의(八議) : '팔의'는 여덟 가지 심의를 뜻한다. 팔벽(八辟)이라고도 부른다. 이러한 심의를 거쳐 죄를 경감하거나 사면하게 된다. 심의 내용은 첫 번째 군주와 친족인지의 여부, 두 번째 군주와 오래전부터 친분이 있었는지의 여부, 세 번째 그 자가 현명한 자인가의 여부, 네 번

째 그 자에게 뛰어난 재능이 있는지의 여부, 다섯 번째 그 자가 공적을 세운 적이 있었는지의 여부, 여섯 번째 그 자가 존귀한 신분인지의 여부, 일곱 번째 그 자가 국가의 정무에 대해서 근면하게 일해 왔는지의 여부, 여덟 번째 그 자가 선대 왕조의 후예들이라면, 신하로 대할 수 없으므로, 빈객(賓客)으로 대해야 하는지의 여부이다. 『주례』「추관(秋官)·소사구(小司寇)」편에는 "以八辟麗邦法附刑罰. 一曰議親之辟. 二曰議故之辟. 三曰議賢之辟. 四曰議能之辟. 五曰議功之辟. 六曰議貴之辟. 七曰議勤之辟. 八曰議賓之辟."이라는 기록이 있다.

ㅎ

◎ 하사(嘏辭) : '하사'의 하(嘏)자는 축복을 받는다는 뜻이다. 제사를 지내게 되면, 시동이 입가심 하는 술을 받은 다음, 술잔이 오가게 되는데, 그 일이 끝나게 되면 축관(祝官)에게 명령하여, 제주(祭主)에게 축복을 내려주도록 한다. 이 의식을 '하'라고 부른다. 시동의 명령을 받은 축관은 '하'를 하게 되는데, 그 말에서는 "황시(皇尸)가 나 축관에게 명하여, 효손인 그대에게 많은 복을 영원토록 내리게 하였다. 그대 효손으로 하여금 하늘로부터 녹봉[祿]을 받게 하고, 많은 농토를 경작하게 할 것이며, 장수하여 천년만년 향유하도록 할 것이니, 폐망하는 일 없이 잘 이끌어가야 한다."라고 한다. 이것이 바로 '하사'이다. 『의례』「소뢰궤식례(少牢饋食禮)」편에는 "卒命祝, 祝受以東, 北面于戶西, 以嘏于主人曰, '皇尸命工祝, 承致多福無疆于女孝孫. 來女孝孫, 使女受祿于天, 宜稼于田, 眉壽萬年, 勿替引之.'"라는 기록이 있다.

◎ 하정(夏正) : '하정'은 하(夏)나라의 정월(正月)을 뜻한다. 이러한 뜻에서 파생되어 하나라의 역법(曆法)을 지칭하기도 한다. 하력(夏曆)을 기준으로 두었을 때, 은(殷)나라는 12월을 정월로 삼았으며, 주(周)나라는 11월을 정월로 삼았다. 『사기(史記)』「역서(曆書)」편에서는 "秦及漢初曾一度以夏曆十月爲正月, 自漢武帝改用夏正后, 曆代沿用."이라고 하여, 진(秦)나라와 전한초기(前漢初期)에는 하력에서의 10월을 정월로 삼았다가, 한무제(漢武帝)부터는 다시 하력을 따랐다고 전해진다. 또한 '하력'은 농력(農曆)이라고도 부르는데, '하력'에 기준을 두었을 때, 농사의 시기와 가장 잘 맞았기 때문이다. 따라서 역대 왕조에서 역

법을 개정할 때에는 '하력'에 기준을 두게 되었다.

◎ 향사례(鄕射禮) : '향사례'는 활쏘기를 하며 음주를 했던 의례(儀禮)이다. 크게 두 가지로 나뉘는데, 하나는 지방의 수령이 지방학교인 서(序)에서 사람들을 모아서 활쏘기를 익히며 음주를 했던 의례이고, 다른 하나는 향대부(鄕大夫)가 3년마다 치르는 대비(大比)라는 시험을 끝내고 공사(貢士)를 한 연후에, 향대부가 향로(鄕老) 및 향인(鄕人)들과 향학(鄕學)인 상(庠)에서 활쏘기를 익히고 음주를 했던 의례이다. 『주례』「지관(地官)·향대부(鄕大夫)」편에는 "退而以鄕射之禮五物詢衆庶."라는 기록이 있는데, 이에 대한 손이양(孫詒讓)의 『정의(正義)』에서는 "退, 謂王受賢能之書事畢, 鄕大夫與鄕老, 則退各就其鄕學之庠而與鄕人習射, 是爲鄕射之禮."라고 풀이하였다.

◎ 향음례(鄕飮禮) : '향음례'는 '향음주례(鄕飮酒禮)'라고도 부른다. 주(周)나라 때에는 향학(鄕學)에서 3년마다 대비(大比)라는 시험을 치러서, 선발된 자들을 천거하였다. 이러한 행사를 실시할 때 향대부(鄕大夫)는 음주 연회의 자리를 만들어서, 선발된 자들에게 빈례(賓禮)에 따라 대접을 하며, 그들에게 술을 따라주었는데, 이 의식을 '향음례' 또는 '향음주례'라고 불렀다. 『의례』「향음주례(鄕飮酒禮)」편에 대한 가공언(賈公彦)의 소(疏)에서는 정현의 『삼례목록(三禮目錄)』을 인용하여, "諸侯之鄕大夫三年大比, 獻賢者能於其君, 以賓禮待之, 與之飮酒. 於五禮屬嘉禮."라고 풀이했다. 또한 일반적으로 음주를 즐기며 연회를 하는 것을 뜻하기도 한다.

◎ 허숙중(許叔重) : =허신(許愼)

◎ 허신(許愼, A.D.30~A.D.124) : =허숙중(許叔重). 후한(後漢) 때의 학자이다. 자(字)는 숙중(叔重)이다. 『설문해자(說文解字)』의 저자로 널리 알려져 있으며, 다른 저서로는 『오경이의(五經異義)』가 있으나 산일되었다. 『오경이의』는 송대(宋代) 때 다시 편찬되었으나 진위를 따지기 힘들다.

◎ 현단(玄端) : '현단'은 고대의 예복(禮服) 중 하나이다. 흑색으로 만든 옷이다. 주로 제사 때 사용했으며, 천자 및 제후로부터 대부(大夫)와 사(士) 계급에 이르기까지 모두 이 복장을 착용할 수 있었다. '현단'은 상의와 하의 및 관(冠)까지 포함하는 용어이다. 한편 손이양(孫詒讓)의 주장에 따르면, '현단'은 의복에만 해당하는 용어이며, 관(冠)은 포

함하지 않는다고 주장한다. 그리고 천자로부터 사 계급에 이르기까지
이 복장을 제복(齊服)으로 사용했다고 설명한다. 『주례』「춘관(春官)・
사복(司服)」편에는 "其齊服有玄端素端."이라는 기록이 있는데, 손이양
의 『정의(正義)』에서는 "玄端素端是服名, 非冠名, 蓋自天子下達至於士
通用爲齊服, 而冠則尊卑所用互異."라고 풀이하였다. 그리고 '현단'은
천자가 평소 거처할 때 착용했던 복장을 가리키기도 한다. 『예기』「옥
조(玉藻)」편에는 "卒食, 玄端而居."라는 기록이 있고, 이에 대한 정현
의 주에서는 "天子服玄端燕居也."라고 풀이하였다.

◎ 호천상제(昊天上帝) : '호천상제'는 호천(昊天)과 상제(上帝)로 구분하
여 해석하기도 하며, '호천상제'를 하나의 용어로 해석하기도 한다. 후
자의 경우 '호천'이라는 말은 '상제'를 수식하는 말이다. 고대에는 축호
(祝號)라는 것을 지어서 제사 때의 용어를 수식어로 꾸미게 되는데,
'호천상제'의 경우는 '상제'에 대한 축호에 해당하며, 세분하여 설명하자
면 신(神)의 명칭에 수식어를 붙이는 신호(神號)에 해당한다. 『예기』「예
운(禮運)」편에는 "作其祝號, 玄酒以祭, 薦其血毛, 腥其俎, 孰其殽."라는
기록이 있고, 이에 대한 진호(陳澔)의 주에서는 "作其祝號者, 造爲鬼神
及牲玉美號之辭. 神號, 如昊天上帝."라고 풀이했다. '호천'과 '상제'로
풀이할 경우, '상제'는 만물을 주재하는 자이며, '상천(上天)'이라고도
불렀다. 고대인들은 길흉(吉凶)과 화복(禍福)을 내릴 수 있는 능력을
갖추고 있었다고 생각하였다. 한편 '상제'는 오행(五行) 관념에 따라
동・서・남・북・중앙의 구분이 생기면서, 천상을 각각 나누어 다스리는
오제(五帝)로 설명되기도 한다. '호천'의 경우 천신(天神)을 뜻하는데,
'상제'와 비슷한 개념이다. '호천'을 '상제'보다 상위의 개념으로 해석하
여, 오제 위에서 군림하는 신으로 해석하는 경우도 있다.

◎ 환구(圜丘) : '환구'는 원구(圓丘)라고도 부른다. 고대에 제왕이 동지
(冬至)에 제천(祭天) 의식을 집행하던 곳이다. 자연적으로 형성된 언
덕의 형상을 본떠서, 흙을 높이 쌓아올려 만들었기 때문에, '구(丘)'자
를 붙여서 부른 것이며, 하늘의 둥근 형상을 본떴다는 뜻에서 '환(圜)'
또는 '원(圓)'자를 붙여서 부른 것이다. 『주례』「춘관(春官)・대사악(大
司樂)」편에는 "冬日至, 於地上之圜丘奏之."라는 기록이 있고, 이에 대
한 가공언(賈公彦)의 소(疏)에서는 "土之高者曰丘, 取自然之丘. 圜者,
象天圜也."라고 풀이했다.

◎ 황간(皇侃, A.D.488～A.D.545) : =황씨(皇氏). 남조(南朝) 때 양(梁)나라의 경학자이다. 『주례(周禮)』, 『의례(儀禮)』, 『예기(禮記)』 등에 해박하여, 『상복문구의소(喪服文句義疏)』, 『예기의소(禮記義疏)』, 『예기강소(禮記講疏)』 등을 지었지만, 현재는 전해지지 않는다. 그 일부가 마국한(馬國翰)의 『옥함산방집일서(玉函山房輯佚書)』에 수록되어 있다.

◎ 황씨(皇氏) : =황간(皇侃)

◎ 황천(皇天) : '황천'은 천신(天神)을 높여 부르는 말로, 황천상제(皇天上帝)를 뜻한다. '황천상제'는 또한 상제(上帝), 천제(天帝) 등으로 지칭되기도 한다. 한편 '황천'과 '상제'를 별개의 대상으로 풀이하기도 한다.

◎ 후인(候人) : '후인'은 도로에서 도적을 감시하거나 빈객을 맞이하고 전송하는 일 등을 담당하는 관리이다.

◎ 후직(后稷) : '후직'은 전설상의 인물이다. 주(周)나라의 선조(先祖) 중 한 사람이다. 강원(姜嫄)이 천제(天帝)의 발자국을 밟고 회임을 하여 '후직'을 낳았는데, 불길하다고 생각하여 버렸기 때문에, 이름을 기(棄)로 지어졌다 한다. 이후 순(舜)이 '기'를 등용하여 농사를 담당하는 신하로 임명해서, 백성들에게 농사짓는 법을 가르쳤기 때문에, '후직'으로 일컬어지게 되었다. 『시』「대아(大雅)·생민(生民)」편에는 "厥初生民, 時維姜嫄. …… 載生載育, 時維后稷."이라는 기록이 있다. 한편 농사를 주관하는 관리를 '후직'으로 부르기도 한다.

번역 참고문헌

- 『禮記』, 서울 : 保景文化社, 초판 1984 (5판 1995) / 저본으로 삼은 책이다.
- 『禮記正義』1~4(전4권, 『十三經注疏 整理本』12~15), 北京 : 北京大學 出版社, 초판 2000 / 저본으로 삼은 책이다.
- 朱彬 撰, 『禮記訓纂』上·下(전2권), 北京 : 中華書局, 초판 1996 (2쇄 1998) / 저본으로 삼은 책이다.
- 孫希旦 撰, 『禮記集解』上·中·下(전3권), 北京 : 中華書局, 초판 1989 (4쇄 2007) / 저본으로 삼은 책이다.
- 服部宇之吉 評點, 『禮記』, 東京 : 富山房, 초판 1913 (증보판 1984) / 鄭玄 注 번역에 대해 참고했던 서적이다.
- 竹內照夫 著, 『禮記』上·中·下(전3권), 東京 : 明治書院, 초판 1975 (3판 1979) / 經文에 대한 이해에 참고했던 서적이다.
- 市原亨吉 외 2명 著, 『禮記』上·中·下(전3권), 東京 : 集英社, 초판 1976 (3쇄 1982) / 經文에 대한 이해에 참고했던 서적이다.
- 陳澔 注, 『禮記集說』, 北京 : 中國書店, 초판 1994 / 『集說』에 대한 번역에 참고했던 서적이다.
- 王文錦 譯解, 『禮記譯解』上·下(전2권), 北京 : 中華書局, 초판 2001 (4쇄 2007) / 經文 및 주석 번역에 참고했던 서적이다.
- 錢玄·錢興奇 編著, 『三禮辭典』, 南京 : 江蘇古籍出版社, 초판 1998 / 용어 및 器物 등에 대해 참고했던 서적이다.
- 張撝之 外 主編, 『中國歷代人名大辭典』上·下권(전2권), 上海 : 上海古籍 出版社, 초판 1999 / 인명에 대해 참고했던 서적이다.
- 呂宗力 主編, 『中國歷代官制大辭典』, 北京 : 北京出版社, 초판 1994 (2쇄 1995) / 관직명에 대해 참고했던 서적이다.
- 中國歷史大辭典編纂委員會 編纂, 『中國歷史大辭典』上·下(전2권), 上海 : 上海辭書出版社, 초판 2000 / 용어 및 인명에 대해 참고했던 서적이다.
- 羅竹風 主編, 『漢語大詞典』1~12(전12권), 上海 : 漢語大詞典出版社, 초판 1988 (4쇄 1995) / 용어에 대해 참고했던 서적이다.
- 王思義 編集, 『三才圖會』上·中·下(전3권), 上海 : 上海古籍出版社, 초판 1988 (4쇄 2005) / 器物 등에 대해 참고했던 서적이다.
- 聶崇義 撰, 『三禮圖集注』(四庫全書 129책) / 器物 등에 대해 참고했던 서적이다.
- 劉績 撰, 『三禮圖』(四庫全書 129책) / 器物 등에 대해 참고했던 서적이다.

역자 정병섭(鄭秉燮)

- 1979년 출생
- 2002년 성균관대학교 유교철학과 졸업
- 2004년 성균관대학교 대학원 유학과 석사
- 2013년 성균관대학교 대학원 유학과 철학박사
- 현재『역주 예기집설대전』완역을 위해 번역중이며,
  이후『의례』,『주례』,『대대례기』시리즈 번역과
  한국유학자들의 예학 관련 저작들의 번역을 계획 중이다.

예기집설대전 목록

譯註
禮記集說大全 表記

編　陳澔(元)
附　正義 · 訓纂 · 集解

초판 인쇄　2016년 5월 10일
초판 발행　2016년 5월 20일

역　　자 | 정병섭
펴 낸 이 | 하운근
펴 낸 곳 | 學古房

주　　소 | 경기도 고양시 덕양구 통일로 140 삼송테크노밸리 A동 B224
전　　화 | (02)353-9908　편집부(02)356-9903
팩　　스 | (02)6959-8234
홈페이지 | http://hakgobang.co.kr/
전자우편 | hakgobang@naver.com, hakgobang@chol.com
등록번호 | 제311-1994-000001호

ISBN　　978-89-6071-586-8　94150
　　　　978-89-6071-267-6　(세트)

값 : 35,000원

이 도서의 국립중앙도서관 출판예정도서목록(CIP)은 서지정보유통지원시스템 홈페이
지(http://seoji.nl.go.kr)와 국가자료공동목록시스템(http://www.nl.go.kr/kolisnet)에서
이용하실 수 있습니다. (CIP제어번호 : CIP2016003652)

※ 파본은 교환해 드립니다.